Christoph Dieremann 05

# Zahnärztliche Werkstoffe und ihre Verarbeitung

Band 1: Grundlagen und Verarbeitung

begründet von Karl Eichner
fortgeführt von Heinrich F. Kappert

Unter Mitarbeit von
L. Borchers, K. Dermann, W. Finger, G. Gehre, J. Geis-Gerstorfer,
H.W. Gundlach, R. Janda, T. Jung, K. Ludwig, P. Ohnmacht, M. Stümke,
J. Viohl, D. Welker

8., unveränderte Auflage

Georg Thieme Verlag
Stuttgart · New York

*Bibliographische Information*
*Der Deutschen Bibliothek*

Die Deutsche Bibliothek verzeichnet diese Publikation in der Deutschen Nationalbibliographie; detaillierte bibliographische Daten sind im Internet über http://dnb.ddb.de abrufbar

Die 1.-6. Auflage ist erschienen bei
Hüthig GmbH, Heidelberg

7. Auflage 2000
6. Auflage 1996
5. Auflage 1988
4. Auflage 1979
3. Auflage 1974

**Wichtiger Hinweis:** Wie jede Wissenschaft ist die Medizin ständigen Entwicklungen unterworfen. Forschung und klinische Erfahrung erweitern unsere Erkenntnisse, insbesondere was Behandlung und medikamentöse Therapie anbelangt. Soweit in diesem Werk eine Dosierung oder eine Applikation erwähnt wird, darf der Leser zwar darauf vertrauen, dass Autoren, Herausgeber und Verlag große Sorgfalt darauf verwandt haben, dass diese Angabe **dem Wissensstand bei Fertigstellung des Werkes** entspricht.

Für Angaben über Dosierungsanweisungen und Applikationsformen kann vom Verlag jedoch keine Gewähr übernommen werden. **Jeder Benutzer ist angehalten**, durch sorgfältige Prüfung der Beipackzettel der verwendeten Präparate und gegebenenfalls nach Konsultation eines Spezialisten festzustellen, ob die dort gegebene Empfehlung für Dosierungen oder die Beachtung von Kontraindikationen gegenüber der Angabe in diesem Buch abweicht. Eine solche Prüfung ist besonders wichtig bei selten verwendeten Präparaten oder solchen, die neu auf den Markt gebracht worden sind. **Jede Dosierung oder Applikation erfolgt auf eigene Gefahr des Benutzers.** Autoren und Verlag appellieren an jeden Benutzer, ihm etwa auffallende Ungenauigkeiten dem Verlag mitzuteilen.

© 2005 Georg Thieme Verlag KG
Rüdigerstraße 14
D-70469 Stuttgart
Telefon: + 49/07 11/89 31-0
Unsere Homepage: http://www.thieme.de

Printed in Germany

Umschlaggestaltung: Thieme Verlagsgruppe
Umschlaggrafik: Martina Berge, Erbach
Satz: Grafische Werkstätten Lehne GmbH, Grevenbroich
Druck und Verarbeitung: Druckerei Laub, Elztal-Dallau

ISBN 3-13-127148-5      1 2 3 4 5 6

Geschützte Warennamen (Warenzeichen) werden **nicht** besonders kenntlich gemacht. Aus dem Fehlen eines solchen Hinweises kann also nicht geschlossen werden, dass es sich um einen freien Warennamen handelt.

Das Werk, einschließlich aller seiner Teile, ist urheberrechtlich geschützt. Jede Verwertung außerhalb der engen Grenzen des Urheberrechtsgesetzes ist ohne Zustimmung des Verlages unzulässig und strafbar. Das gilt insbesondere für Vervielfältigungen, Übersetzungen, Mikroverfilmungen und die Einspeicherung und Verarbeitung in elektronischen Systemen.

# Geleitwort

Die ursprünglich als „Leitfaden" konzipierte vorlesungsbegleitende Schrift über zahnärztliche Werkstoffe und ihre Verarbeitung (1959/60) hatte sich sehr gut eingeführt. Das entsprach dem Wunsche des Herausgebers und seiner 20 spezialisierten Autoren sowie dem des Verlegers, Herrn Ernst-Günther Bejach (Berlinische Verlagsanstalt). Das Buch wandte sich vorzugsweise an Studierende der Zahnheilkunde und Zahntechniker. Es berücksichtigte die Grundwerkstoffe und die Erfahrungen mit ihnen. Aber schon seinerzeit hoben einige Beiträge auf die klinische Bedeutung der sinnvollen Werkstoffwahl und deren optimale Verarbeitung ab. Auch auf die Notwendigkeit genormter Werkstoffprüfung wurde von Anfang an hingewiesen.
Mit der 3. Auflage, 1974 erstmalig beim Hüthig Verlag erschienen, die ca. 500 Seiten umfaßte, wurde die Einschränkung „Leitfaden" verlassen. Es zeichnete sich die Unterteilung in Grundlagen (21 Kapitel) und klinische Werkstoffkunde (9 Kapitel) ab, von der 4. Auflage an in zwei Bänden mit mehr als 600 Seiten herausgegeben. Das war auch darauf zurückzuführen, daß sich mehr und mehr Naturwissenschaftler der zahnärztlichen Werkstoffkunde zuwandten und die Kenntnisse und Erkenntnisse vertiefen halfen.
In allen Auflagen war stets auf ausführliche Literaturhinweise Wert gelegt worden, die für weiterführende Studien geeignet waren.
In den annähernd 30 Jahren meiner Herausgeberschaft konnte ich 40 Autoren für die Beteiligung an den fünf Auflagen gewinnen, einige von ihnen verblieben über den gesamten Zeitraum mit ihren Spezialgebieten.
Wegen der Beendigung meiner Tätigkeit als Universitäts-Professor und der sich immer schneller verändernden Werkstoffkunde konnte ich mich Anfang der neunziger Jahre nicht mehr zur Bearbeitung einer 6. Auflage in 2 Bänden entschließen.
Um so mehr freut es mich, daß es dem Hüthig Verlag gelungen ist, Herrn Prof. Dr. H. F. Kappert für die Fortführung des inzwischen etablierten Standardwerkes zu gewinnen.
Mit neuem Elan und ambitionierten ehemaligen und neuen Mitarbeitern ergibt sich eine aktuelle Darstellung der zahnärztlichen Werkstoffkunde im ursprünglichen Konzept für Studierende der Zahnmedizin, Zahntechniker, Zahnärzte und wissenschaftlich Tätige auf diesen vielen Teilgebieten.
Ich hoffe, daß das Werkstoffkundebuch weiterhin viele Interessenten findet und sich auch in Zukunft bewähren und verbreiten wird.

Berlin                                                                                                               Karl Eichner

# Vorwort

Als Professor Dr. Hermann (Bonn) im Auftrag des Hüthig-Verlages bei mir anfragte, ob ich im Einverständnis mit Herrn Professor Dr. Eichner bereit sei, die nächste Auflage des Buches als Herausgeber zu bearbeiten, zögerte ich nicht lange, diese ehrenvolle Aufgabe zu übernehmen. Der *Eichner* war für mich das erste Buch, mit dem ich mich in die Thematik der zahnärztlichen Werkstoffe eingelesen habe. Damals war es noch einbändig und hat mich seitdem mit allen folgenden Auflagen bei meiner Lehrtätigkeit begleitet, immer wieder konnte ich im Zweifelsfall selber etwas dazulernen.

Die Anfrage bei den Autoren der fünften Auflage zu erneuter Mitarbeit und Überarbeitung der Manuskripte brachte erste herbe Enttäuschungen. Frau Professor Dr. Franz winkte gleich ab („Laß mal die Jüngeren ran!"), gab mir aber auch gleich den richtigen Tip und nannte Herrn Dr. Borchers und Herrn Dr. Gundlach als mögliche Autoren für die früher von ihr bearbeiteten Kapitel. Da ich beide als kompetente Gesprächspartner schon viele Jahre kannte, war mir die Wahl gerade recht. Herzlichen Dank an beide Kollegen!, die die Anfrage um Mitarbeit spontan positiv entschieden. Das früher separate Kapitel „Gips" ist nun – in Übereinstimmung mit Herrn Professor Dr. Dermann – unter das Thema „Modellwerkstoffe" gestellt.

Herr Professor Dr. Newesely, der leider inzwischen verstorben ist, hatte im fünften Band zwei wichtige Kapitel über die Kunststoffe und die Kunststoffverarbeitung hervorragend bearbeitet. Mit Herrn Privat-Dozent Dr. Janda und Herrn Professor Dr. Welker konnte ich glücklicherweise zwei der besten Kunststoffexperten gewinnen. Wir entschieden uns, die Abhandlungen über Kunststoffe auf zwei Kapitel zu beschränken und die wichtigsten Aspekte über die weichen Kunststoffe und die Kunststoffzähne – denen in der fünften Auflage noch ein eigenes Kapitel gewidmet war – zu integrieren, und so Platz zu schaffen für ein neues grundlegendes Kapitel über die Dentalkeramik. Dieser zahnfarbene und biokompatible Werkstoff hat in den letzten Jahren einen so hohen Stellenwert bekommen, daß auf ein einführendes Kapitel hierzu schon in diesem ersten Band nicht verzichtet werden darf. Glücklicherweise konnte ich Herrn Prof. Gehre, der hier grundlegende wissenschaftliche und handwerkliche Kenntnisse einbringt, zur Mitarbeit gewinnen.

Herrn Dr. Stümke danke ich, daß er ohne Zögern wieder bereit war, die Kapitel über die Metallkunde und die dentalen Edelmetall-Legierungen zu überarbeiten. Herr Dr. Dr. Elbrecht gab freie Fahrt für einen jüngeren Kollegen. In der Tat hat im Bereich der NEM-Legierungen eine heftige Weiterentwicklung stattgefunden, besonders, wenn Titan in reiner oder legierter Form einbezogen werden soll. Der Blick richtet sich bei diesem Legierungstyp fast selbstverständlich nach Tübingen mit der Frage, ob im Hause *Weber* ein kompetenter Mitarbeiter gefunden werden kann. Glücklicherweise hatte Herr Privat-Dozent Dr.

Geis-Gerstorfer gerade seine Habilitationsschrift fertiggestellt. Er konnte nicht anders, er mußte mitmachen. Herzlichen Dank!

Für Herrn Dr. Rehberg, der das Kapitel über zahnärztliche Wachse bearbeitet hatte, war nur sehr schwer ein kompetenter Nachfolger zu gewinnen. Es sollte jemand sein, der uns ein wenig hinter die Kulissen der Industrie schauen läßt, damit wir so aus erster Hand erfahren, wie dieser wunderschöne und zahntechnisch so wichtige Werkstoff hergestellt wird und richtig zu verarbeiten ist. Unter den ganz großen Wachsherstellern konnte ich jemanden finden. Ich danke sehr herzlich Herrn Dr. Ohnmacht, daß er trotz zeitlicher Probleme die Ausarbeitung des Wachskapitels übernommen hat.

Der Rest klingt fast wie Routine.

Mit großer Erleichterung danke ich Herrn Professor Dr. Viohl, daß er nicht nur seine beiden Kapitel über die Abformwerkstoffe und die Normen für zahnärztliche Werkstoffe wieder aufgefrischt hat, sondern daß er – auch aus seiner Erfahrung bei der Mitarbeit früherer Auflagen – auf verschiedene Probleme aufmerksam machte und dadurch sicherlich Pannen verhindert hat.

Herrn Professor Dr. Jung danke ich dafür, daß er – zusammen mit Herrn Privat-Dozent Dr. Borchers – das Kapitel über Schleifen und Polieren noch einmal übernommen hat, ebenso danke ich Herrn Professor Dr. Dermann für die Überarbeitung des Kapitels über die Si-Einheiten und Umrechnungstabellen und Herrn Professor Dr. Finger für die Überarbeitung der Begriffsbestimmungen der Werkstoffprüfung.

Neben den vielen „neuen" Autoren, die den Inhalt dieser sechsten Auflage gestaltet haben, gab es auch auf der Seite des Hüthig-Verlags einen Mannschaftswechsel. Mein Dank gilt hier besonders Frau Hildebrand, die ich während der gemeinsamen Arbeit als besonnene und kompetente Gesprächspartnerin bei der Lösung der vielen verschiedenen Probleme kennengelernt habe.

Die sechste Auflage des ersten Bandes über die „Zahnärztlichen Werkstoffe und ihre Verarbeitung" bietet somit im Vergleich zu den früheren Auflagen viel neues.

Wir hoffen, zeitgemäß und aktuell die richtigen Problemkreise auf dem richtigen Niveau zum Nutzen der Studierenden, Zahnärzte, Zahntechniker und auch der Dental-Industrie anzusprechen.

Wir wünschen uns, daß das Buch fleißig gelesen wird. Kritische Anmerkungen werden dankbar entgegengenommen, um auch künftige Auflagen auf aktuellem Stand zu halten.

Freiburg *Heinrich Kappert*

# Inhaltsverzeichnis

**Geleitwort** ............................................................. V

**Vorwort** .............................................................. VII

**Autorverzeichnis** ...................................................... IX

**1  Modellwerkstoffe** ................................................... 1
   *L. Borchers*

1.1    Einleitung ....................................................... 1
1.1.1  Verwendungszweck ................................................. 1
1.1.2  Anforderungen an Modellmaterialien ............................... 1
1.1.3  Geschichtliches .................................................. 2
1.2    Gips ............................................................. 4
1.2.1  Das System $CaSO_4 - H_2O$ ....................................... 4
1.2.2  Rohstoff Gips .................................................... 6
1.2.3  Herstellung des abbindefähigen Gipses ............................ 8
1.2.4  Gipse für die Zahnheilkunde ...................................... 10
1.2.5  Abbinden des Gipses .............................................. 11
1.2.6  Eigenschaften des abgebundenen Gipses ............................ 15
1.2.7  Normanforderungen ................................................ 19
1.2.8  Verarbeitung ..................................................... 20
1.3    Kunststoffe ...................................................... 23
1.3.1  Epoxidharze ...................................................... 23
1.3.2  Polyurethane ..................................................... 24
1.3.3  Acrylate ......................................................... 25
1.4    Galvanoplastische Modellherstellung .............................. 25
1.5    Vergleich einiger Eigenschaften der verschiedenen Modellmaterialien .... 27
1.5.1  Dimensionsverhalten .............................................. 27
1.5.2  Festigkeit ....................................................... 27
1.5.3  Härte und Abriebfestigkeit ....................................... 28
1.5.4  Elastizitätsmodul ................................................ 28
1.5.5  Detailwiedergabe und Oberflächengüte ............................. 28
1.6    Modellgenauigkeit ................................................ 29

| | | |
|---|---|---|
| **2** | **Einbettmassen** | 34 |
| | *H.-W. Gundlach* | |
| 2.1 | Anforderungen an Einbettmassen | 36 |
| 2.2 | Einteilung der Einbettmassen | 36 |
| 2.3 | Herstellung | 37 |
| 2.4 | Werkstoffkunde | 37 |
| 2.4.1 | Basiskomponenten | 37 |
| 2.4.2 | Chemische Reaktionen | 42 |
| 2.4.3 | Physikalisch-chemische Eigenschaften | 48 |
| 2.5 | Normung | 53 |
| 2.6 | Beschreibung der Einbettmassen | 54 |
| 2.6.1 | Gipsgebundene Einbettmassen | 54 |
| 2.6.2 | Äthylsilikatgebundene Einbettmassen | 55 |
| 2.6.3 | Phosphatgebundene Einbettmassen | 55 |
| 2.7 | Zahntechnische Verarbeitung | 58 |
| | | |
| **3** | **Einführung in die Metallkunde** | 63 |
| | *M. Stümke* | |
| 3.1 | Kennzeichen, Vorkommen und Gewinnung der Metalle | 63 |
| 3.1.1 | Kennzeichen der Metalle | 63 |
| 3.1.2 | Vorkommen und Gewinnung der Metalle | 64 |
| 3.2 | Aufbau der Metalle und Legierungen | 65 |
| 3.2.1 | Atome | 65 |
| 3.2.2 | Kristalle | 65 |
| 3.2.3 | Gefüge | 66 |
| 3.2.4 | Struktur und Gefüge von Legierungen | 66 |
| 3.2.5 | Metallographie | 68 |
| 3.3 | Konstitution von Legierungen | 70 |
| 3.3.1 | Zweck der Legierungsbildung | 70 |
| 3.3.2 | Aufbau und Darstellung von Legierungssystemen | 70 |
| 3.3.3 | Phasendiagramme von Zweistoffsystemen | 71 |
| 3.3.4 | Phasendiagramme von Dreistoffsystemen | 76 |
| 3.4 | Physikalische Eigenschaften von Metallen und Legierungen | 77 |
| 3.4.1 | Atommasse, Dichte und Struktur | 77 |
| 3.4.2 | Härte, Elastizität, Duktilität, Festigkeit | 79 |
| 3.4.3 | Spezifische Wärme, Schmelzwärme, Schmelzpunkt, Siedepunkt | 81 |
| 3.4.4 | Elektrische und thermische Leitfähigkeit | 82 |
| 3.4.5 | Thermische Expansion und Kontraktion | 83 |
| 3.5 | Chemisches und elektrochemisches Verhalten von Dentallegierungen | 84 |
| 3.5.1 | Reaktionen von Gasen und Feststoffen | 84 |
| 3.5.2 | Reaktionen mit Säuren | 84 |
| 3.5.3 | Elektrolytische Vorgänge | 85 |
| 3.5.4 | Korrosion | 85 |

| | | |
|---|---|---|
| **4** | **Edelmetall-Legierungen** | 89 |
| | *M. Stümke* | |
| 4.1 | Herkunft der Edelmetalle | 90 |
| 4.1.1 | Gold | 90 |
| 4.1.2 | Platinmetalle | 90 |
| 4.1.3 | Silber | 90 |
| 4.1.4 | Verwertung von Edelmetallabfällen | 90 |
| 4.2 | Herstellung von Legierungen | 91 |
| 4.3 | Klassifizierung der Dental-Edelmetall-Legierungen | 92 |
| 4.3.1 | Legierungen für Zahnersatz mit Kunststoffverblendung | 93 |
| 4.3.2 | Legierungen für Zahnersatz mit Keramikverblendung | 97 |
| 4.3.3 | Legierungen für abnehmbare Teilprothesen | 102 |
| 4.3.4 | Lotlegierungen | 102 |
| 4.4 | Verarbeitung von Edelmetall-Gußlegierungen | 104 |
| 4.4.1 | Wachsausschmelzverfahren | 104 |
| 4.4.2 | Wärmebehandlungen | 109 |
| 4.4.3 | Mechanische Bearbeitung | 111 |
| 4.5 | Verbindungstechniken | 112 |
| 4.5.1 | Löten | 112 |
| 4.5.2 | Schweißen | 112 |
| 4.5.3 | Angießen | 113 |
| | | |
| **5** | **Nichtedelmetallegierungen** | 119 |
| | *J. Geis-Gerstorfer* | |
| 5.1 | Einleitung | 119 |
| 5.2 | Einteilung und Zusammensetzung der NEM-Legierungen | 120 |
| 5.2.1 | Kobalt-Basislegierungen | 121 |
| 5.2.2 | Nickel-Basislegierungen | 123 |
| 5.2.3 | Titan und seine Legierungen | 125 |
| 5.2.4 | Stähle | 125 |
| 5.2.5 | Sonstige NEM-Legierungen | 128 |
| 5.3 | Herstellung der NEM-Legierungen | 128 |
| 5.4 | Eigenschaften der NEM-Legierungen | 128 |
| 5.4.1 | Physikalische Eigenschaften | 129 |
| 5.4.2 | Korrosionsbeständigkeit | 136 |
| 5.5 | Verarbeitung der NEM-Legierungen | 144 |
| 5.5.1 | Schmelzen und Gießen | 144 |
| 5.5.2 | Ausarbeiten | 152 |
| 5.5.3 | Fügen | 153 |
| 5.5.4 | Verblenden | 160 |
| 5.5.5 | Alternative Technologien zur Verarbeitung von NEM-Legierungen | 164 |
| 5.5.6 | Beschichtungstechniken | 167 |

| | | |
|---|---|---|
| **6** | **Chemie und Physik zahnärztlicher Kunststoffe** ................ | 173 |
| | *R. Janda* | |
| 6.1 | Allgemeines .................................................. | 173 |
| 6.2 | Begriffe und Definition ....................................... | 174 |
| 6.3 | Kunststoffe in der Zahnmedizin ................................ | 176 |
| 6.4 | Verknüpfungsarten ............................................ | 177 |
| 6.5 | Polyreaktionen ............................................... | 178 |
| 6.5.1 | Polymerisation ............................................... | 178 |
| 6.5.2 | Polykondensation ............................................. | 180 |
| 6.5.3 | Polyaddition ................................................. | 181 |
| 6.6 | Strukturen und Eigenschaften der Monomere und Oligomere ........ | 182 |
| 6.7 | Strukturen und Eigenschaften der Polymere ..................... | 185 |
| 6.7.1 | Thermoplaste ................................................. | 186 |
| 6.7.2 | Elastomere ................................................... | 187 |
| 6.7.3 | Duromere ..................................................... | 188 |
| 6.7.4 | Interpenetrierende Netzwerke .................................. | 189 |
| 6.8 | Initiatoren .................................................. | 189 |
| 6.9 | Katalysatoren ................................................ | 191 |
| 6.10 | Füllstoffe ................................................... | 191 |
| 6.10.1 | Organische Füllstoffe ........................................ | 192 |
| 6.10.2 | Anorganische Füllstoffe ...................................... | 192 |
| 6.10.3 | Oberflächenbehandlung der Füllstoffe ......................... | 193 |
| 6.11 | Pigmente/Farbstoffe .......................................... | 194 |
| 6.12 | Additive ..................................................... | 195 |
| 6.12.1 | Stabilisatoren ............................................... | 195 |
| 6.12.2 | UV-Stabilisatoren ............................................ | 196 |
| 6.12.3 | Weichmacher .................................................. | 196 |
| 6.13 | Physikalische und chemische Materialeigenschaften ............. | 196 |
| 6.14 | Alterungsprozesse ............................................ | 198 |
| 6.15 | Biologische Eigenschaften .................................... | 200 |
| 6.16 | Prothesenkunststoffe ......................................... | 200 |
| 6.16.1 | Klassifizierung und Zusammensetzung .......................... | 201 |
| 6.16.2 | Zusammensetzung der Polymethacrylate ......................... | 201 |
| 6.16.3 | Verarbeitung der Polymethacrylate ............................ | 202 |
| 6.16.4 | Andere Prothesenkunststoffe – Zusammensetzung, Verarbeitung ... | 204 |

| | | |
|---|---|---|
| 6.17 | Kunststoffzähne | 204 |
| 6.18 | Unterfütterungskunststoffe | 205 |
| 6.19 | Verblendkunststoffe | 205 |
| 6.20 | Kunststoffe für provisiorische Kronen und Brücken | 206 |
| 6.21 | Füllungskunststoff-Systeme (Komposit-Systeme) | 206 |
| 6.22 | Compomere-Füllungsmaterialien | 207 |
| 6.23 | Versiegelungskunststoffe | 208 |
| 6.24 | Befestigungs-Komposite | 208 |
| 6.25 | Abformmassen | 208 |
| 6.26 | Andere polymere Materialien | 209 |
| **7** | **Prothesenkunststoffe** | **211** |
| | *D. Welker* | |
| 7.1 | Indikation | 211 |
| 7.2 | Anforderung | 211 |
| 7.3 | Prüfungen – Eigenschaften | 212 |
| 7.4 | Werkstoffkundliche und technologische Entwicklung | 214 |
| 7.5 | Technologie | 216 |
| 7.5.1 | Chemoplastische Verarbeitung | 217 |
| 7.5.2 | Thermoplastische Verarbeitung | 230 |
| 7.5.3 | Kunststoff-Bearbeitung | 231 |
| 7.5.4 | Verarbeitungsfehler und Vermeidung | 232 |
| 7.6 | Weiche Kunststoffe | 238 |
| 7.6.1 | Weiche Kunststoffe für temporäre Anwendung | 238 |
| 7.6.2 | Weiche Kunststoffe für permanente Inkorporation | 239 |
| 7.7 | Prothesenwerkstoff und Gewebe | 241 |
| 7.7.1 | Bedeutung physikalischer Eigenschaften | 243 |
| 7.7.2 | Bedeutung der Struktur | 243 |
| 7.7.3 | Bedeutung chemischer Eigenschaften | 245 |
| **8** | **Metall-Kunststoff-Verbundsysteme** | **251** |
| | *K. Ludwig* | |
| 8.1 | Einleitung | 251 |
| 8.2 | Verbundmechanismen | 252 |
| 8.2.1 | Mechanische Verankerung | 252 |
| 8.2.2 | Physikalische Bindekräfte | 253 |
| 8.2.3 | Zwischenzonenschichten | 257 |
| 8.3 | Dentale Verbundsysteme | 260 |
| 8.3.1 | „Superbond" | 260 |
| 8.3.2 | „SR Chroma Link" | 260 |
| 8.3.3 | „Sebond-MKV"-System | 260 |
| 8.3.4 | „SR Isosit Spectra Link"-Verfahren | 261 |
| 8.3.5 | „OVS-System" | 262 |
| 8.3.6 | „Silicoater"-Verfahren | 262 |
| 8.3.7 | „Silicoater-MD"-Verfahren | 263 |

| | | |
|---|---|---|
| 8.3.8 | „Rocatec"-Verfahren | 264 |
| 8.3.9 | Weitere Systeme | 264 |
| 8.4 | Vergleichende Betrachtungen der Verbundsysteme | 265 |
| 8.4.1 | Verbundfestigkeit | 266 |
| 8.4.2 | Diskussion | 268 |
| 8.5 | Weitere Anwendungen | 269 |

## 9 Abformwerkstoffe  ... 273
*J. Viohl*

| | | |
|---|---|---|
| 9.1 | Zweck | 273 |
| 9.2 | Historische Entwicklung | 273 |
| 9.3 | Werkstoffgruppen | 274 |
| 9.4 | Anforderungen an Abformwerkstoffe | 275 |
| 9.4.1 | Konsistenz | 275 |
| 9.4.2 | Festigkeit und Elastizität | 275 |
| 9.4.3 | Dimensionstreue | 275 |
| 9.4.4 | Detailwiedergabe | 276 |
| 9.4.5 | Kompatibilität mit Modellwerkstoffen | 276 |
| 9.5 | Zusammensetzung, Verarbeitung und Indikation | 276 |
| 9.5.1 | Irreversibel-starre Abformwerkstoffe | 276 |
| 9.5.2 | Reversibel-starre Abformwerkstoffe | 278 |
| 9.5.3 | Reversibel-elastische Abformwerkstoffe | 279 |
| 9.5.4 | Irreversibel-elastische Abformwerkstoffe | 280 |
| 9.6 | Werkstoffeigenschaften | 287 |
| 9.6.1 | Toxizität | 287 |
| 9.6.2 | Lagerfähigkeit | 287 |
| 9.6.3 | Verarbeitung | 287 |
| 9.6.4 | Konsistenz | 289 |
| 9.6.5 | Abbindezeit | 290 |
| 9.6.6 | Festigkeit und Elastizität | 290 |
| 9.6.7 | Dimensionstreue | 293 |
| 9.6.8 | Detailwiedergabe | 294 |
| 9.6.9 | Kompatibilität mit Modellwerkstoffen | 295 |
| 9.6.10 | Desinfektion | 295 |
| 9.7 | Doubliermassen | 295 |
| 9.8 | Auswahl der Abformwerkstoffe für die klinische Anwendung | 296 |

## 10 Zahnärztliche Wachse  ... 303
*P. Ohnmacht*

| | | |
|---|---|---|
| 10.1 | Einleitung | 303 |
| 10.2 | Geschichtlicher Überblick | 304 |
| 10.3 | Definition der Wachse | 304 |
| 10.3.1 | Chemische Zusammensetzung von Wachs | 305 |
| 10.3.2 | Physikalische Eigenschaften von Wachsen | 306 |

| | | |
|---|---|---|
| 10.4 | Einteilung der Wachse | 306 |
| 10.4.1 | Naturwachse | 306 |
| 10.4.2 | Modifizierte Naturwachse | 308 |
| 10.4.3 | Teil- und vollsynthetische Wachse | 309 |
| 10.5 | Harze | 309 |
| 10.6 | Dentalwachse | 310 |
| 10.6.1 | Gußwachse | 311 |
| 10.6.2 | Modellierwachse/Basisplattenwachse | 312 |
| 10.6.3 | Klebewachs | 313 |
| 10.6.4 | Bißwachs | 313 |
| 10.7 | Farben und Füllstoffe | 313 |
| 10.7.1 | Farben | 313 |
| 10.7.2 | Füllstoffe | 313 |
| 10.8 | Normprüfungen und Forderungen | 314 |
| 10.8.1 | Flow | 314 |
| 10.8.2 | Rückstand | 314 |
| 10.8.3 | Bearbeitbarkeit | 314 |
| 10.9 | Weitere Eigenschaften | 315 |
| 10.9.1 | Tropfpunkt | 315 |
| 10.9.2 | Erstarrungspunkt | 315 |
| 10.9.3 | Plasto-elastisches Verhalten | 315 |
| 10.9.4 | „Härte", Konsistenz, Fließverhalten | 317 |
| 10.9.5 | Thermisches Dimensionsverhalten | 318 |
| 10.9.6 | Spannungen im Wachs | 322 |
| 10.10 | Verarbeitung von Wachsen | 322 |
| 10.10.1 | Verarbeitungshinweise | 322 |
| 10.10.2 | Sicherheitshinweise | 323 |
| **11** | **Keramische Werkstoffe** | 326 |
| | *G. Gehre* | |
| 11.1 | Historische Entwicklung, Einführung keramischer, glas- und aufbrennkeramischer Werkstoffe | 326 |
| 11.2 | Einordnung, Zusammensetzung und Aufbau dentalkeramischer und glaskeramischer Materialien | 328 |
| 11.2.1 | Grundrohstoffe | 331 |
| 11.2.2 | Zusätze | 334 |
| 11.3 | Industrielle Aufbereitung dentalkeramischer Massen | 336 |
| 11.4 | Allgemeine Verarbeitung keramischer und glaskeramischer Materialien | 338 |
| 11.4.1 | Brennen | 338 |
| 11.4.2 | Gießen | 341 |
| 11.4.3 | Pressen | 342 |
| 11.4.4 | Fräsen | 343 |
| 11.5 | Struktur keramischer und glaskeramischer Werkstoffe | 343 |

| | | |
|---|---|---|
| 11.6 | Physikalische Eigenschaften | 345 |
| 11.6.1 | Gestaltbarkeit – Formgebung | 345 |
| 11.6.2 | Pyroplastisches Verhalten | 345 |
| 11.6.3 | Wärmedehnungsverhalten | 347 |
| 11.6.4 | Optische Eigenschaften | 349 |
| 11.6.5 | Mechanische Eigenschaften | 351 |
| 11.6.6 | Benetzbarkeit und verbundbildende Eigenschaften | 356 |
| 11.6.7 | Werkstoffprüfungen | 358 |
| 11.6.8 | Korrelation physikalischer Eigenschaften zur klinischen Beanspruchung | 359 |
| 11.7 | Biologische Wertung dentalkeramischer Werkstoffe | 362 |
| 11.8 | Keramikzähne, industrielle Herstellung und Verarbeitung | 364 |

## 12 Schleif- und Poliermittel ... 373
*T. Jung und L. Borchers*

| | | |
|---|---|---|
| 12.1 | Oberfläche | 373 |
| 12.2 | Schleifen und Schleifmittel | 375 |
| 12.3 | Polieren und Poliermittel | 377 |
| 12.4 | Ausarbeiten und Polieren von Metallen | 378 |
| 12.5 | Ausarbeiten und Polieren von Kunststoffen | 380 |
| 12.6 | Ausarbeiten und Polieren von Mineralzähnen | 381 |

## 13 Begriffsbestimmungen der Werkstoffprüfungen ... 385
*W. Finger*

| | | |
|---|---|---|
| 13.1 | Mechanisch-technologische Eigenschaften | 385 |
| 13.2 | Physikalische Eigenschaften | 394 |
| 13.3 | Chemische Werkstoffprüfung | 396 |
| 13.4 | Metallographische Werkstoffprüfung | 396 |

## 14 Normen für zahnärztliche Werkstoffe ... 398
*J. Viohl*

| | | |
|---|---|---|
| 14.1 | Allgemeines | 398 |
| 14.2 | Historische Entwicklung der zahnärztlichen Normung | 398 |
| 14.3 | Normen für die Zahnheilkunde | 399 |
| 14.4 | Normen für zahnärztliche Werkstoffe | 400 |
| 14.5 | Zweck | 400 |
| 14.6 | Gesetzliche Regelungen für Werkstoffe | 401 |
| 14.7 | Normungsgremien | 401 |
| 14.8 | Aufbau und Inhalt von zahnärztlichen Normen | 407 |
| 14.9 | Anwendung von zahnärztlichen Normen | 408 |
| 14.10 | Prüfeinrichtungen | 408 |
| 14.11 | Regelungen in der Europäischen Union (EU) | 408 |
| 14.12 | Zusammenfassung | 409 |

## 15 SI-Einheiten und Umrechnungstabellen ... 410
*K. Dermann*

**Sachverzeichnis** ... 417

# Autorenverzeichnis

Dr.-Ing. L. Borchers
Zentrum Zahn-, Mund- und Kieferheilkunde
Medizinische Hochschule Hannover
Konstanty-Gutschow-Straße 8
30625 Hannover

Prof. Dr. Klaus Dermann
Degussa AG – GB Dental
Rodenbacher Chausee 4
63457 Hanau-Wolfgang

Prof. Dr. med. dent. Werner Finger
Vellbrüggener Straße 21
41469 Neuss

Prof. Dr. Dr. Gerhard Gehre
Universität Leipzig
Poliklinik für zahnärztliche Prothetik
Abteilung für zahnärztliche Werkstoffe
Nürnberger Str. 57
04103 Leipzig

Priv.-Doz. Dr. Jürgen Geis-Gerstorfer
Eberhard-Karls-Universität Tübingen
Zentrum für Zahn-, Mund- und
Kieferheilkunde
Poliklinik für zahnärztliche Prothetik
Osianderstraße 2–8
72076 Tübingen

Dr. Hans-Werner Gundlach
BEGO Bremer Goldschlägerei
Wilh. Herbst GmbH & Co.
Technologiepark Universität
Wilhelm-Herbst-Straße 1
28539 Bremen

Priv.-Doz. Dr. Ralf Janda
Praunheimer Weg 34
60439 Frankfurt/Main

Prof. Dr. Till Jung
Zentrum Zahn-, Mund- und Kieferheilkunde
Medizinische Hochschule Hannover
Konstanty-Gutschow-Straße 8
30625 Hannover

Prof. Dr. rer. nat. Heinrich F. Kappert
Klinikum der Albert-Ludwig-
Universität Freiburg
Universitätsklinik für Zahn-, Mund-
und Kieferheilkunde
Experimentelle Zahnheilkunde
Hugstetter Straße 55
79106 Freiburg

Priv.-Doz. Dr. Klaus Ludwig
Klinikum der Christian-Albrechts-
Universität zu Kiel
Zentrum Zahn-, Mund- und Kieferheilkunde
Klinik für zahnärztliche Prothetik, Propä-
deutik und Werkstoffkunde
Arnold-Heller-Straße 16
24105 Kiel

Peter Ohnmacht
Dentaurum J. P. Winkelstroeter KG
Turnstraße 31
75228 Ispringen

Dr. Manfred Stümke
Wieland Edelmetalle GmbH & Co.
Gold- und Silberscheideanstalt
Schwenninger Straße 13
75179 Pforzheim

Prof. Dr. med. dent. Jochen Viohl
Freie Universität Berlin
Universitätsklinikum Benjamin Franklin
Poliklinik und Klinik für Zahn-, Mund- und
Kieferheilkunde (WE 24)
Abteilung für zahnärztliche Werkstoffkunde
Aßmannshauser Straße 4–6
14197 Berlin

Prof. Dr. med. dent. Dieter Welker
Friedrich-Schiller-Universität Jena
Poliklinik für zahnärztliche Prothetik
Bereich Werkstoffkunde und Technologie
Bachstraße 18
07743 Jena

# 1 Modellwerkstoffe

L. Borchers, Hannover

## 1.1 Einleitung

### 1.1.1 Verwendungszweck

Die praktische Anfertigung von Zahnersatz beginnt – nachdem Planung und Präparation abgeschlossen sind – mit der Abformung, darauf folgt als nächster wichtiger Schritt die Herstellung des Modells. Hierbei füllt eine zunächst formbare Masse die vorliegende (negative) Hohlform aus, erstarrt anschließend und wird so zum positiven Duplikat des betreffenden Kiefers oder eines Abschnittes davon. Dieses Duplikat dient als Planungshilfe für den Zahnarzt bzw. als Arbeitsgrundlage für den Zahntechniker. Je nach Funktion werden folgende Modellarten unterschieden (*Hohmann und Hielscher* 1987):

a) *Situationsmodelle* unterstützen bei der Analyse von Zahnformen, Zahnstellung und Okklusion sowie bei der Behandlungs- und Konstruktionsplanung in allen zahnärztlichen Disziplinen,

b) *Vormodelle* sind verhältnismäßig grobe Arbeitsunterlagen für die Anfertigung von individuellen Abformlöffeln,

c) *Funktionsmodelle* sind die Grundlage für die Herstellung von Totalprothesen,

d) *Reparaturmodelle* ermöglichen, Bruchstücke in korrekter Lagebeziehung wieder zusammenzufügen,

e) *Gegenbißmodelle* ermöglichen die Gestaltung okkludierender Flächen in bezug auf die antagonistischen Verhältnisse,

f) *Meistermodelle* sind das präzise Urbild für das Einbettmassemodell beim Modellgußverfahren,

g) *Sägeschnitt- und Stumpfmodelle* besitzen herausnehmbare Anteile und dienen als Basis für die Herstellung von festsitzendem und herausnehmbarem bzw. kombiniertem Zahnersatz.

Während die unter a) bis f) genannten Modelle in einem Arbeitsgang hergestellt werden, erfordern Sägeschnitt- und Stumpfmodelle ein zweiphasiges Vorgehen, bei dem zunächst der Zahnkranz bzw. einzelne Stümpfe im Modell entstehen und anschließend der Sockel gefertigt wird.

Verwendungszweck und damit verbundene Beanspruchungen des Modells bestimmen die Anforderungen, die an ein Modellmaterial zu stellen sind.

### 1.1.2 Anforderungen an Modellmaterialien

Ein Modell muß die Ausgangssituation *in allen Einzelheiten* und *dimensionsgetreu* wiedergeben, wenn es als Planungsunterlage oder gar als Arbeitsgrundlage für weitere labortechnische Verfahrensschritte bei der Anfertigung von Zahnersatz dienen soll. Hieraus folgt, daß Modellwerkstoffe zunächst genügend *fließfähig* sein müssen, um alle Feinheiten der Abformung auszufüllen. Weiterhin müssen sie bei ihrer Erstarrung und in der Zeit danach *maßhaltig* bleiben, das heißt, sie dürfen weder bedeutend schrumpfen noch expandieren. Die Erstarrung wiederum sollte *zügig* vonstatten gehen, um eine schnelle Weiterverarbeitung des Modells im Labor zu ermöglichen. Damit auch zierliche, präparierte Stümpfe weder bei der Entformung noch bei der späteren Handhabung vom Modell brechen, sind *ausreichende Festigkeit und Schlagzähigkeit* des Materials nötig. Eine sichere Beurteilung der Paßgenauigkeit z. B. von Brücken oder Teleskopen erfordert eine *genügend hohe Steifigkeit* (Elastizitätsmodul), und eine *ausreichende Verschleißfestigkeit* (Härte, Abriebfestigkeit) sollte das Modell gegen Abrasion schützen, z. B. beim Schaben an einer modellierten Wachskrone oder beim Überprüfen von Okklusion und Artikulation im Artikulator. Alle genannten Eigenschaften dürfen durch Wechselwirkung mit dem Abformmaterial nicht beeinträchtigt werden, Abform- und Modellmaterial müssen also miteinander *verträglich* sein. Schließlich verlangen Techniker vom Modellwerkstoff neben *Preiswürdigkeit* und guter *Handhabbarkeit* noch guten *Farbkontrast* zu Modelliermaterialien, z. B. zu Wachsen.

Die folgende Aufstellung faßt zusammen, welche Eigenschaften die Modellmaterialien besitzen sollten, nämlich:

- gute Detailwiedergabe,
- Dimensionstreue,
- Dimensionsstabilität,
- genügend schnelle Aushärtung,
- ausreichende Festigkeit,
- ausreichende Steifigkeit,
- Abriebfestigkeit,
- Verträglichkeit mit Abformmaterialien,
- gute Handhabbarkeit,
- guten Farbkontrast und
- Preiswürdigkeit.

### 1.1.3 Geschichtliches

Während Funde aus Ägypten, Phönizien und Etrurien auf sehr frühe, wenn auch bescheidene Anfänge der Zahnersatzkunde schon in der Antike hindeuten, dauerte es noch bis in die Mitte des 18. Jahrhunderts, bis erstmals ein *Modell* bei der Herstellung von Zahnersatz zu Hilfe genommen wurde. Der Hofzahnarzt unter Friedrich dem Großen, *Philipp Pfaff*, dokumentierte 1756 in seiner „Abhandlung von den Zähnen des menschlichen Körpers und deren Krankheiten", wie eine Abformung mit Siegelwachs genommen und anschließend mit Gipsbrei ausgegossen wurde (*Hoffmann-Axthelm* 1973). Diese bahnbrechende Idee Pfaffs ermöglichte erst den Aufschwung, den die zahnärztliche Prothetik im nächsten Jahrhundert zur Zeit der Industrialisierung nehmen sollte.

Um 1840 versuchten die Amerikaner *L. Gilbert* und *W.H. Dwinelle* erfolgreich, die Abbindung des Gipses durch Zusätze von Salzen zu beschleunigen, und verwandelten ihn damit zu einem geeigneten Abformmaterial (*Hoffmann-Axthelm* 1973).

Eine bedeutende Steigerung der bis dahin unzureichenden Festigkeitseigenschaften des Gipses gelang zunächst *Lewinski* (1899), der das „nasse Brennen" des Rohgipses im Autoklaven und damit den auch in der Zahntechnik bedeutenden *Hartgips* erfand (siehe Kap. 1.2.3). Eine weitere Verbesserung konnte *Hoggatt* (1937, 1952) erzielen, indem er den Umwandlungsvorgang vom Naturgips zum Halbhydrat durch Einsatz von Salzen gezielt beeinflußte und damit die Herstellung von verbesserten Hartgipsen ermöglichte (*Craig* 1980). Seit 1966 gibt es *synthetische Gipse*, die aufgrund ihres hohen Reinheitsgrades und der besseren Steuerbarkeit des Kristallwachstums physikalische Eigenschaften aufweisen, die von Naturgips nur schwer erreichbar sein sollen (*Höft* 1989).

Trotz seiner Schwächen, die in der immer noch relativ geringen Biege- und Abriebfestigkeit liegen, ist Gips bis in die heutige

Zeit der meistverwendete Modellwerkstoff geblieben. Zwar hat es im Laufe des 20. Jahrhunderts zahlreiche Neuentwicklungen gegeben, ihnen war aber meistens kein dauerhafter bzw. nennenswerter Markterfolg beschieden. So wurde versucht, die ursprünglichen Füllungsmaterialien *Silico-Phosphat-Zement* (Steinzement) und *Amalgam* in abgewandelter Form für die Herstellung sehr harter Modelle mit guter Detailwiedergabe einzuführen. Beide Materialien mußten aber wegen ihrer relativ zähen Konsistenz in die Abformung gestopft werden, was wiederum die Verwendung elastischer Abformwerkstoffe ausschloß, die sich dabei verziehen würden (*Dermann* 1988). Der Zement hat zudem eine zu hohe Schrumpfung beim Abbinden, während das Amalgam eine relativ lange Zeit zur vollständigen Aushärtung benötigt und eine für die Wachsmodellation nachteilige hohe Wärmeleitfähigkeit aufweist (*Combe* 1984). *Bernau et al.* (1983) befanden schließlich, Zement und Amalgam seien für die Modellherstellung ungeeignete Werkstoffe. Auch spezielle keramische Massen werden als Modellmaterial selten eingesetzt, da sie einen zu hohen Verarbeitungsaufwand erfordern (*Combe* 1984, *Dermann* 1988).

In den 60er Jahren wurden erstmals erfolgversprechende Materialien auf *Kunststoff*basis eingeführt, die dem Gips sowohl an Biege- und Kantenfestigkeit als auch an Zeichnungsschärfe überlegen waren (*Lenz* 1985, *Dermann* 1977, *Klinger* 1991, *Kozono et al.* 1983, *Newman et al.* 1966, *Robertson* 1966, *Stoll et al.* 1993, *Ullo et al.* 1983). Es handelte sich vornehmlich um *Epoxidharze* und *Polyurethane*, die allerdings erst in neuerer Zeit durch verbesserte Formulierung und optimierte Füllstoffe eine akzeptable, minimale Schrumpfung beim Abbinden zeigen (*Chaffee et al.* 1992, *Lehmann et al.* 1989).

Gänzlich andere Entwicklungen zielten darauf ab, das Gipsmodell oberflächlich mit einer abrasionsfesten Schicht aus feinzeichnendem Material zu versehen. So stellte *Ilg* (1937) ein Verfahren vor, bei dem auf *galvanischem* Wege eine dünne Metallschicht auf der Abdruckoberfläche abgeschieden wird, die nach dem Ausgießen mit Gips (oder in neuerer Zeit mit Kunststoff) dem Modell oberflächlich anhaftet und dieses verstärkt. Noch heute werden mit sehr guten Ergebnissen Modelle auf galvanoplastischem Wege hergestellt, jedoch geschieht dies wegen des erforderlichen apparativen und zeitlichen Aufwands relativ selten (*Marxkors und Meiners* 1993). 1965 beschrieben *Friend und Barrett* eine alternative Möglichkeit, das Modell mit einer schützenden Metallschicht zu versehen. Sie besteht darin, die Abformung mit einer niedrigschmelzenden Legierung aus Wismut und Zinn in dünner Schicht auszusprühen und dann auszugießen wie bei der galvanoplastischen Modellherstellung. Obwohl *Palmqvist* (1970) und *Lehmann et al.* (1989) auf solche Weise fabrizierten Modellen sehr gute Dimensionstreue attestierten und *Körber et al.* (1979) über dem Gips überlegene Oberflächeneigenschaften berichteten, konnte sich die Sprühmetallmethode nicht durchsetzen (*Klinger* 1991).

Eine weitere, ähnliche Technik erzeugt die Verstärkungsschicht durch Ausschwenken der Abformung mit autopolymerisierendem *Methacrylsäuremethylester* (PMMA) bei gleicher Weiterverarbeitung wie oben. Jedoch können auf diese Weise wegen der starken Polymerisationsschrumpfung des PMMA keine Präzisionsmodelle gefertigt werden, sondern nur Situations- und Demonstrationsmodelle.

Folgende Materialien werden heute in nennenswertem Umfang für die Modellherstellung verwendet und sollen im folgenden besprochen werden:

- Gipse,
- Kunststoffe (z.T. mit Füllstoffen verstärkt),
- galvanisch aufgebrachte Schichten.

## 1.2 Gips

Die Verwendung von Gips (chemisch: Kalziumsulfat, $CaSO_4$) als Modellmaterial beruht auf seiner seit dem frühesten Altertum bekannten Eigenschaft, durch Aufnahme bzw. Abgabe von Kristallwasser verschiedene Hydratationsstufen einzunehmen (Tabelle 1.1). Man hat sich sehr früh die Technik zunutze gemacht, dem Rohgips durch Erhitzen Kristallwasser zu entziehen und das erhaltene Pulver durch Anmischen mit Wasser wieder zur Erhärtung zu bringen. Antike Zeugen dafür sind u.a. glatte, mit Gips verputzte und bemalte Wände von Häusern in Jericho, die aus dem siebten vorchristlichen Jahrtausend stammen, sowie die mit Hilfe gipshaltigen Mörtels errichteten ägyptischen Pyramiden aus der Zeit um 4000 v. Chr. (*Franz* 1981, *Schoenbeck* 1931, *Wirsching* 1976). Der Name „Gips" weist zwar Verwandtschaft mit dem Wort „Ägypten" auf (*Franz* 1981), allerdings läßt die griechische Bezeichnung „gupsos" auch einen Zusammenhang mit den griechischen Wörtern für „Erde" und „kochen" vermuten (*Mineral Resources Consultative Committee* 1975). Der Alabastergips ist nach dem Fundort Alabastron in Oberägypten benannt.

Das deutsche Wort „Gips" bezeichnet sehr unscharf viele Erscheinungsformen des Kalziumsulfats, nämlich neben dem in der Erdkruste vorkommenden Naturgips und dem auf synthetischem Wege gewonnenen Rohstoff Gips auch den gebrannten (dehydrierten) und den wieder abgebundenen (rehydrierten) Gips. Im Gegensatz dazu differenziert das Englische zwischen „gypsum" bzw. „gypsum rock" (Gipsstein, Rohgips), „plaster" (gebrannter Gips) und „rehydrated plaster" (abgebundener Gips). Daneben bezeichnet der Begriff „stone" sowohl das $\alpha$-Halbhydrat, eine besondere Form des gebrannten Gipses, als auch den daraus entstehenden Hartgips.

### 1.2.1 Das System $CaSO_4$ - $H_2O$

Alle Erscheinungsformen des Gipses vom Rohprodukt über das Pulver bis zum abgebundenen Werkstoff sind, thermodynamisch gesehen, Phasen bzw. Phasengemische, die dem System $CaSO_4$ - $H_2O$ entstammen. Nach *Wirsching* (1976) sind in diesem System folgende fünf Phasen nachzuweisen:
1. Kalziumsulfat-Dihydrat oder -Doppelhydrat ($CaSO_4 \cdot 2H_2O$),
2. Kalziumsulfat-Halbhydrat oder -Hemihydrat ($CaSO_4 \cdot \frac{1}{2}H_2O$)[1)],

*Tabelle 1.1* Mögliche Dehydratations- und Rehydratationsvorgänge im System Kalziumsulfat/Wasser (siehe auch Fußnote[2)])

**Dehydratation:**

$$CaSO_4 \cdot 2H_2O + \text{Energie} \rightarrow CaSO_4 \cdot \frac{1}{2}H_2O + 1\frac{1}{2}H_2O$$
$$CaSO_4 \cdot 2H_2O + \text{Energie} \rightarrow CaSO_4 + 2H_2O$$

(Gipsstein wird zu gebranntem Gips)

**Rehydratation:**

$$CaSO_4 \cdot \frac{1}{2}H_2O + 1\frac{1}{2}H_2O \rightarrow CaSO_4 \cdot 2H_2O + \text{Energie}$$
$$CaSO_4 + 2H_2O \rightarrow CaSO_4 \cdot 2H_2O + \text{Energie}$$

(gebrannter Gips wird zu abgebundenem Gips)

---

[1)] Diese eigentlich inkorrekte Schreibweise der chemischen Formel für Halbhydrat hat sich in der Fachliteratur durchgesetzt. Die korrekte Formel für Halbhydrat ist $(CaSO_4)_2 \cdot H_2O$.

3. Anhydrit III oder löslicher Anhydrit ($CaSO_4$ III),
4. Anhydrit II oder natürlicher Anhydrit ($CaSO_4$ II),
5. Anhydrit I oder Hochtemperaturanhydrit ($CaSO_4$ I).

Das *Kalziumsulfat-Dihydrat* ist die bedeutendste der genannten Phasen. Aus ihr bestehen das natürliche Mineral und der synthetische Gips, und sie ist Ausgangs- bzw. Endpunkt für das Brennen und das Abbinden des Gipses (siehe Tabelle 1.1). Dihydrat kristallisiert monoklin meist tafelartig, seltener säulenförmig. Der Kristallaufbau ist schichtartig, wobei Lagen von $SO_4$-Tetraedern, die durch Ca-Ionen verbunden sind, mit Lagen von Kristallwasser abwechseln (*Langbein et al.* 1982). Dies führt zur leichten Spaltbarkeit des Gipses, die beim blättrigen Gipsspat besonders ausgeprägt ist. Reine Dihydrat-Kristalle sind farblos und durchsichtig („Gipsglas", „Marienglas"), sie können aber auch durch Beimengungen von Fremdmineralien, Eisenoxid oder Bitumen grau, gelblich, rötlich oder bräunlich bis fast schwarz erscheinen.

Kalziumsulfat-Dihydrat ist oberhalb 40 °C unbeständig. Es verliert zunächst einen Teil seines Kristallwassers und geht in das *Kalziumsulfat-Halbhydrat* über[2]. Dieses kann je nach Entstehungsbedingungen zwei chemisch identische Erscheinungsformen annehmen. Bei niedrigem Wasserdampf-Partialdruck, d. h. in trockener Luft oder im Vakuum, entsteht bei Temperaturen zwischen 40 und 200 °C das *β-Halbhydrat*. Hoher Wasserdampf-Partialdruck, z. B. in Säuren oder Salzlösungen oberhalb 40 °C bzw. in Wasser bei hohem Druck und Temperaturen über 97 °C, führt zur Bildung des *α-Halbhydrats* (sogenanntes „nasses Brennen").

Beide Formen des Halbhydrats sind auch von der Kristallstruktur (rhomboedrisch) her identisch. Sie unterscheiden sich jedoch hinsichtlich ihrer äußeren Kristallform und damit in ihrer spezifischen Oberfläche, in ihrem energetischen Verhalten und in den Eigenschaften der aus ihnen entstehenden Gipse. In trockener Atmosphäre oder im Vakuum bestehen große Unterschiede im Wasserdampf-Partialdruck zwischen dem Inneren und der Umgebung des erhitzten Dihydrats, so daß das Kristallwasser mit verhältnismäßig hoher Geschwindigkeit austritt. In der Folge sind die entstehenden *β-Halbhydrat*- Kristalle sehr fein untergliedert, schuppig und zerklüftet. Dahingegen wird das Kristallwasser beim nassen Brennen gegen den hohen äußeren Wasserdampf-Partialdruck sehr schonend ausgetrieben, was zur Bildung grobkristalliner und ausgesprochen kompakter *α-Halbhydrat*-Partikel führt (vgl. Abb. 1.1 und 1.2).

Beide Halbhydratformen gehen bei weiterem vorsichtigen Erhitzen (im Vakuum bei etwa 50 °C bzw. unter Druck bei Temperaturen bis maximal 200 °C) in den *Anhydrit III* über. Dieser wandelt sich bei Temperaturen zwischen 200 und 1180 °C in *Anhydrit II* um, der auch *totgebrannter Gips* oder *unlöslicher* Anhydrit genannt wird. In dieser Form findet sich der *Anhydritstein* in der Erdkruste. Oberhalb 1180 °C erhält man schließlich *Anhydrit I*, der bei niedrigeren Temperaturen unbeständig ist und wieder in Anhydrit II übergeht.

Anhydrit II und Anhydrit III nehmen ebenso wie das Halbhydrat unterhalb 40 °C Wasser aus ihrer Umgebung auf und können wieder höhere Hydratationsstufen bis zum Dihydrat einnehmen.

---

[2] Streng genommen, entstehen bei der Entwässerung des Dihydrats (und auch bei der Hydratation des Anhydrit III) nebeneinander verschiedene metastabile Phasen der Form $CaSO_4 \cdot x H_2O$ mit $0 \leq x < 1$, die zusammenfassend als *Subhydrate* bezeichnet werden (*Abriel und Nesper* 1993). Unter ihnen ist das erwähnte *Halbhydrat* das stabilste und bedeutendste. Die in diesem Kapitel angestellten Betrachtungen über Halbhydrate gelten analog auch für alle anderen möglichen Subhydrate, obwohl sie der Einfachheit halber nicht weiter erwähnt werden.

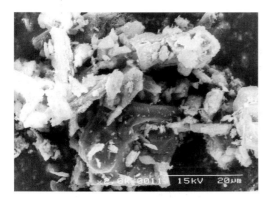

*Abb. 1.1* Pulverpartikel eines Typ 2-(Alabaster-)Gipses (vorwiegend β-Halbhydrat-Kristalle), rasterelektronenmikroskopische Aufnahme

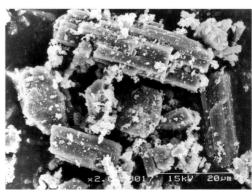

*Abb. 1.2* Pulverpartikel eines Typ 4-(Spezialhart-)Gipses (vorwiegend α-Halbhydrat-Kristalle), rasterelektronenmikroskopische Aufnahme

Die drei Anhydrit-Phasen sind chemisch identisch; sie unterscheiden sich durch ihre Kristallstruktur.

Für das Verständnis des Modellwerkstoffs Gips sind Kenntnisse über Kalziumsulfat-Dihydrat und die beiden Formen des Halbhydrats notwendig. Die Tabelle 1.2 faßt die wichtigsten Eigenschaften dieser Phasen zusammen.

### 1.2.2 Der Rohstoff Gips

#### 1.2.2.1 Naturgips

Mineralische Anreicherungen von Kalziumsulfaten, und zwar sowohl von Naturgips (Dihydrat) als auch von Anhydrit, sind in den meisten geologischen Formationen anzutreffen. Sie sind fast ausnahmslos durch chemische Sedimentation im Bereich gro-

*Tabelle 1.2* Kenngrößen von Kalziumsulfat-Dihydrat und Kalziumsulfat-Halbhydrat nach *Wirsching* (1986)

| Bezeichnung der Phase<br>Chemische Formel<br>Bezeichnung der Formen | Dihydrat<br>$CaSO_4 \cdot 2H_2O$ | Halbhydrat<br>$CaSO_4 \cdot \tfrac{1}{2}H_2O$ | |
|---|---|---|---|
| | | β | α |
| Weitere Bezeichnungen | Gips, Rohgips, Chemiegips, synthetischer Gips, abgebundener Gips | β-Halbhydrat, β-Gips, Alabastergips, Stuckgips | α-Halbhydrat, α-Gips, Autoklavengips |
| Entstehungstemperatur (°C) im Labor | < 40 | 45 – 200 (trocken) | > 45 (naß) |
| Entstehungstemperatur (°C) in der Technik | < 40 | 120 – 180 | 80 – 180 |
| Molmasse | 172,2 | 145,2 | 145,2 |
| Kristallwassergehalt (Masse-%) | 20,9 | 6,2 | 6,2 |
| Dichte (g/cm$^3$) | 2,31 | 2,63 | 2,76 |
| Kristallstruktur | monoklin | rhomboedrisch | rhomboedrisch |
| Härte nach Mohs | 1,5 | – | – |
| Löslichkeit in Wasser bei 20 °C (g/100g Lösung) | 0,21 | 0,88 | 0,67 |

## 1.2 Gips

ßer, flacher Salzseen entstanden. Wenn hier Randbereiche durch Untiefen („Barren", siehe Abb. 1.3) abgeschnürt waren und somit großräumiger Wasseraustausch behindert war, führte starke Verdunstung unter ariden Bedingungen zu fortschreitender Konzentrierung der gelösten Salze, bis sich schließlich in der umgekehrten Folge ihrer Löslichkeit Karbonate, Kalziumsulfate, Steinsalz und Kalium-Magnesium-Salze schichtweise absetzten (*Langbein et al.* 1982). Zeugen dafür sind zum Beispiel die mächtigen Lagerstätten am Rande des mitteleuropäischen Zechsteinbeckens, das sich im Zeitalter des Perm vom Gebiet Englands über Holland, die Norddeutsche Tiefebene (Gipsabbau südlich des Harzes) und Polen bis an das nördliche Kaspische Meer erstreckte. Weitere wichtige europäische Gipsvorkommen bildeten sich in der Trias in einem breiten Gürtel von Thüringen über Franken und die Schwäbische Alb bis in das Saarland und den Lothringer Raum. Später im Tertiär kam es zu den bedeutenden Gipsablagerungen im Pariser Becken, Ursprung des weithin bekannten „plaster of Paris".

Man ist heute der Auffassung, daß ursprünglich die meisten Kalziumsulfatschichten als Gips ausgeschieden worden sind und der Anhydrit erst später unter dem Einfluß geothermischer Prozesse durch Ummineralisation entstanden ist (*Borchert* 1959, *Henning et al.* 1989). Wo geodynamische Vorgänge den Anhydrit an die Erdoberfläche oder in ihre Nähe brachten, ermöglichte oberflächennahes Wasser die Rehydratation des Anhydrits zum Gips im Rahmen des sogenannten Gips-Anhydrit-Zyklus (*Jorgensen* 1978, *Voll* 1992). Daher sind Anhydritlager meist von Gips überdeckt. Wenn Gips unter zerklüftetem Deckgestein (z. B. Kalk) lagert, kommt es im Laufe von Jahrtausenden durch Einwirkung von Sickerwasser zu punktuellen, tiefreichenden Auswaschungen, den Gipsorgeln oder Schlotten, wie sie in der Barbarossa-Höhle am Kyffhäuser zu finden sind.

### 1.2.2.2 Chemiegips

Bei der Herstellung verschiedener Säuren im industriellen Maßstab fällt als Nebenprodukt Kalziumsulfat an, zumeist in Form des Dihydrats. Bei allen derartigen Prozessen wird in einer Vorstufe das Kalziumsalz der entsprechenden Säure gewonnen, das mit Schwefelsäure umgesetzt wird zu ebendieser Säure und dem sogenannten Chemiegips oder synthetischen Gips. Das bedeutendste Verfahren dieser Art ist die Naßphosphorsäure-Herstellung aus Phosphaterzen. Hierbei fällt nach *Wirsching* (1986) Kalziumsulfat-Dihydrat in einer Menge von jährlich

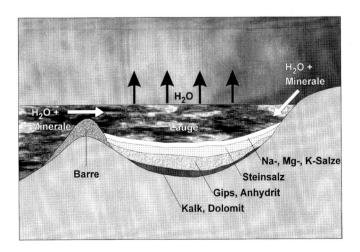

Abb. 1.3 Entstehung von Gipsschichten im Rahmen der chemischen Sedimentation von Salzlagerstätten in abgeschnürten Randmeeren (Umzeichnung nach *Lenz*, 1985)

etwa 125 Megatonnen an (weitaus mehr als die jährlich geförderten 75 Megatonnen Naturgips). Dieser Chemiegips eignet sich jedoch wegen mangelnder Reinheit schlecht zur Herstellung synthetischer Dentalgipse. Vielmehr wird dazu neben Naturgips bevorzugt Chemiegips hoher Reinheit eingesetzt, der bei der Darstellung und Reinigung von organischen Säuren (z. B. von Milchsäure, Zitronensäure und Weinsäure zur Verwendung in der Lebensmittelindustrie) entsteht (*Höft* 1989, *Schwall* 1976, *Verhoff* 1986). Die anfallenden Mengen sind zwar relativ gering, aber ausreichend für den Bedarf der Dentalindustrie. Eine weitere Quelle für Chemiegips ist die Rauchgasentschwefelung. Hierbei wird den Abgasen fossil beheizter Feuerungsanlagen mit Hilfe von Kalksuspensionen das Schwefeldioxid entzogen, und es entsteht Kalziumsulfat-Dihydrat. Die in Deutschland für 1995 erwartete Menge von drei Megatonnen ist beträchtlich (*Wirsching* 1986).

### 1.2.3 Herstellung des abbindefähigen Gipses

#### 1.2.3.1 Die Dehydratationsreaktion

Ausgangsprodukt für die Herstellung eines abbindefähigen Gipspulvers ist immer das Kalziumsulfat-Dihydrat, das industriell in Halbhydrat überführt wird. Unabhängig davon, ob es sich um Natur- oder Chemiegips handelt, folgt die dabei ablaufende *Dehydratation* der Reaktionsgleichung

$$CaSO_4 \cdot 2H_2O + \text{Energie} \rightarrow CaSO_4 \cdot \tfrac{1}{2}H_2O + 1\tfrac{1}{2}H_2O.$$

Die technologische Durchführung der Dehydratation richtet sich nach der Art des eingesetzten Rohgipses und nach der angestrebten Beschaffenheit und Qualität des Endprodukts. Einige wichtige Verfahren sollen im folgenden geschildert werden.

#### 1.2.3.2 Verfahren zur Herstellung von β-Halbhydrat

Zur Herstellung von β-Halbhydrat für dentale Zwecke wird vorwiegend Naturgips eingesetzt. Nach dem Abbau, der über oder unter Tage erfolgen kann, wird der Gipsstein in Brechanlagen und Mühlen sukzessive zerkleinert, ehe er bei Temperaturen zwischen 120 und 180 °C in *trockener* Atmosphäre gebrannt wird. Dies geschieht in zunehmendem Maße in kontinuierlich arbeitenden Anlagen, in denen der fein gemahlene und vorgetrocknete Gips (Korngröße < 0,2 mm) dem indirekt beheizten Kocher von oben zugeführt wird (siehe Abb. 1.4). In der Hitze verliert das Dihydrat Kristallwasser, und das entstehende Halbhydrat sinkt aufgrund sei-

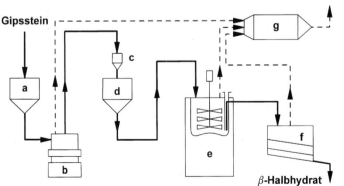

**Abb. 1.4** Schema der Herstellung von β-Halbhydratgips aus Naturgips im offenen Kocher (Umzeichnung nach *Wirsching*, 1986)

*a* Rohsteinsilo
*b* Mahltrockenaggregat
*c* Zyklon (Förderung)
*d* Rohmehlsilo
*e* kontinuierlicher Kocher
*f* Kühlbucht
*g* Elektrofilter (Entstaubung)

ner höheren Dichte (siehe Tabelle 1.2) zu Boden. Von dort wird es seitlich über eine Art Steigleitung zur Kühlung und Entstaubung abgeführt. Weiterhin existieren noch Anlagen, die diskontinuierlich arbeiten. Hier wird das Dihydrat entweder in liegenden, ebenfalls indirekt beheizten Kochern oder in direkt befeuerten Drehöfen (um ihre Achse rotierenden Zylindern) umgewandelt. Bei der Dehydratation von *Chemiegips* aus der Phosphorsäureproduktion sind wegen seiner Verunreinigungen und der für die Fließfähigkeit des Gipsbreies ungünstigen blättchenartigen Kristallform besondere Vorkehrungen für Reinigung und Umkristallisation erforderlich. Entsprechende Verfahren sind wegen hoher Kapital- und Energiekosten wirtschaftlich weniger interessant (*Wirsching* 1986).

> β-Halbhydrat ist die Basis für den *Abdruckgips* und den zahnärztlichen *Alabastergips*, der für mechanisch wenig beanspruchte Modelle ohne hohen Anspruch an Dimensionstreue verwendet wird.

### 1.2.3.3 Verfahren zur Herstellung von α-Halbhydrat

Die Herstellung von *α-Halbhydrat* erfordert bei Temperaturen von 80 bis 150 °C sogenannte *nasse* Brennverfahren. Für die Verarbeitung des *Naturgipses* zu α-Halbhydrat wird immer noch das diskontinuierliche Autoklavenverfahren bevorzugt eingesetzt, das sich *Lewinski* schon 1899 patentieren ließ. Der Gipsstein wird in Brocken von etwa 250 mm Durchmesser in geschlossenen Behältern (Autoklaven) auf Temperaturen um 130 °C aufgeheizt, so daß sich ein Druck von 4 bis 5 bar aufbaut. Nach der Umwandlung, die etwa fünf Stunden in Anspruch nimmt, wird das entstandene α-Halbhydrat bei Normaldruck getrocknet und anschließend auf die gewünschte Korngröße gemahlen. Mit einer Variation von Prozeßtemperatur und -druck können die Eigenschaften des Endprodukts in gewissen Grenzen beeinflußt werden.

> Auf diese Weise erzeugtes α-Halbhydrat ist Ausgangsstoff für die dentalen *Hartgipse*, die sich gegenüber den Alabastergipsen durch höhere Festigkeit und Härte sowie bessere Dimensionsgenauigkeit auszeichnen.

Da α-Halbhydrat aus dem *Autoklaven* nadelförmige Kristalle mit großer spezifischer Oberfläche aufweist, wird zum Anmischen eines ausreichend fließfähigen Breies so viel Wasser benötigt, daß der abgebundene Gips keine optimalen Festigkeitseigenschaften aufweist. Eine Verbesserung brachte die Erfindung von *Hoggatt* (1937, 1952), dem es als erstem gelang, α-Halbhydrat in kompak-

*a* Mischbehälter
*b* Pumpe
*c* Autoklav
*d* Expander (Druckminderung, Transport)
*e* Vakuumfilter
*f* Trockner
*g* Feinmühle

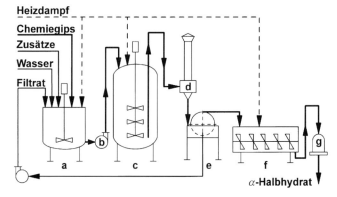

*Abb. 1.5* Schema der Herstellung von α-Halbhydratgips aus Chemie- und Naturgips im Autoklaven (Umzeichnung nach *Wirsching*, 1986)

ten, säulenförmigen Kristallen (siehe Abb. 1.2) entstehen zu lassen, indem er die Dehydratation unter Normaldruck in Halogensäuren bzw. wäßrigen Salzlösungen (Kalziumchlorid, Ammoniumacetat) ablaufen ließ. Wirtschaftliche Bedeutung hat dieses Verfahren jedoch nicht erlangt (*Wirsching* 1986).

Neuere Verfahren, die für die Verarbeitung von synthetischem Gips entwickelt wurden, sich aber auch für den Einsatz von Naturgips eignen, beruhen auf dem Kochen einer Aufschlämmung von einem Teil Dihydrat und zwei Teilen Wasser in Anwesenheit von Additiven. Die Zusätze, entweder ein Gemisch von apfel- und bernsteinsaurem Natrium oder von bernsteinsaurem Natrium und Kaliumsulfat in geringen Konzentrationen, sorgen dafür, daß gedrungene Halbhydratkristalle entstehen, deren Länge und Durchmesser von gleicher Größenordnung sind (*Franz* 1988). Das produzierte $\alpha$-Halbhydrat wird in wäßriger Suspension kontinuierlich abgezogen, vakuumentwässert, nachgetrocknet und gemahlen, wie in Abb. 1.5 schematisch dargestellt. Dies ist der Grundstoff für *Spezialhartgipse* größter Festigkeit.

Weltweit beträgt der Anteil des $\alpha$-Halbhydrats an der Gesamtgipsproduktion unter 1 %. Die jährlich erzeugte Menge beläuft sich auf weniger als 300 000 t (*Wirsching* 1986).

### 1.2.3.4 Vervollkommnung des Endprodukts

Nach dem Brennen, Trocknen, Mahlen und Sieben liegt das Halbhydrat in der gewünschten Korngrößenverteilung vor. Es kann noch einige Prozent an Dihydrat und löslichem sowie unlöslichem Anhydrit enthalten, die aus dem unvollkommen ablaufenden Brennprozeß herrühren. Bei der anschließenden Lagerung ist der Gips anfällig für Eigenschaftsänderungen durch Aufnahme von Umgebungsfeuchte und durch Umkristallisation. So benötigt er mit Fortschreiten dieses Alterungsvorgangs immer weniger Anmischwasser als frisch gebrannter Gips, und Dihydratkristalle, die sich im Lauf der Zeit gebildet haben, können als Kristallisationskeime dienen und den Abbindevorgang unerwünscht beschleunigen. Um den Gips lagerungsbeständig zu machen, nimmt man die Veränderungen, die die langsame natürliche Alterung mit sich bringt, in einem schnell ablaufenden künstlichen Alterungsprozeß vorweg (*Hoggatt* 1934, *Franz* 1988).

In der Regel hat das Halbhydrat nun noch nicht die richtige Kombination von Eigenschaften für den vorgesehenen Verwendungszweck. Daher versetzt man es mit sogenannten Stellmitteln und beeinflußt so in gewünschter Weise z. B. Fließfähigkeit und Verarbeitungszeit des angemischten Gipses oder Härte und Festigkeit des abgebundenen Gipses (siehe Kap. 1.2.5.1, 1.2.5.5 und 1.2.6).

### 1.2.4 Gipse für die Zahnheilkunde

Nach der derzeit gültigen nationalen Norm DIN EN 26 873[3] „Dentalgipse" (*Deutsches Institut für Normung* 1992) werden die Gipssorten für die Zahnheilkunde in folgende Typklassen eingeteilt:

Typ 1: Abdruckgips
Typ 2: Alabastergips
Typ 3: Hartgips
Typ 4: Hartgips, extrahart (Spezialhart- oder auch Superhartgips).

Die Revision der entsprechenden ISO-Norm (siehe Fußnote[3]) und die derzeit gültige amerikanische Norm (*American National*

---

[3] Diese Norm hat 1992 die bis dahin gültige DIN 13911 von 1984 abgelöst. Sie ist die deutsche Fassung der Europäischen Norm EN 26873:1991, deren Inhalt wiederum identisch ist mit dem der Internationalen Norm ISO 6873:1983 „Dentistry – Dental gypsum products". Die Internationale Norm wird zur Zeit (1996) revidiert, so daß nach ihrer Verabschiedung und der Übernahmeprozedur auch eine neue nationale Norm erscheinen wird. Zu Normungsfragen im internationalen Zusammenhang siehe auch Kapitel 14.

*Standards Institute und American Dental Association* 1989) sehen eine Unterteilung der Spezialhartgipse vor in solche mit niedriger Abbindeexpansion („Type 4: Dental stone, die, high strength, low expansion") und solche mit hoher Abbindeexpansion („Type 5: Dental stone, die, high strength, high expansion").

*Abdruckgips* (Typ 1) ist seiner Natur nach ein β-Halbhydratgips mit sehr kurzer Abbindezeit, der für Abformungen bezahnter, teilbezahnter, jedoch vorwiegend zahnloser Kiefer eingesetzt wird. Er wird ausführlich im Kapitel 9 „Abformwerkstoffe" beschrieben.

*Alabastergips* (Typ 2) ist ebenfalls ein β-Halbhydratgips, der sich vom Abdruckgips durch etwas größere Abbindeexpansion und höhere Druckfestigkeit unterscheidet. Er findet Verwendung zur Anfertigung von Situations- und Vormodellen sowie für Reparatureinbettungen, Vorwälle und Eingipsungen im Artikulator. Alabastergips ist wegen seiner unzureichenden Härte und Druckfestigkeit weder für Küvetteneinbettungen noch zur Herstellung von Arbeitsmodellen geeignet.

*Hartgips* (Typ 3) besteht im wesentlichen aus α-Halbhydrat. Er wird immer dann eingesetzt, wenn keine hohen Präzisionsansprüche erfüllt werden müssen. So dient er z. B. als Material für Gegenkiefermodelle, ferner für Arbeitsmodelle, auf denen Teil- und Totalprothesen gefertigt werden. Er ist außerdem druckfest genug für Küvetteneinbettungen.

*Spezialhartgips* oder *Superhartgips* (Typ 4), wie Hartgips vom Typ her ein α-Halbhydratgips, ist das Material der Wahl, wenn Präzision und hohe mechanische Beanspruchbarkeit vom Modell verlangt werden. Sägemodelle, Stumpfmodelle und Meistermodelle für die Modellgußtechnik werden aus Typ 4-Gipsen hergestellt.

Die Einführung von Typ 5-Gipsen trägt der Tatsache Rechnung, daß extrem feste, aber wegen des nötigen geringeren Kaliumsulfatzusatzes etwas höher expandierende Gipse entwickelt worden sind. Die höhere Expansion kann bei Gußarbeiten im Rahmen der weiteren Verarbeitungskette durch Einstellung der Einbettmasse kompensiert werden. Bei der Herstellung von Totalprothesen ist sie sogar erwünscht, um die Polymerisationsschrumpfung des Kunststoffs auszugleichen.

### 1.2.5 Abbinden des Gipses

#### 1.2.5.1 Anmischen des Gipses und Konsistenz

Zur Rehydratation des gebrannten Gipses (siehe Kap. 1.2.5.2) ist rein stöchiometrisch die Zugabe von 18,7 ml Wasser auf 100 g Pulver erforderlich. Je nach Partikelgröße und Kristallform des eingesetzten Halbhydrats wird jedoch in der Regel zusätzliches Anmischwasser benötigt, um einen Gipsbrei gewünschter Fließfähigkeit zu erhalten. So verlangt β-Halbhydrat mit seiner großen spezifischen Oberfläche den Einsatz von 40 bis 60 ml Wasser je 100 g Pulver, während α-Halbhydrat aufgrund der gedrungenen Kristallform mit 28 bis 32 ml bzw. 19 bis 25 ml auskommt, je nachdem, ob es sich um Hartgips oder Spezialhartgips handelt.

Da das überstöchiometrische Wasser nach dem Erstarren des Gipses vorübergehend interkristallin im Festkörperskelett des Gipses verbleibt und dessen Festigkeit herabsetzt, ist man bestrebt, durch Zusatz von Fließverbesserern den Bedarf an Anmischwasser zu reduzieren. Als Fließverbesserer dienen u.a. Natrium- und Kaliumlignosulfonat (*Combe* und *Smith* 1971), Gummi arabicum und Kalziumoxid (*Sanad et al.* 1982) sowie wasserlösliche Melaminharze (*Klinger* 1991) in Konzentrationen von maximal 3 %. Solche Gipse benötigen nur noch etwa 18 ml Anrührwasser auf 100 g Pulver. Eine positive Beeinflussung ihrer Festigkeit ist aber nicht in allen Fällen nachzuweisen (*Klinger* 1991). Auf jeden Fall werden Abbindezeit und -expansion beeinträchtigt, was durch Zugabe weiterer Stellmittel ausgeglichen werden muß (siehe Kap. 1.2.5.5).

### 1.2.5.2 Die Rehydratationsreaktion

Nach dem Anmischen mit Wasser nimmt der gebrannte Gips wieder Kristallwasser auf, er *rehydriert* zu Kalziumsulfatdihydrat nach der Reaktionsgleichung

$$CaSO_4 \cdot \tfrac{1}{2}H_2O + 1\tfrac{1}{2}H_2O \rightarrow CaSO_4 \cdot 2H_2O + \text{Energie}.$$

Die Rehydratation, die als Umkehrung des Brennprozesses exotherm verläuft, ist mit einer anfänglichen Versteifung des Gipsbreis und zunehmender Verfestigung bzw. Erhärtung verbunden: der Gips *bindet ab*.

### 1.2.5.3 Kristallisation des Dihydrats

Nachdem *Lavoisier* um 1770 als erster die Rolle des Kristallwassers bei der Gipserstarrung erkannt hatte, gelang es *LeChatelier* 1883, die chemischen und physikalischen Vorgänge während des Ablaufs der Hydratation mit der sogenannten Kristallisationstheorie zu erklären (*Franz* 1988). Diese Theorie wurde von *Van'T Hoff et al.* (1903) bestätigt und gilt heute als allgemein akzeptiert. Danach entsteht zunächst eine gesättigte Lösung von Halbhydrat in Wasser. Das Halbhydrat kann Kristallwasser aufnehmen und wird in gelöster Form zu Dihydrat. Weil letzteres nur etwa ein Viertel der Löslichkeit von Halbhydrat besitzt (siehe Tabelle 1.2), ist die Lösung schnell an Dihydrat übersättigt, welches nun kristallin ausfällt.

Im einzelnen läuft dieser Vorgang in mehreren Phasen ab. Während einer kurzen *Induktionsperiode* entstehen aus der übersättigten Lösung Kristallisationskeime, die durch Aufnahme weiterer Dihydratmoleküle zu sogenannten Clustern wachsen, zu Mikrokristallen, die viel überschüssiges Wasser enthalten (*Krönert* und *Haubert* 1975). Damit ist der Beginn der Erstarrung des Gipsbreis eingeleitet, der einhergeht mit allmählich einsetzendem Temperaturanstieg. Es schließt sich die Phase des *Kristallwachstums* an, begleitet von kontinuierlicher Umkristallisation, die nach den Gesetzen der Thermodynamik für die jeweils stabilste Kristallform sorgt. Die Bildung neuer Keime sowie das ständige Wachsen der Kristalle ermöglichen weitere Lösung von Halbhydrat. Schließlich berühren sich die expandierenden Kristalle, bilden gemeinsame Grenzen aus und werden zu einem Netzwerk zunehmender Festigkeit. In dieser Phase verliert der Gips seinen äußeren Glanz, und sein elektrischer Widerstand und seine Temperatur steigen stark an (*Franz* 1978, *Wiegman-Ho* und *Ketelaar* 1982). Etwa gleichzeitig vermag ein konischer Körper unter festgelegter Kraft nur noch minimal in die Gipsoberfläche einzudringen und zeigt damit das Ende der sogenannten *Erstarrungszeit* an. Die Rehydratation ist aber erst nach Überschreiten des Temperaturmaximums abgeschlossen, das in Abhängigkeit von Gipssorte und -menge bis etwa 50 °C betragen kann. Danach enthält der Gips noch überschüssiges, interkristallin locker gebundenes Wasser. Dessen Menge kann bis etwa zwei Drittel des zum Anmischen verwendeten Wassers betragen und verdunstet während der Lagerung in trockener Atmosphäre (*Lenz* 1985, *Wirsching* 1986). Der abgebundene Gips besteht, wie es *Ludwig* und *Kuhlmann* (1974) beschrieben, aus einer Ansammlung von verfilzten, teilweise miteinander verschmolzenen,

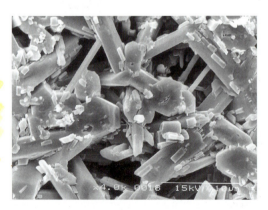

*Abb. 1.6* Oberfläche eines Typ 4-(Spezialhart-) Gipses, rasterelektronenmikroskopische Aufnahme

sich gegenseitig durchdringenden oder sich verhakenden Dihydratkristallen (Abb. 1.6). Ferner läßt sich mit Hilfe der Röntgenbeugung Halbhydrat bzw. Subhydrat (vgl. Fußnote[2]) nachweisen, das nicht an der Hydratationsreaktion teilgenommen hat (*Sondermann et al.* 1991).

### 1.2.5.4 Volumenänderungen des abbindenden Gipses

Aus den Molmassen und Dichten der an der Hydratation beteiligten Partner (siehe Tabelle 1.2) läßt sich leicht ausrechnen, daß das *reale* Volumen des entstehenden Dihydrats gegenüber dem der eingesetzten Stoffe um 7 % vermindert ist. Diese Kontraktion ist jedoch nur am noch flüssigen Gipsbrei zu beobachten, der durch Nachfließen dafür sorgt, daß sich der Effekt bei der Modellherstellung praktisch nicht auswirkt. Mit einsetzender Versteifung berühren die wachsenden Dihydratkristalle einander und suchen sich gegenseitig zu verdrängen. Deswegen expandiert das entstehende Kristallhaufwerk, der Verlust an realem Kristallvolumen wird ausgeglichen und schließlich sogar überkompensiert: nach dem Abbindevorgang ist das *scheinbare* Volumen der Kristalle einschließlich der Poren größer als das anfängliche Volumen des Gipsbreis. Diesem Vorgang ist noch die (allerdings reversible) thermische Expansion infolge der freiwerdenden Reaktionswärme überlagert.

Da Volumenänderungen meßtechnisch schwierig zu erfassen sind, mißt man in der Praxis nur in einer Dimension und spricht von der *linearen* Längenänderung während des Abbindens. Für Normprüfungen werden horizontale, V-förmige Tröge verwendet, wie in Abb. 1.7 zusammen mit einem typischen Zeitverlauf der Längenänderung dargestellt. Die anfängliche lineare Kontraktion kann bis zu 1,7 % betragen (*Mahler und Asgarzadeh* 1953). Die lineare Abbindeexpansion dentaler Gipse, gemessen zwei Stunden nach Mischbeginn und bezogen auf den eine Minute vor Ende der Erstarrungszeit registrierten Referenzwert (siehe Abb. 1.7), beläuft sich bei Alabastergipsen auf maximal 0,3 %, bei Spezialhartgipsen (Typ 4) bewegt sie sich zwischen 0,05 und 0,15 % (siehe Kap. 1.2.7).

### 1.2.5.5 Beeinflussung des Abbindevorgangs

Erstarrungsgeschwindigkeit und Abbindeexpansion sind u.a. abhängig von Kristallgröße und -form des Halbhydrats und können vom Hersteller durch verschiedene Zusätze dem Verwendungszweck angepaßt, aber auch durch die Verarbeitungsbedingungen im Labor entscheidend beeinflußt werden.

**Abbindezeit**

Je feiner die Halbhydratkristalle gemahlen sind und je größer ihre spezifische Oberfläche ist, desto schneller lösen sie sich im

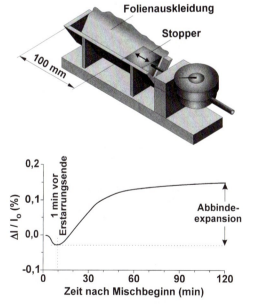

**Abb. 1.7** Extensometer zur Bestimmung der relativen Längenänderung $\Delta l/l_0$ des abbindenden Gipses nach DIN EN 26873 (*Deutsches Institut für Normung* 1992) und typische Meßkurve für Hartgips (Typ 3)

Anmischwasser, desto größer ist die Keimbildungsgeschwindigkeit, und desto kürzer ist infolgedessen die Abbindezeit. Diese läßt sich weiter wirkungsvoll durch Zusätze verändern, die die Löslichkeit und/oder Lösungsgeschwindigkeit des gebrannten Gipses und teilweise auch die Keimbildungsgeschwindigkeit des Dihydrats beeinflussen (*Skinner und Philips* 1967). *Beschleunigend* auf die Abbindereaktion wirken Natriumchlorid (nur in Konzentrationen bis zu 2,5 %, bezogen auf das Anmischwasser), Natriumsulfat (bis 3 %) und Kaliumsulfat (noch in Konzentrationen von 4 %). Sehr effektiv ist in dieser Hinsicht Kalziumsulfatdihydrat, das in feiner Verteilung als Keimbildner fungiert und schon in Konzentrationen von 0,1 % die Abbindezeit auf ein Viertel verkürzt. Als *verzögernd* haben sich Natriumchlorid (nur in Konzentrationen oberhalb 3 %), Borax ($Na_2B_4O_7 \cdot 10H_2O$) und einige Phosphate, Nitrate, Karbonate und Zitrate erwiesen, ferner höhermolekulare organische Kolloide (z. B. Gummi arabicum und Gelatine), die als Keimgifte bekannt sind und die Induktionsphase (siehe Kap. 1.2.5.3) verlängern (*Franz* 1988).

Da während des Mischvorgangs gerade gebildete Kristalle durch mechanische Einwirkung gleich wieder zerbrechen, wird die Zahl der zur Verfügung stehenden Kristallisationskeime erhöht. Die Folge ist ein *beschleunigtes Abbinden*, wenn die Mischzeit auf etwa zwei Minuten verlängert wird (*Marxkors und Meiners* 1993). Noch längeres Anmischen läßt „totgerührten" Gips entstehen, der nur noch zu mangelhafter Festigkeit erstarrt.

Das Verhältnis von Volumen des Anmischwassers und Menge des eingestreuten Gipspulvers beeinflußt über die Kristallisationskeimdichte ebenfalls die Hydratationsgeschwindigkeit. Mit weniger Wasser angerührte Gipse erstarren daher schneller als solche mit höherem Gehalt an Anmischwasser.

Auch die Temperatur des Anmischwassers wirkt sich auf die Abbindezeit aus. Der Effekt kommt durch Beeinflussung von Löslichkeit und Diffusionsgeschwindigkeit des Kalziumsulfats zustande (*Craig* 1980). Alabastergipse binden beschleunigt ab, wenn man sie Temperaturen bis zu 35 °C aussetzt. Weitere Temperaturerhöhung führt zum gegenteiligen Effekt. Auch bei synthetischen Gipsen vom Typ 4 verlängern Temperaturen um 35 °C die Erstarrung (*Franz* 1988, *Wirsching* 1986).

Die Erstarrungszeiten handelsüblicher Gipse liegen zwischen 6 und 30 Minuten mit Ausnahme der schneller abbindenden Abformgipse und einiger nicht normgerechter Spezialgipse (siehe auch Kap. 1.2.7).

**Abbindeexpansion**

Maßnahmen, die die Hydratation beschleunigen, erhöhen fast immer gleichzeitig die Abbindeexpansion des Gipses. Dies wird erklärlich durch die Tatsache, daß eine höhere Keimdichte und eine größere Kristallbildungsgeschwindigkeit zu früher einsetzendem und stärkerem gegenseitigem Wachstumsdruck der Kristalle führt. So *fördern* die Abbindeexpansion

- Zusatz von Natriumchlorid (bis zu 2 %), Kalziumsulfatdihydrat oder Kalziumacetat (*Lenz* 1985, *Franz* 1981, *Combe* 1984),
- Verlängerung der Rührzeit (nach *Franz* 1981) nicht wirksam bei Typ 4-Hartgipsen),
- verringerter Wassergehalt des angerührten Gipses (*Skinner und Phillips* 1967) sowie
- Abbinden bei Luftfeuchtigkeiten nahe 100 % oder unter Wasser.

Der scheinbare Widerspruch zwischen den letzten beiden Punkten löst sich auf angesichts der Tatsache, daß im letztgenannten Fall dem abbindenden Gipsbrei die Feuchtigkeit von der Oberfläche her zugeführt wird und damit für die sich dort bildenden Dihydratkristalle mehr Volumen bereitsteht, in das sie hineinwachsen können. Damit wird eine zusätzliche, sogenannte *hygroskopische Expansion* ermöglicht. Bei 95 % Luftfeuchtigkeit wird so die Abbindeexpansion eines Hartgipses um bis zu 15 % erhöht (*Franz* 1988), unter Wasser sogar auf das

Doppelte ihres Normalwertes (*Mahler und Ady* 1960).

*Expansionsmindernd* wirken dahingegen nach *Jørgensen* (1953), *Franz* (1981) und *Combe* (1984)

- erhöhter Wassergehalt des angerührten Gipses,
- Verkürzung der Rührzeit und
- Zusatz von Rochellesalz (Natrium-Kalium-Tartrat, Salz der Weinsäure) oder Kaliumsulfat.

Insbesondere Kaliumsulfat wird herstellerseits eingesetzt, um schnell abbindende und gleichzeitig wenig expandierende Dentalgipse für Präzisionsmodelle zu erhalten. Es läßt vornehmlich Kristallformen mit weniger Raumbedarf entstehen, so daß Abbindeexpansionen von nur 0,05 % möglich werden (*Franz* 1981, *Marxkors und Meiners* 1993).

Stellmittel dienen den Gipsherstellern zur Abrundung der Eigenschaften ihrer Produkte. Der Anwender sollte jedoch nicht unkontrolliert mit Zusätzen zum Gipspulver bzw. zum Anmischwasser experimentieren, da hierdurch in der Regel die Festigkeit des Gipses negativ beeinflußt wird (*Combe* 1984)! Auch die Härte kann durch oberflächliche Abscheidung von Stellmittelbestandteilen in Form sogenannter Ausblühungen beeinträchtigt werden (*Sondermann et al.* 1989).

## 1.2.6 Eigenschaften des abgebundenen Gipses

### 1.2.6.1 Dimensionsverhalten

Auch nach dem augenscheinlichen Erstarren expandiert Gips je nach Sorte noch 8 bis 24 Stunden weiter, bis das Maximum der Längenänderung erreicht ist (siehe Abb. 1.8). Schon während dieser Zeit verliert der Gips einen Teil des interkristallin enthaltenen Wassers. Mit dessen fortschreitendem Ver-

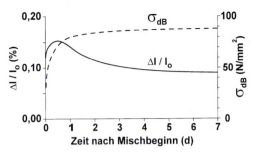

*Abb. 1.8* Relative Längenänderung $\Delta l/l_0$ und Druckfestigkeit $\sigma_{dB}$ für Spezialhartgips (Typ 4) innerhalb einer Woche nach Mischbeginn

lust geht nun eine Kontraktion einher, die bei einer Temperatur von 23 °C und 50 % relativer Luftfeuchtigkeit fünf bis sieben Tage anhält und etwa ein Drittel der zuvor erreichten Ausdehnung wieder aufzehrt (Abb. 1.8, *Franz* 1981). Anschließend bleibt ein Gipsmodell über Monate dimensionsstabil, vorausgesetzt, die klimatischen Bedingungen ändern sich nicht wesentlich.

Eine nur kurzzeitige Wässerung eines Modells in den ersten Tagen nach seiner Herstellung, z. B. beim Trimmen, kann jedoch schon eine zusätzliche, dauerhafte Expansion bewirken. Diese betrug z. B. an Prüfkörpern, die 24 h nach Mischbeginn gewässert wurden, 30 % der gewöhnlich erreichten Gipsausdehnung (*Franz* 1981).

Thermisch bedingte Längenänderungen des Gipses sind dagegen reversibel, solange die Temperatur 50 °C deutlich unterschreitet und damit eine Dehydratation verhindert wird. Wegen des relativ niedrigen Wärmeausdehnungskoeffizienten[4] ($\alpha \approx 20 \cdot 10^{-6}$ K$^{-1}$ nach *Chassevent* 1947 und *Marxkors und Meiners* 1993) spielt die thermische Expan-

---

[4] Der Wärmeausdehnungskoeffizient $\alpha$ eines Materials verknüpft die temperaturbedingte Längenänderung $\Delta l$ mit der Ausgangslänge $l_0$ eines Körpers aus diesem Material und mit der erlittenen Temperaturdifferenz $\Delta T$: $\Delta l = \alpha \cdot l_0 \cdot \Delta T$. Diese Gleichung gilt im allgemeinen nur näherungsweise innerhalb eines eingeschränkten Temperaturbereichs.

sion gegenüber derjenigen während des Abbindens eine untergeordnete Rolle. So bewirkt ein Temperatursprung um 10 K eine Längenänderung um 0,02 %, was bei 20 mm voneinander entfernten Modellstümpfen einen Abstandsfehler von nur 4 μm bedeutet.

### 1.2.6.2 Festigkeit

Ähnlich wie die Länge eines Gipskörpers zeigt auch dessen Festigkeit ein zeitabhängiges Verhalten, das zunächst vom Verlauf der Abbindereaktion und anschließend vom Verdunsten des interkristallinen, überstöchiometrischen Wassers bestimmt wird. Nach dem Verlust der Fließfähigkeit entwickeln Modellgipse im noch feuchten Zustand eine allmählich zunehmende Festigkeit, die frühestens 30 Minuten nach Mischbeginn eine für das Modell gefahrlose Entnahme aus der Abformung gestattet. Da das noch in den Poren des Kristallgerüsts befindliche Wasser die Dihydratkristalle oberflächlich löst und mit dieser Schmierschicht deren gegenseitige Reibung bei Verformung herabgesetzt wird, ist die Feuchtfestigkeit noch relativ gering. Zwei Stunden nach Mischbeginn sind erst etwa 50 % und 24 h nach Mischbeginn 80 bis 90 % der Trockenfestigkeit erreicht. Nach *Franz* (1981) entwickeln Prüfkörper, die 30 min nach Mischbeginn entformt und anschließend bei 23 °C und 50 % relativer Luftfeuchtigkeit gelagert werden, erst im Verlauf von vier bis sechs Tagen (Chemie- bzw. Naturgips) ihre volle Trockenfestigkeit (Abb. 1.8).

Umgekehrt reduziert zwischenzeitliche Modellwässerung die schon einmal erreichte Festigkeit auf etwa die Hälfte, und erst mehrtägiges Trocknen stellt die optimale Festigkeit wieder her. Auch dauernde Feuchtlagerung wirkt infolge der Löslichkeit des Dihydrats und damit verbundener Umkristallisationen festigkeitsmindernd.

Die erreichbare Endfestigkeit ist schließlich direkt abhängig von der Dichte des abgebundenen, trockenen Gipses, die nie wieder die Dichte des Rohgipses von 2,3 g/cm³ erreicht. Vielmehr verbleiben nach dem Verdunsten des überschüssigen interkristallinen Wassers Poren im Werkstoff (siehe auch Abb. 1.6), die dessen Dichte auf 1,8 bis 2,2 g/cm³ herabsetzen und ihn entsprechend schwächen. Daher erreichen die wasserreich anzumischenden Alabastergipse nur etwa halb so große Festigkeiten wie die α-Hartgipse, die relativ wenig Anmischwasser erfordern, um ausreichend fließfähig zu sein. Umgekehrt erlangen Hartgipse, denen genau so viel Wasser zugesetzt wird wie Alabastergipsen, auch nur deren Festigkeitswerte (*Craig* 1980). Schon 8 ml mehr Anmischwasser als das vom Hersteller als optimal empfohlene Volumen auf 100 g Pulver lassen die Festigkeit des Gipses um 25 % absinken (*Franz* 1981)!

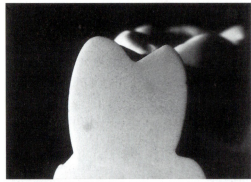

*Abb. 1.9* Querschnitte durch Unterkiefermodelle aus Spezialhartgips (Typ 4): *links:* Gips manuell angerührt, *rechts:* Gips maschinell unter Vakuum angerührt

Als weiterer Faktor beeinflußt die Art der Anmischung die Gipsfestigkeit. Da beim manuellen Mischen zwangsläufig Luftbläschen in den Brei gerührt werden, ergibt sich, wie Abb. 1.9 links ausweist, ein augenscheinlich poröser Gips. Diese Porosität kommt zur nicht vermeidbaren, durch Verdunstung des interkristallinen Wassers entstandenen hinzu und führt zu weiterer Festigkeitsminderung. Diese läßt sich durch maschinelles Anmischen unter Vakuum vermeiden (Abb. 1.9 rechts), wenn dabei der Dampfdruck des Wassers (etwa 20 hPa bei Raumtemperatur) nicht unterschritten wird.

Die Lagerung des abgebundenen Gipses bei Temperaturen von über 50 °C läßt im Dihydrat gebundenes Kristallwasser austreten und zerstört somit den kristallinen Aufbau. Damit ist verständlicherweise ein Festigkeitsverlust verbunden. Ferner führen sowohl Kochsalz- als auch Dihydratzugaben zum Mischwasser zu einer deutlich herabgesetzten Gipsfestigkeit (*Franz* 1981).

Bei der praktischen Bestimmung der Festigkeit werden Prüfkörper maschinell unter ständig steigender Prüfkraft bis zum Bruch belastet. Prüfkörpergeometrie und Art der Krafteinleitung sind so gewählt, daß die mechanische Spannung im Material zum Zeitpunkt des Bruches definiert und berechenbar ist. Diese wird Festigkeit genannt und hat die Einheit Kraft durch Fläche, z. B. N/mm$^2$.

In den Normen für Dentalgipse ist nur die Bestimmung der *Druckfestigkeit* an zylindrischen Prüfkörpern vorgesehen (siehe Kap. 1.2.7). Gipse für Küvetteneinbettungen müssen wegen der auftretenden Druckbelastung eine ausreichende Druckfestigkeit aufweisen, insbesondere dann, wenn die Kunststoffprothese im Spritzgußverfahren hergestellt wird.

Für viele praktische Situationen ist eher eine hohe *Zug-* oder *Biegefestigkeit* wünschenswert. So soll etwa bei der Entnahme eines Modells aus der Abformung ein grazilier präparierter Stumpf trotz hoher Zugbelastung unversehrt bleiben, oder eine freistehende Kavitätenwand darf nicht gleich infolge der Biegebelastung abbrechen, die beim Versuch auftritt, ein wegen einer Gußperle nicht passendes Inlay auf das Modell zu setzen. Die Zugfestigkeit von Gipsen wird im diametralen Druckversuch an Scheiben, die Biegefestigkeit im Dreipunktbiegeversuch an stabförmigen Prüfkörpern ermittelt. Gips weist wie viele andere keramische Materialien die Besonderheit auf, daß seine Zugfestigkeit wesentlich geringer als seine Druckfestigkeit ist und er demzufolge besonders empfindlich auf Zugbelastung reagiert.

Nach *Craig* (1980) besitzen trockene Gipse Zugfestigkeiten zwischen 4 und 8 N/mm$^2$ und Druckfestigkeiten zwischen 20 und 80 N/mm$^2$, wobei die Untergrenze jeweils für Alabastergipse und die Obergrenze für Spezialhartgipse gilt. Gemessene Biegefestigkeiten liegen nach *Dermann* (1977) und *Klinger* (1991) für Hart- und Spezialhartgipse im Bereich von 19 bis 30 N/mm$^2$ und damit größtenteils oberhalb des von *Dermann* (1977) geforderten Minimalwertes von 20 N/mm$^2$.

### 1.2.6.3 Härte

Die Härte eines Materials ist in etwa proportional zu seiner Druckfestigkeit (*Beitz und Küttner* 1990). So zeigt die Härte des Gipses das gleiche zeitliche Verhalten und die gleichen Abhängigkeiten von äußeren Bedingungen, wie sie oben für die Druckfestigkeit beschrieben sind. Allerdings steigt die Härte als oberflächennah gemessene Eigenschaft nach dem primären Abbinden zunächst schneller an als die Druckfestigkeit, da die Oberfläche eines Gipskörpers schneller austrocknet als das Innere. So erreichen Gipse gemäß den Ergebnissen von *Franz* (1981) zwei Stunden nach Mischbeginn schon Härten, die etwa 65 bis 70 % der 7-Tage-Werte betragen. Trockenhärten von Hartgipsen liegen im Bereich zwischen 15 und 35 HB 10/50/15[5] (Typ 3 bzw. Typ 4).

---

[5] Nach dem Brinellverfahren gemessene Härte, wobei der Durchmesser der in das Material ein-

Die von *Franz* (1981) beschriebene Abhängigkeit der Gipshärte vom Abformwerkstoff und von der Materialtiefe ist u.a. auf den Einfluß zurückzuführen, den das kontaktierende Material infolge seiner mehr oder minder ausgeprägten Polarität auf die Gesetzmäßigkeit des Kristallwachstums beim Dihydrat nimmt (*Allmann et al.* 1991, *Girlich et al.* 1993).

### 1.2.6.4 Abriebfestigkeit

Die Abriebfestigkeit ist – wie die Härte – keine physikalisch eindeutig definierbare Materialeigenschaft. Es hängt vielmehr ganz von den Versuchsbedingungen ab, wie abriebfest sich ein Werkstoff erweist. Sowohl das Material, aus dem der abrasiv wirkende Körper besteht, als auch dessen Relativgeschwindigkeit zum Probekörper spielen eine Rolle, ferner sind die wirkenden Kräfte von Bedeutung. Dementsprechend sind unterschiedliche Verfahren zur Bestimmung der Abriebfestigkeit eingesetzt worden. Als Abrasionskörper wurden u.a. gewichtsbelastete Klingen (*Viohl* 1977, *Klinger* 1991), Kugeln (*Wirz et al.* 1976), Ritzdiamanten (*Klinger* 1991), Schleifpapier (*Fan et al.* 1981) und Stahlfeilen (*Bernau et al.* 1983) verwendet, als Maß für die Abriebfestigkeit dienten Gewichtsverlust, Abriebtiefe oder Ritzbreite. Die auf verschiedene Weise ermittelten Abriebfestigkeiten zeigen im allgemeinen keine Korrelationen untereinander. Auch zur Härte besteht nur in Ausnahmefällen eine Korrelation (*Klinger* 1991). Dies widerlegt die landläufige Meinung, daß mit einer hohen Härte automatisch ein hoher Widerstand gegen Abnutzung einhergeht. Richtig ist allerdings, daß alles, was die Härte eines Gipses positiv beeinflußt, normalerweise auch seine Abriebfestigkeit erhöht.

Praxisrelevante Meßwerte ermittelte *Klinger* (1991) an 24 h alten Prüfkörpern aus Spezialhartgips. Er belastete eine Klinge so, als wenn mit ihr eine 0,5 mm dicke Wachsschicht abgetragen würde, und stellte die Abriebtiefe nach einmaligem Abschaben fest. Die Meßwerte lagen je nach Fabrikat zwischen 2 und 8 µm. Noch höhere Abriebfestigkeiten wären wünschenswert, um immer wieder vorkommende Beschädigungen beim Arbeiten auf dem Präzisionsmodell zu vermeiden.

### 1.2.6.5 Elastizitätsmodul

Damit der zu stramme Sitz einer Krone oder einer Gußfüllung beim Aufpassen offenbar wird, darf das Modellmaterial nicht zu nachgiebig sein, sondern muß im Gegenteil eine ausreichende Steifigkeit aufweisen. Das Maß für diese Eigenschaft ist der Elastizitätsmodul mit der Einheit Kraft durch Fläche. Der Elastizitätsmodul von Gips steigt wie Festigkeit und Härte mit fortschreitender Austrocknung an und erreicht für Hart- bzw. Superhartgipse Werte zwischen 15 000 und 26 000 N/mm$^2$ (*Dermann* 1977, *Klinger* 1991).

### 1.2.6.6 Detailwiedergabe und Oberflächengüte

Da Gips, wie in Kap. 1.2.5.3 beschrieben, aus feinen, säulenförmigen Kristallen aufgebaut ist (siehe Abb. 1.6), weist seine Oberfläche im mikroskopischen Maßstab eine inhärente Rauhigkeit auf, selbst wenn sie makroskopisch glatt erscheint. Mit sogenannten Tastschnittgeräten lassen sich an Gipsmodelloberflächen, die nach Abfor-

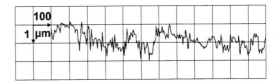

dringenden, gehärteten Stahlkugel 10 mm beträgt und die Prüfkraft von 490 N (in alten, nicht mehr zugelassenen Einheiten 50 kp) für 15 s einwirkt.

*Abb. 1.10* Rauheitsprofil einer ebenen, glatt erscheinenden Gipsmodelloberfläche (Ausguß der Silikonabformung einer Glasplatte)

mung von Glasplatten hergestellt wurden, maximale Rauhtiefen in der Größenordnung von 5 μm messen (*Borchers et al.* 1992). Einen entsprechenden Profilschrieb zeigt Abb. 1.10. Zusätzliche Beeinträchtigung kann die Oberflächengüte durch Luftbläschen erfahren, die der Gipsbrei infolge der schlechten Benetzungseigenschaften besonders leicht beim Ausgießen von Silikonabformungen einschließt. Die Behandlung der Abformung mit oberflächenaktiven Substanzen vor dem Ausgießen kann der Blasenbildung vorbeugen, und auch das Vibrieren während des Ausgießens bringt wirksame Abhilfe. Moderne Silikone sind durch Einformulieren von Tensiden hydrophilisiert und zeigen daher ein günstigeres Benetzungsverhalten (*Griby* 1992).

Trotz der unvermeidlichen Mikrorauhigkeit zeigt Gips eine ausreichende Fähigkeit, feine Details wie Kavitätenränder und Präparationsgrenzen wiederzugeben. Die entsprechende Normanforderung wird von allen Gipsen leicht erfüllt: die V-förmige, 50 μm breite Rille eines Prüfkörpers muß nach Abformung und Ausguß in voller Länge von 25 mm abgebildet sein (siehe auch Kap. 1.2.7 und 1.5.5).

## 1.2.7 Normanforderungen

Die derzeit gültige Norm für Dentalgipse ist die DIN EN 26873 (*Deutsches Institut für Normung* 1992). Da der als Vorbild für die europäische und letztlich für die deutsche Norm dienende internationale Standard ISO 6873/1983 demnächst in einer Neufassung erscheinen wird, sollen die Normanforderungen auf der Grundlage des vorliegenden Entwurfs ISO/DIS 6873 (*International Organization for Standardization* 1994) geschildert werden.

Die Norm fordert vom Gips neben Homogenität und Freiheit von Fremdstoffen (ausgenommen nötige Stellmittel) die Einhaltung von Grenzwerten für wichtige Eigenschaften, die unter standardisierten Bedingungen zu messen sind. Prüfungen sind vorgesehen für die Fließfähigkeit zu einer definierten Gießzeit, für die Erstarrungszeit, für die lineare Abbindeexpansion, für die Druckfestigkeit und für die Detailwiedergabe. Die Normanforderungen für die verschiedenen Gipstypen (siehe Kap. 1.2.4) sind in Tabelle 1.3 aufgelistet.

Die *Fließfähigkeit* wird zu einer für den jeweiligen Gipstyp definierten und in der Tabelle 1.3 aufgeführten Gießzeit bestimmt. Für die Typen 1 und 2 läßt man dazu eine festgesetzte Menge des angerührten Gipsbreis auseinanderfließen und ermittelt den durchschnittlichen Durchmesser als Maß für die Fließfähigkeit („Fließmaß"). Für alle Hartgipstypen wird die Eindringtiefe eines gewichtsbelasteten Konus zur Gießzeit bestimmt.

Der Ermittlung der *Erstarrungszeit* dient ein nach *Vicat* benanntes Gerät, in dem man eine Nadel unter festgelegter Last so lange von neuem in den erstarrenden Gipsbrei

Tabelle 1.3 Anforderungen an Dentalgipse nach ISO/DIS 6873 (*International Organization for Standardization* 1994)

| Typ | Gießzeit (min) | Fließfähigkeit (mm) | Erstarrungszeit (min) | Abbindeexpansion (%) | Druckfestigkeit (N/mm²) |
|---|---|---|---|---|---|
| 1 | 1,25 | > 70* | 2,5 – 5,0 | 0 – 0,15 | 4,0 – 8,0 |
| 2 | 2,5 | > 65* | 6,0 – 30,0 | 0 – 0,30 | > 9,0 |
| 3 | 3,0 | 30 ± 3** | 6,0 – 30,0 | 0 – 0,20 | > 20,0 |
| 4 | 3,0 | 30 ± 3** | 6,0 – 30,0 | 0 – 0,15 | > 35,0 |
| 5 | 3,0 | 30 ± 3** | 6,0 – 30,0 | 0,16 – 0,30 | > 35,0 |

\* Fließmaß (siehe Text)   \*\* Konuseindringtiefe

dringen läßt, bis die Eindringtiefe weniger als 2 mm beträgt. Die festgestellte Erstarrungszeit muß innerhalb der in Tabelle 1.3 aufgeführten Grenzwerte liegen und darf um nicht mehr als 20 % von der vom Hersteller angegebenen Zeit abweichen.

Die *lineare Abbindeexpansion* wird in einem V-förmigen, 100 mm langen Trog nach Abb. 1.7 gemessen. Sie wird ermittelt als Differenz aus zwei Meßuhrablesungen, von denen die erste eine Minute vor Ende der Erstarrungszeit und die zweite zwei Stunden nach Mischbeginn vorzunehmen ist.

Die *Druckfestigkeit* wird an zylindrischen Prüfkörpern von 20 mm Durchmesser und 40 mm Länge bestimmt. 45 Minuten nach Mischbeginn werden die Prüfkörper entformt und nach 15 weiteren Minuten in einer Prüfmaschine bis zum Bruch belastet. Die maximal registrierte Kraft, dividiert durch den Prüfkörperquerschnitt, ergibt die Druckfestigkeit, die zu dieser Zeit noch als Feuchtfestigkeit bezeichnet werden muß.

Zur Prüfung der *Detailwiedergabe* wird ein Stahlblock mit ebener Oberfläche abgeformt, in die unterschiedlich breite, V-förmige Rillen eingraviert sind. Nach Ausgießen mit Gips muß bei mikroskopischer Betrachtung der Modelloberfläche die 50 $\mu$m breite Rille auf 25 mm Länge vollständig erkennbar sein.

### 1.2.8  Verarbeitung

#### 1.2.8.1 Lagerung des Gipspulvers

Da Gipspulver hygroskopisch ist, kann es je nach Umgebungsbedingungen Feuchtigkeit aufnehmen. Damit werden die Eigenschaften des abbindenden und abgebundenen Gipses wesentlich beeinflußt, unter Umständen bis zur Unbrauchbarkeit des Materials (Veränderung der Abbindezeit und -expansion, schlechtere mechanische Eigenschaften, rauhere Oberfläche, siehe auch Kap. 1.2.3.4 und 1.2.5.5). Die Grundvoraussetzung für ein qualitativ hochwertiges Modell ist daher die richtige Lagerung des Gipspulvers unter Beachtung der Herstellervorschriften. Darüber hinaus sollte Gips grundsätzlich immer in verschlossenen, feuchtigkeitsdichten Behältern bei Temperaturen unter 25 °C und relativen Luftfeuchtigkeiten unter 50 % aufbewahrt werden. Unter diesen Bedingungen ist Gips etwa zwei Jahre lagerfähig (*Franz* 1988).

Zum Schutz vor Feuchtigkeitsaufnahme sollen angebrochene Packungen nach Gipsentnahme sofort wieder verschlossen werden, und in Silos sollte höchstens der Bedarf für drei Arbeitstage gefüllt werden.

#### 1.2.8.2 Anmischen

Um den anzurührenden Gipsbrei nicht mit altem Dihydrat zu verunreinigen, woraus Verkürzung der Abbindezeit bei erhöhter Expansion resultieren würde (siehe Kap. 1.2.5.5), müssen alle benötigten Geräte sauber sein. Da auch das Verhältnis Pulvermenge zu Wasservolumen die Gipsqualität entscheidend beeinflußt (siehe Kap. 1.2.5.5 und 1.2.6), ist durch Abwiegen bzw. Abmessen sicherzustellen, daß die vom Hersteller als optimal empfohlene Relation erreicht wird. Dies ist besonders wichtig bei Spezialhartgipsen, die sehr empfindlich auf Veränderungen des Wasseranteils reagieren. Anrührbecher müssen vor dem Gebrauch getrocknet werden, denn anhaftendes Restwasser könnte das mühsam eingestellte Mischungsverhältnis wieder verfälschen.

Die von den Herstellern ermittelten Materialeigenschaften können nur erreicht werden, wenn Aqua dest. mit einer Temperatur von etwa 23 °C als Anmischflüssigkeit verwendet wird. Im Leitungswasser enthaltene Salze verschlechtern immer die Eigenschaften von Hartgipsen. Außerdem kann die Verwendung von Leitungswasser anstelle von Aqua dest. die Abbindezeit verlängern. Anmischwasser, das kälter ist als 23 °C oder deutlich wärmer als 30 °C, führt zu verzögerter Aushärtung (siehe Kap. 1.2.5.5).

## 1.2 Gips

Grundsätzlich soll beim Anmischen das Wasser vorgelegt werden. Das abgewogene Gipspulver wird dann langsam innerhalb der *Einstreuzeit* von etwa zehn Sekunden dazugegeben, womit der Einschluß größerer Luftblasen vermieden wird. In der anschließenden *Sumpfzeit* von mindestens 20 Sekunden soll sich das Pulver mit Wasser vollsaugen, um der Bildung von Gipsklumpen mit trockenem Kern vorzubeugen. Anschließendes manuelles Vorspateln vor dem maschinellen Anrühren feuchtet eventuell noch trocken gebliebenes Pulver an und bewahrt es vor dem Ansaugen durch die Vakuumpumpe.

In einem Vakuummischgerät wird erfahrungsgemäß nach 30 Sekunden Rührzeit eine homogene Mischung erzielt, bei Handanmischung sind während 60 Sekunden zwei bis drei Spatelumdrehungen je Sekunde erforderlich. Längere Mischzeiten als 60 Sekunden können zu einer Verschlechterung der mechanischen Eigenschaften führen und sind daher zu vermeiden (siehe Kap. 1.2.5.5). Die maschinelle Anmischung ist zu bevorzugen, da auf diese Weise porenfreie und somit festere Gipsmodelle entstehen (siehe Abb. 1.9).

### 1.2.8.3 Ausgießen der Abformung und Entformen des Gipsmodells

Abformungen sind nach der Entnahme aus dem Munde mit Speichel, oft auch mit Blut verunreinigt. Daher ist zum einen gründliches Ausspülen erforderlich, um eine Beeinträchtigung der Gipsqualität zu vermeiden, zum anderen ist eine Desinfektion notwendig, um das Risiko einer Infektion herabzusetzen. Dazu stehen für Elastomere und Alginate geeignete Tauchlösungen bereit, die weder Abformung noch Modell nennenswert schädigen. Hydrokolloide bereiten dagegen wegen ihrer Neigung zum Quellen in wäßrigen Lösungen Schwierigkeiten (siehe auch Kap. 9 „Abformwerkstoffe").

Um ein optimales Abbinden des Gipses zu gewährleisten, müssen auszugießende Abformungen nicht nur sauber, sondern auch trocken sein. Hydrokolloide Abformmaterialien (Agar-Agar-Massen bzw. Alginate) können, abhängig von der gewählten Materialkombination, die Abbindereaktion von Spezialhartgips beeinträchtigen, so daß sich mangelhafte, mehlige, zuweilen sehr rauhe Modelloberflächen ergeben. Dafür ist bei den Agar-Agar-Massen der enthaltene Borax verantwortlich, der das Abbinden des Gipses verzögert und in dieser Wirkung durch entsprechende herstellerseitige Zusätze nicht genügend neutralisiert worden ist. Ferner können zu starke Unterschiede im pH-Wert zwischen Alginat und Gips zu einer Grenzflächenreaktion mit Beeinträchtigung der Oberflächengüte führen. In solchen Fällen ist es erforderlich, die Abformungen vor dem Ausgießen mit Gips zu stabilisieren bzw. zu neutralisieren. Dazu sind spezielle Lösungen im Handel. In vielen Fällen führt auch zwei- bis dreiminütiges Einlegen in eine 2 %ige Lösung von Kaliumsulfat (Abbindebeschleuniger für Gips) oder Kaliumkarbonat zum Erfolg (*Höft* 1990).

Das Ausgießen sollte bei Abformungen aus Agar-Agar-Massen und Alginaten unmittelbar nach der Abdrucknahme erfolgen, um einem Austrocknen und damit verbundenem Schrumpfen der hydrokolloiden Materialien vorzubeugen. Elastomerabformungen benötigen dahingegen zur Rückstellung von während der Entformung induzierten Verzerrungen in der Regel mindestens 30 bis 60 Minuten Ruhezeit bis zum Ausgießen, Polyether und Silikone insgesamt mindestens zwei Stunden, damit negative Auswirkungen auf die Gipshärte minimiert werden (*Franz* 1981).

Der Gipsbrei wird unter leichtem Vibrieren in kleinen Portionen von einer Seite der Abformung eingefüllt und kann so weder Luft noch überschüssiges Wasser einschließen. Die Vibration muß auf jeden Fall vor Ende der Verarbeitungszeit beendet sein, damit der Gips keine Festigkeitseinbußen erleidet.

Während der folgenden Erstarrung soll die ausgegossene Abformung mit den Zahnkronen nach unten liegen bleiben, da dann einerseits infolge von Sedimentation die Härte in den Modellzähnen verbessert wird und andererseits das Austrocknen über die freie Gipsoberfläche schneller abläuft. Feuchtlagerung im Hygrophor[6] oder unter einem feuchten, den Gips nicht berührenden Tuch sorgt für ein Modell mit optimaler Härte, wenn die Abformung mit kondensationsvernetzenden Silikonen, Polyether oder Hydrokolloiden vorgenommen wurde (*Franz* 1981).

> Selbst wenn die nach Norm ermittelte Erstarrungszeit bei vielen Gipsen nur 15 Minuten oder weniger beträgt, sollte mit dem Entformen des Modells mindestens bis eine halbe Stunde nach Mischbeginn gewartet werden. Der Gips ist dann schon fester geworden, und die Gefahr des Abbrechens von Zähnen ist dementsprechend verringert.

Bei Hydrokolloidabformungen sollten allerdings 30 bis 40 Minuten Wartezeit auf keinen Fall überschritten werden, denn die Gipsqualität leidet unter längerem Kontakt mit Hydrokolloiden, ferner dunsten diese Wasser aus und verlieren an Elastizität, womit wiederum Gipszähne beim Entformen leichter abbrechen können.

### 1.2.8.4 Lagerung und Behandlung des Gipsmodells

Das Gipsmodell erreicht nach der Entformung seine optimalen mechanischen Eigenschaften und seine niedrigste Dimensionsabweichung vom Original erst durch Wasserabgabe im Verlauf mehrerer Tage (siehe Kap. 1.2.6 und Abb. 1.8). Deshalb ist es ratsam, mindestens 24 h, bei Präzisionsarbeiten sogar mehrere Tage zu warten, ehe auf dem Modell weiter gearbeitet wird.

Feuchte Lagerungsbedingungen sind dabei grundsätzlich schädlich für Härte und Festigkeit des Gipses. Beträgt die relative Luftfeuchtigkeit z. B. 100 % statt 50 %, so erreicht ein Spezialhartgips nur etwa zwei Drittel der möglichen Endhärte. Eine nur fünfminütige Wasserlagerung eines einen Tag alten Gipsmodells führte im Experiment zu einer Härteminderung um etwa 50 %, die allerdings nach fünftägiger Trockenlagerung wieder ausgeglichen war. Die gleichzeitig erfolgte Expansionssteigerung um etwa ein Viertel erwies sich jedoch als nicht reversibel (*Franz* 1981). Eine längere Wässerung führt zusätzlich infolge der Löslichkeit des Dihydrats zu einem Verlust an Oberflächengüte und feinen Details. Wenn ein Wasserkontakt, z. B. zum Trimmen, unausweichlich ist, sollte er möglichst kurzzeitig erfolgen und in die Phase unmittelbar nach Entformung gelegt werden, in der der Gips nur mit einer geringfügig erhöhten Expansion reagiert.

Um Gipsmodellen nachträglich die wünschenswerte höhere Widerstandsfähigkeit gegen mechanische Bearbeitung zu verleihen, empfiehlt *Franz* (1981) Einlegen in geschmolzenes Paraffin (Ausfüllen der Poren) bzw. 20minütiges Lagern in einer 5 %igen Lösung von Natriumdihydrogenphosphat. *Sanad* et al. (1980b) erzielten durch Imprägnieren des Gipsmodells mit in Aceton gelöstem Epoxidharz nach dessen anschließender 24stündiger Aushärtung bei 37 °C eine bedeutende Steigerung sowohl der Härte und Abrasionsfestigkeit als auch der Zug-, Druck- und Biegefestigkeit. Dagegen bringt das Auftragen von Acrylharzen, Cyanoacrylaten oder sulfonierten Fettsäuren in Schichtdicken von weniger als 10 $\mu$m etwas glattere Oberflächen mit höherer Härte und Abriebfestigkeit, aber keine Verbesserung der weiteren Festigkeitswerte (*Fukui* et al. 1980, *Sanad* et al. 1980a, *Lyon* und *Mitchell* 1983).

Ferner werden zur Erhöhung der Gipshärte Lösungen auf der Basis von Kieselsol angeboten, mit denen der Gips angerührt werden soll. Der Einsatz solcher Lösungen verbesserte nach *Franz* 1981 die Ritzhärte, erhöhte aber nicht bei allen Gipsen den Widerstand

---

[6] Abgeschlossenes Gefäß mit wasserdampfgesättigter Atmosphäre.

gegen Abnutzung durch Schleifpapier (*Eames et al.* 1978).

Weitere Arbeitsschritte erfordern das Aufbringen plastisch verformbarer Werkstoffe (Wachs, Gips, Kunststoffteig) auf die Modelloberfläche. Um diese Materialien am Eindringen in die Porositäten des Gipses zu hindern und nach ihrer Aushärtung eine saubere Trennung vom Modell zu ermöglichen, ist es nötig, mittels Pinsel oder durch Aufsprühen einen Isolierfilm zu erzeugen, der gleichzeitig vor unerwünschter gegenseitiger chemischer Beeinflussung schützt. Folgende Isoliermittel werden üblicherweise verwendet (*Hohmann und Hielscher* 1987, *Marxkors und Meiners* 1993):

- Seifenlösung, wäßrige Lösungen von *Wasserglas*, *Talkum* (gegen Gips),
- wäßrige Lösungen von *Kalium-, Natrium- oder Ammoniumalginat*, die mit dem Kalzium des Gipses reagieren und einen unlöslichen Film aus Kalziumalginat bilden (gegen Gips und Kunststoff),
- dünnflüssige *Silikone*, die entweder durch Feuchtigkeitsaufnahme aus der Umgebung oder chemisch aushärten (gegen Gips, Kunststoff und Wachs),
- *Öl*, *Vaseline* (gegen Gips und Wachs),
- *Harzlösungen* in leicht flüchtigen, organischen Lösungsmitteln (gegen Kunststoff und Wachs).

## 1.3 Kunststoffe

Verglichen mit Gips, sind Kunststoffe als Modellmaterialien vor allem an Detailwiedergabe, Biege- und Kantenfestigkeit überlegen. Nachteilig ist ihre generell niedrige Steifigkeit (siehe Kap. 1.1.2). *Epoxidharze* und *Polyurethane* eignen sich gleichermaßen für Voll- und Stumpfmodelle, da sie entweder infolge hohen Füllstoffgehalts (z.T. mehr als 50 Gewichtsprozent an Metallpulver, Metalloxiden, Quarzmehl oder Kalkmehl) oder infolge optimierter Formulierung nur eine sehr geringe Abbindeschrumpfung von unter 0,25 %, typischerweise um 0,05 % linear aufweisen. *Acrylate* werden ungefüllt angeboten, schrumpfen stärker beim Aushärten (ca. 2 % linear) und können deshalb nur als Beschichtungsmaterial für Demonstrationsmodelle mit geringer Anforderung an Dimensionstreue oder als Füllmaterial für galvanoplastisch erzeugte Modelle (siehe Kap. 1.4) eingesetzt werden.

Für Modellmaterialien auf Kunststoffbasis gibt es noch keine Normanforderungen. Eine entsprechende ISO-Norm, die sich im wesentlichen an den existierenden Standards für Kunststoff-Füllungsmaterialien, für polymere Kronen- und Brückenmaterialien und für Gipse orientiert, befindet sich z.Zt. (1996) in Entwicklung.

### 1.3.1 Epoxidharze

Epoxidharze (Kurzzeichen EP) entstehen durch Vernetzung flüssiger oder pastöser, meist höhermolekularer Epoxide. Deren Moleküle enthalten jeweils mindestens zwei endständige, ringförmige Epoxidgruppen mit folgender Formel:

$$- CH - CH_2$$
$$\diagdown \diagup$$
$$O$$

Als vernetzende Substanzen dienen häufig mehrfunktionelle Amine, die in einer Additionsreaktion die Epoxidgruppen verschiedener Ausgangsmoleküle verknüpfen und so dreidimensional vernetzte Makromoleküle entstehen lassen. Die ausgehärteten Epoxidharze sind Duroplaste, deren Eigenschaften durch die Wahl der Ausgangsverbindungen vielfältig variierbar sind. Verwendung finden Epoxidharze u.a. für Formteile im Maschinenbau, als Isoliermittel in der Elektrotechnik, als Klebstoff, Gießharz und als Beschichtungsmaterial.

Bei der Verarbeitung als zahnärztlicher Modellwerkstoff müssen Basis- und Härterkomponente des Epoxidharzes, gegebenenfalls noch unter Zusatz des Füllstoffes, zu einer homogenen Masse angemischt werden, ehe diese – je nach Konsistenz – in die

Abformung gegossen oder eingestrichen wird. Ein Einrütteln ist wegen der Gefahr der Sedimentation des schweren Füllstoffs nicht möglich. Die Verarbeitungszeit beträgt im allgemeinen mindestens 10 Minuten. Epoxidharze zeichnen sich durch eine sehr geringe lineare Abbindeschrumpfung aus, die im Bereich zwischen 0,01 und 0,05 % beträgt. Dies wird allerdings durch eine relativ lange Aushärtungszeit erkauft. Die Modelle können je nach Material frühestens nach drei bis acht Stunden entformt werden. Bevor auf ihnen weitergearbeitet wird, sollte abgewartet werden, bis das Harz durch Nachhärtung seine optimalen Festigkeitseigenschaften erreicht hat (siehe Abb. 1.12 bis 1.15). Dieser Prozeß kann durch Temperaturerhöhung auf maximal 40 bis 60 °C beschleunigt werden.

Epoxidharze eignen sich im allgemeinen nicht zum Ausgießen von Alginat- und Agar-Agar-Abformungen, weil das hierin enthaltene Wasser ihre Aushärtung verzögert. Sie können bis auf einzelne materialspezifische Unverträglichkeiten zusammen mit allen anderen elastischen, z.T. auch mit thermoplastischen Abformmassen verwendet werden. In einigen Fällen ist die Benutzung eines mitgelieferten Trennmittels erforderlich.

### 1.3.2 Polyurethane

Polyurethane (Kurzzeichen PUR) entstehen durch Polyaddition von Diisocyanaten (Derivaten der Isocyansäure HNCO) und mehrfunktionellen Hydroxyverbindungen (z. B. höheren mehrwertigen Alkoholen). Kennzeichnend für ein Polyurethan-Makromolekül ist die Verknüpfung der Grundbausteine über die Urethangruppe:

$$-\underset{\underset{H}{|}}{N}-\underset{\underset{O}{\|}}{C}-O-$$

Die eingesetzten Ausgangssubstanzen bestimmen, ob das Ergebnis der Polyaddition ein lineares, verzweigtes oder vernetztes Makromolekül ist. Entsprechend breit gestreut sind die Eigenschaften von Polyurethanen, und entsprechend vielseitig ist ihre Verwendbarkeit (z. B. als Konstruktionswerkstoffe, Fasern, Kautschuke, Schaumstoffe, Lacke und Klebstoffe).

Polyurethane, die als zahnärztliche Modellwerkstoffe eingesetzt werden, bestehen im ausgehärteten Zustand aus linearen Makromolekülen und zählen damit zu den thermoplastischen Materialien. Die Verarbeitung unterscheidet sich grundsätzlich nicht von der der Epoxidharze (siehe Kap. 1.3.1). Zum Füllen des Abformnegativs steht eine relativ kurze Verarbeitungszeit von wenigen Minuten zur Verfügung. Auch hier darf nicht auf dem Rüttler gearbeitet werden, um ein Absetzen des Füllstoffs zu vermeiden. Polyurethane härten relativ schnell aus, so daß das Modell in Abhängigkeit vom Fabrikat frühestens nach einer Stunde, spätestens aber nach fünf Stunden entformt werden kann. Ein vorsichtiges Arbeiten auf dem Modell ist dann zwar schon möglich, wegen der sich verbessernden Eigenschaften mit fortschreitender Aushärtung (siehe Abb. 1.12 bis 1.15) sollten aber besser 24 Stunden abgewartet werden. Polyurethane als Modellwerkstoffe zeigen lineare Abbindeschrumpfungen zwischen 0,02 und 0,25 % und liegen damit im Durchschnitt etwas höher als die Epoxidharze. Bei der Bearbeitung von Polyurethanmodellen mit rotierenden Instrumenten ist der relativ geringen Warmbeständigkeit des Materials durch ausreichende Kühlung Rechnung zu tragen.

Polyurethane reagieren wie Epoxidharze empfindlich auf Wasseranwesenheit beim Abbinden. Alginatabformungen eignen sich daher nicht als Basis für ein Polyurethanmodell, wohl aber oberflächlich trockengeblasene Agar-Agar-Abformungen. Sonst können Abformungen aus allen elastomeren und thermoplastischen Massen mit Polyurethan ausgegossen werden. Polyether müssen zuvor mit einem Trennmittel behandelt werden.

## 1.3.3 Acrylate

Bei den in der Zahnheilkunde üblichen Acrylaten handelt es sich überwiegend um Polymerisate von Abkömmlingen der Methacrylsäure (siehe Kapitel 6 „Chemie und Physik zahnärztlicher Kunststoffe"). Das bekannteste und wichtigste Acrylat ist das *Polymethylmethacrylat* (Polymethacrylsäuremethylester, Kurzform PMMA), das vor allem zur Herstellung von Prothesenbasen und kieferorthopädischen Apparaturen dient, aber auch als Beschichtungsmaterial für Gipsmodelle Anwendung findet. In dieser Form wird es als Autopolymerisat angeboten, das aus den Komponenten Polymerisatpulver und Monomerflüssigkeit besteht (hierzu siehe Kapitel 7 „Prothesenkunststoffe"). Nach dem Anmischen der Komponenten entsteht ein fließfähiger Teig, mit dem man die Abformung durch Schwenkbewegungen in einer dünnen Schicht auskleiden kann. Diese Schicht härtet innerhalb weniger Minuten aus. Nach Aufbringen einer zweiten gleichartigen Schicht wird die restliche Hohlform mit Gips aufgefüllt. Es entsteht ein mit PMMA überzogenes Gipsmodell, das unempfindlich gegen Feuchtigkeitseinflüsse und alterungsbeständig ist, aber wegen der Polymerisationsschrumpfung des Acrylats von etwa 1,6 % linear keine hohen Genauigkeitsansprüche erfüllt.

Acrylate können nicht im Zusammenhang mit Abformungen aus Hydrokolloiden, Polyether und thermoplastischen Materialien verwendet werden.

## 1.4 Galvanoplastische Modellherstellung

Das Prinzip der galvanoplastischen Modellherstellung besteht darin, daß auf der Oberfläche des Abformnegativs durch galvanische Abscheidung zunächst ein dünner Niederschlag von Kupfer oder Silber erzeugt wird. Dieser zeichnet bei geeigneter Prozeßführung alle Feinheiten der Abformung sehr genau nach. Nach Auffüllen des verbliebenen Volumens der Abformung mit einem Modellwerkstoff und dessen Erstarrung kann das Modell samt Metallhülle entformt werden. Die Stärke der Metallschicht muß mindestens 0,5 mm betragen, damit sich Dimensionsänderungen des abbindenden Modellmaterials nicht negativ auf die Dimensionstreue des Modells auswirken können.

Bevor eine Abformung galvanisiert werden kann, muß sie abgespült, entfettet und getrocknet werden. Danach erhält die zu beschichtende Oberfläche durch Aufsprühen oder Aufpinseln einen leitfähigen, sehr dünnen Überzug aus Silber, Kupfer oder Graphit, der mit der Kathode einer Spannungsquelle verbunden wird. Die nicht zu galvanisierenden Anteile der Abformung werden durch Wachs oder Lack isoliert. Anschließend erfolgt die Galvanisierung in einem Elektrolytbad, das Ionen des niederzuschlagenden Metalls enthält (vgl. Abb. 1.11). Nach Entladung der Metallionen wird das Metall an der Kathode abgeschieden, und in gleichem Maß geht die im Bad befindliche Anode aus dem entsprechenden Metall in Lösung. Dabei hängen sowohl die Wachstumsgeschwindigkeit als auch die Beschaffenheit der Schicht von der Stromstärke je Flächeneinheit, d. h. von der Stromdichte,

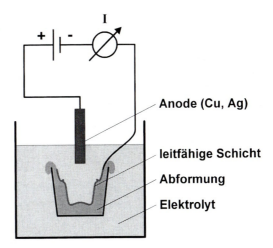

*Abb. 1.11* Schema der galvanoplastischen Modellherstellung

ab: niedrige Stromdichte bewirkt langsames Schichtwachstum bei feinkörniger Oberfläche, hohe Stromdichte hat den gegenteiligen Effekt. Deswegen wird empfohlen, anfänglich für etwa eine Stunde mit niedriger Stromdichte eine qualitativ hochwertige Deckschicht zu erzeugen, dann das Gros der Schicht bei doppelter bis dreifacher Stromdichte abzuscheiden und abschließend die Stromstärke für ein bis zwei Stunden noch einmal auf das Dreifache zu erhöhen, um mit der sich dann einstellenden Rauhigkeit dem später einzubringenden Gips oder Kunststoff genügend Verankerungsmöglichkeit zu bieten (*Markley und Krug* 1969, *Craig* 1980, *Dermann* 1988).

Ein für die *Verkupferung* geeignetes Bad enthält Kupfersulfat und Schwefelsäure in der Elektrolytflüssigkeit. Anfänglich muß eine Stromdichte von etwa 15 mA/cm$^2$ eingestellt werden, danach ist eine Erhöhung auf 30 bis 80 mA/cm$^2$ erforderlich, um in 4 bis 15 Stunden eine ausreichende Schichtdicke zu erzielen. Bei der *Versilberung* besteht der Elektrolyt aus einer Lösung von Silbercyanid, Kaliumcyanid und Kaliumkarbonat. Es werden anfängliche Stromdichten von 5 mA/cm$^2$ empfohlen, die für den Großteil der Galvanisierungsdauer (4 bis 12 Stunden) auf 15 bis 20 mA/cm$^2$ erhöht werden sollten.

> Da im Cyanidbad durch Säurekontakt (Verkupferungselektrolyt!) der äußerst giftige Cyanwasserstoff frei werden kann, ist es nur unter dem Abzug und mit größter Vorsicht zu betreiben!

Nach Entnahme aus dem Galvanisierbad, Abspülen von Elektrolytresten und anschließender Trocknung wird der verbliebene Hohlraum blasenfrei mit einem Modellwerkstoff gefüllt. Das fertige, galvanoplastisch hergestellte Modell weist folgende Vorteile auf:

- die Detailwiedergabe ist ausgezeichnet und entspricht derjenigen einer Elastomerabformung (*Franz* 1981),
- wegen fehlender Volumeneffekte beim Niederschlag der galvanischen Schicht ergeben sich keine Dimensionsveränderungen außer den durch die Abformung verursachten,
- bei ausreichender Schichtdicke ist die Härte der Metallschicht größer als die von Superhartgips (*Finger und Lockowandt* 1971, *Breustedt und Lenz* 1985),
- die Abrasions- und die Kantenfestigkeit sind größer als die von Superhartgips (*Craig* 1980), und
- die Erkennbarkeit von Feinheiten der Präparationsgrenze ist besser als bei Gipsmodellen.

Nachteile des Galvanisierverfahrens sind:

- der zusätzliche apparative Aufwand,
- die lange Prozeßdauer und
- die ungleichmäßige, z. T. unzureichende Metallabscheidung infolge der Inhomogenität des elektrischen Feldes und der Verarmung des Elektrolyten an Metallionen in engen Stumpflumina.

Von *Schaefer* (1989) vorgeschlagene Verbesserungen beseitigen zwar die beiden letztgenannten Nachteile, erfordern aber zusätzlichen Aufwand (einzeln stromgeregelte Anoden für jeden Stumpf, Umwälzung und Thermostatisierung des Elektrolyten bei Temperaturen oberhalb 35 °C) und konnten dem relativ selten angewandten Verfahren auch nicht zu einer besseren Akzeptanz verhelfen.

Grundsätzlich lassen sich alle Elastomerabformungen verkupfern oder versilbern. Die Neigung der Polyether zum Quellen wird durch die sich bildende Galvanoschicht auf ein klinisch vertretbares Ausmaß gemildert (*Franz* 1981). Thermoplastische Massen eignen sich nur zum Verkupfern, während Alginate und reversible Hydrokolloide gar nicht galvanisierbar sind.

## 1.5 Vergleich einiger Eigenschaften der verschiedenen Modellmaterialien

### 1.5.1 Dimensionsverhalten

Gipse und Kunststoffe zeigen einen grundsätzlichen Unterschied im Dimensionsverhalten: erstere *expandieren*, letztere *kontrahieren* beim Aushärten. Dies ist von fundamentaler Bedeutung für die Frage, ob in der Abformung enthaltene Dimensionsabweichungen vom Original durch Volumeneffekte im Modellmaterial gemindert oder verstärkt werden (siehe Kap. 1.6).

Spezialhartgipse weisen im allgemeinen eine relativ geringe Abbindeexpansion von weniger als 0,1 % linear auf (zum Vergleich: 0,1 % Dimensionsänderung entspricht bei einem Abformlumen von 7 mm einer Durchmesserabweichung des resultierenden Modellstumpfs bzw. -zahns um 7 $\mu$m). Spezielle Sockelgipse sind auf niedrige Abbindeexpansionen um 0,05 % getrimmt, um zusätzliche Verziehungen des fertiggestellten Zahnkranzes durch das Sockeln so gering wie möglich zu halten. Aus demselben Grund dürfen zum Sockeln nicht die billigeren, aber höher expandierenden Typ 3-Gipse eingesetzt werden.

Epoxidharze und Polyurethane sind in den letzten beiden Jahrzehnten in ihrem Dimensionsverhalten stark verbessert worden. Sie haben nach Herstellerangaben nur noch lineare Abbindeschrumpfungen von typischerweise 0,05 % und sind damit, abgesehen vom Vorzeichen der Dimensionsänderung, den Spezialhartgipsen mindestens ebenbürtig. Einige Fabrikate mit Polymerisationsschrumpfungen um 0,3 % linear sind allerdings ebensowenig für die Herstellung von Präzisionsmodellen geeignet wie PMMA mit 1,6 %.

### 1.5.2 Festigkeit

Beim Arbeiten am Modell sind es hauptsächlich Biegebelastungen, die zum Abbrechen von Modellteilen führen können. Damit Modelle unbeschadet auch ungünstige Belastungen überstehen können, hat *Dermann* (1977) für Modellwerkstoffe eine Mindestbiegefestigkeit von 20 N/mm² gefordert. Wie Abb. 1.12 ausweist, erfüllen alle untersuchten Materialien diese Forderung nach entsprechender Aushärtezeit. Kunststoffe weisen jedoch gegenüber Gips bei eintägigen Proben doppelte bis dreifache Biegefestigkeiten und damit einen entsprechend größeren Sicherheitsspielraum auf.

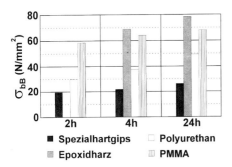

Abb. 1.12 Biegefestigkeit $\sigma_{bB}$ für einige Modellmaterialien in Abhängigkeit vom Probenalter (Mittelwerte für 7 Gipse, 2 Epoxidharze, 2 Polyurethane und 1 PMMA, nach Daten von *Klinger* 1991)

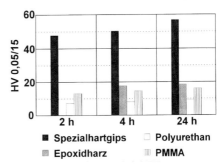

Abb. 1.13 Vickershärte HV 0,05/15 (Belastung 0,5 N für 15 s) für einige Modellmaterialien in Abhängigkeit vom Probenalter (Mittelwerte für 7 Gipse, 2 Epoxidharze, 2 Polyurethane und 1 PMMA, nach Daten von *Klinger* 1991)

## 1.5.3 Härte und Abriebfestigkeit

In ihrer Härte sind die Gipse den Kunststoffen überlegen, wie Abb. 1.13 demonstriert. Auch nach 24stündiger Aushärtung erreichen Epoxidharze und PMMA nur ein Drittel, Polyurethan erreicht nur ein Fünftel der Gipshärte. Dieser Unterschied wird allerdings durch die Tatsache relativiert, daß für die Kunststoffe aus technischen Gründen ein anderes Meßverfahren angewandt werden mußte, das zu systematisch erniedrigten Härtewerten führte. Ein verändertes Bild ergibt sich nach einem Schabversuch mit einer Klinge, die wie beim Abtragen einer dünnen Wachsschicht belastet war. An 24 Stunden alten Proben aus Spezialhartgips werden zwar sehr geringe Abriebtiefen von unter 5 μm gemessen, aber PMMA schneidet trotz deutlich geringerer Härte besser ab (Abb. 1.14). Der von *Klinger* (1991) postulierte Grenzwert von 5 μm wird bei Epoxidharz geringfügig und bei Polyurethan etwas deutlicher überschritten. Ergebnisse von Abrasionstests sind jedoch stark von der Versuchsanordnung abhängig und daher nicht zu verallgemeinern! Im Gegensatz zu den Resultaten der Abb. 1.14 erlitt Superhartgips in einem Abriebversuch mit Schleifpapier einen wesentlich höheren Materialverlust als Epoxidharz (*Fan et al.* 1981). Zusätzlich in diese Untersuchung einbezogene galvanisierte Modelle zeigten die größte Abrasionsresistenz und Härte.

## 1.5.4 Elastizitätsmodul

Damit eine nicht passende Arbeit als solche erkannt werden kann, darf sie sich nur unter deutlicher Kraftanstrengung auf dem Modell anpassen lassen. Dies erfordert eine hohe Steifigkeit, d. h. einen hohen Elastizitätsmodul des Modellwerkstoffs. Hier besitzt Gips deutliche Vorteile gegenüber allen Modellkunststoffen (Abb. 1.15). Da die Elastizitätsmoduln von Kupfer (120 000 N/mm²) und Silber (80 000 N/mm²) noch erheblich über denen der Spezialhartgipse liegen, ist durch die Galvanisierung von Modellen eine Versteifung des Grundmaterials zu erwarten.

## 1.5.5 Detailwiedergabe und Oberflächengüte

Die Güte der Detailwiedergabe, die wesentlich für das Erkennen von Feinheiten an einer Präparationsgrenze ist, ist bei Gipsen be-

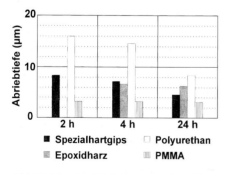

*Abb. 1.14* Abriebtiefe nach einmaligem Schaben mit einer Klinge (Belastung 2 N/mm) für einige Modellmaterialien in Abhängigkeit vom Probenalter (Mittelwerte für 7 Gipse, 2 Epoxidharze, 2 Polyurethane und 1 PMMA, nach Daten von *Klinger* 1991)

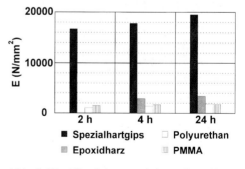

*Abb. 1.15* Elastizitätsmodul E (im Biegeversuch bestimmt) für einige Modellmaterialien in Abhängigkeit vom Probenalter (Mittelwerte für 7 Gipse, 2 Epoxidharze, 2 Polyurethane und 1 PMMA, nach Daten von *Klinger* 1991)

friedigend, bei Kunststoffen je nach Füllstoffgehalt und erforderlichem Trennmittel gut bis sehr gut und bei galvanisierten Modellen ausgezeichnet (*Fan* 1981, *Lenz* 1985, *Dermann* 1988). Gipse zeichnen zwar die 50 μm breite Rille eines Prüfkörpers nach, jedoch ist die Erkennbarkeit wegen der relativ hohen Rauhigkeit deutlich schlechter als beim Kunststoff, der zudem noch feinste auf der Prüfkörperoberfläche befindliche Kratzer wiedergibt (Abb. 1.16).

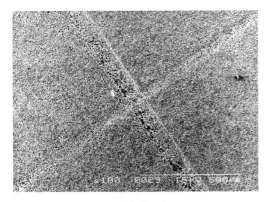

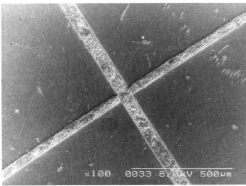

*Abb. 1.16* Wiedergabe der Kreuzung zwischen 50 μm- und 75 μm-Linie des Prüfkörpers für Detailreproduzierbarkeit (*International Organization for Standardization* 1992) nach Abformung mit additionsvernetzendem Silikon und Ausguß *(oben)* mit Spezialhartgips (Typ 4) und *(unten)* mit Epoxidharz (rasterelektronenmikroskopische Aufnahme bei Probenneigung von ca. 20°)

## 1.6 Modellgenauigkeit

Inwieweit die Situation im Munde des Patienten und das fertige Modell schließlich in ihren Abmessungen übereinstimmen, ist entscheidend für die Paßgenauigkeit des anzufertigenden Zahnersatzes und abhängig von mehreren Faktoren, die sich in ihren Auswirkungen gegenseitig überlagern. Die leichte Abbindeschrumpfung der meisten Abformmaterialien, die sich zur Wandung des Abformlöffels hin auswirkt, führt zu entsprechend vergrößerten Lumina. In Abhängigkeit von der Abformtechnik und von den viskoelastischen Eigenschaften der Abformmasse kann diese Tendenz aber abgeschwächt oder im Sinne eines systematischen Fehlers sogar umgekehrt werden (*Wichmann und Borchers* 1992, siehe auch Kap. 9 „Abformwerkstoffe"). Einen weiteren Einfluß übt die Temperaturdifferenz zwischen Abdrucknahme und Modellherstellung aus. Sie führt zu einer zusätzlichen Schrumpfung des Abformmaterials, die jedoch prinzipiell fast vollständig dadurch zu kompensieren ist, daß man die Abformung vor dem Ausgießen wieder auf Mundtemperatur erwärmt (*Marxkors und Meiners* 1993). Das Modellmaterial bestimmt schließlich mit seinem Volumenverhalten beim Abbinden, ob die durch die Abformung bedingten Fehler verstärkt, abgeschwächt oder wenigstens lokal ausgeglichen werden. Eine vollständige Kompensation der unterschiedlichen Fehler ist grundsätzlich unmöglich, da die Volumeneffekte von Abform- und Modellwerkstoff von deren jeweiligen Masseverteilungen abhängig und damit unterschiedlich sind.

Aus den obigen Darlegungen wird verständlich, daß für die verschiedenen Modellwerkstoffe keine absolut erreichbaren Modellgenauigkeiten angegeben werden können und diesbezügliche Untersuchungsergebnisse immer nur für die individuell benutzte Verfahrenskette Gültigkeit haben. Nach Doppelmischabformung von Metallstümpfen mit Silikonen sind zum Beispiel folgende Abweichungen vom Original festgestellt worden: Gipsstümpfe waren im Durchmesser um 0,1 bis 0,2 % zu groß, Stümpfe aus Epoxidharz zeigten Durchmesserabweichungen von -0,5 % bis +0,1 %, und Stümpfe aus Polyurethan sowie versilbertem PMMA waren um 0,1 bis 0,2 % zu klein (*Schäffer und Dumfahrt* 1988, *Lehmann et al.* 1989).

## *Literaturverzeichnis*

*Abriel, W., Nesper, R.:*
Bestimmung der Kristallstruktur von $CaSO_4(H_2O)_{0,5}$ mit Röntgenbeugungsmethoden und mit Potentialprofil-Rechnungen. Z Kristallogr 205, 99-113 (1993)

*Allmann, R., Dittrich, W., Lehmann, K.M., Sondermann, U.:*
Die Kristallisation von Dentalgipsen an der Modelloberfläche. Referate der Gemeinsamen Tagung der Arbeitsgemeinschaft Kristallographie der Deutschen Mineralogischen Gesellschaft, der Deutschen Physikalischen Gesellschaft und der Gesellschaft Deutscher Chemiker sowie der Vereinigung für Kristallographie vom 10.-13. März 1991 in München. Oldenbourg, München 1991

*American National Standards Institute/American Dental Association, Hrsg.:*
Revised American National Standards/American Dental Association Specification No. 25 for Dental Gypsum Products. American National Standards Institute, New York 1989

*Beitz, W., Küttner, K.-H., Hrsg.:*
Dubbel – Taschenbuch für den Maschinenbau. 17. Aufl. Springer Berlin Heidelberg New York London Paris Tokyo HongKong Barcelona 1990

*Bernau, R., Naumann, M., Weber, Ch.:*
Experimentelle Untersuchungen zum Härte- und Abriebverhalten von Stumpfmodellwerkstoffen nach Elastomerkontakt. Stomat DDR 33, 408-416 (1983)

*Borchers, L., Limmroth, E., Jung, T.:*
Der Einfluß oberflächenaktiver und desinfizierender Substanzen auf Silikon- und Gipsmodelloberfläche. Dtsch Zahnärztl Z 47, 541-544 (1992)

*Borchert, H.:*
Ozeane, Salzlagerstätten. Bornträger, Berlin 1959

*Chaffee, N.R., Bailey, J.H.:*
Dimensional Accuracy of Improved Dental Stone and Epoxy Resin Die Materials. J Dent Res 71, 228 (1992)

*Chassevent, L.:*
Sur la mesure des variations de volume accompagnant le durcissement de pâtes des plâtres et d'eau. Compt Rend Acad Sc 225, 243-245 (1947)

*Combe, E.C.:*
Zahnärztliche Werkstoffe. Dt. Ausg. von K. Dermann. Hanser, München Wien 1984, 265- 276

*Combe, E.C., Smith, D.C.:*
Improved Stones for the Construction of Models and Dies. J Dent Res 50, 897-901 (1971)

*Craig, R.G., ed.:*
Restorative Dental Materials. 6th ed. Mosby Company, St. Louis Toronto London 1980

*Dermann, K.:*
Modellwerkstoffe. In: Eichner, K., Hrsg. Zahnärztliche Werkstoffe und ihre Verarbeitung. 5. Aufl., Bd. 1, Hüthig, Heidelberg 1988, 77-86

*Dermann, K.:*
Biegefestigkeit von Modellwerkstoffen. Dtsch Zahnärztl Z 32, 942-944 (1977)

*Deutsches Institut für Normung e.V., Hrsg.:*
DIN EN 26873 – Dentalgipse. Beuth, Berlin 1992

*Eames, W.B., Edwards jr., C.R., Buck jr., W.H.:*
Scraping Resistance of Dental Die Materials: A Comparison of Brands. Operat Dent 3, 66-72 (1978)

*Fan, P.L., Powers, J.M., Reid, B.C.:*
Surface Mechanical Properties of Stone, Resin, and Metal Dies. J Am Dent Ass 103, 408-411 (1981)

*Finger, W., Lockowandt, P.:*
Härtebestimmungen an zahnärztlichen Modellmaterialien. Dtsch Zahnärztl Z 26, 1216-1226 (1971)

*Franz, G.:*
Das Dimensionsverhalten zahnärztlicher Hartgipse. Hanser, München Wien 1978

*Franz, G.:*
Dentalgipse. Hanser, München Wien 1981

*Franz, G.:*
Gips. In: Eichner, K. (Hrsg). Zahnärztliche Werkstoffe und ihre Verarbeitung. 5. Aufl., Bd. 1, Hüthig, Heidelberg 1988, 1-24

*Friend, L.A., Barrett, B.E.:*
Sprayed Models from Elastic Impression Materials: A Preliminary Study. Brit Dent J 118, 329 (1965)

*Fukui, H., Lacy, A.M., Jendresen, M.D.:*
Effectiveness of Hardening Films on Die Stone. J Prosth Dent 44, 57-63 (1980)

*Girlich, I., Wagner, G., Paufler, P., Leuner, S., Follner, H.:*
Formation of Textures in Surface Layers of Gypsum During Hardening Process and in Connection with Surface Properties. N Jb Miner Mh 21, 312-323 (1993)

*Griby, H.K.:*
Moderne Elastomere. Quintessenz Zahntech 18, 1261-1274 (1992)

*Henning, O., Kühl, A., Oelschläger, A., Philipp, O.:*
Technologie der Bindebaustoffe – Eigenschaften, Rohstoffe, Anwendung. 2. Aufl., Bd. 1, VEB Verlag für Bauwesen, Berlin 1989

*Hoffmann-Axthelm, W.:*
Die Geschichte der Zahnheilkunde. Quintessenz, Berlin 1973, 216-268

*Höft, H.:*
Synthetischer Gips oder Naturgips? Ein Unterschied liegt im Ursprung. Dent Lab 37, 183-187 (1989)

*Höft, H.:*
Gips. Quintessenz Zahntech 16, 77-90 (1990)

*Hoggatt, G.A.:*
Process of Producing Cementitious Material. US Patent 2.002.945 (1935)

*Hoggatt, G.A.:*
Process of Producing Cementitious Material. US Patent 2.067.762 (1937)

*Hoggatt, G.A.:*
Method of Producing Gypsum Plaster. US Patent 2.616.789 (1952)

*Hohmann, A., Hielscher, W.:*
Lehrbuch der Zahntechnik. Bd. 3, Quintessenz, Berlin Chicago London São Paulo 1987, 215-225

*Ilg, V.K.:*
Modellherstellung für die indirekte Technik auf elektrolytischem Wege. Zahnärztl Rundsch 46, 2006-2014 (1937)

*International Organization for Standardization, Hrsg.:*
International Standard ISO 4823 – Dental Elastomeric Impression Materials. International Organization for Standardization, Genf 1992

*International Organization for Standardization, Hrsg.:*
Draft International Standard ISO/DIS 6873 – Dental Gypsum Products. International Organization for Standardization, Genf 1994

*Jorgensen, D.:*
Some Factors Involved in Prospecting for Gypsum Deposits, A Brief Review. Oklahoma Geological Survey 79, 1-5 (1978)

*Jørgensen, K.D.:*
Studies on the Setting of Plaster of Paris. Odont T 61, 305-346 (1953)

*Klinger, E.:*
Biegefestigkeit, Elastizitätsmodul, Abriebtiefe, Vickershärte und Ritzbreite von 13 zahnärztlichen Modellwerkstoffen. Freie Universität Berlin, Fachbereich Zahn-, Mund- und Kieferheilkunde, Diss. 1991

*Körber, K.H., Ludwig, K., Huber, K.:*
Werkstofftechnische Untersuchungen über mechanische Eigenschaften von Sprühmetall. Dent Lab 27, 1015-1021 (1979)

*Kozono, Y., Kakigawa, H., Tajima, K., Hayashi, I.:*
Surface Reproducibility of Resin Die Materials with Various Impression Materials. Dent Mater J 2, 169-178 (1983)

*Krönert, W., Haubert, P.:*
Untersuchungen zum Mechanismus des Abbindens von $\alpha$- und $\beta$-Halbhydrat in den Anfangsstadien. Tonind Z 99, 238-245 (1975)

*Langbein, R., Peter, H., Schwahn, H.-J.:*
Karbonat- und Sulfatgesteine. VEB Deutscher Verlag für Grundstoffindustrie, Leipzig 1982

*Lehmann, K.M., Himmer de Lede, B., Stoffel, S.:*
Dimensionsverhalten von Modellwerkstoffen für festsitzenden Zahnersatz. Dent Lab 37, 1255-1256 (1989)

*Lenz, E.:*
Modellwerkstoffe. In: Breustedt, A., Lenz, E., (Hrsg.). Stomatologische Werkstoffkunde. 2. Aufl., Barth, Leipzig 1985, 52-71

*Lewinski, H.:*
Verfahren zur Herstellung von gehärtetem Gips. Österr. Patent 124 (1899)

*Ludwig, U., Kuhlmann, J.:*
Untersuchungen an Putzgipsen. Tonind Z 98, 1-4 (1974)

*Lyon, H.E., Mitchell, R.J.:*
Abrasion Resistance of Coated Gypsum Dies. Operat Dent 8, 1-5 (1983)

*Mahler, D.B., Ady, A.B.:*
An Explanation for the Hygroscopic Expansion of Dental Gypsum Products. J Dent Res 39, 578-589 (1960)

*Mahler, D.B., Asgarzadeh, K.:*
The Volumetric Contraction of Dental Gypsum Products. J Dent Res 32, 54-361 (1953)

*Markley, M.R., Krug, R.S.:*
Silver Plating Rubber Base Material for Superior Dies and Casts. J Prosth Dent 22, 103-110 (1969)

*Marxkors, R., Meiners, H.:*
Taschenbuch der zahnärztlichen Werkstoffkunde. 4. Aufl., Hanser, München Wien 1993, 43-53

*Mineral Resources Consultative Committee, ed.:*
Gypsum and Anhydrite, Mineral Dossier No. 13, Her Majesty's Stationery Office, London 1975

*Newman, A., Williams, A.D.:*
Die Materials for Inlay, Crown and Bridge Work. Br Dent J 127, 415 (1969)

*Palmqvist, S. :*
Metal-Sprayed Dies: I. Dimensional Accuracy – Comparative Study. J Dent Res 49, 475-479 (1970)

*Robertson, N.R.E.:*
A New Material for Orthodontic Models. Dent Pract 16, 275-278 (1966)

*Sanad, M.E.E., Combe, E.C., Grant, A.A.:*
The Effect of Sealant Solutions on the Properties of Gypsum. J Dent 8, 152-157 (1980a)

*Sanad, M.E.E., Combe, E.C., Grant, A.A.:*
Hardening of Model and Die Materials by an Epoxy Resin. J Dent 8, 158-162 (1980b)

*Sanad, M.E.E., Combe, E.C., Grant, A.A.:*
The Use of Additives to Improve the Mechanical Properties of Gypsum Products. J Dent Res 61, 808-810 (1982)

*Schaefer, F.:*
Technologie der galvanoplastischen Herstellung von Zahnstumpfmodellen – Stand und Weiterentwicklung. Stomatol DDR 39, 733-738 (1989)

*Schäffer, H., Dumfahrt, H.:*
Vergleichende Untersuchung des Dimensionsverhaltens neuer Modellmaterialien. Z Stomatol 85, 99-106 (1988)

*Schoenbeck, F.:*
Kurzer Leitfaden der zahnärztlichen Materialkunde. 2. Aufl., Meusser, Berlin 1931

*Schwall, H.:*
Milchsäure. In: Bartholomé, E., Biekert, E., Hellmann, A., Ley, H., Weigert, W.M., (Hrsg.). Ullmanns Enzyklopädie der Technischen Chemie. 4. Aufl., Bd. 17, Verlag Chemie, Weinheim 1976, 1-7

*Skinner, E.W., und Phillips, R.W.:*
The Science of Dental Materials. 6th ed., W.B. Saunders, Philadelphia London 1967, 51-80

*Sondermann, U., Richter, F.-W., Macholdt, H., Allmann, R.:*
Röntgen-Pulverdiffraktometrie mit simultaner energiedispersiver Röntgenfluoreszenzanalyse. Z Kristallogr 186, 278-279 (1989)

*Sondermann, U., Zimmermann, A., Lehmann, K.M.:*
Neues Verfahren zur Bestimmung der Härte an der Oberfläche von dentalen Werkstoffen. Dent Lab 34, 1399-1402 (1991)

*Stoll, R., Schulte, A., Stahl, H., Stachniss, V.:*
Zur Differenzierung von Dimensions- und Formstabilität bei verschiedenartigen Modellmaterialien. Dtsch Zahnärztl Z 49, 695-697 (1994)

*Ullo, C.A., Whist, R.:*
Selecting Materials for the Fabrication of Dies. Quintessence Dent Technol 7, 497 (1983)

*Van'T Hoff, H.J., Armstrong, E.E., Hinrichsen, S., Weigert, F., Just, G.:*
Gips und Anhydrit. Z Physiol Chem Stöchiom Verwandtschaftsl 45, 257-298 (1903)

*Verhoff, F.:*
Citric Acid. In: Gerhartz, W., ed. Ullmann's Encyclopedia of Industrial Chemistry. 4th edn vol. 7, Verlag Chemie, Weinheim 1986, 103-108

*Viohl, J.:*
Abrieb an Modellwerkstoffen. Dtsch Zahnärztl Z 32, 937-941 (1977)

*Voll, K.H.:*
Die Anhydrit-Gips-Umwandlung in Sedimentgesteinen: Texturelle, strukturelle und chemische Mechanismen. Universität Karlsruhe, Fakultät für Bio- und Geowissenschaften, Diss. 1992

*Wichmann, M., Borchers, L.:*
Bestimmung der Abformgenauigkeit verschiedener Elastomere mit Hilfe einer 3D-Koordinatenmeßmaschine (Teil 2). Dtsch Zahnärztl Z 47, 88-91 (1992)

*Wiegman-Ho, L., Ketelaar, J.A.A.:*
The Kinetics of the Hydration of Calcium Sulfate Hemihydrate Investigated by an Electric Conductance Method. J Dent Res 61, 36-40 (1982)

*Wirsching, F.:*
Gips. In: Bartholomé, E., Biekert, E., Hellmann, A., Ley, H., Weigert, W.M., Hrsg. Ullmanns Enzyklopädie der Technischen Chemie. 4. Aufl., Bd. 12, Verlag Chemie, Weinheim 1976, 289-315

*Wirsching, F.:*
Calcium Sulfate. In: Gerhartz, W., ed. Ullmann's Encyclopedia of Industrial Chemistry. 4th edn vol. 4, Verlag Chemie, Weinheim 1986, 103-108

*Wirz, J., Castagnola, L., Gilomen, H.:*
Werkstoffliche Untersuchungen von zahnärztlichen Hart- und Spezialhartgipsen. Schweiz Mschr Zahnheilk 86, 977-989 (1976)

# 2 Einbettmassen

*H.-W. Gundlach, Bremen*

Das Wachsausschmelzverfahren mit dem Guß in die verlorene Form aus Einbettmasse hatte noch keine technische Bedeutung, als es vor über hundert Jahren erstmals in der zahnärztlichen Literatur beschrieben wurde. Die seit der zweiten Hälfte des 19. Jahrhunderts so benannten Einbettmassen, plastisch zu verarbeitende Massen, die mit eingebetteten Teilen zu einem Festkörper erstarren, wurden zunächst zum Fixieren der auf vielfältige Weise geformten Metallteile für die damalige Prothetik beim Löten und für das Brennen von Porzellanfüllungen auf tiefgezogenen Folien mit Hinterfüllung verwendet. Der Guß von Wood'schem Metall in Gipsabdrücke zur Herstellung von Prägestanzen für Kauflächen ist bei *Herbst* schon 1895 beschrieben, ebenso wie die Legierkunst, das Herstellen von Dentallegierungen, vorzugsweise aus dem damals im Umlauf befindlichen Münzgold. Das daraus hergestellte Blech wurde zu Kronen geformt und verlötet. Kavitäten wurden mit Goldhämmerfüllungen aus kohäsivem Blattgold versorgt.

Der Guß von Legierungen in eine tiefgezogene Goldfolie, eingebettet in Gips, zur Herstellung von Inlays wurde von *Swasey* 1890 erwähnt. Kurz darauf hatte *Martin* 1891 erstmals das Wachsausschmelzverfahren verwendet, indem er die in der Kavität geformte Wachsfüllung einbettete, ausschmolz und den so entstandenen Hohlraum in der Einbettmasse mit Gold füllte. Fünf Jahre später erwähnte *Philbrook* 1896 die Herstellung eines Goldinlays nach einem in Gips eingebetteten direkten Wachsabdruck und die Herstellung einer Muffel in einem Metallring mit Gips als Einbettmasse. Der deutsche Zahnarzt *Ollendorf* beschrieb diese Gießtechnik 1904 und nannte bereits mit Marmormehl und Graphit einen Füllstoff und ein Additiv für eine gipsgebundene Einbettmasse. *Taggart* stellte 1907 eine Gießmaschine vor, welche die Neuerungen zusammenfaßte und erstmals diesen Ideen praktische Bedeutung gab.

Von der Ausübung des Drucks durch die Flüssigkeitssäule im Anguß oder durch Gase, wie z. B. Wasserdampf, welcher sich beim Bedecken der heißen Form mit feuchtem Asbest sofort bildet, über die Formfüllung durch zentrifugale Fliehkräfte bis hin zur heute perfektionierten Vakuum-Druckgußtechnik wurden ständig neue Anforderungen an die Eigenschaften der Gußeinbettmassen gestellt. Aber nur deren Expansionsverhalten ermöglicht den heutigen Dental-Präzisionsguß. Die Kontraktion der Goldschmelze beim Abkühlen zwischen der Solidustemperatur und der Raumtemperatur von ca. 1,7 % wurde mit den ersten Einbettmassen nicht kompensiert. Um das zu erreichen, mußte die Form bei der Gieß-

## 2 Einbettmassen

temperatur genau um diesen Betrag vergrößert werden, was entweder über die Modellation oder die Expansion der Einbettmasse zu bewerkstelligen war. *Van Horn* empfahl 1910 das bis heute diskutierte Vergrößern der Wachsmodellation durch thermische Expansion im Wasserbad. Der dabei auftretende Verzug ließ diese Idee aber immer wieder scheitern.

Ende der 20er Jahre kamen die entscheidenden Impulse zur Entwicklung der Einbettmassen und damit der Gießtechnik bis zum heutigen Stand. Die Expansion aufgrund thermischer Umwandlungen der Füllstoffe wurde 1929 in der Entwicklung von *Coleman und Weinstein* realisiert. Ihr US-Patent aus 1933 beschrieb die cristobalithaltige Einbettmasse, deren thermische Expansion bereits deutlich größer war, als in den bis dahin bekannten Formstoffen. Die Vergrößerung der Abbindeexpansion durch Zufuhr von überschüssiger Feuchtigkeit und das Abbinden bei erhöhter Temperatur führte *Scheu* 1932 ein. In Amerika haben Wissenschaftler wie z. B. *Volland und Paffenbarger* 1932, *Coy* 1933, *Phillips* 1933 und *Sweeney* 1933 über ihre Untersuchungen zur Erzielung von paßgenauen Dentalgußobjekten mit gipsgebundenen Einbettmassen publiziert. *Erdle* und *Prange* gelang es 1929, ihre hochschmelzende Kobalt-Chrom-Legierung in einer Einbettmasse aus Quarz mit hydrolisiertem Äthylsilikat als hochfeuerfestes Bindemittel zu vergießen. Sie gründeten in den Vereinigten Staaten einen Betrieb zur Herstellung von Zahnprothesen nach diesem Verfahren als Keimzelle für die *Vitallium*-Lizenzlaboratorien. Im US-Patent von *Prange* (1933) ist der Beginn der Modellgußtechnik mit dem Urtyp sämtlicher heutiger Modellgußlegierungen nachzulesen.

Die Gießtechnik in der Schmuckindustrie zur wirtschaftlichen Herstellung gleichartiger Erzeugnisse und die industrielle Feingießerei basieren auf den Erfindungen und Ideen für den dentalen Präzisionsguß. Anders als bei gleichartigen Massenprodukten oder durchaus komplizierten Kleinserienteilen steht der dentale Präzisionsguß allerdings einzig da für die Herstellung von paßgenauen Gußobjekten als Unikate. Entsprechend hat die dentale Einbettmasse für die Paßgenauigkeit erheblich mehr zu leisten, als die industrielle Einbettmasse für Serienteile, deren Maßhaltigkeit über die Nachbearbeitung oder Veränderungen an der Wachsform zur Kompensation der festen Schwindung bewirkt wird.

Das Bindemittel Äthylsilikat wurde 1938 in Amerika von *Prosen* durch Phosphate und Magnesiumoxid ersetzt. Das reaktionsfähig vorgemischte Material band mit Wasser unter Volumenzunahme zu einer feuerfesten Masse ab, die thermisch expandieren konnte und Vorläufer für die heutigen phosphatgebundenen Einbettmassen ist. Diese weisen eine bessere Temperaturbeständigkeit auf als gipsgebundene Einbettmassen und machen den Guß von hochschmelzenden Edelmetall-Aufbrennlegierungen möglich. Als eine der ersten phosphatgebundenen Einbettmassen wurde *Wirovest* für die Modellgußtechnik 1965 in Europa nach amerikanischem Vorbild von der *Bremer Goldschlägerei* konzipiert, die auch 1968 den paßgenauen Guß der von ihr eingeführten NEM-Aufbrennlegierung *Wiron* in eine speziell dafür entwickelte hochexpandierende Einbettmasse mit Phosphatbindung möglich machte.

Anfang der 80er Jahre wurden phosphatgebundene Einbettmassen für gießbare Gläser verwendet und als Stumpfmaterial für die Herstellung gesinterter Vollkeramik-Inlays eingeführt. Weiterentwicklungen dienen zur Herstellung von Kronenkäppchen aus Sintermetall und als Einbettmasse für die Heißpreßkeramik, die der holländische Zahnarzt *Dröge* schon 1969 beschrieb.

Neue Anforderungen stellt der Dentalguß aus Titan. Dafür werden phosphatgebundene Einbettmassen und auch Entwicklungen auf der Basis von Magnesiumoxid eingesetzt. *Ott* (1991) und *Schädlich-Stubenrauch* (1989) verwendeten Feineinbettungen in Zirkonoxid mit Zirkonchelat als Binder, um die Reaktionen der Titanschmelze mit dem Formmaterial zu vermeiden.

## 2.1 Anforderungen an Einbettmassen

Für Gußeinbettmassen, Löteinbettmassen und feuerfeste Stumpfmaterialien, die aufgrund ihrer Basiszusammensetzung und Chemie auch den Einbettmassen zuzurechnen sind, gelten folgende Anforderungen:

- Plastische Verarbeitbarkeit und Erstarrung zu einem festen Formkörper,
- thermische Beständigkeit bei den Gießtemperaturen und beim Löten oder Sintern,
- eine dem Anwendungszweck angepaßte Verarbeitungszeit von wenigen Sekunden bei Löteinbettmassen bis zu einigen Minuten bei Gußeinbettmassen,
- leichtes Ausbetten.

Speziell für Gußeinbettmassen kommen Forderungen hinzu:

- Hochtemperatur-Korrosionsbeständigkeit gegen die Schmelze,
- Festigkeit, um dem Druck beim Guß standzuhalten,
- keine Kontraktion während der Gußverzugszeit,
- Feinkörnigkeit für glatte Oberflächen,
- präzise Abformgenauigkeit für feine Details,
- einstellbare (steuerbare) Expansion,
- genügende Porosität, um Luft und Gas entweichen zu lassen,
- Temperaturwechsel-Beständigkeit,
- Lagerbeständigkeit.

Die wichtigste Anforderung an die Gußeinbettmasse ist die Paßgenauigkeit. In der Verarbeitungskette Abdrucknahme, Gipsmodell, Wachsmodellation, Einbettmasse bis hin zum Gußobjekt darf keine Dimensionsgenauigkeit verloren gehen. Die chemische Reaktionsträgheit gegen Wachs, Kunststoffe, Netz- und Trennmittel sowie gegen die heiße Schmelze ist unverzichtbar für glatte Gußoberflächen und vermeidet Verunreinigungen des Gußobjekts.

Die Verarbeitung im Dentallabor stellt weitere Anforderungen. Es ist eine handwerkliche Tätigkeit, welche, wenig durch Maschinen gestützt, in vielen aufeinanderfolgenden Arbeitsschritten zum paßgenauen Guß führt. Abweichungen von der vorgegebenen Arbeitsweise sollen sich möglichst gering auswirken, um stets die gleiche reproduzierbare Paßgenauigkeit und Gußqualität zu erreichen. Die Form muß sich durch die fließfähige Mischung zügig und blasenfrei füllen lassen. Die Verarbeitungsbreite muß so lang sein, daß mehrere Muffeln mit einer Mischung gefüllt werden können. Die Abbindung soll dann so rasch erfolgen, daß die Muffel nach ca. einer Stunde in den Vorwärmofen eingesetzt werden kann.

## 2.2 Einteilung der Einbettmassen

Die Einteilung nach der Verwendung ergibt die Gruppen:

- Gußeinbettmassen für
  - Inlays, Kronen und Brücken
  - Modellguß,
- Löteinbettmassen,
- Stumpfmaterialien für Metall- und Keramik-Sintertechnik,
- Formmaterialien zur Herstellung von Matrizen für die Preßkeramik,
- Feineinbettmassen.

Die Einteilung kann erfolgen nach dem Bindersystem:

- Gipsbindung,
- Phosphatbindung

(genauer: Magnesium-Ammonium-Phosphatbindung)
- Äthylsilikatbindung

und für Feineinbettungen:
- Kunstharz-, Chelat- (metallorganische Verbindungen) und Silikatbindung.

Die Einteilung der Gußeinbettmassen nach dem Temperaturbereich für die Legierungen ergibt:

- Hochschmelzende Edelmetall- und Palladium-Legierungen sowie NEM-Aufbrennlegierungen und Modellgußlegierungen auf der Basis Nickel-Chrom und Kobalt-Chrom,
- niedrigschmelzendes Kronen- und Brückengold mit Vorwärmtemperaturen unter 750 °C (nur hier werden gipsgebundene Einbettmassen eingesetzt),
- Titan und Titanlegierungen.

Als Stumpfmaterialien für die Sintertechnik und als Matrize für die Preßkeramik sowie für die gießtechnische Verarbeitung von Glas haben sich aufgrund der hohen Anwendungstemperaturen bisher nur phosphatgebundene Einbettmassen angeboten.

Die äthylsilikatgebundenen Einbettmassen besetzen aufgrund ihrer Verarbeitungseigenschaften eine Nischenposition im Bereich der Modellgußtechnik. Sie werden für weitere Anwendungsbereiche nicht verwendet.

## 2.3 Herstellung

Die Einbettmassen werden bei den führenden Herstellern in Chargenproduktion aus den feuerfesten Hauptbestandteilen Quarz und Cristobalit mit dem Bindemittel Gips oder den beiden Binderkomponenten Magnesiumoxid und primäres Ammoniumphosphat reaktionsfähig vorgemischt. Sie werden feuchtigkeitsdicht in Portionspackungen oder für das individuelle Dosieren in größeren Gebinden verpackt. Bei den Äthylsilikatmassen wird der Binder erst kurz vor der Verarbeitung zugemischt.

Zusätzlich zur Eingangskontrolle der Rohmaterialien wird als wesentlicher Verfahrensschritt bei allen Herstellern jede Charge einer In-Prozess-Kontrolle durch Messung der Werkstoffkennwerte Abbindeexpansion, Reaktionstemperatur, Abbindezeit, Fließfähigkeit, Druckfestigkeit und thermische Expansion unterzogen und die Oberflächenrauhigkeit und die Paßgenauigkeit beim zahntechnischen Guß geprüft. Das ist wichtig, weil sowohl die angelieferten Rohmaterialien chargenabhängig sein können, als auch die Lagerzeit, die Lagerbedingungen, die Temperatur und das Mischen die Eigenschaften der Einbettmasse möglicherweise soweit verändern, daß sie nicht dem vom Zahntechniker gewünschten gleichbleibenden Qualitätsprodukt entspricht. Hier setzt das Know-How des Herstellers an, mit Additiven oder geringen Variationen in der Grundzusammensetzung und in den Kornfraktionen die Einbettmassen so einzustellen, daß sie von Charge zu Charge die gleichen Verarbeitungseigenschaften aufweisen.

## 2.4 Werkstoffkunde

### 2.4.1 Basiskomponenten

Hauptbestandteile sind die natürlichen Minerale Quarz und Cristobalit. Aluminiumoxid, Zirkonoxid, Zirkonsilikat, Titandioxid und andere keramische Basiskomponenten sowie Doppeloxide wie Mullit (Mischoxid aus Aluminiumoxid und Siliziumdioxid), Sillimanit und Schamotte sind selten anzutreffende Komponenten, die im Einzelfall aber durchaus wichtig sind, wie z. B. Aluminiumoxid oder Zirkonoxid in Stumpfmaterialien. Diesen Stoffen fehlt eine wesentliche Eigenschaft der Komponenten Quarz und Cristobalit, die Strukturumwandlung in dem für den Dentalguß wichtigen Bereich zwischen Raumtemperatur und der Vor-

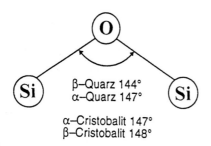

Abb. 2.1 Bindungswinkel in der Si-O-Si- Molekülkette von Quarz und Cristobalit

wärmtemperatur. Diese reversible Umwandlung von der Niedrigtemperaturmodifikation (Kristallform) in die im höheren Temperaturbereich beständige Modifikation ist bei Quarz und Cristobalit mit einer erheblichen Volumenexpansion verbunden.

Die Formel $SiO_2$ bezeichnet das Siliziumdioxid-Molekül, welches isoliert überhaupt

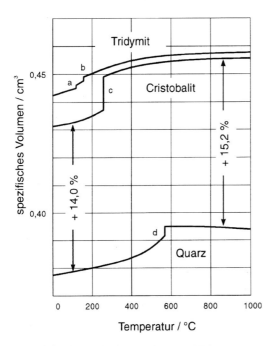

Abb. 2.2 Spezifisches Volumen (Volumen pro Gramm) von reinen Quarz-, Cristobalit- und Tridymitkristallen als Funktion der Temperatur. Die Umwandlungsexpansionen betragen
$a$ = 0,2 Vol.-%, $b$ = 0,2 Vol.-%, $c$ = 2,8 Vol.-% und am Quarzsprung $d$ = 0,8 Vol.-%

nicht vorkommt. Das Siliziumion ist vielmehr in Form eines $(SiO_4)$-Tetraeders von vier Sauerstoffionen umgeben, wovon zwei dem Siliziumion zuzurechnen sind und die beiden anderen bereits den nächsten Siliziumionen im dreidimensional vernetzten Molekülverband. Die räumlich komplexen Figuren sind in Gläsern unregelmäßig, d. h. amorph angeordnet. Bei regelmäßiger Anordnung sind die Kristallsysteme trigonal, hexagonal, tetragonal oder kubisch, je nach Verknüpfung der vierfach negativ geladenen $(SiO_4)$-Tetraeder. Durch Eckenverknüpfung über Sauerstoff-Brückenionen können die $(SiO_4)$-Tetraeder zu beliebig großen Verbänden zusammengelagert vorkommen. Der Kenntnisstand über die verschiedenen $SiO_2$-Minerale wurde schon 1967 von *Flörke* umfassend beschrieben.

Der Quarz, als häufigste natürliche $SiO_2$-Modifikation, geht beim Erhitzen bei 573 °C von der trigonalen Tieftemperatur-Modifikation $\beta$-Quarz in die hexagonale Hochtemperatur-Modifikation $\alpha$-Quarz über. Beim Übergang vom Tiefquarz zum Hochquarz ändert sich der Winkel zwischen einem Sauerstoffion und den beiden angrenzenden Siliziumionen in den Zentren der verknüpften Tetraeder nach *Salmang und Scholze* von 144 ° auf 147 ° (Abb. 2.1). Der Abstand vom Silizum zum Sauerstoff vergrößert sich um 0,5 %. Der makroskopisch sichtbare Effekt dieser atomaren Umlagerung ist eine Volumenzunahme, welche in einem reinen Quarzkristall bei 573 °C genau 0,8 Vol.-% beträgt. In Abb. 2.2 ist die Temperaturabhängigkeit des spezifischen Volumens dargestellt. Das spezifische Volumen von Quarz nimmt mit der Temperatur überproportional zu und die Kurve steigt beim Quarzsprung bei 573 °C steil an. Der Hochquarz zeigt keine Volumenzunahme, sondern sogar eine geringe Abnahme. Dieser idealisierte Kurvenverlauf ist reversibel, d. h. beim Abkühlen findet die Volumenkontraktion von 0,8 Vol.-% bei 573 °C und insgesamt 4,5 Vol.-% bis Raumtemperatur wieder statt. Die dabei auftretenden Spannungen im Gefüge des Quarzkristalls zwingen dazu, quarzhaltige Produkte im Umwandlungsbereich langsam abzukühlen. (Für Quarzglas gilt das nicht. Der aufgeschmolzene Quarz erstarrt als unterkühlte Schmelze mit regellosem Molekülaufbau. Der niedrige thermische Ausdehnungskoeffizient von Quarzglas bewirkt dessen hervorragende Temperaturwechsel-Beständigkeit.) Mit Hilfe von röntgenographischen Untersuchungen ist die Umwandlung vom $\beta$- zum $\alpha$-Quarz genau zu verfolgen. Bereits bei 400 °C werden die ersten Atome im Kristall umgeordnet. Die Struktur verändert sich kontinuierlich und deshalb ist der in Abb. 2.2 bei 573 °C eingezeichnete Quarzsprung an realen Kristallen und insbesondere an Mischungen aus Quarzpulvern nicht deutlich ausgeprägt. Es gibt vielmehr einen stetigen Übergang, wobei der Sprung nicht zwingend bei 573 °C liegen muß, sondern durch kinetische Effekte beim Aufheizen und beim Abkühlen oder durch Verunreinigungen um bis zu ± 10 °C verschoben sein kann.

Das spezifische Volumen von Cristobalit in Abb. 2.2 ist bei Raumtemperatur um 14 Vol.-% größer als das von Quarz. Beim Literaturwert von 270 °C tritt eine Volumenänderung von 2,8 Vol.-% auf. Der Tief- oder auch $\alpha$-Cristobalit wandelt sich zum Hoch- oder auch $\beta$-Cristobalit um. Das Kristallsystem geht von der tetragonalen in die kubische Symmetrie über. Der Si-O-Abstand verändert sich um etwa 0,2 % und der Si-O-Si-Winkel vergrößert sich von 147 ° auf 148 °. Genau wie bei der Umwandlung von Quarz entspricht die Umwandlungstemperatur von Cristobalit im feinkristallinen Material nur näherungsweise dem Literaturwert. Sie ist, entgegen der idealisierten Darstellung, durch stetige Übergänge gekennzeichnet und es ergibt sich eine Hysterese durch das unterschiedliche Verhalten beim Aufheizen und Abkühlen. Der reale Kristall ist gegenüber dem idealen Kristall durch Fehler im Gitter, sogenannte Gitterstörungen, gekennzeichnet. Diese Fehlordnungen haben einen Einfluß auf die Umwandlungstemperaturen, indem sie die für eine Umwandlung notwendige Keimbildung begünstigen. Die regellos verteilten Einzelkörner führen zu

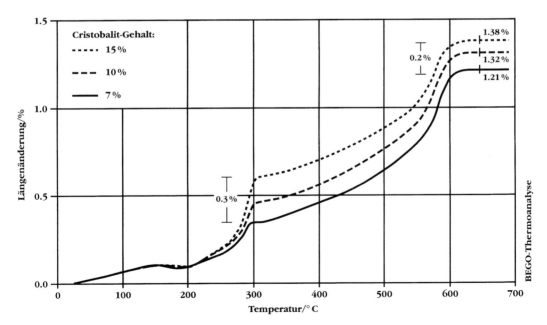

*Abb. 2.3* Thermische Expansion einer experimentellen phosphatgebundenen Einbettmasse mit Quarz und Cristobalit. Die Gesamtexpansion steigt mit zunehmendem Cristobalitanteil

der über einen größeren Temperaturbereich auftretenden Volumenveränderung. Zusätzlich kompliziert wird das Verhalten dadurch, daß der Cristobalitkristall beim ersten Abkühlen und Erhitzen durch Mikrorisse im Gefüge in der Expansion beträchtlich beeinflußt sein kann.

Cristobalit entsteht irreversibel durch das Tempern von Quarz oberhalb von 1200 °C, also höher als in dem für den Dentalguß wichtigen Bereich. Das Aufheizen der Quarzkörner beim Einschießen der Schmelze ist zu kurz, um solche Umwandlungen ablaufen zu lassen.

Oberhalb von 850 °C kann aus dem $\alpha$-Quarz theoretisch Tridymit entstehen. Abb. 2.2 zeigt, daß das spezifische Volumen noch größer ist als beim Cristobalit. Der Tridymit weist grundsätzlich eine fehlgeordnete Struktur auf. Der Grad der Fehlordnung und damit auch die Eigenschaften können stark variieren. Die Röntgendiffraktometrie als Analysenmethode für Kristallstrukturen zeigt in ausgeheizter Einbettmasse keinen Tridymit an. Tridymit liegt daher nur unterhalb der Nachweisgrenze von ca. 2 Masse-% vor, ohne die technischen Eigenschaften der Einbettmassen zu beeinflussen.

Für die praktische Anwendung sind von den beschriebenen Umwandlungen nur der Übergang vom Tiefquarz in den Hochquarz und der Übergang vom Tiefcristobalit in den Hochcristobalit wichtig. Diese beiden Vorgänge bewirken die hohe Expansion beim Vorwärmen. Abb. 2.3 zeigt die thermische Expansion von experimentellen Einbettmassen. Mit zunehmendem Cristobalitgehalt erhöht sich der Anstieg der linearen Expansion bei ca. 280 °C um 0,3 %. Die Gesamtexpansion steigt allerdings nur um 0,2 %, da der Quarzgehalt entsprechend abnimmt.

Die thermische Expansion der phosphatgebundenen Einbettmasse Bellavest T ist in Abb. 2.4 dargestellt. In der Aufheizkurve mit 90 %-iger Begosol-Anmischflüssigkeit ist der Wendepunkt in der Steigung bei

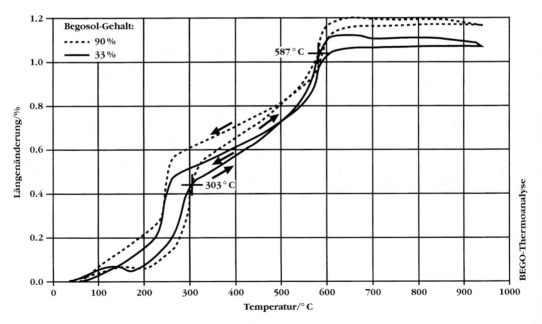

*Abb. 2.4* Thermische Expansion der phosphatgebundenen K & B-Einbettmasse Bellavest T mit 33 und 90 %iger Anmischflüssigkeit Begosol. Chemische Reaktionen im Bindersystem führen in den Aufheizkurven oberhalb von 150°C zu einer irreversiblen Kontraktion, bis die Expansion durch die Cristobalitumwandlung ab ca. 200°C einsetzt

2.4 Werkstoffkunde 41

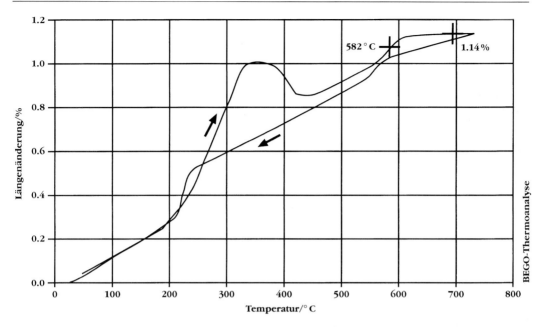

Abb. 2.5 Thermische Expansion der gipsgebundenen Einbettmasse Pontovest. Die hohe Expansion mit darauffolgender Kontraktion zwischen 300 und 400 °C tritt bei synthetischen Gipsbindern auf

Abb. 2.6 Rasterelektronenmikroskopische Aufnahme (REM) des porigen Gefüges der ausgeheizten Einbettmasse Bellavest T an der Innenwand vom Muffelhohlraum. V= 1000-fach. Anmischflüssigkeit Wasser

Abb. 2.7 Rasterelektronenmikroskopische Aufnahme der Innenwand vom Muffelhohlraum nach dem Ausheizen. Einbettmasse Bellavest T, angemischt mit Begosol. V = 3000-fach

303 °C willkürlich als Cristobalit-Sprung ausgewiesen. Die Abweichung vom Literaturwert 270 °C und die vom reinen Cristobalit abweichende Volumenänderung erklärt sich durch die regellose Verteilung der Körner in der abgebundenen Einbettmasse. Durch chemische Reaktion tritt zunächst eine Kontraktion oberhalb von 150 °C auf. Die thermische Ausdehnung von 0,5 % durch die Cristobalit-Umwandlung ist bei

ca. 320 °C beendet. In der weiteren Aufheizkurve ist die Ausdehnung durch den Quarzanteil zu erkennen. Bei 587 °C ist willkürlich der Quarzsprung als Wendepunkt eingetragen. Bei 670 °C wird mit 1,2 % die maximale Expansion gemessen. Oberhalb dieser Temperatur kompensieren sich die atypische thermische Kontraktion des Quarzes und die Expansion von Cristobalit, so daß das Volumen konstant bleibt.

Die Abkühlkurven zeigen häufig geringere Längenänderungen als die Aufheizkurven. Außerdem werden die Umwandlungstemperaturen für Quarz und Cristobalit beim Abkühlen zu niedrigeren Werten hin verschoben. Das hängt meßtechnisch bedingt mit der Abkühlgeschwindigkeit, mit den Gitterstörungen und mit der Kornverteilung zusammen. Beim Abkühlen fehlt die irreversible Kontraktion in der Aufheizkurve oberhalb von 150 °C.

Die thermische Expansion der gipsgebundenen Einbettmasse Pontovest folgt bei Anwesenheit von Quarz und Cristobalit dem Verlauf der Kurve in Abb. 2.5. Der breite Peak bei 350 °C ist auf eine irreversible Umwandlung des Binders zurückzuführen, da er in der Abkühlkurve nicht mehr vorhanden ist. Gipsgebundene Einbettmassen reagieren sehr empfindlich auf verlängerte Gußverzugszeiten, da die Kontraktion der Einbettmasse beim Abkühlen nicht erst unterhalb von 600 °C – wie bei den phosphatgebundenen Einbettmassen – sondern sofort stattfindet.

Als Anmischflüssigkeit wird bei phosphatgebundenen Einbettmassen eine wässrige Lösung von Kieselsol verwendet. Kieselsol ist kolloidales Siliziumhydroxid, d. h. kleine Partikel, die durch elektrostatische Effekte in der Lösung in Schwebe gehalten werden. Dieses kolloidale Siliziumhydroxid geliert in der Einbettmassemischung und kristallisiert aus, wobei die Teilchen auf den Quarz- und Cristobalitkörnern und auch in deren Trennzone liegen. Abb. 2.6 zeigt das offenporige Gefüge der Grundkomponenten Quarz und Cristobalit an der Wand vom Einbettmassehohlraum nach dem Ausheizen und Abb. 2.7 in hoher Vergrößerung das auf den Körnern auskristallisierte Kieselsol, welches die Poren teilweise verschließt.

## 2.4.2 Chemische Reaktionen

Die Abbindereaktionen der Bindersysteme sind in Abb. 2.8 in chemischen Reaktionsgleichungen dargestellt. Bei gipsgebundenen Einbettmassen wird das zuvor dem Kalziumsulfat-Dihydrat zum Halbhydrat entzogene Kristallwasser wieder zugesetzt und der Gips verfestigt. Bei der phosphatgebundenen Einbettmasse reagiert das basische Magnesiumoxid *Periklas* mit dem sauren Ammoniumphosphat zum Magnesium-Ammoniumphosphat *Struvit* mit sechs Molekülen Kristallwasser. Das Wasser wird der reaktionsfähig vorgemischten Einbettmasse zugegeben und dient sowohl als Lösungsmittel, als auch als Reaktionspartner, indem es als Kristallwasser aufgenommen wird.

Bei Bindereinbettmassen wird das Äthylsilikat, genauer der Kieselsäureäthylester, vor der Verarbeitung hydrolisiert. Durch Reaktion mit Wasser entsteht unter Abspaltung von Alkohol kolloidales Siliziumhydroxid als Kieselsäuresol. Es geliert in der Mischung und kristallisiert zum eigentlichen Bindemittel für die Feuerfestpartikel aus. Die Hydrolyse wird durch Zusatz von Salzsäure als Katalysator bewirkt. Als Katalysator nimmt die Salzsäure zwar an der chemischen Reaktion teil, sie wird jedoch weder eingebaut noch verbraucht und entweicht zusammen mit dem Alkohol beim Vorwärmen.

Während der Gipsbinder in seiner Hochtemperaturform wieder wie vor der Abbindereaktion entwässert vorliegt, werden die Binder in phosphatgebundenen und äthylsilikatgebundenen Einbettmassen beim Vorwärmen weiter umgewandelt. Das aus dem Äthylsilikatbinder durch Reaktion mit

## 2.4 Werkstoffkunde

Gipsgebundene Einbettmasse:

$$2(CaSO_4 \times 1/2\,H_2O) + 3\,H_2O \longrightarrow 2(CaSO_4 \times 2\,H_2O)$$

Phoshatgebundene Einbettmasse:

$$MgO + NH_4H_2PO_4 + 5\,H_2O \longrightarrow MgNH_4PO_4 \times 6\,H_2O$$

Ethylsilikatgebundene Einbettmasse:

$$Si(OC_2H_5)_4 + 4\,H_2O \longrightarrow Si(OH)_4 + 4\,C_2H_5OH$$

*Abb. 2.8* Reaktionsgleichungen für die chemischen Abbindereaktionen der Bindersysteme

Wasser gebildete Siliziumhydroxid wandelt sich unter Abspaltung von Wasser in amorphes Siliziumdioxid um. Bei phosphatgebundenen Einbettmassen sind die Reaktionen komplizierter (Abb. 2.9). Bei ca. 160 °C wird aus dem Magnesium-Ammoniumphosphat ein Teil des Kristallwassers freigesetzt. Unter Abspaltung von Ammoniak und dem restlichen Wasser zersetzt sich diese Verbindung ab 250 °C zur Hochtemperatur-Modifikation Magnesium-Pyrophosphat, $Mg_2P_2O_7$. Bei über 1000 °C bildet sich daraus in Gegenwart von überschüssigem Magnesiumoxid das tertiäre Magnesiumphosphat $Mg_3(PO_4)_2$. Zusätzlich kann überschüssiges Magnesiumoxid in der Hitze mit dem amorphen Siliziumdioxid zu dem Magnesiumsilikat *Forsterit* $(Mg_2SiO_4)$ reagieren. Das kann mit Hilfe der Röntgendiffraktometrie nachgewiesen werden.

Die Reaktionen sind in der Aufheizkurve in Abb. 2.10, gemessen mit einem Thermoelement in der Muffel, zu erkennen. Die Temperatur von 100 °C wird in der Muffel solange gehalten, bis das Wasser verdampft ist. Ab 150 °C wird ein Teil des Kristallwassers abgegeben, wobei Energie verbraucht wird und die Temperatur wieder kurz konstant bleibt. Danach wird die Wärme von der Muffel mit Temperaturerhöhung aufgenommen, bis im Temperaturbereich von 230 °C-280 °C eine deutliche Umwandlung auftritt. Das Kristallwasser wird nun vollständig abgegeben, Ammoniak entweicht und das Phosphat wandelt sich anschließend in die glühbeständige Form um. Diese Reaktionen führen in den thermischen Expansionskurven in Abb. 2.4 beim ersten Aufheizen ab 150 °C bis ca. 280 °C zu irreversiblen Volumenänderungen.

Die Gesetze der Thermodynamik und der Kinetik bestimmen die Wahrscheinlichkeit und die Geschwindigkeit, mit der chemische Reaktionen ablaufen. Von Einfluß sind die

$$MgNH_4PO_4 \times 6\,H_2O \xrightarrow{>160\,°C} MgNH_4PO_4 \times H_2O + 5\,H_2O$$

$$2(MgNH_4PO_4 \times H_2O) \xrightarrow{>250\,°C} Mg_2P_2O_7 + 2\,NH_3 + 3\,H_2O$$

Summenformel:

$$2(MgNH_4PO_4 \times 6\,H_2O) \longrightarrow Mg_2P_2O_7 + 13\,H_2O + 2\,NH_3$$

$$Mg_2P_2O_7 + MgO \xrightarrow{>1000\,°C} Mg_3(PO_4)_2$$

Nebenreaktionen:

$$2\,MgO + SiO_2 \xrightarrow{>1000\,°C} Mg_2SiO_4$$

*Abb. 2.9* Chemische Reaktionsgleichungen für die Reaktionen des Phosphatbinders beim Vorwärmen

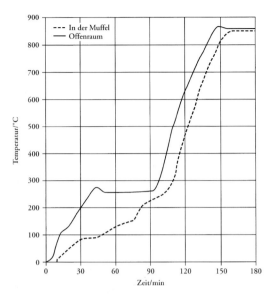

*Abb. 2.10* Zeitliche Änderung der Temperatur im Ofenraum und in der Muffel aus Bellavest T beim Vorwärmen. Während der ersten Haltestufe bei 270°C erfolgt die Entwässerung der Einbettmasse bei 100°C und es laufen bei ca. 150°C und oberhalb von 230°C chemische Reaktionen in der Muffel ab

Konzentrationen der Reaktionspartner, die Temperatur, die Kornverteilung, die Kornform, die Kornart, das Klima und das Vorhandensein von Additiven für die Reaktionssteuerung. Additive können sowohl als Beschleuniger als auch als Inhibitoren wirken und den entstehenden Festkörper in seinen Eigenschaften Porosität, Dichte und Festigkeit beeinflussen.

Additive in der Anmischflüssigkeit sind Tenside als Netzmittel und Stellmittel für bessere Fließfähigkeit sowie Formaldehyd als bakterizider Zusatz, der die Abbindereaktion beeinträchtigt, jedoch für die Haltbarkeit der Anmischflüssigkeit unverzichtbar ist. Zusätze von Äthylenglykol als Frostschutz beeinflussen die Reaktionen, so daß viele Hersteller auf diesen Zusatz verzichten. Die Einbettmasse kann durch Zusatz von Graphit in der Porosität beeinflußt werden, indem dieser beim Vorwärmen verbrennt. Die Oxidation der Legierung, sowie die Festigkeit der Einbettmasse, werden dadurch vermindert und das Ausbetten erleichtert. Als Additive für gipsgebundene Einbettmassen werden der Verzögerer Borax und Beschleuniger wie Natriumsulfat, Natriumchlorid, Kaliumchlorid sowie Farbstoffe wie Eisenoxid verwendet.

Weitere Inhibitoren sind Glyzerin und andere organische Lösungsmittel als Zusatz zur Anmischflüssigkeit. Sowohl bei gipsgebundenen Einbettmassen als auch bei phosphatgebundenen Einbettmassen beeinflussen sie die Abbindereaktion. Im Zusammenwirken mit anderen Additiven können die Einbettmassen so eingestellt werden, daß keine Abbindeexpansion auftritt und gleichzeitig die thermische Expansion erhöht wird. In entsprechenden Versuchen von *Finger und Kota* (1982) sowie *Dreyer-Jörgensen* (1984) sollte die Abbindeexpansion eliminiert und eine lediglich thermisch expandierende Einbettmasse herausgearbeitet werden, die Verzerrungen in der Muffel vermeidet. Diese Versuche führten nicht zu technischen Einbettmassen, da sie im wesentlichen nur für kleine Gußobjekte in Edelmetall auf die Verbesserung dieser einen Eigenschaft abhoben, nicht jedoch die vielfältigen Anforderungen berücksichtigten, die weitergehend aus der Sicht der Verarbeiter und durch die übrigen werkstoffbedingten Vorgaben anderer Dentallegierungen gestellt wurden.

Wichtige Bindersysteme für Feineinbettungen sind Wasserglas, kolloidales Natriumsilikat, und das durch chemische Umwandlung daraus hergestellte Kieselsol. Aus bei-

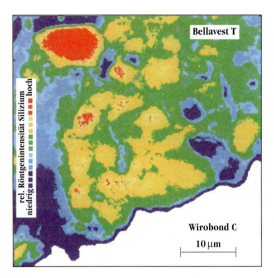

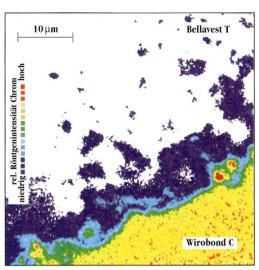

*Abb. 2.11* Elementverteilungsbild für Silizium am Übergang von der CoCrMo-Aufbrennlegierung Wirobond C zur Einbettmasse Bellavest T, angemischt mit Kieselsol, nach dem Guß. Die rote, gelbe und grüne Farbe kennzeichnen die Stellen mit hoher Röntgenintensität, an denen das Element Silizium in den Körnern der Einbettmasse und im auskristallisierten Kieselsol anzutreffen ist

*Abb. 2.13* Elementverteilungsbild für Chrom an der gleichen Stelle wie in Abb 2.11. Chrom ist in hoher Konzentration (rot und gelb) in der Legierung und als Chromoxid auf der Legierungsoberfläche (grün) vorhanden sowie (blau) ca. 20 $\mu$m tief in die angrenzende Einbettmasse hineindiffundiert

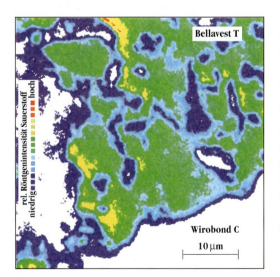

*Abb. 2.12* Elementverteilungsbild für Sauerstoff an der gleichen Stelle wie in Abb. 2.11. Rot, gelb und grün kennzeichnet die höchste Konzentration des Sauerstoffs in Quarz- und Cristobalitkörnern, in Magnesiumoxid-Partikeln und in auskristallisiertem Kieselsol

den Substanzen entstehen durch Gelieren und Ausfällen amorphe Siliziumdioxide, welche eine geringe Festigkeit bei der Raumtemperatur und eine höhere Festigkeit bei der Vorwärmtemperatur bewirken. Mit metallorganischen Chelat-Verbindungen, d. h. in großvolumigen organischen Molekülen gebundene Metallionen, und auch mit Kunstharzlack lassen sich durch Eintrocknen und Verdampfen der organischen Lösungsmittel feste und widerstandsfähige Überzüge aus Metalloxiden herstellen. Beim Vorwärmen verlieren sie aber durch das Verbrennen der organischen Komponenten an Festigkeit, die nur wenig durch Sintervorgänge kompensiert wird.

Die Bildung von primärem Magnesium-Ammoniumphosphat unter Aufnahme von sechs Molekülen Kristallwasser in Abb. 2.8 oder auch die Aufnahme von Kristallwasser in dehydriertem Gips wird begleitet von einer starken Temperaturerhöhung als äußeres Zeichen dafür, daß das System den energieärmeren, d. h. den thermodynamisch stabile-

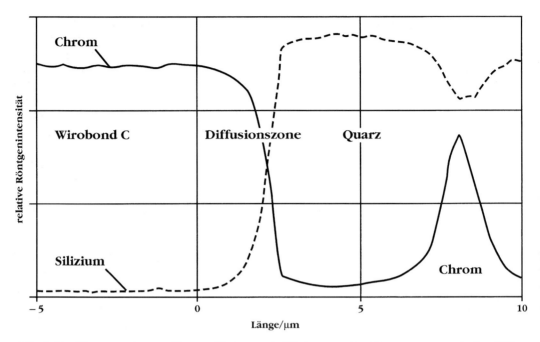

*Abb. 2.14* Konzentrationsprofil von Chrom und Silizium an der Phasengrenze zwischen Wirobond C und Bellavest T (reche Hälfte). Die Chromintensität fällt an der Metalloberfläche in einer Diffusionszone im Quarzkorn langsam ab. Silizium steigt im Quarzkorn in einer Diffusionszone an. In der Einbettmasse steigt die Chromintensität aufgrund einer schnellen Oberflächendiffusion hinter dem Quarzkorn noch einmal an bei gleichzeitigem Abfall der Siliziumintensität

ren Zustand einnimmt. Die Reaktionen laufen zwischen Molekülen ab, die im Gesamtsystem durch die Körner von Quarz und Cristobalit und das aus dem Kieselsol ausgefällte amorphe Siliziumdioxid voneinander getrennt sind. Die Feststoffe können die Reaktionen beeinflussen, indem die Reaktionspartner an aktiven Oberflächenbereichen absorbiert werden und so nur verzögert für die Reaktion zur Verfügung stehen.

Im Gegensatz zu Ammoniumphosphat ist Magnesiumoxid in Wasser nur schlecht löslich. Da Magnesiumoxid als Pulver eingebracht wird, läßt sich die Geschwindigkeit der Reaktion bereits über dessen Korngröße beeinflussen. So werden große Körner mit viel Volumen und relativ geringer Oberfläche bei gleicher Konzentration zu einer erheblich langsameren Reaktion führen, als ein Feinkornpulver. Weiterhin ist entscheidend, aus welchem Herstellungsprozeß das Magnesiumoxid stammt. Auch das kann die Reaktionsfreudigkeit beeinflussen. Mit dem Zitronensäure-Test wird die Reaktivität von Magnesiumoxid gemessen. Eine Aufschlämmung von 1-2g Magnesiumoxid in 100 ml einer 0,4-normalen Zitronensäurelösung zeigt bei 30 °C eine langsame zeitliche Änderung des pH-Wertes. Die Zeit bis zur Neutralisation wird als Maß für die Reaktivität angegeben.

Chemische Reaktionen können auch zwischen den Bindersystemen und den Modellwerkstoffen auftreten. Ein Beispiel ist die unerwünschte Reaktion des Alkohols in Äthylsilikat-Einbettmassen mit einer Reihe von Kunststoffen, die die Verwendung von derartigen Fertigteilen einschränkt. Rauhe Gußoberflächen sind häufig auf eine mangelhafte Benetzung der Oberflächen von Modellwerkstoffen mit der Einbettmasse zurückzuführen. Dadurch bilden sich Blasen an der Wachsoberfläche und Poren in der Einbettmasse, die durch Schmelze ausge-

## 2.4 Werkstoffkunde

füllt werden. Die Verwendung von Netzmitteln ist beim Einbetten von Wachsmodellationen und auch bei Verwendung von Kunststoff-Fertigteilen angezeigt. Eine hin und wieder beobachtete Gasentwicklung aus der Mischung beim Abbinden läßt sich auf die Entwicklung von Schwefelwasserstoff aus durch Sulfid verunreinigtes Magnesiumoxid zurückführen. Solche Rohstoffe sind ungeeignet.

Die in der Modellgußtechnik verwendete Dubliermasse kann auf die Abbindereaktion einwirken. Dubliermasse auf der Basis Agar-Agar enthält Äthylenglykol. Das verzögert die Abbindereaktion. Im wesentlichen führt die Agar-Agar-Dubliermasse aber der Einbettmassemischung überschüssiges Wasser zu, wodurch die hygroskopische Expansion steigt. Das Abbinden in Silikon-Dubliermassen dagegen geschieht ohne überschüssiges Wasser und dadurch fällt die Expansion nicht so hoch aus wie in der Agar-Agar-Masse. Durch einen geringeren Flüssigkeitsanteil beim Dublieren in Agar-Agar-Dubliermassen und damit auch eine geringere Kieselsol-Konzentration wird dieses unterschiedliche Verhalten ausgeglichen.

Bei den Hochtemperatur-Reaktionen ist die Zersetzung von Gips zu beachten, die ab ca. 750 °C unter Abspaltung von Schwefeldioxid ($SO_2$) einsetzt. Die Vorwärmtemperatur ist damit nach oben begrenzt. Weiterhin darf gipsgebundene Einbettmasse nicht mit reduzierenden Zusätzen wie Kohlenstoff hergestellt sein. Durch die Reduktion von Kalziumsulfat ($CaSO_4$) mit Kohlenstoff zu Kalziumsulfid (CaS) besteht die Gefahr der Abgabe von Schwefel an die Legierung (Schwefelschädigung) mit deutlichem Einfluß auf deren Korrosionsbeständigkeit.

Bei äthylsilikat- und phosphatgebundenen Einbettmassen, welche die verschiedenen $SiO_2$-Modifikationen und das Magnesiumpyrophosphat enthalten, kann die Schmelze die Muffelwandung angreifen. Bei niedrigschmelzenden Edelmetall-Legierungen ist dieser Angriff gering und daher sind phosphatgebundene Einbettmassen unter diesen Bedingungen beständig. Kobalt-Chrom-Modellgußlegierungen greifen bei der hohen Vorwärmtemperatur von ca. 1000 °C und der hohen Gießtemperatur der Schmelze von ca. 1450 °C die Silikate und das Pyrophosphat an. Abb. 2.11 bis Abb. 2.14 zeigen die Reaktionen an der Gußoberfläche einer Kobalt-Chrom-Legierung in Elementverteilungsbildern, die mit einer Mikrosonde, d. h. einem hochauflösenden quantitativen Analysensystem eines Rasterelektronenmikroskops, aufgenommen wurden. Die Einbettmasse wird von der Schmelze nicht benetzt. Daher grenzen sich z. B. die Elemente Kobalt und Molybdän genau wie Silizium und Sauerstoff in den Aufnahmen an der Metalloberfläche scharf ab. Die mikroskopisch kleinen Poren der Einbettmasse werden in der Regel nicht mit Schmelze gefüllt. Dennoch findet sich das Element Chrom in Abb. 2.13 aufgrund seiner hohen Atombeweglichkeit in der angrenzenden Einbettmasse wieder. Chrom diffundiert langsam in die Quarzkörner und viel schneller über große Distanzen an deren Oberfläche in die Einbettmasse hinein. Die Reaktionsprodukte lassen die phosphatgebundene Einbettmasse nach dem Überhitzen nur schwer abstrahlen. Die Reaktionen sind bei silikatgebundenen Einbettmassen und Feineinbettungen ohne Phosphate weniger stark ausgeprägt.

Der Guß einer aggressiven Titanschmelze in phosphatgebundene Einbettmasse ist nur möglich, weil die Muffel nach dem Vorwärmen wieder auf Raumtemperatur abgekühlt wird. Dadurch kann die mit extrem hoher Kraft in die Muffel gepreßte Schmelze äußerst schnell erstarren. Die Verkrustung der Oberfläche unterbleibt fast vollständig. Spuren aus der Einbettmasse findet man aber in jedem Fall in der Titanoberfläche. *Geis-Gerstorfer* (1989) zeigte in Querschliffen eutektische Ausscheidungen von Titansiliziden und Titanphosphiden in einer 30 $\mu m$ breiten Randzone, die ein Teilbereich des durch Sauerstoffaufnahme mit darauf zurückzuführender Härtezunahme im Titan gebildeten alpha-case ist.

## 2.4.3 Physikalisch-chemische Eigenschaften

### 2.4.3.1 Dimensionsverhalten

Die Expansion eines Festkörpers erfolgt vom Massemittelpunkt in alle Richtungen des Raumes hin. Das Volumen wird von $V_1$ auf $V_2$ vergrößert. Der Volumenausdehnungkoeffizient ergibt sich bei der Temperaturdifferenz $\Delta T$ zu:

Volumenausdehnungskoeffizient =

$(V_2 - V_1) / V_1 \times \Delta T$

Da sich die einzelnen Meßstrecken L eines sphärischen Festkörpers aus unregelmäßig angeordneten Teilchen bei der Ausdehnung proportional zu ihrem Ausgangswert verändern, wird nur der lineare Ausdehnungskoeffizient $\alpha$ gemessen:

$\alpha = (L_2 - L_1) / L_1 \times \Delta T$

**Abbindeexpansion.** Die bei der chemischen Abbindereaktion auftretende Expansion wird nach den Normen (Kap. 2.5) im Extensometer (Abb. 2.15) bestimmt. Nach dem Einfüllen der Masse in die Rinne wird der bewegliche Anschlag durch die Expansion verschoben. Die Verschiebung wird mit der Meßuhr gemessen. Unter Berücksichtigung der ursprünglichen Länge des Festkörpers ergibt sich die Expansion in Prozent der Ausgangslänge:

Expansion $/ \% = (L_2 - L_1) \times 100 / L_1$

Die Meßwerte reagieren bei phosphatgebundenen Einbettmassen empfindlich auf Abweichungen in der Versuchsdurchführung.

Mit dem Extensometer ist eine anfangs häufig auftretende Kontraktion bei der Erstarrung nicht meßbar. Deshalb wurde von *Dreyer-Jørgensen* 1973 vorgeschlagen, die Abbindeexpansion im Ring zu messen. Ein senkrecht stehender, mit Einbettmasse gefüllter Muffelring wird an seiner Oberfläche mit einem Uhrglas abgedeckt. Dessen Verschiebung durch die Expansion wird mit einer Meßuhr gemessen. Die Meßergebnisse aus beiden Versuchen sind nicht vergleichbar, weil das Extensometer ohne Liner verwendet wird. Auch kann die Temperatur darin aufgrund der kleinen Prüfkörpergröße über die massive Form ungehindert abgeführt werden. Die Messung im Ring gibt die Verhältnisse in der zahntechnischen Muffel besser wieder. Die Ergebnisse sind für unterschiedliche Kieselsolkonzentrationen in Abb. 2.16 wiedergegeben. Die Expansion erreicht im Extensometer erst nach über zwei Stunden den Endwert. Sie ist im Muffelring dagegen bereits nach 15 Minuten beendet. Die Messungen der Abbindeexpansion von phosphatgebundenen Einbettmassen im Ring und im Extensometer eignen sich nur bedingt für die Normung, da bereits geringe Abweichungen die Ergebnisse in ihrer Vergleichbarkeit beeinträchtigen. *Kocjancic* zeigte 1992 die mangelnde Reproduzierbarkeit der Messung von äußeren Dimensionsänderungen an Durchmesser und Länge der Muffeln.

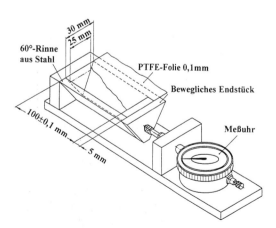

*Abb. 2.15* Extensometer in Anlehnung an DIN 13919, Teil 2, Phosphatgebundene Einbettmassen, zur Messung der Abbindeexpansion

**Hygroskopische Expansion.** Der Einfluß von zusätzlich zugeführtem Wasser auf die Abbindeexpansion ist seit den Arbeiten von

## 2.4 Werkstoffkunde

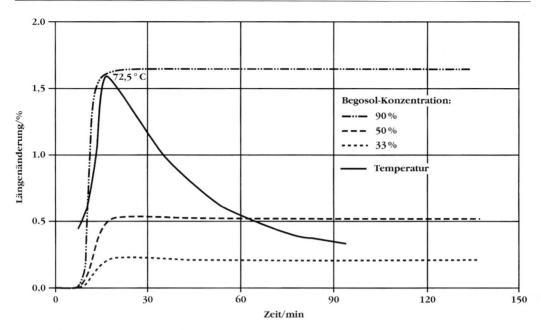

**Abb. 2.16** Lineare Abbindeexpansion im Muffelring, gemessen in axialer Richtung, und Abbindetemperatur der Einbettmasse Bellavest T mit unterschiedlicher Kieselsolkonzentration

*Scheu* (1932) bekannt und bis in die 80er Jahre hinein vielfach untersucht und auch praktisch angewendet worden. Diese Erhöhung der Abbindeexpansion wurde aber bei den modernen Einbettmassen zugunsten der thermischen Expansion aufgegeben, weil sich die hohe Abbindeexpansion in der zahntechnischen Muffel nicht ungehindert in alle Richtungen ausbreiten kann. Ein wenig nachgebender Liner und der Muffelring führen zur verstärkten Expansion in achsialer Richtung. Bereits die Wachsmodellation vermag eine zu große Abbindeexpansion zu behindern, mit der Folge eines zu kleinen Kronenlumens. Darauf wiesen *Jones* und *Wilson* (1968) hin. *Mahler* und *Ady* (1963) bewiesen dagegen Verzerrungen am Wachsobjekt.

**Thermische Expansion.** Die thermische Expansion wird eindimensional an einem aus Einbettmasse geformten zylindrischen Stab im Dilatometer gemessen. Der Stab wird aufgeheizt und die dabei auftretende Längenänderung über ein Quarzgestänge auf ein hochempfindliches Meßsystem übertragen. Da die Längenänderung nicht als absoluter Meßwert anfällt, werden zur Eichung des Meßgerätes Prüfkörper mit bekannten Ausdehnungskoeffizienten wie z. B. Platin verwendet. Die thermische Expansion erfolgt aufgrund der mit Temperaturerhöhung zunehmenden Schwingungen von Atomen um ihre Ruhelage. Der erhöhte Platzbedarf vergrößert die Distanz zwischen einzelnen Atomen und führt makroskopisch zur Wärmeausdehnung. Zusätzlich treten die Strukturumwandlungen von Quarz und Cristobalit auf.

Die thermische Ausdehnung hängt bei den Einbettmassen von der Art und der Kornform der eingesetzten Quarz- und Cristobalitkörner ab. Sie ändert sich wenig durch den Kieselsolgehalt und ist, anders als die Abbindeexpansion, nur gering durch die Umgebungsbedingungen beim Abbinden der Einbettmasse zu beeinflussen. Mit zunehmender hygroskopischer Expansion nimmt die thermische Expansion geringfügig ab.

**Gesamtexpansion.** Bei gipsgebundenen Einbettmassen sollen gemäß DIN EN 27490 und ISO 7490 (Kap. 2.5) die mit dem Extensometer gemessene Abbindeexpansion und die thermische Expansion nacheinander am gleichen Prüfkörper gemessen werden. Die Addition zur Gesamtexpansion korreliert gut mit der bekannten festen Schwindung von ca. 1,7 % für Edelmetalle. Bei der Herstellung von Kronen und Brücken aus Edelmetall und Modellguß in phosphatgebundener Einbettmasse gelingt diese Korrelation nicht. Die Vorgänge bei der Erstarrung des dreieckigen Prüfkörpers im Extensometer entsprechen nicht den Verhältnissen in der zahntechnischen Muffel. Ebensowenig kann die thermische Expansion an einem dünnen Stab auf die Vorgänge in der Muffel übertragen werden. Die phosphatgebundenen Einbettmassen reagieren zu empfindlich, um auf diese Weise realistische Werte für die Gesamtexpansion ermitteln zu können. Mit den Messungen der Abbindeexpansion und der thermischen Expansion werden lediglich Werkstoffkennwerte unter speziellen Bedingungen ermittelt, die nur tendenziell Aussagen zu den Vorgängen in der realen Muffel ermöglichen. Für die Paßgenauigkeit sind noch weitere Kennwerte wichtig wie die Porosität, Druckfestigkeit und Kompressibilität sowie auch die einzelnen Vorgänge im handwerklichen Arbeitsablauf. Auch bei äthylsilikatgebundenen Einbettmassen, die überhaupt keine Abbindeexpansion und eine thermische Expansion von nur ca. 1,8 % aufweisen, werden paßgenaue Modellgüsse erzielt, ohne daß aus dem Kennwert der Expansion die feste Schwindung der Co-Cr-Legierung von 2,2 % errechnet werden kann.

Die Gesamtexpansion wird indirekt hergeleitet aus dem Guß von Paßgenauigkeits-Prüfkörpern aus Legierungen mit bekannter fester Schwindung. Eine Platte, die einem tiefen Gaumen anliegen muß, und die Passung von Auflagen informieren über die Qualität der Modellgußeinbettmasse. Für die Kronen- und Brückenmassen wird der schematische Kronenring in Abb. 2.17 gegossen. Der okklusale Überstand des Konus wird zusammen mit dem Konuswinkel zur Berechnung der Expansion verwendet. Er wird um so größer, je stärker die Einbettmasse in der Muffel expandiert.

### 2.4.3.2 Porosität

Die Poren der Einbettmasse nehmen beim Guß die im Muffelhohlraum verdrängte Luft auf. Dadurch werden nicht ausgeflossene Kronenränder oder Lunker vermieden. Die Bedeutung der Porosität hat mit zunehmender Qualität der Gießanlagen nachgelassen. Der hohe Druck bei den Zentrifugalkräften im Schleuderguß und die große Druckdifferenz beim Vakuumdruckguß erfordern keine besonderen Maßnahmen. Eine ausgeheizte Muffel aus Bellavest T weist die in Abb. 2.6 gezeigte offenporige Struktur auf. Sie kann nach dem Abkühlen als Folge der Porigkeit wieder ca. 20 Masse-% Wasser absorbieren. Das entspricht bei einer Dichte der ausgeheizten Einbettmasse von je nach Kieselsolgehalt 1,6-1,7 g/cm³ einem Porenvolumen von ca. 35 Vol.-%. Das ist in jedem Fall auch ohne Luftabzugskanäle ausreichend zur Aufnahme der Restgase.

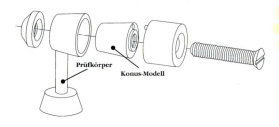

Abb. 2.17 Schematischer Kronenring und Vorrichtung zur Prüfung der Paßgenauigkeit. Aus dem okklusalen Überstand wird zusammen mit dem Konuswinkel die Expansion der Einbettmasse errechnet

## 2.4.3.3 Druckfestigkeit

Zur Messung der Druckfestigkeit werden nach Vorschrift der Normen in Kap. 2.5 hergestellte zylindrische Prüfkörper in achsialer Richtung belastet und die Kraft registriert, bei der sie zerbrechen. Es besteht ein direkter Zusammenhang mit der Biegefestigkeit und auch mit der Härte von Modelloberflächen.

Die Grünfestigkeit nach dem Abbinden muß bei Kronen- und Brücken- Einbettmassen (K&B-Massen) so hoch sein, daß die Muffel beim Entfernen des Gußmuldenformers nicht beschädigt wird. Die Kanten von Einbettmassemodellen dürfen beim Entformen aus der Dubliermasse nicht brechen. Die Druckfestigkeit bei der Vorwärmtemperatur muß so hoch sein, daß die Muffeln dem Druck der einschießenden Schmelze standhalten. Bei phosphatgebundenen Einbettmassen besteht eine Korrelation zwischen der Grünfestigkeit und der Festigkeit bei der Vorwärmtemperatur, insoweit wurde in den Normen auf die Messung bei der Vorwärmtemperatur verzichtet. Bei gipsgebundenen Einbettmassen wird die Messung bei der Vorwärmtemperatur derzeit nicht gefordert. Sie ist aber in der Diskussion, weil die Druckfestigkeit nach *Earnshaw* (1966) und *Finger et al.* (1979) mit zunehmender thermischer Expansion stark abfallen kann.

Abb. 2.18 zeigt die mit dem Kieselsolgehalt zunehmende Druckfestigkeit von Bellavest T nach dem Abbinden und nach dem Vorwärmen. Der Kieselsolzusatz hat nur wenig Einfluß auf die Grünfestigkeit. Die Festigkeitszunahme erfolgt im wesentlichen beim Aufheizen durch Sintervorgänge im auskristallisierten Kieselsol.

## 2.4.3.4 Fließfähigkeit

Die Fließfähigkeit wird häufig gleichgesetzt mit der Abformgenauigkeit für feine Details.

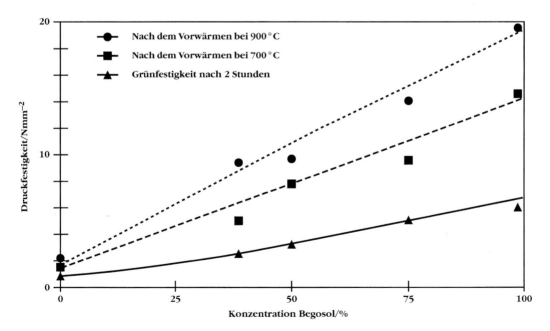

*Abb. 2.18* Druckfestigkeit als Funktion des Kieselsolgehaltes von Bellavest T, gemessen 2 Stunden nach dem Abbinden und nach dem Vorwärmen auf 700 und 900 °C

Das ist nur bedingt richtig, weil sie lediglich das zügige und fehlerfreie Auffüllen der Gießformen beeinflußt. Das Einfließen in Unterschnitte oder in Geschiebeabformungen gelingt auf dem Rüttler auch bei höherviskosen Mischungen. Die Fließfähigkeit wird nach Vorschrift der Normen entweder durch das Ausbreitmaß einer vorgegebenen Menge Einbettmasse gemessen, die aus einem Muffelring auf eine Glasplatte fließt, oder durch die Eindringtiefe eines Kegels mit definiertem Gewicht. Der mittlere Durchmesser des Fließkuchens, oder dessen Höhe bei gipsgebundenen Einbettmassen, wird nach dem Erstarren gemessen. Bei Modellgußmassen ist das Ausbreitmaß als Kennwert für die Fließfähigkeit etwa 20 % kleiner als bei K&B-Massen. Die Messung beinhaltet nicht das in der Zahntechnik übliche Einfüllen von Muffeln auf dem Vibrator. Unter Einfluß der Vibrationen werden viele träge fließende Massen dünnflüssig (Thixotropie). Die groben Körner lagern sich leicht der abzuformenden Oberfläche an. Die feinen Körner werden zusätzlich an die Oberfläche herangerüttelt und verdichten sie. Grobe Körner sind für die Abformung feiner Details völlig unschädlich, sofern nur genügend Feinkorn hinzugemischt wurde.

## 2.4.3.5 Verarbeitungszeit

Die Zeitspanne, in der die Einbettmasse nach dem Anmischen noch genügend fließfähig ist, um eine Form füllen zu können, ist die Verarbeitungszeit. Ihr Endwert ist nicht genau zu ermitteln, da die Viskosität mit Beginn der Abbindereaktion über einen größeren Zeitraum zunimmt. Für den Erstarrungsbeginn wurde eine Meßvorschrift entwickelt und als Vicat-Test in die Normen aufgenommen. In diesem Test wird eine Nadel, belastet mit dem Gewicht von 300g, wiederholt in die angemischte Einbettmasse abgesenkt und die Zeit nach dem ersten Kontakt von Pulver und Flüssigkeit registriert, bei der die Nadel nicht mehr vollständig durch die Mischung hindurch auf den Boden trifft. Mit zunehmender Temperatur nehmen die Vicat-Zeiten um ca. 0,5 Minuten pro Grad ab. Sie betragen bei 20 °C für gipsgebundene Einbettmassen 10–14 Minuten, für Modellgußeinbettmassen mit Phosphatbinder 5–6 Minuten und für Massen mit Äthylsilikatbinder über eine Stunde. Bei phosphatgebundenen K&B-Massen kann die Vicat-Zeit 5–12 Minuten betragen.

## 2.4.3.6 Sinterverhalten

Die Einbettmasse erstarrt zu einer porösen Struktur aus Quarz- und Cristobalitkristallen mit zwischenliegenden $SiO_2$-Agglomeraten aus dem Kieselsol und dem ausgefällten Bindemittel Magnesium-Ammoniumphosphat. Dieser poröse Festkörper wird auf Vorwärmtemperaturen von bis zu 1100 °C in der Modellgußtechnik erwärmt, wobei sich das Bindemittel wie in Kap. 2.4.2 beschrieben umwandelt. Schon vor dem Schmelzen ist bereits eine Beweglichkeit der $SiO_2$-Moleküle vorhanden, so daß sie sich an der Oberfläche umlagern können. Dieser Vorgang wird als Sintern bezeichnet. Die treibende Kraft für das Sintern ist das Bestreben jedes Systems, den Zustand geringster Energie einzunehmen. Die porige Einbettmasse zeichnet sich durch eine große innere Oberfläche und damit durch eine hohe Oberflächenenergie aus. Als Folge finden Partikelumordnungen statt, die den Anteil an chemischer Bindung erhöhen und den Körper verfestigen. Aus Abb. 2.18 geht hervor, daß der Zusatz von Kieselsol eine deutliche Zunahme der Druckfestigkeit durch das Sintern der $SiO_2$-Partikel bewirkt. Anders als bei Sintertemperaturen von über 1200 °C, wie sie in der Keramikindustrie üblich sind, wird bei den üblichen Vorwärmtemperaturen für Einbettmassen noch keine Änderung des Porenvolumens und der Porenhäufigkeit beobachtet. Der Sintervorgang bleibt in der Anfangsphase stehen und es bedarf einer erheblich verlängerten Vorwärmzeit, um deutliche Volumenänderungen registrieren zu können.

### 2.4.3.7 Temperaturwechsel-Beständigkeit

Die Temperaturwechsel-Beständigkeit wird vom Gefüge des Werkstoffs sowie von dessen Form und Größe beeinflußt. Die thermische Expansion und insbesondere die Phasenübergänge von Quarz und Cristobalit führen zu Spannungen, weil die Temperatur beim Aufheizen nicht an jedem Ort in der Muffel gleich ist. Die Einbettmasse hält zunächst die Temperatur von 100 °C, bis das eingeschlossene Wasser verdampft ist. Der Wasserdampf entweicht als Überdruck durch die Poren. Da die Übergangszone trocken / feucht mit der Zeit nach innen wandert, kann die Außenzone der Muffel schon trocken und deutlich über 100 °C warm sein. Die thermischen Spannungen nehmen dann erhebliche Werte an, wenn der Übergang vom Tiefcristobalit zum Hochcristobalit in der Außenzone bereits erfolgt ist.

Beim Verdampfen des Wassers vergrößert sich das Volumen 1700fach. Der dadurch entstehende Überdruck, der Temperaturgradient und die zum Teil bereits erfolgte Umwandlung des Cristobalit in den Außenbereichen der Muffel führen zu Spannungsverhältnissen, die zum Reißen der Muffel führen können. Nur das langsame und schonende Aufheizen der Muffel vermeidet die Risse sicher. Die Spannungen, welche sich in einem Festkörper beim Aufheizen von außen nach innen aufbauen, sind proportional dem Ausdehnungskoeffizienten, dem Elastizitätsmodul und der Temperaturdifferenz. Beim Abschrecken gibt es Zugspannungen, beim raschen Erhitzen Druckspannungen in der Oberfläche. Je mehr Poren die Einbettmasse aufweist und je grobkörniger sie ist, desto besser ist die Temperaturwechsel-Beständigkeit. Die Poren reduzieren die Wärmespannungen und fangen Spannungen und Risse im Material ab.

Bei den neuen schnellaufheizbaren Einbettmassen werden die genannten Probleme durch weitgehenden Verzicht auf Cristobalit umgangen. Außerdem werden die Muffeln noch vor Ende der Abbindereaktion in den heißen Ofen gestellt, wobei sie die Spannungen besser aufnehmen können.

## 2.5 Normung

Die Festlegung von Normen erfolgt heute nicht mehr national sondern international in der ISO. Von dort fließen die Vorgaben in die europäische Normung ein. In den Einbettmasse-Normen sind Prüfungen für die Zeit bis zum Erstarren, die Fließfähigkeit und Abformgenauigkeit, die Druckfestigkeit und die Expansion festgelegt. Sie enthalten weiterhin Anforderungen zur Zusammensetzung, Verpackung, Gebrauchsanleitung und zur Produktkennzeichnung.

Die Norm DIN EN 27490:1991, „Gipsgebundene Einbettmassen für Goldlegierungen", ist in der EG einheitlich gültig. Sie ist im Text identisch mit dem internationalen Standard ISO 7490:1990, „Dental Gypsum Bonded Casting Investments for Gold Alloys". Für phosphatgebundene Einbettmassen gibt es die DIN 13919, Teil 2 von 1989 und den noch in der Diskussion befindlichen internationalen Normentwurf ISO DIS 9694:1995. Für äthylsilikatgebundene Einbettmassen, feuerfeste Stumpfmaterialien und Löteinbettmassen liegen ISO-Normentwürfe vor.

In anderen nationalen Normen wurden Einbettmassen schon lange berücksichtigt. Der amerikanische Standard ANSI / ADA schreibt in der Spezifikation Nr. 2 seit 1987 für gipsgebundene Einbettmassen Anforderungen fest. Der britische Standard existiert seit 1975 in drei Teilen für gips-, phosphat- und äthylsilikatgebundene Einbettmassen. Weiterhin liegt der australische Standard für phosphatgebundene Einbettmassen aus 1987 vor. Eine Reihe der Anforderungen in diesen Normen sind nicht mehr Stand der Technik. Auch haben sich einige Prüfungen als nicht genügend reproduzierbar erwiesen. Das gilt bei phosphatgebundenen Einbettmassen für die Messung der Abbindeexpansion und insbesondere für einen praktischen Gießtest. Die Vielzahl der Variablen in den handwerklichen Arbeitsgängen und in der Beurteilung der Ergebnisse läßt dafür keine sinnvollen Anforderungen definieren.

## 2.6 Beschreibung der Einbettmassen

### 2.6.1 Gipsgebundene Einbettmassen

Gipsgebundene Einbettmassen werden aufgrund ihrer bei 700 °C begrenzten Vorwärmtemperatur nur für den Guß von Goldlegierungen eingesetzt. Bereits bei der Vorwärmtemperatur für Aufbrennlegierungen von 800 °C bis 850 °C ist die Zersetzung unzulässig groß. Löteinbettmassen sind häufig gipsgebunden. Sie erstarren schnell, geben eine genügende Festigkeit und können durch eine geeignete Rezeptur ohne Abbindeexpansion hergestellt werden. Die thermische Expansion ist mit 1,1 % genügend groß, um den Lötspalt beim Vorwärmen soweit zu vergrößern, wie es die feste Schwindung des Lotes erfordert. In der *In-Ceram*-Technik wird eine Hartkernkappe aus Aluminiumoxid auf gipsgebundenem Stumpfmaterial gesintert, wobei der Gipsstumpf beim Aufheizen durch Dehydratation kontrahiert und sich von der Kappe trennt. Einen weiteren Einsatzbereich für gipsgebundene Einbettmassen als Stumpfwerkstoffe gibt es derzeit nicht.

Gipsgebundene Einbettmassen sind hygroskopisch und bei Raumtemperatur in verschlossenen, feuchtigkeitsdichten Behältern zu lagern. Die Massen werden häufig in größeren Gebinden geliefert, vermehrt aber auch in wasserdampfdichten Portionsbeuteln angeboten. Das Endverbrauchsdatum muß beachtet werden, da die Masse danach nicht mehr einwandfrei die vom Hersteller vorgegebenen Werkstoffeigenschaften aufweist. Gipsgebundene Einbettmassen werden mit Wasser angemischt. Das Pulver-Flüssigkeits-Verhältnis wird nach der Gebrauchsanweisung dosiert und individuell verändert, da es in einem engen Rahmen die Abbindeexpansion steuert.

Bei gipsgebundenen Einbettmassen zeigen die Muffeln im Vorwärmofen materialbedingt eine auffällige Neigung zu Muffelrissen. Verantwortlich dafür ist der hohe Cristobalitgehalt und die thermische Expansion im Bereich von 270 °C bei geringer Festigkeit des Gipsbinders. Durch eine ausreichend lange Haltezeit bei 250 °C bis zum vollständigen Austrocknen des Wassers und anschließendes Aufheizen mit einer Heizrate von ca. 7 °C pro Minute bis auf Endtemperatur werden Risse vermieden.

Die Anordnung und Auslegung der Gußkanäle ist legierungsbedingt. Die weiche gipsgebundene Einbettmasse verbietet scharfe Richtungsänderungen für die Schmelze, um Kantenabrisse zu vermeiden. Für die Lage der Modellation in der Muffel gilt die allgemeine Anforderung bei schlecht wärmeleitenden Einbettmassen, daß sie zum Boden und seitlich zum Rand hin geneigt liegen. In diesem Bereich erstarrt die Legierung schnell. So kann das durch die Erstarrungskontraktion von bis zu 6 Vol.-% verminderte Volumen durch flüssige Schmelze aus dem Hitzezentrum nachgefüllt werden, ohne daß sich Lunker bilden. Der Guß erfolgt immer mit einer Gußverzugszeit. Nach der Herausnahme der Muffel aus dem Ofen kühlt sie in den Randbereichen ab. Da die gipsgebundene Einbettmasse gemäß Abb. 2.5 im Gegensatz zur phosphatgebundenen Einbettmasse beim Abkühlen sofort kontrahiert, beeinträchtigt eine lange Gußverzugszeit die Paßgenauigkeit.

Beim Vorwärmen von gipsgebundenen Einbettmassen verdampft das Wasser bei ca. 100 °C. Kristallwasser wird bei Temperaturen von bis zu ca. 200 °C abgegeben und das Wachs im Temperaturbereich von 400 °C bis

650 °C ausgetrieben. Das Wachs wird in diesem Temperaturbereich nur unvollständig verbrannt und findet sich weitgehend im Kondensat wieder. Auch bei der Vorwärmtemperatur von 700 °C sind noch Kohlenwasserstoffe in der Muffel vorhanden. Diese werden aus den Poren der Einbettmasse erst nach langer Zeit herausgebrannt, wodurch sich die Forderung nach einer Lagerzeit bei Endtemperatur von mindestens einer Stunde erklärt. Kunststoffteile sollten in gipsgebundenen Einbettmassen nicht verwendet werden, da sie bei 700 °C nur unvollständig verbrennen und hohe Rückstände hinterlassen, die das Gußobjekt verunreinigen.

## 2.6.2 Äthylsilikatgebundene Einbettmassen

Die äthylsilikatgebundenen Einbettmassen werden ausschließlich für die Modellgußtechnik mit Kobalt-Chrom-Legierungen verwendet. Sie weisen keine Abbindeexpansion auf und sind unempfindlich in der Verarbeitung. Die hohe thermische Expansion von ca. 1,8 % zwingt zum langsamen Aufheizen in drei Stufen in vorzugsweise gasbeheizten Vorwärmöfen. Die Gasheizung belastet die Arbeitsluft, hat aber den positiven Nebeneffekt, daß sie die als Katalysator zum Abbinden zugesetzte Salzsäure mit der Abluft austreibt. In elektrisch beheizten Vorwärmöfen würde die Salzsäure unvermeidlich Korrosionsschäden an den Heizspiralen und am Gehäuse anrichten.

Die Binderlösung wird rechtzeitig vor dem Gebrauch aus zwei Komponenten angesetzt und für die Hydrolyse und die weitergehende Reaktion zum Kieselsäuresol mindestens vier Stunden im Kühlschrank bei 12 °C aufbewahrt. Die Lösung ist etwa eine Woche haltbar. Die Verarbeitungsbreite ist mit einer Stunde lang genug, um in großer Serie Modelle oder Modellgußmuffeln herzustellen. Das Anmischen erfolgt von Hand, ein Vakuummischgerät ist nicht notwendig. Die Formen aus Agar-Agar-Dubliermasse werden nach dem Füllen noch ca. 20 Minuten lang auf dem Rüttler verdichtet. Dank der langen Verarbeitungsbreite steigen Luftblasen nahezu vollständig aus der Einbettmasse auf. Nach der Abbindezeit von einer Stunde wird der schaumige Modellboden abgetragen, bis die Körnung der Einbettmasse zu sehen ist. Die Modelle werden getrocknet und durch Tauchen in Härtewachs bei 180 °C oder im Kalthärter auf Kunstharzbasis an der Oberfläche gehärtet. Die Modellation wird vor der Herstellung der Muffel mit einer Feineinbettung versehen. Für Kunststoff-Flexetten wird von den Herstellern ein spezielles Isoliermittel angeboten, um den Angriff des Alkohols zu vermeiden.

## 2.6.3 Phosphatgebundene Einbettmassen

Die phosphatgebundenen Einbettmassen weisen den größten Anwendungsbereich auf. Sie werden sowohl in der Kronen- und Brückentechnik für niedrigschmelzende Gold- und hochschmelzende Edelmetall- und NEM-Aufbrenn-Legierungen verwendet als auch für den gesamten Bereich der Modellgußtechnik. Sie sind für Löteinbettmassen und für die verschiedenen Technologien der Keramik-Verarbeitung geeignet und bedingt auch für den Titanguß. Bei der Preßkeramik werden phosphatgebundene Formen eingesetzt, in die die Keramik bei 1200 °C unter hohem Druck eingepreßt wird. Seit Einführung von *Hi-Ceram* in 1985 und später bei der sintertechnischen Herstellung von Metallkäppchen wurden die phosphatgebundenen Einbettmassen in abgewandelter Form als hochtemperaturfeste Stumpfmaterialien verwendet. Diesen großen Anwendungsbereich verdanken die phosphatgebundenen Formmassen ihrer durch die chemische Reaktionsführung einstellbaren Abbindezeit, ihrer steuerbaren Abbindeexpansion und der reproduzierbaren thermischen Expansion. Hinzu kommt der mit dem Sammelbegriff Feuerfestigkeit bezeichnete Widerstand gegen Risse beim Aufheizen, Sinterungsschrumpfung und

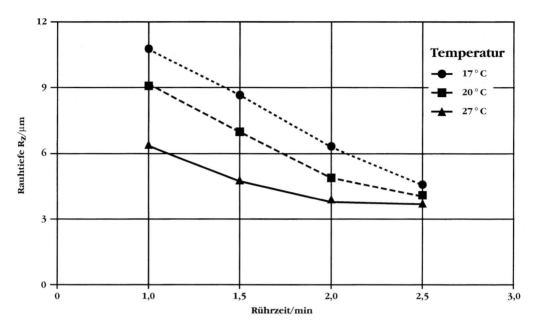

**Abb. 2.19** Rauhtiefe Rz von Bellavest T als Funktion der Anmischzeit bei unterschiedlichen Verarbeitungstemperaturen

Hochtemperatur-Korrosion als Folge der chemischen Reaktionen mit der Metallschmelze, sogar bei Titan.

Bei Gußeinbettmassen für die K&B-Technik muß die Expansion über einen großen Bereich veränderbar sein. Die lineare feste Schwindung von Goldlegierungen mit ca. 1,7 %, Edelmetall-Aufbrennlegierungen mit ca. 1,8 % und NEM-Aufbrennlegierungen mit ca. 2,2 % läßt sich durch die phosphatgebundenen Einbettmassen kompensieren. Es gibt Einbettmassen mit enger Indikation wie die weiche *Auroplus* nur für Kronen, Inlays und Brücken aus Edelmetall und Edelmetall-Aufbrennlegierungen. Andere Einbettmassen werden nur für NEM-Legierungen angeboten. Vorwiegend sind aber Universaleinbettmassen wie *Bellavest T* im Einsatz, die mit der Konzentration der Anmischflüssigkeit auf lineare Gesamtexpansionswerte von 1,5 % bis über 2,2 % eingestellt werden können. Für die K&B-Technik müssen die Einbettmassen dabei eine lange Verarbeitungsbreite aufweisen, um möglichst viele Muffeln mit einer Mischung füllen zu können. Die Abformgenauigkeit, Fließfähigkeit und Reproduzierbarkeit sind ebenso hoch einzuschätzen, wie die Anforderungen an die sichere Verarbeitung. Hinzu kommt, daß die Einbettmassen in der K&B-Technik weich und leicht von der Werkstückoberfläche zu entfernen sein müssen. Diese Anforderung an eine geringe Härte vermag die phosphatgebundene Einbettmasse bei geeigneter Formulierung ebenso zu erfüllen, wie die spezielle Anforderung in der Modellgußtechnik nach einer hohen Modellhärte und dennoch leichter Ausbettfähigkeit. Mit zunehmender Feinkörnigkeit für genaue Abformungen in der K&B-Technik und glatte Modelloberflächen in der Modellgußtechnik wurden die Einbettmassen immer empfindlicher gegen Risse beim Vorwärmen. Entwicklungen von Massen mit geringen Cristobalitanteilen und hoher Abbindeexpansion, bei denen kleine Muffeln kurz vor Ende der Abbindezeit gleich in den auf Vorwärmtemperatur aufgeheizten Ofen eingelegt werden können, stoßen an physikalische Grenzen. Das schockartige Aufheizen wird nicht von jeder Muffel vertragen und die große Variationsbreite von Modellationen

## 2.6 Beschreibung der Einbettmassen

und die Anordnung der Objekte in der Muffel kann in keinem Fall zum einheitlichen Aufheizen und damit zur gleichmäßigen Expansion in der Muffel führen. Diese Methode eignet sich dennoch gut für kleine Muffeln mit schnell herzustellenden Arbeiten, auch bei Ansprüchen an die gewohnte Perfektion.

Für die Verarbeitung von phosphatgebundenen Einbettmassen gelten die gleichen Vorgaben wie für gipsgebundene Einbettmassen. Die Verarbeitungstemperatur und die Herstellerangaben für das Pulver-Flüssigkeits-Verhältnis sind genau einzuhalten. Die Mischung muß 15 Sekunden lang mit der Hand durchgespatelt werden, bis das Pulver gleichmäßig mit Wasser benetzt ist. Das anschließende Rühren soll für die vorgegebene Zeit im Vakuum-Rührgerät erfolgen, um Gasblasen aufgrund von eingeschlossener Luft vollständig zu entfernen und das Pulver mit der Anmischflüssigkeit homogen zu vermischen. Nur unter diesen Bedingungen kann die chemische Abbindereaktion reproduzierbar ablaufen. Es besteht ein Zusammenhang zwischen der Anmischzeit und der Rauhtiefe von Gußoberflächen.

Das verlängerte Anmischen vermindert die Rauhigkeit bei Edelmetall gemäß Abb. 2.19. Der Verlust an Verarbeitungszeit wird durch das Abkühlen der Komponenten ausgeglichen.

> Hohe Verarbeitungstemperaturen verkürzen die Verarbeitungszeit, vermindern die Abbindeexpansion und führen zu guten, glatten Oberflächen. Niedrige Temperaturen verlängern die Verarbeitungszeit, erhöhen die Abbindeexpansion und können zu rauhen Gußoberflächen führen.

Die Zunahme der Abbindeexpansion bei niedriger Verarbeitungstemperatur kann aufgrund rauher Modelloberflächen nur bedingt praktisch genutzt werden. Der Einfluß der Kieselsol-Konzentration auf die Abbindeexpansion und damit auf die Paßgenauigkeit des Gußobjektes in Abb. 2.16 gilt unter der Bedingung, daß die Einbettmasse reproduzierbar gelagert und verarbeitet wird. Um diese Steuerung der Paßgenauigkeit praktisch nutzen zu können, muß der Aufheizvorgang standardisiert durchgeführt werden, wozu am besten die Computersteuerung der modernen Vorwärmöfen eingesetzt wird. Die Lage der Muffel in der Kammer, der Füllgrad des Ofens, die Größe der Muffel, die Lage der Objekte in der Muffel und die Feuchtigkeit des Liners beeinflussen die Paßgenauigkeit, so daß sich der unbedachte Umgang mit phosphatgebundenen Einbettmassen verbietet.

Einen weiteren wichtigen Einfluß auf die Paßgenauigkeit hat die Härte der Einbettmasse bei der Vorwärmtemperatur. Die Schmelze mit der um ca. 400 °C höheren Gießtemperatur trifft auf die Formwandung, erstarrt und kontrahiert. Während die Legierung zwischen der Solidustemperatur und 600 °C bereits um ca. 0,5 % geschrumpft ist, behält die phosphatgebundene Einbettmasse nahezu konstant ihre Form bei. Als Folge muß ein Kronenring auf den Stumpf aufschrumpfen, was bei harten Einbettmassen zu einer Aufweitung führen kann. Die Legierung weist nahe der Solidustemperatur nur eine sehr geringe Festigkeit auf und daher kann das Gußobjekt unter ungünstigen Umständen sogar reißen (Warmriß).

Die phosphatgebundenen Einbettmassen für die Modellgußtechnik weisen andere Werkstoffeigenschaften auf, als die Einbettmassen für die K&B-Technik. Für das Entformen aus der Dubliermasse und das Modellieren auf dem Einbettmassemodell muß die Härte schon nach dem Abbinden möglichst hoch sein. Das Abbinden in Agar-Agar-Dubliermassen vermindert die Härte durch die Abgabe von zusätzlichem Wasser und Glycerin. Eine lange Anmischzeit ist die beste Vorsorge. Ausgeglichen wird der Verlust an Festigkeit durch Tauchhärter oder Sprühhärter auf Kunststoffbasis, die zu einer besseren Abriebfestigkeit der Modelloberfläche führen. An die Fließfähigkeit und die Abformgenauigkeit von Modellgußmassen werden nahezu die gleichen Anforderungen gestellt, wie in der K&B-Technik. Die Herstellung der Muffel mit eingebettetem Modell und die dadurch bestehende Trennfläche auf der Modelloberfläche sowie das Fehlen von Muffelringen erfordern eine hohe thermische Rißunempfindlichkeit. Diese beruht auf der hohen Porigkeit. Die Struktur nimmt erhebliche thermisch induzierte Spannungen auf, die erst im Extremfall zum Riß führen.

Beim Löten von hochschmelzenden Aufbrennlegierungen vor dem Brand werden phosphatgebundene Löteinbettmassen empfohlen. Eine Zersetzung findet bei den zum Teil sehr hohen Löttemperaturen nicht statt.

Sowohl gießbare Gläser als auch die Preßkeramik werden in phosphatgebundenen Einbettmassevarianten verarbeitet, die in ihrer Werkstoffcharakteristik den K&B-Massen zuzurechnen sind. Die thermische Beständigkeit bei der Preßtemperatur von 1200 °C und die bei dieser Temperatur genügend hohe Resistenz gegen Sintern ermöglichen diesen Einsatz. Das Ausbetten geschieht durch vorsichtiges Abstrahlen zur Trennung der beiden unterschiedlichen Werkstoffe. Die hochtemperaturbeständigen Stumpfmaterialien für die Sintertechnik werden mit Zusätzen wie Aluminiumoxid und Zirkonoxid hergestellt. Deren geringe thermische Ausdehnungskoeffizienten vermindern die Gesamtexpansion aufgrund der Substitution von Quarz und Cristobalit. Das kommt dem Ausdehnungsverhalten der Keramik entgegen, die eine thermische Kontraktion deutlich unter 1 % zwischen der Transformationstemperatur und der Raumtemperatur benötigt. Die genannten Zusätze verändern die Charakteristik der Expansion von quarz- und cristobalithaltigen Stumpfmaterialien, indem sie auch oberhalb 600 °C noch eine thermische Ausdehnung bewirken. Die thermische Abkühlungskurve wird durch diese Zusätze somit annähernd linearisiert. Damit nähert sie sich besser an die thermische Kontraktionskurve der zu verarbeitenden Keramik an, die empfindlich auf die Expansionssprünge von Quarz und Cristobalit reagiert.

## 2.7 Zahntechnische Verarbeitung

Einbettmasse kann gemäß dem Medizinproduktegesetz als zweckbestimmtes Zubehör zu einem Medizinprodukt deklariert werden, da sie zur Herstellung von Zahnersatz verwendet wird und im Ergebnis keine Verunreinigungen oder Paßungenauigkeiten der Dentalprothese verursachen darf. Zubehör wird wie ein eigenständiges Medizinprodukt mit dem CE-Zeichen gekennzeichnet. Die Übereinstimmung mit den Normen ist insoweit in der heutigen Gesetzgebung nur noch ein Teil der zu erfüllenden Anforderungen. Voraussetzung für das Aufbringen des CE-Zeichens ist das zertifizierte Qualitätssicherungssystem beim Hersteller und die vollständige Risikobewertung. Der Verarbeiter muß seinerseits aus Gründen der Herstellerhaftung die Arbeitsanweisungen genau lesen und befolgen. Das betrifft auch den Gesundheitsschutz. Der Feinstaub von Quarz und Cristobalit zwingt aufgrund der Silikosegefahr zum Atemschutz. Das Verpackungsmaterial muß feucht entsorgt werden, um anhaftenden Staub zu binden. Die beim Vorwärmen entstehenden Abgase enthalten bis zu 8 g Ammoniak pro Muffel und müssen ebenso ins Freie abgeleitet werden, wie die Pyrolyseprodukte von Wachs und Kunststoffen.

Für die Modellgußtechnik ist es mehr eine Frage der laborüblichen Vorgehensweise, ob äthylsilikat- oder phosphatgebundene Einbettmassen eingesetzt werden. Die Steuerbarkeit, die Präzisionsanforderungen in der Kombitechnik und die Möglichkeit, mit phosphatgebundenen Einbettmassen einen Modellguß im Extremfall innerhalb eines Tages anzufertigen, trägt zur weiten Verbreitung dieser Massen bei.

In der K&B-Technik beschränkt sich die Verwendung von gipsgebundenen Einbettmassen auf kleine Objekte aus Edelmetall-Legierungen mit Vorwärmtemperaturen bis maximal 700 °C. Die geringe Reißfestigkeit der gipsgebundenen Einbettmasse ist ein wesentlicher Nachteil. Die große Vielfalt der phosphatgebundenen Einbettmassen von

## 2.7 Zahntechnische Verarbeitung

weichen Inlay-Einbettmassen bis hin zu den steuerbaren K&B-Einbettmassen, mit denen auch NEM-Legierungen paßgenau verarbeitet werden können, ergibt eine breite Auswahlmöglichkeit. Unabhängig von der Auswahl muß sich jedoch jede Einbettmasse im Laboralltag durch gleichbleibend gute und paßgenaue Gußergebnisse auch von Charge zu Charge bewähren.

Für graphithaltige K&B-Einbettmassen gibt es Einschränkungen. Der Graphitgehalt brennt bei 700 °C erst nach mehrstündiger Einwirkzeit der Vorwärmtemperatur vollständig aus. Während Edelmetallegierungen nach dem Guß in der reduzierenden Atmosphäre weniger stark oxidieren, können Palladiumlegierungen durch Kohlenstoffaufnahme geschädigt werden. Sie erzeugen beim Brand der Keramik Blasen in der Grundmasse (*Walther* 1988). Bei vergleichbaren Untersuchungen an NEM-Legierungen haben *Weber* und *Sauer* (1983) derartige Phänomene nicht beobachtet. Allerdings ist die Vorwärmtemperatur für diese Legierungen mit über 900 °C so hoch, daß der Kohlenstoff weitgehend verbrennt.

Die Lagerung der Einbettmassen muß trocken und ausreichend lange vor der Verarbeitung bei ca. 20 °C erfolgen. Wenn das Endverbrauchsdatum abgelaufen ist, muß die Paßgenauigkeit mit einem Testguß überprüft werden. Die Kieselsol-Flüssigkeit kann auskristallisiert sein, insbesondere, wenn sie eingefroren war. Sie darf dann nicht mehr eingesetzt werden.

Saubere Geräte zum Anrühren sind unbedingt notwendig. Bei gips- und phosphatgebundenen Einbettmassen sind jeweils getrennte Anmischbecher, Rührwerke und Spatel zu verwenden, weil sich die chemischen Reaktionen gegenseitig beeinflussen. Liner, Muffelring, Lage der Modellation in der Form und die Anordnung der Gußkanäle werden in Legierungs-, Einbettmasse- und Gießgeräteanleitungen als Empfehlung vorgegeben. Es ist nicht so wichtig, welcher Liner verwendet wird und wieviel Feuchtigkeit er enthält. Wichtig ist für ein reproduzierbares Gußergebnis allerdings, daß immer wieder der gleiche Liner mit dem immer wieder gleichen Feuchtigkeitsgehalt eingesetzt wird. Das gilt auch für die Temperatur, die Anmischzeit, das Flüssigkeits-Pulver-Verhältnis, die Konzentration der Anmischflüssigkeit und für das Vorwärmen. Eine Mindestzeit für das Spateln von 15 Sekunden sollte ebenso eingehalten werden wie die angegebene Zeit für das Rühren unter Vakuum. Das Vakuum-Anmischgerät ist heute Standard in jedem Labor. Das Vakuum entgast die Mischung. Die Herstellerempfehlungen sind Maßgabe, sie stellen sicher, daß die Abbindereaktionen in der genau vorbestimmten Weise ablaufen können.

Das Einfüllen der Einbettmasse in die Gießform und das Auffüllen des Kronenlumens sowie grazilen Partien in der Modellgußtechnik geschieht mit einem Pinsel unter leichter Vibration. Die Muffeln dürfen nicht länger als ca. 10 Sekunden lang gerüttelt werden, um das Absetzen der Körner zu vermeiden. Andererseits ist das Rütteln entscheidend für das Austreiben von Gasblasen, insbesondere bei nach unten liegenden Okklusalflächen.

Das Auffüllen der Muffel unter Vakuum mit Hilfe einer Vorrichtung, die das Umfüllen der Mischung aus dem Vakuum-Anmischtopf direkt in die Muffel ermöglicht, ist abgelöst durch das Auffüllen der Muffel an der Luft. Es zeigte sich, daß ein Einfluß auf die Blasenbildung nicht vorhanden ist. Die Gesamtexpansion, welche durch das Umfüllen unter Vakuum erhöht werden sollte, wird heute in der Herstellung durch andere Maßnahmen und über die Kornauswahl sichergestellt. In der Modellgußtechnik wird das Modell in Agar-Agar-Dubliermasse oder bei höheren Ansprüchen an die Präzision in Silikon-Dubliermasse hergestellt. In Agar-Agar-Dubliermasse wird wegen der von der Form einwirkenden zusätzlichen Feuchtigkeit mit einem geringeren Pulver-Flüssigkeits-Verhältnis gearbeitet. So wird *Wiroplus N* für das Dublieren in Agar-Agar mit 100:14 angemischt und für das Dublieren in Silikonformen mit 100:16. Der Einfluß der Dubliermasse auf die Modellhärte bedingt das Tauchhärten nach einer Agar-Agar-Dublierung. Die wesentlich dichteren und härteren Modelloberflächen der in Silikon abgeformten Modelle brauchen häufig nur mit einem Haftspray eingesprüht zu werden. Nach dem Modellieren erfolgt die Herstellung der Muffel in einem Kunststoffring. Die Wachsmodellation wird mit einer Feineinbettung eingepinselt, welche bis zum Einbetten nur kurz antrocknen darf, da sie sonst rissig wird und fehlerhafte Gußoberflächen ergibt. Die Einbettmasse für die Muffel wird zumeist mit Wasser angemischt.

In der K&B-Technik wird die Wachsmodellation durch ein Netzmittel vorbereitet. Die Tenside werden in wässriger oder alkoholischer Lösung auf die Oberfläche aufgebracht. Wichtig ist, daß das Lösungsmittel durch vorsichtiges Abblasen mit Druckluft vollständig verdampft ist, bevor die Einbettmasse eingefüllt wird. Nach der Abbindereaktion, je nach Einbettmasse sind das frühestens 30 Minuten bis ca. zwei Stunden, werden die Muffeln im Vorwärmofen ausgewachst. Das geschieht zwischen 400 °C und 650 °C. Beim Vorwärmen wird auch das Kristallwasser abgegeben. Während das schnelle Aufheizen auf die erste Temperaturstufe ohne Einfluß auf die Paßgenauigkeit ist, können die Haltezeit und das anschließende Aufheizen auf Endtemperatur von Einfluß sein. Der Wärmetransport durch strömende Gase zwischen den Muffeln (Konvektion) findet nur im unteren Temperaturbereich statt. Ab ca. 600 °C überwiegt die Strahlung. Innerhalb der Muffel wird der Wärmetransport jedoch weiter durch Leitung bewirkt. Um Wärmespannungen zu vermeiden, wird die Muffel langsam und gleichmäßig aufgeheizt und eine Stunde bei Endtemperatur gelagert.

Das Abkühlen nach dem Guß erfolgt an der Luft und nicht durch Abschrecken in Wasser, um Spannungen im Metallgerüst zu vermeiden. Wenn die Muffeln handwarm sind, können sie aus dem Ring herausgedrückt werden. Durch leichte Hammerschläge auf den Kegel zerfällt die Einbettmasseform. Je nach Legierung wird die anhaftende Einbettmasse unter Wasser mit einer Bürste oder durch Abstrahlen im Umlaufstrahlgerät entfernt. Das trockene Abstrahlen mit Korund, oder besser das staubfreie Naßabstrahlen, entfernt die Einbettmasse schnell, wenn nicht bei Kobalt-Chrom-Legierungen eine überhitzte Schmelze zur Vererzung der Legierungsoberfläche geführt hat. Weitere Gußfehler, die nicht auf die Einbettmasse zurückgeführt werden können, sind Rauhigkeiten bei zu niedriger Verarbeitungstemperatur oder schlechtes Vakuum im Anmischgerät, zu kurze Anmischzeit, falsche Flüssigkeitsmenge und Muffelrisse bei zu schnellem Aufheizen. Den Fehlern kann der Zahntechniker durch sorgfältige Verarbeitung vorbeugen. Auch die Verwendung von überlagerter Einbettmasse, das falsche Anmischverhältnis, unzureichendes Spateln, die unzureichende Wartung des Vakuum-Mischgerätes, unsaubere Modellationen mit anhaftendem Staub und das unvollständige Ausbrennen von Wachs und Kunststoffen durch zu kurzes Vorwärmen sind vermeidbar. Verunreinigte Hilfsmaterialien, z. B. auch ein hoher Feststoffgehalt in ungeeignetem Wachs oder in Tiefziehfolien, können zu lunkrigen Gußobjekten führen.

Die Einbettmasse ist der zentrale Werkstoff für den wichtigsten Herstellungsprozeß im zahntechnischen Labor. Es gilt:

> Der paßgenaue zahntechnische Präzisionsguß mit den hochentwickelten Dental-Einbettmassen gemäß dem Stand der Technik ist ein handwerklich anspruchsvolles Verfahren, das sich aufgrund seiner Schnelligkeit, Wirtschaftlichkeit und Vielseitigkeit immer wieder gegenüber den modernen Alternativ-Techniken zur Herstellung von Zahnersatz mit Folienkronen, Sintermetallen, Galvanokronen und auch frästechnisch hergestellten Metallgerüsten überlegen zeigt.

## Literaturverzeichnis

*Coleman, R.L., Weinstein, L.J.:*
Patent US 1.932.202 (1933)

*Coy, H.D.:*
An Application of Recent Developments in Inlay Castings. J Am Dent Assoc 20, 212 (1933)

*Dreyer-Jörgensen, K.D.:*
Präzisionsmäßig verbesserte Technik zur Herstellung von Inlays und Kronen. Quintessenz Zahntech, 543 (1984)

*Dreyer-Jörgensen, K.D.:*
Study of the Setting Expansion of Gypsum. Acta Odontol Scand 21, 227 (1973)

*Dröge, G.:*
Die Porzellan Preß-Technik. Zahntechnik 1, 30 (1969)

*Earnshaw, R.:*
The Effect of Restrictive Stress on the Thermal Expansion of Gypsum-Bonded Investments. Australian Dent J 11, 345 (1966)

*Finger, W., Dreyer-Jörgensen, K.D., Ono, T.:*
Strength Properties of Some Gypsum-Bonded Casting Investments. Scand J Dent Res 88, 155 (1980)

*Finger, W.; Kota, K.:*
A Modified Phosphate-Bonded Casting Investment. Scand J Dent Res 90, 243 (1982)

*Flörke, O.W.:*
Die Modifikationen von $SiO_2$. Fortschr. Mineral. 44, 181 (1967)

*Geis-Gerstorfer, J. et. al.:*
Der Titanguß mit dem Titaniumer. dental-labor 27, 1789 (1989)

*Herbst, W.:*
Methoden und Neuerungen auf dem Gebiete der Zahnheilkunde. Odontologische Verlagsanstalt, Berlin (1895)

*Jones, D.W., Wilson, H.J.:*
Variables Affecting the Thermal Expansion of Refractory Investments. Br Dent J 125, 2499 (1968)

*Kocjancic, B.:*
Meßverfahren zur Verbesserung der Paßgenauigkeit zahntechnischer Gußobjekte. dental-labor 30, 992 (1992)

*Mahler, D.B., Ady, A.B.:*
The Influence of Various Factors on the Effective Setting Expansion of Casting Investments. J Prosth Dent 13, 365 (1963)

*Martin, O.:*
(No Title) Dent Item Int 12, 575 (1891)

*Ollendorf, H.:*
Eine neue Methode zur Herstellung von Zahnersatzstücken. Dtsch Mschr Zahnheilk 22, 657 (1904)

*Ott, D.:*
Gießen von Titan im Dentallabor. Zahnärztl Welt 100, 106 (1991)

*Philbrook, B.F.:*
Cast Fillings. Trans Iowa State Dent Soc, 277 (1896)

*Phillips, D.W.:*
A Scientifically Correct Inlay Technique. Dent Dig 39, 72 (1933)

*Prange, C.H.:*
Patent US 1.909.008 (1933)

*Prosen, E.M.:*
Feuerfeste Einbettmassen. Patent US 2.209.035 (1938)

*Salmang, H., Scholze, H.;*
Keramik, Teil 1: Allgemeine Grundlagen und wichtige Eigenschaften. Springer Verlag, Berlin Heidelberg New York 1982

*Schädlich-Stubenrauch, J.:*
Entwicklung einer Schalenfeingießtechnologie für kleine Gußteile aus Titan und Titanlegierungen. Dissertation Aachen 1989

*Scheu, C.H.:*
A New Pecision Casting Technique. J Am Dent Assoc 19, 630 (1932)

*Swasey, A.J.:*
Proceedings of the Thirteenth Annual Meeting of the American Dental Association. Dent Regis 44, 501 (1890)

*Sweeney, W.T.:*
Cristobalite for Dental Investments. J Am Dent Assoc 20, 108 (1933)

*Taggart, W.H.:*
A New and Accurate Method of Making Gold Inlays. Dent Cosmos 49, 1117 (1907)

*Van Horn, W.H.:*
Casting: A Review and Commentary Including a Technique. Dent Cosmos 52, 873 (1907)

*Volland, R.H., Paffenbarger, G.C.:*
Cast Gold Inlay Technique as Worked out in the NBS, Applied by a Group of Practitioners. J Am Dent Assoc 19, 185 (1932)

*Walther, M.:*
Porenbildung bei der keramischen Verblendung von Palladiumlegierungen. Dtsch Zahnärztl Z 43, 453 (1988)

*Weber, H., Sauer, K.-H.:*
Zur möglichen Kohlenstoffaufnahme edelmetallfreier Legierungen beim Guß. Dtsch Zahnärztl Z 38, 230 (1983)

# 3 Einführung in die Metallkunde

*M. Stümke, Pforzheim*

Zahntechniker und Zahnärzte verwenden für die Herstellung von hochwertigem Zahnersatz Legierungen, die von der Dentalindustrie aufgrund jahrzehntelanger Erfahrung und nach den modernsten Erkenntnissen der werkstoffkundlichen und medizinischen Wissenschaften mit optimalen Eigenschaften ausgestattet werden. Viele dieser wertvollen Legierungseigenschaften können aber durch unsachgemäße Verarbeitung zunichte gemacht werden. Um den Erfolg ihrer eigenen Leistung nicht zu gefährden, benötigen Zahntechniker und Zahnärzte deshalb ein fundiertes Wissen über den Aufbau, die Struktur, die Eigenschaften und die Verarbeitung der Dentallegierungen und ein Verständnis für die metallkundlichen Zusammenhänge zwischen den Eigenschaften und der Verarbeitung der Legierungen.

## 3.1 Kennzeichen, Vorkommen und Gewinnung der Metalle

### 3.1.1 Kennzeichen der Metalle

So einfach die Frage „Was ist ein Metall?" zunächst erscheint, so schwer ist es, sie mit wenigen Worten zu beantworten. Der metallische Zustand der Materie liegt begründet im Atombau der Elemente und ist eng verknüpft mit dem speziellen Mechanismus der *Metallbindung*, deren Erörterung den Rahmen dieses Buches sprengen würde. Sie ist die Ursache für viele Merkmale, die ein Metall idealerweise haben sollte:

- Metalle sind fest,
- Metalle haben eine Kristallstruktur,
- Metalle lassen sich plastisch verformen,
- Metalle sind undurchsichtig,
- Metalle zeigen Glanz,
- Metalle haben keine Eigenfarbe,
- Metalle sind gute Wärmeleiter,
- Metalle sind gute Elektrizitätsleiter,
- Metalle können Legierungen bilden,
- Metalldämpfe sind einatomig,
- Metallionen sind elektrisch positiv geladen,
- Metalloxide bilden mit Wasser Basen.

Von den mehr als hundert chemischen Elementen (Tabelle 3.1) werden diejenigen als *Metalle* bezeichnet, die unter Normalbedingungen (1 bar / 20 °C) überwiegend diese Eigenschaften besitzen (also auch das rote Kupfer, das gelbe Gold und das flüssige Quecksilber). Hat ein Element die meisten dieser Eigenschaften nicht (z. B. alle Gase), wird es den *Nichtmetallen* zugeordnet. Elemente, die nicht eindeutig in die Gruppe der Metalle oder Nichtmetalle eingereiht werden können, nennt man *Halbmetalle* (z. B. Bor, Silicium, Arsen). Nach den Eigenschaften von Metallen können weitere Untergliederungen vorgenommen werden, z. B.:

*Tabelle 3.1*  Periodisches System der Elemente (Ausschnitt)

| 4<br>Be<br>9,01 | ← Ordnungszahl<br>← Chemisches Symbol<br>← rel. Atommasse | | | | | | | | | | 5<br>B<br>10,81 | 6<br>C<br>12,01 |
|---|---|---|---|---|---|---|---|---|---|---|---|---|
| 12<br>Mg<br>24,31 | ← Übergangsmetalle → | | | | | | | | | | 13<br>Al<br>26,98 | 14<br>Si<br>28,09 |
| 20<br>Ca<br>40,08 | 21<br>Sc<br>44,96 | 22<br>Ti<br>47,88 | 23<br>V<br>50,94 | 24<br>Cr<br>52,00 | 25<br>Mn<br>54,94 | 26<br>Fe<br>55,85 | 27<br>Co<br>58,93 | 28<br>Ni<br>58,69 | 29<br>Cu<br>63,55 | 30<br>Zn<br>65,39 | 31<br>Ga<br>69,72 | 32<br>Ge<br>72,59 |
| 38<br>Sr<br>87,62 | 39<br>Y<br>88,91 | 40<br>Zr<br>91,22 | 41<br>Nb<br>92,91 | 42<br>Mo<br>95,94 | 43<br>Tc<br>(98,91) | 44<br>Ru<br>101,07 | 45<br>Rh<br>102,91 | 46<br>Pd<br>106,42 | 47<br>Ag<br>107,87 | 48<br>Cd<br>112,41 | 49<br>In<br>114,82 | 50<br>Sn<br>118,71 |
| 56<br>Ba<br>137,33 | 57<br>La +<br>138,91 | 72<br>Hf<br>178,49 | 73<br>Ta<br>180,95 | 74<br>W<br>183,85 | 75<br>Re<br>186,21 | 76<br>Os<br>190,2 | 77<br>Ir<br>192,22 | 78<br>Pt<br>195,08 | 79<br>Au<br>196,97 | 80<br>Hg<br>200,59 | 81<br>Tl<br>204,38 | 82<br>Pb<br>207,21 |
| 88<br>Ra<br>226,05 | 89<br>Ac ‡<br>227 | (104) | (105) | (106) | (107) | ← Platinmetalle →<br>← Edelmetalle → | | | | | | |

\+ Lanthanide;  ‡ Actinide
[relative Atommassen = IUPAC-Standardwerte der Atommassen 1983]

Leichtmetalle — Schwermetalle
Edelmetalle — Nichtedelmetalle
niedrigschmelzende — hochschmelzende
Metalle            Metalle

### 3.1.2 Vorkommen und Gewinnung der Metalle

Außer Aluminium (8,13 % = 81,3 g/kg), Eisen (5,00 % = 50,0 g/kg) und Magnesium (2,09 % = 20,9 g/kg) sind die Metalle nur in verhältnismäßig geringer Menge in der Erdrinde enthalten. So beträgt zum Beispiel der Anteil der Edelmetalle insgesamt weniger als ein Gramm an einer Tonne Eruptivgestein. Trotzdem ist eine Gewinnung auch der selteneren Metalle möglich, da diese zum Teil eine natürliche Anreicherung erfahren haben (primäre und sekundäre *Lagerstätten*).

In metallischem Zustand (als sogenanntes gediegenes Metall) kommen allerdings nur Gold und Platin (dieses immer in Gesellschaft mit den Beimetallen Palladium, Rhodium, Iridium, Ruthenium und Osmium), mitunter Silber und selten auch Kupfer und Quecksilber vor. Hauptquelle für die Metallgewinnung sind bis heute die *Erze*; das sind hochmetallhaltige Mineralien oder Mineralgemenge.

Die Erze der *Schwermetalle* (z. B. Cu, Fe, Pb) sind in der Regel Sulfide (Schwefelverbindungen) oder Oxide (Sauerstoffverbindungen) der Metalle. – Die *Leichtmetalle* (z. B. Al, Be, Mg) sind hauptsächlich in Salzen und Oxiden enthalten.

Die meisten Metalle werden aus ihren Oxiden durch Reduktion gewonnen; sulfidische Erze müssen vor der eigentlichen Verhüttung geröstet werden (Erhitzen unter Sauerstoffzufuhr). Die *Reduktion* erfolgt überwiegend im Schmelzverfahren (pyrometallurgisch), wobei vornehmlich Kohlenstoff als Reduktionsmittel dient.

Andere Verfahren der Metallgewinnung sind die *Hydrometallurgie* (z. B. Laugerei), die *Elektrometallurgie* (z. B. Raffinationselektrolyse, Schmelzflußelektrolyse) sowie rein chemische oder rein physikalische Verfahren.

## 3.2 Aufbau der Metalle und Legierungen

### 3.2.1 Atome

*Atome* sind die kleinsten chemischen Bausteine der Materie. Vereinfacht dargestellt bestehen sie aus einem Atomkern und einer Elektronenhülle, deren Radius etwa $10^{-10}$ m beträgt. Atome kommen meist im Verband vor (Festkörper, Flüssigkeit, mehratomiges Gas); einzelne Atome existieren selten, z. B. in Form von Metalldämpfen.

Atomabhängige Eigenschaften der Elemente sind z. B.

- Wertigkeit,
- chemische Reaktionsgeschwindigkeit,
- Magnetismus,
- Supraleitfähigkeit und
- Schmelztemperatur.

Wesentlich beeinflußt von der Atomart werden z. B.

- Farbe,
- Glanz,
- Leitfähigkeit,
- spezifische Wärme,
- mechanische Module und
- Kristallstrukturen.

### 3.2.2 Kristalle

Bei der Bildung eines festen Verbandes nehmen Atome Plätze ein, auf denen sie von möglichst vielen anderen Atomen umgeben sind (hohe Koordinationszahl) und möglichst geringe Abstände voneinander haben (große Packungsdichte).

Wegen dieser geometrischen (eigentlich energetischen) Bedingungen gibt es in der Natur nicht beliebig gestaltete Atomhaufwerke, sondern spezielle Anordnungen von Atomen in regelmäßigen Raumgittern, den Kristallen. Metalle und deren Legierungen kristallisieren bevorzugt in der

- kubisch-flächenzentrierten,
- kubisch-raumzentrierten oder
- hexagonal-dichtgepackten Struktur.

Strukturabhängige Eigenschaften sind z. B.

- die Dichte,
- die Wärmeausdehnung und
- die Verformbarkeit.

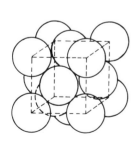 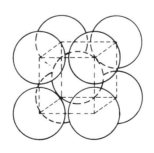 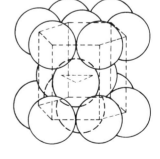

*a*    kfz          *b*    krz          *c*    hex. d.

*Abb. 3.1 a – c* Häufigste Kristallgitter von Metallen und Legierungen
*a)* kfz = kubisch-flächenzentriert
*b)* krz = kubisch-raumzentriert
*c)* hex.d. = hexagonal-dichtgepackt

Die kleinste Struktureinheit eines Kristallgitters ist die *Elementarzelle* (Abb. 3.1). Die Gitterkonstanten (Kantenlänge der Elementarzelle) sind von derselben Größenordnung wie die Atomdurchmesser. *Kristalle* entstehen durch Aneinanderlegen von Elementarzellen; dabei sind Baufehler im allgemeinen nicht zu vermeiden. Solche Gitterfehler beeinflussen z. B. den elektrischen Widerstand, die Festigkeit und die Diffusion.

### 3.2.3 Gefüge

Störungsarme *Einkristalle* von mehreren Zentimetern Länge lassen sich nur mit speziellen Techniken herstellen. Im Normalfall besteht ein metallisches Werkstück nicht aus einem einzigen Kristall (Einkristall), sondern aus einem mechanisch verzahnten Gemenge von vielen kleinen *Kristalliten (Körnern)*, deren Größe im Bereich 1$\mu$m bis 1cm liegt. Ein solches *Kristallgemisch* nennt man *Gefüge* (*Vielkristall* oder *Polykristall*).

> Das Gefüge eines Vielkristalls aus einem einzigen Metall ist immer homogen, das heißt, es besteht nur aus einer Kristallart (einphasig) und zeigt keine Konzentrationsunterschiede (Kornseigerungen).

Die Eigenschaften eines solchen Vielkristalls werden von der Korngröße wesentlich beeinflußt. So läßt sich z. B. das mechanische Verhalten durch Kornfeinung verbessern; leider verschlechtert sich mit kleineren Körnern das chemische Verhalten von reinen Metallen; ihr Korrosionswiderstand sinkt.

### 3.2.4 Struktur und Gefüge von Legierungen

Die Frage nach der Löslichkeit eines Metalls in einem anderen ist gleichbedeutend mit der Frage nach der Stabilität der jeweiligen *Kristallstruktur*.

Es gilt, daß ein Atom den Gitterplatz eines fremden Atoms ohne Änderung der Struktur besetzen kann, wenn die Atomradiendifferenz kleiner als 15 % ist (Beispiel: Cu-Ni, Ag-Au). Der durch die Ersetzung entstehende Mischkristall (*Substitutionsmischkristall*) heißt homogen, wenn die Atome statistisch ungeordnet, aber gleichmäßig verteilt sind (Abb. 3.2 a). Man spricht von *lückenloser Mischkristallbildung*, wenn sich zwei oder mehrere Atomsorten in jedem Verhältnis gegenseitig ersetzen können. Meist, besonders bei Atomradiendifferenzen größer als 15 %, ist das Aufnahmevermögen des Wirtsgitters für die Fremdatome aber begrenzt (Löslichkeitsgrenze, Homogenitätsbereich).

In einigen Systemen mit durchgehender Mischkristallbildung kann in bestimmten Konzentrationsbereichen bei tiefer Temperatur eine geordnete Verteilung der Atome erfolgen (Beispiel: Cu-Au). Die Grundstruktur geht über in eine *Überstruktur* (Abb. 3.2b).

Ist die Atomradiendifferenz von zwei Atomsorten größer als 15 % oder sind die Komponenten in ihrem atomaren Aufbau sehr verschieden, so gibt es meist nur eine geringe Löslichkeit, dafür aber eine um so größere Neigung zur Bildung von *intermetallischen Verbindungen* mit annähernd stöchiometrischer Zusammensetzung (meist kleiner Homogenitätsbereich) und eigener, meist komplizierter Struktur (Beispiel: Pd-Ga, Ag-Sn).

Ist die Atomradiendifferenz von zwei Atomsorten sehr viel größer als 15 %, so ist keine gegenseitige Ersetzung möglich (die Gitterverzerrungen wären zu groß). In diesen Fällen kann nur die kleinere Atomsorte in Lücken des Wirtsgitters eingelagert werden (z. B. Kohlenstoff und Stickstoff in Nichtedelmetallegierungen); man spricht dann von *Einlagerungsmischkristallen* (Abb. 3.2 c).

Jedes Einzelkorn eines Legierungsgefüges besitzt eine bestimmte Kristallstruktur mit einheitlicher Gitterkonstante – es ist *einphasig*.

## 3.2 Aufbau der Metalle und Legierungen

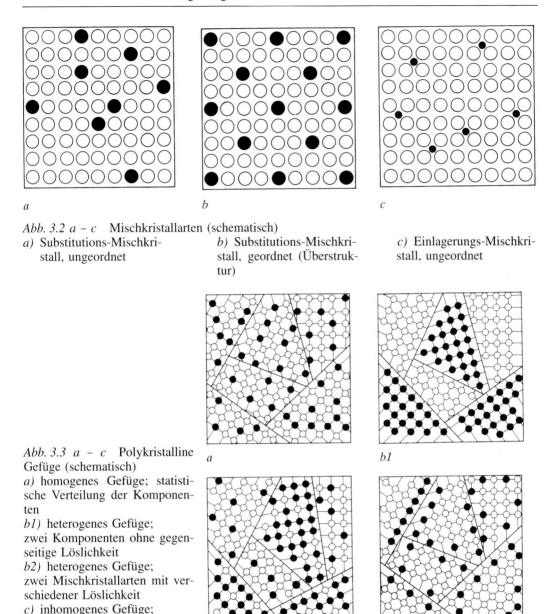

Abb. 3.2 a – c  Mischkristallarten (schematisch)
a) Substitutions-Mischkristall, ungeordnet
b) Substitutions-Mischkristall, geordnet (Überstruktur)
c) Einlagerungs-Mischkristall, ungeordnet

Abb. 3.3 a – c  Polykristalline Gefüge (schematisch)
a) homogenes Gefüge; statistische Verteilung der Komponenten
b1) heterogenes Gefüge; zwei Komponenten ohne gegenseitige Löslichkeit
b2) heterogenes Gefüge; zwei Mischkristallarten mit verschiedener Löslichkeit
c) inhomogenes Gefüge; ungleichmäßige Verteilung der Komponenten (Kornseigerung)

Verschiedene Körner eines Legierungsgefüges können aber aus unterschiedlichen Phasen (Komponenten, Mischkristallen, Überstrukturen, intermetallischen Verbindungen) bestehen – das Gefüge ist *mehrphasig*. Je nach Art und Anteil der beteiligten Phasen können Legierungsgefüge sehr unterschiedliches Aussehen haben:

Ein *homogenes* Legierungsgefüge enthält nur Körner einer Phase (Abb. 3.3a).
Ein *heterogenes* Legierungsgefüge enthält Körner verschiedener Phasen (Abb. 3.3b).
Ein *inhomogenes* Legierungsgefüge weist innerhalb der Körner Konzentrationsunterschiede *(Kornseigerungen)* auf (Abb. 3.3 c)

Auch bei Legierungen hat die Korngröße Einfluß auf die Eigenschaften: Bei den meisten Legierungen wirkt sich *Kornfeinung* positiv aus, sowohl auf das mechanische als auch auf das chemische Verhalten.

### 3.2.5 Metallographie

Der kristalline Aufbau von Metallen und Legierungen läßt sich nur in Einzelfällen mit bloßem Auge feststellen. Beispielsweise fällt bei der Elektrolyse des Rohsilbers das Feinsilber in Form von Kristallnadeln an (Abb. 3.4). Auch beim Ausfällen von Metallen aus den Lösungen ihrer Salze durch unedlere Metalle, z. B. beim Zementieren von Kupfer aus einer Kupfersulfatlösung mit Zink, entstehen wohlausgebildete Kristalle.

Bei den eisblumenartigen Gebilden, die auf der Oberfläche von verzinktem Eisenblech zu beobachten sind, ist ebenfalls ersichtlich, daß hier Kristalle vorliegen.

Bei einem polierten Kronenblech oder einem Gußstück zeigt sich dem unbewaffneten Auge eine völlig gleichförmige Oberfläche. Auch bei der Betrachtung mit dem Mikroskop ergeben sich keine Anhaltspunkte für den kristallinen Aufbau.

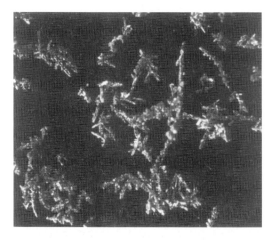

*Abb. 3.4* Silberkristalle aus der Elektrolyse

Um das Gefüge unter dem Mikroskop sichtbar zu machen und Phasen unterscheiden zu können, ist im allgemeinen eine besondere Vorbehandlung vonnöten. Von der Probe, deren Gefüge untersucht werden soll, wird zunächst ein Schnitt angefertigt. Die Schnittfläche wird eben gefeilt und nacheinander auf Schmirgelpapier mit abnehmender Körnung geschliffen. Die Probe wird dann poliert, bis der *Schliff* völlig kratzerfrei ist.

Zur Entwicklung des Gefüges schließt sich als nächste Behandlung das *Ätzen* an. Dazu wird die polierte Fläche des Schliffs in Salz- oder Säurelösungen getaucht oder mit einem mit der Ätzlösung getränkten Wattebausch betupft. Zum Ätzen der in der Zahnheilkunde verwendeten Edelmetall-Legierungen eignen sich vor allem verdünntes, heißes *Königswasser* oder eine Mischung der Lösungen von Kaliumcyanid und Ammoniumpersulfat bzw. Wasserstoffperoxid. Beim Ätzen silberhaltiger Legierungen mit Königswasser entsteht ein dünner Belag von Silberchlorid, der durch Natriumthiosulfat oder Ammoniak entfernt werden muß.

Zum Ätzen von Nickel-Chrom- bzw. Kobalt-Chrom-Legierungen eignet sich z. B. eine salzsaure Lösung von Ammoniumtetrachlorocuprat (II) und Eisen(III)-chlorid (*Adlerätzung*).

Die metallographische Präparation kann bei Edelmetallegierungen auch auf elektrolytischem Weg, durch anodisches Polieren und Ätzen erfolgen. Gute Ergebnisse zeitigt auch die Kombination des anodischen Polierens mit dem Wischpolieren auf einem Poliertuch, besonders bei Edelmetallegierungen, deren Gefügeentwicklung Schwierigkeiten bereitet. Durch die Ätzlösungen wird die Oberfläche des Schliffs angegriffen. Die obersten Atomschichten werden parallel zu den Kristallflächen abgetragen, so daß treppenartige Stufen entstehen, wie sie in der schematischen Abb. 3.5 dargestellt sind. Die Orientierung der Flächen, die durch das Ätzen freigelegt wurden, hängt von der Orientierung der einzelnen Kristalle ab (*Kornflächenätzung*). Damit ändert sich auch die Re-

## 3.3 Konstitution von Legierungen

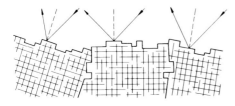

*Abb. 3.5*  Schnitt durch eine geätzte Metalloberfläche (schematisch); Reflexion der Lichtstrahlen an den durch Ätzung freigelegten Stufen des Kristallgefüges

flexionsrichtung der auf die Oberfläche des Schliffs auffallenden Lichtstrahlen, so daß die völlig gleichartig zusammengesetzten Kristalle in verschiedenen Helligkeitsgraden erscheinen. In Abb. 3.6 ist das Gefüge einer 20-karätigen Goldlegierung (Au833Ag100 Cu67) dargestellt. Die unterschiedlich getönten Flächen sind einzelne Kristallite (Körner), die sich bei der Kristallisation aus der Schmelze gegenseitig im Wachstum behinderten und daher unregelmäßige Grenzen aufweisen; diese werden als *Korngrenzen* bezeichnet. Wenn das Ätzmittel nur an den Grenzlinien der Kristallite angreift und die Fläche der Kristallite beinahe ungeätzt bleibt, entsteht eine *Korngrenzenätzung*.

Durch eine örtlich verstärkte Ätzung werden mitunter *Ätzgrübchen* hervorgerufen. Die quadratischen Ätzfiguren, wie sie in dem in Abb. 3.7 dargestellten Gefüge einer Gold-Palladium-Legierung zu sehen sind, beweisen, daß die Legierung kubisch kristallisierte und daß die Würfelfläche des Kristalls, der die Ätzfiguren zeigt, annähernd parallel zur Schliffoberfläche liegt.

Die meisten *mikroskopischen Untersuchungen* an Metallen werden bei Hellfeldbeleuchtung vorgenommen. Mit anderen Beleuchtungsverfahren lassen sich mitunter jedoch Bilder mit größerer Aussagesicherheit erzielen. Zu erwähnen sind hier die Untersuchungen im Dunkelfeld und mit polarisiertem Licht, das Phasenkontrast- und das Interferenzkontrastverfahren, die in jüngerer Zeit jedoch immer mehr von *elektronenoptischen Verfahren* (z. B. Mikrosonde, Rasterelektronenmikroskop) abgelöst werden.

*Abb. 3.6*  Gefüge einer 20kt-Goldlegierung; Guß +30min / 750°C, geätzt

*Abb. 3.7*  Ätzgrübchen auf einem Schliff der Legierung Au75Pd25

## 3.3 Konstitution von Legierungen

### 3.3.1 *Zweck der Legierungsbildung*

*Reine Metalle* werden praktisch nur wenig verwendet. Man bevorzugt sie vor allem dann, wenn mit der hohen Reinheit eine hervorragende Eigenschaft verbunden ist, z. B. hohe elektrische Leitfähigkeit beim Reinstkupfer oder gute Korrosionsbeständigkeit beim Reinstaluminium.

In den meisten Fällen interessieren jedoch bei metallischen Werkstoffen in erster Linie die mechanischen Eigenschaften, z. B. Härte, Dehngrenze, Zugfestigkeit oder Bruchdehnung, die möglichst hohe Werte aufweisen sollen. Diese Anforderungen werden von reinen Metallen im allgemeinen nur schlecht erfüllt. Eine Möglichkeit zur Steigerung der Festigkeit von Metallen wird in Abschnitt 3.4.2.5 aufgezeigt, in dem Verfestigung durch Kaltverformung dargestellt wird. Dabei wird jedoch die Erhöhung der Festigkeit mit einer Abnahme des Formänderungsvermögens erkauft.

Eine Beeinflussung der Festigkeit von reinen Metallen durch Wärmebehandlung erreicht dagegen fast immer nur eine Festigkeitsverminderung.

Weitaus größere Möglichkeiten zur Einstellung gewünschter Eigenschaften sind dadurch gegeben, daß viele Metalle miteinander gemischt werden können. Diese Mischungen von zwei oder mehr Komponenten heißen *Legierungen* (Zwei- oder Mehrstofflegierungen). Auch Nichtmetalle können Legierungskomponenten sein, wenn der metallische Zustand dadurch nicht beeinträchtigt wird (Beispiel: Fe-C, Stahl).

Atome, die in Legierungen beteiligt sind, ändern ihre chemischen Eigenschaften nicht.

Legierungen können aber gänzlich andere (vorher nicht absehbare) Eigenschaften besitzen als die Komponenten, aus denen sie aufgebaut sind.

> Die Eigenschaften der Legierungen ändern sich mit dem prozentualen Anteil der Komponenten, aber ergeben sich nicht einfach aus der Summe der Eigenschaften der beteiligten Komponenten. Die Eigenschaften werden bestimmt durch die Gleichgewichtsverhältnisse in dem jeweiligen Legierungssystem.

### 3.3.2 *Aufbau und Darstellung von Legierungssystemen*

*Komponenten* sind die unabhängigen Bestandteile, die erforderlich sind, um ein *System* aufzubauen. Außerdem enthält ein System in Abhängigkeit von Konzentration und Temperatur noch weitere homogene (makroskopisch einheitliche) Bestandteile (z. B. intermetallische Verbindungen, Überstrukturen, Schmelze).

Alle homogenen Bestandteile eines Systems heißen *Phasen*. Jedes System strebt einen Gleichgewichtszustand an, in dem die Existenz und Koexistenz der Phasen eindeutig festgelegt sind. Ein solches *Gleichgewichtssystem* kann thermodynamisch beschrieben werden durch seine Abhängigkeit von *Temperatur*, *Konzentration* und *Druck*. Wenn diese Größen verändert werden können, ohne daß Phasen entstehen oder verschwinden, so heißen sie *Freiheitsgrade* (unabhängige Variable). Metallische Systeme werden meist im kondensierten (festen oder flüssigen) Zustand betrachtet, wo der Druck auf Zustandsänderungen nur geringen Einfluß hat und deshalb als konstant angesetzt werden kann. Als Variable bleiben dann Temperatur T und Konzentration X.

> Für diesen Fall gilt zwischen der Zahl der Komponenten K, der Zahl der Phasen P und der Zahl der Freiheitsgrade F die Gibbs'sche Phasenregel in der Form:
>
> $$F = K + 1 - P$$

## 3.3 Konstitution von Legierungen

Die Darstellung der *Phasengleichgewichte* (Phasenfelder im Gleichgewichtszustand) erfolgt in *Phasendiagrammen (Zustandsdiagrammen oder Systemen)*, bei denen Temperatur und Konzentration die Koordinaten bilden. Zur Aufstellung von Zustandsdiagrammen werden in erster Linie Thermoanalyse, Mikroskopie und Röntgenbeugung verwendet, außerdem auch Wärmeausdehnung, Leitfähigkeit, spezifische Wärme, magnetische Größen u.a. Da Gleichgewichtszustände beschrieben werden sollen, sind die Untersuchungen oft sehr zeitaufwendig (Halten bei bestimmter Temperatur), besonders wenn Zustände bei tiefer Temperatur (z. B. bei Raumtemperatur) untersucht werden, wo die Diffusion langsam erfolgt.

Bei der *Thermoanalyse* macht man sich zunutze, daß jedes Entstehen oder Verschwinden einer Phase im Material oder Phasenumwandlungen (z. B. Schmelzen, Erstarren, Änderung der Kristallstruktur) mit Wärmeabgabe bzw. -entzug verbunden ist und die Temperatur des Systems dadurch entsprechend erhöht bzw. erniedrigt wird (vgl. 3.4.3).

Durch Messung der Temperatur in dem betreffenden Material oder der Differenz zwischen dieser Temperatur und der eines Referenzmaterials während des Aufheizens oder bevorzugt beim Abkühlen in Abhängigkeit von der Zeit ergeben sich Halte- oder Knickpunkte für die verschiedenen Legierungen eines Systems.

Die Verbindungslinien zusammengehöriger Punkte in einem Temperatur(T)-Konzentrations(X)-Diagramm (Abb. 3.8) grenzen Zustands- oder Phasenfelder voneinander ab. Die so erhaltenen Zustands- oder Phasendiagramme erlauben nicht nur, Zahl, Art und Anteil der Phasen in einer Legierung bestimmter Zusammensetzung im Gleichgewicht bei einer beliebigen Temperatur abzulesen, sondern auch eine Abschätzung von Nichtgleichgewichtsverhältnissen, wie sie nach dem Gießen oder bei noch rascherer Abkühlung vorliegen.

### 3.3.3 Phasendiagramme von Zweistoffsystemen

Die Systeme von Legierungen sind oft sehr kompliziert, besonders wenn sie aus mehr als zwei Komponenten (Stoffen) aufgebaut sind. Letzten Endes lassen sich aber alle Systeme auf Grundmuster zurückführen und wenigstens in Teilbereichen durch Grundtypen beschreiben, die schon in *Zweistoffsystemen (binären Systemen)* auftreten.

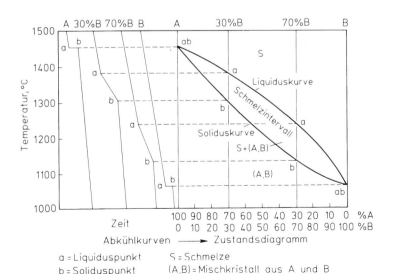

Abb. 3.8 Erstellung eines binären Zustandsdiagramms A-B mittels Thermoanalyse

a = Liquiduspunkt
b = Soliduspunkt
S = Schmelze
(A,B) = Mischkristall aus A und B

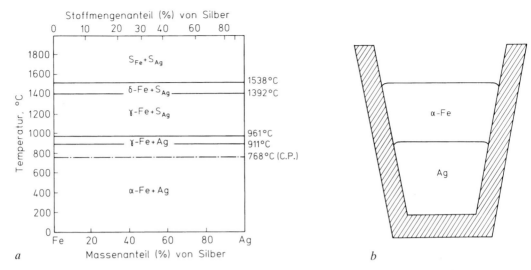

Abb. 3.9 a, b  Unlöslichkeit im flüssigen Zustand  a) Zustandsdiagramm Ag-Fe (nach *Pascal* 1964)  b) Schichtung bei Erstarrung im Tiegel (schematisch)

### 3.3.3.1 Gasförmiger Zustand

Alle Komponenten sind im gasförmigen Zustand (Dampf) vollkommen ineinander löslich, d. h. es existiert nur eine homogene Phase.

### 3.3.3.2 Flüssiger Zustand

Im flüssigen Zustand (Schmelze) können zwei Komponenten vollständig oder teilweise ineinander löslich oder vollkommen unlöslich sein. Das makroskopische Aussehen im Schmelztiegel und beispielhafte Zustandsdiagramme sind in Abb. 3.9 und 3.10 dargestellt.

**Vollkommene Löslichkeit**

Sind beide Komponenten ineinander vollständig löslich, existiert nur eine Phase. Auch nach der Erstarrung hat eine solche Legierung makroskopisch ein einheitliches Aussehen. Erst durch mikroskopische Betrachtung kann entschieden werden, ob ein einphasiges (homogenes) oder mehrphasiges (heterogenes) Gefüge vorliegt.

Beispiele:
fast alle Metalle; Wasser-Alkohol.

**Vollkommene Unlöslichkeit**

Die völlige Unlöslichkeit von zwei Komponenten im flüssigen Zustand führt zu einer Schichtung der zwei Schmelzen, wobei die leichtere oben ist (Abb. 3.9b). Auch im festen Zustand ist keine Mischung möglich.

Beispiele: Al-Pb, Fe-Pb, Ag-Fe (Abb. 3.9a); Wasser-Öl.

**Begrenzte Löslichkeit**

Auch bei teilweiser Löslichkeit der Komponenten im flüssigen Zustand gibt es zwei Schichten. Im festen Zustand ist je nach Temperatur und Konzentration Löslichkeit oder Entmischung möglich.

Beispiele: Pb-Zn, Ag-Ni (Abb. 3.10); Wasser-Äther.

3.3 Konstitution von Legierungen

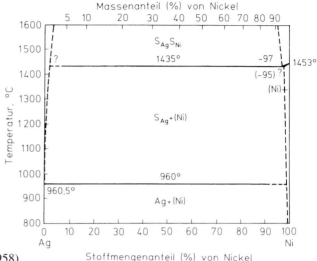

Abb. 3.10 Zustandsdiagramm Ag-Ni (nach *Hansen* und *Anderko* 1958)

### 3.3.3.3 Fester Zustand

**Vollkommene Löslichkeit**

Wie im flüssigen Zustand existiert hier auch im festen Zustand nur eine Phase, ein lückenloser Mischkristall:

$$S \underset{\text{Schmelzen}}{\overset{\text{Erstarren}}{\rightleftarrows}} \alpha$$

Schmelze und homogener Mischkristall sind durch ein Zweiphasenfeld getrennt, in dem Schmelze und Kristallite nebeneinander vorliegen. Dieses hat je nach Konzentration und System unterschiedliche Breite und unterschiedliche Temperaturlage. Obere und untere Begrenzungslinie des Zweiphasenfeldes sind die *Liquidus-* bzw. *Soliduslinie*; der Temperaturbereich zwischen beiden ist das *Schmelzintervall* (Abb. 3.8).

Bei sehr breitem Schmelzintervall oder sehr flachem Verlauf des Zweiphasenfeldes besteht bei Erstarrung die Gefahr von Kornseigerungen (*inhomogene Zonenkristalle*). Der Gleichgewichtszustand muß in diesem Fall durch Diffusions- oder *Homogenisierungsglühen* eingestellt werden (vgl. 4.4.2.2).

Notwendige (aber nicht hinreichende) Voraussetzung für lückenlose Mischkristallbildung ist, daß beide Komponenten die gleiche Gitterstruktur haben und ihre Atomradien um weniger als 15 % differieren.

Beispiele: Cu-Ni, Ag-Au, Ag-Pd (Abb. 3.11), Au-Pd.

### Überstruktur

Bei einem Mischkristall sind alle Atome statistisch verteilt. Bei bestimmten Zusammensetzungen ist auch eine *geordnete Verteilung* möglich, die mit einer *Überstruktur* (vergrößerte Einheitszelle) verbunden ist:

$$\alpha \text{ (ungeordnet)} \underset{\text{Erwärmen}}{\overset{\text{Abkühlen}}{\rightleftarrows}} \alpha' \text{ (geordnet)}$$

Beispiele: Cu-Au (Abb. 3.12), Cu-Pd, Au-Pd, Co-Pt.

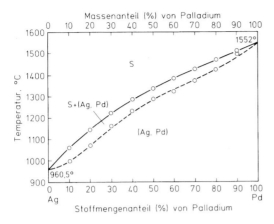

*Abb. 3.11* Zustandsdiagramm Ag-Pd
(nach *Hansen* und *Anderko* 1958)

*Mischungslücke*

Vielfach ist es bei Abkühlung nicht möglich, in einem bestimmten Konzentrationsbereich (*Mischungslücke*) alle Atome in einem homogenen Kristall in Lösung zu halten. Nach Unterschreiten einer bestimmten Temperatur zerfällt der übersättigte Mischkristall $\alpha$

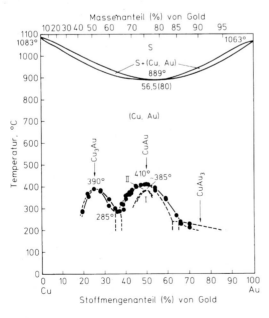

*Abb. 3.12* Zustandsdiagramm Au-Cu
(nach *Hansen* und *Anderko* 1958)

(*Entmischung*), wobei zwei neue Mischkristalle $\alpha_1$ und $\alpha_2$ mit unterschiedlicher Zusammensetzung entstehen:

$$\alpha \xrightleftharpoons[\text{Erwärmen}]{\text{Abkühlen}} \alpha_1 + \alpha_2$$

Bei üblicher Verarbeitung (Gießen, Aufbrennen) erfolgt eine solche Entmischung aber nur teilweise, weil die Einstellung des Gleichgewichtszustandes langer Zeiten bedarf. Wegen der möglichen Auswirkung auf die Festigkeit und die Härte der Legierung muß dieser Effekt (Mischkristallzerfall) jedoch bei speziellen Verarbeitungstechniken bei hoher Temperatur (z. B. Angießen, Schweißen, Löten) in Betracht gezogen werden.

Beispiele: Au-Pt (Abb. 3.13), Au-Ni, Pd-Rh, Pt-Ir.

## Vollkommene Unlöslichkeit

In ganz seltenen Fällen kann völlige Unlöslichkeit (Entmischung) im festen Zustand festgestellt werden, obwohl die Schmelze einphasig ist. Die zugehörigen Phasendiagramme heißen wegen ihrer Form auch *V-Diagramme*: Die Schmelzpunkte der Komponenten A und B werden mit wachsendem Anteil der anderen Komponente erniedrigt. Der Schnittpunkt der beiden Liquiduslinien liegt auf der *Eutektikalen* (Soliduslinie). Bei der Erstarrung erfolgt keine Schichtenbildung, sondern Feinverteilung (Entmischung) der Komponenten A und B:

$$S \xrightleftharpoons[\text{Schmelzen}]{\text{Erstarren}} A + B$$

Beispiele: Au-Bi, Au-Si (Abb. 3.14), Ag-Si.

3.3 Konstitution von Legierungen

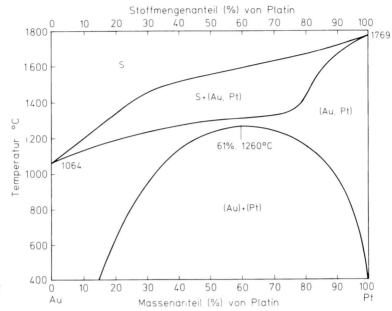

Abb. 3.13 Zustandsdiagramm Au-Pt (nach *Okamoto* und *Massalski* 1985)

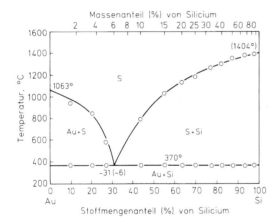

Abb. 3.14 Zustandsdiagramm Au-Si (nach *Hansen* und *Anderko* 1958)

**Begrenzte Löslichkeit**

Häufig weisen die Komponenten A und B einzeln oder beide eine teilweise Löslichkeit füreinander auf. Nach dem Erstarrungstyp unterscheidet man eutektische und peritektische Systeme.

*Eutektische Systeme*

Bis auf die Randgebiete, in denen hier Mischkristalle ($\alpha;\beta$) vorliegen, ähneln die *eutektischen Systeme* den V-Diagrammen (s. vorherg. Abschn.). Bei der Erstarrung erfolgt eine Entmischung in diese zwei Mischkristalle $\alpha$ und $\beta$:

$$S \underset{\text{Schmelzen}}{\overset{\text{Erstarren}}{\rightleftarrows}} \alpha + \beta$$

Das Lösungsvermögen der Mischkristalle ist in den meisten Fällen temperaturabhängig (wichtig für Aushärtung!, vgl. 4.4.2.3); die maximale Löslichkeit ist bei der eutektischen Temperatur gegeben. Eutektische Systeme sind insofern ausgezeichnet, daß bei der eutektischen Zusammensetzung (*Eutektikum*) Liquidus- und Solidustemperatur wie bei einem reinen Metall zusammenfallen und die Schmelze „gut fließend" ist. Die *eutektische Temperatur* ist niedriger als die Schmelzpunkte der Komponenten A und B.

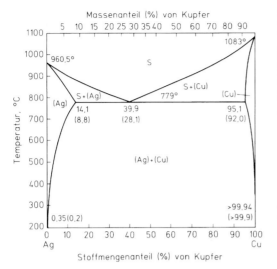

Abb. 3.15 Zustandsdiagramm Ag-Cu (nach *Hansen* und *Anderko* 1958)

Beispiele: Ag-Ge, Ag-Cu (Abb. 3.15), Au-Co, Au-Ge.

*Peritektische Systeme*

Auch bei *peritektischen Systemen* kann es eine beschränkte Mischkristallbildung mit temperaturabhängiger Löslichkeit geben (es ist sogar rückläufige Löslichkeit bekannt).

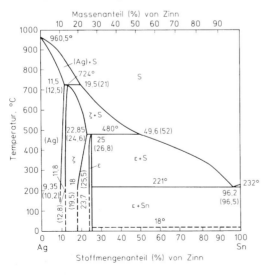

Abb. 3.16 Zustandsdiagramm Ag-Sn (nach *Hansen* und *Anderko* 1958)

Die Temperatur der peritektischen Umwandlung liegt zwischen den Schmelztemperaturen der beiden Komponenten. Der Gleichgewichtszustand ist bei peritektischen Systemen nur mühsam einzustellen, da die beiden Mischkristalle $\alpha$ und $\beta$ zeitlich nacheinander entstehen:

$$S + \alpha \underset{\text{Schmelzen}}{\overset{\text{Erstarren}}{\rightleftarrows}} \beta$$

Beispiele: Ag-Sn (Abb. 3.16), Ag-Zn, Au-Fe, Pd-Ru.

### 3.3.4 Phasendiagramme von Dreistoffsystemen

Während Zweistoffsysteme durch ein *T-X-Diagramm* vollständig beschrieben werden, ist bei *Mehrstoffsystemen* eine ebene Darstellung nur möglich, wenn bis auf zwei alle übrigen Variablen festgehalten werden.

Eine anschauliche Methode zur Abbildung des Zustandsdiagramms gibt es nur noch für *Dreistoffsysteme (ternäre Systeme)*, also für Legierungen, die aus drei Metallen bestehen. Die Zusammensetzung der Legierungen kann in einem gleichseitigen Dreieck, dem *Konzentrationsdreieck*, dargestellt werden, auf dessen Seiten die entsprechenden binären Legierungen liegen (Abb. 3.17a). Die Temperaturachse wird senkrecht auf die Ebene des Konzentrationsdreiecks gestellt, so daß ein räumliches Diagramm entsteht, das perspektivisch veranschaulicht werden kann (Abb. 3.17b).

Jeder Punkt in einem Konzentrationsdreieck entspricht einer Legierung ganz bestimmter Zusammensetzung. Dies ergibt sich daraus, daß die Summe der Lote auf die drei Seiten für jeden Punkt des Dreiecks gleich der Höhe des Dreiecks ist. Für die in Abb. 3.17a als Beispiel angegebene Legierung L ergibt sich deshalb folgende Zusammensetzung:

$L_x = 30\ \%$ B, $L_y = 30\ \%$ C, $L_z = 40\ \%$ A

## 3.3 Konstitution von Legierungen

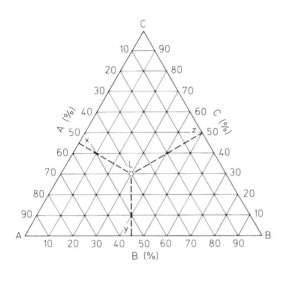

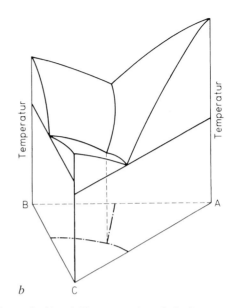

*Abb. 3.17 a, b* Ternäres Zustandsdiagramm A-B-C (schematisch), *a)* Konzentrationsdreieck *b)* T-X-Darstellung

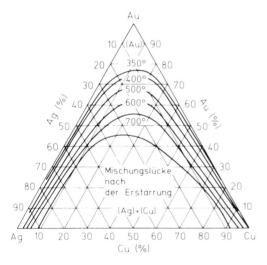

*Abb. 3.18* Zustandsdiagramm Ag-Au-Cu; isotherme Schnitte bei verschiedenen Temperaturen im festen Zustand (nach *Masing* und *Kloiber* 1941; *McMullin* und *Norton* 1949)

Eines der bekanntesten und ältesten ternären Systeme ist das System Ag-Au-Cu (Abb. 3.18), aus dem nicht nur die meisten Schmucklegierungen stammen, sondern von dem auch die Dental-Gußlegierungen abgeleitet wurden (vgl. 4.3).

## 3.4 Physikalische Eigenschaften von Metallen und Legierungen

Von den vielen Eigenschaften, die metallene Werkstoffe besitzen, sollen im folgenden einige besprochen werden, die für die gedachte Anwendung bzw. zum Verständnis der nachfolgenden Ausführungen (Kap. 4 und 5) notwendig sind.

### 3.4.1 Atommasse, Dichte, Struktur

#### 3.4.1.1 Relative Atommasse

Die *relative Atommasse* (früher: das Atomgewicht) gibt als dimensionslose Verhältnisgröße an, wievielmal schwerer ein Atom im Vergleich zu einem Zwölftel des Kohlenstoffisotops $^{12}C$ ist:

$$\text{relative Atommasse} = \frac{12 \cdot (\text{Masse d. Atoms})}{(\text{Masse d. } ^{12}C\text{-Nuklids})}$$

Die relative Atommasse wird größer mit zunehmender Ordnungszahl (Kernladungszahl) der Elemente (Tabelle 3.1). Eine *Stoffmenge A* von so viel Gramm, wie die relative Atommasse angibt, bezeichnet man als 1 Mol dieses Elementes. Ein *Mol* enthält immer dieselbe Zahl von Atomen; diese physikalische Konstante $N_A$ (6,022·10$^{23}$ Atome/Mol) heißt *Loschmidtsche oder Avogadrosche Zahl*.

### 3.4.1.2 Dichte

Der Quotient aus Masse m und Volumen V eines porenfreien Körpers aus einheitlichem Material wird *Dichte* genannt und üblicherweise mit $\rho$ bezeichnet; die reziproke Größe heißt *spezifisches Volumen* v:

$$\rho = m/V = 1/v$$

Wegen der Temperaturabhängigkeit des Volumens hat die Dichte nur bei konstanter Temperatur einen festen Wert; im allgemeinen wird die Dichte mit steigender Temperatur kleiner, weil sich das Volumen vergrößert (vgl. 3.4.5). Körper, die gleiches Volumen besitzen, aber aus Werkstoffen unterschiedlicher Dichte bestehen, haben unterschiedliche Massen. Im Zusammenhang mit dem *Wachsausschmelz-Gießverfahren* wird dies bei der Berechnung der *Schmelzgutmenge* berücksichtigt:

$$m_{Legierung} = (\rho_{Legierung}/\rho_{Wachs}) \cdot m_{Wachs}$$

Bei Metallen unterscheidet man gelegentlich *Leichtmetalle* mit einer Dichte von maximal 4,5 g/cm³ (Beispiele: Li, Be, Al, Ti) und *Schwermetalle* mit höherer Dichte (Beispiele:Fe, Co, Ni, Cu, Ag, Au, Pt). Das Metall mit der größten Dichte ist das Platingruppemetall Osmium (Os) mit $\rho$ = 22,6 g/cm³; zum Vergleich: Wachs hat eine Dichte von etwa 1g/cm³.

### 3.4.1.3 Struktur

Metalle (aber auch deren Legierungen) kristallisieren in nur wenigen *Kristallgittern*. Die drei wichtigsten Strukturtypen sind das *kubisch-raumzentrierte* (krz), das *kubisch-flächenzentrierte* (kfz) und das *hexagonal-dichtgepackte* (hex.d.) Gitter. Die *Elementarzellen* dieser häufigsten Kristallgitter sind in Abb. 3.1 dargestellt.

Das kfz-Gitter und das hex.d.-Gitter sind sehr ähnlich und lassen sich durch einfache Verschiebung von Gitterebenen ineinander überführen (andere Stapelung). Augenfällig wird die Strukturähnlichkeit bei Betrachtung der in Abschnitt 3.2.2 genannten Strukturbedingungen:

kfz-Gitter und hex.d.-Gitter haben die höchstmögliche Koordination (12 nächste Nachbarn) und die beste Raumerfüllung (74 %). Im krz-Gitter haben die Atome nur 8 nächste Nachbarn und eine etwas geringere Packungsdichte (68 %). Beispiele für

> *kfz-Gitter:* Cu, Ag, Au, Pd, Pt, Ir, Ni, Pb;
> Edelmetall-Legierungen; Edelstähle;
> Ni-Cr-Mo-Legierungen;
> *hex.d.-Gitter:* Zn, Cd, Co, Os;
> Co-Cr-Mo-Legierungen;
> *krz-Gitter:* Fe, Mo, W, Cr;
> Kohlenstoffstahl (Ferrit).

### 3.4.1.4 Verknüpfung

Da jede Einheitszelle eine bestimmte Zahl von Atomen enthält, kann jedem Atom ein Atomvolumen W zugeordnet werden. Das Produkt W · $\rho$ (Atomvolumen · Dichte) entspricht dann der Masse eines Atoms. Andererseits enthält ein Mol (= Stoffmenge A) eines Elements $N_A$ Atome, so daß durch den Quotient A / $N_A$ (Mol / Loschmidtsche Zahl) ebenfalls die Masse eines Atoms gegeben ist. Aufgrund dieser Verknüpfung

$$A / N_A = W \cdot \rho$$

ist es möglich, in Mischungen oder Lösungen verschiedener Stoffe die prozentualen *Massen-, Stoffmengen-* oder *Volumenanteile* ineinander umzurechnen.

## 3.4.2 Härte, Elastizität, Duktilität, Festigkeit

### 3.4.2.1 Härte

Unter *Härte* versteht man die Eigenschaft eines Stoffes, dem Eindringen eines festen Körpers Widerstand entgegenzusetzen. Die älteste Härteprüfmethode ist die nach *Mohs (Ritzhärte)*, bei der das Material auf seine Ritzbarkeit durch Mineralien geprüft wird, die in eine Reihenfolge von 1 (Talk) bis 10 (Diamant) gebracht sind (vgl. auch Kap. 13).

Am gebräuchlichsten sind heute die *Eindruck-Härteprüfverfahren*, bei denen als Maß für die Härte die bleibende Verformung in der Materialoberfläche genommen wird, die ein Prüfkörper in festgelegter Zeit bei bestimmter Belastung erzeugt:

> *Brinell (HB):* Eindruck einer Stahlkugel unter Belastung, Anwendung bis ca. 400 HB, unempfindliches Verfahren, aber große Eindrücke.
> *Vickers* (HV): Eindruck einer Diamantpyramide, universelles Verfahren, empfindliches Verfahren (dadurch Streuung).
> *Rockwell* (HR):Eindruck eines Diamantkegels ($HR_C$), Eindruck einer Stahlkugel ($HR_B$), in Europa wenig gebräuchlich, begrenzte Anwendung.

Bei den Verfahren nach Vickers und Brinell wird die Prüflast auf die Eindruckfläche bezogen und dimensionslos als Härtewert angegeben; üblich ist eine Belastung mit 5 kg über eine Dauer von 30 Sekunden (HV5/30). Bei dem Verfahren nach Rockwell wird die Eindringtiefe als Maß für die Härte verwendet.
Andere bekannte Härteangaben sind die *Knoop-Härte* (ähnlich wie Vickers, aber andersgeformter Diamant) und die *Shore- oder Skleroskop-Härte* (gemessen wird die Rücksprunghöhe eines kleinen Fallhammers).

Mit Einschränkungen kann man für Metalle sagen, daß ihre Härte um so höher ist, je höher ihr Schmelzpunkt liegt; für Legierungen gilt dies im allgemeinen nicht.

Zwischen der Härte und charakteristischen Festigkeitswerten von Legierungen konnten mit wenigen Ausnahmen (einige Stähle) proportionale Beziehungen bisher nicht gefunden werden; sie ändern sich aber gleichsinnig, wenn mechanische oder thermische Behandlungen oder legierungstechnische Maßnahmen durchgeführt werden.

### 3.4.2.2 Elastizität

Unter dem Einfluß einer Zug-, Druck- oder Torsionskraft wird ein Körper gedehnt, gestaucht bzw. verdrillt. Nimmt der Körper nach Beseitigung der verformenden Kraft (Spannung) wieder seine ursprüngliche Gestalt an, so hat eine *elastische Verformung* vorgelegen (vgl. auch Kap. 13).

Im elastischen Bereich besteht ein linearer Zusammenhang (*Hookesches Gesetz*) zwischen der wirkenden Spannung ($\sigma; \tau$) und der durch sie verursachten Verformung (Dehnung / Stauchung $\varepsilon$; Scher- / Drehwinkel $\gamma$):

$$\sigma = E \cdot \varepsilon \text{ für Zug und Druck,}$$
$$\tau = G \cdot \gamma \text{ für Schub, Scherung und Verdrehung.}$$

In einer graphischen Darstellung $\sigma(\varepsilon)$ oder $\tau(\gamma)$ ergeben sich *Hookesche Geraden*, deren Steigung E als *Elastizitätsmodul* bzw. G als *Schubmodul* bezeichnet wird. Je größer diese Moduln sind, desto geringer ist die Verformung und desto steiler verlaufen die Geraden. Streng gültig ist die lineare Relation $\sigma = E \cdot \varepsilon$ aber nicht im gesamten Elastizitätsbereich, sondern nur im Proportionalitätsbereich $0 < \sigma \leq \sigma_p$ (mit $\sigma_p$ = *Propor-*

*tionalitätsgrenze*). Im Bereich $\sigma_p < \sigma \leq \sigma_e$ (mit $\sigma_e$ = *Elastizitätsgrenze*) sind die Verformungen größer als proportional (die Kurven verlaufen flacher), gehen aber bei Entlastung wieder zurück.

### 3.4.2.3 Duktilität

Die *Duktilität* (auch *Plastizität* oder *plastische Verformbarkeit*) ist eine der herausragenden Eigenschaften von Metallen. Der Beginn des duktilen Bereichs fällt zusammen mit der Elastizitätsgrenze; beide lassen sich experimentell nur sehr schwer festlegen.

Zur Vereinfachung bestimmt man deshalb sogenannte *Dehngrenzen* $R_p$, die zu geringen bleibenden Dehnungen führen, z. B.

0,01 % - Dehngrenze = $R_{p0,01}$
(technische Elastizitätsgrenze)

0,2 % - Dehngrenze = $R_{p0,2}$.

Da bei plastischer Verformung das Volumen (V = A · L) der Probe annähernd konstant bleibt, ist die weitere Verlängerung ΔL mit einer Querschnittsabnahme ΔA verbunden, die über die gesamte Probenlänge gleichmäßig erfolgt. Die Gleichmaßdehnung $\delta_G$ ist beendet, wenn an einer Stelle der Probe eine *Einschnürung* auftritt.

Im *technischen Spannungs-Dehnungs-Diagramm* (Spannungen werden auf den Ausgangsquerschnitt $A_0$ bezogen) macht sich die starke örtliche Einschnürung durch ein Spannungsmaximum $R_m$ bemerkbar, das einer Höchstkraft $F_{max}$ entspricht.

$R_m = F_{max} / A_0$ wird als *Zugfestigkeit* definiert. Nach Erreichen der Zugfestigkeit erfolgt die Probendehnung nur noch durch *Einschnürdehnung* $\delta_E$.

Wird, wie beim technischen Zugversuch üblich, mit konstanter Dehngeschwindigkeit ($\Delta\varepsilon / \Delta t$ =const) weiterverformt, so führen schon kleinere Kräfte F zu höheren wahren Spannungen (F/A). Der duktile Bruch erfolgt schließlich bei der *Zerreißgrenze*, die der maximalen Spannung in der *wahren Spannungs-Dehnungs-Kurve* entspricht.

Die Bruchdehnung $\delta_m$ setzt sich, da die elastische Dehnung beim Bruch zurückgeht, aus der Gleichmaß- und der Einschnürdehnung zusammen, d. h.

$$\delta_m = \delta_G + \delta_E$$

Eine weitere Größe, die im Zugversuch ermittelt werden kann, ist die *Brucheinschnürung*

$$\psi_m = (A_0 - A_m) / A_0$$

worin $A_m$ der Querschnitt an der engsten Stelle der zerrissenen Probe ist. Bruchdehnung $\delta_m$ und Brucheinschnürung $\psi_m$ kennzeichnen die *Formänderungsfähigkeit* (Duktilität) eines Werkstoffes. Der *Formänderungswiderstand* drückt sich aus in dem Verhältnis $R_p/R_m$; je kleiner $R_p/R_m$ ist, desto größer ist die *Verfestigungsfähigkeit*.

### 3.4.2.4 Bruchverhalten

Die in Abschnitt 3.4.2.3 dargestellten Verhältnisse gelten für den *duktilen Bruch* (Einschnürbruch, Schrägbruch, Teller / Tasse-Bruch). Tritt der Bruch vor Erreichen der Zugfestigkeit $R_m$, aber im plastischen Bereich ein, so spricht man von einem *halbspröden Bruch* (Trennbruch ohne Einschnürung). Als *spröden* Bruch bezeichnet man einen Trennbruch im elastischen Bereich (also ohne bleibende Dehnung).

Von den Brüchen bei Langzeitbeanspruchung unter kleiner Belastung spielt der *Ermüdungsbruch* (z. B. von Klammern oder Wurzelstiften) eine nicht unbedeutende Rolle in der Zahnmedizin. Hauptursache dafür sind Oberflächenrauhigkeiten, Kerben oder zufällige Anrisse. Zunächst erfolgt eine *Rißverlängerung*: Die Bruchfläche ist meist glatt (abgeschliffen) mit „*Rastlinien*", an denen die Rißausbreitung unterbrochen wurde. Mit fortschreitender Verringerung des tra-

## 3.4 Physikalische Eigenschaften von Metallen und Legierungen

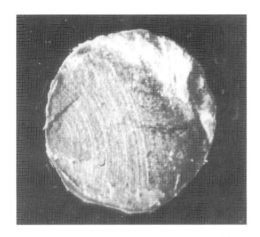

*Abb. 3.19* Bruchfläche eines Wurzelstiftes aus einer Ag-Pd-Legierung

genden Querschnitts wächst die wahre Spannung, bis es zum *Restbruch* kommt, der ein *Gewaltbruch* mit rauher Bruchfläche ist (Abb. 3.19).

### 3.4.2.5 Effekte

Normalerweise sind bei Metallen die Dehngrenzen für Zug- und Druckbelastungen etwa gleich groß. Durch abwechselnde Zug- und Druckbelastung (z. B. Hin- und Herbiegen) wird jedoch die Dehngrenze für die jeweils folgende gegensinnige Belastungsart erniedrigt. Diese Art von Entfestigung wird als *Bauschinger-Effekt* bezeichnet.

Dagegen kann durch wiederholte einsinnige *Kaltverformung* bis in den Bereich der Gleichmaßdehnung eine *Verfestigung* des Werkstoffs erreicht werden, die sich durch Erhöhung der Dehngrenze ausdrückt.

Durch Temperaturerhöhungen werden der Formänderungswiderstand und das Formänderungsvermögen unterschiedlich beeinflußt: Die Dehngrenze $R_p$ und die Zugfestigkeit $R_m$ nehmen im allgemeinen mit steigender Temperatur ab; die Bruchdehnung $\delta_m$ und die Brucheinschnürung $\psi_m$ nehmen zu. Bci Umwandlungen und Ausscheidungen ergibt sich ein abweichender Verlauf.

### 3.4.3 Spezifische Wärme, Schmelzwärme, Schmelzpunkt, Siedepunkt

#### 3.4.3.1 Spezifische Wärme

Die *spezifische Wärme* $c_p$ ist die Wärmemenge, die nötig ist, um 1 Gramm eines Stoffes um 1 K zu erwärmen. $c_p$ ist temperaturabhängig und wird deshalb für bestimmte Temperaturbereiche angegeben (Mittelwerte). $c_p$ wird z. B. zur Berechnung des Wärmeaufwands für eine Temperaturerhöhung gebraucht und bestimmt bei der Thermoanalyse im wesentlichen den Verlauf der Temperatur-Zeit-Kurven im festen Zustand: Je höher $c_p$, desto langsamer die Erwärmung bzw. Abkühlung.

#### 3.4.3.2 Schmelzwärme

Die *Schmelzwärme* ist die Wärmemenge, die benötigt wird, um 1 Gramm eines Stoffes aus dem festen in den flüssigen Zustand zu überführen. Die gleiche Wärmemenge wird bei der Erstarrung frei. Die Schmelzwärme wird z. B. zur Berechnung des Wärmebedarfs bei Schmelzprozessen benötigt und bestimmt bei der Thermoanalyse im wesentlichen den Verlauf der Temperatur-Zeit-Kurven im Bereich des Schmelzintervalls: Je größer die Schmelzwärme, desto länger dauert die Umwandlung.

#### 3.4.3.3 Schmelzpunkt

Der *Schmelzpunkt* $T_L$ ist die Temperatur, bei der die Umwandlung fest / flüssig vollständig erfolgt ist (*Liquidustemperatur*). Der *Erstarrungspunkt* $T_S$ ist die Temperatur, bei der die Umwandlung flüssig / fest vollständig erfolgt ist (*Solidustemperatur*). $T_L$ und $T_S$ sind wenig druckabhängig, weil feste und flüssige Körper wenig kompressibel sind.

Bei *reinen Metallen* und *Legierungen mit eutektischer Zusammensetzung* sowie bei-

*kongruentschmelzenden intermetallischen Verbindungen* ist die Liquidus- gleich der Solidustemperatur:

$$T_L = T_S = T \text{ (Schmelztemperatur)}.$$

Bei Legierungen ist die Solidustemperatur kleiner als die Liquidustemperatur:

$$T_S < T_L \text{ (Schmelzintervall)}.$$

### 3.4.3.4 Siedepunkt

Der *Siedepunkt* $T_D$ ist die Temperatur, bei der die Umwandlung vom flüssigen in den gasförmigen Zustand erfolgt.

$T_D$ ist wegen der hohen Kompressibilität der Gase stark druckabhängig und wird deswegen meist für Normaldruck (1 bar) angegeben. $T_D$ wird mit abnehmendem Druck kleiner, d. h. es gibt Verdampfung auch aus dem festen Zustand!

## 3.4.4 Elektrische und thermische Leitfähigkeit

### 3.4.4.1 Elektrische Leitfähigkeit

Metalle und Legierungen sind *Leiter erster Klasse*, d. h. sie zersetzen sich bei Stromtransport nicht. Die *elektrische Leitfähigkeit* ist der Kehrwert des *spezifischen elektrischen Widerstands* $\sigma_s$ ($\sigma_s$ ist der Widerstand eines Drahtes mit der Länge 1 m und dem Querschnitt 1 mm$^2$).

Der *elektrische Widerstand* R eines beliebigen Drahtes ($\sigma_s$, L, A) ergibt sich aus:

$$R = \sigma_s \cdot (L / A).$$

Spannung U, Strom I und Widerstand R sind durch das *Ohmsche Gesetz* miteinander verknüpft:

$$U = R \cdot I.$$

Im allgemeinen gilt bei höheren Temperaturen, daß sich der spezifische Widerstand $\sigma_s$ proportional mit der Temperatur ändert. Der spezifische Widerstand $\sigma_s$ von Legierungen ist größer als der ihrer Komponenten.

### 3.4.4.2 Wärmeleitfähigkeit

Die *Wärmeleitfähigkeit* wird durch die *Wärmeleitzahl* $\lambda$ ausgedrückt, die auch als *spezifisches Wärmeleitvermögen* bezeichnet wird. Der Kehrwert $1/\lambda$ heißt *spezifischer Wärmeleitwiderstand*. Damit kann ein *Wärmeleitwiderstand*

$$R = L / (\lambda \cdot A)$$

definiert werden, der mit dem *Wärmestrom* $Q/t$, der zwischen zwei Temperaturen $T_1$ und $T_2$ fließt, durch ein Quasi-Ohmsches Gesetz miteinander verknüpft ist:

$$T_1 - T_2 = R \cdot (Q / t).$$

Damit können ähnliche Gesetze wie in der Elektrizitätslehre angewendet werden, z. B. bei Serienschaltung (verschiedene Materialien hintereinander):

$$(L / \lambda)_{gesamt} = \Sigma (L / \lambda)_{einzeln}$$

### 3.4.4.3 Temperaturleitfähigkeit

Im allgemeinen interessiert in der Zahnheilkunde nicht, wie gut oder schlecht Wärme (Energie) in einem Dentalwerkstoff transportiert werden kann, sondern es ist von Bedeutung, wie schnell oder langsam Temperaturänderungen im Werkstoff erfolgen können. Ein Maß dafür ist die *Temperaturleitfähigkeit* a, die sich als Quotient

$$a = \lambda / (c_p \cdot \rho)$$

von Wärmeleitfähigkeit $\lambda$ und dem Produkt aus spezifische Wärme $c_p$ und Dichte $\rho$ ergibt. Je kleiner die Temperaturleitfähigkeit a ist, desto länger bleiben z. B. Temperaturunterschiede in einem Körper erhalten. Dies führt in großen Volumina schlecht temperaturleitender Materialien (z. B. Keramik) oder in Verbunden von Materialien mit stark unterschiedlicher Temperaturleitfähigkeit (z. B. Metall – Keramik) zwangsläufig zu *thermischen Spannungen*, welche die Belastbarkeit des Bauteils (Krone, Brücke usw) drastisch reduzieren können.

## 3.4.5 Thermische Expansion und Kontraktion

### 3.4.5.1 Thermische Ausdehnung und Schwindung

Die Atome eines Kristalls führen um ihre Plätze im Gitter Schwingungen aus, deren Amplitude mit steigender Temperatur größer wird. Deshalb dehnen sich Metalle und Legierungen im festen Zustand im allgemeinen mit zunehmender Temperatur aus; die Volumenzunahme $\Delta V$ wächst annähernd proportional der Temperaturdifferenz $(T-T_o)$:

$$\Delta V = V - V_o = \gamma \cdot (T-T_o) \cdot V_o$$

Der Proportionalitätsfaktor $\gamma$ wird *Volumenausdehnungskoeffizient* genannt. Gemessen wird meist die *lineare Wärmeausdehnung* $\Delta L$, die sich in erster Näherung ebenfalls proportional der Temperaturdifferenz ändert:

$$\Delta L = L - L_o = \alpha \cdot (T-T_o) \cdot L_o$$

$\alpha$ wird der *lineare Wärmeausdehnungskoeffizient (WAK)* genannt. Es gilt annähernd:

$$\gamma = 3 \cdot \alpha$$

Diese Beziehungen sind im allgemeinen nur gültig, wenn in dem betreffenden Temperaturintervall keine Umwandlungen des Materials stattfinden.

Die Kenntnis des WAK ist wichtig dort, wo verschiedene Materialien miteinander verbunden werden, z. B. beim stoffschlüssigen Verbinden (Löten, Schweißen, Angießen) oder bei Verblendungen mit Kunststoff und mehr noch mit Keramik, bei denen Spannungen aufgrund unterschiedlichen Ausdehnungsverhaltens vermieden werden sollen.

In der Gießtechnik interessiert außerdem die relative Schwindung des festen Materials bei Abkühlung zwischen Solidustemperatur $T_S$ und Raumtemperatur $T_R$ (20 bzw. 25 °C). Die *relative Schwindung (Schwindmaß)* des Gußstücks

$$\Delta L / L_o = \alpha \cdot (T_S - T_R)$$

beträgt ca. 1,6 % bei Goldlegierungen und 2 bis 2,5 % bei Co-Cr-Mo-Legierungen. Um ein paßgenaues Gußobjekt zu ergeben, muß die Gießhohlform bei der Solidustemperatur um eben diesen Betrag vergrößert sein, was in der Zahntechnik durch Verwendung von expandierenden Gußeinbettmassen (vgl. Kap. 2) erreicht werden soll.

### 3.4.5.2 Erstarrungskontraktion

Nach neueren Untersuchungen sind Atome auch in einer Schmelze nicht völlig ungeordnet (ohne Koordination), aber die Abstände zu den Nachbaratomen sind größer als im festen Zustand und mit zunehmender Erhitzung der Schmelze gehen die Schwingungen in eine ungeordnete Bewegung über. Die thermische Ausdehnung im flüssigen Zustand ist größer als im festen Zustand, aber für den Gießvorgang ohne Bedeutung. Dagegen spielt die Volumenverminderung bei der Erstarrung (Kristallisation) eine entscheidende Rolle für die Dichtheit des Gußstücks. Die *Erstarrungskontraktion* beträgt ca. 5 %; sie ist unvermeidbare Ursache für die Entstehung von *Lunkern* in den Bereichen, die zuletzt erstarren. Durch geeignete Temperaturführung in der Gießform während der Erstarrung der Schmelze muß deshalb dafür gesorgt werden, daß Lunker sich nur außerhalb des Gußobjektes bilden können.

## 3.5 Chemisches und elektrochemisches Verhalten von Dentallegierungen

Bei den chemischen oder elektrochemischen Reaktionen, an denen Dentallegierungen beteiligt sein können, ist zu unterscheiden zwischen denen, die während der Herstellung des Zahnersatzes erfolgen, und jenen, die im Munde des Patienten ablaufen. Erstere sind meistens beabsichtigt (z. B. Oxidieren, Beizen, Glänzen, Galvanisieren), letztere sind immer ungewollt (Verfärbung, Korrosion).

### 3.5.1 Reaktionen mit Gasen und Feststoffen

Diese Reaktionen erfolgen alle (mit Ausnahme der Amalgamation durch Quecksilber, Hg, die hier ausgeklammert wird) bei höherer Temperatur, und sind demnach auf das zahntechnische Labor lokalisiert.

Die häufigste Reaktion ist die mit *Sauerstoff*, die *Oxidation*. Von ihr sind alle Legierungen betroffen, die Nichtedelmetalle enthalten, und um so stärker, je höher deren Anteile sind.

*Edelmetallegierungen* sind von Oxidbildung wenig betroffen; Oxidschichten auf festen Oberflächen lassen sich mit verdünnter Schwefelsäure leicht entfernen.

Bei *Nichtedelmetallegierungen* sind dicke Oxidschichten (*Zunder*) beim Glühen nachteilig, die Bildung einer *Oxidhaut* beim Schmelzen ist dagegen vorteilhaft, weil dadurch eine Aufkohlung verhindert wird.

Bei *Aufbrennlegierungen* sind nahe der Oberfläche des Metalls eingelagerte oder gelöste Oxide erwünscht, wenn sie die Haftfestigkeit der Keramik erhöhen (*Haftoxide*).

*Nichtedelmetallegierungen* können außer mit Sauerstoff auch mit *Stickstoff* und *Kohlenstoff* sowie deren Verbindungen reagieren und dabei im Gefüge *Nitride* bzw. *Karbide* bilden. Diese Reaktionen sind nicht erwünscht, weil sie die Legierungseigenschaften in nichtkalkulierbarer Weise beeinflussen.

*Edelmetallegierungen*, die *Silber* oder *Palladium* enthalten, sowie *Nickellegierungen* sind *schwefelempfindlich*, d. h. sie reagieren mit *Schwefel* und Schwefelverbindungen meist unter Bildung von niedrigschmelzenden *Sulfiden*, die den Werkstoff warmbrüchig machen. Hauptursache für Schwefelschädigung ist *Gießen oder Löten mit gipshaltigen Massen* unter reduzierenden Bedingungen!

### 3.5.2 Reaktionen mit Säuren

Hier muß unterschieden werden zwischen dem *Ätzen*, bei dem die Legierung oder Legierungsbestandteile aufgelöst werden (z. B. für Prüfungen; seit einiger Zeit aber auch als Vorbehandlung für Klebungen), und dem *Beizen*, durch das verunreinigte Werkstückoberflächen gesäubert werden sollen. Meistens handelt es sich beim Beizen um die Entfernung von Oxidschichten, aber auch von Einbettmasse- oder Keramikresten und von metallischen Verunreinigungen, die von der Bearbeitung herrühren.

*Salzsäure* (HCl) wird heute – hauptsächlich wegen der korrosiven Dämpfe – kaum mehr als Beizmittel verwendet.

Eine universelle Beize für Edelmetallegierungen ist *heiße verdünnte Schwefelsäure* ($H_2SO_4$). Achtung: Ist die Schwefelsäure-Lösung konzentrierter als 20 %ig, werden Ag und Pd angegriffen!

*Verdünnte Salpetersäure* löst außer Au, Pt und Ir alle Metalle (auch Ag und Pd) und ihre Oxide auf. Achtung: Konzentrierte Salpetersäure kann ebenso wie konzentrierte Schwefelsäure manche Metalle (z. B. Fe, Co, Ni, Cr) passivieren, d. h. mit einer dünnen Oxidschicht versehen!

*Königswasser* (Mischung von Salpetersäure und Salzsäure im Verhältnis 1:3) kann auch Au und Pt lösen!

*Flußsäure* (HF) ist geeignet für die Entfernung von festhaftenden Keramik-, Einbettmasse und Flußmittelresten. Achtung: *Flußsäure ist gesundheitsschädlich* (!) und sollte erst verwendet werden, wenn eine Lösung mit verdünnter Schwefelsäure nicht möglich ist.

## 3.5.3 Elektrolytische Vorgänge

*Elektrolyte* sind Flüssigkeiten, die den elektrischen Strom leiten können. Der wichtigste Elektrolyt ist Wasser, in dem Salze, Säuren oder Laugen gelöst sind, und zwar in Form ihrer elektrisch geladenen Bestandteile (*Ionen*). Elektrolyte sind *Leiter zweiter Klasse*; das bedeutet, daß die unterschiedlich geladenen Ionen beim Stromdurchgang getrennt werden. Dieser Vorgang heißt *Elektrolyse*. Eine Anwendung der Elektrolyse findet bei der Goldraffination statt.

Durch eine ganz ähnliche Anordnung können auf einem Grundwerkstoff dünne *Überzüge* aus einem anderen, meist edleren Metall aufgebracht werden. Dazu wird der Grundwerkstoff als *Kathode* und das Überzugsmetall als *Anode* geschaltet und in einen Elektrolyten getaucht, dessen positive Ionen dem Überzugsmetall entsprechen. Bei Stromdurchgang wandern die positiven Überzugsmetall-Ionen zur Kathode, werden entladen und schlagen sich auf dem Grundwerkstoff nieder. An der Anode gehen gleichzeitig neue Überzugsmetall-Ionen in Lösung, so daß die *Badkonzentration* etwa ausgeglichen bleibt. Mit geeigneten Bädern und Strom / Spannungs-Bedingungen lassen sich z. B. Überzüge aus Au, Ag, Cu; Sn, Zn; Ni, Cr herstellen (*Galvanisieren*).

In abgeänderter Anordnung und mit anderen Badbedingungen wird das *elektrolytische Glänzen (Polieren)* von Metalloberflächen durchgeführt. Die *anodische Auflösung* an dem Werkstück findet zunächst bevorzugt an Spitzen und Kanten statt, so daß schon nach kurzer Glänzzeit ein gleichmäßiger Abtrag erfolgt. Die geglänzte Oberfläche ist etwas welliger als eine mechanisch polierte, aber dafür spannungsfrei.

## 3.5.4 Korrosion

Das Korrosionsverhalten von Metallen und deren Legierungen wird weitgehend bestimmt von dem *Potential*, das sie in einer Umgebung, speziell einer wäßrigen, besitzen. An der Phasengrenze zwischen einem Metall und einem Elektrolyten treten Wechselwirkungen auf, die mit Ladungstransport verbunden sind. Aufgrund der unterschiedlichen Geschwindigkeit, mit der die *anodische Auflösung* und die *kathodische Abscheidung* ablaufen, wird das Metall dabei positiv oder negativ aufgeladen. Das Potential ist nicht direkt meßbar, läßt sich aber als Spannungsdifferenz zwischen dem Metall und einer Bezugselektrode bestimmen.

Ordnet man alle Metalle nach ihrer *Spannungsdifferenz* gegenüber der *Normal-Wasserstoff-Elektrode*, so erhält man eine *Spannungsreihe der Metalle*. Die Potentiale von Metallen und Legierungen sind aber keine konstanten Größen, sondern u. a. von der Art und Zusammensetzung des Elektrolyten abhängig. Demzufolge sind die Relationen in einer Spannungsreihe von Elektrolyt zu Elektrolyt verschieden. Als *Normal-Potentiale* bezeichnet man die Potentiale, die in einem Elektrolyten mit einem Mol im Liter gemessen werden. Potentiale, die in Speichel gemessen wurden, unterscheiden sich von diesen merklich (vgl. Bd. 2, „Korrosion an Dentallegierungen").

Sind zwei verschiedene Metalle oder Legierungen in einem Elektrolyten leitend verbunden, so übernimmt dasjenige mit dem niedrigeren Potential die Rolle der Anode und wird aufgelöst. Ein solches Element heißt *Kontaktelement*. Besteht ein solches Element auf sehr kleinem Raum (z. B. bei einer heterogenen Legierung), so spricht man von einem *Lokalelement*. Einen ähnlichen Effekt haben Konzentrationsunterschiede im Elektrolyten, z. B. bei unterschiedlicher Belüftung (*Belüftungselement*) und in Spalten (*Spaltkorrosion*). Neben der *gleichmäßigen Korrosion* gibt es *selektive Korrosion* und *Korngrenzen-Korrosion* als bevorzugte Angriffsarten.

## Weiterführende Literatur

*Böhm, H.:*
Einführung in die Metallkunde. Bibliograph Inst, Mannheim / Zürich 1968

*Brauner, H.:*
Elektrochemische Korrosionsmessung an Stiftaufbauten. Dtsch Zahnärztl Z 41, 1009-1014 (1986)

Degussa-Brief Nr. 33 (1961) : Wie sind Schwefelschädigungen beim Vorwärmen von Edelmetall-Legierungen zum Anguß zu vermeiden?

*Dehoff, P. H.; Anusavice, K. J.:*
Analysis of alloy-porcelain compatibility using a multi-component material strip equation. J Dent Res 64, 1337-1344 (1985)

DIN Taschenbuch 19. Materialprüfnormen für metallische Werkstoffe, 10. Aufl. Beuth Verlag, Berlin Köln 1985

*Dorsch, P.:*
Harmonie von Keramik und Legierung – Thermisches Verhalten im Vergleich. Dent Labor 34, 1343-1348 (1986)

*Duschner; H. A.; Duschner, H.:*
Elektronenspektroskopische Untersuchungen von Korrosion an einer vergoldeten NEM-Konstruktion. Dtsch Zahnärztl Z 40, 12-15 (1985)

*Elliott, R. P.:*
Constitution of binary alloys, 1st supplement. McGraw-Hill Book Company, New York u. a. 1965

*Estler, C.-J.:*
Pharmakologie für Zahnmediziner. 4. Aufl. Schattauer Verlagsgesellschaft, Stuttgart 1993

*Fischer, J.; Fleetwood, P.W.; Baltzer, N.:*
Eine Methode zur relativen Bestimmung der Hochtemperatur-Kriechfestigkeit metallkeramischer Legierungen. Dtsch Zahnärztl Z 49, 687-690 (1994)

*Guy, A. G.; Petzow, G.:*
Metallkunde für Ingenieure. Akademische Verlagsgesellschaft, Frankfurt a. M. 1970

*Hansen, M.; Anderko, K.:*
Constitution of binary alloys. McGraw-Hill Book Company, New York / Toronto / London 1958

*He, C. X.; Ma, G. C. et al.:*
Phase diagrams of precious metal alloys. The Metallurgical Industry Press, P. R. China 1983

*Hemminger, W.; Cammenga, H.:*
Methoden der thermischen Analyse. Springer-Verlag, Berlin / Heidelberg 1989

*Hornbogen, E.:*
Werkstoffe. Springer-Verlag, Berlin / Heidelberg / New York 1973

*Johansson, B. I.:*
An in vitro study of galvanic currents between amalgam and gold alloy electrodes in saliva and in saline solutions. Scand J Dent Res 94, 562-568(1986)

*Johnson, D. L.; Rinne, V.W.; Bleich, L. L.:*
Polarization-corrosion behavior of commercial gold- and silver-base casting alloys in Fusayama solution. J Dent Res 62, 1221-1225 (1983)

*Kaesche, H.:*
Die Korrosion der Metalle. Springer-Verlag, Berlin / Heidelberg / New York 1979

*Knosp, H.:*
Über den Einfluß von Gasen in der Metallkeramik. Degussa-Brief Nr. 44, 3-12 (1978)

*Kratzenstein, B.; Sauer; K. H.; Weber, H.; Geis-Gerstorfer; J.:*
In-vivo-Korrosionsuntersuchungen goldhaltiger Legierungen. Dtsch Zahnärztl Z 41, 1272-1276 (1986)

*Krysko, W.W.:*
Werkstoffwissenschaft erklärt. Festigkeit – Das Verhalten metallischer Werkstoffe unter Spannungen. Dr. Riederer-Verlag, Stuttgart 1982

*Lips, E.M.H.:*
Metallkunde für den Konstrukteur. Philips' technische Bibliothek, Eindhoven 1956

*Lubespere, R.; Bui, N.; Meyer, J. M.; Lubespere, A.; Clauzade, M.:*
Use of various electrochemical methods to study semi-precious and non-precious alloys. J Biomater Dent 2, 205-214 (1986)

*Masing, G.; Kloiber; K.:*
Ausscheidungsvorgänge im System Kupfer-Gold-Silber. Z Metallk 32, 125 (1941)

*Matheson, G. R.; Brudvik, J. S. ; Nicholls, J. I.:*
Behavior of wrought wire clasps after repeated permanent deformation. J Prosthet Dent 55, 226-231 (1986)

*McMullin, J. G.; Norton, J. T.:*
On the structure of gold-silver-copper alloys. Metals Transactions 46 (1949)

*Merian, E.:*
Metals and their compounds in the environment. VCH Verlagsgesellschaft, Weinheim 1991

Metals and human health. Reports and proceedings. Eurometaux, Brussels 1990

*Moberg, L. E.:*
Long-term corrosion studies in vitro of amalgams and castings in contact. Acta Odont Scand 43, 163 (1985)

*Nakayama, M.; Moser, J. B.; Greener, E. H.:*
Corrosion and tarnish of aluminium bronze. Dent Mater J 3,133-138 (1984)

*Newesely, H.; Rabe, H.:*
Die Metallographische Gefügeanalyse von Dentallegierungen mit dem Auflicht-Polarisationsmikroskop. Dtsch Zahnärztl Z 38,1103 (1983)

*Niemi, L.; Minni, E.; Ivaska, A.:*
An electrochemical and multispectroscopic study of corrosion of Ag-Pd-Cu-Au alloys. J Dent Res 65, 888-891 (1986)

NIH Technology Assessment Conference (NIDR, 1991) : Effects and side-effects of dental restorative materials. Advances in Dental Research, vol.6, IADR, Washington 1992

*Nowack, L.:*
Über den Einfluß geringer Beimengungen auf das Gefüge und die Bearbeitbarkeit von Gold und Goldlegierungen. Z Metallk 19, 238 (1927)

*Oden, A.; Tullberg, M.:*
Cracks in gold crowns cemented on amalgam restorations. Acta Odont Scand 43, 15 (1985)

*Okamoto, H.; Massalski, T. B.:*
Bulletin of Alloy Phase Diagrams, 6, 82 (1985)

*O'Brien, W. J.; Nielsen, J. P.:*
Decomposition of gypsum investment in the presence of carbon. J Dent Res 38, 541 (1959)

*Pascal, P.:*
Nouveau Traité de Chimie Minérale, Tome XX, 1964

*Petzow, G.:*
Metallographisches, keramographisches, plastographisches Ätzen. 6. Aufl. Gebrüder Bornträger, Berlin / Stuttgart 1994

*Petzow, G.; Effenberg, G.:*
Ternary alloys. Vol. 1. Ag-Al-Au to Ag-Cu-P; Vol. 2. Ag-Cu-Pb to Ag-Zn-Zr. VCH Verlagsgesellschaft, Weinheim 1988

*Prince, A.; Raynor, G.V.; Evans, D.S.:*
Phase diagrams of ternary gold alloys. The Institute of Metals, London 1990

*Raub, E.; Wulhorst, B.; Plate, W.:*
Über die Reaktion von Silber-Palladium-Legierungen mit Schwefel bei erhöhter Temperatur. Z Metallk 45, 533 (1954)

*Rosenstiel, S. F.:*
Linear firing shrinkage of metal-ceramic restorations. Br Dent J, 162, 390-392 (1987)

*Schmidt, R.:*
Werkstoffverhalten in biologischen Systemen : Grundlagen – Anwendungen – Schädigungsmechanismen – Werkstoffprüfung. VDI – Verlag, Düsseldorf 1994

*Schütze, M.:*
Die Korrosionsschutzwirkung oxidischer Deckschichten unter thermisch-chemisch-mechanischer Werkstoffbeanspruchung. Gebrüder Borntraeger, Berlin / Stuttgart 1991

*Shunk, F. A.:*
Constitutions of binary alloys, 2nd supplement. McGraw-Hill Book Company, New York u.a. 1969

*Strub, J. R.; Eyer; C. S. ; Sarkar, N. K.:*
Heat treatment, microstructure and corrosion of a low-gold casting alloy. J Oral Rehabil 13, 521-528 (1986)

*Tammann, G.:*
Die chemischen und galvanischen Eigenschaften von Mischkristallreihen und ihre Atomverteilung. Z Anorg Allg Chem 107, 1-240 (1919)

*Wagner, E.:*
Werkstoffkunde der Dental-Edelmetall-Legierungen. Verlag Neuer Merkur, München 1980

*Wagner, E.; Stümke, M.:*
Korrosion an Dentallegierungen. In: Eichner, K. (Hrsg.): Zahnärztliche Werkstoffe und ihre Verarbeitung, Bd. 2, 5. Aufl., Hüthig Verlag, Heidelberg 1985

*Weber, H.; Sauer, K.-H.:*
Zur möglichen Kohlenstoffaufnahme edelmetallfreier Legierungen beim Guß. Dtsch Zahnärztl Z 38, 230-233 (1983)

*Weber, H.; Sauer, K.-H.:*
Zur Kohlenstoffaufnahme keramisch verblendbarer, palladiumhaltiger Legierungen beim Schmelzen im Graphit-Tiegel. Dtsch Zahnärztl Z 39, 16-19 (1984)

*Widmann, G.; Riesen, R.:*
Thermoanalyse: Anwendungen, Begriffe, Methoden. 2.Aufl., Hüthig Verlag, Heidelberg 1984

*Wirz, J.; Schmidli, F.; Steinemann, S. ; Wall, R.:*
Aufbrennlegierungen im Spaltkorrosionstest.
Schweiz Mschr Zahnmed 97, 571-590 (1987)

*Yontchew, E.; Landt, H.; Hedegard, B.:*
Korrosionspotentiale von Legierungen für die Metallkeramik. Zahnärztl Welt 95, 838-841 (1986)

# 4 Edelmetall-Legierungen

*M. Stümke, Pforzheim*

Metalle haben gegenüber anorganischen und organischen Werkstoffen den Vorteil höherer Festigkeit und Verschleißbeständigkeit verbunden mit guter Kaltverformbarkeit sowie mit leichter Formbarkeit durch Schmelzen und Gießen. Als Biomaterial müssen metallene Werkstoffe, die für Zahnersatz, -füllungen, -korrekturen usw. verwendet werden, korrosionsbeständig sein. Sie dürfen im Munde auch nicht anlaufen; denn schon eine geringe Verfärbung, die den technischen Gebrauchswert der Prothese kaum verschlechtert, würde aus ästhetischen Gründen stören. Edelmetalle und deren Legierungen bieten sich deshalb nachgerade für diesen Anwendungszweck an. Schon im Altertum wurden Gold und Goldlegierungen neben anderen Werkstoffen, z. B. Knochen, Elfenbein und Holz, für Zahnersatz verwendet. In Ägypten wurden bei Ausgrabungen Mumienschädel gefunden, deren Zähne Füllungen aus Gold hatten. Von den Phöniziern und den Etruskern sind kunstvolle, aus Goldbändern oder Drähten gefertigte Vorrichtungen bekannt, die zur Verankerung künstlicher Zähne am Restgebiß dienten. Gelötete und genietete Goldringe aus dieser Epoche können als Vorläufer von Kronen betrachtet werden. Im Mittelalter waren gegenüber diesem Stand der Technik keine wesentlichen Fortschritte zu verzeichnen. Erst im 18. Jahrhundert bahnte sich eine Weiterentwicklung an, die hauptsächlich von den französischen Zahnärzten *Fouchard*, *Jourdain* und *Bourdet* beeinflußt wurde.

Aber auch noch im 19. Jahrhundert waren Gold und seine Legierungen mit Silber und Kupfer die fast ausschließlich verwendeten metallischen Werkstoffe. Zahnersatz wurde, dem Stand der Goldschmiedetechnik entsprechend, im wesentlichen durch Zusammennieten verformter Bleche und Drähte gefertigt. Blattgold wurde durch Hämmern zu kompakten Füllungen verarbeitet.

Alle geschichtlichen Funde dürfen uns nicht darüber hinwegtäuschen, daß erst etwa gegen Ende des letzten Jahrhunderts die Edelmetalle in der Zahnheilkunde, die sich inzwischen zu einer festgegründeten Wissenschaft entwickelt hatte, sinnvoll eingesetzt wurden. Und mit der Einführung des Wachsausschmelz-Gießverfahrens um 1900 eröffneten sich neue Wege, auch größere Zahnersatzarbeiten, individuell gestaltet, herzustellen.

Neben die 20karätigen Legierungen [1], die lange Zeit als Werkstoffe der Wahl in der Prothetik galten, traten zu Beginn des 20. Jahrhunderts platinhaltige Legierungen, die zunächst aus wirtschaftlichen Überlegungen heraus entwickelt wurden, sich aber überraschenderweise durch höhere Anlaufbeständigkeit und bessere mechanische Eigenschaften auszeichneten.

Der Aufschwung der Naturwissenschaften seit Ende des vorigen Jahrhunderts bildete

---

[1] Feingold entspricht 24 Karat; 20 Karat bedeuten entsprechend einen Goldanteil von 83,3 %.

auch die Voraussetzungen für die wissenschaftliche Erforschung der Metalle und Legierungen. Zwischen 1920 und 1930 wurde die Aushärtbarkeit der damals bekannten Platingolde entdeckt; eine Erkenntnis, die für die Zahnheilkunde einen erheblichen Fortschritt bedeutete, indem sie nicht nur neuartige Legierungen möglich machte, sondern auch neue Anwendungen (z. B. Keramikverblendung) eröffnete.

## 4.1 Herkunft der Edelmetalle

### 4.1.1 Gold

Gold kommt fast nur *gediegen*, d. h. in metallischer Form, nicht als chemische Verbindung, vor. Die Lagerstätten, in denen sich das Gold in Form von feinen Körnchen oder Flittern eingeschlossen in Gesteinen oder im Gemenge mit Kies und Sand vorfindet, sind über alle Erdteile verbreitet. Die Hauptvorkommen befinden sich in Südafrika, Nordamerika und im asiatischen Rußland.

Die Goldgehalte der abbauwürdigen Gesteine liegen fast immer unter 10g pro Tonne. Um diese minimalen Mengen zu erfassen, wurde jahrtausendelang das *Waschverfahren* angewandt. Neuere Verfahren beruhen darauf, daß Gold sich mit Quecksilber sehr leicht amalgamiert (*Amalgamationsmethode*) und daß es sich in lufthaltigen Lösungen von Alkalicyaniden ebenso wie Silber leicht löst (*Cyanidlaugerei*).

### 4.1.2 Platinmetalle

Platin kommt in der Natur meist gediegen, in Gesellschaft mit den fünf anderen *Platinmetallen (auch Platingruppemetalle)* – Palladium, Rhodium, Iridium, Ruthenium und Osmium – vor. Die Hauptlagerstätten, die lange Zeit hindurch für die Förderung ausschlaggebend waren, finden sich im Ural und Kolumbien. Seit bei der Verhüttung afrikanischer und kanadischer Nickel- und Kupfererze erhebliche Mengen an Platinmetallen anfielen, hat ihre Bedeutung jedoch etwas nachgelassen. Die gediegen vorkommenden Platinmetalle werden durch Schlämmen und Waschen aufgearbeitet.

### 4.1.3 Silber

Silber kommt mitunter gediegen vor. Aus dem wichtigsten Silbererz, dem Silberglanz (Argentit, $Ag_2S$), läßt sich das Metall durch Reduktion mit Kohle leicht gewinnen. Der Hauptanteil der Produktion stammt jedoch nicht aus den Silbererzen, er ergibt sich aus den sehr geringen Silbergehalten der Erze unedler Metalle, z. B. der Blei-, Zink-, Kupfer- und Nickelerze, bei deren Verhüttung das Silber sozusagen als Nebenprodukt anfällt.

### 4.1.4 Verwertung von Edelmetallabfällen

Neben der Gewinnung der Edelmetalle aus den Erzen spielt die Regeneration von Altmetall und die Verwertung der Abfälle, die bei der Verarbeitung anfallen, eine recht bedeutende Rolle. Der Weg, der zur Wiedergewinnung der reinen Edelmetalle führt, hängt davon ab, wie die Abfälle beschaffen sind. Es ist daher zweckmäßig, die verschiedenen Arten von Abfällen getrennt zu sammeln und einer Scheideanstalt zum Aufarbeiten zu übergeben:

- *Vermischte reine Gußabfälle* oder solche aus mehrfach umgeschmolzener Legierung, die auch nicht mehr (im Verhältnis 1:2) mit neuer Legierung versetzt, wiederverwendet werden sollten, werden als *Scheidgut* gesammelt.

- *Edelmetallarmes Scheidgut*, z. B. mit NEM-Abfällen vermengte EM-Gußabfälle oder feine Abfälle, die z. B. beim Trennen, Schleifen und Polieren anfallen und deshalb erhebliche Anteile von Fremdmaterial aufweisen, sollte getrennt gehalten werden.

- Als dritte Art sind *Abfälle niedrigen Edelmetallgehalts* zu nennen, die als *Gekrätz* bezeichnet werden, z. B. ausgekratzte Schmelzmulden, Bodenkehricht, abgenutzte Schleif- und Polierscheiben, Polierbürsten und Schwabbeln.

Den edelmetallhaltigen Abfällen wird in den Scheideanstalten nach gründlicher Durchmischung eine Probe entnommen, die chemisch analysiert wird. Das Ergebnis der Analyse bildet die Grundlage für die Vergütung der in den Abfällen enthaltenen Edelmetalle.

Der *Scheideprozeß* umfaßt bei allen Abfallarten nacheinander drei Schritte:

- Abtrennung der Nichtmetalle,
- Abtrennung der Nichtedelmetalle,
- Trennung der Edelmetalle voneinander.

*Abb. 4.1* Vakuum-Induktions-Stranggießanlage „HI-CAST" (Foto: WIELAND)

## 4.2 Herstellung der Legierungen

Edelmetallegierungen für die Anwendung in der Zahnheilkunde bestehen im wesentlichen aus Gold, Palladium oder Silber mit weiteren Komponenten, wie Platinmetalle, Kupfer, Zink, Zinn, Indium oder Gallium, und gelegentlich kleineren Zusätzen auch anderer Metalle, z. B. Eisen, Mangan, Tantal, Titan, Wolfram u. a.

Die Legierungen werden entsprechend den Rezepturen aus Metallen hoher Reinheit (meistens > 99,9 %) in geeigneten Schmelztiegeln, z. B. aus Tonerde-Graphit, Schamotte, Magnesiumoxid oder Zirkoniumoxid, erschmolzen. Heutzutage sind elektrisch beheizte Schmelzöfen, meist *Induktions-Schmelzanlagen* üblich, bei denen die Erhitzung durch im Schmelzgut selbst induktiv erzeugte Wirbelströme bewirkt wird. Um eine Oxidation der unedlen Legierungsbestandteile zu verhindern, erfolgen das Schmelzen und das nachfolgende Abgießen bzw. Abziehen meist unter *Vakuum* oder unter einem *Schutzgasschleier*. Beim Handguß von kleinen Schmelzmengen wird die Schmelze auch mit stückiger Holzkohle, Borax oder einem Glasfluß abgedeckt.

Die Schmelze wird zügig in vorgewärmte Gußeisen-Kokillen oder auch in wassergekühlte Kupfer-Kokillen geeigneter Form und Abmessungen (ca. 100 bis 500 cm$^3$) vergossen. Vermehrt werden auch quasikontinuierlich arbeitende Stranggießanlagen (Abb. 4.1) verwendet, bei denen die Schmelze in kleinen Schritten abgezogen wird und in einem wassergekühlten Werkzeug erstarrt. Der *Strangguß* erfordert wesentlich höhere Investitionen als der *Kokillenguß*, aber er ist praktisch das einzige wirtschaftliche Gießverfahren, mit dem große Schmelzgutmengen (*Chargen*) in gleichmäßiger Qualität vergossen werden können.

Die nach dem Guß in Form von Platten, Strängen oder Bolzen vorliegenden Legierungen werden auf *Flachwalzen* zu Blech verarbeitet (Abb. 4.2) oder zunächst auf *Kaliberwalzen* verformt und dann zu Draht gezogen. Da sich die Legierungen bei diesen Verformungen zum Teil sehr stark verfestigen, sind vielfach *Zwischenglühungen* (Weichglühen, Rekristallisieren) erforderlich, bevor auf Endabmessungen verformt werden kann. Diese Wärmebehandlungen werden meist in elektrisch beheizten Öfen durchgeführt, durch die partiell verbranntes Propan, Erdgas oder Formiergas (Stickstoff-Wasserstoff-Mischung) strömt, damit eine Oxidation des Glühguts verhindert wird. Um eine eventuelle Aushärtung während des Abkühlens zu unterbinden, sind die Glühöfen meist so eingerichtet, daß das Glühgut mit nur geringem zeitlichen Verzug in einem mit Wasser gefüllten Behälter abgeschreckt werden kann und damit für die weitere Verarbeitung im weichen Zustand vorliegt.

Dental-Edelmetall-Gußlegierungen werden üblicherweise in Form von Plättchen mit ein bis drei Gramm Gewicht hergestellt und angeboten. Diese sind mit dem Namen bzw. *Zeichen des Herstellers* oder Vertreibers sowie mit der *Legierungsbezeichnung* oder einer sonstigen Markierung gekennzeichnet, so daß eine eindeutige Identifizierung der Legierung möglich ist.

Die einschlägigen Normen (vgl. 4.3.1) fordern desweiteren, daß auf der Verpackung eine *Chargennummer* angegeben wird, aus der sich der Werdegang des in der Packung enthaltenen Materials bis zur Einwaage der Ausgangsstoffe zurückverfolgen läßt.

Für verantwortungsbewußte Hersteller war es schon immer selbstverständlich, nur Legierungschargen in den Verkehr zu bringen, deren Qualität zuvor in chemischer und physikalischer Hinsicht ausreichend kontrolliert wurde. Mit Inkrafttreten der Ratsrichtlinie 93/42/EWG (in Deutschland umgesetzt durch das *Medizinproduktegesetz*) zum 1.1.1995 werden solche Anforderungen für alle Anbieter verbindlich, und nach einer kurzen Übergangszeit wird kontrollierte Produktqualität sicher eine Selbstverständlichkeit sein.

## 4.3 Klassifizierung der Dental-Edelmetall-Legierungen

Die Vielfalt der verfügbaren Dentallegierungen erklärt sich aus den speziellen Anforderungen, die an Materialien für Zahnersatz und -füllungen entsprechend dem jeweiligen Anwendungszweck gestellt werden müssen:

Aus Legierungen gegossene *Füllungen* (Inlays), *Teilkronen* (Onlays) und *Kronen* dienen zur Restaurierung und zum Schutz teilzerstörter Zähne; *Brücken* und *abnehmbare Prothesen* zum Ersatz von fehlenden Zähnen. Während Inlays, Kronen und Brücken mittels geeigneter Zemente dauerhaft mit dem Restgebiß verbunden sind, werden abnehmbare Prothesen mit Hilfe von individuell gefertigten *Halteelementen* (Klammern, Teleskopkronen u. ä) oder von vorfabrizierten *Konstruktionselementen* (Präzisionsat-

*Abb. 4.2* Glanzwalzen von Kronenblechen

tachments) an den verbliebenen Zähnen in Verbindung mit Kronen oder Kappen lösbar fixiert. Zur festen metallischen Verbindung von Metallteilen bedient man sich üblicherweise der Löttechnik. Ein natürliches Aussehen des Zahnersatzes kann erreicht werden durch Verblenden des metallenen Gerüstes aus geeigneten Legierungen mit zahnfarbenen Kunststoff- bzw. Keramikmaterialien.

Die Ausgangsbasis für zahlreiche in der Zahnheilkunde verwendete Edelmetallegierungen bilden die Systeme *Ag-Cu-Au* (Abb. 3.18) und *Ag-Cu-Pd*. In beiden Systemen erweitert sich die vom Randsystem *Ag-Cu* ausgehende Mischungslücke mit fallender Temperatur sehr stark in Richtung auf die Au- bzw. Pd-Ecke. Die bei der teilweisen Entmischung im festen Zustand sich ausscheidenden silber- oder kupferreichen Mischkristalle sind Ursache für die Aushärtbarkeit dieser Legierungen (vgl. 4.4.2.3).

Die in den Systemen *Au-Cu* und *Cu-Pd* möglichen Ordnungsstrukturen können zusätzlich zur Erhöhung der Härte und der Festigkeit beitragen.

### 4.3.1 Legierungen für Zahnersatz mit Kunststoffverblendung

*Au-Ag-Cu-Legierungen* werden seit der Einführung des Wachsausschmelzgießverfahrens in der Zahntechnik um 1900 als Gußlegierungen eingesetzt. Ihre Handhabung war schon sehr lange aus der Schmuckherstellung bestens bekannt.

Eine Deutung der Aushärtbarkeit dieser Legierungen durch langsames Abkühlen nach dem Guß oder durch Glühen bei 300 bis 400 °C gelang aber erst um 1925.

Da für die Härte- und Festigkeitssteigerung Ausscheidungen aufgrund der ins ternäre erweiterten Mischungslücke des Randsystems Ag-Cu sowie die Ordnungsumwandlung aus dem System Au-Cu verantwortlich sind, hängt der Grad der Härtesteigerung zwangs-

läufig sehr stark vom Kupferanteil in der Legierung ab. Da Goldlegierungen eine gesicherte Korrosionsresistenz erst ab einem Goldanteil von ca. 75 % (18 Karat) aufweisen, ist der Kupferanteil üblicherweise auf maximal 10 % begrenzt, woraus nur eine mäßige Härtbarkeit durch thermische Behandlung resultiert. Diese klassischen *Karatgolde* entsprechen heute nicht mehr dem Stand der Technik, da sie immer grobdendritisch (s. 4.4.1.3.5) erstarren und wegen des inhomogenen Gefüges verfärbungsgefährdet sind.

Bei den aus den Karat-Legierungen weiterentwickelten *Au-Ag-Cu-PGM-Legierungen* mit mindestens 65 % Goldanteil bewirken Zusätze (max. 15 %) von Platin und anderen *Platingruppemetallen (PGM)* – namentlich Palladium, Iridium und Ruthenium – Eigenschaftsverbesserungen. Insbesondere werden Festigkeit, Härte, Duktilität und Schmelzintervall erhöht und die Korngröße reduziert. Hierdurch werden dendritisches Gefüge und Kornseigerungen vermieden (Abb. 4.3a,b) und Korrosions- und Anlaufbeständigkeit noch verbessert. Diese sogenannten *Platingolde* mit einem Gesamtedelmetallanteil von mindestens 75 % gelten seit ca. 1925 als Standardlegierungen für Zahnersatz; ihre Korrosions- und Verfärbungsbeständigkeit gilt als Maßstab für den klinischen Dauereinsatz. Sie haben eine ansprechend gelbe Farbe; sie lassen sich leicht schmelzen, gießen und löten; sie neigen kaum zum Verschlacken oder Zundern; reine Gußabfälle sind wiederverwendbar. Die Gußstücke lassen sich leicht bearbeiten (schleifen, fräsen, trennen, polieren). Daher ist fest eingegliederter Zahnersatz relativ leicht zu entfernen und notfalls perforierbar (Pulpen- oder Wurzelbehandlung). Durch geringfügige Variation in der Zusammensetzung lassen sich bei Au-Ag-Cu-PGM-Legierungen die Eigenschaften optimal auf den gewünschten Anwendungszweck hin ausrichten; das Spektrum reicht von weichen Legierungen für Inlays bis zu hochfesten Legierungen für Brücken mit großer Spannweite oder für abnehmbare Prothesen.

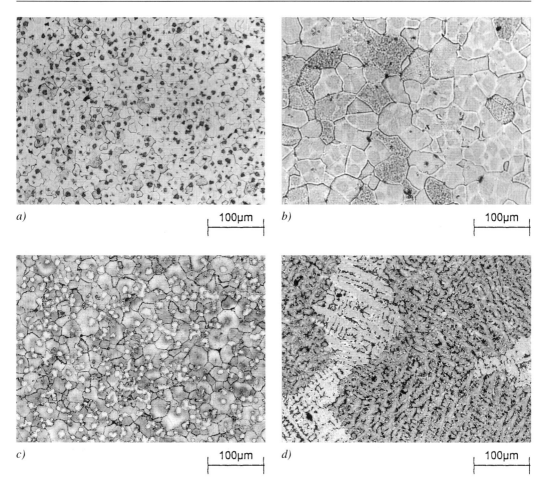

*Abb. 4.3 a – d* Gußgefüge von EM-Dentallegierungen, geätzt
*a)* **Portadur P 4,** einphasig mit leichten Kornseigerungen; mittlere Korngröße ca.20$\mu$m  *b)* **Portadur P 2,** einphasig mit Kornfeinerausscheidungen; mittlere Korngröße ca. 30$\mu$m  *c)* **Porta Impuls,** heterogen, Au-Mischkristall mit Pt-Phase; mittlere Korngröße ca. 25$\mu$m  *d)* **ECO E 4,** heterogen mit Seigerungen; grob-dendritisch

*Tabelle 4.1* Mechanische Eigenschaften von Edelmetall-Gußlegierungen gemäß den Normen DIN EN ISO 1562 und DIN EN ISO 8891 (vgl. Kap. 14)

| Typ | Belastungsfähigkeit | Zustand der Probekörper nach Wärmebehandlung | 0,2 %-Dehngrenze N/mm$^2$ min. | max. | Bruchdehnung % min. |
|---|---|---|---|---|---|
| 1 | niedrig | weich | 80 | 180 | 18 |
| 2 | mittel | weich | 180 | 240 | 12 |
| 3 | hoch | weich | 240 | – | 12 |
| 4 | extra hoch | weich | 300 | - | 10 |
|   |   | hart | 450 | - | 3 |

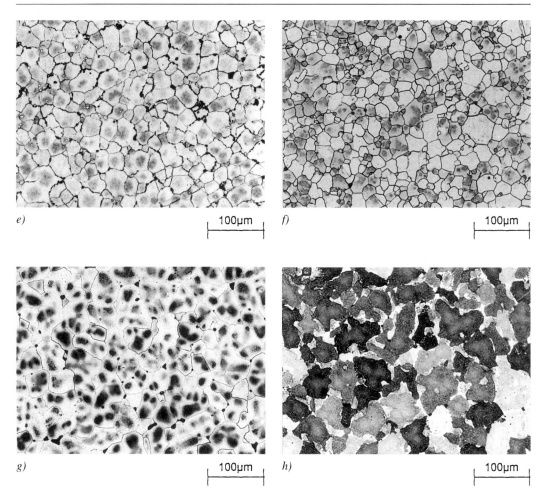

*Abb. 4.3 e – h* Gußgefüge von EM-Dentallegierungen, geätzt
*e)* **Duo Plus B,** heterogen mit Korngrenzenbelegung; mittlere Korngröße ca. 30$\mu$m   *f)* **Duo Pal 6,** einphasig mit Korngrenzenausscheidungen; mittlere Korngröße ca. 20$\mu$m   *g)* **Porta PK** einphasig mit starken Kornseigerungen; mittlere Korngröße ca. 40$\mu$m   *h)* **Porta SMK 82** heterogen mit Korngrenzenbelegungen; mittlere Korngröße ca. 50$\mu$m

Die Mindestanforderungen für *Dental-Goldgußlegierungen* dieser Klasse (Beispiele: *Portadur , Portagold*) sind schon seit langem in nationalen (z. B. DIN 13906–1; ADA specification No. 5) und in internationalen (z. B. ISO 1562) *Normen* festgelegt und wurden mittlerweile vereinheitlicht (Tabelle 4.1). Entsprechend der Indikation werden vier *Legierungstypen* unterschieden und die Legierungen entsprechend eingeordnet (Tabelle 4.2).

*Au-Ag-Pd-Legierungen* mit wenigstens 50 % Goldanteil und bis zu 15 % Palladiumanteil (*Palladiumgolde*) wurden aus ökonomischen Erwägungen (*Spargolde*) nach 1930 entwickelt und verwendet. Die mechanische Festigkeit, Härte und Duktilität dieser Legierungen lassen sich über die Legierungskomponenten Kupfer und Zink (Beispiel: *Auropal 1*) bzw. im Falle der kupferfreien Legierungen (Beispiel: *Auropal kf* ) mittels Zinn und/oder Indium anpassen. Da

*Tabelle 4.2* Einteilung von Edelmetall-Gußlegierungen gemäß den Normen DIN EN ISO 1562 und DIN EN ISO 8891

Typ 1: niedrige Festigkeit – für Gußobjekte, die nur sehr wenig belastet werden, z. B. Inlays;

Typ 2: mittlere Festigkeit – für Gußobjekte, die einer moderaten Belastung ausgesetzt werden, z. B. Inlays und Onlays;

Typ 3: hohe Festigkeit – für Gußobjekte, die stark belastet werden, z. B. Onlays, dünne gegossene Platten, Zwischenglieder, Vollgußkronen und Sättel;

Typ 4: extra hohe Festigkeit – für Gußobjekte, die sehr hohen Belastungen ausgesetzt werden und dünne Querschnitte aufweisen, z. B. Sättel, Stege, Klammern, Kappen, Einstückgüsse und Teilprothesengerüste.

schon geringe Palladiumanteile die Goldfarbe zum Verschwinden bringen, werden diese Legierungen häufig auch als *Blaßgolde* bezeichnet. Wegen seiner geringeren Atommasse kann Palladium nahezu die doppelte Menge Gold in diesen Legierungen ersetzen, so daß deren Korrosionsresistenz auch noch gesichert ist, wenn der Gesamtedelmetallanteil auf 60 % reduziert ist. Die einige Jahre gültige Norm DIN 13906 – Teil 2 für Dental-Goldgußlegierungen mit 60 % bis unter 75 % Edelmetallanteil trug allerdings auch dem Umstand Rechnung, daß diese Legierungen eher als die Platingolde inhomogene Gefüge aufweisen, und fordert eine zusätzliche Überprüfung der Korrosions- und Anlaufbeständigkeit. Im Vergleich mit den Platingolden zeigen sich die Palladiumgolde hinsichtlich der Verfärbungsbeständigkeit weniger tolerant gegenüber fehlerhafter Verarbeitung, insbesondere gegenüber Abweichungen von den Verarbeitungsempfehlungen der Hersteller. *Ag-Au-Pd-Legierungen* mit einem Goldanteil von 20 bis 50 % reagieren diesbezüglich noch empfindlicher, da sie in der Mehrzahl heterogene Gefüge aufweisen und die Anlaufbeständigkeit der einzelnen Phasen nicht immer gesichert ist. Die Bildung von Lokalelementen und damit Korrosion kann z. B. gemindert werden mit einer ausgewogenen Kombination von Kupfer, Zinn, Indium und Zink bei Legierungen (Beispiel: *Pontallor 4*) mit etwa gleichen Anteilen (je ca. 40 %) von Gold und Silber sowie mindestens 5 % Palladium.

Die nach 1980 bekannt gewordenen kupferfreien *gelben Silberlegierungen* (Beispiel: *Realor, ECO E 2*) mit etwa gleichen Anteilen (je ca. 20 %) von Gold und Palladium erfreuten sich einige Jahre großer Nachfrage, weil sie neben der gelben Farbe auch ein niedriges Schmelzintervall aufwiesen, was das Schmelzen und Gießen erleichtert. Auf Dauer konnten sie aber nicht überzeugen, weil Kronen und Brücken hieraus gelegentlich schon nach kurzer Tragezeit Verfärbungen zeigten. Aus Abb. 4.4a–c wird deutlich, daß offensichtlich die Resistenz der *Ag-Au-Matrixphase* nicht ausreichend ist und das Potential dieser Phase sehr viel niedriger als das der *Pd-In-Phase* sein muß, so daß es zu lokaler Korrosion kommt. Speziell bei Anwendungen wie Teleskope, Klebungen, Verblendungen u. a., bei denen immer mit Spaltkorrosion gerechnet werden muß, ist Vorsicht angeraten. Aus den Katalogen deutscher Hersteller sind diese Legierungen in den letzten Jahren verschwunden.

Nachdem Legierungen mit einem Stoffmengenanteil an Edelmetallen (Au+PGM) unter 25 % korrosionsgefährdet sind und hinsichtlich Verfärbung sehr empfindlich auf zweite Phasen, Poren, Gußverunreinigungen und Seigerungen reagieren, ist bei silberreichen *Ag-Pd-Cu-Legierungen* (Beispiel: *Palliag M*) ein Palladiumanteil von mindestens 20 bis 40 % erforderlich. Die hohe Festigkeit und Härte rühren her von silber- bzw. kupferreichen Ausscheidungen (Ag-Cu-System) sowie von Ordnungs-Umwandlungen aus dem Pd-Cu-System. Bei *kupferfreien Ag-Pd-Legierungen* mit geringen Zinn- und Indiumanteilen wird die notwendige Festig-

## 4.3 Klassifizierung der Dental-Edelmetall-Legierungen

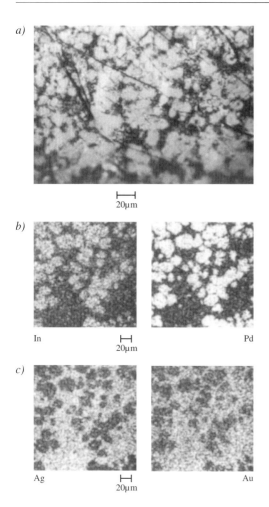

Abb. 4.4 a – c  Gefüge einer gelben Ag-Au-Pd-Gußlegierung
a) Oberfläche einer Krone (3 Monate im Mund)
b) Verteilung der Pd-In-Phase (Mikrosonde)
c) Verteilung der Ag-Au-Matrixphase (Mikrosonde)

keit durch zinn- bzw. indiumhaltige Pd-Phasen erzielt. Zusätze von Gold (bis ca. 15 %) können die Anlaufbeständigkeit und Duktilität der *Silber-Palladium-Legierungen* erhöhen; geringe Anteile von anderen Platingruppemetallen wirken kornfeinend und verbessern das elastische Verhalten. Eine strikte Befolgung der Herstellerangaben für die Verarbeitung der Silber-Palladium-Legierungen ist angeraten, wenn ein Erfolg der Arbeit nicht infragegestellt werden soll. Beispielsweise muß eine Schwefelkontamination tunlichst vermieden werden, weil hierdurch niedrigschmelzende *Silber- bzw. Palladiumsulfide* entstehen können, welche die Legierungen versplröden.

*Silber-Legierungen* mit mehr als 70 % Ag wurden in Notzeiten für Inlays, Kronen und kleine Brücken verwendet. Ihre Festigkeit ist jedoch ungenügend und ihre Anlaufbeständigkeit für einen dauerhaften Zahnersatz nicht akzeptabel.

Dental-Gußlegierungen mit einem Edelmetallanteil von 25 bis unter 75 % sind weltweit genormt durch den Internationalen Standard ISO 8891, der mittlerweile für alle EWR-Mitgliedsstaaten übernommen worden ist, z. B. DIN EN ISO 8891 (vgl. auch Kap. 14).

### 4.3.2 Legierungen für Zahnersatz mit Keramikverblendung

Die Technik, metallene Kappen oder Brückengerüste mit *Dentalkeramik* zu verkleiden (*Metall-Keramik* oder *Aufbrenntechnik*) ist eine relativ junge Disziplin der Zahntechnik. Mit ihr können sowohl technische als auch ästhetische Ansprüche befriedigt werden: Das Metallgerüst sorgt für die erforderliche mechanische Grundstabilität der Krone oder Brücke, während die zahnfarbene transluzente *Verblendkeramik* dem Zahnersatz ein naturähnliches Aussehen verleiht.

Geeignete Verblendkeramiken, die im Temperaturbereich 900 bis 1000 °C aufgebrannt werden können, sind seit etwa 1960 verfügbar. Seitdem haben sich Forschung und Entwicklung vorwiegend auf die metallene Komponente des Metall-Keramik-Verbunds konzentriert; denn für die Aufbrenntechnik geeignete Legierungen (*Aufbrennlegierungen*) müssen neben Anlauf- und *Korrosionsbeständigkeit* sowie *Körperverträglichkeit* eine Reihe von weiteren Anforderungen erfüllen:

1. Sie müssen dünne Kronenkappen und langspannige Brückengerüste mit ausreichender *Steifigkeit* versehen, so daß diese

den Belastungen im Munde (Kaukräfte betragen ca. 200 N im Frontzahnbereich und bis ca. 600 N im Seitenzahnbereich) mit ausreichender Sicherheit standhalten können. Elastizitätsmodul und Elastizitätsgrenze sollten deshalb möglichst hoch sein; im allgemeinen ist eine *0,2 %-Dehngrenze* von mindestens 450 N/mm² wie für Dental-Goldgußlegierungen vom Typ 4 zu fordern. Der Internationale Standard ISO 9693 schließt jedoch auch noch Legierungen mit einer 0,2 %-Dehngrenze von nur 250 N/mm² ein.

2. Andererseits sollte der *Elastizitätsmodul* der Legierung nicht zu verschieden von dem der Verblendkeramik (60 bis 70 kN/mm²) sein, damit die inneren Spannungen im Verbund klein bleiben.

3. *Innere Spannungen* im Metall-Keramik-Verbund resultieren hauptsächlich aus dem unterschiedlichen Verhalten der beiden Werkstoffe unterhalb der *Transformationstemperatur* (500 bis 600 °C) der Verblendkeramik. Wegen des glasartig spröden Verhaltens der Keramik bei niedrigeren Temperaturen soll der *thermische Ausdehnungskoeffizient* der Legierung zwischen Transformationstemperatur und Raumtemperatur immer etwas größer als derjenige der Keramik sein. Nur so ist sichergestellt, daß die Keramik beim Abkühlen nach dem Brennen unter *Druckspannung* gerät, der sie besser standhält als einer Zug- oder Biegespannung.

4. Beim Brennen darf die Legierung selbstverständlich nicht schmelzen, und sie muß so fest sein, daß sich das Gerüst nicht unter dem Eigengewicht verformt (Warmfestigkeit *sag resistance*). Als Faustregel kann gelten, daß die Solidustemperatur der Legierung für Kronen und kleine Brücken mindestens 50 °C und für langspannige Brücken mindestens 100 °C über der Brenntemperatur der Keramik liegen sollte.

### 4.3.2.1 Legierungen mit Solidustemperaturen über 1000 °C

Die ersten brauchbaren Aufbrennlegierungen, bei denen insbesondere der WAK in der geforderten Weise auf den der Verblendkeramik abgestimmt war, wurden wie diese Keramikmassen um 1960 entwickelt. Das in Europa erste erfolgreiche Metall-Keramik-System war das *Vita-VMK/Degudent-System*, dem sehr bald weitere Systeme folgten, und danach in großer Zahl universell zu kombinierende Legierungen und Verblendkeramiken.

Diese klassischen Legierungen (Tabelle 4.3) basieren auf dem System *Au-Pt-Pd*; sie enthalten mehr als 95 % dieser Edelmetalle und wenig oder gar kein Silber und Kupfer, weil diese Elemente das Schmelzintervall der Gold-Aufbrennlegierungen senken und unerwünschte Oxide bilden.

Außer durch Mischkristallhärtung oder durch Ausscheidung einer platinreichen Phase erhalten diese Legierungen eine hohe Festigkeit auch durch fein verteilte intermetallische Verbindungen von Platin oder Palladium mit Zinn, Indium, Eisen oder Titan.

Diese Nichtedelmetalle bilden in der Gerüstoberfläche auch geeignete Oxide (*Haftoxide*), die für den Anteil an chemischer Haftung zwischen Metall und Keramik verantwortlich sind. Mit anderen Zusätzen lassen sich das Erstarrungsverhalten und damit die Korngröße steuern, wodurch die Korrosionsbeständigkeit dieser Vielstoff-Legierungen (bis zu ca. zehn Komponenten) abgesichert wird. Die gebräuchlichsten dieser Legierungen, die den Qualitätsstandard in der Metall-Keramik darstellen, sind die hochfesten *weißen Au-Pt-Pd-Legierungen* mit 70 bis 85 % Gold (Beispiele: *Porta P 6, Porta PK*) und die etwas weniger festen *gelben Au-Pt-Legierungen* mit 80 bis 90 % Gold (Beispiele: *Duo Plus B, Porta AB 76*).

## 4.3 Klassifizierung der Dental-Edelmetall-Legierungen

*Tabelle 4.3* Spektrum von Gold-Aufbrennlegierungen

| Massengehalte (%) | | Keramik-Brenntemperatur (°C) | beispielhafte Legierungen | Legierungsbezeichnung | Farbe | Schmelzintervall (°C) | linearer WAK ($\mu$m/m·K) | | Dichte (g/cm³) |
|---|---|---|---|---|---|---|---|---|---|
| Au + PGM | Au | | | | | | (25–500)°C | (25–600)°C | |
| ≥ 97 | ≥ 85 | ≥ 900 | Duo Plus B | Au86 Pt13 In1 | gelb | 1070 – 1190 | 14,2 | 14,5 | 19,1 |
| | | | Porta Geo | Au87 Pt11 Zn2 | gelb | 1050 – 1150 | 14,5 | 14,7 | 18,9 |
| | | | Porta Geo 2 | Au86 Pt11 In2 | gelb | 1010 – 1100 | 14,6 | 14,8 | 18,6 |
| | ≥ 80 | | Porta KL 90 | Au86 Pt10 Pd1 | gelb | 1010 – 1100 | 14,6 | 14,7 | 18,7 |
| | | | Duo Plus 1 | Au86 Pt10 Pd2 | gelb | 1030 – 1140 | 14,5 | 14,7 | 18,7 |
| | | | Porta AB 76 | Au85 Pt8 Pd5 | hellgelb | 1060 – 1180 | 14,3 | 14,5 | 18,5 |
| ≥ 95 | > 75 | | Porta Top H | Au80 Pt12 Ag3 | hellgelb | 1060 – 1170 | 14,5 | 14,9 | 17,8 |
| | | | Porta Geo Ti | Au77 Pt18 Ag2 | gelb | 1060 – 1140 | 14,1 | 14,3 | 18,5 |
| | | | Porta P 6 | Au78 Pt10 Pd8 | weiß | 1110 – 1200 | 14,0 | 14,2 | 18,0 |
| | | | Porta PK | Au76 Pd11 Pt8 | weiß | 1140 – 1270 | 14,3 | 14,5 | 17,7 |
| 87–95 | > 60 | | Porta Impuls | Au61 Pt28 Ag7 | hellgelb | 1100 – 1200 | 14,0 | 14,2 | 17,7 |
| | > 50 | | Porta SMK 82 | Au58 Pd31 In8 | weiß | 1090 – 1240 | 13,9 | 14,1 | 15,0 |
| | | | Porta SMK 80 | Au51 Pd38 In9 | weiß | 1140 – 1260 | 13,5 | 13,8 | 14,5 |
| 70–87 | ≥ 70 | ≤ 900 | Portadur kf Plus | Au72 Pt12 Ag10 | gelb | 990 – 1100 | 15,4 | 15,8 | 16,8 |
| | | ≈ 800 | Porta Norm | Au74 Pt9 Ag9 | gelb | 910 – 990 | 16,3 | 16,6 | 16,5 |
| | | | Porta Maximum | Au70 Pt10 Ag10 | gelb | 910 – 1060 | 16,2 | 16,5 | 16,0 |
| | | | Porta Optimum | Au70 Pt10 Ag13 | gelb | 920 – 1000 | 16,1 | 16,3 | 16,0 |
| | ≥ 55 | | Porta Aurium | Au55 Pt12 Ag23 | gelb | 940 – 1080 | 16,3 | 16,6 | 14,7 |

Der weitgehende bzw. totale Verzicht auf Palladium (zwecks Erhaltung der Goldfarbe, aber zum Teil auch wegen irrationaler Ionophobie sowie wegen des Wunsches nach Legierungen mit möglichst wenigen Komponenten) hat speziell der nach 1970 eingeführten Gruppe der gelben Aufbrennlegierungen (Beispiele: *Portadur IV, Degudent G*) in jüngster Zeit neuen Aufschwung (sogenannte „Bio-Legierungen") gegeben. Zur Erzielung einer ausreichenden Festigkeit nach dem Brand enthalten diese Legierungen neben hohen Anteilen an Platin (10 bis 20 %) und merklichen Zusätzen an Zink und/oder Indium auch geringe Zusätze an Tantal, Titan oder Eisen (Beispiele: *Porta Geo Ti, Porta Geo 2)*. Einige dieser gelben Aufbrennlegierungen besitzen jedoch keine ausreichende *Brennstabilität*, weil die Solidustemperatur niedrig, die Warmfestigkeit gering und die Dichte hoch sind; sie sind deshalb für Herstellung umfangreicher Restaurationen nicht optimal geeignet.

Um 1975 kamen aus wirtschaftlichen Erwägungen die ersten *Au-Pd-Ag-Legierungen* (Beispiel: *Degucast U*) zur Anwendung. Verglichen mit den Au-Pt-Pd-Legierungen, enthalten diese deutlich weniger Gold, mehr Palladium und kein Platin. Neben Gold und Palladium, die zusammen einen Massenanteil von mindestens 75 % besitzen, sind Silber (bis zu 20 %) und fast immer Indium und/oder Zinn die weiteren Legierungskomponenten. Indium und Zinn sind in Au-Pd-Legierungen wirkungsvolle Mischkristallhärter; zusätzlich wird die Festigkeit durch Ausscheidung von intermetallischen Verbindungen des Silbers und Palladiums mit Indium und Zinn gesteigert. Sowohl der E-Modul als auch die Solidustemperatur der Au-Pd-Ag-Legierungen sind höher als bei Au-Pt-Pd-Legierungen, was sich vorteilhaft auf die Hochtemperatur-Festigkeit auswirkt. Der hauptsächliche Nachteil von Au-Pd-Ag-Legierungen ist die gelegentlich auftretende Gelbgrün-Verfärbung einiger Keramikmassen beim Brennen, die nach derzeitiger Erkenntnis durch kolloidal ausgeschiedenes Silber verursacht wird. Obwohl die meisten der neueren weiterentwickelten Verblendkeramiken von diesem Problem nicht mehr gravierend betroffen sind, hat sich diese Legierungsgruppe bis heute nicht durchsetzen können.

Legierungstechnisch läßt sich dem Verfärbungsproblem durch Verzicht auf Silber als Legierungskomponente begegnen. Nach 1975 wurden dementsprechend *silberfreie Au-Pd-Legierungen* (Beispiele: *Olympia, Porta SMK 80*) entwickelt, die neben vergleichbaren Anteilen von Gold und Palladium ungefähr 10 % einer Kombination von Indium, Zinn, Gallium und/oder Germanium enthalten. Festigkeiten und Schmelzintervalle der Au-Pd-Legierungen sind höher, aber ihre Ausdehnungskoeffizienten sind niedriger als bei vergleichbaren silberhaltigen Gegenstücken (Tabelle 4.3), was sie inkompatibel mit einigen hochexpandierenden Keramikmassen macht. Zusätzliche Probleme bereiten beim Schmelzen, Gießen und Löten die starke Oxidbildung beim Schmelzen und Glühen und die hohe Viskosität der Schmelze. Speziell bei Legierungen mit höherem Palladium- als Goldanteil ist über Kohlenstoff-Kontamination durch Schmelztiegel, Gasflammen, Einbettmassen u. ä. berichtet worden, worauf die gelegentliche Blasenbildung in der Keramik beim Brennen zurückgeführt wird. Entsprechende Vorsicht erscheint geboten, und eine oxidierende Glühung (10 min/980 °C) wird sicherheitshalber empfohlen, um kohlenstoffhaltige Verunreinigungen zu entfernen.

Kostengründe waren in der zweiten Hälfte der 70er Jahre erneut ausschlaggebend für die fast vollständige Substitution von Gold in den Aufbrennlegierungen durch Palladium und Silber. Es entstand eine kleine Gruppe von zusammensetzungsmäßig sehr ähnlichen goldfreien Legierungen auf *Pd-Ag-Basis* (Beispiel: *Pors-on 4, Simidur S1S*) mit mehr als 50 % Pd und mehr als 20 % Silber (Tabelle 4.4); Zusatzelemente sind gewöhnlich Indium und Zinn. Einige dieser Legierungen haben mechanische Eigenschaften, die denen hochgoldhaltiger Legierungen durchaus vergleichbar sind, und lassen sich problemlos verarbeiten; von anderen wird jedoch z. B. über Gußbrüchigkeit berichtet. Genereller Nachteil der Pd-Ag-Legierungen ist jedoch, daß wegen des hohen Silberanteils seinerzeit einige der weitverbreiteten, aber leider verfärbungsgefährdeten Verblendkeramiken nicht sicher verwendet werden konnten und zudem nur Verblendkeramiken in Frage kommen, die von vornherein stark expandieren oder deren WAK durch langsames Abkühlen von Brenntemperatur bis ca. 800 °C nach oben angepaßt werden kann.

Etwa ab 1980 wurden brauchbare *silberfreie Pd-Legierungen* (Beispiel: *Simidur S2, Bond-on 4*) mit etwa 75 bis 85 % Palladium entwickelt, die keine nennenswerten Anteile anderer Edelmetalle, aber zum Teil sehr hohe Anteile von Sn, In, Ga, Cu und/oder

## 4.3 Klassifizierung der Dental-Edelmetall-Legierungen

*Tabelle 4.4* Spektrum von Palladium-Aufbrennlegierungen

| Massengehalte (%) | | | | beispielhafte Legierungen | Legierungs- bezeichnung | Schmelz- intervall (°C) | linearer WAK (μm/m · K) (25-500)°C (25-600)°C | | Dichte (g/cm³) |
|---|---|---|---|---|---|---|---|---|---|
| Au + PGM | Pd | Ag | Cu | | | | | | |
| ≥ 80 | ≥ 78 | ∅ | ≤ 10 | Simidur S2 | Pd79 Cu10 Ga9 | 1100 – 1190 | 14,2 | 14,5 | 11,2 |
|  |  | ≤ 2 |  | Simidur kf Plus | Pd80 In6 Ga6 | 1100 – 1260 | 13,8 | 14,0 | 10,5 |
|  | ≥ 75 | ≤ 10 | ∅ | Duo Pal 6 | Pd75 Ag8 Ga7 | 1110– 1280 | 14,1 | 14,3 | 11,6 |
|  | ≥ 65 |  |  | Duo Pal 16 | Pd66 Au16 Ag9 | 1090 – 1290 | 14,3 | 14,5 | 12,4 |
| ≥ 55 | ≥ 55 | > 30 |  | Simidur S1S | Pd56 Ag32 Sn9 | 1080 – 1200 | 14,8 | 14,9 | 11,3 |

Co enthalten. Vorteilhaft bei diesen Legierungen sind die hohe Festigkeit und Zähigkeit sowie der hohe E-Modul (ca. 130 kN/mm²), wodurch etliche Legierungen auch für abnehmbare Prothesen brauchbar erscheinen. Der hohe Nichtedelmetall-Anteil von rund 20 % ist nötig, um das Schmelzintervall in den Temperaturbereich 1100 bis 1300 °C zu bringen und gleichzeitig den WAK wenigstens so weit anzuheben, daß er mit dem der silberfreien Au-Pd-Legierungen vergleichbar wird.

Für die Gruppe von Legierungen mit höheren Gehalten von Kupfer, Gallium und Indium wird vereinzelt von verminderter Korrosionsresistenz und Verbundfestigkeit berichtet, aber auch von hervorragender Hautverträglichkeit. Die Literatur ist diesbezüglich widersprüchlich, so daß eine abschließende Beurteilung noch nicht möglich ist. Ein Gesundheitsrisiko, z. B. wegen zu hoher Kupferionenabgabe kann jedoch nach dem derzeitigen Erkenntnisstand auch für *Pd-Cu-Ga-Legierungen* ausgeschlossen werden, die in Deutschland seit 1986 in der Regel für Kronen und Brücken im Rahmen der gesetzlichen Krankenversicherung verwendet werden. Es zeichnet sich aber innerhalb der Gruppe der Palladiumbasis-Legierungen (Tabelle 4.4) ein Trend zu den kupferfreien Legierungen (Beispiele: Duo Pal 6, Duo Pal 16) mit merklichen Anteilen an Gold und Silber ab.

Anforderungen an Legierungen für den dentalen Metall-Keramik-Verbund sind international beschrieben durch die Norm DIN EN ISO 9693; weitergehende Anforderungen wurden in dem deutschen Normentwurf E DIN 13927 vorgeschlagen.

### 4.3.2.2 *Legierungen mit Solidustemperaturen unter 1000 °C*

Wie im vorausgehenden Abschnitt ausgeführt, limitieren die hohen Brenntemperaturen herkömmlicher Verblendkeramiken die Verwendungsmöglichkeiten für gelbe Aufbrennlegierungen. Bei reduziertem Anteil von Platin und besonders Palladium (wegen der Farbe) läßt sich eine ausreichend hohe Festigkeit nur mit Hilfe von Nichtedelmetallzusätzen erreichen, die aber gleichzeitig auch die Solidustemperatur senken. Solche gelben extrafesten Legierungen sind als *Typ 4-Goldgußlegierungen* (s. 4.3.1) seit Jahrzehnten im Gebrauch und haben sich trotz teilweise sehr hoher Kupferanteile klinisch hervorragend bewährt (Tabelle 4.3). Es bedurfte neuer Entwicklungen seitens der Keramikhersteller, um geeignete *niedrigschmelzende, hochexpandierende Keramikmassen* bereitzustellen. Dies geschah 1990 mit der Präsentation der *Carrara – Keramik* (Elephant) und 1993 mit dem Vertrieb von *Duceragold* (Ducera). Speziell für die letztere Keramik gibt es mittlerweile zahlreiche kompatible sogenannte *Universallegierungen* (*Duo-Legierungen, multiindikative Legierungen*), von denen die kupferfreien (Beispiel: *Porta Maximum*) in Herstellung und Anwendung vorteilhaft zu sein scheinen. Über die Festigkeit und Dauerhaftigkeit des Metall-Keramik-Verbundes mit diesen jungen Verblendkeramikmassen und Goldgußlegierungen kann selbstverständlich noch nicht abschließend geurteilt werden.

### 4.3.3 Legierungen für abnehmbare Teilprothesen

Metallene Werkstoffe werden für abnehmbare Teilprothesen hauptsächlich aus zwei Gründen verwendet: Zum einen muß das Gerüst (Platte, Bügel, Verbinder) bei geringer Masse und kleinen Querschnitten eine hohe Verwindungssteifigkeit besitzen; zum zweiten muß die Prothese mittels geeigneter Haltevorrichtungen (Klammern, Doppelkronen, Präzisionsattachments) am Restgebiß lösbar verankert und in Position gehalten werden.

Prothesenbasis und Klammern werden häufig in der Modellgußtechnik aus einer einzigen Legierung (vorwiegend aus hochfester steifer *Co-Cr-Mo-Legierung*, vgl. Kap. 5) angefertigt, obwohl für die Klammern ein Werkstoff ideal wäre, der zwar eine hohe Festigkeit und Zähigkeit, aber gleichermaßen eine hohe elastische Biegsamkeit aufweist, damit die Haltezähne geschont und nicht luxiert werden.

Mit einem relativ niedrigen E-Modul von rund 100 kN/mm$^2$ bieten sich aushärtbare *Goldgußlegierungen vom Typ 4* (vgl. 4.3.1) für Klammerkonstruktionen an. Aber die große Dichte ( > 15 g/cm$^3$) dieser Legierungen macht die Prothesen insgesamt sehr gewichtig, weshalb Goldgußlegierungen heutzutage nur noch gelegentlich bei Allergiepatienten für Modellgußprothesen verwendet werden.

Eine andere einfache Möglichkeit für schonende Klammerretention mit großem Biegeweg ist, Klammern aus Abschnitten von vorgefertigtem Draht aus einer geeigneter Goldlegierung (ähnlich dem Typ 4) zu formen und an ein gegossenes Gerüst aus einer Co-Cr-Mo-Legierung anzulöten. Eine individuelle Anpassung durch Vermessungstechnik wie bei der gegossenen Klammer ist hierbei allerdings nicht möglich.

Eine exaktere und gleichzeitig schonendere Art der Prothesenbefestigung bieten individuell hergestellte *Doppelkronen*-Anker (*Frästechnik*) oder industriell vorgefertigte Verbindungselemente (*prothetische Konstruktionselemente*), die immer aus mindestens zwei Teilen (*Primär- und Sekundärkronen*; *Patrize und Matrize*) und häufig aus verschiedenen Legierungen gefertigt werden.

Für die Doppelkronen-Technik, auch *Teleskopkronen*-Technik, eignen sich sowohl Typ-4-Goldgußlegierungen als auch viele hochfeste Edelmetall-Aufbrennlegierungen, wobei die Meinungen über die keramische Verblendbarkeit von Sekundärkronen kontrovers sind.

Bei *Präzisionsattachments* finden sich heutzutage in den Herstellerprogrammen überwiegend solche aus *hochschmelzenden Pt-Ir-Legierungen* oder *Au-Pt-Pd-Legierungen*, die keine Nichtedelmetalle enthalten und deshalb *inoxidabel* und damit *angußfähig* sind. Für das Verbinden mit den verwendeten Gußlegierungen kann die jeweils optimal geeignete Verbindungstechnik (Angießen, Schweißen, Löten) gewählt werden.

### 4.3.4 Lotlegierungen

*Löten* ist eine häufig gebrauchte Technik zum dauerhaften Verbinden von metallenen Teilen (Werkstücken) einer Prothese (vgl. Abschnitt 4.5.1). Hierbei wird ein geeignetes *Zulegemetall* (*Lot*) benötigt. Lote werden neben ihrer Zusammensetzung vor allem durch die *Arbeitstemperatur* charakterisiert, die mindestens nötig ist, um das

## 4.3 Klassifizierung der Dental-Edelmetall-Legierungen

Schmelzen des Lotes und die Füllung des *Lötspaltes* zu bewerkstelligen. Gelötet wird etwa 30 bis 50 °C über der Arbeitstemperatur des Lotes; dabei dürfen die Werkstücke nicht aufschmelzen. Lote müssen deshalb immer entsprechend der jeweiligen Werkstückkombination gewählt werden. Da Lote und Lötverbindungen (Kontaktelement!) ebenfalls mundbeständig sein müssen, sind Goldlote das Zulegemetall der Wahl (Tabelle 4.5).

Als schmelzintervallsenkende Legierungszusätze werden üblicherweise Silber, Kupfer und/oder Zink verwendet; Cadmium findet sich vereinzelt nur noch in veralteten Produkten – insbesondere ausländischer Hersteller. Bei Loten für das Löten von Edelmetall - Nichtedelmetall - Kombinationen hat sich noch kein brauchbarer Ersatz für die nickel- und/oder kobalthaltigen Goldlote finden lassen, was bei der Verwendung beachtet werden muß.

Goldlote, die auf dem *Au-Ag-Zn-System* basieren (Tabelle 4.5), enthalten üblicherweise 65 bis 75 % Gold und neben Silber und bis zu 15 % Zink gelegentlich auch Zusätze von Zinn, Kupfer und/oder Indium zur Schmelzintervallabsenkung. Diese gelben Lote sind geeignet für alle Lötungen an Zahnersatz mit Ausnahme von Lötungen

*Tabelle 4.5* Spektrum von Edelmetall-Loten

| Verwendung des Lotes zum Löten von | beispielhafte Lote | Lot-bezeichnung | Schmelz-intervall (°C) | Arbeits-temperatur (°C) |
|---|---|---|---|---|
| EM – Legierungen vor dem Keramikbrand (≥ 900°C) | Porta IP Lot V-1 | Au80 Ag18 Pt2 | 1020 – 1050 | 1070 |
| | Porta V-2 | Au80 Ag8 Pd7 | 1000 – 1080 | 1070 |
| | Porta IP Lot V-2 | Au64 Ag35 In1 | 1000 – 1030 | 1040 |
| | Porta V-3 | Au72 Ag16 Pd8 | 990 – 1060 | 1030 |
| Au – Legierungen vor dem Keramikbrand (≈ 800 °C) | Porta Optimum Lot 880 | Au76 Ag12 Cu10 | 860 – 880 | 880 |
| EM – Legierungen nach dem Keramikbrand bzw. vor der Kunststoffverblendung | Porta OP Lot M-1 | Au72 Ag18 Zn10 | 740 – 800 | 820 |
| | Porta N-1 | Au71 Ag15 Zn10 | 750 – 780 | 780 |
| | Porta OP Lot W-2 | Au68 Ag19 Zn12 | 710 – 760 | 770 |
| | Porta Optimum Lot 710 | Au73 Zn15 Ag12 | 680 – 700 | 710 |
| Au-reduzierten Gußlegierungen vor der Kunststoffverblendung | Auropal Lot M-1 | Au62 Ag17 Cu7 | 710 – 775 | 800 |
| | Auropal Lot W-2 | Au62 Ag22 Zn12 | 720 – 750 | 750 |
| EM- an NEM-Legierungen bzw. NEM- an NEM-Legierungen | Stahlgoldlot Nr. 80 M-1 | Au80 Ni15 Zn5 | 890 – 920 | 920 |
| | Stahlgoldlot Nr. 80 W-2 | Au80 Ni10 Zn7 | 830 – 860 | 870 |

vor dem Keramikbrand. Für letzteren Fall werden hochschmelzende *Au-Ag-Lote* verwendet, die 60 bis 80 % Gold und neben Silber bis zu 10 % Platingruppemetalle, aber nur geringe Anteile (< 10 %) von Nichtedelmetallen enthalten .

Für das *direkte Löten* von Edelmetallteilen an Prothesenbasen aus Co-Cr-Mo-Legierungen eignet sich z. B. *Au-Ni-Lot* (Tabelle 4.5) mit ca. 80 % Gold. Solches Lot wird vielfach auch zum *Vorlöten* auf einem NEM-Werkstück benutzt, an das dann ein EM-Werkstück mittels Goldlot angelötet werden kann (*indirektes Löten*).

Wenn die Lötnaht farblich zu weißen Werkstücken passen soll, stehen auch weiße *Au-Pd-Ag-Lote* (Beispiel: *Palliag-Lote*) zur Verfügung. Diese haben notwendigerweise hohe Anteile (bis zu 45 %) an Kupfer, Zink, Zinn und Indium, können aber dennoch eine akzeptable Korrosionsbeständigkeit besitzen, wenn der Edelmetallanteil mindestens 40 % beträgt. Lote dieser Art werden bevorzugt verwendet für orthodontische Apparaturen, abnehmbare Teilprothesen und metallkeramischen Zahnersatz aus NEM-Legierungen.

*Silberhartlote* , die auf dem System *Ag-Cu-Zn* basieren, werden häufig für abnehmbare Regulierungsapparate verwendet; sie sind wegen ihrer ungenügenden Korrosionsresistenz für Langzeitanwendung nicht akzeptabel. Überdies kann der Lötvorgang selbst die zu lötenden Teile (z. B. Edelstahl-Drähte) durch Depassivierung schädigen, wodurch die Lötnaht korrodieren und dadurch mechanisch versagen kann.

## 4.4 Verarbeitung von Edelmetall-Gußlegierungen

### 4.4.1 *Wachsausschmelzverfahren*

Das Wachsausschmelzverfahren ist *das Feingieß-Verfahren der Zahntechnik*. Die wichtigsten Verfahrensschritte sind die Herstellung des Wachsmodells und der Gußform, das Schmelzen und das Gießen.

### 4.4.1.1 *Wachsmodell und Gußform*

Über das Modellieren in Wachs und über die Rekonstruktion als solche braucht an dieser Stelle nichts gesagt zu werden; Größe und Form des Wachsmodells sind durch die gegebene Abformung sowie durch die gewählte Restaurierungsmaßnahme festgelegt.

Die Anordnung des Modells in der Gußform soll so sein, daß eine gleichmäßige Formfüllung und eine gesteuerte Erstarrung erreicht werden.

Die *Anschnitt-Technik* (Versorgung der Gußform mit Schmelze) und der Einsatz von Gußhilfen (Speiser, Steiger, verlorener Kopf) sind abhängig von Modellgröße, Gußformgröße, Legierung, Schmelz- und Gießgerät.

Ein Ziel des Gießens ist die Herstellung eines maßhaltigen metallenen Abbildes eines Wachsmodells. In erster Linie muß dafür die *Abkühlungsschwindung* der Legierung im festen Zustand ausgeglichen werden, d. h. das Gußformmaterial muß bei der Solidustemperatur der Legierung einen entsprechend expandierten Formhohlraum zur Verfügung stellen.

Die gewünschte *Expansion der Gußform* wird zum einen Teil durch die Expansion der Einbettmasse beim Festwerden des Bindemittels (*Abbindeexpansion*) erreicht und zum anderen durch eine Erwärmung der Gußform (*Wärmeexpansion*).

Die Wärmeexpansion der Gußform setzt sich zusammen aus der *thermischen Expansion* und aus der *Expansion bei Umwandlung* oder Reaktion der Einbettmassebestandteile; sie wird im wesentlichen bestimmt durch die Umwandlungen des *Quarzes* (ca. 570 °C) und des *Cristobalits* (ca. 230 °C). Da diese Umwandlungen mit starker Expansion ablaufen, muß langsam erhitzt werden, damit die Form nicht reißt.

Die Vorwärmtemperatur der Gußform wird durch die Stabilität des *Bindemittels* begrenzt: Die Zersetzungstemperatur (maximale Vorwärmtemperatur) ist ca. 750 °C für *gipsgebundene* und ca. 1300 °C für *phosphatgebundene* Einbettmassen (vgl. auch Kap. 2).

Die maximal mögliche Expansion wird von gipsgebundenen Einbettmassen mit Cristobalit ab etwa 300 °C erreicht und von phosphatgebundenen Einbettmassen mit Quarz und Cristobalit ab etwa 600 °C.

Der *Gußformtemperatur* kommt aber auch eine bedeutende Rolle zu bei der *Formfüllung* und bei der *Erstarrung* (Kristallisation, Lunker, Oberfläche).

Bei der Herstellung der Gußform muß geachtet werden auf:
- richtige Zusammensetzung (Mischungsverhältnis) der angemischten Einbettmasse,
- gute Durchmischung (sonst ungleichmäßiges Verhalten),
- ausreichende Entgasung (sonst Blasen am Modell) und
- genügende Vibration (sonst Lufteinschlüsse in Hohlräumen).

## 4.4.1.2 Schmelzen

Für die Formgebung durch Gießen muß das Material geschmolzen werden; dies geschieht in Tiegeln oder Mulden mittels geeigneter Wärmequellen.

Die *Tiegel* bestehen meistens aus Kohlenstoff (Graphit), Schamotte oder Oxidkeramik. Geschmolzen wird fast ausschließlich mit *elektrischen Verfahren* (Widerstandsheizung, Lichtbogen, HF-Induktion) oder mit der offenen *Gasflamme*; die maximal erreichbaren Schmelztemperaturen sind je nach Verfahren sehr unterschiedlich.

Im Graphittiegel bildet sich eine schützende Kohlenoxid-Atmosphäre; in Keramiktiegeln und -mulden bleibt die Schmelze meistens ungeschützt (Luft). Zum *Schutz der Schmelze* werden gelegentlich Abdeckungen (*Schmelzpulver*) verwendet, selten auch *Vakuum* oder *neutrale Gasatmosphäre* (He, Ar, $CO_2$, $N_2$). Bei Gasbrennern läßt sich *reduzierende* Atmosphäre ($H_2$, CO) einstellen oder aber *oxidierende* ($O_2$, Luft); beim Schmelzen von Legierungen mit hohem Palladiumanteil sind reduzierend eingestellte Flammen mit Gasüberschuß wegen der Gefahr der Kohlenstoffaufnahme zu vermeiden.

Von der Heizungsart, von der Legierung, von der Einsatzmenge und vom Tiegelmaterial hängen die *Erhitzungsgeschwindigkeit* und die Gießtemperatur ab. Eine schnelle Erhitzung des Schmelzgutes ist in jedem Fall günstig.

Die notwendige *Gießtemperatur* hängt ab von der Liquidustemperatur der Legierung, von der Breite des Schmelzintervalls, von der Viskosität der Schmelze und von der Temperatur der Gußform. Im allgemeinen werden Dentallegierungen etwa 50 bis 200 °C über die Liquidustemperatur hinaus erhitzt. Wie lange weitererhitzt werden soll, spielt dann eine Rolle, wenn die Temperatur nicht gemessen werden kann: Die *Weitererhitzungsdauer* wird durch die Erhitzungsgeschwindigkeit und die Leistungsreserve des Schmelzgerätes bestimmt. Vorzugsweise werden Schmelzverfahren verwendet, bei denen die maximal erreichbare Temperatur nicht viel höher als die Liquidustemperatur der Legierung (z. B. beim Widerstandsofen) ist, so daß die Gefahr einer Schädigung durch Überhitzen (z. B. Oxidations- und Verdampfungsverluste) gering bleibt.

## 4.4.1.3 Gießen

Ziel des Gießens ist ein *vollausgeflossenes, paßgenaues, dichtes Gußstück* mit *einwandfreier Oberfläche* und *sauberem, feinkörnigen Gefüge*.

## Formfüllung

Die Formfüllung wird im wesentlichen von der Gießmethode und von der Gießbarkeit der Legierung bestimmt.

Die in der Zahntechnik eingesetzten *Gießmethoden* sind:

> der *Kippguß* (Schwerkraft + metallostatischer Druck);
> der *Saugguß* (Kippguß + Vakuum);
> der *Druckguß* (Kippguß + Gasdruck) sowie
> der Rotations – *Schleuderguß*.

Bei letzterem werden Schwerkraft und metallostatischer Druck im Verhältnis von wirksamer Zentrifugalbeschleunigung zur Erdbeschleunigung vervielfacht.

Die *Gießbarkeit* einer Schmelze ist eng verknüpft mit der *Viskosität* und wird daneben stark beeinflußt von der *Oberflächenspannung*, von der Formtemperatur und von der Form/Metall-Grenze. Der Kehrwert der Viskosität kennzeichnet das *Fließverhalten* und damit die Strömungsverhältnisse in den engen Querschnitten der Gußform. Eine hohe Oberflächenspannung hindert die Schmelze daran, die Einbettmasse gut zu benetzen, und erfordert hohe Drücke, um die Schmelze durch Engpässe zu zwingen.

Im allgemeinen
- haben Legierungen eine schlechtere Gießbarkeit als Metalle oder Eutektika;
- senken Oxidfilme, gelöste Gase und feste Teilchen die Gießbarkeit;
- nimmt die Gießbarkeit mit der Formtemperatur zu;
- nimmt die Gießbarkeit mit der Gießtemperatur zu.

## Paßgenauigkeit

Die Forderung nach einem paßgenauen Gußobjekt beinhaltet zwei Teilforderungen:

Einerseits müssen Kronen auf einen präparierten Stumpf bzw. Inlays in eine präparierte Kavität mit dem für Befestigungszemente notwendigen Spalt passen, andererseits müssen bei mehrgliedrigen Brücken alle Einzelglieder die durch das Modell vorgegebene Zuordnung (Stellung, Distanz) aufweisen.

Im allgemeinen nimmt das Volumen von Festkörpern bei Abkühlung ab, ihre Abmessungen werden kleiner. Die thermische Kontraktion entspricht weitgehend der thermischen Expansion im gleichen Temperaturintervall (vgl. Abschnitt 3.4.5). Um die gewünschten Gußobjektabmessungen bei Raumtemperatur zu erhalten, muß also in einen Formhohlraum gegossen werden, der um eben dieses *Schwindmaß* gegenüber dem Original (Wachsmodell) vergrößert ist.

Eine gleichförmige Vergrößerung des Gußhohlraums in diesem Sinn kann aber nur erfolgen, wenn die Einbettmasse ungehindert expandieren kann (Küvetteneinlage) und wenn die den Gußhohlraum bildende Einbettmasse in allen Richtungen etwa gleiche Dicke aufweist.

Durch die während des Gießvorgangs (bei manchen Verfahren schon während des Schmelzens) einsetzende Abkühlung der Gießform (Küvette) von außen, sowie durch die ungleichmäßige Erwärmung der Formwand bei der Formfüllung mit Schmelze ergeben sich Temperaturunterschiede in der Form. Wenn das Temperaturgefälle zu groß ist, können bei umfangreichen Gußobjekten im Verlauf der Erstarrung *Gußspannungen* entstehen, die zu Dehnungen und Verwindungen (meist erst bei einer nachfolgenden thermischen Belastung) führen und damit die Relation der Brückenglieder zueinander stören.

Um das zu verhindern, sollten alle Partien des Gußobjekts nach der Formfüllung möglichst die gleiche Temperatur aufweisen. Hierzu ist das Gußobjekt über die ganze

## 4.4 Verarbeitung von Edelmetall-Gußlegierungen

Länge an mehreren Stellen anzuschneiden (*Gußkanäle*). Außerdem sind gegenüber der Anschnittseite *Durchlaufsteiger* anzubringen, damit die dort ankommende abgekühlte Schmelze aus dem eigentlichen Formraum abgeführt wird.

Die Gießtemperatur darf nicht zu niedrig liegen, damit der mit der Schmelze eingebrachte Wärmeinhalt im Gußobjekt ausreicht, ein zu schnelles Abkühlen von dünnen Partien zu verhindern (wichtig besonders bei hochschmelzenden Aufbrennlegierungen). Den Gußspannungen entgegenwirken kann auch ein feinkörniges und – bezogen auf die unterschiedlichen Wanddicken und Gußstückpartien – möglichst gleichmäßiges Gußgefüge.

### Dichte Gußobjekte

Der eigentliche Gießvorgang, die *Formfüllung*, ist in Bruchteilen einer Sekunde abgeschlossen. Hieran schließt sich der mehrfach längere Zeitraum der *Erstarrung* an, der bestimmt wird vom Kristallisationsverhalten der Legierung und von den Temperaturverhältnissen in der Gußform.

Der Übergang vom flüssigen in den festen Zustand ist bei metallischen Werkstoffen im allgemeinen mit einer *Volumenkontraktion* verbunden (Ausnahmen: Si, Ga, Sb, Bi). Bei einem mit Schmelze gefüllten abgeschlossenen Hohlraum führt diese Erstarrungsschwindung je nach Kristallisationstyp der Legierung und abhängig von der *Abkühlgeschwindigkeit* zu *Lunkern*, *Mikrolunkern* (interdendritisch) oder *Schwammigkeit* (interkristallin). Um dies zu verhindern, d. h. um ein dichtes Gußobjekt zu erhalten, muß die Temperatur in der Gußform so geführt werden, daß die Versorgung (*Nachspeisung*) aller Partien des eigentlichen Gußobjektes mit Schmelze bis zur völligen Erstarrung gewährleistet ist.

Dieser Zustand kann sicher nur angestrebt werden und ist um so schwerer zu erreichen, je kleiner die Gußstückabmessungen sind (extremer Temperaturgradient notwendig!) und je breiter das Schmelzintervall der Legierung ist (Fließvermögen ist um Größenordnungen kleiner!). Leider können wegen der kleineren Dimensionen in der Zahntechnik nicht alle Hilfsmittel aus der Gießereitechnik übernommen werden, wie z. B. Kühlnägel, beheizter Einlauf oder exotherme Speisereinsätze, so daß im Grunde nur Steiger und selbstwarmhaltende Speiser in Betracht kommen. Dabei dienen *Steiger* im wesentlichen zur Abführung von zu kalter Schmelze und nur *Speiser* als *Schmelzreservoir*.

Die der Formfüllung dienenden *Gußkanäle* können, wenn sie Schmelze enthalten, bei bestimmten Gußobjekten, z. B. Molarenkronen, als Speiser dienen, aber nur wenn sie dick und unverengt an der richtigen Stelle angebracht sind. Bei voluminösen Formen, massiven Brückenzwischengliedern, Vollgußkronen im Frontzahnbereich, Inlays und umfangreichen Brückenarbeiten müssen Gießhilfen (Steiger, Speiser, verlorene Köpfe) verwendet werden .

Um seine Funktion erfüllen zu können, muß der Speiser viel flüssiges Metall aufnehmen können und dieses ausreichend lange flüssig halten. Wie groß der Speiser dimensioniert werden muß und welche geometrische Gestalt er erhalten soll, wird meistens empirisch ermittelt. Als günstige *Speiserform* gilt z. B. die Kugel, weil bei ihr das Verhältnis von Speichervolumen zur wärmeabgebenden Oberfläche am größten ist. Wo sich das nicht realisieren läßt, kann ein wirksamer Speiser auch anders gestaltet sein; er muß sich nur zum Einguß hin trichterförmig (keilförmig) erweitern. Auf jeden Fall sind scharfe Ecken und Kanten zu vermeiden, weil an ihnen der Wärmeverlust am größten ist.

Der *Speiser-Keilwinkel* ist vom *Erstarrungstyp* der Gußlegierung abhängig: Die *exogen-glattwandigen* Typen erfordern nicht so große Trichteröffnungen wie z. B. die *exogen-rauhwandigen* oder die *endogen-breiartigen* Typen, weil bei den letzteren das

Nachfließen der Schmelze durch die zur Schmelzmitte hin oder in der Schmelzmitte erstarrenden Kristalle behindert wird. Speisungsmäßig ungünstig erstarrende Schmelzen sollten deshalb auch ausreichend überhitzt werden.

**Oberflächenbeschaffenheit**

Eine nicht einwandfreie Gußoberfläche kann viele Ursachen haben:

*Gußperlen* am Gußobjekt sind mit Metall ausgefüllte ehemalige Luftblasen am Wachsmodell, die beim Einbetten nicht entfernt worden sind (Netzmittel, Vibrieren!).

*Erhabene (konvexe) Rauhigkeit* wird bei Einbettmassen beobachtet, die eine großporige Formoberfläche ergeben.

*Vertiefte (konkave) Rauhigkeit* kann bei grobkörnigem Formmaterial entstehen – die Körner der Einbettmasse zeichnen sich ab.

*Sonstige Oberflächenrauhigkeit oder -porosität* kann u.a. durch Formtemperatur, Gießtemperatur, Nachspeisung und äußere Kräfte beeinflußt werden:

*Niedrige Formtemperatur* (schneller Wärmeabfluß) begünstigt die Schalenbildung an der Formwand (glatte Oberfläche).

*Hohe Formtemperatur* (langsamer Wärmeabfluß) führt zu schwammig-dendritischer Erstarrung an der Formwand (rauhe Oberfläche).

*Niedrige Gießtemperatur* (schnelle Erstarrung und hohe Oberflächenspannung) läßt die Schmelze nicht in die Formmaterialporen eindringen (glatte Oberfläche).

*Hohe Gießtemperatur* (langsame Erstarrung und niedrige Oberflächenspannung) macht die Schmelze gut benetzend (Formrauhigkeit zeichnet sich ab). Eine *Nachspeisung* an die Gußobjektoberfläche entlang der Formwand ist praktisch nicht möglich, d. h. bei lokalen Temperaturspitzen können Oberflächenlunker oder -porositäten entstehen.

*Unterdruck* (Vakuum) und *Überdruck* (Gas) können den Transport von Schmelze im Formhohlraum nur beeinflussen, solange die Schalenbildung an der Formwand noch nicht abgeschlossen bzw. solange die Schmelze im Einguß noch flüssig ist.

*Schwerkraft* und *Zentrifugalkraft* dagegen wirken auf jedes flüssige Volumen im Gußobjekt bis zur völligen Erstarrung. Dabei wird die Schmelze in bestimmten Richtungen beschleunigt: Durch die Schwerkraft zum Erdmittelpunkt hin und durch die Zentrifugalkraft vom Drehzentrum weg.

Da die Zentrifugalkraft (Schleuderguß) wesentlich größer ist als die Schwerkraft, kann ihr Einfluß an Gußobjekten häufiger beobachtet werden: Im Schleuderguß hergestellte Gußobjekte haben statistisch eine höhere Oberflächenrauhigkeit auf den dem Drehzentrum zugewandten Flächen als auf den abgewandten Flächen. Dieser Effekt wird durch eine hohe Formtemperatur verstärkt.

**Gußgefüge**

Viele Edelmetall-Dentallegierungen sind im Gleichgewichtszustand weitgehend als homogen anzusehen (härtesteigernde Ausscheidungen liegen im submikroskopischen Bereich). Das *Gußgefüge* (Abb. 4.3) stellt aber zunächst einen *Ungleichgewichtszustand* dar, und da Dentallegierungen *Mehrstofflegierungen* sind, ist bei der Erstarrung mit der Bildung von *inhomogenen Zonenkristallen* zu rechnen. Diese entstehen dadurch, daß die Kristalle bei der Erstarrung bevorzugt in bestimmten, im allgemeinen senkrecht aufeinander stehenden Richtungen wachsen. Dabei kristallisieren zunächst baumartige Gebilde (*Dendriten*), zwischen deren Verästelungen sich noch Schmelze befindet, die erst zum Schluß erstarrt. Unterscheidet sich die Zusammensetzung der zu Beginn erstarrten Teile des Kristalls von den später erstarrten, so können die Dendriten durch Anätzen sichtbar gemacht werden (Abb. 4.5a). Die Nachteile solcher Inhomogenitäten, aber auch heterogener Gefüge können durch eine verringerte *Korngröße* gemindert werden.

## 4.4 Verarbeitung von Edelmetall-Gußlegierungen

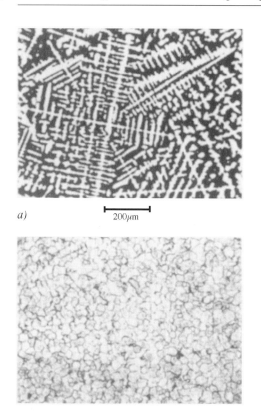

*Abb. 4.5 a, b* Gefüge einer Pd-Ag-Aufbrennlegierung *a)* grob dendritisch (ohne Kornfeinung) *b)* feinkörnig (mit Ruthenium-Zusatz)

Bei modernen Dentallegierungen wird *Feinkörnigkeit* wirkungsvoll erreicht durch den Zusatz von hochschmelzenden Komponenten (meist Pt-Metalle), die als *Kristallisationskeime* auch in überhitzten Schmelzen wirksam sind (Abb. 4.5b).

### 4.4.2 Wärmebehandlungen

#### 4.4.2.1 Rekristallisieren

Die durch *Kaltverformung* (vgl. 3.4.2.5) in das Material eingebrachten inneren Spannungen können auf mechanischem Weg nicht beseitigt werden. Sie lassen sich aber durch Wärmebehandlung verringern (*Weichglühen*). Ist die Glühtemperatur genügend hoch, so erfolgt sogar eine *Kornneubildung* (*Rekristallisation*): Die spannungsreichsten Bezirke wirken als Kristallisationskeime, die zu Kristalliten weiterwachsen, wodurch ein neues Gefüge entsteht.

Ein feinkörniges Ausgangsgefüge, ein hoher Verformungsgrad und ein schnelles Erwärmen begünstigen die Ausbildung eines feinkörnigen *Rekristallisationsgefüges*. Eine zu hohe Glühtemperatur und eine zu lange Glühzeit bewirken dagegen *Grobkornbildung*.

Edelmetallegierungen können im allgemeinen durch Glühen etwa 300 °C unterhalb der Solidustemperatur in wenigen Minuten rekristallisiert werden. Durch die Rekristallisation wird das Gefüge so spannungsfrei wie im Ausgangszustand.

#### 4.4.2.2 Homogenisieren

Bei Mehrstofflegierungen sind inhomogene Gefüge, d. h. *Kornseigerungen* (Schicht- oder Zonenkristalle) um so häufiger anzutreffen, je breiter oder flacher das Schmelzintervall, je größer die Abkühlgeschwindigkeit und je geringer die Kornzahl sind.

Bei niedriger Temperatur ist die Energie und damit die *Beweglichkeit der Atome* zu gering und bei großen Körnern sind die *Diffusionswege* zu lang, um einen *Konzentrationsausgleich* in akzeptabler Zeit erreichen zu können. Zur Einstellung eines homogenen Gefüges muß deshalb ein *Ausgleichsglühen* (ca. 200 °C unter der Solidustemperatur) durchgeführt werden.

Bei den heute üblichen feinkörnigen Edelmetall-Dentallegierungen ist eine solche *Homogenisierung* nicht notwendig. Sie empfiehlt sich aber, wenn diese Legierungen maximal ausgehärtet werden sollen. Das Glühen muß dann bei einer Temperatur (200 bis 50 °C unter der Solidustemperatur) vorgenommen werden, bei der alle Ausscheidungen wieder in Lösung gehen, d. h. bei der ein homogener Mischkristall entsteht.

Wärmebehandlungsschritte:

I Lösungsglühen bei einer Temperatur oberhalb der Löslichkeitskurve
→ homogenisierter Zustand,

II schnelles Abkühlen (Abschrecken) aus dem Mischkristallbereich $\alpha$ auf Raumtemperatur (RT)
→ weichgeglühter Zustand,

III langsames Abkühlen (z. B. nach dem Guß) im Zweiphasengebiet $\alpha+\beta$
→ selbstausgehärteter Zustand,

IV Wärmebehandlung bei einer Temperatur $T_n$ unterhalb der Löslichkeitskurve
→ ausgehärteter Zustand.

### 4.4.2.3 Aushärten

Außer durch mechanische Bearbeitung (Kaltverformung) können viele Dentallegierungen auch durch geeignete Wärmebehandlung eine Festigkeitssteigerung erfahren. Wegen der Verbesserung der mechanischen Eigenschaften und insbesondere wegen der Härtesteigerung wird diese Wärmebehandlung als *Vergütung* oder *Aushärtung* bezeichnet.

Ursache für diesen Effekt ist die *Ausscheidung* einer Gleichgewichtsphase aus einem *übersättigten Mischkristall*. Legierungssysteme, in denen dies möglich ist, haben eine *Mischungslücke* im festen Zustand und eine *temperaturabhängige Löslichkeit*, wie in Abb. 4.6 schematisch dargestellt: Wird eine homogene Legierung aus dem $\alpha$-Mischkristall-Gebiet auf Raumtemperatur abgeschreckt, so enthält sie mehr Komponente B als dem Gleichgewicht bei Raumtemperatur entspricht (sie ist übersättigt). Durch Glühen bei einer Temperatur $T < T_n$ unterhalb der *Löslichkeitslinie* wird die Diffusionsgeschwindigkeit erhöht und der übersättigte Mischkristall kann sich in die beiden neuen Mischkristalle $\alpha$ und $\beta$ entmischen, die nach Zusammensetzung und Volumenanteil dem Gleichgewicht bei dieser Temperatur entsprechen. Die Ausscheidung der $\beta$-Phase aus dem $\alpha$-Mischkristall führt zu *Gitterverzerrungen*, wodurch die Härte steigt, allerdings

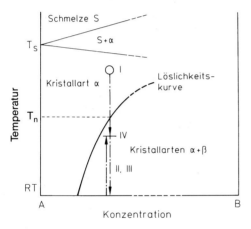

*Abb. 4.6* Ausscheidungshärtung;

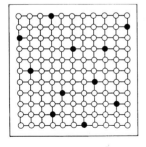

Homogener Mischkristall

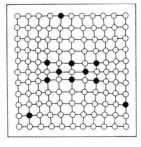

Kohärente Entmischungszone

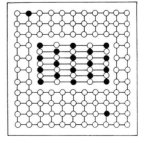

Inkohärente Ausscheidung (2. Phase)

○ Grundgitteratome   ● gelöste Atome

*Abb. 4.7* Ausscheidungshärtung; Stadien der Präzipitation (schematisch)

## 4.4 Verarbeitung von Edelmetall-Gußlegierungen

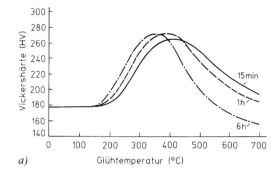

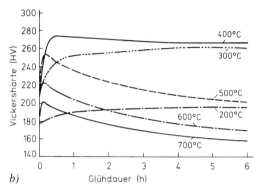

**Abb. 4.8 a, b** Aushärtungsverlauf bei einer Typ-4-Goldgußlegierung in Abhängigkeit von
a) Temperatur der Wärmebehandlung
b) Dauer der Wärmebehandlung

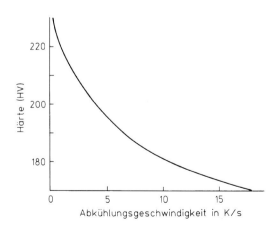

**Abb. 4.9** Selbstaushärtung einer Typ-4-Goldgußlegierung in Abhägigkeit von der Abkühlgeschwindigkeit nach dem Gießen

nur solange gewisse Gitterrelationen (*kohärente Entmischung*) bestehen und die Ausscheidungen eine bestimmte Größe nicht überschreiten (Abb. 4.7). Danach nimmt die Härte wieder ab (*Überhärtung/Überalterung*). Die Härtesteigerung läßt sich bei gegebener Legierung durch *Glühtemperatur* und *Glühzeit* steuern (Abb. 4.8).

Bei Edelmetall-Dentallegierungen sind Auslagerungszeiten von 10 bis 30 Minuten üblich; die Auslagerungstemperatur liegt dabei zwischen 350 und 600 °C.

Moderne Dental-Gußlegierungen sind so konzipiert, daß sie keiner Aushärtungsbehandlung bedürfen, sondern schon beim langsamen Abkühlen in der Gießform, im Lötofen oder nach dem Keramikbrand Ausscheidungen in ausreichender Zahl und Größe bilden, so daß sich die gewünschte Festigkeit ohne Zutun einstellt. Dieser *Selbsthärtungs-Effekt* ist in hohem Maß von der *Abkühlungsgeschwindigkeit* abhängig (Abb. 4.9), weshalb eine Gießform nicht abgeschreckt werden soll!

### 4.4.3 Mechanische Bearbeitung

*Spanabhebende Formgebung* beschränkt sich in der Zahntechnik vornehmlich auf das Fräsen und kann deshalb als *Oberflächenbearbeitung* zusammen mit *Schleifen* und *Polieren* eingeordnet werden. Der Oberflächenzustand (Kerben, Riefen, Rauhigkeit) hat allerdings einen erheblichen Einfluß auf die Lebensdauer bzw. auf die *Dauerfestigkeit eines Werkstücks*: Je glatter die Oberfläche ist, desto längere Zeit oder desto öfter kann ein Werkstück einer höheren Belastung ausgesetzt werden, ehe es durch *Ermüdungsbruch* versagt (wichtig bei Klammern, Wurzelstiften!). Dieser Effekt ist um so deutlicher, je höher die Zugfestigkeit des Materials ist.

Nur noch selten wird in der Zahntechnik *spanlose Bearbeitung*, insbesondere *Kaltumformung* wie Ziehen, Walzen, Hämmern und Biegen, durchgeführt. Die durch die plastische Verformung verursachten Gitterstörungen der Kristallite (Versetzungen) und Gefügeveränderungen (Texturen) machen sich vor allem in einer Veränderung der mechanischen Eigenschaften bemerkbar: Dehngrenze und Härte werden erhöht, die Bruchdehnung wird verringert. (Zum Verfestigungseffekt durch einsinnige Verformung vgl. 3.4.2.5).

## 4.5 Verbindungstechniken

### 4.5.1 Löten

*Löten* ist ein Verfahren zum Vereinen von metallenen Werkstücken (meist unterschiedlicher Art) mit Hilfe eines geschmolzenen *Zulegemetalls* (*Lot* = *Lotlegierung*), dessen *Arbeitstemperatur* unterhalb der Solidustemperaturen der zu verbindenden *Grundwerkstoffe* liegt und das diese benetzt, ohne daß diese beim Löten geschmolzen werden. Anschließend erfolgt im noch heißen Zustand häufig eine gegenseitige Diffusion zwischen dem Lot und den Grundwerkstoffen (vgl. auch Kap. 5.5.3.1).

Voraussetzungen für eine gute Lötung sind metallisch blanke Flächen, ein oxidlösendes *Flußmittel*, auf Arbeitstemperatur gleichmäßig vorgewärmte Grundwerkstoffe und ein möglichst parallelwandiger *Lötspalt* (0,05 bis 0,2 mm).

Entsprechend den zu lötenden Teilen (Grundwerkstoffen) werden Lote mit angepaßter Arbeitstemperatur gewählt. Dentallote müssen mundbeständig sein und sollten eine ähnliche Zusammensetzung (*Artgleichheit*) besitzen, wie die Teile, die durch sie verbunden werden sollen (Tabelle 4.5).

In der Zahntechnik können Edelmetall-Lote verwendet werden

- zum *Löten von Edelmetallegierungen* untereinander (artgleiche Goldlote auf Au-Ag-Zn- oder Au-Ag-Basis);
- zum *Löten von Nichtedelmetallegierungen untereinander* (Au-Ni-Lote, Pd-Ag-Lote);
- zum direkten oder indirekten Löten von *Edelmetall- an Nichtedelmetallegierungen* (Au-Ni-Lote, Goldlote).

Wegen des geringen Volumenanteils des Lotes wird die Festigkeit von Lötverbindungen bei einwandfreier Lötung von der Festigkeit der Grundwerkstoffe bestimmt. Für die Festigkeit von Lötverbindungen sind ähnliche *Wärmeausdehnungskoeffizienten* von Lot und Grundwerkstoffen ebenso von Vorteil wie gegenseitige *Diffusion*, solange keine spröden Phasen gebildet werden. Neben unvollständiger *Durchlötung* wirken Oxid- oder Flußmitteleinschlüsse sowie häufig auch Lunker und Poren festigkeitsmindernd und korrosionsfördernd.

### 4.5.2 Schweißen

Unter *Schweißen* versteht man das direkte Vereinen von (meist artgleichen) Grundwerkstoffen durch Anschmelzen – eventuell mit Druckunterstützung (vgl. auch Kap. 5.5.3.2). Die *Wärmeleitfähigkeit* der Werkstücke sollte möglichst gering sein, damit der Wärmeabfluß von der Schweißstelle zur Umgebung langsam erfolgt, d. h. Edelmetallegierungen sind nur eingeschränkt schweißfähig.

Mit dem in der Zahntechnik verwendeten *Punktschweißverfahren* können Werkstücke mit hohem *elektrischen Widerstand* zwischen zwei Cu-Elektroden gut geschweißt werden, d. h. Edelmetallegierungen sind dafür weniger gut geeignet. Mit dem Punktschweißgerät können Werkstücke auch aneinander geheftet (Handelektrode ohne Druck/größerer Strom) werden, auch Kombinationen aus Edelmetallen und Nichtedelmetallen.

*Laser- und Mikroplasmaschweißen* werden in jüngster Zeit in der Zahntechnik in wachsendem Umfang propagiert, befinden sich aber, was die Anwendung betrifft, zum Teil noch im Experimentierstadium. Mit gutem Erfolg scheint sich der Lasereinsatz beim Schweißen von Prothesen aus Co-Cr-Mo-

Legierungen bzw. aus Titan zu bewähren; bei Edelmetall-Legierungen wird jedoch von Durchlötungsproblemen berichtet, was zulasten der Bauteilfestigkeit ginge.

### 4.5.3 Angießen

Als drittes Verfahren zum stoffschlüssigen Verbinden von metallenen Werkstücken kommt das *Angießen* einer Legierungsschmelze an ein festes Teil in Betracht.

Die Legierung, an die angegossen wird, darf während des Vorwärmens in der Gußform nicht oxidieren, da durch eine Oxidschicht auf der Oberfläche das Verschweißen der Gußlegierung mit dem eingebetteten Teil verhindert würde. Angußfähige Legierungen enthalten deshalb keine Nichtedelmetalle oder nur geringe Zusätze.

Damit eine einwandfreie Angußverbindung erfolgt, muß die *Oberflächentemperatur* des eingebetteten Teils beim Angußvorgang erhöht werden auf eine Temperatur im Bereich des Schmelzintervalls der Gußlegierung (Analogie zur Arbeitstemperatur beim Löten). Die Vorwärmtemperatur der Gußform mit dem eingebetteten Teil muß deshalb so hoch gewählt werden, daß die restliche Temperaturerhöhung durch die auftreffende Schmelze erzielt werden kann.

Selbstverständlich darf das eingebettete Teil beim Angießen nicht aufschmelzen. Eine *angußfähige* Legierung muß deshalb nicht nur *inoxidabel* sein, sondern auch eine *hohe Solidustemperatur* aufweisen.

Geeignete Legierungen basieren auf den Systemen *Pt-Ir* bzw. *Au-Pt-Pd* und mit Einschränkung auf den Systemen Au-Ag bzw. Pd-Ag. In der Zahntechnik werden beispielsweise *prothetische Konstruktionselemente* (vgl. 4.3.3) und *Wurzelaufbaustifte* auch in angußfähigen Versionen angeboten.

## Weiterführende Literatur

*Ando, N.; Nakayama, M.:*
Mechanism of distortion of precious alloy restoration at high temperatures. Dent Mater J 4, 238–246 (1985)

*Asaoka, K.; Kuwayama, N.:*
Temperature dependence of thermal expansion coefficient for palladium – based binary alloy. Dent Mater J 9, 47–57 (1990)

*Augthun, M.:*
Palladium-Kupfer-Legierungen – ein biologisches Risiko? Phillip J 11, 275–278 (1994)

*Augthun, M.; Lichtenstein, M.; Kammerer, G.:*
Untersuchungen zur allergenen Potenz von Palladium-Legierungen. Dtsch Zahnärztl Z 45, 480–482 (1990)

*Auterhoff, J.; Lenz J.:*
Numerische Berechnung von Wärme-Eigenspannungen in metallkeramischen Kronen. Quintess Zahntech 12, 947–958 (1986)

bga-Informationsschrift.: Legierungen in der zahnärztlichen Therapie. Bundesgesundheitsamt, Berlin 1993

*Beck, D A.; Moon, P C.; Janus, C E.:*
A quantitative study of preporcelain soldered connector strength with palladium-based porcelain bonding alloys. J Prosthet Dent 56, 301–306 (1986)

*Bessing, C.; Bergman, M.; Sjoegren, G.:*
Corrosion and strength of dental low-gold brazing materials. Swed Dent J 15, 7–14 (1991)

*Bessing, C.; Lundqvist, P.; Tillstroem, B.:*
A 3-year clinical study of alternatives to high noble dental casting alloys type 3. Acta Odontol Scand 48, 319–325 (1990)

*Böhm, U.; Brämer, W.; Schuster, M.; Schusser, U.:*
Der Laser – ein Alleskönner in der Zahntechnik? Dent Magazin, 86–93 (1995)

*Boudrias, P.; Nicholls, J.I.:*
Tensile strength of postceramic solder joints with a palladium-silver alloy. J Prosthet Dent 57, 165–171 (1987)

*Brämer, W.; Schuster, M.; Schusser, U.:*
Abbeizen der Kronenränder – Gold und Platin an die Oberfläche. Dent Labor 42, 1247–1249 (1994)

*Butson, T.J.; Nicholls, J.I.; Ma, T.; Harper, R.J.:*
Fatigue life of preceramic soldered and postceramic soldered joints. Int J Prosthodont 6, 468–474 (1993)

*Byrne, G.; Goodacre; C. J, Dykema; R. W.; Moore, B. K.:*
Casting accuracy of high-palladium alloys.
J Prosthet Dent 55, 297–301 (1986)

*Cameron, T.B.:*
Palladium-based dental alloys in the '90s. Trends and Techniques in the Contemporary Dental Laboratory 10, 41–45 (1993)

*Carr, A.B.; Brantley, W.A.:*
New high-palladium casting alloys: 1. Overview and initial studies. Int J Prosthodont 4, 265–275 (1991)

*Carr, A.B.; Cai, Z.; Brantley, W.A.; Mitchell, J.C.:*
New high-palladium casting alloys: Part 2. Effects of heat treatment and burnout temperature. Int J Prosthodont 6, 233–241 (1993)

*Chew, C.L.; Norman, R.D.; Stewart, G.P.:*
Mechanical properties of metal-ceramic alloys at high temperature. Dent Mater 6, 223–227 (1990)

*Corso, P; German, R. M.; Simmons, H. D.:*
Tarnish evaluation of gold-based dental alloys.
J Dent Res 64, 848 (1985)

*Corso, P; German, R. M.; Simmons, H. D.:*
Corrosion evaluation of gold-based dental alloys.
J Dent Res 64, 854 (1985)

*Crispin, B.J.; Seghi, R.R.; Globe, H.:*
Effect of different metal ceramic alloys on the color of opaque and dentin porcelain. J Prosthet Dent 65, 351–356 (1991)

*Daftary, F.; Donovan, T.:*
Effect of four pretreatment techniques on porcelain-to-metal bond strength. J Prosthet Dent 56, 535–536 (1986)

Das Dental Vademekum 5. Deutscher Ärzte-Verlag GmbH, Köln 1995

DHEW Publication No. (NCH) 77–1227: Alternatives to gold alloys in dentistry. 1977

*Dielert, E.:*
Mechanisch-technologische und metallographische Untersuchungen an Lötungen von Dentallegierungen. Dtsch Zahnärztl Z 33, 543 (1978)

*Drapal, S. ; Pomajbik, J.:*
Segregation in precious-metal dental-casting alloys. J Dent Res 72, 587–591 (1993)

*Eden, G. T.; et al.:*
Fit of porcelain-fused-to-metal crown and bridge castings. J Dent Res 58, 2360 (1979)

*Eichner, K.:*
Metall-Legierungen für keramische Verblendungen und deren spezifische Verarbeitung. Edelmetall-, Palladium- und Nichtedelmetall-Legierungen. Dtsch Stomatol 40, 501–507 (1990)

*Eichner, K.:*
Klinische Beurteilung dentaler Legierungen. Dtsch Zahnärztl Z 40, 266–272 (1985)

*Eichner K.:*
Untersuchungen an Lötverbindungen von Edelmetall-, edelmetallreduzierten und Nichtedelmetall-Dentallegierungen. Dtsch Zahnärztl Z 39, 817 (1984)

*Eichner, K.; Voss, R.:*
Der Kronenrand. Dtsch Zahnärztl Z 26, 742 (1971)

*Eifinger, F.F.:*
Licht- und elektronenmikroskopische Untersuchungen an einer angußfähigen Platin-Gold-Legierung für Wurzelstifte. Dtsch Zahnärztl Z 19, 234 (1964)

*Erhardson, S. :*
Form und Abmessung von Lötstellen bei Brückenarbeiten. Dtsch Zahnärztl Z 33, 626 (1983)

*Fischer, J.; Guo-Huang, K.; Salk, M.:*
Die Bedeutung des ternären Systems Au-Pt-In für die Entwicklung aufbrennfähiger Edelmetall-Legierungen. Dtsch Zahnärztl Z 49, 636–642 (1994)

*Fischer, J.:*
Die Bedeutung von Palladium für die technischen Eigenschaften dentaler Edelmetall-Gußlegierungen. Quintessenz Zahntech 21, 91–101 (1995)

*Fuchs, P.; Küfmann, W.:*
Gußfehler- und Gefügeuntersuchungen bei Aufbrennlegierungen im Vergleich von Schleuderguß und Vakuumdruckguß. Dtsch Zahnärztl Z 33, 450 (1978)

*Gettleman, L.:*
Noble alloys in dentistry. Current Opinion in Dentistry 1, 218–221 (1991)

*Grajower R.; Kurz, I.; Bapna, M.S.:*
Cutting times and grinding rates of various crown and bridge metals. Dent Mater 2, 187–192 (1986)

*Haußelt, J.; Schiwiora, H.; Groll, W.:*
Anwendung und Wirkung von Deckgold. Dent Labor 30, 713–718 (1982)

*Heimrath, S. :*
Biokompatibilitätsuntersuchungen an Edelmetall- und Vergleichslegierungen. Zahnärztl Welt 104, 20–23 (1995)

*Herø, H.; Syvernd, M.:*
Carbon impurities and properties of some palladium alloys for ceramic veneering. Dent Mater 1, 106 (1985)

*Herø, H.; Valderhaug, J.:*
Tarnishing in vivo and in vitro of a low gold alloy related to its structure. J Dent Res 64, 139 (1985)

*Herrmann, H. W.:*
Die Oberfläche von Goldgüssen. Dent Labor 26, 1164 (1978)

*Hoffmann-Axthelm, W.:*
Die Geschichte der Zahnheilkunde. Quintessenz, Berlin 1973

*Hoffmann-Axthelm, W.:*
Zur Geschichte des Zahnersatzes. Quintessenz, Berlin 1969, 131; 1970, 93

*Hohmann, W.:*
Edelmetallgußwerkstoffe in der Zahnheilkunde. Welche Vorteile bringt der Silbergehalt? Dent Labor 33, 1649 (1985)

*Hohmann, W.:*
Gasblasenbildung bei goldreduzierten aufbrennfähigen Edelmetall-Gußwerkstoffen. Dent Labor 31, 291 (1983)

*Hong, J M.:*
Studies on the recasting characterization of a palladium-silver porcelain alloy: the effects of the oxidation layer. Kao Hsiung I Hsueh Ko Hsueh Tsa Chih 2, 552–561 (1986)

*Jensson, J. S. ; Leinfelder, K. F.; Lacefield, W. R.; Lemons, J. E.:*
Silver-palladium alloys for resin-bonded retainers. Dent Mater 2, 220–224 (1966)

*Jochen, D.G.; Caputo, A.A.; Matyas, J.:*
Reuse of silver-palladium ceramic metal. J Prosthet Dent 65, 588–591 (1991)

*Jorgensen, R.B.; Herø, H.; Kullmann, A.:*
Effects of In and Zn on properties of low noble metal alloys. Biomaterials 12, 17–21 (1991)

*Kaminski, R. A.; Anusavice, K. J.; Okabe, T.; Moore, B. K.; Casteel, P. E.:*
Castability of silver-based fixed partial denture alloys. J Prosthet Dent 53, 320 (1985)

*Knosp, H.:*
Der Präzisionsguß mit Edelmetallegierungen in der Zahntechnik. Metall 30, 1115 (1976)

*Knosp, H.:*
Goldfarbene Edelmetallegierungen für die Metallkeramik. Dent Labor 26, 534–539 (1978)

*Knosp, H.:*
Aushärtungsvorgänge in Edelmetall-Dentallegierungen. Dent Labor 26, 49 (1978)

*Knosp, H.:*
Stand der Verbindungstechnik mit Edelmetallegierungen. (I) Quintess Zahntech 5, 73–78 (1979); (II) Quintess Zahntech 6, 57–62 (1980); (III) Quintess Zahntech 6, 63–69 (1980)

*Knosp, H.; Nawaz, M.; Stümke, M.:*
Dental gold alloys. Gold Bull 14, 57–64 (1981)

*Komma, O.:*
Hydrothermale Dentalkeramik-Systeme. Hrsg. DUCERA Dental GmbH, Rosbach 1993

*Körber, K.:*
Konuskronen-Teleskope. Hüthig, Heidelberg 1971

*Körber, K.; Ludwig, K.; Huber, K.:*
Bruchfestigkeit metallkeramischer Brücken. Dent Labor 30, 725–730 (1982)

*Landt, H.; Lockowandt, P.:*
Die Genauigkeit beim Löten. Dtsch Zahn Mund Kieferheilk 71, 609 (1983)

*Lemons, J. E.:*
Casting accuracies and porcelain interface strength for Au and Ni base alloys. IADR Program and Abstracts, No. 36 (1980)

*Lenz, E.:*
Untersuchung über den Einfluß von Gußbedingungen und Wärmebehandlung auf Mikrostruktur und Härte einer Silber-Palladium-Gußlegierung. Dtsch Zahn Mund Kieferheilk 70, 355–363 (1982)

*Lenz, E.; Mann, E:*
Metallographische und elektrochemische Untersuchungen zur werkstoffgerechten Verarbeitung von Silber-Palladium-Gußlegierungen. Stomatol DDR 33, 393 (1983)

*Loebich, O.:*
Der Lunker und seine Vermeidung. Dtsch Zahnärztl Z 8, 1037 (1953)

*Lorenzana, R. E.; Staffanou, R. S. ; Marker, V. A.; Okabe, T.:*
Strength properties of soldered joints for a goldpalladium alloy and a palladium alloy. J Prosthet Dent 57, 450–454 (1987)

*Maehr H. G.:*
Technisches Vorgehen bei der Erstellung einer Lötung zwischen einer Co-Cr-Mo-Legierung und Edelmetall. Quintess Zahntech 12, 759–767 (1986)

*Marx. H.:*
Über den Einfluß des Gußverfahrens auf die Poren- und Lunkerbildung. Dtsch Zahnärztl Z 22, 1228 (1967)

*Marx, H.:*
Untersuchungen über die Wiederverwendbarkeit dentaler Gold-Platin-Legierungen. Dtsch Zahnärztl Z 28, 916 (1973)

Mediziproduktegesetz: Gesetzestext / mit amtlicher Begründung und einer Einf. von Gert H. Schorn. Wiss. Verl.-Ges., Stuttgart 1994

*Meier, B.; Komma, O.; Kempf, B.; Weppler, M.:*
Ein neues Metall-Keramik-System. Einige werkstoffkundliche Aspekte. Dent Labor 41, 1387–1394 (1993)

*Monday, J. J.; Asgar, K.:*
Tensile strength comparison of presoldered and postsoldered joints. J Prosthet Dent 55, 23–27 (1986)

*Nawaz, M. H. A.; Schiwiora, H.; Stümke, M.; Wagner; R.:*
Postsoldering of Ag-free, low gold and Pd-base ceramic alloys. IADR DMG Microfiche No. 478, 1985

Norm E DIN EN 1641 / 12.94, Zahnheilkunde – Medizinprodukte für die Zahnheilkunde – Werkstoffe.

Norm DIN EN ISO 1562 : 1995-04, Dental-Goldgußlegierungen

Norm DIN EN ISO 8891 : 1995-05, Dental-Gußlegierungen mit einem Edelmetallanteil von 25 % bis unter 75 %.

Norm DIN EN ISO 9693 : 1995-03, Metall-Keramik-Systeme für zahnärztliche Restaurationen

Norm DIN EN 29 333 : 1992-12, Dentallote.

*Nowack, L.:*
Vergütbare Edelmetall-Legierungen. Z Metallk 22, 94–103 (1930)

Palladiumlegierungen (Stellungnahme der DGZMK 2/95, Stand 28.2.1995 ). Dtsch Zahnärztl Z 50, 176 (1995)

Patent DE 1 183 247, „Edelmetallegierung zum Aufbrennen von Porzellan für zahnärztliche Zwecke", 1962 (E. Wagner)

Patent DE 1 533 233, „Goldlegierung zum Aufbrennen von Porzellan für zahnärztliche Zwecke", 1966 (E. Wagner)

Patent DE 2 424 575, „Goldlegierung zum Aufbrennen von Porzellan für zahnärztliche Zwecke", 1974 (H. Knosp)

Patent DE 2 440 425, „Goldarme Edelmetallegierungen zum Aufbrennen von Porzellan für zahnärztliche Zwecke", 1974 (E. Wagner)

Patent DE 2 453 799, „Kupferfreie Dentalgoldlegierungen", 1974 (E. Wagner)

Patent DE 2 509 476, „Harte, kupferfreie Dental-Goldlegierungen'', 1975 (R. Kropp)

Patent DE 3 239 338, „Verwendung einer Palladium-Legierung in der Dental-Technik", 1982 (K. Eurich)

Patent DE 3 304 183, „Verwendung einer Palladium-Legierung zum Aufbrennen keramischer Massen in der Dentaltechnik", 1983 (K. Eurich)

Patent DE 3 316 595, „Dentallegierungen auf der Basis von Palladium zur Herstellung von festsitzendem und herausnehmbarem Zahnersatz", 1983 (R. Wagner, H. Schiwiora)

Patent DE 3 447 413, „Edelmetall-Legierung hoher Gewebeverträglichkeit für die dentale Metallkeramik", 1984 (K. Körber, K. Ludwig)

Patent DE 4 031 168, „Keramischer Werkstoff mit hohem Wärmeausdehnungs-Koeffizienten zum Verblenden von metallischem Zahnersatz", 1990 (N.N.)

Patent DE 4 233 133, „Verwendung palladiumfreier, hochgoldhaltiger Dentallegierungen", 1992 (K. Spohn, R. Wagner, M. Stümke)

Patent EP 0 475 528, „A dental porcelain, a method of producing a dental restoration, a dental alloy", 1990 (J. van der Zel)

Patent US 4 387 072, „Novel palladium alloy and dental restorations utilizing same", 1982 (S.P. Schaffer)

*Papazoglou, E.; Brantley, W.A.; Carr, A.B.; Johnston, W.M.:*
Porcelain adherence to high-palladium alloys. J Prosthet Dent 70, 386–394 (1993)

*Peregrina, A. M.; Rieger, M. R.:*
Evaluating six sprue designs used in making high palladium alloy castings. J Prosthet Dent 56, 192–196 (1986)

*Peregrina, A.; Schorr, B.L.:*
Comparison of the effects of three sprue designs on the internal porosity in crowns cast with a silver-free high-palladium alloy. J Prosthet Dent 64, 162–166 (1990)

*Pfannenstiel, H.:*
Die Technik des Fräsens. Neuer Merkur, München 1985

*Pfeiffer, P.; Schwickerath, H.:*
Vergleich der Löslichkeiten von NEM- und Palladiumlegierungen. Dtsch Zahnärztl Z 50, 136–140 (1995)

*Purt, R.:*
Palladium ceramic alloys: possible health hazards? Quintess Dent Technol 11, 35–41 (1987)

*Rasmussen, S. T.; Doukoudakis, A. A.:*
The effects of using recast metal on the bond between porcelain and a gold-palladium-alloy. J Prosthet Dent 55, 447–453 (1986)

*Raub, E.:*
Die Edelmetalle und ihre Legierungen. Springer, Berlin 1940

*Raub, E.; Wörwag, G.:*
Die Silber-Palladium-Kupfer-Legierungen. Z Metallk 46, 52 (1955)

*Reppel, P.-D.:*
Gefügeveränderungen nach dem Brand bei einer hochgoldhaltigen Aufbrennlegierung. Dent Labor 34, 963–964 (1986)

*Sarkar, N. K.; Verret, M.; Eyer, C. S.; Jeansonne, E. E.:*
Role of gallium in alloy-porcelain bonding. J Am Dent Ass 110, 548 (1985)

*Schatz, J.:*
Die metallurgischen Vorgänge zwischen Hartlot und Grundwerkstoffen und Folgerungen für die lotgerechte Konstruktion. Schweißen und Schneiden 9, 522 (1957)

*Schiffleger, B. E.; Ziebert, G. J.; Dhuru, V. B.; Brantley, W. A.; Sigaroudi, K.:*
Comparison of accuracy of multiunit one-piececastings. J Prosthet Dent 54, 770–776 (1985)

*Schwickerath, H.:*
Das Festigkeits- und elastische Verhalten von Metallen. Dtsch Zahnärztl Z 33, 643 (1978)

*Schwickerath, H.:*
Zur Finierbarkeit. Zahnärztl Welt 94, 554 (1985)

*Schwickerath, H.:*
Zur Bearbeitbarkeit von Dentallegierungen. Zahnärztl Welt 95, 230 (1986)

*Schwickerath, H.:*
Haftung und Verbundfestigkeit. Quintessenz Zahntech 20, 859–867 (1994)

*Sperner, F.:*
Platinmetalle in Edelmetall-Dentallegierungen. Dent Labor 31, 593 (1983)

*Stümke, M.:*
50 Jahre deutsche Normung von Dental-Goldlegierungen. Degussa-Brief Nr 45, 3–14 (1979)

*Stümke, M.:*
Metallic Materials for Prostheses. In: Dental Materials, Vol. A8, Ullmann's Encyclopedia of Industrial Chemistry, 5th ed., VCH, Weinheim 1987, S. 259–266

*Stümke, M.:*
Palladium – ein Werkstoff in der Diskussion. DZW-Spezial 3, 26–27 (1994)

*Stümke, M.:*
Edelmetall-Legierungen. Legierungen der Wahl, aber Qual der Auswahl. ZMK 10, 6–16 (1994)

*Tamaki, Y.:*
Electro-mechanical grinding of dental alloys. J Jap Dent Mat 5, 804–811 (1986)

Tammann, G.:
Die chemischen und galvanischen Eigenschaften von Mischkristallreihen und ihre Atomverteilung. Z Anorg All Chem 107, 1–240 (1919)

The J.M. Ney Company: Die gegossene partielle Prothese (Planned Partials, 1951). Degussa, Frankfurt a. M. 1956

Uusalo, E. K.; Lassila, V.P.; Yli-Urpo, A. U.:
Bonding of dental porcelain to ceramic-metal alloys. J Prosthet Dent 57, 26–29 (1987)

Wagner, E.:
Aushärtung und Verformung bei Goldlegierungen. Metall 12, 628 (1958)

Wagner, E.:
Aushärtung (Vergütung). Dtsch Zahnärztl Z 15, 833 (1960)

Wagner, E.:
Die theoretischen Grundlagen der Vita-VMK / Degudent-Technik. Zahnärztl Welt 66, 343–351 (1965)

Wagner, R.; Schiwiora, H.; Nawaz, M. H. A.:
Das Löten nach dem Brand von silberfreien Au-Pd- und Pd-Basis-Aufbrennlegierungen. Dent Labor 36, 1253–1258 (1988)

Walter; M.; Reppel, P.-D.; Sauer, G.:
Vergleichende Untersuchung über die Verarbeitung goldreduzierter Legierungen für keramische Verblendung. Dtsch Zahnärztl Z 41, 479–483 (1986)

Wirz, J.:
Sind die neuen Legierungen biokompatibel? Hochgoldhaltig ist weiter Trumpf. Dent Labor 34, 1113–1116 (1986)

Wirz, J.:
Die Qalität von Lötverbindungen. Teil 1: Lötverfahren, Prüfmethoden und Zugfestigkeit. Quintessenz 41, 111–117 (1990)

Wirz, J.:
Was ist dran am Palladium-Streit? Ist das Material besser als sein Ruf? Phillip J 9, 407–408 (1993)

Wise, E. M.; Crowell, W. S. ; Eash, J. T.:
The role of the platinum metals in dental alloys. Trans Amer Inst Mining Met Eng 99, 363–383 (1932)

Wiskott, H.W.; Nicholls, J.I.; Taggart, R.:
Fatigue strength of a Au-Pd alloy / 585 solder combination. J Dent Res 70, 140–145 (1991)

Yamada, H. N.; Grenoble, P. B.:
Dental Porcelain: The state of the art – 1977. University of Southern California School of Dentistry, Los Angeles 1977

Young, H. M.; Coffey, J. P.; Caswell, C. W.:
Sprue design and its effect on the castability of ceramometal alloys. J Prosthet Dent 57, 160–164 (1987)

van der Zel, J.M.:
Materialkundliche Aspekte des Carrara-Metall- und Keramik-Systems. Dent Labor 39, 1199–1203 (1991)

Zinke, A.; Eichner; K.:
Untersuchungen zur Mikrostruktur der Diffusionsschicht zwischen Lot und Edelmetall-Aufbrennlegierungen nach Ofenlötung. Dtsch Zahnärztl Z 41, 473–478 (1986)

Zinke, T.:
Palladium-Basis-Legierungen. Zahnärztl Mitt 82, 38–40 (1992)

# 5 Nichtedelmetallegierungen

*J. Geis-Gerstorfer, Tübingen*

## 5.1 Einleitung

Die ersten prothetischen Arbeiten aus edelmetallfreien Legierungen wurden mittels Kaltverformung hergestellt. Bereits um 1860 stellte man Basisplatten aus Aluminium her (*Hoffmann-Axthelm* 1985). Im Jahre 1919 folgte die Einführung des Edelstahls durch die Firma Krupp (*Hauptmeyer* 1920) zur Herstellung von Klammern, Bügeln und Basisplatten („Stahlgebiß"). Gegen Ende der zwanziger Jahre fand eine zunehmende Ablösung der Kaltverarbeitung durch das Vergießen verschiedener Nichtedelmetallegierungen statt (*Pfaffenberger et al.* 1943; *Tofaute* 1956). Fälschlicherweise wird z.T. heute noch im Sprachgebrauch der Begriff „Stahltechnik" benutzt. Weltweit stellen die edelmetallfreien Legierungen nach ihrem Umsatz betrachtet die größte Legierungsgruppe dar. In den USA haben edelmetallfreie Legierungen für Kronen- und Brückenarbeiten mit einem Marktanteil von 70 % bereits seit längerem eine hohe Akzeptanz erreicht, wobei dort aufbrennfähige NiCr-Legierungen im Vordergrund stehen. Als kostendämpfende Alternative zu den Edelmetallegierungen haben sich auch bei uns, insbesondere in den letzten 10–15 Jahren, edelmetallfreie Legierungen, vornehmlich auf Kobalt-Chrom- und Nickel-Chrom-Basis, neuerdings auch zunehmend Titan, etabliert.

Zur Unterscheidung von den Edelmetallegierungen (EM-Legierungen), hat sich für diese Werkstoffgruppe die Bezeichnung NEM-Legierungen (**N**icht**e**del**m**etallegierungen) durchgesetzt, obwohl sie nicht ganz korrekt ist, da diese Abkürzung nach DIN 1700 bereits für **N**icht**e**isen-**M**etalle belegt ist. Die Verwendung des Begriffes „Nicht" ist dabei kein absolut ausschließendes Kriterium; NEM-Legierungen können durchaus geringe Mengen an Edelmetallen enthalten.

Neben den ökonomischen Aspekten werden CoCr- und NiCr-Legierungen aus werkstoffkundlicher Sicht gegenüber den Edelmetallegierungen durch ihren höheren Elastizitätsmodul und ihre höhere Warmfestigkeit als vorteilhaft angesehen. Der Elastizitätsmodul beschreibt den für Brückenkonstruktionen wichtigen Widerstand gegen elastische Verformung, der im Falle der edelmetallfreien Legierungen etwa doppelt so hoch ist wie bei den edelmetallhaltigen und dadurch ein grazileres Arbeiten bzw. bei einer goldähnlichen Modellationsstärke weiterspannende Brückenkonstruktionen ermöglicht. Die Warmfestigkeit gibt den Widerstand gegen eine Deformation des Metallgerüstes bei thermischer Belastung wieder, wie sie z. B. durch das Aufbrennen von Keramik hervorgerufen werden kann. Andererseits gelten NEM-Legierungen als schwieriger zu verarbeiten und sind hinsichtlich ihrer Biokompatibilität einer kritischeren Betrachtung ausgesetzt. Daß im Prinzip alle heute denkbaren zahnärztlich-prothetischen Konstruktionen mit edelmetallfreien Legierungen herstellbar sind, ist hinreichend beschrieben (*Weber* 1985).

## 5.2 Einteilung und Zusammensetzung der NEM-Legierungen

Die gegenwärtig verfügbaren NEM-Legierungen, die auf dem Markt Bedeutung erlangt haben, können anhand ihrer Zusammensetzung in Kobalt-, Nickel-, Eisen- und Titan-Legierungen, sowie die Stahldrähte unterteilt werden. Weiterhin kann, je nach Legierungsbasis, zwischen aufbrennfähigen und nichtaufbrennfähigen Typen unterschieden werden, wobei die ersteren überwiegend für festsitzenden und die letzteren für herausnehmbaren Zahnersatz Verwendung finden.

> Die Kennzeichnung der Legierungen erfolgt nach dem Massegehalt der darin enthaltenen Elemente in absteigender Reihenfolge.

Bei NiCr25Mo10Nb2,5 handelt es sich zum Beispiel um eine Nickel-Basislegierung mit 25 m% Chrom, 10 m% Molybdän und 2,5 m% Niob (Rest Ni). Im Gegensatz zu den Edelmetallegierungen werden NEM-Legierungen nicht in verschiedene wärmebehandelte Typen unterteilt, da nachträglich durchgeführte Wärmebehandlungen hier nur unwesentliche Eigenschaftsverbesserungen bewirken, so daß sie in der Praxis nicht angewandt werden. Als Nebenbestandteile sind zur Erzielung einer guten Bindung der Keramik und zur Abstimmung der Verarbeitungseigenschaften sowie der Festigkeitswerte Elemente wie Silizium, Cer, Bor, Aluminium oder Mangan hinzulegiert. Besondere Beachtung findet ein niedriger Kohlenstoffgehalt, um Karbidbildungen weitestgehend auszuschließen.

Die Zusammensetzung von NEM-Legierungen wird in Normen festgelegt: Z.B. DIN EN ISO 6871 für CoCr-Gußlegierungen zur Herstellung von herausnehmbarem Zahnersatz und DIN 13912 für NEM-Gußlegierungen, die vorwiegend zur Herstellung von festsitzendem Zahnersatz und Füllungen verwendet werden.

> Nach der DIN 13912:1995 muß der prozentuale Massegehalt an Chrom, Molybdän und/oder Wolfram in Nickel-, Kobalt- und Eisen-Gußlegierungen der folgenden Formel genügen: $Cr + 3{,}3 \times (Mo + 0{,}5\,W) > 30$.

Weiterhin wurde darin festgelegt, daß der Cr-Gehalt bei Ni-Basislegierungen minde-

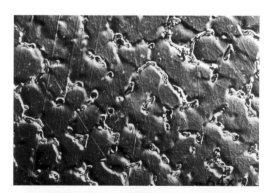

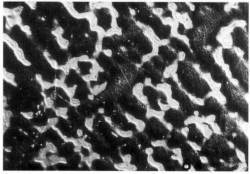

*Abb. 5.1* Polierte Schliffe von NiCr25Mo10 *(oben)* und CoCr32Mo5 *(unten)* im differenziellen Interferenzkontrast

## 5.2 Einteilung und Zusammensetzung der NEM-Legierungen

stens 18 m% und bei Co-Basislegierungen 20 m% betragen muß, während der Berylliumanteil höchstens 0,01 m% betragen darf.

Eine umfassende Produktübersicht mit Angaben zur chemischen Zusammensetzung und den Eigenschaften der auf dem Markt befindlichen NEM-Legierungen gibt „Das Dental Vademekum" (*Dental-Vademekum* 1995), das in regelmäßigen Abständen aktualisiert und neu aufgelegt wird.

NEM-Legierungen haben aufgrund ihrer thermodynamischen Keimbildungsbedingungen zumeist eine fein verästelte dendritische Mikrostruktur und weisen ein mehrphasiges und heterogenes Gefüge auf (Abb. 5.1).

### 5.2.1 Kobalt-Basislegierungen

Das heutige Wissen über Kobalt-Basislegierungen geht auf Untersuchungen des Zweistoffsystems Co-Cr von *Tammann* zurück (*Tammann* 1919). Durch Hinzufügen weiterer Legierungsbestandteile wurde 1932 von *Erdle* und *Prange* (*Erdle* 1937) die vergießbare CoCr-Legierung *Vitallium* in die Zahntechnik eingeführt, die in nahezu unveränderter Form den Grundbaustein der heutigen CoCr-Legierungen lieferte. Wegen ihres günstigen biologischen Verhaltens werden CoCr-Legierungen bereits seit Jahrzehnten als Implantatwerkstoffe benutzt (*Steinemann* 1979, 1980).

Die meisten der heute verfügbaren CoCr-Legierungen basieren auf dem Dreistoffsystem Co-Cr-Mo (Abb. 5.2).

Es handelt sich hierbei in der Regel um zweiphasige Legierungen, die aus dem Mischkristall ε und der intermetallischen Phase σ bestehen. Der Mischkristall ε ist hexagonal und gewährleistet die guten mechanischen Eigenschaften, während die intermetallische Phase σ tetragonal ausscheidet und die Härte und Sprödigkeit der Legierung bewirkt. Der Chromzusatz liefert die Basis für die gute Korrosionsbeständigkeit der CoCr-Legierungen, und Molybdän wirkt stabilisierend auf das Gefüge und erhöht ebenfalls die Korrosionsbeständigkeit. Der Molybdänzusatz liegt meist um 5 m%.

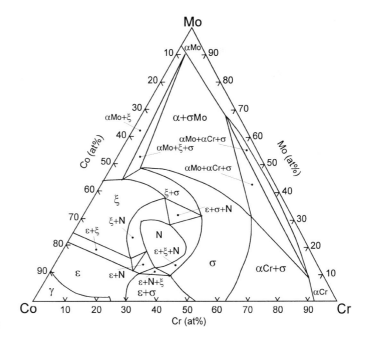

Abb. 5.2 Ternäres Phasendiagramm des Systems Co-Cr-Mo

*Tabelle 5.1* Chemische Zusammensetzung von CoCr-Legierungen in m% (sonstige je nach Element bis 1,5%); A=nicht aufbrennfähig (n=65), B=aufbrennfähig (n=24) (*Dental-Vademekum* 1995)

| | Co | Cr | Mo | W | Ti | Si | C | Mn | Fe | Ni | sonstige |
|---|---|---|---|---|---|---|---|---|---|---|---|
| A | 33,0–75,0 | 28,0–32,0 | 0,3–6,5 | – | 0–5,0 | 0–1,0 | 0–0,6 | 0–2,0 | 0–14,0 | 0–2,5 | P, S, N, V, Ta, Pt, Mg |
| B | 52,0–69,5 | 20,0–32,0 | 0–7,0 | 0–12,0 | 0–2,0 | 0–2,5 | 0–0,6 | 0–1,0 | 0–2,0 | – | Ce, La, Al, Cu, V, Ru, Ta |

> Zur Gewährleistung einer ausreichenden Mundbeständigkeit benötigen CoCr-Legierungen mindestens 25 m% Chrom.
>
> Da es beim Abkühlen des Gusses zu einer Chromanreicherung an der Oberfläche mit einer darunterliegenden Verarmungsschicht kommen kann, werden sicherheitshalber zumeist 28 m% und mehr Cr hinzulegiert. Das Molybdän in den Legierungen kann durch das Element Wolfram substituiert werden, wobei zur Erreichung vergleichbarer Eigenschaften etwa die doppelte Menge erforderlich ist.

Die Gruppe der CoCr-Legierungen kann in aufbrennfähige und nicht aufbrennfähige Legierungen unterteilt werden, wobei die nicht aufbrennfähigen für herausnehmbaren Zahnersatz den Hauptanteil ausmachen. Die heutigen CoCr-Legierungen stellen, anders als die NiCr-Legierungen, eine relativ einheitlich zusammengesetzte Legierungsgruppe dar (siehe Tabelle 5.1, n=Anzahl der im Dental-Vademekum registrierten Legierungen).

Die guten mechanischen Eigenschaften der Kobalt-Legierungen prädestinieren sie zur Herstellung von Basisplatten mit Klammern und Bügel in einem Arbeitsgang (Einstückgußprothese).

## Nicht aufbrennfähige Kobalt-Basislegierungen

> Bei herausnehmbaren Prothesen mit einem gegossenen Metallgerüst (Modellguß) haben sich CoCr-Legierungen durchgesetzt und gelten bei dieser Art der prothetischen Versorgung mittlerweile als „Routinetherapeutikum".

Zwar haben sie ähnliche Zugfestigkeiten und Dehngrenzen wie die EM-Legierungen, sind diesen gegenüber aber eher für den Modellguß prädestiniert, da sie eine größere Härte und einen mehr als doppelt so hohen E-Modul aufweisen. Anhand der Häufigkeitsverteilung der drei Hauptelemente der auf dem Markt angebotenen CoCr-Legierungen ergibt sich bei den nicht aufbrennfähigen Vertretern mit einem Co-Anteil von über 60 m% (63 von 65 im Dental-Vademekum 1993 registrierten Legierungen) eine typische mittlere chemische Zusammensetzung von Co=$63,9 \pm 1,6$, Cr=$28,9 \pm 1,3$ und Mo=$5,5 \pm 0,7$ m%.

## Aufbrennfähige Kobalt-Basislegierungen

Aufgrund der hohen Nickelallergierate in der Bevölkerung (ca. 10 % der Frauen) werden zunehmend aufbrennfähige NEM-Legierungen auf Kobaltbasis angeboten. Diese Legierungen leiten sich von den Modellgußlegierungen ab, denen sie weitestgehend entsprechen, wobei sie teilweise legierungsmäßig modifiziert wurden, um die Härte und insbesondere den thermischen Ausdehnungskoeffizienten herabzusetzen (Anpassung an die Keramik) und um eine bessere Verarbeitbarkeit zu erreichen.

*Drahtlegierungen*

Neben den Gußlegierungen werden CoCr-Drahtlegierungen eingesetzt, bei denen bis zu 30 % des Co durch Ni ersetzt ist, um die härtesteigernde Kobaltumwandlung zu vermeiden (z. B. Typ Wiptam, CoCr28Ni24; wippende Tammann Legierung). Legierungen diesen Typs für Anwendungen in der Kieferorthopädie sind vergütbar und zeichnen sich durch eine hohe Dehngrenze und Bruchdehnung aus. In der Kieferorthopädie werden auch sogenannte „superelastische" TiNi-Legierungen (z. B. TiNi45) und $\beta$-Ti-Legierungen eingesetzt, die durch einen niedrigen E-Modul im Bereich 35-70 GPa gekennzeichnet sind.

### 5.2.2 Nickel-Basislegierungen

Die Entwicklung der meisten NiCr-Legierungen läßt sich auf die sogenannten Schweißzusatzwerkstoffe der Großindustrie zurückführen.
Die Gruppe der NiCr-Legierungen ist sehr komplex zusammengesetzt und kann, ebenso wie die der CoCr-Legierungen, in aufbrennfähige und nicht aufbrennfähige Typen unterteilt werden (siehe Tabelle 5.2, n=Anzahl der im Dental-Vademekum registrierten Legierungen), wobei die nicht aufbrennfähigen Typen eine untergeordnete Rolle spielen.

Der isotherme Schnitt durch das ternäre Phasendiagramm bei 1 250 °C zeigt (Abb. 5.3), daß die Legierungen aus einer Festkörperlösung aus Nickel mit einem kubisch-flächenzentrierten Gitter ($\gamma$-Phase) bestehen, in dem die Substituenten Chrom und Molybdän gelöst sind. Um gute mechanische Eigenschaften zu erhalten, sollte die Summe der Nebenelemente 30 m% nicht übersteigen, da sonst die spröde $\sigma$-Phase ausgebildet werden kann. Gleiches gilt für das Korrosionsverhalten, das durch die Ausscheidung intermetallischer Phasen eine Beeinträchtigung erfahren würde.

> Um eine gute Korrosionsbeständigkeit zu gewährleisten, sollten NiCr-Legierungen einen ausreichend hohen Cr- und Mo-Gehalt aufweisen.

Das Schmelzintervall ist zumeist auf einen Bereich von 25-50 °C eingestellt, um Mikroporositäten und übermäßige Entmischungen zu vermeiden.

*Aufbrennfähige Ni-Basislegierungen*

Diese speziell für die Metallkeramik entwickelten Legierungen haben einen hohen Nickelanteil und erhalten ihre Korrosionsbeständigkeit durch Chrom- und Molybdänzugaben. Nach dem Aufkommen erster NiCr-Legierungen in den USA (z. B. Ultratek) in den sechziger Jahren, wurde 1969 auch in der Bundesrepublik dieser Legierungstyp eingeführt (Wiron). Aus diesen ursprünglich berylliumhaltigen Legierungen wurde im

*Tabelle 5.2* Chemische Zusammensetzung von NiCr-Legierungen in m% (sonstige je nach Element bis 3,5 %); A=nicht aufbrennfähig (n=2), B=aufbrennfähig (n=17) (*Dental-Vademekum* 1995)

| | Ni | Cr | Mo | W | Si | Mn | Nb | Ga | Be | Fe | Co | Ti | sonstige |
|---|---|---|---|---|---|---|---|---|---|---|---|---|---|
| A | 63,5–66,6 | 23,0–26,0 | 3,0–5,0 | – | 1,0–1,5 | 0,5–0,6 | – | – | – | 0–9,0 | – | – | B (0,3) |
| B | 59,0–76,0 | 13,0–26,0 | 3,0–11,0 | 0–5,0 | 0–3,0 | 0–0,8 | 0–4,0 | 0–7,5 | 0–1,7 | 0–5,0 | 0–2,0 | 0–2,0 | Al, Ce, B, V, Y, Cu |

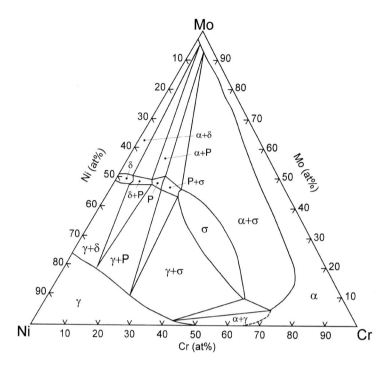

Abb. 5.3 Ternäres Phasendiagramm des Systems Ni-Cr-Mo

Verlauf der Zeit eine Vielzahl an Varianten entwickelt, die heute in sehr unterschiedlichen Zusammensetzungen angeboten werden.

> Aus gesundheitlichen Gesichtspunkten werden heute Be-haltige NiCr-Legierungen bei uns nicht mehr empfohlen.
>
> Die Entwicklung verlief deshalb hin zu den Be-freien Varianten (*Lindigkeit* 1986). Gegenüber den nicht aufbrennfähigen NiCr-Legierungen haben die aufbrennfähigen zum Teil etwas geänderte Zusammensetzungen, um die Haftoxidbildung zu steuern und um einen entsprechenden thermischen Ausdehnungskoeffizienten einzustellen.

Das Gefüge der Legierungen besteht typischerweise aus einer Matrix aus einem Ni-Cr-Mo-Mischkristall, der sowohl im Inneren der Kristalle als auch an den Grenzen befindliche eutektische Ausscheidungen verschiedener Größe, Form und Struktur aufweisen kann. Es handelt sich zumeist um intermetallische Phasen (z.T. auch Karbide), die zusammen mit fein verteilten Ausscheidungen innerhalb der Matrix die Härte und Festigkeit der Legierungen bestimmen (Abb. 5.4).

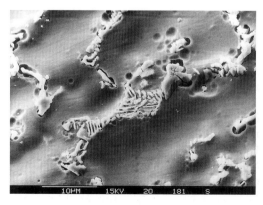

Abb. 5.4 Gefüge einer NiCr-Legierung mit intermetallischen Cr-Mo-Ausscheidungen

*Nicht aufbrennfähige
Ni-Basislegierungen*

Da für die hier in Betracht kommenden Anwendungen vorrangig CoCr-Legierungen verwendet werden, spielen nicht aufbrennfähige NiCr-Legierungen in Bezug auf ihren Marktanteil eine eher untergeordnete Rolle.

### 5.2.3 Titan und seine Legierungen

Da der Werkstoff Titan als biokompatibles Material seit Jahren in vielfältigen Einsätzen in der Medizintechnik als bewährt gilt (z. B. in der Osteosynthese (*Steinemann* 1979) oder als enossale Implantate (*Brånemark et al* 1969)), ist es naheliegend, ihn auch in der Kronen- und Brückenprothetik einzusetzen. Aufgrund spezifischer Titaneigenschaften werden hierfür allerdings spezielle Verarbeitungstechnologien (Gießen, CAD/CAM, Schweißen) und Materialien (z. B. Verblendkeramiken) benötigt.

> Titan ist ein Metall, das sich in korrosiven Medien sehr rasch passiviert. Die dabei entstehende Oxidschicht ($TiO_2$) ist gegen die Zersetzung durch die meisten Säuren (mit Ausnahme der Fluorwasserstoffsäure) und Chloride weitgehend immun (*Rüdiger* 1983), was eine Voraussetzung für eine gute Biokompatibilität darstellt.

Für die Gußtechnik wird zumeist unlegiertes Titan technischer Reinheit verwendet, das generell als aufbrennfähig eingestuft wird. Technisch reines Titan enthält noch Spuren von Verunreinigungen und wird, je nach deren Gehalt, in verschiedene genormte Güteklassen mit den Graden 1 bis 4 eingeteilt (Tabelle 5.3). Da bereits die Aufnahme geringer Anteile an Stickstoff und Sauerstoff beim Guß die mechanischen Eigenschaften von Titan beträchtlich verändern können (siehe Abschnitt: Eigenschaften), sollte unter diesem Aspekt der Begriff Reintitan mit Vorbehalt benutzt werden. Da Titan technischer Reinheit bei gleichem Querschnitt nicht die für Klammern beim Modellguß erforderlichen mechanischen Eigenschaften erreicht, ist hier sein Indikationsspektrum beschränkt.

*Tabelle 5.3* Klassifizierung von Titanwerkstoffen anhand der maximal zulässigen Verunreinigungen nach DIN 17850

| Werk-stoff | Chemische Zusammensetzung (m%) max. | | | | |
|---|---|---|---|---|---|
| | Fe | O | N | C | H |
| Ti 1 | 0,15 | 0,12 | 0,05 | 0,06 | 0,013 |
| Ti 2 | 0,20 | 0,18 | 0,05 | 0,06 | 0,013 |
| Ti 3 | 0,25 | 0,25 | 0,05 | 0,06 | 0,013 |
| Ti 4 | 0,30 | 0,35 | 0,05 | 0,06 | 0,013 |

### 5.2.4 Stähle

Bei den Chrom-Nickel-Stählen handelt es sich um Abkömmlinge des 1912 bei *Krupp* entwickelten V2A-Edelstahls (Versuch 2 mit Austenitgefüge), der bereits in den zwanziger Jahren unter der Bezeichnung Wipla (wie Platin) in die Zahnheilkunde eingeführt wurde (*Hauptmeyer* 1920; *Halbach* 1937). Die Herstellung von Prothesenbasen aus Edelstahl mit Hilfe der Tiefziehtechnik hat heute keine Bedeutung mehr. Ebenso sind Stähle als Gußlegierung aufgrund ihrer zu geringen Korrosionsbeständigkeit untauglich und werden bei uns nicht mehr angeboten, sondern nur noch z. B. als Wurzelstifte, sowie Brackets und als Halbzeug in Form von Drähten, Bändern usw. in der Zahnheilkunde verwendet. Am häufigsten wird Edelstahl als Draht bei kieferorthopädischen Apparaten eingesetzt.

> Unter Stahl versteht man nach DIN 1600 Legierungen aus Eisen und Kohlenstoff bis zu 1,7 %, die ohne Nachbearbeitung schmiedbar sind. Bei höherem Kohlenstoffgehalt können die Legierungen nicht mehr kalt verarbeitet werden, man spricht dann von Gußeisen.

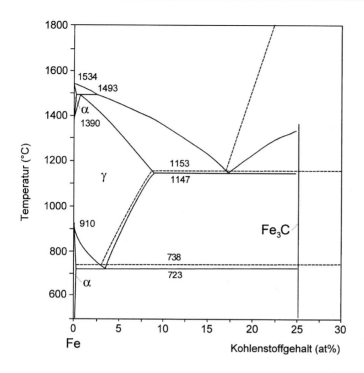

Abb. 5.5 Vereinfachter Ausschnitt aus dem Eisen-Kohlenstoff Phasendiagramm

Eisen kann im kubisch-raumzentrierten und kubisch-flächenzentrierten Gitter (> 910 °C) vorkommen. Im Gegensatz zum kubisch-raumzentrierten Gitter (Löslichkeitsgrenze 0,02 %) ist Kohlenstoff im kubisch-flächenzentrierten Gitter gut löslich, wobei ein als Austenit bezeichneter Mischkristall entsteht.

Beim Abkühlen des Austenits findet eine Gitterumwandlung und dadurch bedingt eine Ausscheidung weiterer Komponenten statt (Abb. 5.5). Erstarrt der Austenit jedoch rasch, bleibt nicht genügend Zeit für den Kohlenstoff, um zur Ausscheidung in neue Phasen zu diffundieren, so daß ein verzerrtes Gitter entsteht, das eine nadelige Struktur aufweist und als Martensit bezeichnet wird. Dieses Gefüge ist Ursache für die hohe Härte und Sprödigkeit von Stählen.

Durch Erwärmen des Stahls auf Temperaturen zwischen 230 und 350 °C (man bezeichnet diesen Vorgang als „Anlassen") kann der Martensit umgewandelt und je nach Anlaßtemperatur die Sprödigkeit gezielt vermindert werden. Hier gilt zu beachten, daß dieser Effekt auch unbeabsichtigt infolge wärmeerzeugender Bearbeitungsvorgänge auftreten kann, was zu einem unerwünschten Weichwerden des Stahls führt. Da gewöhnlicher Stahl nicht ausreichend mundbeständig ist, werden den Legierungen zur Verbesserung der Korrosionsbeständigkeit und der mechanischen Eigenschaften weitere Legierungsbestandteile zugegeben (z. B. Cr, Ni, Mo, V, Co). Hierdurch erhält man die sogenannten Edelstähle. Typische Zusammensetzungen von Draht-Edelstählen sind etwa FeCr17Ni8 oder FeCr19Ni12Mo3 für eine weichere Variante. Anhand der Kristallstruktur unterscheidet man zwischen dem austenitischen und dem martensitischen Edelstahl. Im Gegensatz zum martensitischen Edelstahl enthält austenitischer Edelstahl soviel Chrom und Nickel (z. B. 18/8 Stahl), daß beim Abkühlen das austenitische Gefüge erhalten bleibt und er dadurch nur kaltverformbar ist (Klammerdrähte). Hingegen ist martensitischer Edelstahl (12-13 % Cr) durch eine entsprechende Wärmebehandlung härtbar. Für kieferorthopädische Drähte werden austenitische Stahlsorten gemäß DIN 17440 eingesetzt.

## 5.2 Einteilung und Zusammensetzung der NEM-Legierungen

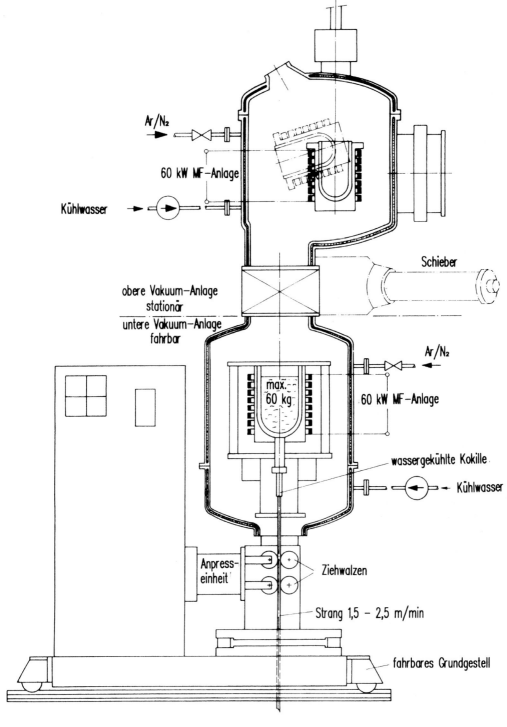

Abb. 5.6 Darstellung einer industriellen Stranggußanlage für NEM-Legierungen (Werkszeichnung: Dentaurum)

## 5.2.5 Sonstige NEM-Legierungen

Andere nicht aufbrennfähige NEM-Legierungen, wie etwa Eisen-Basislegierungen vom Typ FeNi25Cr21Mo5, finden wenig Beachtung und konnten bisher durch ihre größere Korrosionsanfälligkeit keinen nennenswerten Erfolg zeigen.

Von der Farbe her goldähnlich wirkende preisgünstige Kupfer-Basislegierungen haben sich aufgrund ihrer schlechten Korrosionseigenschaften nicht bewährt. Zu nennen wären als Beispiel Legierungen vom Typ CuAl9Ni4Fe2Mn1.

## 5.3 Herstellung der NEM-Legierungen

Mit Ausnahme der Edelmetalle kommen die Metalle in der Natur in chemisch gebundener Form vor (Erze) und müssen unter zum Teil erheblichem Energieeinsatz gewonnen werden. Die Gewinnung der Metalle geschieht dabei zumeist durch hüttentechnische Verarbeitung (Reduktion der Metalloxide z. B. mittels Kohle), durch elektrolytische Verarbeitung (Verflüssigung der Erze und Abscheidung mittels elektrischem Strom) oder aus Altmetallen (Gewinnung der reinen Metall aus Scheidegut). Die industrielle Fertigung der Legierungen (Gußwürfel) erfolgt zumeist in einer Vakuumschmelzanlage unter Schutzgas, um eine größere Reinheit und gleichbleibende Qualität zu gewährleisten. Dabei werden die Ausgangsmetalle in der Reihenfolge ihrer Abbrandverhältnisse eingeschmolzen. Die Abb. 5.6 zeigt das Schema einer Stranggußanlage.

Titan, dessen Entdeckung auf Klaproth (*Klaproth* 1795) zurückgeht, wird industriell erst seit den fünfziger Jahren gefertigt und ist somit ein noch relativ junger Werkstoff. Die großtechnische Gewinnung von Titan basiert auf der Reduktion von Titantetrachlorid mit flüssigem Magnesium (*Kroll* 1939) zu Titanschwamm, der anschließend im Vakuumlichtbogenofen umgeschmolzen

Abb. 5.7 Naßziehanlage zur Herstellung von Drähten (Werksfoto: Stahlwerke Ergste)

wird. Nach der gießtechnischen Aufbereitung von Halbzeug werden durch Kaltbearbeitung Drähte gefertigt. Die Abb. 5.7 zeigt eine Anlage zur Herstellung von Edelstahldrähten.

## 5.4 Eigenschaften der NEM-Legierungen

Die Eigenschaften der NEM-Legierungen sind durch die chemische Zusammensetzung und damit auch vom inneren Aufbau, dem Gefüge, geprägt. Man unterscheidet zwischen homogenen Legierungen, bei denen sich alle Legierungspartner in einem Mischkristall befinden (Substitutionsmischkristalle, Einlagerungsmischkristalle), und heterogenen Legierungen, die aus verschiedenen Kristallarten aufgebaut sind (vgl. 3.2.4). Die überwiegende Zahl der Legierungen weist nach der Erstarrung eine ausgeprägte mehrphasige (heterogene) Mikrostruktur auf. Bereits geringe Zugaben oder Änderungen der Konzentration von Legierungsbestandteilen bei der Verarbeitung können die Eigenschaften deutlich verändern. Ein typisches Beispiel ist Beryllium, das einerseits die Gießbarkeit von NiCr-Legierungen verbessert, aber andererseits die Korrosionsbeständigkeit verschlechtert. Chrom und Molybdän hingegen erhöhen die Korrosionsbeständigkeit, Silizium, Wolfram und Aluminium verbessern die mechanische Festigkeit. Weiter-

## 5.4 Eigenschaften der NEM-Legierungen

*Tabelle 5.4* Eigenschaften der wichtigsten in NEM-Legierungen enthaltenen Elemente (kfz=kubisch flächenzentriertes, krz=kubisch raumzentriertes, h=hexagonales, or=ortho-rhombisches Raumgitter)

| | Aluminium | Beryllium | Chrom | Eisen | Gallium | Kobalt | Mangan | Molybdän | Nickel | Niob | Silizium | Titan | Wolfram |
|---|---|---|---|---|---|---|---|---|---|---|---|---|---|
| Symbol | Al | Be | Cr | Fe | Ga | Co | Mn | Mo | Ni | Nb | Si | Ti | W |
| Ordnungszahl | 13 | 4 | 24 | 26 | 31 | 27 | 25 | 42 | 28 | 41 | 14 | 22 | 74 |
| Atommasse | 27 | 9 | 52 | 56 | 70 | 59 | 55 | 100 | 59 | 93 | 28 | 48 | 184 |
| Raumgitter | kfz | h | krz | krz | or | h | kfz | krz | kfz | krz | h | krz | krz |
| Dichte (g/cm$^3$) | 2,69 | 1,85 | 7,19 | 7,86 | 5,91 | 8,83 | 7,45 | 10,28 | 8,91 | 8,55 | 2,34 | 4,51 | 19,3 |
| Härte (HB) | 20 | 150 | 350 | 60 | ? | 125 | 100 | 150 | 100 | 80 | ? | 120 | 350 |
| Zugfestigkeit (MPa) | 50 | 310 | 520 | 210 | 240 | 263 | 120 | 1.100 | 420 | 160 | ? | 442 | 1.800 |
| E-Modul (GPa) | 72 | 318 | 190 | 215,5 | 9,8 | 212,8 | 201,6 | 336,6 | 197 | 105 | 113 | 120 | 415,7 |
| Bruchdehnung (%) | ? | ? | 60 | 35 | | 8 | 4 | 20 | 18 | ? | ? | 20 | 2 |
| Thermischer Ausdehnungskoeffizient ($10^{-6}$/K) | 23,86 | 12,0 | 6,2 | 11,9 | 4 | 12,2 | 22,8 | 5,1 | 13,3 | 7,8 | 4,7–7,6 | 9,6 | 4,4 |
| Schmelzpunkt (°C) | 660 | 1.278 | 1.850 | 1.539 | 30 | 1.492 | 1.247 | 2.622 | 1.453 | 2.468 | 1.410 | 1.668 | 3.410 |
| Siedepunkt (°C) | 2.270 | 2.470 | 2.480 | 3.250 | 2.403 | 3.185 | 2.032 | 4.825 | 2.730 | 4.900 | 2.355 | 3.280 | 5.900 |

hin können die Legierungseigenschaften auch durch unsachgemäße Verarbeitung soweit beeinträchtigt werden, daß beim klinischen Einsatz mit Auswirkungen gerechnet werden muß (*Kappert* 1992). In der Tabelle 5.4 sind die wichtigsten in NEM-Legierungen enthaltenen Metalle aufgelistet.

### 5.4.1 Physikalische Eigenschaften

NEM-Legierungen müssen je nach Einsatzzweck bestimmten Anforderungen genügen, wobei man im allgemeinen zwischen aufbrennfähigen und nicht aufbrennfähigen Typen unterscheidet. Ihre physikalischen Eigenschaften sind gleichermaßen für ihre Verarbeitung wie für ihren klinischen Einsatz von Bedeutung. So sind für Bügel und Klammern von Modellgußlegierungen hohe Dehngrenzen erforderlich, um die Gefahr plastischer Deformationen gering zu halten. Der E-Modul sollte ausreichend hoch sein, um auch bei dünnen Teilen eine ausreichende Steifigkeit zu gewährleisten, andererseits darf der E-Modul nicht zu hoch sein, damit Klammern auch noch von untersichgehenden Bereichen entfernt werden können, ohne die Klammer oder auch den Zahn zu überlasten.

Beim Aufbrennen keramischer Massen darf sich das Metallgerüst aufgrund seiner eigenen Masse nicht verformen (sag resistance). Da das Schmelzintervall der meisten NEM-Legierungen deutlich höher liegt als die Transformationstemperatur der Keramiken, gibt es hier, im Gegensatz zu beispielsweise den palladiumfreien EM-Legierungen, selbst bei weitspannigen Brückenarbeiten kaum Probleme.

Die Kunst des Metallurgen besteht darin, durch Legieren gezielt Werkstoffeigenschaften einzustellen. Manche Legierungen enthalten zehn und mehr Elemente, wobei deren gegenseitige Beeinflussung und somit Wirkung auf die Legierungseigenschaften teilweise unklar ist. Nachfolgend sind einige Eigenschaften und Einsatzzwecke von Legierungszusätzen aufgeführt.

*Nickel* gehört zusammen mit Kobalt und Eisen zur Gruppe der Übergangselemente der vierten Periode im Periodensystem (vgl. Periodensystem der Elemente, Buchdeckel). Durch seine leichte Oxidierbarkeit und den mit EM-Legierungen vergleichbaren thermischen Ausdehnungskoeffizienten stellt es eine günstige Basis für Aufbrennlegierungen dar.

*Kobalt* prägt als Basis der CoCr-Legierungen ihre mechanischen Eigenschaften, die Dünnflüssigkeit und trägt durch Oxidbildung (CoO) zur Passivierung bei. Aufgrund der Stellung im Periodensystem besitzt es ähnliche Eigenschaften wie Nickel und ist somit in gewissem Umfang austauschbar. Nickelzugaben erhöhen die Duktilität und erniedrigen die Härte, die Festigkeit und den E-Modul.

*Chrom* ist der wesentliche Bestandteil zur Verbesserung der Korrosionsbeständigkeit durch Ausbildung von Oxiden (z. B. $Cr_2O_3$, $NiCr_2O_4$). Zu diesem Zweck muß es in Co-Legierungen mindestens zu 25 m% und in Ni-Legierungen mindestens zu 16 m% vorhanden sein. Die großen Cr-Ionen verursachen Gitterspannungen und verbessern dadurch die mechanischen Eigenschaften. In Verbindung mit anderen Elementen wie Kohlenstoff wirkt es härtend. Chromoxide sind wesentlich an der metallkeramischen Bindung beteiligt.

Zusammen mit Chrom erhöht *Molybdän* die Korrosionsbeständigkeit und schützt bei hohen Aufbrenntemperaturen vor einer exzessiven Oxidbildung. Weiterhin erhöht es die Dehnbarkeit und es wird mit diesem Element eine Kontrolle des thermischen Ausdehnungskoeffizienten erzielt. Molybdän verringert die Aufkohlung der Schmelze, indem es Kohlenstoff ($Mo_6C$) bindet und wirkt aufgrund seines hohen Schmelzpunktes als Kornfeiner. Als Kornfeiner gelten auch Pt, V und P.

*Mangan*zusätze erhöhen die Fluidität und verbessern somit die Vergießbarkeit. Es bildet auf der Schmelze eine Oxidschicht (z. B. $MnCr_2O_4$) und vermindert dadurch die Oxidation der Schmelze. Auch einige andere Elemente wie P, Nb, Ce, La agieren als Desoxidationsmittel. Weiterhin wird Mangan nachgesagt, die Bruchdehnung zu erhöhen, als Kornfeiner zu wirken und Schwefel zu binden.

*Silizium* beeinflußt das Fließverhalten und erhöht die Dünnflüssigkeit der Legierung. Weiterhin wirkt Si als Oxidationsschutz beim Schmelzen, härtet die Legierung, erhöht ihre Duktilität und verschmälert das Schmelzintervall.

*Gallium* erniedrigt den Schmelzpunkt, verbessert das Fließverhalten und das Formfüllvermögen. Weiterhin soll es die Löslichkeit der übrigen Elemente in der Legierung verbessern und bei niedrigen Konzentrationen die Korrosionsbeständigkeit erhöhen.

*Wolfram* hat eine ähnliche korrosionsvermindernde Wirkung wie Molybdän und kann dieses in gewissem Umfang ersetzen.

*Bor* wird in geringen Konzentrationen zur Erniedrigung des Schmelzpunktes eingesetzt. Allerdings verbreitet es auch bei zu hohen Anteilen nachteilig das Schmelzintervall und erhöht durch Boridausscheidungen die Härte.

*Beryllium* ist mit bis zu 2 m% Bestandteil mancher NiCr-Legierungen und dient im wesentlichen zur Verbesserung der Vergießbarkeit und einer gewissen Kontrolle der Oxidierbarkeit (*Covington et al.* 1985). Allerdings verschlechtert es die Korrosionsbeständigkeit drastisch, so daß derartige Legierungen bei uns aus gesundheitlichen Gründen nicht mehr zum Einsatz kommen sollten.

*Eisen* ist die Basis der Stähle und verbessert bei Ni- und Co-Basislegierungen die mechanischen Eigenschaften.

Bereits geringe Anteile an *Kohlenstoff* können infolge von Karbidausscheidungen entlang der Korngrenzen die Korrosionsbeständigkeit vermindern und tragen maßgeblich zur Versprödung der Legierung bei. Daher ist ein niedriger C-Gehalt bedeutsam und eine zusätzliche Kohlenstoffaufnahme bei

## 5.4 Eigenschaften der NEM-Legierungen

der Verarbeitung sollte vermieden werden. Kohlenstofffreie Legierungen enthalten an dessen Stelle zur Härtung Nitride oder Titan.

Bestimmte Elemente wie *Niob*, *Titan* und *Tantal* werden als Stabilisatoren hinzugegeben, die imstande sind, den Restkohlenstoff zu binden, um somit Chromkarbidausscheidungen entlang der Korngrenzen zu verhindern, die zu einer intragranulären Chromverarmung und somit zu einer verminderten Korrosionsresistenz führen würden. *Ruthenium* oder auch *Palladium* sind Zuschläge, die dem anodischen Korrosionsschutz dienen.

*Yttrium* behindert das Wachstum unerwünschter Karbide und unterdrückt somit die Versprödung der Legierung.

*Aluminium* härtet die Legierung und reagiert leicht mit Nickel ($Ni_3Al$) und bildet beim Schmelzen einen Oxidationsschutz, behindert aber andererseits das Zusammenfließen der Gußwürfel.

Den mechanischen Eigenschaften von Dentallegierungen kommt hinsichtlich ihrer klinischen Eignung eine große Bedeutung zu (*Schwickerath* 1993).

> Wichtige mechanische Kenngrößen sind etwa der *Elastizitäts-Modul (kurz: E-Modul)*, der durch die Steigung der Kurve im Spannungs-Dehnungsdiagramm gekennzeichnet ist (Hook'sche Gerade), die *0,2 %-Dehngrenze*, die den Übergang von elastischen zu plastischen Verformungen kennzeichnet, sowie die *Bruchdehnung*, die ein Maß für die mögliche plastische Verformung bis zum Bruch darstellt (Duktilität; vgl. Kap. 13).

Aufbrennfähige Legierungen sollten grundsätzlich eine ausreichend hohe Dehngrenze und einen hohen E-Modul aufweisen, um Risse und Abplatzungen in der Keramik zu vermeiden.

NEM-Legierungen haben eine etwa 5-fach niedrigere *Wärmeleitfähigkeit* als EM-Legierungen (*Weber* 1981/a) und üben daher geringere thermische Reize auf die Pulpa aus. Andererseits erfordert die geringe Wärmeleitfähigkeit beim Brennen von Keramiken eine im Vergleich zu EM-Legierungen längere Trocken- und Abkühlzeit, um Spannungen im Verbund zu vermeiden.

Der *thermische Ausdehnungskoeffizient* $\alpha$ (häufig auch als Wärmeausdehnungskoeffizient oder WAK bezeichnet) gibt an, um welchen Teil seiner Länge sich eine Legierung beim Erwärmen um 1 K linear dehnt. Die Werte der NEM-Legierungen liegen zwischen 13,6 und 15,1 $\mu m/mK$ und umfassen somit den gesamten Bereich der EM-Legierungen. Der thermische Ausdehnungskoeffizient spielt bei der Verblendung von Metallgerüsten mit keramischen Massen eine entscheidende Rolle. Um Abplatzungen und Sprünge zu vermeiden, ist eine Anpassung der thermischen Ausdehnungskoeffizienten der Verbundwerkstoffe erforderlich.

> Aufgrund der Empfindlichkeit von Keramiken gegenüber Zugspannungen sollte der thermische Ausdehnungskoeffizient der Legierung unterhalb der Transformationstemperatur etwas größer sein als derjenige der Keramik, damit diese beim Abkühlen unter eine leichte Druckspannung gerät.

Die *Härte* von Dentallegierungen (Widerstand eines Werkstoffs gegen das Eindringen eines härteren Materials) wird in der Regel als Vickershärte (z. B. HV10), seltener als Brinellhärte (HB) angegeben (vgl. Kap. 13). Fälschlicherweise wird die Härte häufig als alleiniger Parameter zur Bewertung der Bearbeitbarkeit herangezogen, bei der aber auch die Streckgrenze und die Bruchdehnung eine sehr wichtige Rolle spielen. Durch eine hohe Härte wird die Ausarbeitung erschwert, was sich in einem größeren Werkzeugverschleiß und Zeitaufwand bemerkbar macht. Die Härte wird vom Gefügezustand beeinflußt. Typischerweise sind feinkörnige Gefüge, Gefüge mit kleinen Ausscheidungen und kaltverarbeitete Gefüge mit einer höheren Härte gekennzeichnet. Eine hohe Härte geht zumeist mit einer höheren Festigkeit und geringeren Abnutzung einher, während die Bruchdehnung vermindert ist. Härtewerte über 280 HV10 können bei Kauflächen zu übermäßiger Abrasion der Antagonisten führen und sollten daher vermieden werden. CoCr-Legierungen sind gegenüber NiCr-Legierungen zumeist härter und finden ihre untere Grenze um 250 HV10. Kontrovers diskutiert wird die Frage der Härte von Legierungen hinsichtlich der Erzeugung von Okklusions- und Artikulationsstörungen durch Verschleiß der Antagonisten. Da jedoch festsitzender Zahnersatz aus NEM-Legierungen in der Regel verblendet zum Einsatz kommt, bezieht sich diese Frage mehr auf den Verblendwerkstoff (*Körber et al.* 1984).

Das Ausmaß der elastischen Verformbarkeit von Werkstoffen wird durch deren *E-Modul* gekennzeichnet. Da die Beanspruchungen zahnärztlicher Rekonstruktionen im elastischen Bereich liegen sollten, kommt diesem Parameter hinsichtlich der Gestaltung von Querschnitten eine große klinische Relevanz zu. Je höher der E-Modul ist, d. h. je steiler die Hook'sche Gerade im Spannungs-Dehnungsdiagramm verläuft, desto mehr Kraft muß zur reversiblen Verformung aufgebracht werden und desto steifer verhält sich ein Material.

> Die meisten NEM-Legierungen weisen mit Werten um 200 GPa gegenüber den EM-Legierungen einen etwa doppelt so hohen E-Modul auf. Einzig Titan hat einen mit EM-Legierungen vergleichbaren Wert von 110 GPa.

Durch den höheren E-Modul der NEM-Legierungen kann graziler oder über eine größere Spanne modelliert werden (Freiend-, Extensionsbrücken), was auch in parodontalhygienischer Hinsicht bedeutsam ist.

Weiterhin können Spannungsspitzen im Kronenrandbereich besser abgefangen werden, was insbesondere bei keramisch verblendeten Teilen zum tragen kommt.

> Der Übergang von der elastischen zur (irreversiblen) plastischen Verformung ist durch die Streckgrenze gekennzeichnet, die allerdings zumeist durch einen fließenden Übergang schwer feststellbar ist, so daß man als Hilfsgröße die 0,2 %-Dehngrenze definiert hat.

Wird eine Legierung über diese Dehngrenze hinaus beansprucht, bleibt eine dauerhafte plastische Formveränderung zurück. Eine hohe Dehngrenze erschwert die Bearbeitbarkeit einer Legierung, während ein geringer Wert dazu führt, daß trotz eines hohen E-Moduls ähnliche Querschnitte erforderlich sind, wie bei EM-Legierungen.

Die *Bruchdehnung* gibt die Verlängerung eines Teiles beim Bruch in Prozent an und liegt bei den NEM-Legierungen üblicherweise im Bereich von 5 bis 40 %. Eine geringe Bruchdehnung kennzeichnet einen spröden, eine hohe Bruchdehnung einen zähen (duktilen), stark verformbaren Werkstoff. Eine hohe Bruchdehnung hat den Vorteil, daß bei Kaltbearbeitung nicht so leicht Defekte auftreten können (z. B. Finieren von Restaurationsrändern).

Je nach Belastungsart unterscheidet man zwischen Zug-, Druck-, Biege-, Scher- und Torsionsfestigkeit, wobei in der Regel bei Dentallegierungen nur die Zugfestigkeit angegeben wird. Klinisch treten zumeist überlagerte Belastungsarten bzw. Mischformen auf. So wird zum Beispiel ein Draht bei der Biegebelastung an der Außenseite auf Zug- und auf der Innenseite auf Druck beansprucht, wobei der Grad der Verformung mit dem Drahtquerschnitt zunimmt. Weiterhin kann man zwischen der statischen und dynamischen Festigkeit differenzieren.

## 5.4 Eigenschaften der NEM-Legierungen

*Tabelle 5.5* Mechanische Mindestanforderungen an NEM-Legierungen nach DIN 13912:1995

| Typ | 0,2 %-Dehngrenze (MPa) mindestens | Bruchdehnung (%) mindestens | Beanspruchungsart |
|---|---|---|---|
| 2 | 180 | 10 | Mittlere Festigkeit: für mäßige Beanspruchung, beispielsweise bei Einzelkronen, Teilkronen und Gußfüllungen |
| 3 | 240 | 10 | Hohe Festigkeit: für hohe Beanspruchung, beispielsweise bei kunststoffverblendeten Kronen, Teilkronen (besonders dünnwandige) und Gußfüllungen |
| 4 | 300 | 2 | Extra hohe Festigkeit: Für sehr hohe Beanspruchung, beispielsweise bei Brückenankern (besonders Teilkronen oder Gußfüllungen), kunststoffverblendeten Brücken, metallkeramischen Einzelkronen und Brücken, Stegen und Geschieben |

Die statische Festigkeit beschreibt das Verhalten bei stetig steigender Beanspruchung, während die dynamische Festigkeit das Verhalten bei wechselnder Belastung wiedergibt.

In der DIN 13912:1995 werden drei Typen von NEM-Legierungen auf Nickel-, Kobalt- oder Eisenbasis definiert und die Mindestanforderungen an die mechanischen Eigenschaften festgelegt (Tabelle 5.5).

Da in der Mundhöhle multidirektionale wechselnde Beanspruchungen auftreten, kommt der Dauerfestigkeit (Materialermüdung) eine besondere Bedeutung zu, die 50 % und mehr unterhalb der statischen Festigkeit liegen kann.

Aufgrund der ausgeprägten Wechselbeanspruchung sind hier Klammern und Wurzelstifte besonders gefährdet.

Die Dichte der NEM-Legierungen ist mit Werten von 7,6–9,1 g/cm$^3$ (Titan: 4,5 g/cm$^3$) deutlich niedriger als diejenige der EM-Legierungen. Diese Tatsache macht sich bei sehr umfangreichen Brückenarbeiten durch ein für den Patienten spürbar geringeres Gewicht, und, da über das Gewicht abgerechnet wird, auch durch geringere Materialkosten bemerkbar. Weiterhin ist die Warmfestigkeit von Legierungen geringer Dichte häufig besser.

### Ni- und Co-Basislegierungen

Kobalt steht Nickel chemisch (Periodensystem) sehr nahe und besitzt folglich ähnliche physikalische Eigenschaften, ist letztlich jedoch zäher. Die Tabelle 5.6 enthält eine Übersicht über die wichtigsten Eigenschaften und deren Bereiche gebräuchlicher NiCr- und CoCr-Legierungen.

Durch das weite Spektrum ihrer mechanischen Eigenschaften, können NEM-Legierungen praktisch alle Indikationen für Zahnersatz abdecken.

CoCr-Drahtlegierungen sind durch Wärmebehandlung aushärtbar und entsprechen hinsichtlich Zusammensetzung und Eigenschaften den Modellgußlegierungen. Bei

*Tabelle 5.6* Zusammenstellung der Eigenschaftsbereiche von NEM-Legierungen (ohne Unterscheidungen: *=weich oder ausgehärtet, **=25–500 °C oder 25–600 °C) (Dental-Vademekum 1993)

| **Nickel-Chrom-Legierungen** | *nicht aufbrennfähig* | *aufbrennfähig* |
|---|---|---|
| Schmelzintervall (°C) | 1180 – 1260 | 1110 – 1430 |
| Dichte (g/cm$^3$) | 8,1 – 8,2 | 7,6 – 8,6 |
| E-Modul (GPa) | 165 – 212 | 160 – 215 |
| 0,2 %-Dehngrenze (MPa)* | 310 – 350 | 215 – 890 |
| mittlerer linearer thermischer Ausdehnungskoeffizient ($\mu$m/m K)** | 14,9 | 13,8 – 15,1 |
| Bruchdehnung (%)* | 6 – 8 | 5 – 35 |
| Vickershärte (HV10)* | 185 – 210 | 185 – 460 |
| **Kobalt-Chrom-Legierungen** | *nicht aufbrennfähig* | *aufbrennfähig* |
| Schmelzintervall (°C) | 1200 – 1450 | 1211 – 1520 |
| Dichte (g/cm$^3$) | 7,8 – 8,4 | 7,9 – 9,1 |
| E-Modul (GPa) | 145 – 250 | 165 – 241 |
| 0,2 %-Dehngrenze (MPa)* | 300 – 1400 | 358 – 660 |
| mittlerer linearer thermischer Ausdehnungskoeffizient ($\mu$m/m K)** | 13,1 – 16,0 | 13,6 – 14,7 |
| Bruchdehnung (%)* | 3 – 15 | 4 – 15 |
| Vickershärte (HV10)* | 310 – 515 | 260 – 380 |

CoCr-Drahtlegierungen mit Nickelzugaben (z. B. Co46Cr28Ni24) wird die Aushärtung durch Kobaltphasenumwandlung unterdrückt, so daß eine hohe Nachhärtung beim Biegen erreicht wird. Aufgrund des hohen Schmelzbereiches dieser Legierungen wird die Federkraft beim Löten nur wenig beeinträchtigt.

*Titan*

Titan befindet sich im Periodensystem der Elemente unter der Ordnungszahl 22, hat ein Atomgewicht von 47,9, eine sehr geringe Dichte von 4,5 g/cm$^3$ und einen Schmelzpunkt von 1668 °C. Die geringe Dichte und der hohe Schmelzpunkt sind für die Gußtechnik von Bedeutung. Für die Verblendung mit Keramik ist die mit einer Volumenzunahme verbundene Umwandlung des Titans bei 882,5 °C von der hexagonalen $\alpha$-Kristallstruktur in die kubisch-raumzentrierte $\beta$-Phase bedeutsam (*Zwicker* 1974). Durch den niedrigen thermischen Ausdehnungskoeffizienten von 9,6 $\mu$m/mK werden zur Verblendung spezielle keramische Massen benötigt.

*Tabelle 5.7* Einfluß von Verunreinigungen auf die mechanischen Eigenschaften von Titan technischer Reinheit (vgl. auch Tab. 5.3)

| Titan Güteklasse | Mechanische Eigenschaften | | |
|---|---|---|---|
| | 0,2 %-Dehngrenze MPa | Zugfestigkeit MPa | Bruchdehnung % |
| Grade 1 | 180 | 290 – 410 | 30 |
| Grade 2 | 250 | 390 – 540 | 22 |
| Grade 3 | 320 | 460 – 590 | 18 |
| Grade 4 | 390 | 540 – 740 | 16 |

## 5.4 Eigenschaften der NEM-Legierungen

> Die mechanischen Eigenschaften des unlegierten Titans werden durch unterschiedliche Konzentrationen an Fremdstoffen, insbesondere Sauerstoff, eingestellt (Tabelle 5.7). Die Zugfestigkeit und die Härte nehmen mit dem Gehalt zu, während die Bruchdehnung und die Schlagzähigkeit abnehmen.

Für den dentalen Titanguß wird für gewöhnlich der Typ 1 oder 2 für Kronen- und Brückenarbeiten verwendet, während für den Modellguß der Typ 4 empfohlen wird. Als Folge der Gasaufnahme beim Guß werden die Titaneigenschaften verändert, was sich mit einer Erhöhung der Dehngrenze, der Zugfestigkeit und der Härte, aber auch in einer Verringerung der Bruchdehnung bemerkbar macht. Die Erhöhung der Bruchfestigkeit ist positiv, während die Verringerung der Bruchdehnung und das daraus resultierende leichtere Auftreten von Mikrorissen hinsichtlich der Dauerfestigkeit als ungünstig, insbesondere bei Klammern, zu werten ist. Werden höhere Ansprüche an die Zugfestigkeit und Dehngrenze gerichtet, kommen Titanlegierungen in Betracht.

Durch Legieren von Titan kann die Hochtemperaturphase b auch bei Raumtemperatur stabilisiert werden, so daß, je nach Einsatzzweck, gezielt $\alpha$, $\beta$ oder ($\alpha+\beta$)-Mischkristalle mit den entsprechenden mechanische Eigenschaften eingestellt werden können (*Lindigkeit* 1989). Als $\beta$-stabilisierende Zusätze gelten Fe, V, Mo, Nb, Ta und Cr, während zur $\alpha$-Stabilisierung die Elemente Al, Cu, Zr, Zn, In, Hf und Ga angegeben werden (*Zwicker* 1974). Typische Beispiele in der Medizin eingesetzter Ti-Legierungen sind TiAl6V4, TiAl5,5Fe2,5, TiAlNb, TiCu13Ni4,5, TiNi45 oder TiTa30 (Tabelle 5.8), wie sie teilweise auch in der Kieferorthopädie zum Einsatz kommen (*Sernetz* 1995). Titanlegierungen haben sich aufgrund ihrer Korrosionsbeständigkeit und ihrer den EM-Legierungen ähnlichen mechanischen Eigenschaften als Klammerdrähte bewährt.

> Der E-Modul von Titan liegt in derselben Größenordnung wie der von EM-Legierungen. Er ist im Vergleich zu CoCr-Legierungen nur etwa halb so hoch und begrenzt dadurch dessen Einsatzfähigkeit für den Modellguß. Dieser Umstand muß durch eine entsprechend stärkere Modellierung der Querschnitte von Klammern an Modellgußprothesen (in Anlehnung an hochgoldhaltige Legierungen) berücksichtigt werden.

Die geringe Wärmeleitfähigkeit des Titans von 22 W/mK (Gold: 297, NiCr und CoCr: 11-14 (*Weber* 1981)) hat zum Vorteil, geringere thermische Reize beim Patienten auszulösen. Als weitere Vorteile des Titans ist dessen Röntgentransparenz (Kontrolle überkronter Zähne) und dessen geringe Dichte (Gewicht mehrgliedriger Brücken) zu nennen. Aufgrund seiner geringen Röntgenopazität kann die innere Struktur von Gußobjekten durch Röntgen überprüft und im Sinne der Qualitätssicherung dokumentiert werden.

*Tabelle 5.8* Typische Eigenschaften von Titan und einigen Titanlegierungen (*=bevorzugt für die Kaltverarbeitung)

|  | Ti, Grade 2 | TiAl6V4* | TiCu13Ni4,5* |
|---|---|---|---|
| Schmelztemperatur (°C) | 1720 | 1660 | 1330 |
| Dichte (g/cm$^3$) | 4,5 | 4,43 | 4,8 |
| E-Modul (GPa) | 118 | 122 | 117 |
| 0,2 %-Dehngrenze (MPa) | 280 | 900 | 560 |
| Zugfestigkeit (MPa) | 400-500 | 930 | 700 |
| Bruchdehnung (%) | 13 | 5 | 4 |
| Härte HV10 | 210 | 320 | 200 |

*Edelstähle*

Zur Herstellung von Klammern werden überwiegend Drähte aus austenitischen Edelstählen eingesetzt, die in unterschiedlichen Graden der Kaltverformung angeliefert werden.

Zumeist werden die drei Härtegrade weich, hart und federhart unterschieden, die bei der industriellen Herstellung eingestellt werden (Tabelle 5.9).

Durch die Kaltverformung im Ziehprozeß enthält der Draht eine faserige Struktur (fördert federnde Eigenschaften), eine Erhöhung der Elastizitätsgrenze und Härte, allerdings auch eine verringerte Verformbarkeit bis zum Bruch. Wird der Draht beim Biegen

*Tabelle 5.9* Festigkeitsklassen kieferorthopädischer Drähte aus austenitischen Stählen, Kobaltbasis- und Titan-Legierungen

| Festigkeitsklasse | Zugfestigkeit (MPa) |
|---|---|
| weich | < 800 |
| mittel | 800–1099 |
| mittel plus | 1100–1399 |
| hart | 1400–1599 |
| hart plus | 1600–1799 |
| federhart | 1800–1990 |
| federhart plus | 2000–2299 |
| extra federhart | 2300–2499 |
| super federhart | 2500–2699 |
| super federhart plus | 2700–2900 |

plastisch verformt, findet eine weitere Kaltverformung statt, die bei häufiger Anwendung bis zum Bruch führen kann (Versagen infolge von Kaltversprödung). Daher gilt die Regel, für große erforderliche Verformungen ein weicheres Ausgangsmaterial zu wählen, da es bei der Verformung gehärtet wird. Umgekehrt gilt, bei geringen Verformungen einen höher vorgehärteten Draht zu bevorzugen.

Stahldrähte haben typischerweise einen E-Modul von 200-230 GPa, eine Dehngrenze von 820-950 MPa und eine Bruchdehnung von 20-25 % (*Dental-Vademekum* 1993).

> Bei der Kaltverformung, wie sie beim Biegen von Drähten auftritt, werden durch Gleitvorgänge die einzelnen Kristalle gegeneinander verschoben und es entsteht eine Textur (orientiertes Gefüge). Die dadurch verursachten inneren Spannungen bewirken Eigenschaftsveränderungen, die sich in der Regel durch eine höhere Festigkeit, Dehngrenze und Härte sowie eine verringerte Bruchdehnung und Korrosionsbeständigkeit äußern.

Dentale Edelstähle sind nicht aushärtbar. Es sollte daher nicht versucht werden, die Verformbarkeit von Drähten durch Wärmebehandlung wieder herzustellen, da Edelstähle dabei, je nach Temperatur, leicht verzundern (oxidieren), ihr austenitisches Gefüge abbauen, und die von der Herstellung stammende faserige Struktur des Drahtes und damit einen Teil der federnden Eigenschaften verlieren. Insbesondere bei Edelstählen mit höherem Kohlenstoffgehalt kann die Legierung dabei durch Ausscheidung von Chromkarbid entlang der Korngrenzen verspröden und damit die Korrosionsbeständigkeit abnehmen (Korngrenzenkorrosion).

Ähnliches gilt für Temperatureinwirkungen beim Löten, wobei gebogene Klammerdrähte wieder weich werden und verzundern können, so daß nur kurzzeitig und lokal, bzw. bei längerzeitigen Glühbehandlungen nur in Schutzgasatmosphäre gearbeitet werden sollte.

## 5.4.2 Korrosionsbeständigkeit

Metalle wie Nickel, Kobalt und Chrom werden mit Hypersensitivität, Toxizität und Kanzerogenität in Verbindung gebracht, während die daraus gefertigten NEM-Legierungen, soweit sie ausreichend hohe Chrom-

und Molybdängehalte aufweisen, allgemein als biokompatibel gelten, da es bisher keinen klinischen Anhaltspunkt dafür gibt, daß aus Dentallegierungen herausgelöste Bestandteile durch Aufnahme mit dem Speichel toxisch oder kanzerogen wirken. Die Bedenken im Sinne des Patienten haben sich weitgehend auf allergologische Aspekte reduziert (*Weber* 1985). Die Reaktion von Individuen auf ein Metall hängt von seiner physikalischen und chemischen Form und dem Grad der Exposition ab, wobei zwischen der Einwirkung von Stäuben und Dämpfen und dem Kontakt mit der Haut oder Mukosa unterschieden werden muß.

Nickeldämpfe und -stäube können toxisch wirken und Lungenkrebs induzieren (*Doll et al.* 1970). In der edelstahlverarbeitenden Industrie, in der große Mengen an Nickel verarbeitet werden, wurde jedoch keine signifikant erhöhte Sterblichkeitsrate an Lungenkrebs festgestellt (*Voltz und Wutschel* 1981). Kommt es zu einer Sensibilisierung auf Nickel, wird diese zumeist durch häufigen Kontakt, z. B. mit Gebrauchsgegenständen und vor allem Ni-haltigen Schmuck, hervorgerufen.

> Etwa 10–12 % der Frauen und 1–2 % der Männer reagieren hypersensitiv auf Nickel. Es gibt jedoch bisher keine gesicherten Anhaltspunkte dafür, daß Zahnersatz aus Nickel-Basislegierungen eine Sensibilisierung auslöst (*Herrmann* 1989).

Bekannt sind nur allergische Reaktionen bei vorsensibilisierten Personen. Aber selbst gegen Nickel sensibilisierte Patienten tolerieren häufig NiCr-Legierungen (*Kratzenstein und Weber* 1988), was mit dem Spüleffekt des Speichels und der geringeren Empfindlichkeit der Mundschleimhaut zusammenhängt. Die Reizschwelle für allergische Reaktionen der Mundschleimhaut wird als 5- bis 12-fach höher angegeben als die der äußeren Haut (*Herrmann* 1977). Eine Sensitivität gegenüber Kobalt und Chrom ist im Vergleich mit Nickel seltener anzutreffen.

Man kann jedoch davon ausgehen, daß beim Vorliegen einer Nickelallergie in vielen Fällen auch eine Überempfindlichkeit gegenüber Kobalt anzutreffen ist. Nach nunmehr über 20-jähriger Erfahrung im Einsatz von Titan in Bereichen der Chirurgie, Orthopädie und Implantologie wurde keine allergisierende Wirkung nachgewiesen. Der Grund ist in der Hemmung elektrochemischer Vorgänge durch Ausbildung gering leitender Oberflächenoxide zu suchen. Bei den in Lösung gehenden Titanionen geht man davon aus, daß diese Titanhydroxid bilden, das als biologisch neutrales Molekül gilt (*Steinemann* 1988).

> Unverträglichkeitsreaktionen setzen Korrosionsvorgänge, also die Freisetzung von Metallbestandteilen, voraus, die dann als Metall-Protein- oder Metall-Zell-Komplexverbindungen biologische Schädigungen hervorrufen.

Zur Beurteilung des biologischen Risikos von Legierungen werden Informationen über Quantität und Zustandsform der Korrosionsprodukte, sowie ihrer Verteilung, Anreicherung, Ausscheidung u.s.w. im Körper benötigt (*Black* 1984). Insofern stellen Korrosionsuntersuchungen an den Legierungen eine unabdingbare Voraussetzung dar, um die biologische Verträglichkeit abschätzen zu können.

> Unter Korrosion versteht man elektrochemische Phasengrenzreaktionen, bei denen Metallionen freigesetzt werden und ein Korrosionsschaden entstehen kann. Als Voraussetzung für das Auftreten von Korrosionsprozessen gelten ionenleitende wässrige Lösungen, sogenannte Elektrolyte (z. B. Speichel) und Oxidationsmittel (z. B. Sauerstoff) (*Uhlig* 1971).

Unter einem Korrosionsschaden wird die Beeinträchtigung der Funktion des Bauteils verstanden. Erst durch die korrosive Freisetzung von Metallionen kann es zu lokalen oder, nach Resorption und Verteilung im Organismus, zu systemischen biologischen Wirkungen kommen (*Klötzer* 1985). Beim Anlaufen (tarnish) von Legierungen handelt es sich um Ablagerungen auf der Oberfläche, die ebenfalls durch Korrosionsvorgänge entstanden sein können. Generell gilt, daß jede Legierung im Speichel korrodiert. In Hinsicht auf die Gesunderhaltung von Patienten muß das Ausmaß der stattfindenden Metallionenfreisetzung allerdings so gering sein, daß keine Gefährdung auftritt. Die Bedeutung der Korrosion bezieht sich zum einen darauf, daß gelöste Metallbestandteile in Wechselwirkung mit Körpergewebe treten können, und zum anderen die Funktion einer Restauration (z. B. Lötstelle) gefährdet sein kann.

Während die Mundbeständigkeit der CoCr-Modellgußlegierungen nach vieljähriger Bewährung anerkannt ist, gibt es gegenüber Gußlegierungen des gleichen Typs Bedenken. Dies ist insofern verwunderlich, da Modellgußplatten mit oft mehr als 20 cm² Oberfläche vorbehaltlos eingesetzt werden, während Kronen und Brücken, zumal wenn sie verblendet sind, nur eine vergleichsweise kleine dem Speichel ausgesetzte Oberfläche bieten (*Kappert* 1989). Gegenüber den CoCr-Legierungen werden NiCr-Legierungen aufgrund der hohen Ni-Allergierate in der Bevölkerung (ca. 10 % der Frauen) kritischer betrachtet. Die Höhe der Korrosionsrate wird im wesentlichen von der chemischen Zusammensetzung und dem Gefüge der jeweiligen Legierung bestimmt, das auch von verarbeitungstechnischen Maßnahmen beeinflußt sein kann (z. B. Löten, Keramikbrand). In diesem Zusammenhang ist auch von einem Wiedervergießen von Altmaterial der NEM-Legierungen abzuraten. Diese Faktoren beeinflussen den Aufbau und die Beständigkeit der vor Korrosion schützenden Passivschicht. Bei der Passivschicht handelt es sich um eine an der Legierungsoberfläche befindliche Schicht aus Oxiden und Hydroxiden. Die meisten Metalle (mit Ausnahme von Gold) reagieren mit dem in der Luft enthaltenen Sauerstoff. Die dabei auftretende Oxidschichtbildung wird durch höhere Temperaturen und durch Anwesenheit von Feuchtigkeit (nasse Korrosion) beschleunigt. Die Oxidschichten sind sehr dünn und liegen, je nach Legierung, zumeist im Nanometerbereich. Beim Erhitzen auf hohe Temperaturen können erheblich dickere Oxidschichten entstehen (z. B. 8–12 $\mu$m bei 30 minütigem Glühen von CoCr32Mo5 bei 950 °C), die sich ungünstig auf die Verbundfestigkeit metallkeramischer Verblendungen auswirken können. Weiterhin besteht die Gefahr, daß bei übermäßiger Oxidation in oberflächennahen Bereichen eine an Chrom verarmte Zone entsteht, wodurch die Korrosionsbeständigkeit beträchtlich gemindert werden kann. Aber auch beim Keramikbrand entstehen durch selektive Oxidation unedler Bestandteile Verarmungszonen an der Oberfläche. Sind diese Bezirke unverblendet (z. B. metallischer Kronenrand), können die Verarmungszonen korrodieren und z. B. zu Verfärbungen der Gingiva durch Metalleinlagerung führen (*Weber* 1985). Die Dicke der durch selektive Oxidation verursachten Verarmungszonen kann, je nach thermischer Vorgeschichte der Legierung, 1–100 nm (Tempern bei 150–600 °C) oder sogar 10–100 $\mu$m (Glühen bei 800–1 000 °C) betragen (*Baran* 1984). Damit diese Verarmungszonen in korrosiver Hinsicht unkritisch bleiben, müssen die Legierungen ausreichend hohe Chrom- und Molybdängehalte aufweisen. Daneben können solche Verarmungszonen die Keramikhaftung beeinträchtigen und zu Randabsprengungen führen (*Schwickerath und Mosleh* 1985), worüber aber keine gesicherten klinischen Belege existieren.

> Die chemischen Eigenschaften und damit verbunden die Reaktionen zwischen der Legierung und dem Körpergewebe werden, solange die Passivschicht nicht verletzt wird, von der Oxidschicht und nicht vom Metall selbst bestimmt.

Die Oxidschicht stellt eine Diffusionsbarriere dar, die vor dem Angriff aggressiver Be-

## 5.4 Eigenschaften der NEM-Legierungen

standteile des Mundmilieus (z. B. Chlorionen) schützt. Dieser Schutz muß auch unter sich ändernden Mundbedingungen (z. B. Schwankungen des pH-Wertes) erhalten bleiben. Bei der Korrosion kommt es zu einem Zusammenbruch der Passivität, dessen Mechanismen (z. B. Durchdringungs-, Adsorptions-, Schichtbruchmechanismus) bis heute z.T. noch nicht vollständig verstanden werden. All diese zum Zusammenbruch der Passivität führenden Prozesse setzen eine zerstörend wirkende Spezies voraus, die dem Speichel als prinzipielles Medium entstammen, aber auch der Nahrung, Getränken, Medikamenten etc. entstammen können. Als in korrosiver Hinsicht – insbesondere was die Lochkorrosion anbelangt – aggressive Anionen können die zu den starken Säuren gehörenden Ionen angesehen werden, während andere Anteile, wie Phosphate, korrosionshemmend wirken. Letzteres gilt auch für die Adsorption organischer Speichelbestandteile auf der Metalloberfläche, die eine Diffusionsbarriere (Biofilm, Pellikel) aufbauen können. Eines der aggressivsten Anionen ist das Chlorion, das mit mittleren Konzentrationen von 600–700 mg/l im Speichel vorhanden ist (*Darwell* 1978). Es ist aber auch bekannt, daß z. B. Lochkorrosion in Anwesenheit von Fluoriden, Perchloraten, Sulfaten und Nitraten festgestellt werden kann, wobei die Wirkung der einzelnen Anionen vom verwendeten Legierungstyp abhängt. Allgemein kann angenommen werden, daß kleine Ionen und solche mit hoher Ionenladung die Passivschicht leichter zerstören. Der Zusammenbruch der Passivität wird nur oberhalb einer kritischen Anionenkonzentration und oberhalb eines kritischen Potentials beobachtet.

> Entscheidend für die resultierende Korrosionsrate und die auftretende Korrosionsform (z. B. gleichmäßige Flächenkorrosion, galvanische Korrosion oder lokal auftretende Lochkorrosion) sind somit die Eigenschaften der Passivschicht.

Ist die entstehende Oxidschicht festanhaftend, elektrisch schlecht leitend, chemisch innert und dicht, entsteht eine Schutzschicht vor weiteren chemischen Angriffen. Ist die Oxidschicht dagegen schlecht haftend, porös und rissig, bietet sie keinen Schutz (z. B. Rost auf Eisen). Die Deckschichtbildung ist zeitabhängig, so daß bei der Passivierung der NEM-Legierungen eine mit der Zeit abnehmende Korrosionsrate zu beobachten ist. Des weiteren sollte sich die Passivschicht schnell und spontan bilden, um im Falle einer mechanischen Verletzung infolge von Kaueinwirkungen rasch wieder eine neue schützende Schicht zu bilden (Repassivierung). Die wichtigsten für die Passivschichtbildung hinzulegierten Metalle bei NEM-Legierungen sind Chrom, Molybdän und Wolfram. Nach dem Eingliedern einer metallischen Restauration sinkt bei passivierenden Legierungen die Korrosionsgeschwindigkeit innerhalb der ersten Stunden beträchtlich ab (Abb. 5.8). Möglicherweise steht der von manchen Patienten berichtete anfängliche Metallgeschmack, der auf die Bildung von $OH^-$-Ionen zurückzuführen ist, mit diesem Verhalten in Zusammenhang (*Schwickerath* 1988).

Wird die Passivschicht innerhalb eng begrenzter Bereiche zerstört, kann Lochkorrosion ausgelöst werden, bei der trotz des lokal begrenzten Auftretens beträchtliche Metallionenabgaben entstehen können. Dieser Vorgang findet dann statt, wenn das Potential der Legierung auf höhere Werte als das Durchbruchspotential (auch Lochkorrosionspotential genannt) gebracht wird.

Stehen verschiedene Legierungen mit unterschiedlichem Korrosionspotential ständig (Geschiebe, Lötung) oder zeitweilig in Kontakt (Antagonisten), so kann es aufgrund der Potentialunterschiede der Legierungen zur Kontaktkorrosion kommen, in dessen Folge der unedlere Partner (Anode) korrodiert. Die Größe und der zeitliche Verlauf des dabei auftretenden galvanischen Stromes hängt von den Flächenverhältnissen und der Belüftungssituation ab. Sind die Elektrodenflächen sehr klein ($< 0.1$ mm$^2$), spricht man von Lokalelementen. Diese können an ein und derselben Legierung entstehen, z. B. durch heterogene Gefüge, inhomogene Strukturen und Verunreinigungen. Je nach Art der Versorgung sind in der Mundhöhle bis zu sechs verschiedene Legierungen anzutreffen, so daß sich unter derartigen Situationen Kontaktkorrosionserscheinungen nie ganz vermeiden lassen werden. Das Ziel sollte daher darin bestehen, die Legierungsvielfalt nach Möglichkeit zu reduzieren.

Galvanische Effekte können auch an einer Legierung durch das Auftreten sogenannter Belüftungszellen entstehen, bei denen ein Teil der Oberfläche an Sauerstoff verarmt ist.

Dieser besonders aggressiven Sonderform der galvanischen Korrosion, auch Spaltkorrosion genannt, kommt in der Zahnheilkunde eine besondere Bedeutung zu, da Spaltbedingungen relativ häufig auftreten.

Ist ein solcher Spalt schmal und tief, ist ein ungehinderter Elektrolytaustausch bzw. eine ungehinderte Diffusion von in ihm gelösten Gasen und Ionen nicht möglich. Je größer die Sauerstoffdifferenz zwischen Spalt und Umgebung ist (schmaler und langer Spalt), desto gefährlicher wird die Spaltkorrosion. Bei der Metallauflösung im Spalt werden durch Reaktion mit Wasser Metallhydroxide gebildet und damit Wasserstoffionen freigesetzt, die den pH-Wert im Spalt absenken. Zur Wahrung der elektrischen Ladungsneutralität wandern dann vermehrt Anionen (z. B. Chlorionen) in den Spalt, so daß im Spalt sehr aggressive Bedingungen entstehen, welche die Passivschichtzerstörung und weitere Metallauflösung vorantreiben. Es können zahlreiche Beispiele für solche Bedingungen in der Mundhöhle genannt werden, wie Zementspalte, subgingival gelegene metallische Kronenränder, Spalte zwischen Matrize und Patrize von Geschiebe bzw. Teleskopkonstruktionen, Spalte zwischen Verbundwerkstoffen (z. B. Metall/ Kunststoff), Spalte an Implantat/Suprakonstruktions-Systemen, Spalte zwischen Wurzelstift und -kanal, Spalte unter Belagsbildungen (Plaque) und Spalte unter beschädigten Deckschichten (z. B. Vergoldungen). Werden Legierungen mit ungenügenden Chrom- und Molybdängehalten verwendet, besteht ein erhöhtes Risiko gegenüber Spaltkorrosion. Vor einer galvanischen Vergoldung von nicht ausreichend korrosionsbeständigen Legierungen ist dringend abzuraten, da es bei Undichtigkeiten oder mechanischer Verletzung der Schichten zur Spaltkorrosion kommen kann (*Wirz* 1987), die wesentlich intensiver abläuft als beispielsweise die gleichmäßige Flächenkorrosion (siehe auch Abb. 5.35). Gleiches gilt auch für Stiftaufbauten, bei denen eine dichte, spaltfreie Situation hinsichtlich des Korrosionsverhalten ausschlaggebend ist (*Götze et al.* 1988).

Eine weitere Ursache reduzierter Korrosionsbeständigkeit ist ein inhomogener mehrphasiger Gefügezustand. Bei diesem können im feuchten Mundmilieu Potentialdifferenzen zwischen den einzelnen Gefügearealen unterschiedlicher Zusammensetzung entstehen (Lokalelemente), wobei die unedlere Phase bevorzugt herausgelöst wird. Die Tatsache einer Mehrphasigkeit ist aber nicht zwingend mit einer verschlechterten Korrosionsbeständigkeit verknüpft, entscheidend ist vielmehr die Korrosionsbeständigkeit der einzelnen Phasen und ihr Verhalten untereinander (Potentialdifferenz). Ähnliches gilt auch für Lötungen, bei denen sich zwischen Lot und Grundwerkstoff ebenfalls Potentialdifferenzen ausbilden.

Während es eine Vielzahl von In-vitro-Korrosionsuntersuchungen gibt, liegen nur relativ wenig Untersuchungen unter in-vivo Bedingungen vor. Das Ziel von In-vitro-Korrosionsprüfungen besteht darin, in relativ kurzer Zeit Aussagen über das Verhalten von Legierungen unter der Simulation aggressiver Mundbedingungen (wie sie in biologischen Tests nicht ohne weiteres möglich sind) durchzuführen und eine Prognose über

## 5.4 Eigenschaften der NEM-Legierungen

das Langzeitverhalten vornehmen zu können. Zur Beurteilung der Korrosionsbeständigkeit auf dem Markt befindlicher Legierungen sind international anerkannte und möglichst klinisch relevante Prüfungen erforderlich. Die gegenwärtig verfügbaren in-vitro Korrosionsprüfungen ermöglichen die Beurteilung des Passivierungsverhaltens von Legierungen und des Masseverlustes durch die Erstellung von Ranglisten (*Geis-Gerstorfer* 1994), wobei die jeweils in Lösung gegangenen Metallionen hinsichtlich ihres Gefährdungspotentials eine besondere Berücksichtigung benötigen. Bei allen In-vitro-Korrosionsversuchen stellt sich jedoch die Frage der Übertragbarkeit der Ergebnisse auf die Situation im Mund. Ebenso lassen sich mit Hilfe biologischer Testverfahren keine sicheren Aussagen über unerwünschte Reaktionen in der Mundhöhle erreichen. So wird es kaum gelingen, die Mundbeständigkeit und alle Risiken durch einen einfachen Korrosionstest sicher beurteilen zu können. Dies hängt damit zusammen, daß in vivo die Korrosion von einer Reihe biologischer Faktoren geprägt wird, die in vitro in ihrer Komplexität und ihren Überlagerungen nicht ohne weiteres nachvollziehbar sind. Als Beispiel sei die mikrobielle Korrosion genannt. Aus diesem Grund ist es erforderlich, die In-vitro-Untersuchungen durch geeignete biologische und klinische Untersuchungen zu ergänzen oder zu untermauern.

> Beim sogenannten statischen Immersionstest werden Prüfkörper über einen bestimmten Zeitraum in eine Korrosionslösung getaucht und die Art und Menge der in Lösung gegangenen Metallionen analytisch bestimmt.

Dabei darf nach DIN 13912:1995 die Summe der freigesetzten mittleren Gesamtionenmenge in sieben Tagen 0,1 mg/cm² nicht überschreiten.

In der Abb. 5.8 sind einige Beispiele nach sieben Tagen Tauchzeit in 0,1 M Milchsäure/Natriumchlorid-Lösung (pH 2,3) aufgeführt.

Neben den statischen Immersionstests können verschiedene elektrochemische Korrosionsmessungen zum Einsatz kommen, von denen die potentiodynamische Polarisation am geläufigsten ist. Bei dieser wird an die zu untersuchende Legierung ein elektrisches Potential angelegt und langsam erhöht und der an der Legierungsoberfläche durch chemische Reaktionen umgesetzte Strom gemessen. Hinsichtlich des Grundprinzips sei auf die einschlägige Literatur verwiesen (z. B.: *Kaesche* 1979; *Uhlig* 1971). Man erhält dadurch sogenannte Stromdichte-Potentialkurven, die anhand verschiedener Parameter das Passivierungsverhalten von Legierungen kennzeichnen. Nach den Faraday-Gesetzen ist der Korrosionsstrom direkt proportional zur umgesetzten Metallmenge. Eine Legierung kann als korrosionsbeständig gelten, wenn ihre Korrosionsstromdichte möglichst niedrig ist, ihr Korrosionspotential möglich edel (hoch) ist, sie in der Stromdichte-Potentialkurve einen weit ausgedehnten Passivbereich (möglichst ohne aktiven Peak) aufweist und das Durchbruchs- bzw. Lochkorrosionspotential höher liegt als im Munde mögliche Werte. Die Stromdichte im Passivbereich sollte bis zu Potentialen von 0,25 V, wie sie in der Mundhöhle gemessen wurden (*Ewers und Greener* 1985), möglichst niedrig sein (z. B.: $1 \times 10^{-6}$ A/cm²). Bei sich passivierenden Legierungen ist ein mit der Zeit ansteigendes Korrosionspotential festzustellen, was am Dickenwachstum der gegenüber dem Metall edleren Passivschicht liegt.

Die Abb. 5.9 zeigt im Vergleich typische Stromdichte-Potentialkurven einiger Dentallegierungen. Obwohl Titan gemäß der elektrochemischen Spannungsreihe ein sehr niedriges Normalpotential von $E_0 = -1{,}75$ V (Co: $-0{,}27$ V) aufweist, ist es durch die spontane Ausbildung einer Oxidschicht sehr korrosionsbeständig, was eine Beständigkeit der Passivschicht bis zu sehr hohen Elektrodenpotentialen gewährleistet. Hochwertige NiCr- und CoCr-Legierungen zeigen einen ausgedehnten Passivbereich und sind mit ihrem hohen Durchbruchspotential den Palladium-Legierungen mindestens ebenbürtig.

Anders sieht es bei berylliumhaltigen NiCr-Legierungen aus, die zwar aufgrund ihrer guten Ätzbarkeit insbesondere in den USA für Maryland-Brücken sehr populär sind

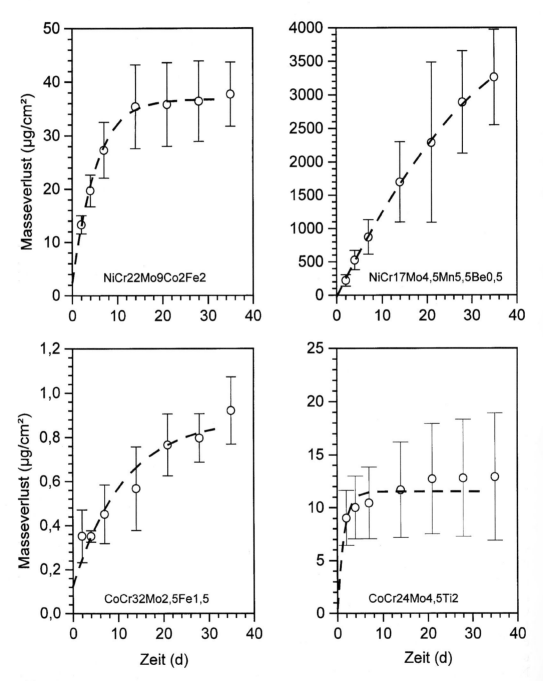

*Abb. 5.8* Analytisch bestimmte Metallionenabgabe einiger NEM-Legierungen

## 5.4 Eigenschaften der NEM-Legierungen

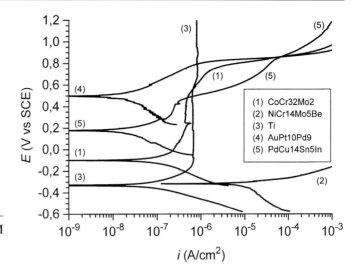

**Abb. 5.9** Potentiodynamische Polarisationskurven einiger typischer Dentallegierungen (0,1 M Milchsäure/Natriumchlorid, dE/dt=0,1 mV/s)

(*Kerschbaum* 1995), aber insgesamt ein ungünstiges Korrosionsverhalten aufweisen, so daß im Sinne eines Patientenschutzes auf sie verzichtet werden sollte. Das ungünstige Verhalten Be-haltiger NiCr-Legierungen konnte auch in biologischen Tests festgestellt werden (*Reuling* 1992). Die geringe Korrosionsbeständigkeit liegt an der Ausbildung eines zweiphasigen Gefüges, bei dem die NiBe-reiche Phase bevorzugt aufgelöst wird (*Pan et al.* 1995; *Geis-Gerstorfer* 1993). Bei in-vivo Untersuchungen konnte durch Speichelanalysen bei Be-haltigen NiCr-Legierungen ebenfalls eine erhöhte Korrosionsrate nachgewiesen werden (*Weber* 1985).

Die Korrosionsbeständigkeit der NEM-Legierungen wird ganz wesentlich durch deren Chrom- und Molybdängehalt geprägt. So nimmt die Korrosionsrate deutlich ab, wenn der Chromgehalt von Ni-Basislegierungen über 16 m% und der von Co-Basislegierungen über 27 m% liegt (*Espevik* 1978). Aber auch der Molybdängehalt von Ni-Legierungen sollte hoch genug sein, um eine ausreichende Korrosionsbeständigkeit zu gewährleisten (Abb. 5.10). Als vorteilhaft hat sich ein Cr-Gehalt von mindestens 20 m% und ein Mo-Gehalt von mindestens 8 m% bei Ni-Basislegierungen erwiesen (*Geis-Gerstorfer und Greener* 1987, 1990).

In Zellkulturtests konnte bei NiCr-Legierungen eine mit zunehmendem Chromgehalt abnehmende Toxizität festgestellt werden, die bei einem Cr-Gehalt von über 20 m% nicht mehr signifikant war (*Philips* 1986). Diese Ergebnisse korrelieren mit denen aus Korrosionsversuchen. Werden diese Werte

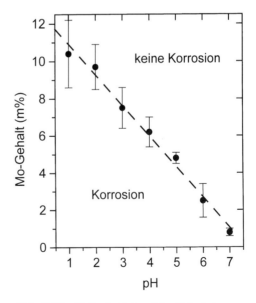

**Abb. 5.10** Erforderlicher Mo-Gehalt in NiCr20Mo in Abhängigkeit vom pH-Wert zur Vermeidung von Lochkorrosion

unterschritten, muß klinisch mit Unverträglichkeitsreaktionen gerechnet werden, was das Beispiel einer Ni-Basislegierung zeigt, die zwar ausreichend Chrom, aber zu wenig Molybdän enthält (*Oehmichen und Klötzer* 1984). Enthalten die Legierungen einen ausreichend hohen Chrom- und Molybdängehalt, so ist die Metallionenabgabe nach der Passivierung nur noch gering und liegt weit unter der durch Nahrung aufgenommenen Menge an Nickelionen, die mit etwa 500 $\mu$g pro Tag angegeben wird (*Underwood* 1971). Für die Grundbelastung des Speichels mit Nickel werden 15 $\mu$g/l genannt (*Wirz* 1993).

Zahlreiche gravimetrische, analytische und elektrochemische Untersuchungen belegen, daß NiCr-Legierungen im Gegensatz zu den CoCr-Legierungen große Unterschiede mit einem Streufaktor von bis zu 5000 im Korrosionsverhalten aufweisen (z. B. *Geis-Gerstorfer et al.* 1991; *Strietzel* 1991). Der Grund dafür ist darin zu suchen, daß die gegenwärtig verfügbaren NiCr-Legierungen im Vergleich mit den CoCr-Legierungen unterschiedlichere Zusammensetzungen aufweisen. In der Regel besitzen CoCr-Legierungen eine höhere Resistenz gegenüber Lochfraß- und Spaltkorrosion als NiCr-Legierungen.

Lötverbindungen an NEM-Legierungen sollten weitestgehend vermieden werden, da aufgrund galvanischer Effekte mit erhöhten Metallionenabgaben bis hin zu deutlich verringerten Festigkeiten der Verbindung gerechnet werden muß (*Weber* 1985; *Geis-Gerstorfer* 1985).

Vor dem Einsatz von Cu-Basislegierungen (z. B.: CuAl9Ni4Fe2Mn1), die eine goldähnliche Farbe aufweisen, muß abgeraten werden, da sie nicht ausreichend mundbeständig sind. Diese Legierungen passivieren schlecht oder gar nicht und die Metallionenabgabe im statischen Immersionstest in 0,1 M Milchsäure/Natriumchlorid-Lösung liegt bei 600 $\mu$g/cm$^2$ nach sieben Tagen.

## 5.5 Verarbeitung der NEM-Legierungen

Beim Verarbeiten der Legierungen muß grundsätzlich darauf geachtet werden, Schleifstaub und Metalldämpfe nicht einzuatmen, da einige Legierungsbestandteile zu Erkrankungen führen können (z. B. berylliumhaltige Ni-Legierungen).

### 5.5.1 Schmelzen und Gießen

Die gießtechnische Herstellung von Zahnersatz erfolgt in weitgehender Analogie zum Feinguß im technischen Gießereiwesen, mit dem Unterschied, daß dort überwiegend der Schalenguß und im Dentalbereich der Blockguß zum Einsatz kommt.

Das Ausfließen dünn modellierter Bereiche (Formfüllvermögen) wird vom Fließverhalten der Legierung, der Gießmethode und der Art der Modellation beeinflußt (*Weber* 1981). Grundsätzlich gelten heute für NEM-Legierungen die gleichen Prinzipien hinsichtlich Wachsmodellierung, Anstiften, Gußkanaldurchmesser und Schwundreservoir (verlorener Kopf zur Vermeidung von Lunkern) wie für EM-Legierungen. Gegossen wird sowohl nach der direkten (Einbetten des Wachs- und Einbettmassemodells), als auch nach der indirekten Methode (Abheben des Wachsobjektes).

*Gießen von Ni- und Co-Basislegierungen*

Beim Einhalten der legierungsspezifischen Gußbedingungen gelten NEM-Legierungen als gut vergießbar. Das Fließverhalten steht dem von Edelmetallen nicht nach. Jedoch können Abweichungen, z. B. von der Guß- und Muffeltemperatur, zu einer beträchtlichen Verschlechterung der Eigenschaften führen (*Hirano et al.* 1987), was sich besonders bei Klammerkonstruktionen hinsichtlich der Dauerfestigkeit aufgrund

## 5.5 Verarbeitung der NEM-Legierungen

eventuell entstandener Mikrorisse nachteilig auswirken kann.

Der Gießvorgang beinhaltet die Vorgänge des Schmelzens und Erstarrens der Legierung, sowie des Füllens der Hohlform. Da Titan spezielle Techniken benötigt, wird das Gießen weiter unten separat dargestellt.

> Das Schmelzen von NEM-Legierungen erfolgt, im Gegensatz zu Edelmetallen, in Keramiktiegeln, um eine Aufkohlung und Versprödung zu vermeiden, und kann prinzipiell mit der Flamme, mit Widerstands-, Induktions- oder Lichtbogenschmelzanlagen erfolgen.

Beim Schmelzen in der Flamme muß die korrekte Flammeneinstellung vorliegen, da sonst ebenfalls die Gefahr der Aufkohlung und damit der Versprödung der Legierung besteht. Aufgrund der hohen Liquidustemperatur werden starke Energiequellen benötigt, wobei sich automatische Hochfrequenz-Gießanlagen als vielseitigste Möglichkeit bewährt haben. Diese induzieren durch ein hochfrequentes Magnetfeld in den Gußwürfeln Wirbelströme, die zur Erwärmung führen. Hingegen reichen die mit Widerstandsöfen erreichbaren Temperaturen zum Gießen hochschmelzender Legierungen häufig nicht aus oder liegen an der Grenze der Leistungsfähigkeit (stärkerer Abbrand der Wicklungen). Die hohe Temperatur bei Lichtbogenanlagen macht es notwendig mit Schutzgas zu arbeiten, um ein Verbrennen der Legierung zu verhindern.

Das Ausfüllen der Hohlform kann sowohl im Schleuder- wie auch im Vakuum-Druckguß erfolgen. Moderne Gießanlagen bedienen sich zum Teil der Mikroprozessortechnik, um anhand des mit einem Pyrometer gemessenen Temperaturverlaufs des schmelzenden Gußgutes die Heizleistung zu regeln und durch Erkennung des Solidus- und Liquiduspunktes einen für die jeweilige Legierung optimierten Gießvorgang zu ermöglichen (Beispiel in Abb. 5.11 oben). Dadurch wird der Gußablauf weitestgehend standardisiert und Fehlerquellen reduziert.

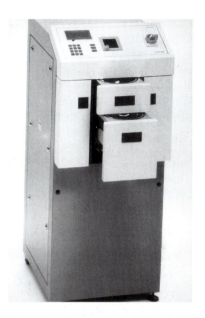

*Abb. 5.11* Beispiele dentaler Gießanlagen für NEM-Legierungen (*oben:* HF-Vakuum-Druckgußanlage Nautilus, Werksfoto: Bego; *unten:* Lichtbogen-Titangießanlage Cyclarc II, Werkfoto: Morita)

Manche Gießmaschinen bieten sogar die Möglichkeit den Ablauf auszudrucken, was im Rahmen einer zunehmend geforderten Qualitätssicherung zu begrüßen ist. Die Gußlegierungen kommen in den unterschiedlichen Formen als Würfel, Zylinder, Kugeln und Granulat in den Handel. Im Gegensatz zu reinen Metallen schmelzen Legierungen nicht bei einer bestimmten Temperatur, sondern in einem Temperaturbereich, der als Schmelzintervall (bzw. Erstarrungsintervall beim Abkühlen) bezeichnet wird und durch den Solidus- und den Liquiduspunkt begrenzt ist. Beim Erstarren der Schmelze können sich, je nach Legierungssystem, homogene Mischkristalle einheitlicher Zusammensetzung (feste Lösung) oder häufiger unterschiedlich ausgeprägte Entmischungen (Kristallgemisch, mehrphasige heterogene Gefüge) bilden, was sich auf das chemische und mechanische Verhalten der Legierungen auswirkt. Fremdstoffe wirken entweder als erwünschte Kristallisationskeime (z. B. Silikate) oder werden als unerwünschte Verunreinigungen bei der Erstarrung vor der Kristallisationsfront hergeschoben und scheiden sich entlang der Korngrenzen oder an der Oberfläche ab. Die Abb. 5.12 zeigt das Beispiel einer Karbidausscheidung entlang der Korngrenzen, die zu einer Versprödung und Verschlechterung der mechanischen Eigenschaften führt.

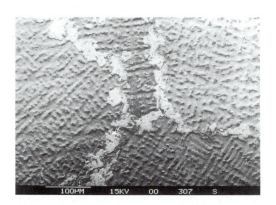

Abb. 5.12 Gefügebild von NiCr25Mo10 mit Karbidausscheidungen entlang der Korngrenzen

Als Kornfeiner bei NEM-Legierungen wirken hochschmelzende Legierungsbestandteile wie z. B. Mo, Mn, Ir, Ru, V. Die Wände der Gußform wirken ebenfalls als Kristallisationszentren. Die Größe der bei der Erstarrung ausgebildeten Körner hängt von der Zahl der Kristallisationskeime und ihren Wachstumsbedingungen ab.

> Die Keimzahl kann über die Legierungszusammensetzung durch Zugabe hoch schmelzender bzw. früh auskristallisierender Bestandteile (Keimbildner) und das Kristallwachstum durch die Abkühlbedingungen gesteuert werden, so daß gezielt ein für die mechanischen Eigenschaften günstiges feinkörniges Gefüge eingestellt werden kann.

Zur Ausbildung eines feinkörnigen Gefüges sind viele Kristallisationskeime erforderlich, und zur Unterdrückung eines unerwünschten Karbidwachstums ist eine rasche Abkühlung nach dem Guß von Vorteil. Das Auftreten solcher grob strukturierten Karbidverteilungen vermindert die Bruchdehnung, was sich beim Aktivieren von Klammern nachteilig bemerkbar macht.

Das Ausmaß der Oxidbildung und die Temperaturbeständigkeit der Oxide spielt beim Schmelzen und Gießen der NEM-Legierungen eine Rolle. Eine unerwünschte Oxidation kann man am sichersten unterbinden, indem der Luftsauerstoff beim Erhitzen entfernt bzw. durch Schutzgas ersetzt wird. Beim Erhitzen bildet sich um die Gußwürfel eine mehr oder weniger dicke Oxidschicht aus (Schutzschlacke), welche die Schmelze vor einer übermäßigen Sauerstoffaufnahme schützt. Eine spiegelnde Schmelze, d. h. eine ungenügende Schutzschicht, sollte daher beim Schmelzen ohne Schutzgas vermieden werden. Bei den meisten Legierungen fließen die Gußwürfel beim Schmelzen zusammen, was die Erkennung des richtigen Gießzeitpunktes erleichtert und die Gefahr einer Überhitzung der Schmelze durch den Zahntechniker vermindert. Gegossen wird zumeist, sobald sich die Würfel in der Schmelze aufgelöst haben und der letzte Würfelschatten verschwunden ist. Bei manchen Legierungen reißt beim Schmelzen die Oxidhaut auf, was als Indiz für das Erreichen des Gießzeitpunktes gilt.

Andererseits besteht die Gefahr, daß sich bei zu starker Oxidation der Schmelze übermäßig Legierungsbestandteile in der Schlacke anreichern, insbesondere Chromoxid, und dadurch z. B. zu einer Verringerung der Korrosionsbeständigkeit führen. Um eine zu dicke Oxidschicht auf der Schmelze zu vermeiden, werden den Legierungen Desoxidationsmittel wie Cer und Lanthan zugesetzt.

> Die Gießtemperaturen sind nach Herstellerangabe genauestens einzuhalten. Werden nämlich Legierungen beim Gießen überhitzt, kann sich durch Verdampfen oxidationsfreudiger Legierungsbestandteile (z. B. Mn, Si) die Legierungszusammensetzung unkontrolliert verändern und dadurch zu anderen Legierungseigenschaften führen.

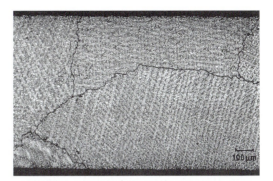

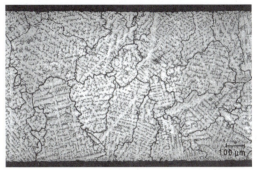

*Abb. 5.13* Gefüge einer CoCr-Legierung ohne *(oben)* und mit Kobaltsilikat-Kornfeiner *(unten)*

Aufgrund dieses möglichen Legierungsabbrandes soll beim Gießen von NEM-Legierungen auch kein Altmetall benutzt werden, zumal aufgrund der geringen Materialkosten durch das Wiedervergießen kein wesentlicher wirtschaftlicher Vorteil entsteht.

Des weiteren entsteht bei Überhitzung der Schmelze durch die Auflösung arteigener Kristallisationskeime ein grobkörniges ausgeprägtes dendritisches Gefüge mit schlechteren mechanischen und korrosiven Eigenschaften. Dieses kann in gewissem Umfang kompensiert werden, indem zusätzlich ein Impfmittel zur Keimbildung zur Schmelze hinzugegeben wird. Als Keimbildner wirken z. B. Silikate, Nitride, Oxide und Karbide. Diese können bereits der Einbettmasse oder dem Modellierwachs zugegeben sein, oder sie werden durch Auftragen einer Emulsion auf die Wachsobjekte appliziert. Beim Ausbrennen des Wachses verbleibt dann ein Teil der Keimbildner auf der Einbettmasse, von der sie beim Einschießen der Schmelze gelöst und in dieser verwirbelt werden. Die Abb. 5.13 zeigt Schliffbilder einer NEM-Legierung mit und ohne Verwendung einer zur Kornfeinung auf das Wachsobjekt aufgetragenen Emulsion (*Päßler* 1989).

Beim Gießen entstehen aufgrund der geringen Wärmeleitfähigkeit der NEM-Legierungen und des schnellen Erstarrungsverlaufs mit der dadurch bedingten ungenügenden Zeit für Atomwanderungen grundsätzlich Kristallite mit Gefügestörungen (Lücken, Gitterverzerrungen) die zu inneren Spannungen führen. Um die Gußspannungen zu begrenzen, dürfen die Gußstücke bei NEM-Legierungen (mit Ausnahme von Titan) in der Regel nicht sofort abgeschreckt werden. Ein Teil der Gußspannungen wird auch bei Wärmebehandlungen (z. B. beim Aufbrennen von Keramik) durch Diffusionsvorgänge wieder ausgeglichen. Gleiches gilt für durch Kaltverformungen hervorgerufene

Gefügestörungen, die durch Diffusion beim Glühen wieder beseitigt werden.

Die Paßgenauigkeit gegossener Restaurationen hängt nicht nur von der jeweiligen Legierung, sondern von der gesamten Werkstoff- und Verarbeitungskette der einzelnen Arbeitsschritte ab. Insbesondere der Einbettmasse kommt hier eine zentrale Rolle zu.

> Eine Besonderheit von NEM-Legierungen gegenüber EM-Legierungen liegt in ihrer größeren Erstarrungs- und Abkühlkontraktion (feste Schwindung ca. 2,3–2,6 % gegenüber 1,3–1,7 % bei EM-Legierungen) und in ihrem hohen Schmelzbereich, so daß nur feuerfeste Einbettmassen mit einer entsprechend großen Expansion verwendet werden können.

Die Vorwärmtemperaturen für Muffeln liegen zumeist im Bereich von 900–1 000 °C. Aufgrund des hohen Schmelzbereiches der NEM-Legierungen (CoCr-Legierungen: 1 200–1 520 °C) können die vom Edelmetallguß her bekannten gipsgebundenen Einbettmassen nicht benutzt werden, da sich das darin befindliche $CaSO_4$ thermisch zersetzen würde (vgl. Kap. 2 Einbettmassen). Allgemein werden ethylsilikat- oder phosphatgebundene Einbettmassen verwendet, wobei zumeist bei der ersteren aufgrund deren Grobkörnigkeit das Prinzip der Feineinbettung angewendet wird. Die überwiegend zum Einsatz kommenden phosphatgebundenen Einbettmassen auf Cristobalitbasis werden zur Erzielung von höheren Expansionswerten mit Kieselsol-Stellflüssigkeiten bestimmter Konzentration angerührt und somit auf die jeweilige Legierung abgestimmt. Über das Verdünnungsverhältnis und die Temperatur der Anmischflüssigkeit, sowie die Temperaturführung beim Vorwärmen im Bereich bis ca. 600 °C, kann das Expansionsverhalten in gewissen Bereichen variiert (Maximum etwa 2,5 % linear) und damit Einfluß auf die Paßgenauigkeit genommen werden (*Franz* 1984). Die Einbettmassen enthalten zum Teil Graphit zur Schaffung einer reduzierenden Atmosphäre und um durch dessen Abbrand eine bessere Gasdurchlässigkeit der Einbettmasse zu erreichen. Allerdings besteht dadurch die Gefahr einer unerwünschten Aufkohlung der Legierung, was aber nicht nachgewiesen wurde (*Weber und Sauer* 1983).

Um die Expansion nicht zu behindern, werden die Stahlmuffeln mit einer wassergetränkten nachgiebigen Manschette aus feuerfestem Material ausgekleidet oder es werden spezielle Einwegmuffeln aus Kunststoff oder Papier benutzt, die eine höhere Expansion ermöglichen. Je nach Porosität der Einbettmasse kann bei großen Gußobjekten das Anbringen von Luftabzugskanälen zur Vermeidung von Luftstaus vorteilhaft sein. Bei der Modellgußtechnik kommt das direkte Verfahren zum Einsatz, bei dem das Wachsobjekt zusammen mit dem dublierten Einbettmassemodell eingebettet wird.

Bei Abweichungen von den Herstellerangaben (z. B. zu hohe Gießtemperatur; falsches Anstiften der Gußobjekte) kann es zu Porositäten und Lunkern kommen. Insbesondere in hoch belasteten Bereichen mit geringen Querschnitten, wie Brückenzwischengliedern oder Klammern, können solche Fehlstellen ein Versagen des Teiles zur Folge haben. Hier bietet sich im Sinne einer Qualitätssicherung eine röntgenologische Kontrolle an, was bereits seit Jahren propagiert wird (*Windecker und Herrmanns* 1967).

*Der dentale Titanguß*

Die ersten experimentellen dentalen Titangüsse gehen vermutlich auf *Waterstrat* zurück, der anfänglich eine Ti-Legierung und später reines Titan verwendete (*Waterstrat et al.* 1978). Anfang der achtziger Jahre wurde der Titanguß in Japan umfangreich untersucht (*Ida et al.* 1980) und die ersten kommerziellen Gußsysteme entwickelt. Heute können aus Titan alle gängigen zahntechnischen Arbeiten einschließlich metallkeramischer Versorgungen angefertigt werden.

## 5.5 Verarbeitung der NEM-Legierungen

> Aufgrund des hohen Schmelzpunktes von 1668 °C und aufgrund der hohen Reaktivität im schmelzflüssigen Zustand kann Titan nicht mit herkömmlichen Gußtechnologien verarbeitet werden. Titan reagiert mit den meisten Tiegelmaterialien und Einbettmassen, sowie mit den Luftbestandteilen Sauerstoff, Stickstoff und Wasserstoff. Zum Schmelzen verwenden gegenwärtige Systeme das Lichtbogen- oder Induktionsverfahren, und zum Gießen kommen der Schleuder- und Vakuum-Druckguß zum Einsatz.

Da geschmolzenes Titan mit den meisten Tiegelmaterialien reagiert, verwendet man in der Regel die Methode des „Skull Melting", bei dem das schmelzflüssige Titan durch eine nicht geschmolzene Titanschicht vom Gußtiegel isoliert wird. Meistens werden Kupfertiegel verwendet, es können aber auch Schmelztiegel aus Graphit oder aus anderen Keramiken verwendet werden, wenn durch geeignete Maßnahmen eine entsprechende Skull-Bildung gefördert und Kontaminationen durch das Tiegelmaterial vermieden werden. Nach dem Guß bleibt der „Skull" (Gußhaut) meistens im Tiegel zurück.

Durch die hohe Affinität zum Sauerstoff reagiert Titan im geschmolzenen Zustand mit den meisten Oxiden sehr heftig, so daß für den Titanguß spezielle Einbettmassen benötigt werden, die gegenüber der Schmelze weitgehend inert sind, eine ausreichend große Expansion aufweisen und der hohen Gießtemperatur standhalten. Zum Einsatz kommen phosphatgebundene Einbettmassen mit Zusätzen von Refraktärelementen (Zr, Mg, Al, Ca), ethylsilikatgebundene Einbettmassen, bzw. Einbettmassen mit anderer Basis (z. B. MgO-, $ZrO_2$-, $MgO/Al_2O_3$-Basis). Weiterhin muß die Luft aus der Ofenatmosphäre (Gefahr der Aufnahme von $N_2$, $O_2$ und $H_2$) möglichst vollständig entfernt bzw. durch Schutzgas ersetzt werden. Gleiches gilt für die Einbettmasse, die zur Entfernung der reaktionsfreudigen Bindemittel meist bei hohen Temperaturen (z. B. 1000-1200 °C) vorgewärmt wird und dabei teilweise verglast, was die Evakuation von Gasen beeinträchtigt und in solchen Fällen die Anbringung zusätzlicher Entlüftungskanäle erfordert.

> Durch die Reaktion mit Bestandteilen der Einbettmasse kommt es zur Ausbildung einer oberflächlichen Reaktionsschicht, die als $\alpha$-case bezeichnet wird.

Die Randzone von in phosphatgebundener Einbettmasse gegossenem Titan läßt deutlich drei unterschiedliche Schichten erkennen, die auf Reaktionen des Titans während des Gußvorganges mit der Einbettmasse hinweisen. Ganz außen befindet sich eine wenige $\mu m$ dicke Schicht, die durch eine unmittelbare Kontaktreaktion mit der Einbettmasse entsteht. Diese Schicht ist nicht sehr korrosionsbeständig, was sich beim Ätzen der Schliffe zeigt (Abb. 5.14). Unterhalb dieser Schicht befindet sich eine weitere glatte Schicht und daran anschließend, deutlich von der glatten Schicht abgegrenzt, eine von zahlreichen Ausscheidungen durchsetzte dritte 40 bis 50 $\mu m$ dicke Schicht. Die Zone mit den Ausscheidungen ist ebenfalls weniger korrosionsbeständig, wie die Abb. 5.14 belegt. Die Ausscheidungen be-

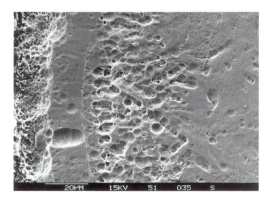

*Abb. 5.14* Typisches Erscheinungsbild der Reaktion von gegossenem Titan mit phosphatgebundener Einbettmasse (angeätzter Querschliff; links: Oberfläche des Gußobjekts)

stehen, wie EDX-Analysen ergaben, aus Silizium, Aluminium und Phosphor. Gemäß der binären Phasendiagramme Ti-Si und Ti-P kann vermutet werden, daß sich beim Abkühlen der Titanschmelze zuerst die glatte Ti-Zone bildet. Beim weiteren Abkühlen scheidet sich nach Erreichen des Ti-P- bzw. Ti-Si-Eutektikums plötzlich Titan-Silizid und Titan-Phosphid aus, wobei eine deutlich abgegrenzte Ausscheidungszone entsteht.

Insbesondere in oberflächennahen Bezirken der α-case können Sauerstoffgehalte bis zu 10 m% und entsprechende Aufhärtungen der Randzone auftreten, wobei es durch die dadurch verursachte Versprödung zu Mikrorissen kommen kann (Abb. 5.15). Bei gekerbten Proben liegt in der Regel eine auf unter 50 % der Zugfestigkeit reduzierte Dauerfestigkeit vor, so daß nach Möglichkeit die mit Mikrorissen behaftete α-case-Schicht durch Strahlen, Beizen oder Beschleifen entfernt werden sollte. Dieser Umstand sollte durch eine entsprechend dickere Gestaltung von Teilen und eine anschließende Ausarbeitung, z. B. bei dünnen Federrändern, berücksichtigt werden. Der im Vergleich zu CoCr-Legierungen geringere E-Modul und die Oberflächenversprödung von Titan limitieren seinen Einsatz beim Modellguß.

Aufgrund der erforderlichen hohen Paßgenauigkeit zahnärztlicher Restaurationen

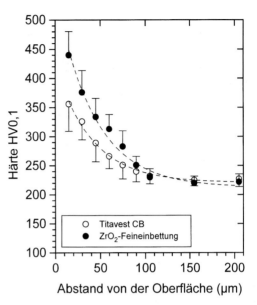

Abb. 5.16 Dicke der α-case bei Verwendung verschiedener Einbettarten

kann die α-case, zumindest im Kronenrandbereich, häufig nicht vollständig entfernt werden. Daher ist es wünschenswert, die α-case-Bildung zu reduzieren. Eine andere Möglichkeit besteht darin, reaktionsträge Zwischenschichten auf die Wachsmodelle aufzutragen, was allgemein als Schalenguß (shell casting) bezeichnet wird. Hierzu kommen oxidkeramische Zwischenschichten, z. B. Zirkonoxid oder Magnesiumoxid, in Betracht, die mit entsprechenden organischen Bindern aufgebracht werden (*Ott* 1991; *Haag* 1995).

Da durch die Reaktion des Titans dessen mechanische Eigenschaften verändert werden, kann mittels Mikrohärtemessungen die Dicke der Reaktionszone bestimmt werden. Die Dicke der α-case wird mit Dicken zwischen 50 und 300 μm angegeben und hängt vom Formsystem bzw. der verwendeten Einbettmasse, von der Muffeltemperatur und von der Dicke der Gußobjekte ab.

Abb. 5.15 REM-Aufnahme der α-case von gegossenem Titan mit Mikroriß

Um die Reaktion der Schmelze mit der Einbettmasse zu verringern, ist es günstig bei niedriger Muffeltemperatur zu gießen, was allerdings eine höhere Expansion der Einbettmasse erfordert, um eine ausreichende Paßgenauigkeit zu gewährleisten.

Bei niedriger Muffeltemperatur besteht die Gefahr, daß aufgrund der rascheren Abkühlung und Erstarrung der Schmelze grazile Gußobjekte nicht vollständig ausfließen. Um dies zu gewährleisten, werden aufgrund der geringen Dichte des Titans ausreichend große Metallmengen und eine hohe Beschleunigung der Schmelze beim Guß benötigt, die beim Schleuderguß durch entsprechend hohe Anzugsmomente und Drehzahlen und beim Vakuum-Druckguß durch einen hohen Gasdruck und eine große Masse des Titans erreicht wird.

*Aufgießen*

Bei der Herstellung von gegossenen Passungen, wie Geschieben, Konus- und Teleskopkronen, entstehen oft unbrauchbare Arbeiten. Dies liegt daran, daß bei der herkömmlichen Gußtechnik durch Formwandreaktionen und Inkongruenz im thermischen Dimensionsverhalten von Einbettmasse und Legierung das Gußergebnis häufig zu große Toleranzen aufweist.
Um NEM-Legierungen dennoch für diesen prothetisch wichtigen Sektor nutzen zu können, wurde anfang der siebziger Jahre von *Braun* 1971 und *Haker* 1972 unter der Bezeichnung „Aufgußtechnik" ein neues Gießverfahren vorgestellt, bei welchem das Primärteil der Passung in die Einbettmasse-Gießform miteingebettet wird. Auf den zunächst hergestellten Primärteilen werden Sekundärteile aus Wachs aufmodelliert, zusammen eingebettet und das Metall des Sekundärteils auf das Primärteil direkt aufgegossen und dadurch dessen Passungsoberfläche unmittelbar abgeformt. Gerade im Bereich der funktionell wichtigen Partien entsteht so ein Guß, der frei von den nachteiligen Erscheinungen des Gießverfahrens in keramische Formstoffe ist und Gußobjekte von höherer Präzision und Oberflächengüte der Passungspartner liefert.

Allerdings liegt in der Trennbarkeit von Primär- und Sekundärteil nach dem Guß ein vielschichtiges Problem, das lange Zeit einer Verbreitung der Aufgußtechnik entgegenstand. Zunächst müssen die Primärteile gut ausgearbeitet und poliert sein, damit sich die Teile später trennen lassen. Des weiteren ist eine Trennschicht erforderlich, die entweder aus legierungseigenen Oberflächenoxiden oder aus aufgebrachten dünnen, chemisch inerten und hoch schmelzenden Keramikschichten (z. B. Wolframsilizid) bestehen kann. Den ursprünglich zum Aufgießen benutzten berylliumhaltigen NiCr-Legierungen war aufgrund ihres Oxidationsverhaltens ein Isolationsvermögen eigen. Mit dem Rückzug dieser im Munde nicht vertretbaren Dentallegierungen geriet auch die Aufgußtechnik wieder nahezu in Vergessenheit, denn mit hochwertigen Be-freien NiCr-Legierungen werden größtenteils verschweißte Gußobjekte erhalten – zumindest dann, wenn es sich um zirkulär umfassende und okklusal gedeckelte Strukturen wie Konus- und Teleskopkronen handelt. Untersuchungen zu dieser störenden Verschweißungsneigung der Aufgußpartner zeigten (*Wall* 1993), daß es dabei weniger um ein physikalisches als um ein chemisches Problem geht, bei welchem der Silizium-, Bor- oder Kohlenstoffgehalt der Sekundärgußlegierung mit seiner Reduktionswirkung die entscheidende Rolle spielt.
Aus diesen chemischen Zusammenhängen heraus wurde eine große Zahl zur Isolation vieler Legierungen geeigneter Trennschichten entwickelt (*Wall* 1993). Es handelt sich dabei um chemisch hochgradig reaktionsträge, refraktäre Substanzen, die verschiedenen Verbindungsklassen, z. B. den Metallnitriden, -siliziden, -boriden, und -oxiden entstammen und jeweils für sich oder als Mischformen untereinander in dünner Schicht auf das Primärteil vor dem Aufgießen aufgetragen werden. Das Aufbringen hartkeramischer Trennschichten kann im Wege einer traditionellen Sintertechnik,

ähnlich der keramischen Verblendtechnik, geschehen, wie auch durch Auftrag mit technologisch aufwendigen Arbeitsverfahren durch chemisches oder physikalisches Aufdampfen (CVD-, PVD-Verfahren, Plasma- oder Flammspritzen). Die Schichten sollten nicht zu dick sein, um aufgrund der unterschiedlichen thermischen Ausdehnungskoeffizienten Abplatzungen zu vermeiden. Beim Aufgießen verwendet man in der Regel relativ niedrig vorgewärmte Muffeln, da das Primärteil aufgrund möglicher Formänderungen nicht zu hoch erhitzt werden darf.

Werden durch ein besonderes Gußwegsystem auch besondere Strömungsnotwendigkeiten für das Sekundärgußmetall berücksichtigt, so lassen sich heute mit einer Vielzahl von Legierungen Aufgußstrukturen verwirklichen, die sich durch derart hohe Kongruenz der primären und sekundären Passungsoberflächen auszeichnen, daß auch Konuskronen bruchsicher keramisch verblendet werden können. Die Geschiebespaltweite läßt sich, je nach Einsatzzweck, von der großen Funktionsspaltweite des Resilienzteleskops von ca. 30 $\mu$m bis herunter in den Bereich einzelner Mikrometer durch Legierungs- und Trennschichtwahl einstellen. Die Abb. 5.17 zeigt als Beispiel eine keramisch verblendete Konuskrone. Im zusammengeschobenen Zustand ist der Geschiebespalt für das unbewaffnete Auge praktisch unsichtbar.

### 5.5.2 Ausarbeiten

Das Ausarbeiten umfaßt Vorgänge wie das Trennen, Schleifen, Fräsen und Polieren.

> Grundsätzlich gilt, daß NEM-Legierungen im Vergleich mit EM-Legierungen schwieriger auszuarbeiten sind, was sich in einem etwa doppelt so hohen Werkzeugverschleiß und Zeitaufwand bemerkbar macht (*Klatt* 1989).

Daraus abgeleitet sollte stets versucht werden, bereits bei der Wachsmodellation eine möglichst hohe Präzision zu erreichen. Bei der Beurteilung der Bearbeitbarkeit wird häufig irrtümlich die Härte als alleinig ausschlaggebender Faktor herangezogen, während die ebenfalls eine wesentliche Rolle spielende Streckgrenze und die Bruchdehnung nicht beachtet werden. So neigen duktile Legierungen mit niedriger Streckgrenze leicht zum Schmieren. Hingegen verursacht eine spröde Legierung leichter Vibrationen des Fräskörpers mit einer sich daraus ergebenden Welligkeit der Oberfläche. Aufgrund des komplexen Zusammenspiels zwischen Werkstoffeigenschaften, Anpreßdruck und Drehzahl wurden auf empirischem Weg für die jeweilige Anwendung Bearbeitungsinstrumente und -techniken entwickelt und optimiert. Unter diesem Aspekt gilt somit der Grundsatz der werk-

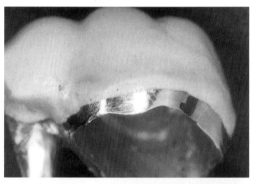

*Abb. 5.17* Beispiel einer im Aufgußverfahren hergestellten keramisch verblendeten Konuskrone. Der Geschiebespalt wird erst nach Auseinanderziehen der Passungspartner sichtbar

stoffgerechten Verarbeitung mit den dazu notwendigen speziellen Instrumenten.

In kritischen Bereichen wie dem Kronenrand, kann es von Vorteil sein, einen geringen Materialabtrag anzustreben, was Naßstrahlgeräte gegenüber dem Sandstrahlen eher gewährleisten.

Beim Fräsen sollten nur geeignete Schneidgeometrien verwendet werden und mit geringem Anpreßdruck gearbeitet werden, da es sonst zu Deformationen und damit zur Kaltversprödung der Oberfläche kommen kann.

NEM-Legierungen sind herkömmlich polierbar, wobei neben der mechanischen Politur auch elektrochemisch poliert werden kann. Dieses Verfahren ist bei harten NEM-Legierungen von Vorteil. Bei diesem häufig auch als Glänzen bezeichneten Vorgang wird durch Anlegen eines elektrischen Feldes in einem sauren, auf die Legierung abgestimmten, Elektrolyten ein chemischer Abtrag von Rauhigkeitsspitzen hervorgerufen. Im Gegensatz zur mechanischen Politur kommt es beim elektrolytischen Glänzen zu keiner nachteiligen Oberflächenveränderung des Werkstoffs infolge von Deformationen oder Wärmewirkungen. Bei mehrphasigen Legierungen kann jedoch ein unerwünschtes selektives Herauslösen von Bestandteilen erfolgen. Die Glänzzeit beträgt typischerweise 8–10 Minuten bei einer Elektrolyttemperatur von 25–30 °C. Benutzt man einen z. B. auf 50 °C erwärmten Elektrolyten, kann sich der Abtrag von Metallionen um etwa 30 % erhöhen.

Besondere Bedeutung kommt der Finierbarkeit der Legierungen zu, unter der die Adaptation von Rändern durch Kaltverformung verstanden wird. Als Beurteilungskriterium für die Finierbarkeit wird manchmal auch der Quotient aus Bruchdehnung und Dehngrenze herangezogen.

Aufgrund des niedrigen E-Moduls gibt Titan dem Anpreßdruck bei spanabhebender Verarbeitung nach und neigt zum „Schmicren", weshalb zumeist spezielle Fräser mit Kreuzverzahnung empfohlen werden. Titan zeigt als feines Pulver pyrophore (selbstentzündliche) Eigenschaften, was sich bei spanender Bearbeitung (Trennen, Strahlen mit Korund) als Funkenflug bemerkbar macht (*Brauner* 1992), so daß diesbezügliche Vorsichtsmaßnahmen getroffen werden sollten.

Beim Absäuern von Titanoberflächen macht man sich die titanauflösende Wirkung der Fluorwasserstoffsäure zunutze (z. B. wässrige Lösung aus 20 % $HNO_3$ und 2 % $H_2F_2$). Verdünnte Fluorwasserstoffsäure sollte ohne Zusatz eines Oxidationsmittels (z. B. $HNO_3$) nicht direkt verwendet werden, da es aufgrund des freiwerdenden Wasserstoffs zu einer Versprödung des Titans und damit einer Festigkeitsminderung kommen kann.

Ein weiterer wichtiger Aspekt ist das Polieren von Titan, das schwierig ist, da Titan relativ weich ist und Schmierschichten bildet. Je nach verwendeter Polierpaste zeigt Titan in der Regel im Vergleich mit anderen Legierungen etwas rauhere Oberflächen, liegt jedoch insgesamt im oberen Streubereich üblicher Legierungen. Wegen der geringen Wärmeleitfähigkeit des Titans ist darauf zu achten, daß beim Polieren keine Wärmestaus entstehen, die zu einer Versprödung der Oberfläche führen könnten. Besonders beim Polieren mit hohen Drücken und Drehzahlen kann es zu lokalen Überhitzungen und zu einer damit verbundenen Versprödung dünner Oberflächenschichten durch Sauerstoffaufnahme kommen. Um den Glanz der Oberflächen nach dem Polieren zu erhalten, sollten sie frühestens nach 15 Minuten gereinigt werden bzw. in Kontakt mit Wasser kommen.

### 5.5.3 *Fügen*

Das Fügen (=Verbinden) von Gußobjekten kann mechanisch (Schrauben, Nieten), chemisch (Kleben) oder thermisch (Löten, Schweißen) erfolgen. Weiterhin unterscheidet man zwischen form-, stoff- und kraftschlüssigen Verbindungen, sowie zwischen lösbaren/unlösbaren und starren/beweglichen Verbindungen. Soweit Einstückarbeiten verwirklichbar sind, sollten Fügetechniken möglichst vermieden werden, da sie zumeist Schwachstellen darstellen. Fügetechniken werden immer dann erforderlich, wenn z. B. im Einstückguß keine ausreichende Paßgenauigkeit erzielt wird, verschiedene Legierungen verbunden, oder bestehende Versorgungen geändert, ergänzt oder repariert werden müssen.

> Die entscheidenden Faktoren für den Langzeiterfolg von Fügetechniken ist deren Verbundfestigkeit und Korrosionsbeständigkeit.

Vom Standpunkt der Korrosionsbeständigkeit sollte das Schweißen gegenüber dem Löten nach Möglichkeit vorgezogen werden, da beim Löten ein weiteres Metall, das Lot, benötigt wird (Galvanische Korrosion).

### 5.5.3.1 Löten

Das Löten gehört zu den stoffschlüssigen Verbindungen. Es handelt sich um ein thermisches Verfahren, bei dem durch Schmelzen eines Lotes eine Verbindung entsteht. Lote sind Legierungen, die in ihrer chemischen Zusammensetzung und Verarbeitbarkeit an die jeweils zu verbindenden Grundwerkstoffe angepaßt sind. Lote kommen als Stangen, Drähte, Bänder oder Bleche in den Handel. Das Lot muß eine Arbeitstemperatur aufweisen, die niedriger als die Schmelztemperatur der zu verbindenden Teile ist, und es muß die Oberfläche dieser Teile benetzen. Die Arbeitstemperatur ist die niedrigste Oberflächentemperatur an der Lötstelle, bei das Lot benetzt oder sich durch Grenzflächendiffusion eine flüssige Phase bildet. Die zu verbindenden Teile sind nicht durch Schmelzen beteiligt.

> Werden Teile aus unterschiedlichen Legierungen gelötet, ist darauf zu achten, daß die Arbeitstemperatur des Lotes unterhalb der jeweils niedrigsten Schmelztemperatur der Grundwerkstoffe bleibt, um Verformungen zu vermeiden. Grundsätzlich gilt, daß die Arbeitstemperatur der Lote etwa 50-100 °C unterhalb der Solidustemperatur der Grundwerkstoffe liegen sollte.

Die wichtigsten Beurteilungskriterien einer Lötstelle sind zum einen ihre Festigkeit und zum anderen ihre Korrosionsresistenz. Gelötete Verbindungen zeigen generell schlechtere mechanische Eigenschaften als ungelötete (Eingußstücke), zeigen jedoch auch bei der Kombination unterschiedlicher Legierungen in der Regel klinisch ausreichende Festigkeiten (*Eichner* 1988). Beim Löten werden die zu verbindenden Teile (Grundwerkstoffe) in Löteinbettmasse fixiert und gleichmäßig auf die Arbeitstemperatur des Lotes erhitzt, das sich dann im Lötspalt aufgrund von Kapillarkräften ausbreitet, die Grundwerkstoffe benetzt und je nach Legierungssystem eine Diffusionszone ausbilden kann (Abb. 5.18). Das Ausmaß der Diffusion hängt von den Temperaturverhältnissen, der Erwärmungszeit und der chemischen Zusammensetzung der Verbindungspartner ab.

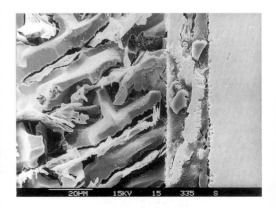

*Abb. 5.18* Angeätzter Querschliff einer Lötverbindung mit Diffusionszone *(links:* NiCr13Mo5, *rechts:* Weißgoldlot)

## 5.5 Verarbeitung der NEM-Legierungen

In der Technik unterscheidet man anhand der Arbeitstemperaturen zwischen Hart- (> 450 °C) und Weichloten (< 450 °C). Aufgrund der erforderlichen Mundbeständigkeit werden in der Zahntechnik nur Hartlote eingesetzt. Neben den Haupt- oder Erstloten werden noch spezielle Nach- oder Zweitlote angeboten, deren Arbeitstemperatur weiter abgesenkt ist. Der Grund dafür ist der, daß durch Diffusionsvorgänge in der Grenzfläche eine Zwischenschicht (neue Legierung) mit erniedrigter Solidustemperatur entsteht, so daß ein dementsprechend angepaßtes Zweitlot benötigt wird. Bei richtiger Vorbereitung können mehrere benachbarte Lötungen mit dem Erstlot vorgenommen werden.

Prinzipiell ist die Lötbarkeit von NEM-Legierungen wegen ihrer ausgeprägteren Oxidationsneigung schwieriger als bei EM-Legierungen.

Je nach Einsatzzweck wird zwischen hochschmelzenden Loten mit Arbeitstemperaturen von etwa 1 000–1 200 °C und niedrig schmelzenden Loten mit Arbeitstemperaturen von 700–1 000 °C für das Löten von Aufbrennlegierungen nach dem Keramikbrand unterschieden. Die für Lötungen nach dem Keramikbrand zum Einsatz kommenden Lote erfordern Arbeitstemperaturen unterhalb der Erweichungstemperatur der Keramiken. Dadurch benetzen sie die Grundwerkstoffe schlechter, weswegen Lötungen nach dem Keramikbrand nach Möglichkeit vermieden werden sollten. Hinzu kommt, daß die Keramikverblendung vor dem aggressiv wirkenden Flußmittel geschützt werden muß, um Schädigungen und Verfärbungen auszuschließen.

Die Dauerhaftigkeit von Lötverbindungen wird wesentlich von Porositäten in der Lötnaht (Abb. 5.19) und von Korrosionsvorgängen geprägt (*Geis-Gerstorfer* 1985). Hier spielen die Potentialdifferenzen zwischen Grundwerkstoff und Lot eine ausschlaggebende Rolle. Da die Festigkeit von Lötstellen der Festigkeit der Grundwerkstoffe unterlegen ist, sollte generell versucht werden, Lötungen zu vermeiden. Weiterhin gilt zu bedenken, daß zu lötende Bereiche daher nicht mehr so grazil gestaltet werden können.

*Löten von Ni- und Co-Basislegierungen*

Bei Lötungen vor dem Brand wird überwiegend mit NiCr- und CoCr-Loten gearbeitet (Tabelle 5.10). Die Zusammensetzung dieser Lote ist gegenüber den Grundwerkstoffen geringfügig geändert, um das Schmelzintervall abzusenken. Lötungen vor dem Brand weisen ähnlich hohe Dehngrenzen auf wie die Grundwerkstoffe, jedoch ist die Bruchdehnung wesentlich geringer, so daß bei Überbelastung die Brüche im Lot auftreten.

Für das Löten nach dem Brand im Ofen gibt es zwei Verfahren. Falls die Lötstelle bereits vor dem Brand mit Weißgoldlot (WGL-Lot) vorgeschwemmt werden kann, wird dann nach dem Brand im Ofen wie bei EM-Legierungen mit Goldlot gelötet. Sollen EM- und NEM-Legierungen verbunden werden (z. B. Lötung zwischen hochgoldhaltigem Geschiebe und einer CoCr-Legierung), empfiehlt sich aufgrund der weit auseinanderliegenden Soliduspunkte ebenfalls ein zweistufiges Vorgehen, bei dem zunächst die NEM-Legierung mit Weißgoldlot versehen wird und im zweiten Schritt die EM-Legierung mit dem dafür vorgesehenen Lot angelötet wird. Für direkte Ofenlötungen kommen niedrigschmelzende Weißgoldlote zum Ein-

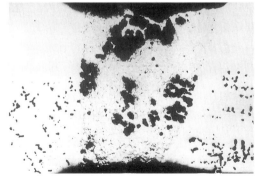

*Abb. 5.19* Beispiel einer schlechten Lötung mit Porositäten in der Lötnaht

*Tabelle 5.10* Lote für NEM-Legierungen (Übersicht siehe *Dental-Vademekum* 1995)

| Typ | Basis | Eigenschaften |
|---|---|---|
| Weißgoldlote | ca. 80 % Au und Pt-Metalle z. B.: Au65Pd15Ag9Cu7Zn2In2 | Arbeitstemperatur 930–1120°C Für Ofenlötungen ca. 860°C |
| Stahlgoldlote | Au-Ag-Cu, Au-Ni-Zn z. B.: Au80Ni15Zn5 | Arbeitstemperatur 740–950°C zum Löten von NEM- mit EM-Legierungen |
| NEM-Lote | Co-Cr-Mo, Ni-Cr-Mo z. B.: Co70Cr13Mo5Si5B2Fe z. B.: Ni66Cr19Mo6Si4B1Fe4 | 1110–1300°C spezielles Flußmittel erforderlich gelten als schwierig zu verarbeiten |
| Silber-Lote | z. B.: Ag60Zn24Cu16 | Arbeitstemperatur 800–900°C geringe Diffusion, geringe Korrosionsbeständigkeit |

satz. Man geht davon aus, daß hier der Verbund überwiegend auf Adhäsion und weniger auf Diffusion beruht. Nach dem Löten wird langsam abgekühlt, um Spannungen zu vermeiden. Die Verbundfestigkeit von Lötungen nach dem Brand ist i.a. niedriger als die der Lötungen vor dem Brand.

> Grundvoraussetzung für eine gute Lötverbindung ist die Gestaltung möglichst paralleler und großer Fügeflächen, gleichmäßig auf Arbeitstemperatur vorgewärmte Teile und die Schaffung metallisch blanker Oberflächen. Letzteres geschieht zum einen durch eine mechanische Bearbeitung durch Beschleifen oder Abstrahlen, und zum anderen durch eine chemische Konditionierung mit oxidlösenden Flußmitteln.

Die dabei erzeugte maximale Oberflächenrauhigkeit sollte eine gute Benetzbarkeit mit dem Lot ermöglichen. Die günstigste Breite für Lötspalte liegt zwischen 0,05 und 0,20 mm, um beim Erreichen der Arbeitstemperatur des Lotes aufgrund der Kapillarkräfte ein optimales Einschießen des Lotes und eine gute Füllung zu erzielen. Bei größeren Spalten spricht man von Lötfugen, die möglichst vermieden werden sollten und, falls dies nicht möglich ist, durch Einbringen eines Blechs aus dem Grundwerkstoff verengt werden müssen.

Die chemische Konditionierung besteht in einem Schutz der Oberfläche vor Oxidation bzw. einem teilweisen Auflösen von Oxiden durch Flußmittel. Da NEM-Aufbrennlegierungen bereits bei Temperaturen ab etwa 400–500 °C verstärkt oxidieren, muß das Flußmittel imstande sein, bei dieser Temperatur den Lötspalt zu füllen und eine dichte Schutzschicht zu bilden, um einen weiteren Zutritt von Sauerstoff an die Legierungsoberfläche im Lötspalt zu unterbinden. Flußmittel bestehen zumeist aus bor- und fluorhaltigen Substanzen (z. B.: 70 % Boraxglas, $N_2B_4O_7$, 35 % Borsäure, $B_2O_3$ und 10 % Kieselsäure, $SiO_2$) und sind teilweise bereits im Lot integriert. Aufgrund der begrenzten Löslichkeit von Oxiden im Flußmittel, sollte der Lötvorgang möglichst bald abgeschlossen sein. Zur Entfernung der Flußmittelrückstände nach dem Löten werden spezielle Beizmittel oder z. B. 10 %-ige warme Schwefelsäure verwendet.

Zur Wahrung der erforderlichen Paßgenauigkeit werden die zu lötenden Teile überwiegend in einem Fixierungsblock aus Löteinbettmasse mit angepaßtem thermischen Expansionsverhalten positioniert. Der Löteinbettblock sollte möglichst klein bemessen sein und gleichmäßig durchgewärmt werden, um eine gleichförmige Expansion zu gewährleisten. Freihandlötungen kommen, außer in der Kieferorthopädie, nur noch selten vor. Eine weitere Möglichkeit besteht in einer lötfesten Klebung mit einer Mischung aus Lötpulver, Flußmittel und Autopolymerisat und einer Fixierung mittels eines Mineralfasern enthaltenden Keramikklebers.

Der Lötprozeß selbst kann in der Flamme, im Ofen oder mittels Infrarotstrahlung erfolgen. Die Flammen- und Infrarot-Lötung ermöglichen eine lokal begrenzte Erwärmung, was Vorteile beim Löten von kieferorthopädischen Arbeiten, beim Löten verschiedener Grundwerkstoffe und bei Lötungen nach dem Keramikbrand hat. Andererseits ist bei der Flammenlötung die Temperaturkontrolle schwierig und aufgrund der ungleichmäßigen Erwärmung entstehen innere Spannungen, die bei Keramikverblendungen Probleme bereiten können. Diese Nachteile treten bei der Ofenlötung nicht auf. Allerdings muß hier bereits im Voraus die erforderliche Menge Lot eingebracht und durch Flußmittel abgedeckt werden. Die Oxidation kann bei der Ofenlötung durch Evakuieren der Kammer oder Erzeugen einer reduzierenden Atmosphäre durch Einlegen eines Graphitblocks in die Ofenkammer vermindert werden.

Das Löten von Edelstahldrähten ist hinsichtlich des Korrosions- und Festigkeitsverhaltens problematisch und sollte möglichst vermieden werden. Das Löten von Drähten kann häufig nicht umgangen werden bei Verbindungen im Stoß, der Verbindung größerer Flächen und Verbindungen z. B. mit EM-Legierungen. Diese Lötungen sollten rasch erfolgen und in Wasser abgeschreckt werden, um Kristallumwandlungen und ein Kornwachstum zu vermeiden, welche die mechanischen Eigenschaften verschlechtern würden. Wird z. B. federharter Stahl bei Rekristallisationstemperatur zu lange erhitzt, verliert er seine federnden Eigenschaften. Als Lote werden auch hier überwiegend Weißgoldlote benutzt.

*Löten von Titan*

Titan kann z. B. mit silber-, palladium- und kupfer-haltigen Loten gelötet werden, wobei allerdings durch eine Legierungsbildung mit Titan ein ungünstiger Einfluß auf die mechanischen Eigenschaften und das Korrosionsverhalten entstehen kann (*Lüthy* 1995). Nach Möglichkeit sollte nach dem derzeitigen Kenntnisstand das Schweißen vorgezogen werden.

> Generell kann gefordert werden, daß im Sinne der biologischen Verträglichkeit von Zahnersatz angestrebt werden sollte, Lötungen möglichst zu vermeiden, um die Legierungsvielfalt im Munde gering zu halten.

### 5.5.3.2 Schweißen

Das Schweißen ist eine weitere thermische Fügetechnik (Abb. 5.20), die den Vorteil hat, daß entweder auf Zusatzwerkstoffe verzichtet werden kann, oder Zusatzwerkstoffe mit der chemischen Zusammensetzung der Grundwerkstoffe zum Einsatz kommen.

> Schweißverbindungen ergeben im Vergleich mit Lötungen grundsätzlich höhere Verbundfestigkeiten, da die Werkstücke bis in den Schmelzbereich hinein erhitzt werden und eine innige metallische Verbindung entsteht. Da kein weiteres Fremdmetall zugeführt wird, sind Schweißverbindungen korrosionsbeständiger als Lötverbindungen.

Beim Schweißen verschiedener Legierungen sollten ähnliche Schmelzintervalle vorliegen, um Überhitzungen zu vermeiden. Die Schweißtechnik wird auch zum Auftragen eingesetzt.

Zum Fügen geometrisch kleiner Abmessungen (z. B. Drähte) kommt das elektrische *Punktschweißen* zum Einsatz, das den Vorteil lokal eng begrenzter und kurzzeitiger Erhitzungen aufweist. Beim Punktschweißen ist ein hoher elektrischer Widerstand und eine geringe Wärmeleitfähigkeit der verwendeten Legierungen von Vorteil, da-

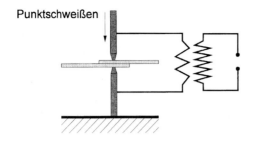

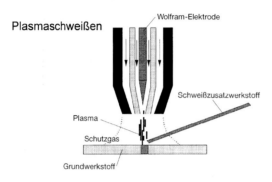

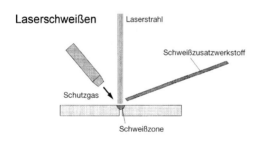

*Abb. 5.20* Schematische Darstellung gängiger Schweißtechniken

Edelstahl-Draht eignet sich im Vergleich zu Golddrahtlegierungen schlechter zum Löten, kann jedoch aufgrund seiner geringen Wärmeleitfähigkeit gut geschweißt werden (Punktschweißen, Laserschweißen), so daß dieses Verfahren daher häufig bei kieferorthopädischen Arbeiten eingesetzt wird.

Beim *Plasmaschweißen* wird über einen Argon-Gasstrom, der an einer als Kathode geschalteten Wolframelektrode vorbeifließt, durch Ionisation ein Lichtbogen gezündet, der auf die als Anode geschaltete Werkstückoberfläche trifft. Da hierbei zum einen sehr hohe Temperaturen von über 4 000 °C entstehen können und zum anderen über den Stromfluß und die Gaszufuhr eine Feindosierung möglich ist, kann die Anwendung schnell und lokal begrenzt erfolgen. Dies hat zum Vorteil, daß teilweise auf dem Meistermodell geschweißt werden kann. Als Schweißzusatzmaterial dienen Drähte aus dem Grundwerkstoff. Von der Handhabung

mit einerseits genügend Wärme entwickelt, aber diese andererseits nicht zu rasch abtransportiert wird. Dadurch ist das Punktschweißen für EM-Legierungen weniger geeignet. Die zu verbindenden Bereiche der Werkstücke müssen aufeinander liegen und metallisch blank sein. Durch die Auslösung eines kurzzeitigen Stromstoßes, wird über zwei angelegte Kupferelektroden ein lokal begrenztes Aufschmelzen der Kontaktzone zwischen den Werkstücken hervorgerufen und die Schweißstelle, bzw. durch Aneinanderreihen mehrerer Punkte die Schweißnaht erzeugt.

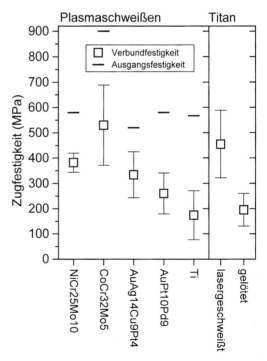

*Abb. 5.21* Zugfestigkeit verschieden gefügter NEM-Legierungen

her ähnelt das Verfahren eher dem Löten. Um eine übermäßige Oxidation und damit die Gefahr einer Versprödung zu vermeiden, ist eine sorgfältige Abschirmung der Schweißstelle mit Schutzgas (reduzierende Atmosphäre) während des Schweißvorganges und beim Abkühlen erforderlich. Es ist darauf zu achten, daß beim Schweißen von Titan kein Wasserstoff verwendet wird (Wasserstoffversprödung). Aufgrund ihrer geringen Wärmeleitfähigkeit eignet sich das Plasmaschweißen besonders für die NEM-Legierungen, aber auch für Verbindungen von NEM- mit EM-Legierungen.

Von Interesse ist auch das *Laserschweißen*, das zwar seit längerer Zeit untersucht wird (*Vahl und van Benthem* 1983), aber erst in den letzten Jahren eine zunehmende Verbreitung findet. Es ermöglicht einen lokal begrenzten Einsatz, so daß prinzipiell auf dem Meistermodell und teilweise auch in der Nähe von Verblendungen geschweißt werden kann. Gegenüber dem Plasmaschweißen gewährleistet das Laserschweißen in der Regel höhere Verbundfestigkeiten (Abb. 5.21), die nahezu die Eigenfestigkeit der Grundwerkstoffe erreichen können.

Zum Laserschweißen kommen in erster Linie gepulste Nd:YAG-Laser mit einer Wellenlänge von 1 064 nm zum Einsatz (Abb. 5.22). Bei den bisher verfügbarer Lasern reichen die eingesetzten Energien bis zu 80 Joule und die Impulszeiten bis zu 25 ms. Die Laserschüsse werden per Fußschalter ausgelöst und die Verbindung durch sich überlappende Schweißpunkte mit Durchmessern zwischen 0,3 und 2 mm hergestellt.

Wichtig ist beim Laserschweißen das Ausmaß der Hitzeerzeugung durch Einkopplung des Lichtstrahls in die Legierungsoberfläche (Absorption). Da hier das Reflektionsverhalten eine wesentliche Rolle spielt, sind hochglänzende EM-Legierungen schwieriger zu schweißen als NEM-Legierungen. Aufgrund der geringen Eindringtiefe des Laserstrahls kommen auch die thermischen Eigenschaften der jeweiligen Legierung (Liquidustemperatur, Wärmeleitung, spezifische Wärmekapazität) zum Tragen, was unterschiedliche Einstellungen der Laserparameter erfordern kann. Weiterhin wird dadurch die mögliche Schweißtiefe begrenzt, die derzeit mit etwa 1–1,5 mm angegeben wird, so daß in der Schweißnaht den Querschnitt verringernde Spalträume verbleiben können.

Ist die Energiezufuhr zu hoch, kann es zum Verdampfen und zur Überhitzung der Legierung kommen. Aus diesem Grund sind beispielsweise NEM-Legierungen mit geringem Kohlenstoffgehalt zum Laserschweißen vorteilhafter, da bei diesen eine geringere Gefahr von festigkeitsmindernden Karbidausscheidungen entlang der Korngrenzen besteht.

Prinzipiell können auch unterschiedliche Legierungen per Laser geschweißt werden. Da sich hierbei jedoch in der Übergangszone eine neue Legierung bilden kann, stellt sich, ähnlich wie beim Löten, die Frage der Korrosionsbeständigkeit. Durch unterschiedliche thermische Ausdehnungskoeffizienten der zu verschweißenden Werkstoffe kann es durch Spannungen auch zu Rißbildungen

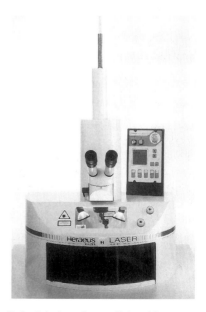

*Abb. 5.22* Beispiel eines Laser-Schweißgerätes (Werksfoto: Heraeus Kulzer)

Abb. 5.23 Querschliffbild durch eine etwa 0,5 mm tiefe Laser-Schweißnaht *(links:* CoCr32-Mo4, *rechts:* AuAg14Cu9Pt4; *oben:* Fügespalt)

kommen. Im Querschliff der Abb. 5.23 ist ein solches Negativbeispiel dargestellt. Der von unten kommende Laserstrahl hat die beiden Grundwerkstoffe mit einer Eindringtiefe von etwa 0,5 mm verschweißt, wobei sich durch Vermischung eine neue Legierung gebildet hat und Porositäten und ein Riß entstanden sind.

### 5.5.3.3 Kleben

Als eine weitere Fügetechnik ist das Kleben aufzuführen. Als eine die Zahnhartsubstanz schonende Versorgung ohne Risiko einer Pulpaschädigung und mit ausgezeichneter

Abb. 5.24 Beispiel einer elektrolytisch geätzen NiCr-Oberfläche

Ästhetik bieten sich eingeklebte Brücken (Adhäsivbrücke, Marylandbrücke) als Langzeitprovisorium bei Jugendlichen und bei beginnender Parodontalinsuffizienz an (*Kerschbaum* 1995).

Für die Adhäsivprothetik haben sich NEM-Legierungen besser bewährt als die EM-Legierungen, da sie für die erforderlichen dünnen Teile günstigere mechanische Eigenschaften aufweisen und sich zur Schaffung mikroretentiver Muster besser konditionieren lassen. Die Mehrphasigkeit der Legierungen ist hierbei eine Grundvoraussetzung für ihre elektrolytische Ätzbarkeit (*Livaditis und Thompson* 1982), bei der unter sich gehende Strukturen entstehen (Abb. 5.24), die der Haftung des Klebers dienen.

Als Voraussetzung für den Erfolg von Klebebrücken sind zwei Entwicklungen zu nennen: Einmal die retentive Anbindung dentaler Kunststoffe an den Zahn mittels der Säureätztechnik (*Buonocore* 1955), und zum anderen die Verbindung von Komposit an Legierungsoberflächen durch Ätzen (*Thompson und Pfeiffer* 1986) und Silikatisieren (*Tiller et al.* 1984). Die Abb. 5.25 zeigt im Schema den Aufbau eines Verbundes bei Klebebrücken, für den langfristig stabile Verbundfestigkeiten von 10-12 MPa angegeben werden (*Kerschbaum* 1995).

### 5.5.4 Verblenden

Erste Versuche Keramiken und Metalle zu kombinieren werden Fauchard 1728 zugeschrieben (*Hoffmann-Axthelm* 1985). Aufgrund einer ungenügenden Beherrschung der physikalischen und chemischen Parameter traten aber zunächst überwiegend Mißerfolge in Form von Abplatzungen und Sprüngen auf. Erst Anfang der sechziger Jahre gelang es, basierend auf dem Patent von *Weinstein* für Aufbrennkeramiken (*Weinstein et al.* 1962), einen dauerhaften metallkeramischen Verbund herzustellen.

Die Haftfestigkeit des Verbundes wird sowohl durch mechanische Verankerung

## 5.5 Verarbeitung der NEM-Legierungen

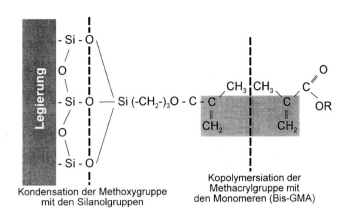

Abb. 5.25 Schema des Verbundes zum Metall bei Klebebrücken

(Abb. 5.26), als auch durch chemische Bindungen verursacht. Das Abstrahlen der Metalloberfläche stellt eine wichtige Voraussetzung für den Verbund dar, da einerseits die Oberfläche vergrößert und gereinigt wird, und andererseits durch die hohen Aufschlagenergien der Partikel durch lokale Mikroaufschmelzungen eine Oberflächenaktivierung erfolgt, welche die Benetzbarkeit der Oberfläche verbessert.

### 5.5.4.1 Kunststoffverblendung

Durch die auf Musil und Tiller zurückgehende dentale Silanisierungstechnik (*Musil und Tiller* 1989) stehen heute als Weiterentwicklungen verschiedene thermische oder tribochemische Verfahren zur Verfügung, die über eine Zwischenschicht eine chemische Anbindung zwischen Legierung und Kunststoff ermöglichen. Dadurch ist es gelungen, die früher auftretenden Spaltbildungen zwischen Metall und Kunststoff mit all ihren Nachteilen (Spaltkorrosion, Verfärbungen, Absprengungen beim Ausarbeiten) zu eliminieren und die Scherfestigkeit zu erhöhen. Mit Hilfe der Silane können Verbundwerkstoffe aus Metall, Kunststoff und Keramik hergestellt werden. Die Entwicklungen auf diesem Gebiet haben auch für die Fortschritte in der Klebetechnik (Maryland-Brücke) große Bedeutung erlangt.

Als Silikatisierungs-Verfahren kommen der Silicoater (flammenpyrolytischer Auftrag), der Silicoater MD (thermisches Aufbringen $Cr^{3+}$-dotierter Silane), und das Rocatec-Verfahren (tribochemisches Aufbringen beim Sandstrahlen (*Guggenberger* 1989) zum Einsatz (vgl. Kap. 8).

Das Grundprinzip beruht darauf, daß durch thermische Zersetzung der Silane auf der Metalloberfläche eine Silikatschicht ($SiO_xC$-Schicht) gebildet wird (Abb. 5.27). Die Ankopplung des Komposits an die Silikatschicht erfolgt mittels bi-funktioneller Gruppen eines Silanhaftvermittlers (Abb. 5.25). Diese Verfahren sind nach bisherigen Erkenntnissen aufgrund der leichten Oxidbildung von NEM-Legierungen (z. B.: $Cr_2O_3$, $TiO_2$) für die Typen 3 und 4 (siehe Tabelle 5.5) ohne Einschränkungen verwendbar und erreichen gute Verbundfestigkeiten.

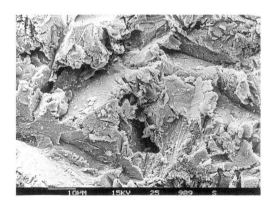

Abb. 5.26 Typisches Erscheinungsbild einer mit 250 $\mu$m Korund sandgestrahlten Legierungsoberfläche zur Schaffung mechanischer Retentionen

*Abb. 5.27* Silanisierte NiCr25Mo10-Oberfläche (Bindungsschema: Metall-O-Si-C)

*Eine weitere Möglichkeit stellt das Verzinnen dar (Krings* 1991), bei dem man von einer chemischen Verbindung zwischen dem Zinn und dem Komposit ausgeht (Für weitere und modernere Verbundsysteme vgl. Kap. 8).

### 5.5.4.2 Keramikverblendung

Die metallkeramische Haftung kann bei den NEM-Legierungen im Vergleich zu den EM-Legierungen als gleichwertig oder sogar besser bezeichnet werden (*Kappert* 1988). Aufgrund ihrer Dauerfestigkeit, ihrer ästhetischen Brillanz und wegen ihres biologisch inerten Verhaltens, nimmt die Keramikverblendung innerhalb der zahnärztlichen Prothetik einen hohen Stellenwert ein. Bei der Keramikverblendung ist darauf zu achten, daß ausschließlich aufeinander abgestimmte Materialien verwendet und diese exakt nach Herstellerangaben verarbeitet werden. Die Anforderungen an metallkeramische Systeme sind in der DIN EN ISO 9693 (vgl. Kap. 14) definiert.

> Beim Aufbrennen der Keramik muß die Legierung eine ausreichende Warmfestigkeit aufweisen, damit sich das Metallgerüst, insbesondere bei mehrspannigen Brücken, nicht durchbiegt (sag resistance). Um dies zu vermeiden, wird in der Regel eine Solidustemperatur gefordert, die etwa 100 °C oberhalb der Brenntemperatur der Keramik liegt.

NEM-Legierungen weisen eine überlegene Warmfestigkeit auf, die eine Dimensionsstabilität der Gerüste beim Brand gewährleistet (*Freesmeyer* 1980). Insbesondere auch bei Mehrfachbränden dürfen sich weitspannige Gerüste nicht verziehen, um ihre Paßgenauigkeit beizubehalten. Man spricht daher in diesem Zusammenhang auch von Korrekturresistenz.

Entscheidend für den Erfolg des metallkeramischen Verbundes ist u.a. die Anpassung der Wärmeausdehnungskoeffizienten.

> Der thermische Ausdehnungskoeffizient von Aufbrennlegierungen sollte unterhalb des Erweichungsbereiches der Verblendkeramik ( < 600 °C) etwas höher sein als der der Keramik, damit diese beim Abkühlen unter Druckspannung gerät.

Dies ist insofern von Bedeutung, da Keramiken gegenüber Zugspannungen wesentlich empfindlicher reagieren als gegenüber Druckspannungen, die bei Zugbelastung mit 20–45 MPa gegenüber 150 MPa bei Druckbeanspruchung angegeben werden (*Dorsch* 1982). Allerdings sollte der Unterschied des thermischen Ausdehnungskoeffizienten zwischen Metall und Keramik nicht größer als 0,3–0,5 $\mu$m/mK sein, damit keine kritischen Spannungen in der Grenzschicht entstehen. Im Gegensatz zur Edelmetall-Technik müssen die Objekte zum Teil aufgrund der geringeren Wärmeleitfähigkeit der NEM-Legierungen nach jedem Brennschritt langsam abgekühlt werden, um Sprünge zu vermeiden. Generell wird bei Mehrfachbränden der thermische Ausdehnungskoeffizient der Keramik erhöht (*Dorsch* 1982), was durch langsames Abkühlen noch verstärkt wird. Dies liegt daran, daß ein Wachstum der Leuzitkristalle in der Keramik hervorgerufen wird, so daß eine gewisse Manipulierbarkeit und Anpassung des thermischen Ausdehnungskoeffizienten an das Metall möglich ist.

Die Haftung der Verblendkeramik auf dem Metallgerüst basiert auf einer physikalischen Bindung, die von der Oberflächenmorphologie abhängt, einer chemischen Bindung, die durch Haftoxide bewerkstelligt wird, und Kompressionskräften, die durch die komplexen Kronengeometrien und Spannungsverteilungen bedingt sind. Durch die beim Sandstrahlen (z. B. mit 250 µm Korund) geschaffene Oberflächenrauhigkeit und insbesondere durch Unterschnitte, entstehen die Verbundfestigkeit verbessernde Verzahnungen (mikromechanische Retentionen) zwischen den beiden Werkstoffen (*Hausselt* 1982). Allerdings darf die Oberflächenrauhigkeit nicht zu groß sein, da zum einen die Metalloberfläche von der Keramik ungenügend benetzt wird und es zu Lufteinschlüssen (Poren) kommen kann, und zum anderen die Keramikschrumpfung lokal stark behindert wird, was zu Mikrorissen führen kann. Gleichzeitig wird durch das Abstrahlen die für chemische Reaktionen zur Verfügung stehende Fläche vergrößert. Die chemische Bindung erfolgt über Brückenbindungen zwischen dem Haftoxid und Bestandteilen der Keramik (zumeist Silizium) und Austauschreaktionen, wobei auch Lösungsvorgänge des Oxids in der Glasphase der Keramik stattfinden. Tritt eine übermäßige Oxidation der Legierung auf, kann es aufgrund einer zu dicken Haftoxidschicht, die das schwächste Glied der Kette darstellt, bei Belastung zu einem Versagen des Verbundes führen.

Mit den zur Verfügung stehenden Opakermassen lassen sich die unterschiedlichen Oxidfarben der NEM-Legierungen gänzlich unterdrücken, so daß somit in ästhetischer Hinsicht mit EM-Legierungen vergleichbarer Zahnersatz angefertigt werden kann. Im Gegensatz z. B. zu den Palladium-Silber-Legierungen (*Hohmann* 1985) weisen keramische Verblendungen von NEM-Legierungen eine bessere Farbechtheit beim Brennen auf.

Untersuchungen zur Spannungsverteilung in metallkeramischen Verbundsystemen und Festigkeitsuntersuchungen zeigten, daß bei der Verarbeitung von NEM-Legierungen die keramischen Schichten nicht dünner als 1,5 mm gestaltet werden sollten und somit in der Vorgehensweise den EM-Legierungen entsprechen (*Schwickerath und Bölling* 1980). Neben den Schichtdickenverhältnissen spielen die thermischen Ausdehnungskoeffizienten der beteiligten Werkstoffe und die Art der Brennprozesse eine entscheidende Rolle (*Dorsch* 1981).

*Ni- und Co-Basislegierungen*

Die ersten erfolgreichen Verblendungen an NEM-Legierungen erfolgten in den sechziger Jahren an Ni-Basislegierungen (Rexillium, 1969, USA; Wiron S, 1972, Bego). Aufgrund des hohen E-Moduls liegt bei größeren Brückenarbeiten aus diesen Legierungen eine geringere Gefahr bezüglich Abplatzungen vor, als dies bei EM-Legierungen der Fall ist.

Während bei den EM-Legierungen leicht oxidierbare Elemente hinzulegiert werden, bestehen NEM-Legierungen ausschließlich aus derartigen Metallen. Wegen ihrer leichten Oxidierbarkeit benötigen NEM-Legierungen daher auch keinen zusätzlichen Oxidationsbrand. Im Gegenteil werden zur Verhinderung eines Übermaßes der Oxidation Elemente mit einer höheren Affinität zum Sauerstoff (z. B. Cer, Lanthan) hinzulegiert.

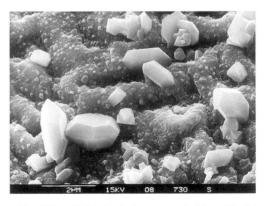

*Abb. 5.28* REM-Aufnahme von Oxiden ($Cr_2O_3$) auf NiCr25Mo10

Teilweise muß eine beim Gießen entstandene zu dicke Oxidschicht durch Abstrahlen vermindert werden. Der chemische Verbund erfolgt überwiegend über Chromoxid. Die Abb. 5.28 zeigt die durch simulierte Keramikbrände auf einer Ni-Basislegierung entstandene Haftoxidschicht (*Lindemann* 1982).

Dieses Oxidationsverhalten der Legierungen findet entsprechend auch beim Aufbrennen keramischer Verblendmassen statt, wobei es zu Diffusionsvorgängen in der metallkeramischen Grenzschicht kommt. Dadurch gelangen Legierungsbestandteile in die Keramik, und umkehrt Keramikbestandteile in das Metall (*Siebert und Queisser* 1985). Wie das EDX-Linienspektrum in der Abb. 5.29 belegt, ist das Element Chrom in der keramikseitigen Grenzschicht angereichert und betont aufgrund der breiten Diffusionszone von etwa 2 $\mu$m die Funktion des Chroms für die metallkeramische Haftung.

Bei Belastungsprüfungen an verblendeten Kronen gleicher Form und Abmessung fand Schwickerath bei NEM-Legierungen wesentlich höhere Festigkeiten als bei Edelmetallegierungen (*Schwickerath* 1993). Es gibt auch Hinweise darauf, daß die Verbundfestigkeit keramisch verblendeter CoCr-Legierungen in Korrosionslösungen geringer ist als bei NiCr-Legierungen (*Schwickerath* 1986).

## Titan

Eine Sonderstellung nimmt der Werkstoff Titan ein. Für die Verblendung mit Keramik ist die mit einer Volumenzunahme verbundene Umwandlung des Titans bei 882,5 °C von der haxagonalen $\alpha$-Kristallstruktur in die kubisch-raumzentrierte $\beta$-Phase bedeutsam. Wegen dieser Phasenumwandlung und des geringen thermischen Ausdehnungskoeffizienten von Titan ($\alpha$=9,6 $\mu$m/mK) sind spezielle niedrigbrennende Keramiken (unter 800 °C) mit hoher Oxidlöslichkeit für die Verblendung von Titangerüsten erforderlich.

Eine weitere Schwierigkeit besteht in der leichten Oxidierbarkeit von Titan beim Aufbrennen von Keramik, so daß ein spezieller Bonder aufgetragen und unter Vakuum bzw. Schutzgas gebrannt werden muß. Darüberhinaus muß beim Erhitzen des Titans aufgrund von Reaktionen mit Stickstoff und Sauerstoff mit Dimensionsänderungen gerechnet werden, die zu Spannungen im metallkeramischen Verbund führen können. Durch Reaktionen mit der Aufbrennkeramik entsteht eine ca. 20 $\mu$m breite Reaktionszone zwischen Metall und Keramik, die mit Silizium, Aluminium und Kalium angereichert ist. Diese Vorgänge können die Verbundfestigkeit mindern, so daß bei ungenügender Kompatibilität der Werkstoffe der klinische Langzeiterfolg gefährdet sein kann.

### 5.5.5 Alternative Technologien zur Verarbeitung von NEM-Legierungen

Als Alternativen zum Gießen gibt es Bestrebungen neue Verarbeitungsverfahren zu etablieren. Hier kommen Verfahren wie CAD/CAM (Computer Aided Design/Computer Aided Manufacturing), die Pulvermetallurgie oder die Funkenerosion in Betracht.

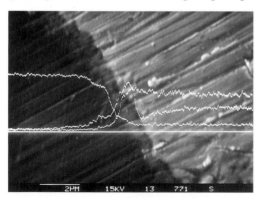

**Abb. 5.29** Elementverteilung (Linescan) in der Grenzschicht NiCr22Mo9Nb4- Keramik (die Legierung befindet sich rechts). Die Linien gelten am rechten Bildrand von oben nach unten für Ni, Cr und Si; die waagrechte Linie gibt den Ort des Linescan wieder

## 5.5 Verarbeitung der NEM-Legierungen

Beim Einsatz von CAD/CAM-Verfahren oder beim Einsatz der Funkenerosion besteht der Vorteil, nicht oder nur schwer vergießbare, sowie durch Umformung und Wärmebehandlung in den mechanischen Eigenschaften optimierte Legierungen verwenden zu können. Jedoch gilt z. B. bei kaltverformtem Titan zu bedenken, daß beim Glühen über 400 °C Rekristallisation eintritt, und sich je nach Zeitdauer des Glühprozesses (z. B. beim mehrfachen Keramikbrand) wieder die ursprünglichen Festigkeitswerte einstellen. Im Gegensatz zu den EM-Legierungen ist die Galvanoformung und die pulvermetallurgische Herstellung von Zahnersatz (Sintern von Metallpulver) aus NEM-Legierungen bisher nicht umgesetzt worden. Es werden jedoch diverse Instrumente und Hilfsmittel (z. B. Wolframkarbid-Bohrer, Bracketts) mit Hilfe der Pulvermetallurgie gefertigt.

*Abb. 5.30* Beispiel einer CAD/CAM-Anlage (DCS-System, Girrbach; *oben:* Digitalisieren, *unten:* Fräsen)

### 5.5.5.1 CAD/CAM-Verfahren

Als Alternative zur Gußtechnik machen in den letzten Jahren zunehmend Kopierfräsanlagen (z. B. Celay), CAD/CAM-Verfahren (z. B. DCS) sowie mit der Funkenerosionstechnik kombinierte CAD/CAM-Verfahren (Procera) auf sich aufmerksam. Bei den CAD/CAM-Verfahren muß zunächst die Kontur der durch Fräsen herzustellenden Restauration digitalisiert werden. Dies kann, je nach System, durch mechanische oder optische Abtastung erfolgen. Anhand der dann im Computer vorliegenden Daten können am Bildschirm noch Änderungen an der Geometrie (z. B. der Präparationsgrenze) vorgenommen werden.

Nachdem die Daten aufbereitet sind, wird die Restauration aus einem Vollmaterial herausgefräst. Dabei können sowohl keramische, als auch metallische Werkstoffe Verwendung finden (z. B. Ti oder $ZrO_2$). Die Abb. 5.30 zeigt als Beispiel den Digitalisiervorgang (oben) und den Fräsprozeß (unten) eines CAD/CAM-Systems (*Strupowsky* 1994).

### 5.5.5.2 Funkenerosion

Die Funkenerosion ist ein in der allgemeinen Technik lange bekanntes Verfahren zur Bearbeitung elektrisch leitfähiger Werkstoffe. Bei der Funkenerosion, auch Elektroerosion genannt, handelt es sich um ein elektrisches Abtragverfahren, das sowohl zur Herstellung von Kronen und Brücken zum Einsatz kommt (Senkerodieren, Drahterodieren), als auch zur Anfertigung präziser Bohrungen für kombiniert festsitzend-herausnehmbaren Zahnersatz.

Das Grundprinzip des Senkerodierens bei der Herstellung von Kronen und Brücken besteht darin, daß zunächst Formelektroden angefertigt werden, welche die Geometrie der Restauration wiedergeben. Dies kann auf galvanischem Wege erfolgen (Abb. 5.31), indem zunächst der Stumpfteil des

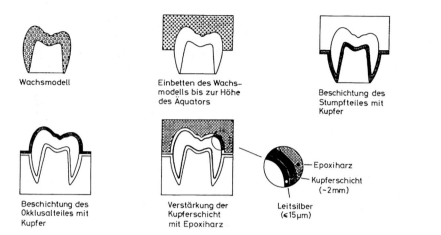

*Abb. 5.31* Schema der Herstellung von Form-Elektroden zu Anfertigung von Kronen mittels Funkenerosion

Wachsmodells bis zum Äquator mit einer Kupferlegierung beschichtet wird (Elektrode 1) und dann im zweiten Schritt der Okklusalteil (Elektrode 2) angefertigt wird (*Körber et al.* 1986). Die Elektroden können aber auch durch Digitalisieren der Modellation und anschließendem Fräsen aus Graphit hergestellt werden (*Lindemann* 1991).

Mit Hilfe der so angefertigten Form-Elektrode, die als Kathode geschaltet ist, und einem Legierungsrohling (Anode), die beide in ein Dielektrikum (z. B. Petroleum) eingetaucht sind, wird infolge von Funkenüberschlägen Material abgetragen und somit der Zahnersatz geformt. Der Abbrand wird mit dem Dielektrikum weggespült. Der Abtragungsgrad hängt von der Stromstärke und der Impulsfrequenz ab (Abb. 5.32). Der Vorteil der funkenerosiven Anfertigung von Kronen liegt darin, daß einerseits durch Kaltverarbeitung in den Werkstoffeigenschaften optimierte Legierungsrohlinge verwendet werden können, und andererseits auch Legierungen zum Einsatz kommen können, die sich auf gießtechnischem Weg nicht oder nur schwierig verarbeiten lassen. Der Nachteil des Verfahrens im Vergleich zu herkömmlichen Technologien besteht im hohen Zeitaufwand und in den höheren Investitionskosten, so daß sich dieses Verfahren bisher nicht durchsetzen konnte.

Neben dem Senkerodieren wurde in Japan auch das Erodieren mit einem Draht zur Herstellung von Kronen eingesetzt (*Miyazaki et al.* 1989).

Bei der prothetischen Versorgung mit kombiniert festsitzend/herausnehmbarem Zahnersatz stellen Konstruktionen mit Geschieben, Doppelkronen und Riegeln aufwendige Lösungen dar. Bei der herkömmlichen Anfertigung solcher Konstruktionen werden Kombinationen verschiedener Legierungen verwendet, was unter dem Gesichtspunkt der Kontaktkorrosion diskussionswürdig erscheint (*Weber und Frank* 1993).

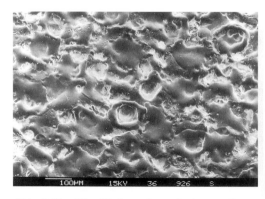

*Abb. 5.32* Oberfläche einer funkenerodierten CoCr-Legierung (deutlich sind einzelne Abbrandkrater zu erkennen)

Hier bietet die von *Rübeling* 1982 eingeführte Funkenerosion neue Wege, mit deren Hilfe kombiniert festsitzend/herausnehmbarer Zahnersatz auf rein edelmetallfreier Basis (CoCr-Legierung oder Ti) angefertigt werden kann (Abb. 5.33). Dabei sind sowohl verschiedene intra- und extrakoronale Konstruktionen möglich, wie Schwenkriegel, Steckriegel, T-Geschiebe, individuelle Geschiebe und Reitergeschiebe sowie Friktionsstiften in der Doppelkronentechnik (*Rübeling und Kreylos* 1986; *Otten und Massau* 1994).

Dadurch, daß erst nach Fertigstellung und Aufpassung des Sekundärteiles auf das Primärteil die Aufnahme der retentionsgebenden Elemente mittels Funkenerosion angefertigt wird, werden herstellungs- und materialbedingte Toleranzen weitestgehend ausgeglichen und eine hohe Präzision erzielt. Dadurch können z. B. Schwenkriegel- oder Steckriegelverschlüsselungen vom Patienten leichter geöffnet werden. Nach der Justage erfolgt der vollautomatische Ablauf, wobei auf dem Meistermodell gearbeitet wird und aufgrund der Kühlung im Dielektrikum Kunststoff- und Keramikverblendungen nicht zu Schaden kommen. Da das Wegspülen des Abbrandes ein wesentlicher Bestandteil für den Erfolg des Prozesses ist, werden nach Möglichkeit innengespülte Elektroden bevorzugt.

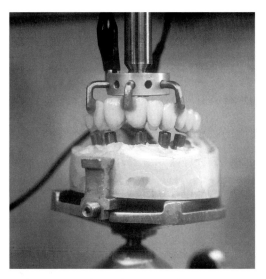

Abb. 5.34 Auf Implantate auferodierte keramisch verblendete Suprastruktur

Auch im Bereich der Implantologie kommt die Funkenerosion bei der Anfertigung von Titanversorgungen zum Einsatz. Beim Guß größerer Suprastrukturen, die auf mehreren Implantaten verankert werden, kann es zu Spannungen im Gerüst und damit zu Paßungenauigkeiten kommen, die zu einem vorzeitigen Verlust der Implantate führen können. Durch die Verwendung von formidentischen Implantatelektroden aus Kupfer wird durch Senkerodieren (Abb. 5.34) eine spannungsfreie Passung in der Suprastruktur erreicht (*Rübeling* 1995).

### 5.5.6 Beschichtungstechniken

Im Vergleich zu den Verblendtechniken ist hier das Aufbringen von dünnen Beschichtungen im Mikrometerbereich angesprochen. Als mögliche Verfahren seien das galvanische und sprühtechnische Aufbringen von Metallschichten, sowie das Abscheiden aus der Gasphase (PVD, CVD) genannt.

Abb. 5.33 Funkenerosionsanlage (SAE EDM Typ 2 000)

Vorrangiges Ziel ist hierbei zumeist, die Ästhetik der Restauration zu verbessern oder allergische Reaktionen zu unterbinden. Ein weiteres Anwendungsgebiet ist auch die Aufgießtechnik. Zu den Beschichtungstechniken zählen auch die Adhäsive, wie sie bei der Kunststoffverblendtechnik zum Einsatz kommen.

Bei der galvanischen Vergoldung, die zumeist eine Dicke von wenigen Mikrometern aufweist, gilt jedoch zu bedenken, daß die relativ weichen Schichten nicht besonders abriebfest sind, selbst wenn diese durch Glühen ausgehärtet werden (Diffusionsvergoldung).

> Die klinische Erfahrung zeigt, daß allein schon durch die Beanspruchung durch die Zunge oder Wangenschleimhaut bedingt (*Weber* 1985), nach mehreren Monaten das Grundgerüst sichtbar wird, so daß der Sinn von Vergoldungen fragwürdig erscheint. Des weiteren besteht eine große Gefahr der sehr aggressiv verlaufenden Spaltkorrosion, sobald die Vergoldungsschicht beim Kauen mechanisch verletzt wird oder infolge von Verunreinigungen oder Deformationen undichte Stellen aufweist.

Da dies jedoch nicht ausgeschlossen werden kann, sollte das galvanische Vergolden von NEM-Legierungen vermieden werden.

Ähnliches gilt für die PVD-Beschichtung (Physical Vapor Deposition), bei der etwa goldfarbenes Titannitrid (TiN) mit einer Dicke von 1–3 $\mu$m aufgedampf wird. Aufgrund der hohen Härte von TiN entsteht zwar ein guter Verschleißschutz, aber es hat sich gezeigt, daß die erwünschte gelbe Farbe nicht langzeitbeständig ist und es unter undichten Stellen und Beschädigungen der Schicht zur Spaltkorrosion führen kann (Abb. 5.35). Nach bisher vorliegenden Erfahrungen ist es ein Trugschluß anzunehmen, durch Beschichtungen die Mundbeständigkeit längerfristig verbessern zu können.

Das Aufsprühen von Metallpulvern durch Einrieseln in eine Flamme dient dazu, den mechanischen Halt von Verblendungen zu verbessern. Die aufgesprühten Partikel erzeugen Schichtdicken von etwa 50 $\mu$m und müssen durch eine Temperaturbehandlung mit dem Substrat verschmolzen werden.

## *Literaturverzeichnis*

*Baran, G.:*
Auger chemical analysis of oxides on Ni-Cr alloys. J Dent Res 63, 76 (1984)

*Black, J.:*
Systemic effects of biomaterials. Biomaterials 5, 11 (1984)

*Braun, E.:*
Aufguß – Eine neue Technik erschließt neue Möglichkeiten. Dental-Labor 5, 55 (1971)

*Brauner, H.:*
Titan als Dentalwerkstoff – Eine Standortbestimmung. Quintessenz Zahntech 18, 221 (1992)

*Brånemark, P., Breine, U., Adell, R., Hansson, B.O., Lindström, J., Ohlsson, A.:*
Intraosseous anchorage of dental prostheses. Scand J Plast Reconstr Surg 3, 81 (1969)

*Buonocore, G.M.:*
A simple method of increasing the adhesion of acrylic filling materials to enamel. J Dent Res 34, 849 (1955)

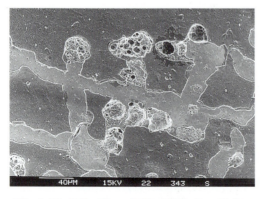

*Abb. 5.35* Mit Titannitrid (TiN) beschichtete NEM-Legierung mit durch Spaltkorrosion verursachten Abplatzungen

*Covington, J., McBride, M., Slagle, W., Disney, A.:*
Beryllium localization in base metal dental casting alloys. J Biomat Res 19, 747 (1985)

*Darwell, B.W.:*
The development of an artificial saliva for in vitro amalgam corrosion studies. J Oral Rehabil 5, 41 (1978)

*Das Dental Vademekum.*
Deutscher Ärzte-Verlag, Köln 1995

*Doll, R., Morgan, L.G., Speizer, F.E.:*
Cancers of the lung and nasal sinuses in nickel workers. Brit J Cancer 24, 623 (1970)

*Dorsch, P.:*
Measurements and calculations of stresses in metal-ceramic systems. J Thermal Anal 21 (1981)

*Dorsch, P.:*
Thermische Verträglichkeit von Werkstoffen für metallkeramischen Zahnersatz. Ber DKG 59, 1 (1982)

*Eichner, K., Hannak, W.:*
Ungenügender Füllgrad, Lunker und Gaseinschlüsse – Lötungen sind auch bei gegebener Diffusion unsicher. Dent Labor 36, 601 (1988)

*Erdle, P.:*
Über Goldersatzmetalle in der Prothetik mit besonderer Berücksichtigung von Wipla und Vitallium. Diss, Köln (1937)

*Espevik, S.:*
Corrosion of base metal alloys in vitro. Acta Odont Scand 36, 113 (1978)

*Ewers, G., Greener, E.H.:*
The electrochemical activity of the oral cavity – A new approach. J Oral Rehabil 12, 469 (1985)

*Franz, G.:*
Untersuchungen zum Dimensionsverhalten phosphatgebundener Einbettmassen. Quintessenz Zahntech 10, 341 und 477 (1984)

*Freesmeyer, W.B.:*
Dimensionsänderungen von Kronen und Brücken durch das Aufbrennen keramischer Massen. Dental-Labor 28, 2179 (1980)

*Geis-Gerstorfer, J.:*
Korrosionserscheinungen an Lötverbindungen von Nichtedelmetall-Dental-Legierungen und deren Einfluß auf die Festigkeit der Verbindungen. Dtsch Zahnärztl Z 40, 1118 (1985)

*Geis-Gerstorfer, J., Greener, E.H.:*
The influence of chlorine ions and pH value on the cation release from Ni-20Cr-Mo alloys. Clini Mater 4, 289 (1987)

*Geis-Gerstorfer, J., Greener, E.H.:*
Effect of Mo-content and pH on pitting corrosion of Ni-20Cr-Mo dental alloys. In: Exner, E., Schuhmacher, V. (Hrsg.): Advanced materials and processes. Vol 2, 779. DGM Informationsgesellschaft Verlag, Oberursel 1990

*Geis-Gerstorfer, J., Sauer, K.H., Päßler, K.:*
Ion release from Ni-Cr-Mo and Co-Cr-Mo casting alloys. Int J Prosthodont 4, 152 (1991)

*Geis-Gerstorfer, J., Päßler, K.:*
Be-Gehalt bei Ni-Cr-Mo-Dentallegierungen: Korrosionsverhalten und mechanische Eigenschaften. Dental-Labor 41, 595 (1993)

*Geis-Gerstorfer, J.:*
In vitro corrosion measurements of dental alloys. J Dent 22, 247 (1994)

*Götze, W., Kappert, H.F., Bankeser, A.:*
Prüfung der Korrosionsbeständigkeit parapulpärer Stifte – Eine In-vitro-Studie. Zahnärztl Prax 39, 376 (1988)

*Guggenberger, R.:*
Das Rocatec-System – Haftung durch tribochemische Beschichtung. Dtsch Zahnärztl Z 44, 874 (1989)

*Haag, P.:*
Feineinbettung beim Titanguß: Ein Lösungsansatz zur Verbesserung der Gußqualität. Med Diss, Tübingen (1995)

*Haker, G.:*
Anwendungsmöglichkeiten des Geschiebe-Einguß-Systems. Dental-Labor 9, 39 (1972)

*Halbach, R.:*
Über das Prägen von Wipla-Basisplatten für totalen Zahnersatz. Zahnärztl Rdsch 46, 1927 (1937)

*Hauptmeyer, F.:*
Über die Verwendung von rostfreiem Stahl in der Zahnheilkunde. Dtsch Mschr Zahnheilk 38, 1 (1920)

*Hausselt, J., Clasing, M.:*
Beitrag zu Haftungs- und Spannungsverhältnissen bei metallkeramischen Verbundwerkstoffen in der Zahntechnik. Metall 36, 765 (1982)

*Herrmann, D.:*
Allergische Reaktionen durch zahnärztliche Werkstoffe. Münch Med Wsch 119, 265 (1977)

*Herrmann, D.:*
Allergien auf zahnärztliche Werkstoffe. In: Voß R., Meiners H. (Hrsg.): Fortschritte der Zahnärztlichen Prothetik und Werkstoffkunde, Band 4. Carl Hanser, München 1989

*Hirano, S., Tesk, J.A., Hinman, R.W., Argentar, H., Gregory, T.M.:*
Casting of dental alloys: mold and temperature effects. Dent Mater 3, 307 (1987)

*Hoffmann-Axthelm, W.:*
Die Geschichte der Zahnheilkunde. Quintessenz, Berlin (1985)

*Hohmann, W.:*
Edelmetallgußwerkstoffe in der Zahnheilkunde. Dental-Labor 33, 1649 (1985)

*Ida, K., Takeuchi M., Togaya, T., Tsutsumi, S.:*
Studies on the dental casting of titanium alloy. J Jpn Res Soc Dent Mater Appl 37, 45 (1980)

*Kaesche, H.:*
Die Korrosion der Metalle. Springer, Berlin 1979

*Kappert, H.F., Becker, R., Pollocek, W.:*
Prüfung der Biegefestigkeit von Metall-Keramik-Verbundsystemen bei Verwendung verschiedener Dentallegierungen. Dtsch Zahnärztl Z 43, 445 (1988)

*Kappert, H.F.:*
Verarbeitungsprobleme bei Palladium- und NEM-Legierungen. In: Siebert G. (Hrsg.): Dentallegierungen in der zahnärztlichen Prothetik. Carl Hanser, München 1989

*Kappert, H.F.:*
Metallegierungen in der Zahnheilkunde. Zahnärztl Mitt 82/7, 46 (1992)

*Kerschbaum, Th.:*
Adhäsivprothetik. Urban & Schwarzenberg, München 1995

*Klaproth, M.H.:*
Chemische Untersuchung des sogenannten hungarischen Schörls. In: Beiträge zur chemischen Kenntnis der Mineralkörper. Dekker und Compagnie, Posen, und Heinrich August Rottmann, Berlin, Band 1, 233 (1795)

*Klatt, J.:*
Zerspanbarkeit von Dentallegierungen. Med Diss, Freiburg (1989)

*Klötzer, W.:*
Biologische Aspekte der Korrosion. Dtsch Zahnärztl Z 40, 1141 (1985)

*Körber, E., Lindemann, W., Pielsticker, W.:*
Herstellung einer Metallhülsenkrone aus Vollmaterial mit Hilfe der Funkenerosion. Dtsch Zahnärztl Z 41, 525 (1986)

*Körber, K.H., Ludwig, K., Dümmer, P.:*
Experimentelle Untersuchungen zur Abrasionswirkung zwischen Zahnschmelz und Dentalkeramik. Dtsch Zahnärztl Z 39, 2 (1984)

*Kratzenstein, B., Weber, H.:*
Metallische Zahnersatzmaterialien bei sensibilisierten Patienten. Dtsch Zahnärztl Z 43, 419 (1988)

*Krings, A.:*
Die Verzinnung von Dentallegierungen als alternative Metallkonditionierung in der Klebetechnik. Med Diss, Köln (1991)

*Kroll, W.:*
Deutsches Patent 674 625 Ca (1939)

*Lindemann, W.:*
Elektronenmikroskopischer und röntgenographischer Nachweis der Haftoxide auf unedlen Metallen. Dtsch Zahnärztl Z 37, 285 (1982)

*Lindemann, W.:*
Computerunterstütztes dreidimensionales Digitier-Fräs-System. Dental Magazin 4, 67 (1991)

*Lindigkeit, J.:*
Präzisionsguß für geteilte Brücken und kombinierte Arbeiten – Die Krupp-Aufgießtechnik. Phillip J 2, 283 (1985)

*Lindigkeit, J.:*
NEM-Legierungen in der Metallkeramik. Phillip J 3, 52 (1986)

*Lindigkeit, J.:*
Werkstoffkunde und Technologie. In: Siebert, G. (Hrsg.): Dentallegierungen in der zahnärztlichen Prothetik. Carl Hanser, München 1989

*Livaditis, G., Thompson, V.:*
Etched castings: an improved retentive mechanism for resin bonded retainers. J Prosth Dent 47, 52 (1982)

*Lüthy, H.:*
Titanlötung. Quintessenz Zahntech 21, 627 (1995)

*Miyazaki, T., Inamochi, T., Kitamura, M.:*
Development of the new prosthetic work for the next generation: Application of the ultrafine machining technique (Electric Discharge Machining). Quintessence 8, 287 (1989)

*Musil, R., Tiller, H. J.:*
Der Kunststoff-Metall-Verbund. Hüthig, Heidelberg 1989

*Oehmischen, A., Klötzer, W.:*
Klinische Nachuntersuchung von Korrosionserscheinungen einer NEM-Legierung. Dtsch Zahnärztl Z 39, 828 (1984)

*Ott, D.:*
Das Gießen von Titan im Dentallabor. Zahnärztl Welt Ref 100, 106 (1991)

*Otten, B., Massau, P.:*
Rehabilitation unbezahnter Patienten durch eine kombiniert festsitzend/herausnehmbare SAE-Doppelstegkonstruktion. Quintessenz Zahntech 19, 145 (1993)

*Pan, J., Geis-Gerstorfer, J., Thierry, D., Leygraf, C.:*
Electrochemical studies of the influence of beryllium on the corrosion resistance of Ni-25Cr-10Mo cast alloys for dental applications. J Electrochem Soc 142, 1454 (1995)

*Päßler, K.:*
Kornfeinung zur Verbesserung des Gußgefüges. Dental-Labor 37, 895 (1989)

*Pfaffenberger, G., Caul, H., Dickson, G.:*
Base metal alloys for oral restorations. J Amer Dent Ass 30, 852 (1943)

*Philips, R.W.:*
Report of Committee on Scientific Investigation of the American Academy of Restorative Dentistry. J Prosthet Dent 55, 738 (1986)

*Reuling, N.:*
Biokompatibilität dentaler Legierungen. Carl Hanser, München 1992

*Rübeling, G.:*
Funkenerosion in der Zahntechnik – Möglichkeiten und Grenzen. Dental-Labor 30, 1697 (1982)

*Rübeling, G., Kreylos, H.:*
Grundausstattung und Hilfsstoffe für die Funkenerosion. Dental-Labor 34, 555 (1986)

*Rübeling, G.:*
Verfahren und Vorrichtung zur Ausbildung von an Implantaten zu befestigenden zahnprothetischen Gerüsten. Patentschrift DE 4402511 C1 (1995)

*Schwickerath, H., Bölling, W.:*
Über die Spannungsverteilung im Verbund Metall-Keramik. Dtsch Zahnärztl Z 36, 812 (1980)

*Schwickerath, H., Mosleh, J.:*
Verbundfestigkeit und Korrosionslösungen. Dtsch Zahnärztl Z 40, 1126 (1985)

*Schwickerath, H.:*
Verbundfestigkeit nach Dauerbeanspruchung in Korrosionslösungen. Zahnärztl Welt 95, 1244 (1986)

*Schwickerath, H.:*
Zur Löslichkeit der Dentallegierungen. Dtsch Zahnärztl Z 43, 339 (1988)

*Schwickerath, H.:*
Die Bedeutung der mechanischen Eigenschaften von Dentallegierungen. Quintessenz Zahntech 19, 285 (1993)

*Sernetz, F.:*
Titan und Titanlegierungen in der Kieferorthopädie. Quintessenz Zahntech 21, 615 (1995)

*Siebert, G., Queisser, A.:*
Elementverteilung des Verbundes Metall-Keramik im Bereich der Grenzschicht bei NEM- und EM-Legierungen. Dtsch Zahnärztl Z 40, 1163 (1985)

*Siebert, G.:*
Dentallegierungen in der zahnärztlichen Prothetik. Carl Hanser, München 1989

*Steinemann, S.:*
Metallurgic der Knochen und Gelenkimplantate. Langenbecks Arch Chir 349, 307 (1979)

*Steinemann, S.:*
Corrosion of surgical implants – in vivo and in vitro tests. In: Winter G., et al. (Hrsg.): Evaluation of biomaterials. John Wiley & Sons, New York 1980

*Steinemann, S.:*
Werkstoff Titan. In: Schröder, A., Sutter, F., Krekeler, G. (Hrsg.): Orale Implantologie. Thieme, Stuttgart 1988

*Strietzel, R.:*
Bestimmung der Korrosionsraten von zahnärztlichen Gußlegierungen und Amalgamen in künstlichem Speichel. Diss, Berlin (1991)

*Strupowsky, M.:*
Das Precident-DCS-System – Numerisch gesteuerte Zahntechnik. Dental-Labor 42, 1809 (1994)

*Tammann, G::* Mischkristallreihen und ihre Atomverteilung. L. Voss, Leipzig 1919

*Thompson, V., Pfeiffer, P.:*
Klebebrückentechnik: Das elektrolytische Ätzen einer Ni-Cr-Legierung. Dtsch Zahnärztl Z 9, 829 (1986)

*Tiller, H.J., Musil, R., Garschke, A., Göbel, R., Sachse, R.:*
Eine neue Technologie zur Herstellung der Verbundes Kunststoff – Metall in der Zahnheilkunde. Zahnärztl Welt Ref 93, 768 (1984)

*Tofaute, W.:*
Werkstoffe für die Herstellung von Zahnersatz aus Chrom-Nickel-Stahl, Kobalt-Chrom-Molybdän und nickelhaltigen Kobalt-Chrom-Legierungen. Techn Mitt Krupp, Band 14, Ne. 3 (1956)

*Uhlig, H.:*
Corrosion and corrosion control. John Wiley & Sons, New York 1971

*Underwood, E.J.:*
Trace elements in human and animal nutrition. 3. Auflage. Academic Press, New York (1971)

*Vahl, J., van Benthem, H.:*
Laser welding of prostheses in dental laboratory technique. J Dent Res 62, 456 (1983)

*Voltz, H., Wutschel, A.:*
Nickel – Kein Krebsrisiko in der Edelstahlindustrie. Stahl und Eisen 101, 1467 (1981)

*Wall, G., Lutzmann, M.:*
Die Präzisions-Aufgußtechnik (PAT). Quintessenz, Berlin 1993

*Waterstrat, R.M., Rupp N.W., Franklin O.:*
Production of a cast Ti-based partial denture. J Dent Res 57, 254, IADR Abstr. 717 (1978)

*Weber, H.:*
Experimentelle Untersuchungen und theoretische Überlegungen zum Vergießen von aufbrennfähigen Nickel-Chrom-Legierungen. Dtsch Zahnärztl Z 36, 15 (1981)

*Weber, H.:*
Zur Wärme- und Temperaturleitfähigkeit von dentalen NiCr-Legierungen. Dtsch Zahnärztl Z 36, 652 (1981/a)

*Weber, H., Sauer, K.H.:*
Zur möglichen Kohlenstoffaufnahme edelmetallfreier Legierungen beim Guß. Dtsch Zahnärztl Z 38, 230 (1983)

*Weber, H.:*
Edelmetallfreie (NEM) Kronen-, Brücken- und Geschiebeprothetik. Quintessenz, Berlin 1985

*Weber, H., Pröbster, L., Geis-Gerstorfer, J.:*
Titan als prothetischer Werkstoff. Dtsch Zahnärztl Z 47, 473 (1992)

*Weber, H., Frank, G.:*
Spark erosion procedure: A method for extensive combined fixed and removable prosthodontic care. J Prosthet Dent 69, 222 (1993)

*Weinstein, M., Katz, S., Weinstein, A.:*
Dentalteil,insbesondere Zahn, aus einer Metallunterlage und einer Porzellankappe und Verfahren zu seiner Herstellung. DOS 1 441 336 (1962)

*Windecker, D., Herrmanns, W.:*
Der Modell-Einstückguß in der Röntgenanalyse. Dtsch Zahnärztl Z 22, 1244 (1967)

*Wirz, J., Schmidli, F., Steinemann, S., Wall, R.:*
Aufbrennkeramik im Spaltkorrosionstest. Schweiz Monatsschr Zahnheilk 97, 571 (1987)

*Wirz. J.:*
Klinische Material- und Werkstoffkunde. Quintessenz, Berlin 1993

*Zwicker. U.:*
Titan und Titanlegierungen. Springer, Berlin 1974

# 6 Chemie und Physik zahnärztlicher Kunststoffe

*R. Janda, Frankfurt/Main*

Man hat zu allen Zeiten versucht, durch Kombination unterschiedlicher Materialien Werkstoffe mit ganz bestimmten, am jeweiligen Verwendungszweck orientierten, Eigenschaften zu erzeugen. Viele dieser Werkstoffe bestehen aus Metallen und ihren Legierungen sowie aus anderen natürlich vorkommenden oder synthetisch hergestellten anorganischen Stoffen. Es können selbstverständlich auch natürlich vorkommende organische Stoffe, wie beispielsweise Holz oder Leder, eingesetzt werden.

Staudinger entdeckte im Jahr 1922 die hochmolekularen Verbindungen, die sogenannten Makromoleküle oder Polymere. Hiermit ist ein Weg zu bisher unbekannten und ungeahnten Entwicklungszielen eröffnet worden. Vor allem auch die Kombination dieser Polymere mit anderen organischen oder anorganischen Materialien führt zu einer gewaltigen Vielfalt von Werkstoffen, sogenannten Verbundwerkstoffen oder -materialien, mit völlig unterschiedlichen für den jeweiligen Verwendungszweck maßgeschneiderten Eigenschaften.

> Unter Kunststoffen versteht man hochmolekulare Verbindungen, die durch chemische Umwandlung von Naturstoffen oder durch Synthese aus niedermolekularen Substanzen hergestellt werden.

> Die niedermolekularen Substanzen, die Monomere, sind die kleinsten sich vielfach wiederholenden Baueinheiten, aus welchen hochmolekulare Verbindungen, sogenannte Makromoleküle, zusammengesetzt sind.

Die Eigenschaften des jeweils gebildeten Kunststoffes hängen von der Art und der Verknüpfung der Monomere sowie von der räumlichen Anordnung der aus ihnen gebildeten Makromoleküle und deren molekularer Wechselwirkungen zueinander ab. Für alle Polymere gemeinsam gilt, daß für sie keine exakte sondern nur eine durchschnittliche Molmasse ermittelt werden kann. Dies liegt darin begründet, daß die einzelnen Makromoleküle, aus denen ein Kunststoff besteht, keine einheitliche Länge besitzen sondern nach den Gesetzen der Wahrscheinlichkeit wachsen.

In den folgenden Kapiteln werden wir uns auf die speziellen hochmolekularen Verbundmaterialen für die Zahnmedizin konzentrieren.

## 6.1 Allgemeines

Die Kunststoffe bzw. die Verbundkunststoffe haben inzwischen eine große Bedeutung in allen Bereichen des Bauwesens, der Technik, des Fahrzeugbaus, der Luft- und Raumfahrt sowie in der Medizin und Medizintechnik erlangt. Man findet diese Materialien aber auch in vielen Bereichen des täglichen Lebens, wie beispielsweise bei Haushaltsartikeln, Sportgeräten, Spielzeug usw. Die negativ wertende Bezeichnung Plastik ist dem Begriff des hochwertigen Kunststoffes gewichen. Ein großer Vorteil der modernen Verbundkunststoffe liegt darin, daß ihre Eigenschaften für nahezu jeden Verwendungszweck maßgeschneidert werden können. Ganz bestimmt sind die Möglichkeiten, die in dieser Werkstoffgruppe stecken noch nicht voll ausgeschöpft worden, so daß man davon ausgehen kann, daß zukünftig immer weiter optimierte oder auch ganz neue Materialien angeboten werden.

Der Aufbau der Verbundkunststoffe ist sehr komplex, da sie aus einer Vielzahl unterschiedlicher Materialien zusammengesetzt sind, die zudem alle miteinander in einer bestimmten Weise wechselwirken. Grundsätzlich sind alle Materialien nach folgendem Schema aufgebaut, wobei nicht alle Komponenten immer Bestandteil eines bestimmten Materials sein müssen:

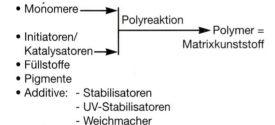

*Abb. 6.1* Grundsätzlicher Aufbau eines Verbundpolymers

Den Monomeren, die unter Verwendung von Initiatoren oder Katalysatoren über eine Polyreaktion in den polymeren Zustand überführt werden, kommt eine zentrale Bedeutung zu. Das entstandene Polymer wird häufig auch als Matrixharz bezeichnet, da es Füllstoffe, Pigmente und Additive zu einem einheitlichen neuen Werkstoff, mit neuen Eigenschaften, vereinigt.

> Die Art des Matrixkunststoffes entscheidet beispielsweise über die Verarbeitungseigenschaften des Verbundkunststoffes und beeinflußt viele physikalische und chemische Eigenschaften maßgeblich.

> Die Initiatoren oder Katalysatoren sowie die funktionellen Gruppen des Monomers entscheiden über den Reaktionsmechanismus der Polyreaktion.

> Füllstoffe, Pigmente und Additive geben dem jeweiligen Material spezielle charakteristische Merkmale, wie beispielsweise hohe Festigkeit, geringen Abrieb, Elastizität, Farbe oder Stabilität gegenüber Alterungsprozessen.

Die hier dargestellten grundlegenden Bemerkungen sind in ihrer Gesamtheit auf die speziellen Verbundkunststoffe für die Zahnmedizin zu übertragen.

## 6.2 Begriffe und Definitionen

Um die nachfolgenden Abschnitte besser verstehen zu können und keine Irrtümer aufkommen zu lassen, werden zunächst einige wichtige Begriffe erläutert und definiert. Einzelheiten hierzu können der Literatur (*Janda* 1990) entnommen werden.

*Akzelerator:* Ist eine Substanz, die die Polyreaktion beschleunigt.

*Comonomer:* Ist ein zum Hauptmonomer unterschiedliches Monomer.

*Copolymerisation:* Polymerisation zweier oder mehrerer unterschiedlicher Monomere miteinander.

*Funktionelle Gruppe:* Sind Atomgruppierungen in einem Molekül, die zu chemischen Reaktionen befähigt sind (reaktive Gruppen).

## 6.2 Begriffe und Definition

*Inhibitor = Antioxidanz = Stabilisator:* Ist ein Molekül, das Radikale abfängt, um eine vorzeitige oder nicht gewollte radikalische Polymerisation zu verhindern.

*Initiator:* Molekül, das unter Energieeinfluß (Licht, Wärme, chem. Energie) Radikale bilden kann, die die Polyreaktion auslösen. Der Initiator nimmt an der Reaktion teil und wird verbraucht.

*Katalysator:* Substanz, die die Aktivierungsenergie für eine chemische Reaktion herabsetzt, so daß diese ungehindert ablaufen kann. Der Katalysator nimmt nicht an der Reaktion teil, er liegt also vor und nach der Reaktion im gleichen Zustand vor.

*Kunststoffe:* Hochmolekulare Stoffe, sogenannte Polymere, die durch chemische Umwandlung von Naturprodukten oder durch Synthese aus niedermolekularen Substanzen hergestellt werden. Meistens besitzen Kunststoffe ein Kohlenstoff-Gerüst in der Hauptkette, d. h. sie haben organischen Charakter. Es gibt aber auch Kunststoffe, die rein anorganischen Charakter (Polykieselsäuren, Polyphosphorsäuren) bzw. überwiegend anorganischen Charakter haben. An dieser Stelle sollen vor allem die Polysiloxane (Trivialnamen: Silikone, Silikonkautschuke) genannt werden. Polysiloxane nehmen eine Zwischenstellung zwischen rein anorganischen und den rein organischen Polymeren ein. Ihre Hauptkette besteht aus einem -Si-O-Si-Gerüst.

*Molmasse (veraltet: Molekulargewicht):* Summe der Atommassen aller Atome, aus denen sich das Molekül zusammensetzt.

*Monomer:* Sich immer wiederholender Grundbaustein, aus dem sich das Polymer (Kunststoff) aufbaut.

*Oligomer:* Molekül, daß sich aus einer größeren Zahl von Monomerbausteinen zusammensetzt, aber noch nicht das Makromolekül mit seinen spezifischen Eigenschaften ist.

*Polymer:* Hochmolekulare Substanz, die per definitionem aus mehr als 1 000 Atomen aufgebaut ist. Der Übergang zwischen hochmolekular und niedermolekular ist als fließend zu betrachten.

*Präpolymer:* Hochmolekulare Verbindung, die schon fast ein Polymer ist, aber noch nicht dessen endgültige Eigenschaften besitz.

*Polymerisationsgrad:* Gibt an, aus wieviel Grundbausteinen = Monomeren das Polymer aufgebaut ist.

*Polyreaktion:* Ist die Reaktion, die vom Monomer zum Polymer führt, beispielsweise radikalische Polymerisation, Polykondensation und Polyaddition.

*Radikal:* Reaktives Molekül mit einem freien (ungepaarten) Elektron, welches unter Energieeinfluß aus einem Initiatormolekül entstehen kann und die radikalische Polymerisationsreaktion auslöst.

*Restmonomer:* Ist das Monomer, welches nicht an der Polyreaktion teilgenommen hat und als Monomer im Polymer verbleibt.

*Restmonomergehalt:* Ist der Prozentsatz an Monomer, der nicht an der Polyreaktion teilgenommen hat und als Restmonomer im Polymer verbleibt.

*Schrumpfung = Polymerisationsschrumpfung:* Ist die Volumenkontraktion, die auftritt, wenn das Monomer zum Polymer reagiert. Die ungeordneten Monomere rücken enger zusammen und ordnen sich, d. h. das Volumen, das sie benötigen, verringert sich.

*Umsetzungsgrad:* Ist der Prozentsatz an Monomer, der sich zum Polymer umgesetzt hat.

*UV-Stabilisator:* Ist ein Molekül, welches das Polymer gegenüber UV-Strahlung schützt.

*Verbundkunststoffe = Composites = Komposite:* Kunststoffe, die organische und/oder anorganische Füllstoffe in Form von Fasern, Splittern, Plättchen, Bändern, Kugeln usw. enthalten.

## 6.3 Kunststoffe in der Zahnmedizin

Die Kunststoffe haben in der Zahnmedizin eine große Bedeutung erlangt. Sie werden hier für zahlreiche unterschiedliche Indikationen, wie beispielsweise für Prothesen, künstliche Zähne, Füllungen, zur Versiegelung von Zähnen, zur Abformung, zur Befestigung von Inlays und Kronen etc., eingesetzt.

Im Jahr 1839 führte *Goodyear* erstmalig die Vulkanisation von Naturkautschuk durch und erzeugte so den ersten Kunststoff. Dieses Verfahren wurde dann auch zur Herstellung von Prothesenbasen eingesetzt. Obwohl der Naturkautschuk rosa eingefärbt war, ließ jedoch die Ästhetik der Prothese, bedingt durch die mangelnde Transparenz des vulkanisierten Produktes sehr zu wünschen übrig. Dieses Verfahren fand noch bis in die 30iger Jahre des 20. Jahrhunderts Anwendung. Daneben fand seit etwa 1870 auch das aus Nitrocellulose und Campfer hergestellte Zelluloid für Prothesenbasen Verwendung. In Amerika kamen hier Produkte unter den Bezeichnungen Hecolite und Coralite zum Einsatz. Auch die um 1900 von Baekeland entwickelten Phenolharze, Bakelite genannt, kamen unter den Bezeichnungen Aldenol und Walkerit als Prothesenmaterialien zur Anwendung (*Newesely* 1988).

Im Jahr 1934 synthetisierte Pierre Castan bei De Trey in der Schweiz, auf der Suche nach einem für Zahnprothesen geeigneten Kunststoff, das erste Epoxidharz (Handelsname: Epoxolon) [*CH PS 211116 1938*]. Seit dieser Zeit haben Epoxidharze Anwendung als Kunststoffe für höchste Ansprüche gefunden, waren jedoch nie für ihren ursprünglich gedachten Zweck geeignet. Ebenso erging es Kunststoffen wie Benzylcellulose (Handelsname: Pertax), Polyamiden (Handelsname: Protenyl), Polystyren (Handelsname: Polystein), Polyvinylchlorid (Handelsnamen: Hekodent, Hewodont) oder Polyolefinen (Handelsname: Odenta).

In den 30er Jahren des 20. Jahrhunderts trat der entscheidende Wandel in der Kunststoffchemie ein. Basis hierfür bildete das von Otto Röhm synthetisierte Methylmethacrylat (auch Methacrylsäuremethylester genannt), aus dem er durch Polymerisation das Polymethylmethacrylat (PMMA, auch Polymethacrylsäuremethylester genannt) herstellte. Das PMMA ist vor allem unter den Handelsnamen Plexiglas bekannt geworden. Im Jahr 1936 brachte dann das Polymethylmethacrylat den großen Durchbruch für die Zahnmedizin. Der Zahntechniker Gottfried Roth vermischte gemahlenes Polymethylmethacrylat mit seinem Monomeren, dem Methylmethacrylat und rührte die Mischung zu einem Teig an. Er verarbeitete diesen Teig dann ähnlich, wie dies bei der Kautschukvulkanisation üblich war, d. h. brachte ihn in die Gipshohlform ein und erhitzte dann. So konnte er erstmals brauchbare und ästhetisch befriedigende Prothesen herstellen (*Groß 1979, DRP 737058 1936*). Dieses Verfahren wurde dann im Laufe der Jahre stets verfeinert und wird noch heute nahezu ausschließlich zur Herstellung von Prothesen eingesetzt. Warum dies so ist wird in Kapitel 6.16 genauer abgehandelt. Später dann wurde das Methylmethacrylat durch eine Vielzahl weiterer Methacrylate und Dimethacrylate mit hohen Molmassen ergänzt und bei einigen Materialgruppen auch ganz substituiert. Auf diese Weise gelang es, hochfeste Verbundwerkstoffe für Zahnfüllungen oder zur zahnfarbenen Verblendung von metallischen Kronen und Brücken zu entwickeln.

Es wurde und wird immer noch versucht andere Polymere, wie Polycarbonate oder Polyacetale, als Prothesenkunststoffe zu verwenden. Diese Materialien werden in sogenannte Spritzgußverfahren (siehe Kapitel 6.7.1) verarbeitet. Aus verschiedenen Gründen haben sich diese Produkte nicht durchgesetzt und finden bis heute nur vereinzelt Anwendung (siehe Kapitel 6.16).

Seit 1955 haben dann elastomere Kunststoffe, die Polysulfide, seit 1958 die Polysiloxane (Silikone) Einzug in die Zahnmedizin gehalten. Diese Elastomere werden vor allem zur Mundabformung verwendet. Noch später (1966) erkämpften sich auch die Polyether einen bedeutenden Platz in diesem Indikationsbereich.

Heute werden viele unterschiedliche Polymere und Verbundpolymere in der Zahnmedizin verwendet, wobei die Polymethacrylate und die Polysiloxane sicher den größten Bereich abdecken. Es steht aber zu erwarten, daß zukünftig noch andere polymere Werkstoffe als zahnmedizinische Materialien Anwendung finden werden.

## 6.4 Verknüpfungsarten

> Polymere entstehen, indem sich zahlreiche Monomere nach bestimmten Prinzipien miteinander verknüpfen. Je nachdem welche Monomere zur Reaktion gebracht werden, entstehen unterschiedliche Verknüpfungsarten, die für das jeweilige entstehende Polymer charakteristisch sind (*Janda 1990*).

Die Abbildung 6.2 gibt eine Auswahl von Kunststoffen und deren Verknüpfungsarten sowie einige Beispiele der entstehenden Kunststoffarten und der Polyreaktionstypen wieder.

| Polymer | Verknüpfungsart | Polyreaktion |
|---|---|---|
| Polyacrylnitril<br>Polyethylen<br>Polymethacrylate<br>Polypropylen<br>Polystyren<br>Polytetrafluorethylen<br>Polyvinylacetat<br>Polyvinylchlorid | Kohlenstoff-Kohlenstoff-Bindung 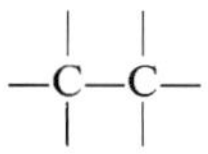<br><br>—C—C— | Polyaddition<br>Polymerisation |
| Polycarbonate<br>Polyester | Erster-Bindung 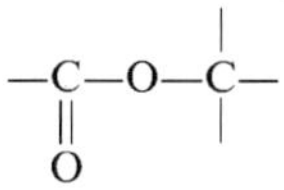<br>—C—O—C—<br>‖<br>O | Polykondensation |
| Polyamide | Amid-Bindung 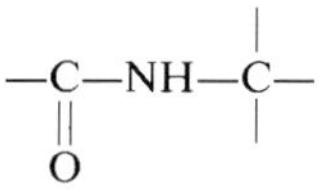<br>—C—NH—C—<br>‖<br>O | Polykondensation |
| Polyurethane | Urethan-Bindung 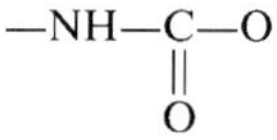<br>—NH—C—O<br>‖<br>O | Polyaddition<br>Polykondensation |
| Polyacetale<br>Polyether<br>Epoxidharze | Acetal-, Ether-Bindung 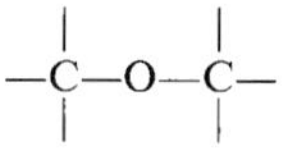<br>—C—O—C— | Polykondensation |
| Polysiloxane | Siloxan-Bindung 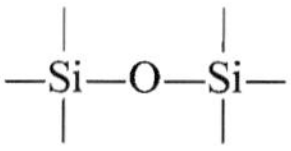<br>—Si—O—Si— | Polyaddition<br>Polykondensation |

*Abb. 6.2* Ausgewählte Beispiele einiger für dentale Kunststoffe wichtigen Verknüpfungsarten, der zuzuordnenden Polymere und der zugehörigen Polyreaktionen

Die Abbildung macht deutlich, daß wenige unterschiedliche Polyreaktionen zu vielen unterschiedlichen Verknüpfungsarten führen, und daß die Kohlenstoff-Kohlenstoff-Bindung bei zahlreichen unterschiedlichen Kunststoffen zu finden ist.

## 6.5 Polyreaktionen

> Polyreaktionen sind die chemischen Reaktionen, die unter geeigneter Verknüpfung von Monomeren zu Polymeren führen.

Die Kunststoffchemie kennt viele unterschiedliche Polyreaktionstypen (*Janda* 1990). Im folgenden sollen jedoch nur die für die zahnmedizinischen Kunststoffe bedeutungsvollen Polyreaktionen abgehandelt werden. Es sind:

- Polymerisation,
- Polykondensation,
- Polyaddition.

Mittels der hier genannten Polyreaktionen werden alle Matrixharze der dentalen Kunststoffe erzeugt.

### 6.5.1 Polymerisation

> Unter Polymerisation wird die Reaktion ungesättigter Verbindungen zu Makromolekülen verstanden.

Solche ungesättigten Verbindungen sind beispielsweise Olefine, Carbonyle oder Ringstrukturen wie Epoxide oder Dioxan. Im Dentalbereich spielt allerdings nur die olefinische Struktur für die Polymerisationsreaktion eine Rolle.

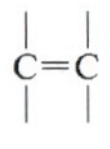

$$\begin{array}{c}|\quad|\\C=C\\|\quad|\end{array}$$

*Abb. 6.3* Allgemeine Darstellung einer olefinischen Struktur

Um die Polymerisation, bei der es sich um eine sogenannte Kettenreaktion handelt, auszulösen, werden Startermoleküle (Initiatoren) oder Katalysatoren benötigt.

> Ein Initiator unterscheidet sich von einem Katalysator dadurch, daß er an der Reaktion teilnimmt und verbraucht wird.

Der Katalysator dagegen setzt die Aktivierungsenergie herab, so daß die Reaktion ablaufen kann und wird bei der Reaktion nicht verbraucht. Der Katalysator ist also vor und nach der Reaktion im gleichen chemischen Zustand.

Prinzipiell verläuft die Polymerisation immer nach dem gleichen Reaktionsschema:

- Kettenstart,
- Kettenwachstum,
- Kettenabbruch.

Die Reaktion kann radikalisch, ionisch oder koordinativ ablaufen (*Janda* 1990). Für die zahnärztlichen Kunststoffe kommt z. Z. ausschließlich die radikalische Polymerisation zur Anwendung, auf die im folgenden genauer eingegangen wird.

Die radikalische Polymerisation ist die am häufigsten durchgeführte Polymerisationsform. Die als Startermoleküle (Initiatoren) verwendeten Verbindungen bilden unter Einwirkung von Energie reaktive Moleküle, sogenannte Radikale.

> Radikale (Symbol: R·) sind energiereiche Verbindungen mit einem ungepaarten Elektron, auch freies Elektron genannt, welche leicht und rasch mit einem ungesättigten Monomermolekül reagieren können.

Bei dieser Reaktion werden dann neue Radikalmoleküle, bestehend aus dem Initiatorradikal und dem ersten Monomerbaustein, gebildet, die dann wiederum die Doppelbindung eines neuen Monomerbausteins angreifen können. Auf diese Weise wächst das

## 6.5 Polyreaktionen

Polymer zu immer größeren Molmassen; ein Prozeß der als Kettenwachstum bezeichnet wird. Da die gesamte Reaktion, wenn sie einmal initiiert worden ist, kettenartig weiter läuft, wird sie auch als Kettenreaktion bezeichnet. Die Energie, die zur Erzeugung dieser Radikale benötigt wird, kann sehr unterschiedlicher Art sein. Es kommen als Energieformen Wärme, Licht oder chemische Energie in Form von Redoxprozessen zur Anwendung. Näheres zu den Initiatoren ist in Kapitel 6.8 zu finden.

> Die Kettenreaktion bricht ab (Kettenabbruch), wenn zwei Radikale (dies können durchaus schon Polymere sein) miteinander reagieren (Rekombination). Sie kann aber auch abgestoppt werden, wenn keine Monomere mehr zur Reaktion vorhanden sind oder wenn deren Konzentration so gering geworden ist, daß bei den jeweils vorliegenden Reaktionsbedingungen nicht mehr genügend Energie für eine Reaktion vorhanden ist. Die wenigen, nicht umgesetzten, Monomermoleküle bleiben dann als sogenannte Restmonomere im Kunststoff zurück.

Der Kettenabbruch kann aber auch durch Inhibitoren, die ebenfalls als Stabilisatoren oder Antioxidantien bezeichnet werden, erfolgen. Die Inhibitoren verbieten (lateinisch: inhibere) eine weitere Reaktion. Ihre Wirkung beruht darauf, daß sie als Radikalfänger fungieren, indem sie mit denen in der Reaktionsmischung entstandenen Radikalen neue, stabile Radikale bilden oder andere mesomeriestabilisierte energieärmere Radikale liefern, die nicht mehr weiter reagieren. Solche Inhibitoren sind beispielsweise Hydrochinon oder Hydrochinonmonomethylether. Genaueres zu diesem Thema ist in Kapitel 6.12.1 zu finden.

Ein unter Normalbedingungen allgegenwärtiger Inhibitor ist aber auch der Luftsauerstoff. Dieser ist ein Biradikal, d. h. im $O_2$-Molekül sind zwei ungepaarte Elektronen vorhanden, was bei Betrachtung des Molekülmodells ganz deutlich wird (*Christen* 1980). Wie in Abb. 6.4 unter Kettenabbruch dargestellt wird, reagiert das Sauerstoffmolekül mit den bei der Polymerisation entstehenden Radikalen unter Bildung eines neuen Radikals, was jedoch wegen seiner Reaktionsträgheit zu keiner weiteren Umsetzung mehr fähig ist. Besonders deutlich wird dem Verarbeiter die inhibierende Wirkung des Sauerstoffes bei der Polymerisation lichthärtender Kunststoffe. Diese bleiben in ihren Oberflächenschichten stets etwas klebrig, was auf nicht vollständig umgesetztes Monomer zurückzuführen ist.

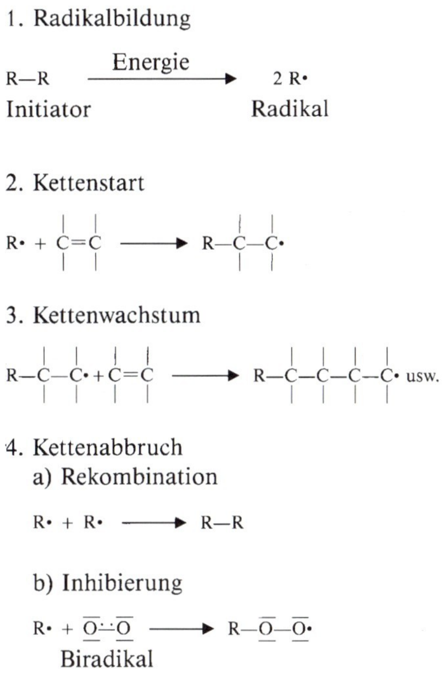

1. Radikalbildung

$$R{-}R \xrightarrow{\text{Energie}} 2\ R\cdot$$
Initiator → Radikal

2. Kettenstart

$$R\cdot + C{=}C \longrightarrow R{-}C{-}C\cdot$$

3. Kettenwachstum

$$R{-}C{-}C\cdot + C{=}C \longrightarrow R{-}C{-}C{-}C{-}C\cdot \text{ usw.}$$

4. Kettenabbruch
   a) Rekombination

$$R\cdot + R\cdot \longrightarrow R{-}R$$

   b) Inhibierung

$$R\cdot + \overline{O}{\dot{-}}\overline{O} \longrightarrow R{-}\overline{O}{-}\overline{O}\cdot$$
   Biradikal

*Abb. 6.4* Prinzipieller Ablauf einer radikalischen Polymerisation

Die wichtigste Gruppe olefinischer Monomere ist für die dentalen Kunststoffe die Gruppe der Methacrylate. Der bekannteste und älteste Vertreter dieser Klasse ist das Methylmethacrylat, welches neben einer Reihe weiterer wichtiger Methacrylate in

Kapitel 6.6 dargestellt ist. Zur Veranschaulichung des in Abbildung 6.4 gezeigten prinzipiellen Ablaufes einer radikalischen Polymerisation wird in Abbildung 6.5 dieser Sachverhalt am Beispiel des Methylmethacrylates präzisiert.

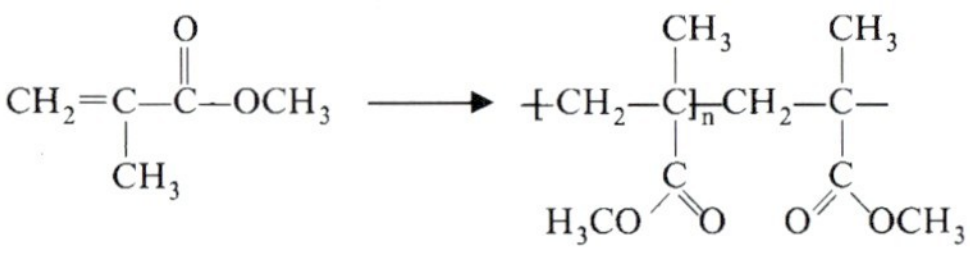

$$CH_2=C(CH_3)-C(=O)-OCH_3 \longrightarrow +CH_2-C(CH_3)(COOCH_3)-CH_2-C(CH_3)(COOCH_3)-_n$$

*Abb. 6.5* Ablauf der radikalischen Polymerisation am Beispiel des Methylmethacrylates

Eine umfassende Übersicht zum Thema Polymerisation ist in *Batzer* (1985) zu finden.

### 6.5.2 Polykondensation

Charakteristisch für den Mechanismus einer Kondensationsreaktion ist, daß die Vereinigung zweier oder mehrerer Moleküle unter Abspaltung (Kondensation) eines dritten Moleküls vonstatten geht.

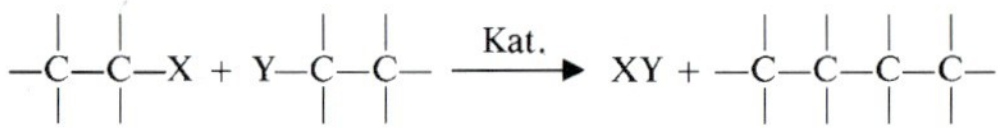

$$-C-C-X + Y-C-C- \xrightarrow{Kat.} XY + -C-C-C-C-$$

X, Y = funktionelle Gruppe

*Abb. 6.6* Prinzipieller Ablauf einer Kondensationsreaktion

Grundsätzlich verlaufen alle Polykondensationsreaktionen nach demselben Mechanismus wie die Kondensationsreaktionen der niedermolekularen Chemie (Abb. 6.6). Der einzige Unterschied besteht darin, daß zur Erzeugung von Makromolekülen mindestens bifunktionelle Monomere zur Verfügung stehen müssen, da ja sonst kein Kettenwachstum stattfinden könnte.

$$X-R_1-Y + X-R_2-Y \xrightarrow{Kat.} XY + X-R_1-R_2-Y$$

$$X-R_1-R_2-Y + X-R_1-Y \xrightarrow{Kat.} XY + X-R_1-R_2-R_1-Y \text{ usw.}$$

$R_1 = R_2$ oder $R_1 \neq R_2$, R = org. Rest
X, Y = funktionelle Gruppe

*Abb. 6.7* Prinzipieller Ablauf einer Polykondensation

Die Polykondensationsreaktion wird nicht durch Initiatoren, sondern durch Katalysatoren ausgelöst. Solche Katalysatoren können beispielsweise Metallorganyle oder Säuren sowie Basen sein (siehe Kapitel 6.9). Da der Kondensationsmechanismus nicht radikalisch ist, wird der Reaktionsablauf auch nicht durch Radikalfänger oder Luftsauerstoff beeinflußt. Eine umfassende Darstellung der Polykondensationsreaktionen ist in *Batzer* (1985) zu finden.

Die Gruppe der durch Polykondensation hergestellten Kunststoffe ist sehr heterogen. So können beispielsweise Polyamide, Polysulfone, Polyether, Polyurethane, Polyester, Polycarbonate oder Polysiloxane über diesen Mechanismus synthetisiert werden. Einige ausgewählte Reaktionsbeispiele zeigt die Abb. 6.8.

## 6.5 Polyreaktionen

a) Nylon, PA 66

$$H_2N-(CH_2)_6-NH_2 + HOOC-(CH_2)_4-COOH \longrightarrow$$

$$\left[-NH-(CH_2)_6-NH-\underset{O}{C}-(CH_2)_4-\underset{O}{C}-\right]_n -NH-(CH_2)_6-NH- \quad \text{PA 66 (Nylon)}$$

b) Polycarbonat

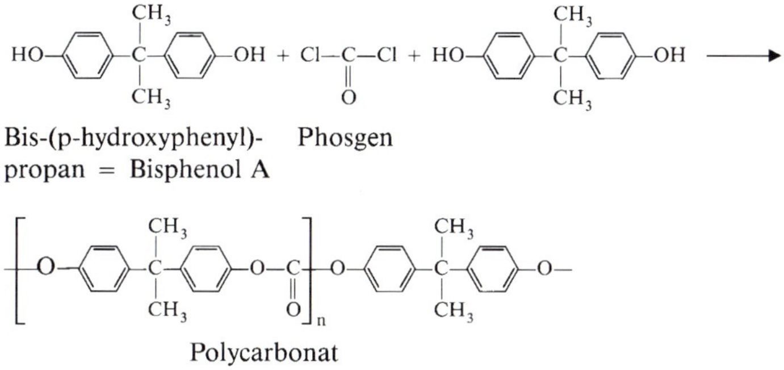

Bis-(p-hydroxyphenyl)-propan = Bisphenol A, Phosgen

*Abb. 6.8* Ausgewählte Beispiele für Polykondensationsreaktionen

Polycarbonat

### 6.5.3 Polyaddition

Bei der Additionsreaktion reagieren zwei Moleküle miteinander, indem sie sich zu einem neuen Molekül vereinigen (addieren), ohne daß eine dritte Komponente freigesetzt wird, wie dies bei der Kondensation der Fall ist.

$$-\overset{|}{\underset{|}{C}}-\overset{|}{\underset{|}{C}}-X + Y-\overset{|}{\underset{|}{C}}-\overset{|}{\underset{|}{C}}- \xrightarrow{\text{Kat.}} -\overset{|}{\underset{|}{C}}-\overset{|}{\underset{|}{C}}-X-Y-\overset{|}{\underset{|}{C}}-\overset{|}{\underset{|}{C}}-$$

X, Y = funktionelle Gruppe

*Abb. 6.9* Prinzipieller Ablauf einer Additionsreaktion

Damit eine Polyadditionsreaktion ablaufen kann, gilt ebenso wie bei der Polykondensation, daß die reagierenden Monomere mindestens bifunktionell sein müssen.

Für den Start der Polyaddition werden keine Initiatoren sondern Katalysatoren eingesetzt (siehe Polykondensation). Da dieser Reaktionsmechanismus ebenfalls nicht radikalisch ist, wird er nicht durch Radikalfänger oder Sauerstoff beeinflußt. Eine umfassende Darstellung ist in *Batzer* (1985) zu finden.

Die wichtigsten Kunststoffe, die über einen Polyadditionsmechanismus hergestellt werden sind Epoxidharze, Polyurethane und Polysiloxane.

$$X-R_1-Y + X-R_2-Y \xrightarrow{\text{Kat.}} X-R_1-Y-X-R_2-Y$$

$$X-R_1-Y-X-R_2-Y + X-R_1-Y \xrightarrow{\text{Kat.}} X-R_1-Y-X-R_2-Y-X-R_1-Y \text{ usw.}$$

$R_1 = R_2$ oder $R_1 \neq R_2$, R = org. Rest
X, Y = funktionelle Gruppe

*Abb. 6.10* Prinzipieller Ablauf einer Polyaddition

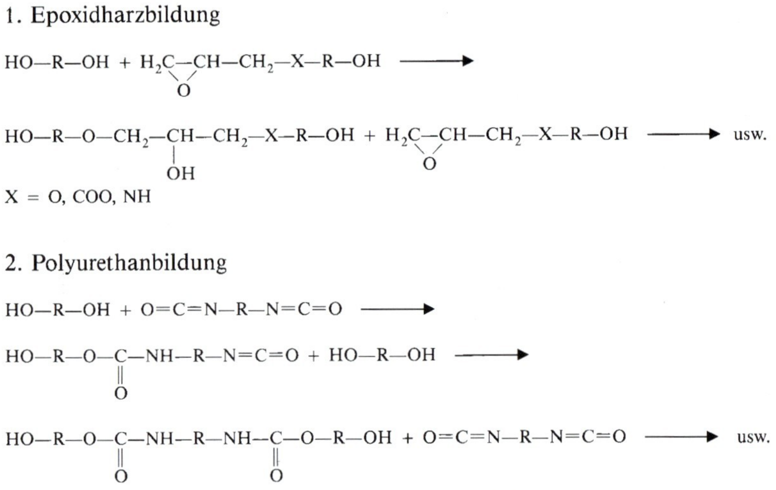

**1. Epoxidharzbildung**

HO—R—OH + H$_2$C—CH—CH$_2$—X—R—OH ⟶
\\_O_/

HO—R—O—CH$_2$—CH—CH$_2$—X—R—OH + H$_2$C—CH—CH$_2$—X—R—OH ⟶ usw.
      |            \\_O_/
      OH

X = O, COO, NH

**2. Polyurethanbildung**

HO—R—OH + O=C=N—R—N=C=O ⟶

HO—R—O—C—NH—R—N=C=O + HO—R—OH ⟶
     ‖
     O

HO—R—O—C—NH—R—NH—C—O—R—OH + O=C=N—R—N=C=O ⟶ usw.
     ‖       ‖
     O      O

*Abb. 6.11*   Ausgewählte Beispiele für Polyadditionsreaktionen

## 6.6 Strukturen und Eigenschaften der Monomere und Oligomere

Die Strukturen und Eigenschaften der Monomere bzw. Oligomere bestimmen entscheidend mit über die Eigenschaften der aus ihnen synthetisierten Polymere. Die wichtigsten Monomere und Oligomere werden im folgenden diskutiert.

Eine der sicher weitaus wichtigsten Monomerklassen für dentale Kunststoffe sind die Methacrylate. In Abb. 6.12 sind einige häufig verwendete Vertreter dieser Klasse dargestellt.

Zunächst kann man in mono-, bi-, tri- oder noch höherfunktionelle Methacrylate unterscheiden, wobei als funktionelle Gruppe die Methacrylgruppe anzusehen ist.

> Monofunktionelle Methacrylate tragen nur eine, bifunktionelle zwei, trifunktionelle drei, usw. Methacrylgruppen.

> Auf die Polyreaktion bezogen bedeutet dies, daß monofunktionelles Methacrylat (MMA) nur ein Fadenmolekül bilden kann, da das Kettenwachstum nur an einer Stelle im Molekül stattfindet. Bei bi- und höherfunktionellen Methacrylaten dagegen kann das Kettenwachstum an gleichzeitig zwei oder noch mehr Stellen im Molekül einsetzen, was zu einer chemischen Vernetzung zwischen den getrennt wachsenden Ketten und somit zur Ausbildung eines dreidimensionalen polymeren Netzwerkes führt.

> Bi- oder höherfunktionelle Methacrylate werden auch Vernetzer genannt.

Hieraus resultieren vollkommen unterschiedliche Polymereigenschaften. Genaueres zur Auswirkung der Vernetzung auf die Polymereigenschaften wird in Kapitel 6.7 ausgeführt.

Abbildung 6.12 zeigt sehr deutlich, daß die Monomere stark unterschiedliche Molmassen haben können. Grundsätzlich läßt sich sagen, daß mit steigender Molmasse ein drastischer Anstieg des Siedepunktes der Verbindungen einhergeht. Dies hat beispielsweise zur Folge, daß Methylmethacrylat bei Raumtemperatur sehr geruchsintensiv ist

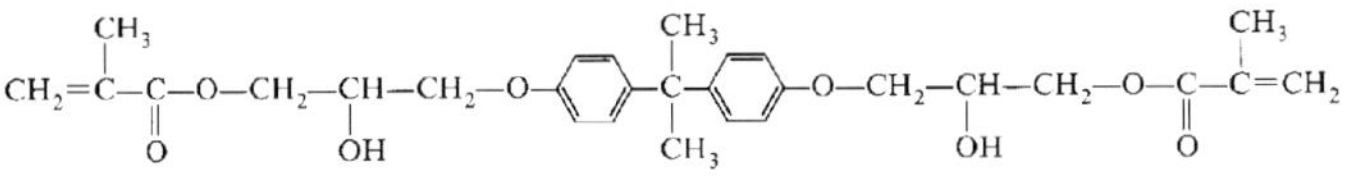

## 6.6 Strukturen und Eigenschaften der Monomere und Oligomere

$$CH_2=\underset{O}{\underset{\|}{C}}-\underset{CH_3}{\overset{|}{C}}-O-CH_2-\underset{OH}{\overset{|}{CH}}-CH_2-O-\phi-\underset{CH_3}{\overset{CH_3}{\underset{|}{C}}}-\phi-O-CH_2-\underset{OH}{\overset{|}{CH}}-CH_2-O-\underset{O}{\underset{\|}{C}}-\underset{CH_3}{\overset{|}{C}}=CH_2$$

2,2-Bis[4(3′-methacryloyl-oxy-2′hydroxy)propoxyphenyl]propan (Bis-GMA)

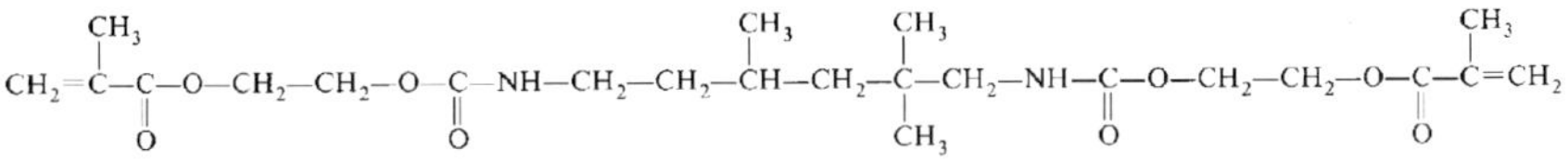

7,7,9-Trimethyl-4,13-dioxo-3,14-dioxa-5,12-diazahexadecan-1,16-dioxy-dimethacrylat (UDMA)

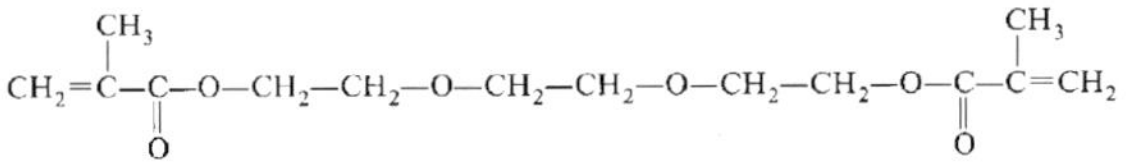

Triethylenglycoldimethacrylat (TEGDMA)

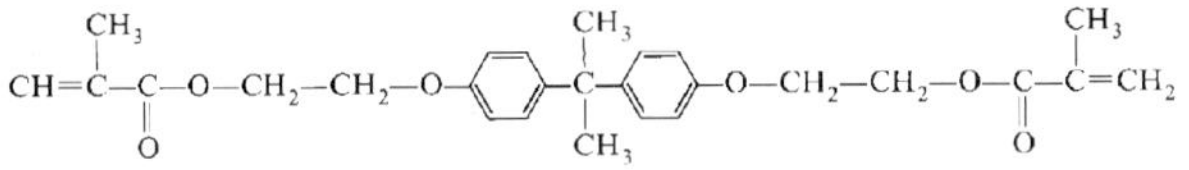

2,2-Bis[4(3′-methacryloyl-oxy)ethoxyphenyl]propan (Bis-EDMA)

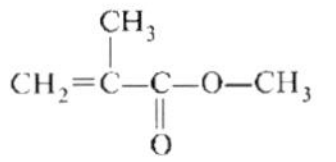

Methylmethacrylat (MMA) 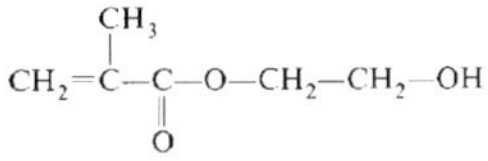            2-Hydroxyethylmethacrylat (HEMA)

*Abb. 6.12* Einige Methacrylat-Monomere

und rasch verdunstet (Siedepunkt 100,6 °C), Bis-GMA dagegen nahezu vollkommen geruchslos ist und bei Atmosphärendruck nicht mehr zum Sieden gebracht werden kann. Monomere mit hoher Molmasse sind somit also wesentlich besser geeignet, pastöse Kunststoffzubereitungen, die lange Lagerstabiliät besitzen müssen, wie beispielsweise Zahnfüllungskunststoffe, herzustellen. Von ganz besonderer Bedeutung ist aber die Tatsache, daß mit steigender Molmasse die Polymerisationsschrumpfung deutlich reduziert wird. Tabelle 6.1 zeigt die Volumenschrumpfung einiger Methacrylate. Auch die Wasseraufnahme sowie die Löslichkeit in Wasser werden erheblich durch die Monomerstruktur bestimmt. Bedingt durch den stark prägenden Einfluß der Carboxylgruppe (COOH-Gruppe) ist beispielsweise das Polymere der Acrylsäure, die Polyacrylsäure, ein sehr gut wasserlöslicher Kunststoff. Das aus Methylmethacrylat entstehende Polymethylmethacrylat (PMMA) dagegen ist aus Mangel an Carboxyl- oder Hydroxylgruppen (OH = Hydroxyl-) unlöslich in Wasser und nimmt auch nur sehr wenig Wasser auf. Das 2-Hydroxyethylmethacrylat (HEMA) ist in seiner monomeren Form beliebig mit Wasser mischbar, in seiner polymeren Form zwar unlöslich in Wasser, kann aber über 30 % Wasser in sein Polymernetzwerk einbauen. Das wasserfreie Poly-HEMA ist fest und starr wie PMMA, das wasserhaltige dagegen ist weich und elastisch. Grundsätzlich läßt sich also feststellen, daß Atomgruppen in einem Monomer, die Wasserstoffbrückenbindungen ausbilden können, das Monomer mehr oder weniger wasserlöslich machen und ebenso die Wasserlöslichkeit oder die Tendenz zur Wasseraufnahme des Poly-

*Tabelle 6.1* Polymerisationsschrumpfung einiger Methacrylate.

| Monomer | Volumenkontraktion (%) |
|---|---|
| Methylmethacrylat | 21 |
| Ethylenglycoldimethacrylat | 16 |
| Triethylenglycoldimethacrylat | 13 |
| Bis-GMA | 5 |
| Füllungskunststoffe | 2,6–4,8 |

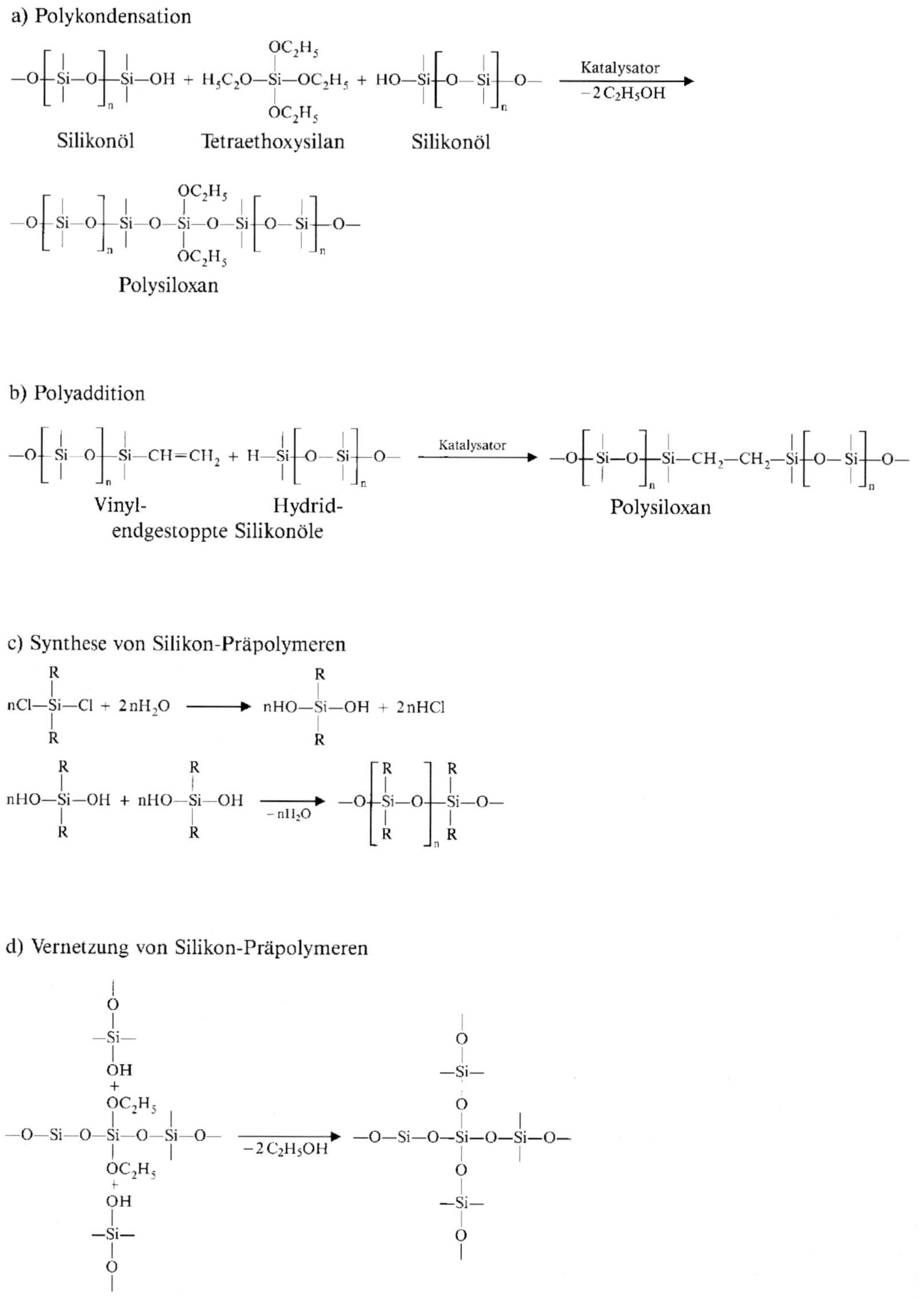

a) Polykondensation

$$-O-[Si-O]_n-Si-OH + H_5C_2O-Si(OC_2H_5)_2-OC_2H_5 + HO-Si-[O-Si]_n-O- \xrightarrow[-2C_2H_5OH]{Katalysator}$$

    Silikonöl         Tetraethoxysilan       Silikonöl

$$-O-[Si-O]_n-Si-O-Si(OC_2H_5)_2-O-[Si-O-Si]_n-O-$$

Polysiloxan

b) Polyaddition

$$-O-[Si-O]_n-Si-CH=CH_2 + H-Si-[O-Si]_n-O- \xrightarrow{Katalysator} -O-[Si-O]_n-Si-CH_2-CH_2-Si-[O-Si]_n-O-$$

Vinyl-          Hydrid-                       Polysiloxan
endgestoppte Silikonöle

c) Synthese von Silikon-Präpolymeren

$$nCl-\underset{R}{\overset{R}{Si}}-Cl + 2nH_2O \longrightarrow nHO-\underset{R}{\overset{R}{Si}}-OH + 2nHCl$$

$$nHO-\underset{R}{\overset{R}{Si}}-OH + nHO-\underset{R}{\overset{R}{Si}}-OH \xrightarrow{-nH_2O} -O-[\underset{R}{\overset{R}{Si}}-O]_n-\underset{R}{\overset{R}{Si}}-O-$$

d) Vernetzung von Silikon-Präpolymeren

$$\begin{array}{c} | \\ O \\ | \\ -Si- \\ | \\ OH \\ + \\ OC_2H_5 \\ | \\ -O-Si-O-Si-O-Si-O- \\ | \\ OC_2H_5 \\ + \\ OH \\ | \\ -Si- \\ | \\ O \\ | \end{array} \xrightarrow{-2C_2H_5OH} \begin{array}{c} | \\ O \\ | \\ -Si- \\ | \\ O \\ | \\ -O-Si-O-Si-O-Si-O- \\ | \\ O \\ | \\ -Si- \\ | \\ O \\ | \end{array}$$

*Abb. 6.13*   Synthese von Polysiloxanen

mers bestimmen. Weiterführende Aspekte sind der Literatur zu entnehmen (*Elias* 1990).

Im Prinzip lassen sich die hier für die Methacrylate gemachten Ausführungen auf alle anderen Monomere übertragen. Einen gewissen Sonderfall stellen die Polysiloxane, auch Silikone genannt, sowie ihre Monomere, die Siloxane oder auch Silikonöle genannt, dar. Daher wird auf diese Verbindungsklasse im folgenden noch kurz eingegangen.

Die Ausgangsstoffe der Poysiloxane, die Silandiole (Abb. 6.13), werden in praxi nie in dieser Form eingesetzt.

Vielmehr werden bereits höhermolekulare Formen dieser Verbindungen, Präpolymere genannt, die sogenannten Silikonöle verwendet. Silikonöle können bereits Molmassen von einigen Tausend g/mol besitzen, aber dennoch mehr oder weniger stark flüssig sein. Daß Silikonöle trotz ihrer hohen Molmasse durchaus noch recht dünnflüssig (ölig, sirupös) sind, liegt ganz einfach daran, daß ihre Molekülstruktur keine bzw. nur geringe intermolekulare Wechselwirkungen zwischen den Präpolymeren zuläßt. Praktisch bedeutet dies, daß die Brownsche Molekularbewegung auch bei niedrigen Temperaturen relativ hoch ist (niedrige Glastemperatur) (*Schurz* 1974). Die geringen Wechselwirkungen zwischen den einzelnen Makromolekülen beruhen auf der stark abschirmenden Wirkung der tetraedrisch aufgebauten Methylgruppen ($CH_3$-Gruppen) sowie der Benzylgruppen ($C_6H_6$-Gruppen), die häufig als Seitenketten der Hauptkette dienen, so daß die Hauptketten (Si-O-Si-Ketten) nur schwach miteinander wechselwirken können. Die Silikonöle besitzen an ihren Kettenenden reaktive Gruppen, so daß sie über Polyaddition oder Polykondensation (siehe Kapitel 6.5) zu hochmolekularen Elastomeren reagieren können. Der Vorteil der bereits sehr hochmolekularen Silikonöle liegt, neben der Tatsache, daß sie zu Polymeren mit gummielastischen Eigenschaften führen, ganz besonders darin, daß sie eben aufgrund ihrer hohen Molmasse bei der Polyreaktion nur noch einer sehr geringen Schrumpfung unterliegen. Zu den Eigenschaften der Elastomere selbst, vor allem auch dem gummielastischen Zustand, wird explizit in Kapitel 6.7 Stellung genommen.

## 6.7 Strukturen und Eigenschaften der Polymere

Die Eigenschaften eines Polymers werden nicht nur von der Molmasse und der Art des eingesetzten Monomers bestimmt, sondern auch ganz wesentlich durch die entstehende Struktur.

> Die Primärstruktur beschreibt den chemischen Aufbau und die Anordnung der Monomere im Polymer. Sie wird durch die Monomere sowie die Polymersynthese festgelegt.

> Die Sekundärstruktur beschreibt die räumliche Anordnung des gesamten Polymers (Helices, Falten-, Fransenmicellen, Knäuel, Netzwerke) in Lösungen, Schmelzen, Gläsern oder in anderen amorphen oder teilkristallinen Gebilden.

Sie wird bestimmt durch die inter- und intramolekularen Wechselwirkungen zwischen den Polymerketten. Solche Wechselwirkungen können aufgrund chemischer Bindungen (Vernetzung) oder des Aufbaus von Nebenvalenzbindungen entstehen.

Welche Primär- und Sekundärstrukturen erzeugt werden, hängt aber nicht nur von den jeweiligen Monomeren und der Reaktionsführung, sondern auch von der Nachbehandlung der Polymere (Tempern, Strecken) ab.

> Die Tertiärstruktur wird durch Kovalenz-, Ionen- oder Nebenvalenzbindungen festgelegt und beschreibt die gegenseitige räumliche Anordnung der Helices, Knäuel oder Netzwerke.

Solche Tertiärstrukturen werden häufig in der belebten Natur (RNS, DNS, Kollagen, Keratin) vorgefunden.

Bei den hier mehrfach angesprochenen Nebenvalenzkräften kann es sich um

- Wasserstoffbrückenbindungen,
- elektrostatische Anziehungskräfte,
- van der Waals-Kräfte oder
- hydrophobe Wechselwirkungen

handeln.

Synthetische hochmolekulare Stoffe weisen in der Regel nur Primär- und Sekundärstrukturen auf. Die Anordnung der Sekundärstrukturen zu Tertiärstrukturen erfolgt i. allg. statistisch und rein zufällig (*Batzer* 1985, *Hoffmann et al.* 1977). In den nachfolgenden Abschnitten erfolgt nun eine Klassifizierung der Polymere nach ihren Strukturmerkmalen in

- Thermoplaste,
- Elastomere und
- Duromere

sowie eine Beschreibung der Eigenschaften, die aus den unterschiedlichen Strukturen resultieren. Weitere Einzelheiten zu Polymerstrukturen sind in der Literatur zu finden (*Janda* 1990).

nommen, die sie, wenn nicht zu hohe Gebrauchstemperaturen herrschen, auch beibehalten (Spritzguß).

Thermoplaste können aber durchaus teilkristalline Bereiche besitzen. In diesen Bereichen sind die Fadenmoleküle nicht statistisch angeordnet, sondern regelmäßig gefaltet oder gestreckt (Abb. 6.15). Auch in den kristallinen Bereichen herrschen nur Nebenvalenzkräfte. Ob ein Polymer kristalline Strukturen ausbilden kann, hängt sehr stark von seiner Symmetrie und damit auch von der Art des Monomeren ab.

Im Falle der Thermoplaste wären die einzelnen Fadenmoleküle die Primästruktur, die zu statistischen Knäueln oder zu kristallinen Bezirken angeordneten Fadenmoleküle die Sekundärstruktur.

> Thermoplaste besitzen aufgrund ihrer nicht einheitlichen Molekülgröße keinen exakten Schmelzpunkt, sondern ein Schmelzintervall, bei dessen Durchlaufen sie zunächst plastisch werden, um dann bei noch höheren Temperaturen in eine mehr oder weniger viskose Schmelze überzugehen.

## 6.7.1 Thermoplaste

> Thermoplaste bestehen aus hochmolekularen Fadenmolekülen, die zu statistischen Knäueln angeordnet sind (Abb. 6.14).

Die Fadenmoleküle wechselwirken miteinander lediglich durch Nebenvalenzkräfte, die beispielsweise durch Temperaturerhöhung reversibel aufgehoben und durch Temperaturerniedrigung wieder hergestellt werden können. Auf diese Weise lassen sich Thermoplaste einfach zu Formkörpern verarbeiten, indem sie geschmolzen und in eine Form gepreßt werden. Nach dem Abkühlen haben sie dann die gewünschte Form ange-

Wird die Temperatur noch weiter erhöht, zersetzen (Zersetzungstemperatur) sie sich. Eine weitere charakteristische Temperatur der Thermoplaste ist die Glasübergangstemperatur, die besser als Glasübergangsbereich bezeichnet wird, da auch sie nicht exakt definierbar ist. Unterhalb dieser Temperatur sind die Materialien hart und spröde, d. h. glasartig, oberhalb dagegen plastisch verformbar. Dieses Verhalten beruht darauf, daß unterhalb des Glasübergangsbereiches die Molekülbewegungen quasi eingefroren sind. Oberhalb dieses Bereiches können einzelne Molekülbereiche, aufgrund der höheren Temperatur, leichte Bewegungen ausführen, so daß die Knäuel aufgelockert werden und der Kunststoff biegsam wird, ohne einen Sprödbruch zu zeigen.

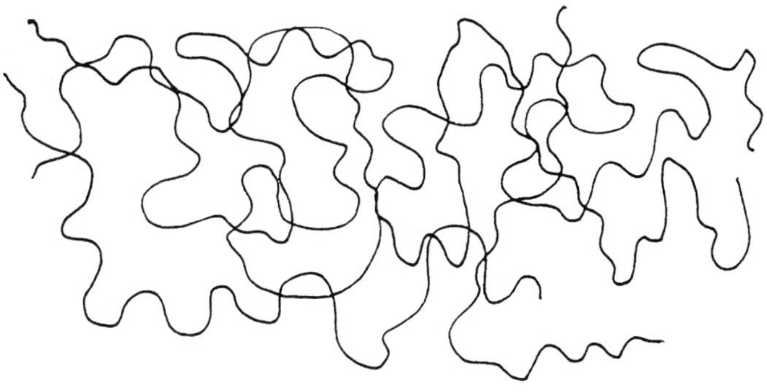

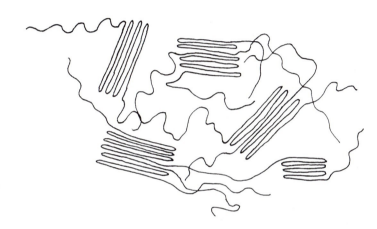

*Abb. 6.14* Schematische Darstellung der Struktur eines Thermoplasten. Die Fadenmoleküle sind zu statistischen Knäueln angeordnet

*Abb. 6.15* Schematische Darstellung kristalliner Bereiche der Fadenmoleküle von Thermoplasten

**Thermoplaste sind in der Regel mit Lösungsmitteln gut quellbar und zum Teil auch in diesen löslich.**

Die Quellung der Thermoplaste hat eine Volumenzunahme sowie eine Weichmachung der Materialien zur Folge. In Lösung sind die Fadenmolekülknäuel weitgehend aufgelöst und nur noch sehr locker miteinander verschlungen. Mit zunehmender Kristallinität nehmen in der Regel Quellbarkeit und Löslichkeit ab. Hohe Kristallinitätsgrade besitzen beispielsweise Polyethylen, Polypropylen oder Polytetrafluorethylen (Teflon). Sehr niedrige bzw. keine Kristallinität besitzen Polyvinylchlorid, Polymethylmethacrylat oder Polystyren. Thermoplaste werden bei der Polymerisation gebildet, wenn monofunktionelle, d. h. nur eine reaktive Gruppe enthaltende Monomere, umgesetzt werden. Nur so können unvernetzte Fadenmoleküle entstehen (Beispiel: Methylmethacrylat reagiert zu Polymethylmethacrylat).

Bei Polyaddition und Polykondensation können ebenfalls lineare Fadenmoleküle erzeugt werden. Allerdings müssen hier, aufgrund des anderen Reaktionsmechanismus, bifunktionelle Monomere verwendet werden.

### 6.7.2 Elastomere

Elastomere sind amorph, d. h. sie besitzen keine kristallinen Bereiche. Charakteristisch für Elastomere ist ihr, bei Raumtemperatur, gummielastisches Verhalten, d. h. ihr Glasübergangsbereich liegt bei sehr tiefen Temperaturen.

> Unter gummielastischem Verhalten versteht man die Fähigkeit eines Stoffes sich unter einer einwirkenden Kraft stark zu verformen, ohne zu reißen, und sich nach Wegnehmen der Kraft wieder vollkommen in den Ausgangszustand zurückzustellen (Memory-Effekt).

Solches Verhalten der Polymere kann man erzeugen, indem man Monomere verwendet, die zu Makromolekülen führen, die nur in sehr geringem Maße miteinander über die Ausbildung von Nebenvalenzkräften wechselwirken und die gleichzeitig miteinander chemisch verbunden (vernetzt) sind. Prädestiniert für dieses Anforderungsprofil sind die Polysiloxane (siehe Kapitel 6.6). Die nicht vorhandene Kristallinität und die sehr geringe Wechselwirkung der Makromoleküle zueinander bewirken die Reduzierung des Glasübergangsbereiches, der bei Elastomeren zwischen etwa −70 und −130 °C, im Vergleich zu Polymethylmethacrylat mit +105 °C, liegt. Die sehr schwache chemische Vernetzung der Ketten untereinander bewirkt, daß sie bei äußerer Krafteinwirkung bis zu einem Grenzwert aneinander vorbeigleiten können (Dehnbarkeit, Dehngrenze, Reißfestigkeit), ohne daß es zu einer irreversiblen Zerstörung des Netzwerkes kommt. Bei nachlassender Kraft bewirkt die lockere Vernetzung aber auch, daß, aufgrund der Wärmebewegung, das Netzwerk wieder in seinen Ausgangszustand zurückkehrt. Die schematische Darstellung der Struktur von Elastomeren ist Abb. 6.16 zu entnehmen.

Elastomere sind in der Regel nicht schmelzbar, lassen sich jedoch häufig, je nach ihrer Molekülstruktur, mit Lösungsmitteln anquellen, sind aber in diesen unlöslich.

### 6.7.3 Duromere

Duromere (veraltet: Duroplaste) stehen in völligem Gegensatz zu Thermoplasten und Elastomeren. Der Glasübergangsbereich der Duromere liegt sehr hoch und fällt häufig mit der Zersetzungstemperatur zusammen, d. h. Duromere sind nicht schmelzbar. Sie sind weiterhin sehr hart und meistens auch spröde, besitzen aber in der Regel sehr gute mechanische Festigkeiten, weshalb sie für Werkstoffe eingesetzt werden, die höchsten mechanischen Beanspruchungen gerecht werden müssen. Duromere müssen sofort in der fertigen Form hergestellt werden, da sie nachträglich nur noch spanabhebend bearbeitet werden können. Sie sind vollkommen unlöslich in Lösungsmitteln und lassen sich von diesen kaum noch anquellen.

> Die Eigenschaften eines Duromeren werden erzeugt, indem zur Polyreaktion Monomere verwendet werden, die zu stark vernetzten Polymeren führen.

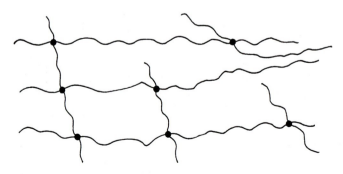

● Vernetzungsstelle

*Abb. 6.16* Schematische Darstellung der Struktur eines Elastomeren

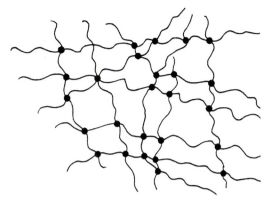

● Vernetzungsstelle

*Abb. 6.17* Schematische Darstellung der Strukturen eines Duromeren

Dies sind bei der Polymerisation bi- oder höher funktionelle und bei der Polyaddition und Polykondensation tri- oder höherfunktionelle Monomere. Die prinzipielle Struktur eines Duromeren ist in Abb. 6.17 zu sehen.

Abschließend bleibt zu bemerken, daß der Übergang zwischen Thermoplasten, Elastomeren und Duromeren natürlich nicht abrupt sondern fließend ist.

### 6.7.4 Interpenetrierende Netzwerke

Auch die interpenetrierenden Netzwerke spielen bei den Dentalkunststoffen eine gewisse Rolle (*Sperling* 1981). Hierbei werden zwei polymere Netzwerke vollkommen unabhängig voneinander so erzeugt, daß sie sich gegenseitig durchdringen (interpenetrieren). Zwischen beiden Netzwerken bestehen also keinerlei kovalente Bindungen, sondern lediglich Nebenvalenzbindungen sowie eine intensive physikalische Vernetzung.

Solche Netzwerke können erzeugt werden, indem

a) ein vernetztes Polymer mit einem Monomer angequollen wird, und anschließend das Monomer polymerisiert wird;

b) zwei nach unterschiedlichen Mechanismen – eines durch Polymerisation, das andere durch Polykondensation – reagierende Monomere miteinander gemischt und dann gleichzeitig polymerisiert bzw. polykondensiert werden.

Auf diese Weise können Polymere mit speziellen physikalischen, chemischen und verarbeitungstechnischen Eigenschaften hergestellt werden.

## 6.8 Initiatoren

In der dentalen Literatur werden die Initiatoren häufig mit den Katalysatoren verwechselt bzw. gleichgesetzt. Wie jedoch in Abschnitt 6.5.1 bereits anhand der Wirkungsweise der Initiatoren gezeigt wurde, nehmen diese an der chemischen Umsetzung teil und verbrauchen sich dabei. Dies ist bei den Katalysatoren grundsätzlich anders (siehe Kapitel 6.9).

Die Initiatoren zur Auslösung der Polymerisation zahnärztlicher Kunststoffe können in solche für die

- Heißhärtung,
- Selbsthärtung, auch Kalthärtung oder Autopolymerisation genannt,
- Lichthärtung, auch Photohärtung oder Photopolymerisation genannt,

unterteilt werden.

> Heißhärtende Kunststoffe polymerisieren unter Hitzeeinwirkung (in kochendem Wasser oder im Wärmeschrank), kalthärtende nach dem Vermischen der Produktkomponenten bei Raumtemperatur und lichthärtende beim Bestrahlen mit Licht einer bestimmten Wellenlänge.

Bereits an dieser Einteilung wird ganz deutlich, daß die anwendungstechnische Unterteilung in heiß-, kalt- oder lichthärtende Kunststoffe nicht wirklich eine Frage

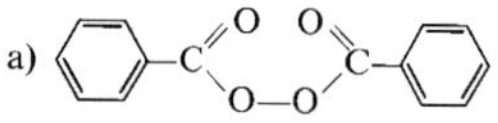

a) [Dibenzoylperoxid (DBPO) structure]

Dibenzoylperoxid (DBPO)

b) [2,5-Dimethylhexan-2,5-diperbenzoat structure]

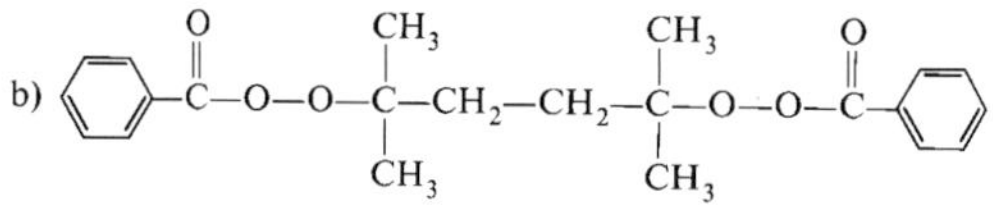

2,5-Dimethylhexan-2,5-diperbenzoat (DHPBZ)

*Abb. 6.18* Initiatoren für die Heißhärtung

Ein typischer Initiator für die Heißhärtung ist das Dibenzoylperoxid (DBPO), das nach wie vor für alle heißhärtenden Prothesenkunststoffe eingesetzt wird (Abb. 6.18).

Bei Temperaturen von etwa 70 °C beginnt das DBPO deutlich in Radikale zu zerfallen, die dann die Polymerisationsreaktion auslösen. Wegen seiner geringen Zerfallstemperaturen kann das DBPO jedoch nicht in pastösen Kunststoffzubereitungen eingesetzt werden, die unpolymerisiertes Monomer enthalten (z. B. Einkomponenten-Verblendkunststoffe), da diese sonst bereits bei höheren Umgebungstemperaturen, beispielsweise im Hochsommer oder in sehr warmen Gegenden, aushärten, also nicht ausreichend lagerstabil sein würden. In solchen Fällen werden dann Peroxide mit deutlich höheren Zerfallstemperaturen von über 110 °C, wie beispielsweise das DHPBZ (Abb. 6.18), verwendet.

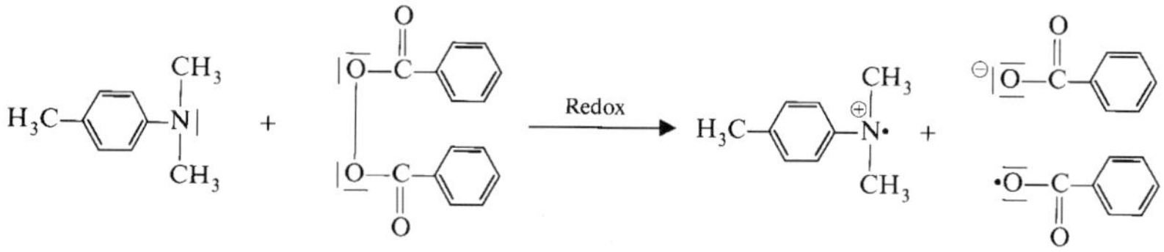

des Kunststoffes, sondern des verwendeten Initiators ist. Bei allen Anwendungstypen (Kunststofftypen) werden im Falle dentaler Produkte Methacrylate polymerisiert.

[Reaction scheme: N,N-Dimethyl-p-toluidin + Dibenzoylperoxid → Redox products]

N,N-Dimethyl-p-toluidin      Dibenzoylperoxid

[Reaction scheme: N,N-Bis-(2-Hydroxyethyl)-p-toluidin + Dibenzoylperoxid → Redox products]

N,N-Bis-(2-Hydroxyethyl)-p-toluidin      Dibenzoylperoxid

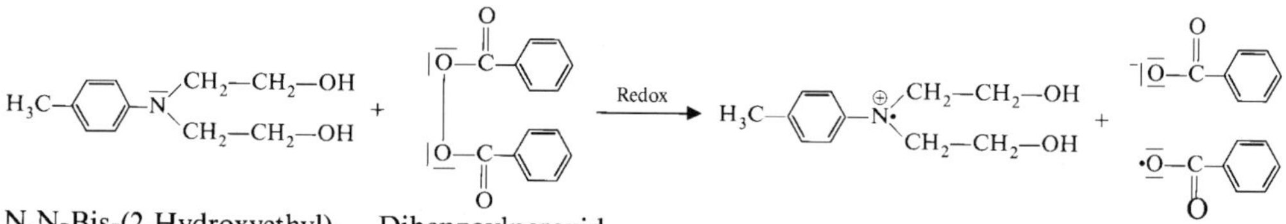

[Reaction scheme: Trimethylbarbitursäure + Luftsauerstoff → mit Cu⊕ Katalysator → Radikale + ·OH]

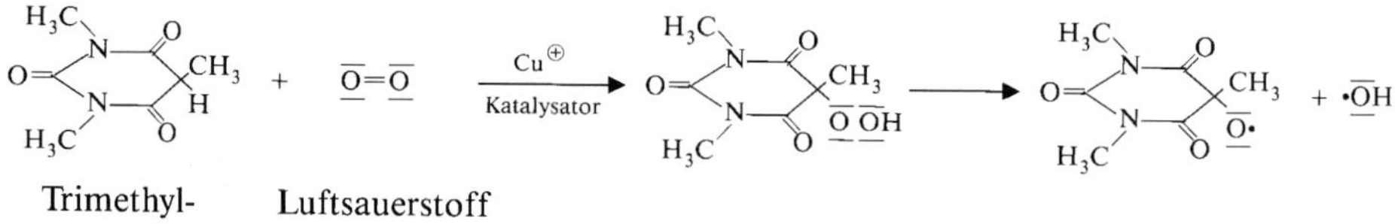

Trimethylbarbitursäure      Luftsauerstoff

*Abb. 6.19* Initiatorsysteme für die Kalthärtung. Mit · gekennzeichnete Moleküle sind Radikale, die Polymerisationsreaktionen auslösen. (Einzelheiten siehe *Groß* 1979)

Für die Kalthärtung werden sogenannte Redoxinitiatorsysteme eingesetzt. Diese bestehen mindestens immer aus zwei Substanzen, von denen je eine in einem Bestandteil des mindestens immer zweikomponentigen Produktes enthalten sein muß. Vermischt man die beiden Produktbestandteile, so kommen die Initiatorkomponenten miteinander in Kontakt und führen eine Reaktion aus, bei der Radikale entstehen. Die drei wichtigsten Initiatorsysteme zeigt Abb. 6.19.

Wichtig anzumerken ist, daß die Produkte, die als einen Initiatorbestandteil ein tertiäres aromatisches Amin, wie N,N-Dimethyl-p-toluidin oder N,N-Bis-(2-Hydroxyethyl)-p-toluidin, besitzen, zu Kunststoffen führen, die sich in der Mundhöhle bereits nach wenigen Monaten mehr oder weniger stark bräunlich oder zumindest gelblich verfärben. Solche Produkte sind also als nicht farbstabil einzustufen. Im Gegensatz hierzu stehen kalthärtende Kunststoffe, die ein Initiatorsystem auf der Basis von Barbitursäureverbindungen (z. b. Trimethylbarbitursäure) und Kupferionen besitzen; diese sind vollkommen farbstabil.

Die Lichthärtung wird durch Photoinitiatoren ausgelöst. Dies sind Verbindungen, die bei der Bestrahlung mit Licht einer bestimmten Wellenlänge innerhalb weniger Sekunden oder sogar Bruchteilen von Sekunden zu Radikalen zerfallen. Unterschiedliche Photoinitiatoren zerfallen bei unterschiedlichen Wellenlängen. Der am häufigsten gebrauchte Photoinitiator für Dentalkunststoffe ist Campherchinon, das bei einer Lichtwellenlänge von 460 nm zerfällt (Abb. 6.20). Lichthärtende Produkte sind meist einkomponentig, haben sehr lange Verarbeitungszeiten bei normalem Umgebungslicht, sind sehr farb- und lagerstabil.

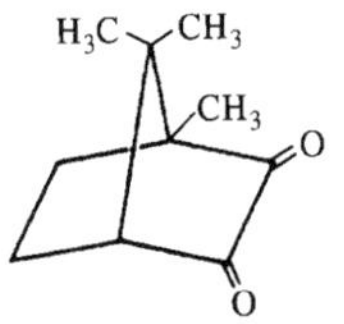

Campherchinon

*Abb. 6.20* Photoinitiator: Campherchinon

Weitere Details zu den Initiatoren sind der Literatur zu entnehmen (*Groß* 1979, *Janda* 1988 und 1992, *Viohl et al.* 1986).

## 6.9 Katalysatoren

Katalysatoren nehmen nicht an der chemischen Reaktion teil, sondern beschleunigen diese lediglich, indem sie die Aktivierungsenergie, die zum Start der Reaktion erforderlich ist, deutlich senken. Nach der Reaktion liegen die Katalysatoren im selben chemischen Zustand vor wie zu Reaktionsbeginn. Polykondensation und Polyaddition werden beispielsweise durch Katalysatoren ausgelöst. Für die Polykondensation werden organische Zinnverbindungen und für die Polyaddition organische Platinverbindungen eingesetzt.

## 6.10 Füllstoffe

Die Füllstoffe sind ein wesentlicher Bestandteil der Verbundkunststoffe, da sie viele Materialeigenschaften entscheidend bestimmen. Hierzu gehören beispielsweise:

- Abrasionsstabilität,
- Aushärtungsschrumpfung,
- chemische Beständigkeit,
- Farbe,
- Festigkeit,
- Konsistenz/Verarbeitungseigenschaften,
- Oberflächenqualität/Polierbarkeit,
- thermische Ausdehnung,
- Transparenz,
- Wasseraufnahme und
- Wasserlöslichkeit.

Als Füllstoffe werden die verschiedenartigsten organischen und anorganischen Materialien verwendet. Eine sehr genaue Abhandlung der Füllstoffe gibt die Literatur (*Janda* 1988 und 1990).

### 6.10.1 Organische Füllstoffe

In Dentalkunststoffen werden Perlpolymerisate sowie Splitterpolymerisate verwendet. Ihre Aufgabe liegt meistens darin, die Aushärtungsschrumpfung zu reduzieren oder die Konsistenz zu steuern. Zur Herstellung dienen die üblichen in Abbildung 18 gezeigten Monomere, die durch spezielle Polymerisationstechniken zu den genannten organischen Füllstoffen umgesetzt werden.

> Die Perlpolymere werden mit der Suspensionspolymerisation, häufig auch Perlpolymerisation genannt, hergestellt.

Hierbei wird das Monomere, meist MMA, in welchem auch der Heiß-Initiator (DBPO) gelöst ist, in einem Dispersionsmittel zu feinen Tröpfchen (Perlen) verteilt. Das Monomere sowie das Polymere sind im Dispersionsmittel (meist Wasser) unlöslich. Wird diese Reaktionsmischung erwärmt, entstehen feine perlförmige Teilchen von mittleren Korngrößen um 20 bis 30 µm.

> Die Splitterpolymere werden mit der Substanzpolymerisation, die auch Masse- oder Bulkpolymerisation genannt wird, erzeugt.

Es handelt sich hierbei um die Polymerisation des reinen Monomers ohne Zusatz von Lösungs- oder Suspensionsmitteln. Die Monomere werden mit Initiatoren versetzt und je nach deren Art mit Wärme, Licht oder mittels eines Redoxvorganges ausgehärtet. Nach der Polymerisation werden die groben Stücke in speziellen Mühlen zu Splittern auf mittlere Korngrößen um 2 bis 150 µm zerkleinert.

Anzumerken bleibt, daß beide Typen ihrerseits auch noch sehr feine anorganische Füllstoffe, wie beispielsweise feinstteiliges Siliziumdioxid, enthalten können.

### 6.10.2 Anorganische Füllstoffe

Den anorganischen Füllstoffen kommt eine Reihe weiterer sehr wichtiger Aufgaben zu. Sie bewirken u. a.
- Erhöhung der Abrasionsstabilität,
- Erhöhung der Festigkeit,
- Reduzierung der Wärmedehnung,
- Röntgenopazität.

Die folgenden Füllstofftypen kommen zum Einsatz:
- feinstteiliges Siliziumdioxid, kugelförmige Partikel mittlerer Korngröße zwischen 0,005 und 0,05 µm (auch unter den Bezeichnungen hochdisperse Kieselsäure oder pyrogene Kieselsäure bekannt),
- Barium- oder Strontiumaluminiumborosilikatgläser, splitterförmige Partikel mittlerer Korngröße um 1 µm sowie
- Yttrium- oder Ytterbiumfluorid, kugelförmige Partikel mittlerer Korngröße um 1 µm.

Hochdisperse Kieselsäure wird mit einem speziellen Prozeß hergestellt, bei dem flüssiges Siliziumtetrachlorid zu feinen Tröpfchen zerstäubt und dann in einer Knallgasflamme zum Produkt verbrannt wird. Die Gläser werden wie üblich mittels einer Glasschmelze erzeugt, die nach dem Abschrecken in Wasser zu feinen Splittern zermahlen wird. Yttrium- und Ytterbiumfluorid werden naßchemisch über Fällungsprozesse synthetisiert.

Bezüglich der Barium- und Strontiumboroaluminiumsilikatgläser sowie des Yttrium- und Ytterbiumfluorids ist anzumerken, daß diese Füllstoffe ein gute Röntgenopazität der Kunststoffe bewirken. Dies liegt an den hohen Atommassen des Bariums, Strontiums, Yttriums und Ytterbiums. Hochdisperse Kieselsäure führt nicht zu röntgenopaken Produkten.

## 6.10.3 Oberflächenbehandlung der Füllstoffe

Füllstoffe und Monomermatrix stellen vollkommen verschiedenartige Phasen dar, d. h. es müssen zwischen ihnen Wechselwirkungen geschaffen werden, damit ein einheitlicher Werkstoff, ein Verbundwerkstoff, entsteht.

Das Schaffen solcher Wechselwirkungen ist bezogen auf die organischen Füllstoffe problemlos, weil deren Oberflächeneigenschaften mit denen der Monomere nahezu identisch sind, da sie ja aus diesen synthetisiert wurden. Das heißt, der organische Füllstoff wird durch die Monomermatrix sehr gut benetzt und so fast optimal eingebunden. Manche Füllstoffe, wie beispielsweise PMMA-Perlpolymere, werden auch durch das Monomer, hier MMA, oberflächlich leicht angelöst, so daß es nach der Reaktion zu einem Durchdringen des neuen Netzwerkes, gebildet aus dem polymerisierten MMA, und dem alten Netzwerk, gebildet aus dem Perlpolymer, kommt.

Problematischer liegt der Fall bei den anorganischen Füllstoffen. Diese haben eine hydrophile Oberfläche, die in der Regel mit Hydroxylgruppen oder Sauerstoffatomen bedeckt ist. Diese hydrophile Oberfläche kann mit der stark hydrophoben Monomermatrix nicht wechselwirken.

Um hier Abhilfe zu schaffen, muß eine spezielle Oberflächenbehandlung des anorganischen Füllstoffes, die als Silanisierung bezeichnet wird, vorgenommen werden.

Die Silanisierung übernimmt im wesentlichen drei Aufgaben:
- Verbund zwischen Füllstoff und Polymermatrix,
- Hydrophobierung des Füllstoffes,
- Erreichen hoher Füllgrade (bedingt durch Hydrophobierung).

Zur Silanisierung werden Silane, im Dentalbereich vornehmlich das 3-Methacryloyloxypropyltrimethoxysilan, eingesetzt. Diese Verbindungen besitzen Zwittercharakter, d. h. sie haben sowohl einen organischen als auch einen anorganischen Molekülteil. Der Ablauf der Silanisierungsreaktion ist in Abb. 6.21 dargestellt.

In einem ersten Schritt wird das Silan zum Silanol hydrolysiert. Das Silanol wird über spezielle Verteilungsprozesse auf den anorganischen Füllstoff aufgebracht. Ist dies geschehen, erfolgt eine Wärmebehandlung des mit dem Silanol beschichteten Füllstoffes (die Schicht ist etwa nur 5 bis 20 nm dick), wobei Wasser abgespalten wird und sich kovalente Sauerstoffbrückenbindungen zwischen Silanol und Füllstoffoberfläche aufbauen. Somit ist das Silan dann chemisch an den Füllstoff gebunden. Die Füllstoffoberfläche hat organischen Charakter erhalten, und es sind freie polymerisierbare Methacrylgruppen vorhanden, die mit den Monomeren reagieren können. Über diesen Weg ist der anorganische Füllstoff über eine Silanbrücke chemisch mit der Kunststoffmatrix verbunden. Die Auswirkungen der Silanisierung zeigt Tabelle 6.2.

Abschließend sei noch angemerkt, daß der Silanisierungsprozeß auch beim Metall-Kunststoffverbund (vgl. Kap. 8) und für die Adhäsivtechnik beim Einsetzen vollkeramischer Arbeiten eine entscheidende Rolle spielt.

Tabelle 6.2 Mechanische Eigenschaften eines hochvernetzten Polymethacrylates, welches mit 72 % (m/m) Glas (mittlere Korngröße = 6 $\mu$m) gefüllt ist (*Janda* 1990)

|  |  | Glas, silanisiert | Glas, unsilanisiert |
|---|---|---|---|
| Biegefestigkeit | MPa | 105 | 30 |
| Druckfestigkeit | MPa | 310 | 170 |
| Vickershärte, HV10 | MPa | 590 | 350 |

1. Hydrolyse des Silans

allgemein:

$$R-SiX_3 \xrightarrow[3ROH]{+H^+ \; +3H_2O} R-Si(OH)_3$$
Silan → Silanol

speziell:

$$H_2C=\underset{CH_3}{\overset{}{C}}-\underset{\parallel}{\overset{}{C}}-O-(CH_2)_3-Si(OCH_3)_3 \xrightarrow[-3CH_3OH]{+H^+ \; +3H_2O} H_2C=\underset{CH_3}{\overset{}{C}}-\underset{\parallel}{\overset{}{C}}-O-(CH_2)_3-Si(OH)_3$$

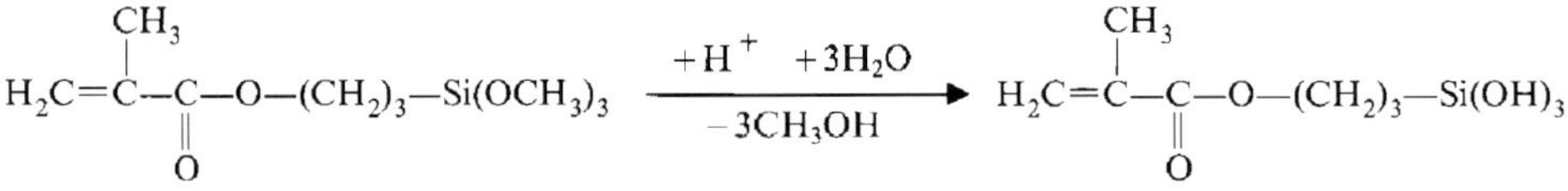

2. Bindung des Silanols an die Füllstoffoberfläche

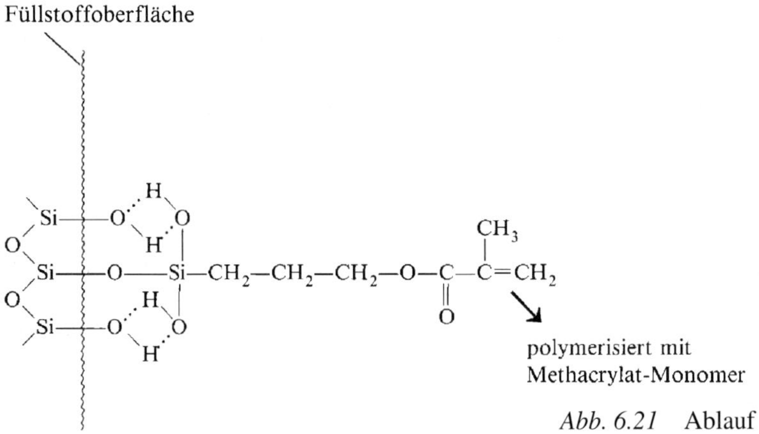

Füllstoffoberfläche

[Strukturformel: Si-O-Si-CH₂-CH₂-CH₂-O-C(=O)-C(CH₃)=CH₂ gebunden an Füllstoffoberfläche über Wasserstoffbrücken]

polymerisiert mit Methacrylat-Monomer

*Abb. 6.21* Ablauf der Silanisierungsreaktion

## 6.11 Pigmente/Farbstoffe

Pigmente und Farbstoffe geben den Produkten die gewünschten Farben und Transparenzen bzw. Opazitäten. Pigmente sind organische oder anorganische feste Teilchen mit Korngrößen zwischen ca. 0,01 und 1 μ, die gleichmäßig in der Kunststoffmatrix verteilt werden. Farbstoffe werden dagegen in gelöstem Zustand eingesetzt und besitzen keine so gute Farbechtheit wie die Pigmente.

Die Pigmente spielen bei den zahnärztlichen Kunststoffen eine besondere Rolle. Sie werden benötigt, um die Produkte in verschiedenen Farbnuancierungen einzufärben, damit die natürlichen Zahnfarben möglichst ideal nachgeahmt werden können. An die Pigmente sind eine Reihe von Forderungen zu stellen; sie müssen

- über viele Jahre hinweg farbstabil bleiben,
- stabil gegenüber Wärme, Licht, Oxidationsmittel sein,
- in Wasser, Säuren, Basen, Fetten, organischen Lösungsmitteln unlöslich sein sowie
- toxikologisch unbedenklich sein.

Da die anorganischen Pigmente diesen Forderungskatalog besser erfüllen als die organischen, werden sie in erster Linie in Betracht gezogen. Es werden vor allem Eisenoxid-Pigmente sowie Titandioxid oder Aluminiumoxid eingesetzt. Cadmium-, Blei- oder Chrom-Pigmente kommen heute für medizinische Produkte nicht mehr zur Anwendung. Es gibt auch einige organische Pigmente, die den Forderungskatalog recht gut erfüllen und daher eingesetzt werden. Besondere Pigmenttypen sind die sogenannten Leuchtpigmente, die UV-Licht absorbieren und dann sichtbares Licht in weißlich/ gelblicher Farbe emittieren. So erreicht man die natürliche Fluoreszenz des Zahnes.

Wenn Farbstoffe benötigt werden, wie beispielsweise zum Einfärben von Schmelz-Ätzgelen, verwendet man ausschließlich Lebensmittelfarbstoffe.

## 6.12 Additive

Unter Additiven werden Zusätze verstanden, die bereits in geringen Mengen, von einigen ppm bis zu wenigen Prozent, die Kunststoffeigenschaften in bestimmter Weise beeinflussen. Initiatoren und Katalysatoren werden in diesem Sinne aber nicht zu den Additiven gerechnet. Eine umfassende Übersicht zum Thema Additive ist der Literatur zu entnehmen (*Gächter und Müller* 1983, *Janda* 1988 und 1990). Die für die Dentalkunststoffe wichtigsten Additive beschreiben die nächsten Abschnitte.

### 6.12.1 *Stabilisatoren*

Die Stabilisatoren, die auch unter den Bezeichnungen Inhibitoren und Antioxidantien geführt werden, dienen dazu, die Lagerstabilitäten der Monomere oder monomerhaltigen Zubereitungen zu verbessern, d. h., diese vor einer vorzeitigen ungewollten Polymerisation zu schützen. Beispiele für derartige Substanzen sind Hydrochinon, Hydrochinonmomomethylether sowie verschiedene sterisch gehinderte Phenole. Abb. 6.22 gibt einige Beispiele.

Die Wirkungsweise der Stabilisatoren beruht darauf, daß sie Radikale, die während der Lagerung beispielsweise durch Wärme- oder Lichteinfluß gebildet werden können, abfangen und dabei energiearme neue Radikale bilden, die so reaktionsträge sind, daß sie zu keiner weiteren Polymerisation mehr fähig sind.

Allerdings fangen die Stabilisatoren auch die durch die Initiatoren gebildeten Radikale ab. Dies bedeutet, daß die Radikalkettenreaktion erst gestartet werden kann, wenn durch die gebildeten Initiatorradikale der gesamte Stabilisator verbraucht worden ist. Es müssen also immer sehr viel mehr Initiator- als Stabilisatormoleküle in der Reaktionsmischung enthalten sein. Die Wirkungsweise des Stabilisators Hydrochinon zeigt Abb. 6.23.

Abb. 6.22 Beispiele für Stabilisatoren    Hydrochinonmonomethylether    2,6-Di-tert. Butyl-4-methylphenol

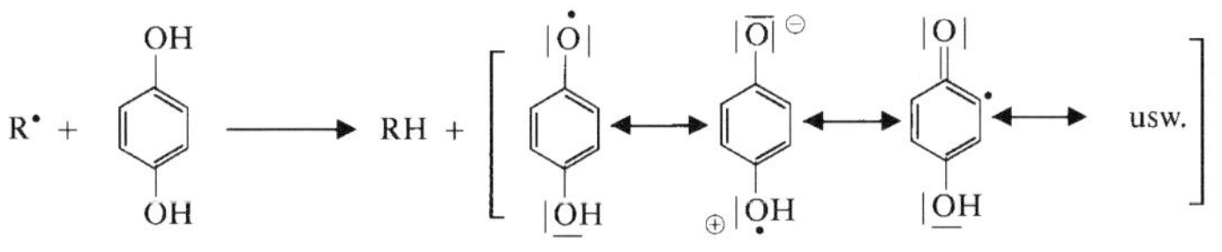

Abb. 6.23 Wirkungsweise des Stabilisators Hydrochinon    Hydrochinon (Inhibitor)    energiearmes, mesomerstabilisiertes Radikal

## 6.12.2 UV-Stabilisatoren

UV-Stabilisatoren, auch Lichtschutzmittel oder UV-Absorber genannt, werden zugesetzt, um Alterungsprozesse, die durch energiereiches Licht (UV-Licht) ausgelöst werden, zu verhindern. Erheblicher UV-Lichteinfluß findet beim Sonnenbaden, im Solarium oder beim Aufenthalt im Hochgebirge statt. Die hierdurch hervorgerufenen Alterungsprozesse werden zunächst durch eine leicht gelbliche, später dann durch eine deutliche gelbe Verfärbung sichtbar. Dies beeinträchtigt die Ästhetik dentaler Kunststoffe erheblich. Die UV-Stabilisatoren absorbieren nun das eingestrahlte UV-Licht und wandeln es in Wärme um. Sie wirken quasi als UV-Filter. Vertreter dieser Additivklasse sind beispielsweise 2-Hydroxybenzophenone oder 2-Hydroxyphenylbenzotriazole.

## 6.12.3 Weichmacher

Wenn man von Weichmachern spricht, meint man in der Regel immer sogenannte externe Weichmacher. Dies sind Substanzen, die in geringer Menge zu an sich harten Polymeren zugesetzt werden und diese dann zu bei Raumtemperatur weichen und elastischen Produkten machen, indem sie die Schmelz- und Glastemperatur sowie den Elastizitätsmodul deutlich herabsetzen. Im Gegensatz hierzu steht die innere Weichmachung, die durch bestimmte Monomere bewirkt wird, die bei der Polyreaktion zu Produkten niedriger Glastemperatur führen (siehe Kapitel 6.6, 6.7, 6.7.2). Diese innere Weichmachung ist hier nicht gemeint.

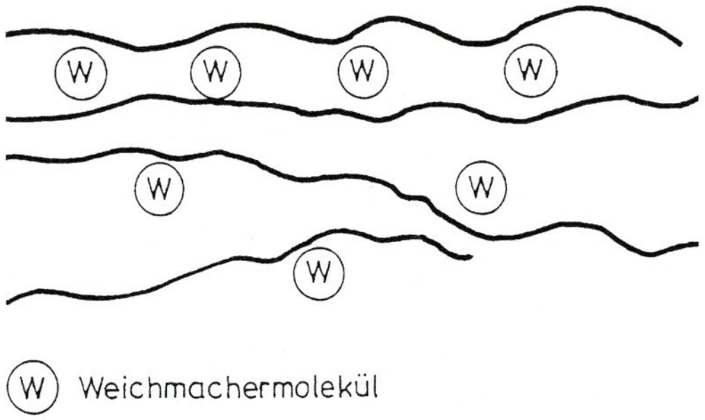

> Die Wirkungsweise der externen Weichmacher beruht darauf, daß sie die Polymerstrukturen stören, indem sie die Wechselwirkungen zwischen den Fadenmolekülen teilweise aufheben. Das heißt, sie verhalten sich wie ein Gleitmittel, das zwischen den Makromolekülen sitzt.

Bereits bei geringer Krafteinwirkung können die Polymerketten aneinander vorbeigleiten, um dann nach Ende der Krafteinwirkung aufgrund ihrer thermischen Bewegung wieder in den Ausgangszustand zurückzukehren (Abb. 6.24).

Externe Weichmacher sind meistens hochmolekulare Verbindungen, wie beispielsweise Dibutylphthalat oder Benzylbutyladipinsäureester. Sie haben den Nachteil, daß sie während der Gebrauchsdauer leicht aus dem Kunststoff herauswandern (migrieren) oder durch Mikroorganismen zerstört werden können. Die Folge ist, daß das Produkt porös wird, seine Elastizität und damit seine Gebrauchseigenschaften verliert.

*Abb. 6.24* Schematische Darstellung der Wirkungsweise von externen Weichmacher

## 6.13 Physikalische und chemische Materialeigenschaften

Wichtige physikalische Eigenschaften thermoplastischer und duromerer Dentalkunststoffe sind
- Abriebsfestigkeit,
- Aushärtungsschrumpfung,
- Dauerbiegefestigkeit,
- Festigkeit,
- Härte,
- Röntgenopazität,
- thermische Ausdehnung.

## 6.14 Alterungsprozesse

Elastomere werden beurteilt nach:
- Aushärtungsschrumpfung,
- Dehnung,
- Detailwiedergabe,
- Härte,
- Reißfestigkeit,
- Rückstellvermögen.

> Die einzelnen physikalischen Eigenschaften werden im wesentlichen durch die Art des Matrixkunststoffes sowie durch die verwendeten Füllstoffe bestimmt.

So nimmt die Abbindeschrumpfung um so mehr ab je höher die Molmasse der verwendeten Monomere (siehe Kapitel 6.6) und der Füllstoffgehalt ist. Je höher Vernetzungsgrad und anorganischer Füllstoffgehalt sind, um so größer werden Härte und Festigkeit und um so geringer die thermische Ausdehnung. Durch bestimmte anorganische Füllstoffe (siehe Kapitel 6.10.3) wird die Röntgenopazität bestimmt. Dauerbiegefestigkeit und Abriebsfestigkeit werden im Zusammenspiel von Matrixkunststoffen und Füllstoffen festgelegt. Im einzelnen wird auf die physikalischen Eigenschaften bei der Besprechung der jeweiligen Produkte in den entsprechenden Kapiteln eingegangen.

An dieser Stelle soll lediglich auf die wichtigste physikalische Eigenschaft, die Festigkeit, mit einigen prinzipiellen Bemerkungen eingegangen werden. Die Festigkeitseigenschaften von Werkstoffen werden durch ihr Spannungs-Dehnungs-Verhalten charakterisiert. Unter der Spannung versteht man die Kraft, die auf einen Prüfkörper einwirkt, bezogen auf dessen Querschnitt. Eine stetige Erhöhung dieser einwirkenden Spannung verursacht nun eine Dehnung des Prüfkörpers, deren Ausmaß für einen bestimmten Werkstoff charakteristisch ist. Überschreitet die Spannung (Kraft) einen bestimmten Grenzwert, so bricht oder reißt der Prüfkörper, was als Versagen bezeichnet wird. Dieser Grenzwert wird als Biege-, Zug- oder Reißfestigkeit bezeichnet. Das Spannungs-Dehnungs-Verhalten verschiedener Werkstoffe ist schematisch in Abb. 6.25 dargestellt.

Die Steigung der Kurven im linearen Bereich wird als Elastizitätsmodul bezeichnet. Je steiler die Kurve ist, um so höher, je flacher, um so kleiner ist der Elastizitätsmodul (E-Modul) eines Materials. Der E-Modul ist ein Maß für die Verwindungssteifigkeit eines Materials; je starrer es ist, um so höher ist der Modul. Im linearen Bereich der Spannungs-Dehnungs-Kurve verhält sich der Werkstoff ideal elastisch, d. h. er geht nach der Wegnahme der einwirkenden Kraft wieder vollkommen in seinen Ursprungszustand zurück. Beim Übergang der Kurve in den gekrümmten, nicht linearen Bereich, beginnt die plastische Deformation des Materials. Diese ist nicht mehr reversibel (*Janda* 1990).

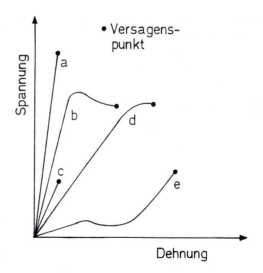

Abb. 6.25 Beispielhafte schematische Darstellung des Spannungs-Dehnungs-Verhaltens verschiedener Materialien. Die Kurven charakterisieren folgende Werkstoffeigenschaften: *a)* sehr fest, sehr hoher E-Modul, sehr spröde, *b)* sehr fest, sehr hoher E-Modul, sehr hart, elastisch bis zäh, *c)* geringe Festigkeit, sehr spröde, *d)* hohe Festigkeit, hoher E-Modul, elastisch, *e)* sehr weich, sehr geringer E-Modul, sehr zäh

Bezüglich der chemischen Eigenschaften sind vor allem die folgenden Parameter zu nennen:

- Aushärtungszeit,
- Löslichkeit in organischen Lösungsmittel,
- Molmasse,
- Restmonomergehalt,
- Verarbeitungszeit,
- Wasseraufnahme und
- Wasserlöslichkeit.

> Die Aushärtungs- und Verarbeitungszeiten werden im wesentlichen durch das Initiator- oder Katalysatorsystem bestimmt.

Unter der Verarbeitungszeit versteht man die Zeit, die nach Beginn des Anmischvorgangs eines Zweikomponenten-Systems zur Verfügung steht, um das Material bei Verarbeitungsbedingungen (meistens Raum- oder Mundtemperatur) manipulieren zu können. Die Verarbeitungszeit ist dann beendet, wenn die Aushärtung beginnt und das Material sich verfestigt. Die Aushärtungszeit selbst wird gemessen vom Beginn des Anmischens an bis zum Ende des Aushärtungsvorganges. Auch die Aushärtungszeit ist von den Verarbeitungsbedingungen abhängig. Sie ist bei niedrigeren Temperaturen länger, bei höheren kürzer. Bei lichthärtenden Kunststoffen, die in der Regel immer Einkomponenten-Materialien sind und nicht angemischt werden müssen, ist die Verarbeitungszeit die Zeit, während der das Material bei Umgebungslicht (meistens wird eine bestimmte Luxzahl gefordert) verarbeitbar ist. Die Aushärtungszeit ist in diesem Fall die Dauer der Bestrahlung mit dem Lichthärtegerät, um vollständige Aushärtung zu erreichen. Im einzelnen werden diese Eigenschaften bei der jeweiligen Produktklasse erläutert.

> Wasseraufnahme und -löslichkeit sowie die Löslichkeit in organischen Lösungsmitteln werden durch die Strukturen von Monomeren und Polymeren sowie den Kristallinitäts- und Vernetzungsgrad bestimmt (siehe Kapitel 6.6 und 6.7).
> Der Restmonomergehalt wird durch das Initiatorsystem sowie die Reaktionsbedingungen (z. B. Temperatur) beeinflußt.

Alle Kunststoffe weisen immer einen mehr oder weniger hohen Restmonomergehalt auf (etwa zwischen 0,5 und 4 %). Nur unter ganz besonderen Bedingungen, die allerdings im zahntechnischen Labor und in der zahnärztlichen Praxis nicht eingehalten werden können, ist es möglich, den Restmonomergehalt auf 0 % zu drücken, was beispielsweise für Kontakt- und Intraokularlinsen erforderlich ist. Grundsätzlich ist ein möglichst geringer Restmonomergehalt (um 1 %) anzustreben. Der Restmonomergehalt ist darauf zurückzuführen, daß gegen Ende der Polyreaktion nur noch sehr wenige Monomermoleküle zur Verfügung stehen, die nicht mehr über genügend Bewegungsenergie verfügen, um die reaktiven, relativ weit entfernt liegenden Stellen der Makromoleküle zu erreichen. Diese Monomere bilden das Restmonomer, welches im Polymer eingeschlossen ist. Die Bewegungsenergie der Monomere, und damit der Umsetzungsgrad, kann beispielsweise durch Zufuhr thermischer Energie erhöht werden. Auf die besondere Bedeutung des Restmonomergehaltes wird insbesondere noch bei der Besprechung der Prothesenkunststoffe (Kapitel 7) eingegangen werden.

## 6.14 Alterungsprozesse

Eine Vielzahl von Alterungsprozessen wirkt auf die Kunststoffe ein. Diese Prozesse können

- biologischer,
- chemischer,
- mechanischer,
- physikalischer

Natur sein. Der Alterungsprozeß macht sich meist durch folgende Veränderungen bemerkbar:

## 6.16 Prothesenkunststoffe

- Kreiden,
- Oberflächenrisse,
- Verfärben,
- Verlust der Transparenz,
- Verlust des Glanzes,
- Verschlechtern der mechanischen Eigenschaften,
- Verspröden.

> Mit mechanischen Alterungsprozessen meint man vor allem die Vorgänge, die bei starker und wechselnder Dauerbelastung zu einer Schädigung der Werkstoffe führen.

Hier sind beispielsweise Kaubelastungen im Seitenzahnbereich oder auch Belastungen der Prothesenbasis beim Kauen zu nennen. Diese Belastungen bewirken fast immer ein sehr viel früheres Versagen der Produkte als es bei den einfachen mechanischen Prüfungen (Kurzzeitprüfungen) zu beobachten ist. Bei Dauerbelastungen versagt in der Regel zunächst immer die Polymermatrix oder die Grenze Matrix/Füllstoff. Der Bruch wird hierbei nicht nur durch Rißfortpflanzung, sondern auch durch Umwandlung eines Teils der einwirkenden mechanischen Energie in Wärme verursacht. Vor allem bei Thermoplasten kann die mit der Schwingungsfrequenz aufgrund der Temperaturerhöhung eintretende Erweichung eine Ursache für das Versagen sein. Mit Sicherheit sind aber auch Depolymerisationsprozesse (Abbau von Polymerketten durch Energieeinwirkung), die ebenfalls mit der Temperatur zunehmen, für die Rißbildung in der Matrix verantwortlich.

> Andere physikalische Einflüsse, die zur Alterung bzw. Depolymerisation führen können, sind beispielsweise Licht- (besonders kurzwelliges UV-Licht) und Wärmeenergie.

Beides bewirkt zunächst eine erst schwach gelbliche, später dann stark gelbe bis braune Verfärbung. Im Endstadium tritt dann Verkohlung ein. Alterungsprozesse, die durch Wärme oder Licht ausgelöst werden, können durch den Einsatz von Stabilisatoren (siehe Abschnitte 6.12.1 und 6.12.2) manchmal vermieden oder zumindest hinausgezögert werden. Aber auch zu große Kälte kann zu Spannungen in einem Verbundkunststoff führen, insbesondere bei stark unterschiedlicher thermischer Ausdehnung von Matrix und Füllstoff. Hierdurch kann es zu Rißbildungen an der Grenzfläche Matrix/Füllstoff kommen.

> Chemische Einflüsse können Wasser, Säuren, Laugen, organische Lösungsmittel oder Fette sowie Reduktions- und Oxidationsmittel sein.

Wasser kann vor allem die Grenzflächenhaftung zwischen Polymermatrix und anorganischen Füllstoffen stark vermindern und somit die Festigkeit des Verbundkunststoffes insgesamt herabsetzen. Säuren und Laugen können vor allem anorganische Füllstoffe angreifen und auch deren Grenzfläche zur Polymermatrix zerstören. Bestimmte organische Lösungsmittel oder auch Fette lösen die Kunststoffe zwar nicht an, können aber die Ursache sogenannter Spannungsrißkorrosion sein. Mit diesem Begriff wird das Phänomen beschrieben, daß Kunststoffe im spannungsfreien Zustand beständig gegenüber bestimmten Reagenzien sind, unter Spannungen jedoch zu Rißbildungen neigen.

> Insbesondere bei Dentalkunststoffen, die oftmals über viele Jahre hinweg ihre Gebrauchsfähigkeit im Mundmilieu behalten müssen, spielt der Abbau durch biologische Prozesse eine große Rolle.

Es gibt Mikroorganismen, die bestimmte Kunststoffe oder aber Zusatzstoffe, wie beispielsweise Weichmacher, abbauen können, so daß das Produkt seine Gebrauchseigenschaften verliert. Dies war über viele Jahre hinweg insbesondere ein Problem bei den weichbleibenden Unterfütterungsmaterialien, die externe Weichmacher enthielten. Für die medizinischen Kunststoffe gilt in jedem Fall, daß der biologische Abbau im klinischen Test mit zu untersuchen ist.

Eine umfassende Darstellung der Alterungsproblematik von Kunststoffen ist der Literatur zu entnehmen (*Janda* 1990, *Roulet* 1987).

## 6.15 Biologische Eigenschaften

Grundsätzlich gilt für alle zahnmedizinischen Kunststoffe, daß sie toxikologisch vollkommen unbedenklich sein müssen, was durch bestimmte Prüfungen, auch im Tierversuch, nachzuweisen ist. Allerdings ist hier anzumerken, daß toxikologisch unbedenkliche Substanzen durchaus als Allergen wirken können. Unter einer Allergie versteht man die angeborene oder erworbene spezifische Änderung der Reaktionsfähigkeit des Immunsystems gegenüber körperfremden, eigentlich unschädlichen Substanzen (*Pschyrembel* 1994).

Im allgemeinen kann sicherlich die Grundregel gelten, daß die Toxizität eines Kunststofes im nicht erhärteten Zustand größer als im erhärteten ist, da eine Reihe von Monomeren, wie beispielsweise, Acrylnitril, Acrylsäure, Epichlorhydrin, Formaldehyd, Isocyanate, Phenole, Vinylchlorid, toxische bis hochtoxische Eigenschaften besitzen.

> Beim Übergang in den hochmolekularen Zustand verlieren die Monomere in der Regel ihre toxischen Eigenschaften und werden biologisch inert. Allerdings enthalten alle Polymere fast immer auch Restmonomere (siehe Kapitel 6.13) und Additive (Weichmacher, Stabilisatoren, Farbstoffe, etc.), die während der Gebrauchsperiode aus dem Material herauswandern (migrieren) und nun ihrerseits toxische Wirkungen entfalten können.

In diesem Zusammenhang ist dem Restmonomergehalt und damit der Toxizität des Ausgangsmonomers sowie der Toxizität aller übrigen Materialbestandteile große Beachtung zu schenken. In Migrationstests können die Anteile herauswandernder Bestandteile exakt bestimmt werden.

Wie bereits in Kapitel 6.6 erwähnt wurde, gilt für die Methacrylatmonomere, die im Dentalbereich hauptsächlich angewandt werden, daß deren Bioverträglichkeit mit steigender Molmasse zunimmt. Diese Tatsache spielt vor allem im Bereich der Füllungs- und Befestigungskunststoffe eine Rolle, da ja hier die Materialien als monomere Zubereitungen in die Mundhöhle eingebracht werden. Grundsätzlich läßt sich aber anmerken, daß die Methacrylate, beginnend mit dem Methylmethacrylat, sehr günstige biologische Eigenschaften besitzen.

Für die bereits sehr hochmolekularen Silikonöle, die als Ausgangsstoffe für die Polysiloxanabformmassen dienen, gilt ebenso, daß sie untoxisch sind.

Abschließend ist zu sagen, daß heute die für die Dentalkunststoffe eingesetzten Rohstoffe sowie die Endprodukte selbst sehr gut bezüglich ihrer toxischen Eigenschaften untersucht werden. Nationale und internationale Normenvorschriften liegen hierfür vor (vgl. Kap. 14).

## 6.16 Prothesenkunststoffe

Mit Prothesenkunststoff meint man den rosa eingefärbten Kunststoff, aus dem die Basen von Totalprothesen oder die zahnfleischfarbenen Teile von Modellgußprothesen, in denen die künstlichen Zähne eingebettet sind, hergestellt werden. Die Herstellung aller Prothesen erfolgt nach grundsätzlich dem gleichen Verfahren, welches in Kapitel 7 ausführlich erläutert wird. Hier sei zum besseren Verständnis des folgenden nur angemerkt, daß dieses Verfahren immer zu einer Hohlform führt, deren Hohlraum der Form der gewünschten Prothesenbasis entspricht.

## 6.16 Prothesenkunststoffe

*Tabelle 6.3* Klassifizierung von Prothesenkunststoffen

| Chemie | Verarbeitungstechnik | |
|---|---|---|
| Polymethacrylate | Heißhärtung: | – Stopf- u. Preßtechnik |
| Polycarbonate | | – Injektionstechnik |
| Polyacetale | Kalthärtung: | – Stopf- und Preßtechnik |
| Polyamide | | – Injektionstechnik |
| Luxene (Mischpolymerisat aus | | – Gießtechnik |
| Polyvinylchlorid, Polyvinylacetat | Mikrowellenhärtung: | – Stopf- u.Preßtechnik |
| Polymethylmethacrylat) | Spritzguß: | – Injektion |
| | Schmelz/Pressen: | – Kombination aus Pressen und Injektion |

Die künstlichen Zähne sind dabei nach bestimmten Regeln so angebracht, daß sie mit ihren Hälsen in den Hohlraum hineinragen und dann vom Kunststoff umfaßt werden können. Es gibt nun unterschiedliche Verfahren mit denen der Hohlraum durch Kunststoff aufgefüllt werden kann, aber auch unterschiedliche Kunststoffe. Wir wollen uns im folgenden auf die Darstellung einiger wesentlicher chemischer Grundlagen beschränken; alle verarbeitungstechnischen und zahnärztlichen Problematiken werden in Kapitel 7 abgehandelt.

### 6.16.1 Klassifizierung und Zusammensetzung

Die Prothesenkunststoffe können nach ihrer Chemie oder nach ihrer Verarbeitungstechnik klassifiziert werden (Tabelle 6.3).

Trotz der scheinbaren Vielfalt an unterschiedlichen Materialien ist die Chemie der Prothesenkunststoffe von einer großen Monotonie geprägt. Die Gruppe der Polymethacrylate dominiert uneingeschränkt seit etwa 1936 in diesem Indikationsbereich und hat heute, weltweit gesehen, sicher weit über 95 % Anteil an allen hergestellten Prothesen. Dies hat seinen Grund darin, daß sich die Polymethacrylate gegenüber allen anderen Materialien durch eine Reihe entscheidender Eigenschaften auszeichnen, wie:

- sehr gute physikalische und chemische Eigenschaften,
- einfache Verarbeitbarkeit und Bearbeitbarkeit,
- gute Reparierbarkeit,
- sehr gute Farbstabilität,
- guter Verbund zu Kunststoffzähnen,
- sehr gute Transparenz/Ästhetik,
- sehr gute Bioverträglichkeit.

Alle anderen Materialien sind immer in einem, meist in mehreren, der genannten Aspekte schlechter.

### 6.16.2 Zusammensetzung der Polymethacrylate

*Pulver/Flüssigkeits-Systeme*

Heiß-, kalt- und mikrowellenhärtende Prothesenkunststoffe können mit unterschiedlichen Verfahren verarbeitet werden (siehe Tabelle 3 und Kapitel 7). Es handelt sich hierbei immer um Zweikomponenten-Materialien, die als Pulver/Flüssigkeits-Systeme bezeichnet werden.

> Die Flüssigkeiten enthalten immer etwa 90 % Methylmethacrylat, 8 % Vernetzer (z. B. Butandioldimethacrylat) und etwa 2 % Additive (z. B. Stabilisatoren, UV-Stabilisatoren). Das Pulver besteht immer aus etwa 99 % Polymethylmethacrylat-Perlpolymer (mittlere Perlgröße ca. 30 $\mu$), welches meistens mit anderen Comonomeren copolymerisiert ist, und Pigmenten zur Einfärbung.

Heißhärtende Kunststoffe, die auch als Heißpolymerisate bezeichnet werden, enthalten im Pulver zusätzlich ca. 1 % Dibenzoylperoxid als Initiator; die Flüssigkeit enthält in der Regel keinen weiteren Initiatorbestandteil. Die kalthärtenden Materialien, die auch als Autopolymerisate oder selbsthärtende Kunststoffe bezeichnet werden, enthalten sowohl im Pulver als auch in der Flüssigkeit je einen Initiatorbestandteil. Bei den älteren, nicht farbstabilen, Produkten sind in der Flüssigkeit ca. 2 % N,N-Dimethyl-p-toluidin und im Pulver ca. 1 % Dibenzoylperoxid enthalten. Die modernen Produkte (seit den 60er Jahren im Markt) enthalten im Pulver, statt des Dibenzoylperoxides, ca. 2 bis 3 % Barbitursäure-Verbindungen und in der Flüssigkeit in Spuren Kupferionen. Die mikrowellenhärtenden Produkte können im Pulver entweder Dibenzoylperoxid oder auch Barbitursäure-Verbindungen enthalten; ihre Flüssigkeit besitzt in der Regel keinen Initiatorbestandteil.

## Lichthärtende Materialien

Die lichthärtenden Prothesenkunststoffe sind Einkomponenten-Materialien mit pastöser Konsistenz. Sie enthalten kein Methylmethacrylat, sondern hochmolekulare Dimethacrylate als monomere Bestandteile (siehe Kapitel 6.6), denen verschiedene Füllstoffe (z. B. Splitterpolymere, hochdisperses Siliziumdioxid), Pigmente und Additive zugemischt sind. Als Initiator dient meistens Campherchinon in einer Menge von etwa 1 %; manchmal werden noch andere Photoinitiatoren zugesetzt.

## Thermoplastische Materialien

Es gibt auch thermoplastische Polymethacrylate bzw. deren Copolymere, die als Polymergranulate in den Handel kommen und im Spritzgußverfahren verarbeitet werden (siehe Kapitel 6.7.1). Diese Versionen enthalten aber keine monomeren Anteile mehr, so daß sie die Kunststoffzähne nicht anlösen und somit auch keinen Verbund mehr zu diesen herstellen können.

## 6.16.3 Verarbeitung der Polymethacrylate

### Pulver/Flüssigkeits-Systeme

Die Verarbeitung der Pulver/Flüssigkeits-Systeme erfolgt immer so, daß Pulver und Flüssigkeit in einem bestimmten Verhältnis (2 bis 3 Teile Pulver mit 1 Teil Flüssigkeit) vermischt werden, wobei die Flüssigkeit vorgelegt und das Pulver zügig eingestreut wird. Durch den Zusatz von Pulver (PMMA) wird zum einen erreicht, daß die Polymerisationsschrumpfung des Methylmethacrylates (siehe Kapitel 6.6, Tabelle 6.1) deutlich reduziert wird.

> Bei Zusatz von 3 Teilen Pulver zu 1 Teil Flüssigkeit beispielsweise, wird die Schrumpfung von ca. 20 Volumenprozent auf ca. 5 Volumenprozent reduziert.

Zum anderen wird ein Kunststoffteig mit gut verarbeitbarer Konsistenz erzeugt. Da das Pulver (PMMA) in der Flüssigkeit (MMA) löslich ist, werden bei dem großen Pulverüberschuß nur die Oberflächen der Pulver-

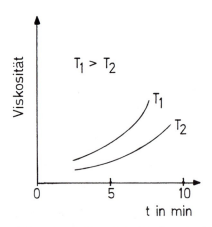

Abb. 6.26 Prinzipieller Verlauf der Viskositätsänderung bei unterschiedlichen Temperaturen eines Pulver/Flüssigkeits-Prothesenkunststoffes nach dem Anmischen, bedingt durch den Anquellprozeß

partikel angelöst. Dieser Vorgang wird als Anquellprozeß bezeichnet. Mit zunehmendem zeitlichen Verlauf des Anquellprozesses ändert sich die Viskosität des Kunststoffteiges von dünnflüssig nach gießbar über zäh-viskos bis zu teigartig-fest. Während der gießbaren Phase kann der Teig vergossen, während der zäh-viskosen modelliert und während der teigartig-festen verpreßt oder verspritzt werden. Die Geschwindigkeit des Anquellprozesses ist von der Art des Copolymers und der Perlgröße des PMMA, vor allem aber auch von der Temperatur (Abb. 6.26) abhängig.

Allgemein kann gesagt werden, daß der Anquellprozeß um so schneller verläuft, je höher die Temperatur ist.

Den Anquellprozeß kann man sich so vorstellen, daß Monomermoleküle in die Oberflächenschichten der Pulverpartikel einwandern und nach der Polymerisation mit den außerhalb der Pulverpartikel befindlichen Monomermolekülen Polymerketten bilden, die sich mit den Polymerketten der Pulverpartikel physikalisch durchdringen und mit diesen ein gemeinsames, interpenetrierendes Netzwerk bilden.

Nach dem Anquellen und der entsprechenden Verarbeitung des Kunststoffteiges (siehe Kapitel 7) erfolgt der Polymerisationsprozeß.

Die heißhärtenden Prothesenkunststoffe werden nach der Verarbeitung meistens in einem Wasserbad bei ca. 95 °C innerhalb einer Stunde polymerisiert. Der Initiator Dibenzoylperoxid springt schon bei Temperaturen um 60 °C an. Bei den kalthärtenden Materialien beginnt der Polymerisationsvorgang in dem Moment, wo die beiden Initiatorbestandteile miteinander in Kontakt kommen, d. h. unmittelbar nach dem Anmischen. Zunächst verläuft der Polymerisationsprozeß noch sehr langsam, so daß der Kunststoffteig gut verarbeitbar bleibt (je nach Produkt zwischen 8 und 15 Minuten).

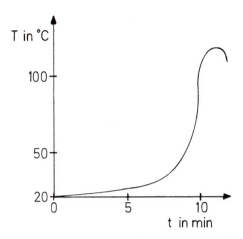

Abb. 6.27 Temperatur/Zeit-Verlauf eines kalthärtenden Prothesenkunststoffes (angemischte Menge: 3,5 ml Flüssigkeit mit 5 g Pulver; Umgebungstemperatur: 22° C)

Mit fortschreitender Zeit beschleunigt sich aber die Reaktion und es wird immer mehr Wärme freigesetzt (exotherme Reaktion). Die Temperatur des Kunststoffteiges steigt immer stärker an, wobei auch die Verfestigung zunimmt, bis zu einem Maximum, welches das Ende der Polymerisationsreaktion anzeigt (Abb. 6.27). Die Reaktionsgeschwindigkeit ist von der Umgebungstemperatur sowie von der angemischten Menge abhängig; je höher die Umgebungstemperatur und je größer die angemischte Menge, um so schneller die Reaktion.

### Lichthärtende Materialien

Die lichthärtenden Produkte müssen nicht mehr angemischt werden und sind sofort verarbeitbar. Die Polymerisation erfolgt durch Bestrahlung mit Lichtquellen, die Licht im Wellenlängenbereich von ca. 350 bis 500 nm emittieren. Je nach Stärke der Lichtquelle und Produkt ist die Aushärtung nach 3 bis 10 Minuten beendet.

*Thermoplastische Materialien*

Die thermoplastischen Materialien werden in polymerer Form im Spritzguß verarbeitet und müssen nicht mehr ausgehärtet werden.

### 6.16.4 Andere Prothesenkunststoffe – Zusammensetzung, Verarbeitung

Andere Kunststoffe, die zur Prothesenherstellung eingesetzt werden, sind beispielsweise Polyacetale, wie Polyoxymethylen, oder auch Polyamide, wie Nylon 12. Beide Materialtypen sind Thermoplaste und werden in einem spritzgußähnlichen Verfahren verarbeitet.

Ein weiteres Material ist das Luxene, bei dem es sich um ein Mischpolymerisat aus Polyvinylchlorid, Polyvinylacetat und Polymethylmethacrylat handelt.

Alle diese Kunststoffe haben sich nicht durchsetzen können und spielen heute nur eine marginale Rolle, was sicher nicht zuletzt an ihrer recht komplizierten und aufwendigen Verarbeitung liegt.

## 6.17 Kunststoffzähne

Die Kunststoffzähne sind mehr oder weniger stark vernetzte Polymethacrylate. Die Zahnproduktion ist aufgrund der Farben- und Formenvielfalt ein sehr aufwendiger und arbeitsintensiver Prozeß, bei dem heute immer noch die Handarbeit dominiert.

Zum überwiegenden Teil erfolgt ihre Herstellung so, daß ein Pulver mit einer Flüssigkeit angemischt wird. Dieser Teig muß einige Zeit bei bestimmten Temperaturen reifen (anquellen), um dann in Zahnformen gepreßt und bei Temperaturen um 130 bis 160 °C polymerisiert zu werden.

> Bei dem verwendeten Pulver handelt es sich meistens um Mischungen von Polymethylmethacrylat einer sehr hohen Molmasse (ca. 500 000 bis 1 000 000 g/mol) mit anderen teilweise vernetzten Polymeren, die durch Copolymerisation von Methylmethacrylat mit Dimethacrylaten, wie beispielsweise Ethylenglykoldimethacrylat, synthetisiert werden.

Zusätzlich sind im Pulver Pigmente enthalten. Um die Abriebsfestigkeit der Kunststoffzähne zu steigern, werden dem Pulver manchmal noch anorganische Füllstoffe, in erster Linie hochdisperses Siliziumdioxid, zugemischt. Die Flüssigkeit besteht zum größten Teil aus Methylmethacrylat und ist, je nach Produkttyp, mit etwa 10 bis 30 % Vernetzer versetzt. Als Initiator dient Dibenzoylperoxid, welches in der Flüssigkeit oder im Pulver enthalten sein kann.

Es gibt auch Kunststoffzähne, die ausschließlich aus Vernetzer-Monomeren (in der Regel werden hier hochmolekulare Dimethacrylate eingesetzt) hergestellt werden und größere Mengen hochdisperses Siliziumdioxid als Füllstoff enthalten.

Der Verbund der Kunststoffzähne zur Prothesenbasis erfolgt so, daß die Zahnhalsbereiche der Zähne, die ja in der Prothesenbasis stecken, von den monomeren Bestandteilen, d. i. Methylmethacrylat, oberflächlich angelöst werden. Genauso wie bereits in Kapitel 6.16.3 bezüglich des Anquellprozesses beschrieben, dringen die Monomermoleküle in die Oberflächenschichten der Zahnhalsbereiche ein und bilden dann bei der Polymerisation zusammen mit den Monomeren im Basiskunststoff ein gemeinsames Polymernetzwerk aus, welches sich mit dem des Zahnes physikalisch durchdringt (*Janda* 1993). Die Herstellung eines guten Verbundes wird nun natürlich um so problematischer, je höher vernetzt die Kunststoffzähne sind und je höher molekular die Monomere des Prothesenbasiskunststoffes sind.

> Es empfiehlt sich immer, die Basis des Kunststoffzahnes mit MMA oder einem MMA-haltigen Haftvermittler zu bestreichen, um eine gute Anlösung sicherzustellen.

## 6.18 Unterfütterungskunststoffe

Die Unterfütterungskunststoffe werden in harte und weichbleibende sowie in solche auf Polymethacrylat- und solche auf Polysiloxan-Basis unterteilt. Die harten heiß-, kalt- und lichthärtenden Unterfütterungskunststoffe sind mit den in Kapitel 6.16.2 beschriebenen Prothesenkunststoffen identisch. Weichbleibende Unterfütterungsmaterialien haben ein mehr oder weniger weiches und elastisches Erscheinungsbild. Es gibt sie auf Basis heiß- und lichthärtender Polymethacrylate sowie auf Basis von heißhärtenden Polysiloxanen.

Die harten Unterfütterungsmaterialien sind unproblematisch und genauso dauerhaft wie die Prothesenkunststoffe. Die weichbleibenden Materialien auf Polymethacrylat-Basis verlieren bereits nach etwa 6 bis 12 Monaten ihre Elastizität und verfärben sich, falls sie externe Weichmacher enthalten; diese werden im Laufe des Gebrauches herausgepreßt oder von Bakterien angegriffen. Enthalten sie jedoch keine externen Weichmacher und sind von sich aus elastisch (siehe Kapitel 6.7.2 und 6.12), so behalten sie ihre Elastizität deutlich länger, verfärben sich aber. Dies liegt daran, daß ihre Vernetzung sehr weitmaschig ist und die intermolekularen Wechselwirkungen zwischen den Polymerketten sehr gering sind. Am beständigsten sind die weichbleibenden Produkte auf Polysiloxan-Basis; sie behalten ihre Gebrauchseigenschaften über lange Zeit.

Der Verbund zwischen Unterfütterungsmaterial und bestehender Prothesenbasis erfolgt ebenso wie bereits bei den Kunststoffzähnen in Kapitel 6.17 beschrieben.

## 6.19 Verblendkunststoffe

Verblendkunststoffe dienen zum zahnfarbenen Verblenden von metallischen Kronen oder Brückengerüsten. Es gibt sie als heiß- und kalthärtende Pulver/Flüssigkeits-Systeme, als heißhärtende Einkomponenten-Systeme (Pasten) und als lichthärtende Einkomponenten-Systeme (Pasten).

Bei den Pulver/Flüssigkeits-Systemen besteht das Pulver aus einer Mischung von unvernetzten und mehr oder weniger stark vernetzten Polymethacrylaten unterschiedlicher Molmassen. Es kann weiterhin als Füllstoffe Splitterpolymere, hochdisperses Siliziumdioxid oder feinstgemahlene Gläser enthalten. Natürlich enthält das Pulver auch die Pigmente. Die Flüssigkeit besteht zum großen Teil aus Methylmethacrylat, dem unterschiedliche Vernetzer, auch hochmolekulare (siehe Kapitel 6.6, Abb. 6.12), zugesetzt sind. Die heißhärtenden Materialien enthalten im Pulver Dibenzoylperoxid als Initiator. Sie sind relativ gut farbstabil und leidlich gut abriebsfest. Die kalthärtenden Produkte haben meistens ein Initiatorsystem auf Basis von Barbitursäure-Verbindungen (siehe Kapitel 6.8) und daher ebenfalls eine recht gute Farbstabilität, vorausgesetzt, sie sind gut auspolymerisiert. Nach dem Anmischen und einer bestimmten Anquellzeit sind die Pulver/Flüssigkeits-Materialien einige Minuten lang verarbeitbar. Die heißhärtenden Produkte werden in etwa 10 Minuten bei +95 °C und 6 bar Druck im wassergefüllten Drucktopf polymerisiert. Die Kaltpolymerisate härten entweder bei Raumtemperatur aus oder werden im wassergefüllten Drucktopf in etwa 10 Minuten bei ca. +50 °C und 6 bar Druck polymerisiert. Kaltpolymerisate dienen, aufgrund ihrer schlechteren physikalischen Eigenschaften, lediglich zur Korrektur oder Reparatur.

Eine modernere Kategorie sind die heißhärtenden Einkomponenten-Systeme, die nicht angemischt werden, sondern sofort verarbeitbar sind. Sie bestehen aus einer Mischung hochmolekularer Dimethacrylate (siehe Kapitel 6.6, Abb. 6.12), denen verschiedene organische und anorganische Füllstoffe sowie Pigmente zugesetzt sind. Ihre Konsistenz ist pastös, so daß sie leicht modelliert werden können. Als Initiatoren dienen Verbindungen, die erst oberhalb von 100 °C zerfallen und Radikale bilden (siehe

Kapitel 6.8); dadurch ist ihre Lagerstabilität sehr gut. Diese Materialien werden im wassergefüllten Drucktopf in etwa 10 bis 20 Minuten bei ca. +115 bis +125 °C und 6 bar Druck polymerisiert. Farbstabilität, Abriebsfestigkeit sowie die Festigkeitseigenschaften dieser Materialien sind deutlich besser als die der Pulver/Flüssigkeits-Systeme.

Die modernsten Verblendkunststoffe sind die lichthärtenden Materialien. Bezüglich ihrer Zusammensetzung, was Dimethacrylat-Monomere, Füllstoffe und Pigmente betrifft, sind diese nahezu identisch mit den heißhärtenden Einkomponenten-Materialien. Der wesentliche Unterschied besteht darin, daß diese Produkte Campherchinon als Photoinitiator enthalten. Die Aushärtung erfolgt in speziellen Lichtgeräten bei Wellenlängen zwischen ca. 350 und 500 nm in etwa 5 bis 25 Minuten. Es gibt Materialien, die bei Atmosphärendruck und solche, die unter Vakuum ausgehärtet werden. Bei der Polymerisation unter Vakuum wird der inhibierende Einfluß des Luftsauerstoffes vermieden.

## 6.20 Kunststoffe für provisorische Kronen und Brücken

Für die Interimsversorgung, bis der definitive Zahnersatz fertiggestellt ist, werden Kunststoffe zur Herstellung provisorischer Kronen und Brücken benötigt. Für diesen Zweck werden immer Polymethacrylate eingesetzt. Es gibt Pulver/Flüssigkeits-Systeme in heiß- und kalthärtender Version, kalthärtende Materialien in einer Paste/Paste-Version sowie lichthärtende Einkomponenten-Materialien.

Die heißhärtenden Pulver/Flüssigkeits-Systeme sind mit den entsprechenden Verblendkunststoffen identisch. Die kalthärtenden Pulver/Flüssigkeits-Materialien werden direkt in der Mundhöhle angewandt. Daher werden bei diesen anstelle des Methylmethacrylates höher molekulare Methacrylate, wie beispielsweise i-Butylmethacrylat, als

Flüssigkeit verwendet, um die Reaktionswärme zu reduzieren. Als Initiator können Barbitursäure-Verbindungen oder Amin/Peroxid-Kombinationen dienen.

Die kalthärtenden Paste/Paste-Systeme enthalten hochmolekulare Dimethacrylate, denen organische und anorganische Füllstoffe oder auch organische Fasern zugesetzt sind. Sie besitzen höhere Festigkeiten als die Pulver/Flüssigkeits-Systeme und sind biologisch besser verträglich.

Die lichthärtenden Einkomponenten-Materialien stimmen in ihrer Zusammensetzung im wesentlichen mit den entsprechenden Verblendkunststoffen überein.

## 6.21 Füllungskunststoff-Systeme (Komposit-Systeme)

Im Zusammenhang mit den Füllungskunststoffen, die auch als Composites oder Komposite bezeichnet werden, ist ein umfassendes System bestehend aus

- Schmelz-Ätzmittel,
- Schmelz-Adhäsiv (Bonding),
- Dentin-Adhäsiv-System,
- Komposit und
- Verarbeitungshilfsmittel

zu betrachten.

Die Schmelz-Ätzmittel bestehen aus 30 bis 40 %iger wäßriger ortho-Phosphorsäure, die mit Hilfe von Verdickungsmitteln (hochdisperses Siliziumdioxid oder Polyvinylalkohol) in eine gelartige Form gebracht wird, und mit Lebensmittelfarbstoffen grün oder blau eingefärbt ist.

Die Schmelz-Adhäsive, auch Bondings genannt, sind entweder selbsthärtende Zweikomponenten- oder lichthärtende Einkomponenten-Materialien. Beide Versionen bestehen aus Mischungen von hochmolekularen Dimethacrylaten (Kapitel 6.6, Abb. 6.12), denen manchmal anorganische Füllstoffe, wie vor allem feinstteiliges Siliziumdioxid, zugesetzt sind. Die Produkte haben sirupös-flüssige Konsistenz. Die selbsthärtenden Materialien bestehen aus einer Basis- und einer Katalysator-Flüssigkeit, wobei die Basis-Flüssigkeit meist N,N-Bis(2-Hydroxyethyl)-p-toluidin und die Katalysator-Flüssigkeit Dibenzoylperoxid als Initiatorbestandteil enthält. Die lichthärtenden Produkte enthalten Campherchinon als Photoinitiator.

Die Dentin-Adhäsiv-Systeme sind recht komplexe Produkte. Sie bestehen meistens aus einem Dentin-Konditionierer, auch Primer genannt, d. i. eine organische Säure, wie Citronensäure, Polyacrylsäure, Maleinsäure, und dem eigentlichen Dentin-Adhäsiv. Die Dentin-Adhäsive selbst sind Mischungen aus hochmolekularen Dimethacrylaten und anderen hydrophilen Methacrylat-Monomeren. Diese hydrophilen Monomere sind der eigentliche haftungserzeugende Bestandteil; es handelt sich hierbei meistens um 2-Hydroxyethylmethacrylat, Phosphorsäureester der Methacrylsäure oder um Anhydride organischer Säuren, die mit Methacrylsäure verestert sind. Die meisten Dentin-Adhäsive sind lichthärtend und enthalten Campherchinon.

Die Komposite gibt es als selbsthärtende Zweikomponenten-Materialien, sogenannte Paste/Paste-Systeme und als lichthärtende Einkomponenten-Materialien. Beide Produktversionen unterscheiden sich eigentlich nur im Initiatorsystem. Während die Paste/Paste-Systeme Dibenzoylperoxid und NN-Bis-(2-Hydroxyethyl)-p-toluidin enthalten, ist bei den lichthärtenden Produkten Campherchinon der Initiator. Ansonsten bestehen beide Komposit-Versionen aus einer Mischung unterschiedlicher hochmolekularer Dimethacrylate, vor allem Urethandimethacrylat, Bis-GMA und Triethylenglykoldimethacrylat, denen organische und anorganische Füllstoffe sowie Pigmente zugesetzt sind. Als organische Füllstoffe werden meist Splitterpolymere, die ihrerseits hochdisperses Siliziumdioxid enthalten, verwendet. Als anorganische Füllstoffe kommen hochdisperses Siliziumdioxid und feinstgemahlene Barium- oder Strontiumaluminiumborosilikatgläser zum Einsatz. Weiter können auch Yttrium- oder Ytterbiumfluorid enthalten sein. Der Gesamtfüllstoffgehalt liegt zwischen 75 und 85 % (m/m). Es versteht sich von selbst, daß alle anorganischen Füllstoffe silanisiert sind. Die Klassifizierung der Komposite richtet sich nach der Art des anorganischen Füllstoffes. Heute dominieren mit klarer Eindeutigkeit die lichthärtenden Komposite, da sie wesentlich vorteilhaftere Verarbeitungseigenschaften, bessere Festigkeit, Farbstabilität und längere Lagerfähigkeit als die selbsthärtenden Produkte besitzen.

Als wichtigstes Verarbeitungshilfsmittel seien hier noch die Lichtpolymerisationsgeräte erwähnt. Diese emittieren Licht von 380 bis 500 nm, also im sichtbaren Bereich des Spektrums. Es wird kein UV-Licht eingesetzt. Das blaue Licht der Lampen rührt von entsprechenden Filtern her, die eingesetzt werden, um eine zu starkes Blenden zu vermeiden.

Details sind dem Band 2 des vorliegendes Werkes sowie der Literatur (*Janda* 1992 *und* 1994) zu entnehmen.

## 6.22 Compomere-Füllungsmaterialien

Compomere sind eine sehr neue Kategorie direkter Füllungsmaterialien, die erst seit etwa 1994 auf dem Markt erhältlich ist. Compomer ist ein Kunstwort, das aus den beiden Begriffen Composite und Glasionomer gebildet wird. Die Wortschöpfung deutet bereits an, daß dieses Material eine Zwitterstellung zwischen den Kompositen und den Glasionomerzementen (auch Polyalkenoatzemente genannt) einnimmt.

Compomere sind lichthärtende Einkomponenten-Materialien, die neben den für Kompositen üblichen Monomeren, Photoinitiatoren, Stabilisatoren und Pigmenten (Kapitel 6.21) ein neuartiges spezielles Carbonsäuregruppen tragendes hochmolekulares Dimethacrylat sowie ca. 72 % (m/m) eines

Strontiumfluorosilikatglases (mittlere Korngröße ca. 2,5 $\mu$) enthalten. Das Glas ist einerseits für die Röntgenopazität verantwortlich, andererseits steht es für die Carbonsäuregruppen des neuartigen Dimethacrylates zu einer Säure/Base-Reaktion, ähnlich wie dies bei den Glasionomerzementen der Fall ist, zur Verfügung. Die Abbindereaktion verläuft also kombiniert, wobei bei der Lichtbestrahlung zunächst eine Polymerisationsreaktion abläuft, der dann später, wenn das Produkt in der Mundhöhle Wasser aufnimmt eine, für Zemente typische, Säure/Base-Reaktion folgt (*Janda* 1992).

## 6.23 Versiegelungskunststoffe

Versiegelungskunststoffe dienen zur Versiegelung von Grübchen und Fissuren gesunder Zähne, um diese vor Karies zu schützen. Es gibt sie in denselben Applikationsformen wie die in Kapitel 6.21 beschriebenen Schmelz-Adhäsive, mit denen sie auch in der Zusammensetzung übereinstimmen. Die Versiegelungskunststoffe sind lediglich etwas anders in der Konsistenz eingestellt und manchmal mit Pigmenten eingefärbt.

## 6.24 Befestigungs-Komposite

Befestigungs-Komposite werden in erster Linie zum adhäsiven Festsetzen vollkeramischer Restaurationen verwendet. Es gibt sie als selbsthärtende Paste/Paste-, als lichthärtende Einkomponenten und als dualhärtende Zweikomponenten-Materialien. Bezüglich Zusammensetzung und Initiatoren sind sie mit den in Kapitel 6.21 beschriebenen Kompositen identisch. Ihr Füllstoffgehalt ist lediglich geringer (ca. 50 % (m/m)), so daß sie eine niedrigere Konsistenz besitzen. Die dualhärtenden Befestigungs-Kompositen enthalten in einer Paste, der Basis-Paste, zusätzlich Campherchinon und sind dadurch sowohl licht- als auch selbsthärtend. Details hierzu können der Literatur (*Janda* 1992) entnommen werden.

## 6.25 Abformmassen

Abformmassen dienen zur Abformung der Mundsituation, um diese auf ein Modell zu übertragen. Bei den Abformmassen, die zu den Kunststoffen, also den synthetischen Polymeren, gezählt werden, handelt es sich um Polysulfide, Polyether und vor allem Polysiloxane. Diese Produkte gehören zu den Elastomeren, deren Strukturen und Eigenschaften bereits in Kapitel 6.7.2 beschrieben worden sind (vgl. auch Kap. 9).

Polysulfide haben heute keine so große Bedeutung mehr. Sie bestehen aus einer Basis- und Akzelerator-Paste. Die Basis-Paste enthält ein ölartiges Polysulfid (Molmasse ca. 2000 bis 4000 g/mol), das SH-Endgruppen trägt und dem Füllstoffe, wie beispielsweise Titandioxid, Zinksulfat, Kupfercarbonat oder Quarz zugemischt sind, um eine pastenartige Konsistenz herzustellen. Die Akzelerator-Paste enthält Bleidioxid, Dibutyl- oder Dioctylphthalat sowie geringe Mengen Schwefel und andere Zusätze. Nach dem Anmischen vernetzen die ölartigen Polysulfide zu festen elastomeren Polysulfiden.

Die Polyether bestehen aus Basis- und Katalysator-Paste. Die Basis-Paste enthält einen ölartigen Aziridingruppen-tragenden Polyether, dem Füllstoffe, wie beispielsweise Siliziumdioxid, und andere Additive zugemischt sind. Die Katalysator-Paste enthält aromatische Sulfonsäureester, die die Reaktion auslösen, sowie Füllstoffe und weitere Additive. Da die Vernetzung über eine Polyadditionreaktion verläuft, zeigen die Polyether nur eine geringe Abbindekontraktion.

Die Polysiloxane gibt es als polykondensations- (Kapitel 6.5.2) sowie als polyadditionsvernetzende (Kapitel 6.5.3) Produkte. Beide Typen bestehen aus Basis- und Katalysator-Paste.

Bei den polykondensationsvernetzenden Produkten enthält die Basis-Paste ölartige Polysiloxane (Silikonöle), die OH-Endgruppen (Hydroxyl-Endgruppen) tragen, denen Füllstoffe, wie beispielsweise Siliziumdioxid) und andere Additive zugemischt sind. Die Katalysator-Paste enthält als Vernetzer-Molekül Tetraethoxysilan (auch Ortho-Ethylsilikat genannt), dem Füllstoffe sowie weitere Additive und vor allem der Katalysator, eine organische Zinnverbindung (siehe Kapitel 6.9), zugesetzt ist. Bei der nach dem Anmischen einsetzenden Polykondensationsreaktion wird Ethylalkohol freigesetzt.

Bei den polyadditionsvernetzenden Produkten besteht die Basis-Paste aus ölartigen Polysiloxanen, die -Si-H-Endgruppen (hydridendgestoppte-Polysiloxane), Füllstoffe, wie beispielsweise Siliziumdioxid, und andere Additive enthalten. Die Katalysator-Paste besteht aus ölartigen Polysiloxanen, die Vinylendgruppen tragen (vinylendgestoppte Polysiloxane), denen Füllstoffe sowie andere Additive, vor allem aber der Katalysator, eine organische Platinverbindung, zugemischt ist. Bei der nach dem Anmischen ablaufenden Polyaddition werden keine Moleküle freigesetzt, so daß diese Reaktion unter hoher Volumenkonstanz abläuft.

## 6.26 Andere polymere Materialien

Bei den Kunststoffen zur Herstellung von Aufbißschienen handelt es sich meist um thermoplastische Polycarbonatfolien, die im Tiefziehverfahren verarbeitet werden. Es gibt für diesen Anwendungsbereich aber auch lichthärtende Einkomponenten-Produkte, die aus hochmolekularen Dimethacrylaten, denen organische oder anorganische Füllstoffe zugesetzt sind, bestehen.

Für kieferorthopädische Apparate werden meisten selbsthärtende Pulver/Flüssigkeits-Kunststoffe eingesetzt, die grundsätzlich ähnlich wie die selbsthärtenden Prothesenkunststoffe (Kapitel 6.16.2) aufgebaut sind. Auch lichthärtende Einkomponenten-Produkte, bestehend aus hochmolekularen Dimethacrylaten und Füllstoffen, sind im Einsatz.

Zum Befestigen von Brackets werden selbsthärtende Paste/Paste-Systeme, die in der Zusammensetzung mit den selbsthärtenden Kompositen weitgehend identisch sind (Kapitel 6.21), verwendet.

Individuelle Abformlöffel werden ebenfalls aus Kunststoffen hergestellt. Es gibt diese Materialien als selbsthärtende Pulver/Flüssigkeits-Systeme sowie als lichthärtende Einkomponenten-Materialien. Die Pulver der Pulver/Flüssigkeits-Systeme sind zusätzlich meistens mit Gläsern gefüllt, um einen hohen Elastizitätsmodul (hohe Verwindungssteifigkeit) zu erzielen. Die lichthärtenden Materialien bestehen aus hochmolekularen Dimethacrylaten, die eine große Menge Glasfüllstoff enthalten (größer 80 % (m/m), ebenfalls um den Elastizitätsmodul zu erhöhen.

Rückstandslos verbrennbare Modellierkunststoffe sind entweder selbsthärtende Pulver/Flüssigkeits- oder lichthärtende Einkomponenten-Materialien. Sie werden oftmals anstelle von Wachs verwendet. Diese Produktgruppe darf keine anorganischen Bestandteile enthalten, um ein rückstandsloses Verbrennen zu gewährleisten. Daher kommen nur organische Füllstoffe sowie Farbstoffe, anstelle von Pigmenten, zum Einsatz.

## *Literaturverzeichnis*

*Batzer, H.:*
Polymere Werkstoffe. Band I. Chemie und Physik. Thieme, Stuttgart 1985

CH PS 211116, 23.08.1938

*Christen, H. R.:*
Grundlagen der allgemeinen und anorganischen Chemie. 6. Auflage. Seite 88/89. Salle & Sauerländer, Frankfurt/M. 1980

DRP 737058, Kulzer & Co., 08.09.1936

*Elias, H.-G.:*
Makromoleküle. Struktur, Synthese, Eigenschaften. 5. Auflage. Hüthig & Wepf, Basel 1990

*Gächter, R., Müller, H.:*
Taschenbuch der Kunststoff-Additive. Carl Hanser, München 1983

*Groß, A.:*
Kunststoffe in der Zahnmedizin 13 142/146 (1979)

*Hoffmann, M., Krämer, H., Kuhn, R.:*
Polymeranalytik I. Thieme, Stuttgart, 1977

*Janda, R.:*
Kunststoffverbundsysteme. Grundlagen, Anwendung, Verarbeitung, Prüfung. VCH, Weinheim, 1990

*Janda, R.:*
Stand der Entwicklung auf dem Gebiet der Zahnfüllungskunststoffe. Quintessenz 39 1067/1073, 1243/1253, 1393/1398 (1988)

*Janda, R.:*
Kleben und Klebetechniken. Teil 2. dental-labor 40 615/626 (1992)

*Janda, R.:*
Amalgam-Alternativen. Teil 1: Materialien für direkte Füllungen. Der Hess. Zahnarzt 33 515/522 (1994)

*Janda, R.:*
Polymere Materialien für adhäsive prophylaktische und restaurative Maßnahmen. Zahnärztl Welt 101/506 u. 596/600 (1992)

*Newesely, H.:*
Chemie der Kunststoffe in Eichner, K.: Zahnärztliche Werkstoffe und ihre Verarbeitung. Band 1: Grundlagen und Verarbeitung. 5. Auflage. S. 101/123, Hüthig, Heidelberg 1988

Pschyrembel. Klinisches Wörterbuch. 257. Auflage. Walter de Gruyter, Berlin 1994

*Roulet, J.-F.:*
Degradation of Dental Polymers. Karger, Basel 1987

*Schurz, J.:*
Physikalische Chemie der Hochpolymeren. Springer, Berlin 1974

*Sperling, L. H.:*
Interpenetrating Polymer Networks and Related Materials, Plenum Press, New York 1981

*Viohl, J., Dermann, K., Quast, D., Venz, S.:*
Die Chemie zahnärztlicher Füllungskunststoffe. Carl Hanser, München 1986

# 7 Prothesenkunststoffe

*D. Welker, Jena*

## 7.1 Indikation

Prothesenkunststoffe dienen bei *abnehmbarem prothetischem Zahnersatz* als Werkstoffe der Prothesenbasis. Sie haben verlorengegangene Kieferkammabschnitte zu ersetzen, eine funktionelle und stabilisierende Basis zu bilden, das künstliche Zahnfleisch zu repräsentieren und die künstliche Zahnreihe, sowie bei partiellem Zahnersatz, Verbindungselemente zum Restgebiß zu tragen. Sie dienen direkt dem Strukturersatz, der Wiederherstellung von Funktionen sowie möglichst der Prävention vor weiter fortschreitender Destruktion.

Bei *kieferorthopädischen Geräten* tragen sie in der Regel die metallischen Halte- und Regulierungselemente. Die funktionelle Therapie bedient sich auch reiner Kunststoff-Apparate.

Auf den Spezialgebieten der *chirurgischen Prothetik und Epithetik* werden Prothesenkunststoffe zur temporären oder definitiven Versorgung von angeborenen oder erworbenen Defekten im Kiefer-Gesichts-Bereich herangezogen. Sie dienen als Werkstoffe für Epithesen, die erforderlich werden, wenn eine chirurgische Wiederherstellung nicht möglich ist, z. B. bei hohem Lebensalter, schlechtem Allgemeinzustand, zu ausgedehntem Defekt, lokaler Inoperabilität. Die *harten* Prothesenkunststoffe auf Acrylatbasis sind technologisch gut zu verarbeiten, durch Eigenfarbe (Palette und Äderung) und Bemalbarkeit mit monomerlöslichen Farben sowie Transparenz ästhetisch günstig, außerdem ausreichend hygienisierbar. Allerdings ist der Übergang zur natürlichen Haut im Bereich der mimischen und kaufunktionellen Muskelbewegungen problematisch. Sie werden deshalb als tragende Basis häufig mit *weichen* Kunststoffen (7.6) kombiniert, die einen besseren Anschluß an bewegliche Strukturen ermöglichen, oder die Epithese wird ganz aus weichem Kunststoff angefertigt. Auch bei bestimmten prothetischen und kieferorthopädischen Behandlungen werden neben den Prothesenkunststoffen weiche Kunststoffe in Kombination oder allein verwendet.

Weitere Indikationen betreffen den Einsatz als Werkstoffe klinisch-methodischer *Hilfsmittel* (Abformlöffel) bzw. als *Hilfswerkstoff* (Fixierung, Modellation).

## 7.2 Anforderungen

Die Prothesenwerkstoffe werden permanent oder temporär in das orofaziale Organ inkorporiert. Hieraus ergeben sich folgende *patientenbezogene Anforderungen:*

- Biokompatibilität (keine toxischen, sensibilisierenden, kanzerogenen, mutagenen, teratogenen Eigenschaften),
- Mundbeständigkeit (unlöslich, resistent gegenüber Nahrungsmitteln und Medika-

menten, durch das Mundmilieu nicht abbaubar, keine Werkstoffalterung),
- keine Irritationen der oralen Physiologie (geschmacklos, geruchlos, geringe Dichte, physiologisch günstige Oberfläche),
- hohe Paßfähigkeit (bei Totalprothesen Saughaftung) und Formbeständigkeit,
- natürliches Aussehen (Farbe, Farbbeständigkeit, ausgewogenes Verhältnis von Transluzenz und Opazität),
- hohe mechanische Festigkeit bei normaler funktioneller und möglichst auch bei parafunktioneller Belastung sowie extraoraler Krafteinwirkung; Abrasionsfestigkeit,
- Unempfindlichkeit gegen Milieuwechsel (Temperatur, trocken – feucht),
- gute hygienische Eigenschaften (dichte Struktur, keine Aufnahme von Wasser und Fremdstoffen, Mikroorganismen und deren Stoffwechselprodukten; leichte Reinigung und evtl. Keimfreimachung).

Prothesenkunststoffe werden trotz aller Bemühungen, Polymerisationssysteme zu schaffen und die Verarbeitung zu automatisieren, individuell vom zahnmedizinischen Team verarbeitet. So müssen sie zusätzlich *verarbeitungsbezogene und technologische Anforderungen* erfüllen:
- arbeitshygienische Unbedenklichkeit,
- stabile Verbindung zu anderen Elementen des Therapiemittels (künstliche Zähne, metallische Elemente an Prothesen und kieferorthopädischen Geräten u.a.),
- Möglichkeit der Anpolymerisation (Unterfütterung, Erweiterung, Reparatur),
- wirtschaftliche Verarbeitung (niedrige Materialkosten, unkomplizierte Lagerfähigkeit und Lagerhaltung, begrenztes Sortiment an Kunststoffen und Hilfsmitteln bzw. große Indikationsbreite weniger Präparate, günstige Aufwand-Nutzen-Relation der Technologievarianten, technische Sicherheit, Erfolgssicherheit, leichte Bearbeitung).

> Qualitätsbestimmend ist nicht der Werkstoff an sich, sondern das Material im Zusammenhang mit der Technologie und dem Können des Verarbeiters.

## 7.3 Prüfungen – Eigenschaften

Mindestanforderungen und dafür verbindliche Prüfungen sind auch für Prothesenkunststoffe in *Normen* festgelegt. International gilt der ISO Standard 1567 vom November 1988 „Dentistry – Denture base polymers", in Europa und damit in Deutschland die identische DIN EN ISO 1567 vom März 1995 „Prothesenkunststoffe" (vgl. Kap. 14).

> In dieser Norm wird unterschieden in
>
> Typ 1: Heiß polymerisierbare Kunststoffe
>   Gruppe A: Pulver und Flüssigkeit
>   Gruppe B: Zur Verarbeitung vorbereitete Gemische und Kapselmaterial;
>
> Typ 2: Kalt polymerisierende Kunststoffe (Autopolymerisate);
>
> Typ 3: Gießkunststoffe;
>
> Typ 4: Thermoplastisch formbare Rohlinge und Granulat.

Lichtpolymerisierbare Kunststoffe sind noch nicht enthalten.

Als visuelle, ohne Vergrößerung zu erfassende Qualitätskriterien sind die Reinheit des Ausgangsmaterials, die Plastizität bzw. Gießbarkeit des Kunststoffteiges, die Oberflächenbeschaffenheit, Farbe und Transluzenz, Porosität sowie Farbbeständigkeit der fertiggestellten Kunststoffprobe aufgeführt. Die physikalischen Prüfungen beziehen sich auf Eindringtiefe (Verpressbarkeit; Fließversuch bei Typ 3), Wasseraufnahme, Biegemodul und Biegefestigkeit, Farbbeständigkeit (unter dem Einfluß einer Xenonlampe), Verbundfestigkeit zum Kunststoffzahn. Des weiteren enthält die Norm Vorschriften zu Lieferart und Verpackung einschließlich Beipackzettel und Kennzeichnung.

Biologische Prüfungen sind in separaten Normen niedergelegt. In Deutschland gilt die DIN-Vornorm 13 930 und die DIN EN Reihe 30993, Teil 1 bis 11. Da eine Anwendungsprüfung von Prothesenkunststoffen im Tierversuch methodisch und ethisch sehr problematisch ist (*Klötzer 1975*), werden Testsysteme auf zellulärer Ebene mit atypischer Applikation zur vergleichenden Toxizitätsprüfung herangezogen. Erfaßt wird dabei, inwieweit der Kunststoff als chemisch-toxische Noxe wirken kann (*Klötzer und Reuling* 1990). Indirekte Werkstoffwirkungen (7.7) bleiben unberücksichtigt. Eine mögliche Hautirritation und Sensibilisierung wird mittels Epikutantestung am Meerschweinchen bewertet.

Da die Normen einen Kompromiß zwischen vertretbarem und verfügbarem Aufwand sowie reproduzierbarer Mindestproduktsicherheit darstellen, ist das im zahnärztlichen Schrifttum reflektierte *werkstoffkundliche Untersuchungsspektrum* dentaler Prothesenkunststoffe wesentlich größer. Es bezieht sich auf chemische Eigenschaften der Polymerisate (Restmonomer, Polymerisationsgrad, Polymerisationsumsatz), auf die Struktur und Folgeeigenschaften (Dichte, falls zutreffend Füllstoffgehalt, Wasseraufnahme, Fehler im Objekt, Oberflächenqualität, mikrobiologische Fragestellungen), mechanische Eigenschaften (Härte, Schlagfestigkeit, Zugfestigkeit, Dauerbiegefestigkeit, auch zeitabhängig nach Polymerisationsbeginn; Abrasionsfestigkeit, Durchhärttiefe bei Lichtpolymerisaten) der Polymerisate allein und im Verbund (nach Reparatur, Anpolymerisation), Dimensionsverhalten (polymerisations- und milieubedingt-zeitabhängig, Quellung, Paßgenauigkeit und Formbeständigkeit an experimentell-stilisierten oder eingegliederten Therapiemitteln, Einfluß einer Anpolymerisation), thermische Eigenschaften (Wärmeleitfähigkeit, Ausdehnungskoeffizienten, Thermostabilität), optische Eigenschaften (Farbe, endogene und exogene Verfärbungsneigung, Transparenz, Opazität), biologische Aspekte (Biokompatibilitätsprüfung, Keimpenetration, Plaquehaftung, Desinfizierbarkeit) und eine Vielzahl technologischer Grundsatz- und Detailfragen.

Tabelle 7.1 Kennwerte von MMA und von PMMA-Prothesenkunststoff

| | |
|---|---|
| *MMA:* | |
| Dichte | 0,935 g/cm$^3$ |
| Siedepunkt | 100,3 °C |
| Polymerisationsschrumpfung MMA $\Rightarrow$ PMMA | ca. 25 Vol % |
| Polymerisationswärme | 55 kJ/mol |
| *Kunststoffteig:* | |
| Polymerisationsschrumpfung bis zum PMMA $\Rightarrow$ | 5–7 Vol %<br>1,7–2,3 %lin |
| *Polymerisat (PMMA):* | |
| Dichte | 1,18 g/cm$^3$ |
| Linearer thermischer Ausdehnungskoeffizient | 80 x 10$^{-6}$/K |
| therm. Kontraktion/10 °C | 0,08 %lin |
| Wärmeleitfähigkeit | 0,2–0,3 W/mK |
| E-Modul | 2500–4000 N/mm$^2$ |
| Dehngrenze $_{0,2}$ | 26–28 N/mm$^2$ |
| Härte HB | 16–22 |
| HV 5 | 13–19 |
| Kegelfließpunkt | 330–490 N/mm$^2$ |
| Biegefestigkeit | |
|   Stopf-Pressen | 62–87 N/mm$^2$ |
|   nach Reparatur | 30–80 N/mm$^2$ |
| Druckfestigkeit | 120 N/mm$^2$ |
| Wasseraufnahme | bis ca. 2,5 Vol %<br>0,3–0,7 mg/cm$^3$<br>15–20 µg/mm$^3$ |
| Löslichkeit | bis ca. 0,6 m %<br>2–6 mg/cm$^3$ |
| **Restmonomergehalt:** | |
|   Heißpolymerisat | |
|     Stopf-Pressen | |
|     nach 24 h trocken | 1,5 % |
|     nach 7 d H$_2$O 37 °C | 1,2 % |
|     nach 14 d H$_2$O 37 °C | < 1,0 % |
|   Kaltpolymerisat | |
|     Stopf-Pressen | |
|     nach 24 h trocken | ca. 6 % |
|     nach 6 Mon. H$_2$O 37 °C | < 1,0 % |
|   Überdruckpolymerisation | |
|     nach 24 h trocken | 1–2 % |

> Aus diesen Publikationen geht hervor, daß die Kunststoffe auf Acrylat-Basis zwar kein Prothesenwerkstoff sind, der alle Anforderungen in idealer Weise erfüllt, daß sie aber unter Beachtung der Indikation, der Konstruktion des Therapiemittels und bei werkstoffgerechter Technologie das gegenwärtige Optimum darstellen.

Typische Kennwerte sind in Tabelle 7.1 zusammengestellt.

Experimentelle Untersuchungen haben gezeigt, daß konventionell regelrecht heißpolymerisiertes Polymethylmethacrylat (PMMA) etwas günstigere physikalische Parameter (Härte, Biegefestigkeit, Schlagzähigkeit) aufweist als kalthärtendes PMMA, wobei nach DIN EN 1567 den Kaltpolymerisaten und Gießkunststoffen gegenüber den Heißpolymerisaten eine um 15 % niedrigere Mindest-Biegefestigkeit zugestanden wird. In der Praxis relativieren sich jedoch diese Unterschiede aus verschiedenen Gründen. Die meisten Eigenschaften der Prothesenkunststoffe sind erheblich von der Verarbeitung abhängig. Dies gilt insbesondere auch für die Paßfähigkeit der Therapiemittel (7.5.4). Die Festigkeit wird nicht von einem Werkstoffkennwert an sich bestimmt, sondern von der Konstruktion, u.a. von der Dimensionierung. Außerdem sind die verschiedenen Werkstoffeigenschaften zu wichten. Eine homogene Struktur ist z. B. viel wichtiger als ein geringer Unterschied im Polymerisationsgrad. So bestimmen technologische und ergonomische, aber auch wirtschaftliche Aspekte über die Wahl des Polymerisationstyps. Bei konventioneller Stopf-Preß-Technik sind die Kaltpolymerisate einfacher zu handhaben. Die Technologie ist weniger zeit- und energieaufwendig und weniger anfällig gegen Verarbeitungsfehler (7.5.4). Haben biologische Aspekte besondere Relevanz (7.7.3), sind gut verdichtete Heißpolymerisate indiziert (7.5.1.3), da ihr Restmonomergehalt geringer und ihre Struktur optimal ist.

## 7.4 Werkstoffkundliche und technologische Entwicklung

Die Prothesenkunststoffe konnten sich erst in den 30er Jahren unseres Jahrhunderts zur *Herstellung von Prothesenbasen* in der dentalen Technologie endgültig durchsetzen (*Schmidt* 1978). Sie lösten damit den Kautschuk, den ersten selbständigen Prothesenbasiswerkstoff, ab. Zuvor standen nur *Naturstoffe* (Knochen, Ebenholz, Elfenbein, Flußpferd-Zahnbein, Büffelhorn), später Porzellan zur Verfügung (erste Quelle 1774, Patentierung 1791).

Die Kautschukvulkanisation nach *Goodyear* (USA), *Hancock* (GB) sowie *Lüdersdorf* und *Benzinger* (D) wurde erstmals 1851 von *Evans*, einem in Frankreich angesiedelten US-Amerikaner, für die Prothesenherstellung vorgeschlagen (*Hoffmann-Axthelm* 1985). Nach Ablauf von Patenten war Kautschuk ab 1881 frei verfügbar. Ausgangsmaterial war gereinigter Naturkautschuk aus dem Milchsaft vor allem tropischer Bäume, z. B. Hevea brasiliensis aus der Familie der Wolfsmilchgewächse. Er entspricht chemisch dem Polyisopren $(C_5H_8)_n$ cis-Isomer, während das trans-Isomer der Grundstoff von Guttapercha ist. Der zahntechnisch zu verarbeitende Kautschuk stand in Plattenform, mit Schwefel angereichert, zur Verfügung. Er war rot, rosa, braun oder schwarz eingefärbt. Plattenstücke wurden in eine nach Wachsmodellation hergestellte angewärmte Küvettenhohlform gestopft, gepreßt und vulkanisiert (*Klughardt* 1922). Bei der Vulkanisation im Wasserbad unter Wärme (168 °C) und Druck (6,2 bar) findet durch Schwefel (32 m%) eine Verknüpfung der Polyisoprenketten an den noch vorhandenen Doppelbindungen statt. Die Beweglichkeit der verknäulten Polyisoprenmoleküle wird eingeschränkt, der Kautschuk gewinnt seine mechanische Festigkeit und Elastizität. Zur Vulkanisation wurden in der Zahntechnik spezielle Vulkanisierkessel, mit Spiritus, Petroleum, Gas oder elektrisch

## 7.4 Werkstoffkundliche und technologische Entwicklung

beheizt, benutzt. Um optimale Kautschukqualität zu erhalten und eine Kesselexplosion zu vermeiden, waren im Dentallabor ein exaktes Temperatur-Zeit-Regime und besondere Sorgfalt erforderlich. Die Festigkeitseigenschaften des Kautschuks waren gut. So entsprachen seine Biegefestigkeit und Schlagfestigkeit der des PMMA, die Dauerbiegefestigkeit lag höher. Für die Bruchdehnung werden bis zu 1000 % angegeben. Von Nachteil waren die poröse Struktur (Hygieneproblem), das opake, wenig zahnfleischähnliche Aussehen (Ästhetikproblem) und die aufwendige Technologie, u.a. mit schwer zu steuernden Dimensionsänderungen bei der Vulkanisation (thermische Ausdehnung und gleichzeitig durch Makromolekülaufbau Schrumpfung). Auf eingeschlossenen Metallteilen entstanden durch die Vulkanisation Sulfidschichten. Das Bearbeiten mit Laubsäge, Feilen, Stichel, Schaber und Schleifpapier von Hand bis hin zur maschinellen Politur war sehr mühsam.

Die Entwicklung der Kunststoff-Chemie wurde mit hohem Interesse und in der Hoffnung verfolgt, geeignete Alternativ-Werkstoffe für Kautschuk zu finden.

*Vorübergehend und versuchsweise eingesetzte Kunststoffe* waren

- Celluloid (Cellulosenitrat): Dieser 1869 erfundene Kunststoff auf Naturbasis wurde z. B. ab 1923 in Deutschland als Hekolith in der Zahnmedizin verwendet. Als Plattenmaterial war er bei 150 °C in einer vorgewärmten Küvette heißplastisch zu verpressen. Für die künstlichen Zähne aus Porzellan bestand durch den hohen Preßdruck Bruchgefahr. Zu starke Wasseraufnahme, Quellung und Formveränderung, ungenügende Farbbeständigkeit und unangenehmer Geschmack durch sich herauslösende Weichmacher (Kampher) waren nachteilig. Auch bestand keine Reparaturfähigkeit.
- Phenolharze: Diese Duroplaste, die unter dem Namen Bakelite als erste rein synthetische Kunststoffe seit 1908 allgemein bekannt sind und zahntechnisch die Präparatenamen Aldenol oder Walkerit trugen, waren technologisch schwierig zu handhaben, hatten zwar eine verbesserte Farbbeständigkeit, konnten sich aber wegen ungünstiger mechanischer Eigenschaften (Sprödigkeit) und unsicherer biologischer Bewertung (Abgabe von Formaldehyd und Phenol) nicht durchsetzen.
- Epoxidharze, Produktbeispiel Epoxolon, konnten ebenfalls bei unsicherer biologischer Bewertung in ihren mechanischen Eigenschaften nicht überzeugen.
- Vinylkunststoffe: Polyvinylchlorid (PVC), z. B. in Deutschland ab 1936 als Neohekolith, sowie Polyvinylacetat und Polystyrol bereiteten technologische Probleme durch enge Temperaturintervalle bei der Verarbeitung und waren in ihren mechanischen Eigenschaften unbefriedigend (hohe bleibende Deformation). Sie sind jedoch Partner in Mischpolymerisaten, die durch Schmelz-Pressen (7.5.2) verarbeitet werden.
- Polyamide: Diese Thermoplaste, durch die Faserstoffe Nylon und Perlon allgemein bekannt, wurden durch Spritz-Gießen (7.5.2) verarbeitet (Produktbeispiele Dentamid, Supolyd D). Sie waren zwar praktisch unzerbrechlich, so daß rationierte Prothesenbasen und Einstückkonstruktionen (Basis + Retentionselemente aus einem Stück) empfohlen wurden, jedoch kam es durch den geringen Biegewiderstand (niedriger E-Modul) zur Überbeanspruchung und Schädigung des Prothesenlagers. Hohe Wasseraufnahme (Wasser als Weichmacher), Quellung und Entfärbungen sind zu erwähnen.
- Polycarbonate (Produktbeispiele Thermopont und die faserverstärkten Andoran und Copodon) aus der Gruppe der Polyester imponierten durch porenfreie Struktur, geringe Wasseraufnahme und gute Biokompatibilität. Die Verarbeitungstechnologie, Spritzgießen (7.5.2), ist jedoch aufwendig und diffizil (Empfindlichkeit gegen Wasserdampf aus der Gipsform im Schmelz-

bereich des Polycarbonats, strömungstechnische Probleme; Spannungen im Kunststoffobjekt). Die anfänglich sehr guten mechanischen Eigenschaften, vor allem eine hohe Schlagbiegefestigkeit, waren über längere Gebrauchsperioden leider nicht beständig (*Breustedt 1969*). Gegenüber Alkalien, wie sie in Prothesenreinigern enthalten sein können, wurde ungenügende Craquelée-Festigkeit (Widerstand gegen die Bildung von oberflächlichen Haarrissen) festgestellt.

Erste Versuche *epithetischer Versorgung* gehen in das frühe Mittelalter zurück (Europa, Indien). Materialhistorisch wurden Lindenholz und Pappmaché abgelöst durch geprägte und emaillierte bzw. bemalte Epithesen aus Gold, Silber, Platin, Stahl und Aluminiumlegierung (Magnalium). Auch auf farblich getöntes Porzellan wurde zurückgegriffen. Weichkautschuk hatte ein totes, unnatürliches Aussehen. Der erste Kunststoff, Celluloid, war zersetzbar. Seit 1913 kam Gelatine in Gebrauch. Sie konnte aber trotz ästhetischer Verbesserung gegenüber den bisherigen Werkstoffen den Anforderungen hinsichtlich mechanischer und chemischer Resistenz sowie Hygiene nicht genügen. Epithesen aus eingefärbter Gelatine (zusätzlich überpudert) mußten wegen Wasserverlustes und damit verbundener Schrumpfung täglich neu angefertigt werden. Die Befestigung erfolgte durch Kleben mit alkoholischer Mastix-Lösung. Einen deutlichen Fortschritt brachten auch hier die Prothesenkunststoffe und die „weichen" Kunststoffe.

Von den verschiedenen Kunststoffen haben sich bis heute die Acrylate als Polymerisationskunststoffe unter Berücksichtigung aller Vor- und Nachteile als die günstigsten Kunststoffe für die zahnärztliche Prothetik erwiesen.

Von 83 im „Das Dental Vademekum 5" (*Schwickerath* 1995) verzeichneten und chemisch deklarierten „harten" Prothesenbasiskunststoffen sind 67 Polymethylmethacrylate, 1 Diacrylat. 15 Präparate sind Copolymerisate bzw. Mischungen unter PMMA-Beteiligung. Nur 2 thermoplastisch zu verformende Prothesenbasiskunststoffe in Granulatform zum Spritzgießen werden angeboten.

1930 wurde BAUER (D) das entscheidende Patent zur zahnmedizinischen Anwendung von PMMA erteilt. PMMA wurde zunächst thermoplastisch verarbeitet, indem Pulver in erwärmte Küvettenteile eingestreut oder als Plattenmaterial verpreßt wurde.

Mit dem Naßpreßverfahren, bei dem zunächst Kunststoffteig aus Polymerpulver (PMMA) und Monomer (MMA) hergestellt, dann gepreßt und heißpolymerisiert werden konnte, war 1936 die grundlegende Verarbeitungsweise für PMMA in der Zahntechnik geschaffen (Deutsches Reichspatent an ROTH für die Firma Kulzer; Paladon-Verfahren).

Zu den Heißpolymerisaten gesellten sich später kaltpolymerisierbare, lichtpolymerisierbare und in jüngster Zeit mikrowellenpolymerisierbare Prothesenkunststoffe. Parallel dazu wurde die Verarbeitungstechnologie im Sinne von Polymerisationssystemen weiterentwickelt.

Der erste *weiche Kunststoff* (7.6) in der Zahnmedizin war 1951 das Plastupalat. Bei Präparaten für permanente Inkorporation ging die Entwicklung von der äußeren zur inneren Weichmachung. Durch chemische Modifikation von Produkten auf Acrylsäure- oder Silikonbasis und durch Entwicklung von Haftsystemen wird versucht, die unter Mundbedingungen begrenzte Haltbarkeit zu verbessern. Ab 1961 ist eine besondere Gruppe temporär anzuwendender weicher Kunststoffe hinzugekommen (*Chase* 1961).

## 7.5 Technologie

*Ziel der Prothesenkunststoff-Technologie* ist eine dem jeweiligen Genauigkeitsanspruch adäquate *Formgebung* in optimaler *Werk*-

## 7.5 Technologie

*stoffqualität*. Dabei sind die Ansprüche für Therapiemittel höher als für Hilfsmittel.

> Die Technologien können unterschiedlich *systematisiert* werden, z. B.
> - initiatorbezogen (Heiß-, Kalt-, Lichthärtung – auch kombiniert),
> - nach den Polymerisationsbedingungen (drucklos...Überdruck; Kalt-, Warm-, Heißpolymerisation),
> - nach der Formgebung (offen-Modell; halboffen-Modell+Vorwall; geschlossen-Küvette),
> - therapiemittelbezogen (Prothese, kieferorthopädisches Gerät, Epithese, Abformlöffel...) oder auch
> - historisch chronologisch (vom Stopf-Pressen bis zur Mikrowellenpolymerisation).

Da die verschiedenen Technologien bestimmte Verfahrenselemente vereinen oder aber auch auslassen, wird die praxisübliche Bezeichnung benutzt. Zunächst wird die chemoplastische, dann die thermoplastische Verarbeitung besprochen.

### 7.5.1 Chemoplastische Verarbeitung

Aus Flüssigkeit (Hauptbestandteil Monomer) und Kunststoffpulver (Hauptbestandteil Polymer) wird ein *Kunststoffteig* bereitet, oder er liegt als Fertigprodukt vor. Er ist je nach Konsistenz durch Pressen formbar (Stopf-Pressen), adaptier- und modellierbar (Lichtpolymerisation), injizierbar (Injektionsverfahren) oder gießfähig (Gießverfahren). Weiter kann Polymerpulver und Flüssigkeit direkt auf dem Modell verarbeitet werden (Modellier- und Sprühtechnik).

> Die Verfestigung geschieht durch *Polymerisation*. Sie wird je nach chemischen Voraussetzungen durch unterschiedliche Energieformen initiiert.

Die Energie kann allseitig oder gerichtet auftreffen. Dies hat Einfluß auf die Paßgenauigkeit der Kunststoffobjekte. Die Polymerisation ist unter definiertem Druck oder ohne Einwirkung eines äußeren Druckes möglich. Die *Formgebung* kann in einer Hohlform erfolgen und stützt sich dabei auf ein vorgegebenes Wachsmodell. Weiter kann eine Halbform ausreichend sein. In diesem Fall wird die Kontaktseite des Kunststoffobjektes durch ein Modell vorgegeben und der Kunststoff im übrigen frei gestaltet. Meist bei Hilfsmaßnahmen kann Prothesenkunststoff auch ohne gezielte Formgebung polymerisiert werden.

#### 7.5.1.1 Stopf-Pressen

Dieses „klassische" chemoplastische Verfahren hat sich aus der Kautschuk-Technologie historisch entwickelt. Zur grundlegenden Erläuterung der Prothesenkunststoff-Technologien soll es ausführlich besprochen werden.

> *Prinzip:* Der Kunststoffteig wird in eine nach Wachsvorbild hergestellte zweiteilige Gipshohlform gestopft, darin gepreßt und polymerisiert. Arbeitsgrundlage ist das anatomische oder Funktionsmodell mit der darauf aufgebauten und sorgfältig in Wachs modellierten Prothese (Modellieren geht vor Ausarbeiten!).

Die labortechnische Arbeit setzt eine exakte klinisch-methodische Vorleistung voraus (Abformung) bzw. steht mit ihr im Wechselspiel (Relationsbestimmung und Wachseinprobe) und bedient sich einer umfangreichen Werkstoffkette.

*Polymerisationsform:* Die Gewinnung einer guten Preß- und Polymerisationsform beginnt bereits bei der *Modellherstellung und Modellvorbereitung*. Hartgips (Typ III) oder evtl. auch Spezialhartgips (Typ IV) im richtigen Mischungsverhältnis und Vakuummischen sorgen für ausreichende Festigkeit (Preßdruck!) und gute Oberflächenqualität.

An Modellen für OK-Totalprothesen kann nach klinischem Befund im Bereich des dorsalen Abschlußrandes eine Radierung gelegt und die Entlastung weniger nachgiebiger Tegumentbereiche durch Hohllegen vorbereitet werden. Bei partiellen Prothesen werden die Halte- und Stützelemente aus Draht freigelegt, um sie beim späteren Einbetten sicher zu fixieren. Die Zähne des Gipsmodells werden gekürzt.

Das Modell wird von der Unterseite her gewässert und in Gips (gleiches Präparat) eingebettet. Als Formkästen dienen stabile mehrteilige Messingküvetten. Sie werden zweckmäßigerweise mit Vaseline als Trennschicht zum Gips eingefettet. Das Einbetten kann „ohne Wall" oder „mit Wall" erfolgen (Abb. 7.1).

Beim *Einbetten ohne Wall* wird das Modell zuerst in der herumgedrehten oberen Küvettenhälfte, die etwas niedriger als die untere ist, festgesetzt. Hieraus leitet sich die Bezeichnung „umgekehrte Einbettung" ab. Obere Modellkante und Küvettenrand befinden sich in einer Ebene. Nach dem Glätten der Oberfläche und dem Abbinden des Gipses wird ein Gipstrennmittel aufgetragen, der Überschuß nach kurzer Einwirkungszeit abgespült. Der zweite Küvettenring wird zum ersten kontaktierend aufgesetzt, mit Gips, zum leichteren Ausbetten evtl. in zwei Schichten, blasenfrei aufgefüllt, der Deckel (eigentlich Boden) aufgelegt und die Küvette mit Hilfe einer Presse bündig geschlossen. Bei dieser Einbettung ohne Wall befinden sich die künstlichen Zähne und Halteelemente alle im Gegenguß (Konter). Die künstliche Zahnreihe und alle Flächen der Hohlform sind gut zugänglich und später gut zu isolieren. Das Einlegen des Kunststoffs ist übersichtlich. Für das Ausbetten ist die Trennfläche günstig vorgegeben. Bei Benutzung von zwei Halbformen entsteht zwischen den Formhälften stets eine Preßfahne. Bei der Einbettung ohne Wall führt dies zwangsläufig zu einer Bißerhöhung und Lageveränderung von Halteelementen in der Vertikalen.

Dies kann durch *Einbetten mit Wall* vermieden werden. Beim Einbetten des Modells in die untere Küvettenhälfte wird die natürliche und künstliche Zahnreihe mit dem Rand des Küvettenunterteils fluchtend, also relativ tief abgesenkt, und mit einem massiven Gipswall überbettet. Der Gips im Küvettenoberteil enthält also keine Teile der späteren Prothese. Die auch hierbei auftretende Preßfahne kann sich nicht auf die Lagebeziehung der künstlichen Zähne oder Halteelemente zur Prothesenunterseite auswirken. Es kann lediglich die Dicke der Kunststoffplatte in oraler Richtung etwas zunehmen. Trotzdem hat sich die Walleinbettung gegenüber der Einbettung ohne Wall nicht grundsätzlich durchgesetzt, denn die Zähne und ggf. Halteelemente müssen im Wall sehr sicher gefaßt sein. Ein Wall-Bruch führt zu erheblichen Ungenauigkeiten. Die Übersichtlichkeit und Erreichbarkeit aller Bereiche beim Isolieren ist beeinträchtigt. Das Einpressen des Kunststoffteiges in die bukkalen Anteile ist erschwert und kann nicht kontrolliert werden.

Nach dem Abbinden des Gipses wird die geschlossene Küvette in heißem Wasser für einige Minuten erwärmt, dann vorsichtig geöffnet und das erweichte Wachs herausgezogen.

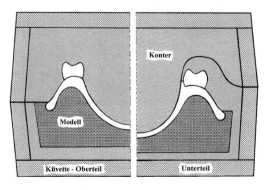

*Abb. 7.1* Einbetten ohne Wall *(links)* und mit Wall *(rechts)*

> Das Wachs darf keinesfalls verflüssigt werden, da es sonst in den Gips eindringt,

> kaum noch zu entfernen ist und eine wirkungsvolle Isolation der Hohlform unmöglich macht.

Scharfe Kanten der Einbettung werden entgratet, das restliche Wachs wird mit kochendem Wasser abgestrahlt, die Küvettenhälften werden senkrecht aufgestellt.

Die noch handwarmen, trockenen Oberflächen der Formhälften werden mit *Isoliermittel* behandelt. Es dringt in die poröse Gipsfläche ein, glättet (bessere Trennung Gips-Kunststoff beim Ausbetten, glattere Kunststoffflächen) und verdichtet diese (Schutz des Kunststoffs vor Wasser aus dem Gips; Verzögerung von Monomerabwanderung in den Gips). Üblich sind flüssige Isoliermittel auf Alginat-Basis, die bis zur Sättigung des Gipses, evtl. mehrmals, aber ohne Überschuß, aufgetragen werden. Da sie gegen die Gipsfeuchtigkeit nicht absolut schützen, wurden auch Silikonprodukte entwickelt. Sie isolieren hervorragend, haften aber schlecht an der Gipsoberfläche. Silikone sind besonders zur Isolierung der Zähne gegen den Gips geeignet.

> Die Basis der künstlichen Zähne ist vom Isoliermittel frei zu halten, damit ein inniger Kontakt zum Prothesenkunststoff zustandekommen kann.

Kunststoffzähne werden angerauht. Ein Anfeuchten mit Monomer, wenige Minuten vor dem Stopfen, erscheint günstig, ist allerdings problematisch. Bleibt die Benetzung nicht auf die Kontaktfläche begrenzt und dringt Monomer zwischen Gips und Zähne ein, so wird auf die Zähne eine Gips-Kunststoff-Schicht aufpolymerisiert, die nur sehr mühevoll zu entfernen ist. Bei speziellen Haftvermittlern wird dies durch höhere Viskosität vermieden. Die isolierten Formhälften sollten ohne lange Pause mit Kunststoffteig beschickt werden, da die Alginatisolierung sonst durch Feuchtigkeitsaufnahme an Wirkung verliert.

Abb. 7.2  Polymer-Pulver

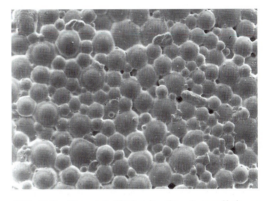

Abb. 7.3  Kunststoffteig in der Anquellphase, Hohlräume durch Monomermangel; untere Bildkante jeweils 520 $\mu m$

*Zubereiten des Kunststoffteiges, Stopfen und Pressen:* Es kommen entweder *Heißpolymerisate* oder *Kaltpolymerisate* auf Pulver-Flüssigkeits-Basis in Betracht. Die Komponenten werden entsprechend der Herstellerempfehlung *dosiert*. Das Monomer wird vorgelegt, das Pulver (Abb. 7.2) dazugegeben und homogen vermischt.

> Zu viel Monomer erhöht die Polymerisationsschrumpfung und den Restmonomergehalt des Kunststoffs. Mit zu wenig Monomer entsteht ein zu trockener Teig, der sich schwerer pressen und verdichten läßt.

Beim Anteigen und während der *Anquellzeit* des Polymerpulvers (Abb. 7.3) muß die Mischung vor dem Abdunsten von Monomer geschützt werden. Die Anquellzeit wird vom Hersteller angegeben, ist allerdings temperaturabhängig. Richtige *Konsistenz* zum *Stopfen* ist gegeben, wenn sich der Teig in einem Stück von der Wand des Anmischgefäßes lösen läßt. Ausgetrocknete Teigreste, die sich evtl. am Instrumentarium finden, haben ein fehlerhaftes Mischungsverhältnis und dürfen nicht mit verarbeitet werden. Beim Einbetten ohne Wall wird der Teig in gleichmäßiger Dicke über den zahntragenden Konter verteilt. Beim Einbetten mit Wall müssen zunächst die bukkalen Partien unter den künstlichen Zähnen hindurch und danach die palatinale oder linguale Partie beschickt werden.

Das nun folgende *Pressen* des Kunststoffteiges hat für die Qualität des Polymerisates wesentliche Bedeutung. Vorauszusetzen ist die Möglichkeit eines kompletten *Küvettenschlusses* bis zum Metallkontakt der Küvettenhälften. Durch das Pressen wird die Polymerisationsform vollständig mit Kunststoffteig ausgefüllt, der Überschuß abgepreßt. Unter Zwischenlegen einer Polyethylenfolie soll bei heißpolymerisierbaren Kunststoffen eine *Probepressung* erfolgen und die erste Preßfahne abgeschnitten werden. Während der Küvettenfüllung entsteht durch das Fließen des Kunststoffteiges kein kontinuierlich anwachsender Druck. Er baut sich erst bei dem erneutem Pressen auf (*Viohl et al.* 1988). Zusätzlich zum äußeren Druck kann sich im fest eingeschlossenen Teig durch die Reaktionswärme bzw. Wärmezufuhr bei der Polymerisation ein gewisser Expansionsdruck aufbauen, der Strukturfehlern entgegenwirkt, aber während der eigentlichen Polymerisation wieder abfällt (*Viohl et al.* 1988). Benutzt werden hydraulische Pressen. Der *Druckaufbau* muß langsam erfolgen, bis im Bereich der Küvettenränder eine speckig glänzende Preßfahne austritt, die eine komplette Formfüllung anzeigt. Besondere Vorsicht ist bei der Einbettung mit Wall angezeigt, da anfangs durch ungleichmäßige Belastung für die Wälle Bruchgefahr besteht. Kaltpolymerisierende Kunststoffe las-

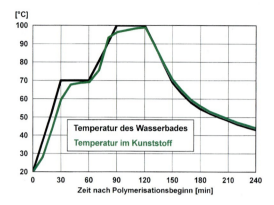

Abb. 7.4 Temperaturverlauf bei „klassischer" Heißpolymerisation

sen für eine Probepressung keine Zeit. Die *Schlußpressung* erfolgt bei kaltpolymerisierenden Kunststoffen als Polymerisationspressung über die vorgeschriebene Zeit, bei heißpolymerisierenden Kunststoffen über einige Minuten, nach denen die Küvette in einen Küvettenbügel umgesetzt, festgespannt und so für die Polymerisation vorbereitet wird.

*Polymerisation:* Die eigentliche Polymerisation betrifft den Monomeranteil des Kunststoffteiges. Bei den *Kaltpolymerisaten* sind Zeitpunkt und Höhe des Pressdruckes für die Polymerisation besonders wichtig (7.5.4). Bei den *Heißpolymerisaten* kommt dem *Temperatur-Zeit-Regime* große Bedeutung für die chemische und physikalische Qualität sowie die Struktur des definitiven Polymerisats zu (7.5.4).

Beim „klassischen" Stopf-Pressen wird meist folgendermaßen polymerisiert (Abb. 7.4): Die Küvette wird in Wasser von Raumtemperatur eingelegt, innerhalb von 30 min auf 70 °C erwärmt, auf dieser Temperatur 30 min gehalten, dann innerhalb von 30 min nahe 100 °C gebracht und 30 min bei dieser Temperatur gehalten. Die dosierte Wärmezufuhr ist erforderlich, um das Entstehen von Strukturdefekten (7.5.4) zu vermeiden.

Unter Überdruck ist eine *Kurzzeit-Heißpolymerisation* möglich (Abb. 7.5). Dafür

## 7.5 Technologie

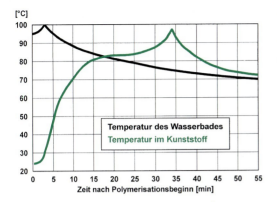

Abb. 7.5 Temperaturverlauf bei Kurzzeit-Heißpolymerisation

ausgewiesene Heißpolymerisate sind so eingestellt, daß die Polymerisation bei 80 °C einsetzt und dann durch die exotherme Wärme weiterläuft. Eine potenzierende Wärmezufuhr wäre schädlich. Die Küvette wird daher sofort in kochendes Wasser gebracht (pro Küvette 2–3 l), aber die Wärmezufuhr gemäß Herstellerangabe nur kurze Zeit aufrechterhalten.

> Die vom Hersteller übermittelten erprobten Bedingungen, die zu optimalen Eigenschaften führen sollen, sind einzuhalten.

Weitere Varianten sind Langzeitpolymerisationen bei 80 °C im Wasserbad oder bei 90 °C in Heißluft. Bei der „Trockenpolymerisation" kann es wegen einer Monomerabwanderung in das trockene Gipsmodell zu Strukturschäden an der Grenzfläche Kunststoff/Gips kommen, die sich in einer Weißverfärbung des Kunststoffs zeigt (7.5.4.). Das Ausbetten aus dem ausgetrockneten Gips, dessen Härte bis zum Dreifachen des feuchtfesten Gipses ausmachen kann, birgt ein erhöhtes Bruchrisiko für das Therapiemittel in sich.

> Nach Heißpolymerisation wird stets langsam abgekühlt. Ein verzögertes Ausbetten ist sowohl nach Heiß- als auch nach Kaltpolymerisation günstig (7.5.4).

*Ausbetten:* Zum Ausbetten werden Küvettendeckel und -boden abgenommen und der Gipsblock aus der Umfassung herausgedrückt. Durch geduldige dosierte Schläge mit einem nichtmetallischen Hammer entstehen im Gips Sprünge, er bröckelt ab. Durch Einsägen oder -fräsen in den Gips können Sollbruchstellen geschaffen werden, die das Ausbetten erleichtern. Ein pneumatisch betriebener Ausbettmeißel leistet gute Dienste. Das freigelegte Modell mit aufsitzender Prothese wird ggf. reokkludiert.

> Beim Abheben der Prothese vom Modell darf keine Gewalt angewendet werden, Hebeln ist gefährlich.

Das Stopf-Pressen von Kaltpolymerisaten gilt auch heute noch als einfaches und kostengünstiges Standardverfahren bei der Herstellung vor allem partieller aber auch totaler Prothesen.

Mit der „klassischen" Heißpolymerisation sind bei exakter Prozeßführung Polymerisate mit guter Struktur und guten physikalischen Parametern erreichbar. Um die Paßgenauigkeit zu verbessern, wurden besondere Technologien entwickelt (7.5.1.2; 7.5.1.3).

### 7.5.1.2 Hydropneumatische Überdruckpolymerisation

Gegenüber dem Stopf-Pressen (7.5.1) mit atmosphärischen Polymerisationsbedingungen kann durch Überdruckpolymerisation in einem druckübertragenden Medium bei offener, halboffener oder geschlossener Formgebung, meist unterstützt durch mäßige Wärmezufuhr, die Struktur optimiert (vergl. Abb. 7.6 und 7.7) und der Ablauf rationalisiert werden. Verwendet werden kaltpolymerisierende Prothesenkunststoffe, die sich in der Art der Zubereitung und der Ausgangskonsistenz unterscheiden. Die Modelle müssen isoliert und unbedingt gewässert sein, da sonst die bei der Druckpolymerisation aus dem Gips austretende Luft den

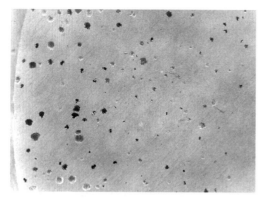

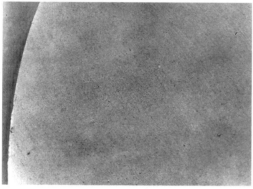

Abb. 7.6 und 7.7 Anschliffe von PMMA nach Polymerisation unter atmosphärischem Druck *(oben)* und nach hydraulisch-pneumatischer Überdruckpolymerisation *(unten);* zylindrische Körper, d = 15 mm; untere Bildkante oben 5,2 mm, unten 5,4 mm

Kunststoff vom Modell abheben oder in ihn eindringen kann.

*Gießverfahren:* Bei geschlossener Formgebung, dem eigentlichen „Gießverfahren", steht das im Sockel leicht konische Gipsmodell mit dem aufmodellierten Therapiemittel auf dem Boden einer Gießküvette. Durch die Eingießöffnung des aufgestülpten Oberteils wird Dubliermasse aus reversiblem Hydrokolloid oder aus additionsvernetzendem Silikon gegossen und verfestigt sich. Das Modell muß zum Abbrühen des Wachses und zum Isolieren aus der Form entnommen werden. Ein mindestens 5 mm breiter Modellrand gewährleistet eine sichere Repositionsmöglichkeit. Das Öffnen der Küvette und Lösen des Modells wird durch Luftinjektion erleichtert. Entlüftungskanäle sichern das blasenfreie Ausgießen mit Kunststoff. Zusätzlich kann zentrifugiert werden. Durch eine Bodenplatte aus Metall soll über bevorzugte Wärmezufuhr die Polymerisation an der Kontaktfläche Modell-Kunststoff beginnen und eine Schrumpfungslenkung erfolgen.

Verarbeitet werden kaltpolymerisierende Kunststoffe, die durch Mischungsverhältnis und quantitative Veränderungen des Reaktorsystems bei normaler Umgebungstemperatur ausreichend lange in dünnem Strahl fließfähig, danach noch einige Minuten plastisch verformbar sind. Die Fließphase kann durch Vorkühlung (6 °C) der monomeren Flüssigkeit verlängert bzw. bei hoher Arbeitsraumtemperatur gesichert werden. In der plastisch verformbaren Phase muß die Überdruckpolymerisation einsetzen.

Wegen des größeren Restmonomergehalts als bei gestopften Kaltpolymerisaten oder gar Heißpolymerisaten fällt die biologische Bewertung für Gießkunststoffe ungünstig aus. Hinsichtlich Polymerisationsschwindung und mechanischer Eigenschaften werden sie kritisch, aber unterschiedlich bewertet *(Lange et al. 1980, Lenz et al. 1975).* Keinesfalls dürfen kaltpolymerisierende Kunststoffe für das Stopfverfahren durch Monomerüberschuß fließfähig gemacht werden, da sich auf diese Weise die Eigenschaften weiter verschlechtern. Dies betrifft vor allem Präparate mit Polymersplitteranteilen im Pulver *(Lenz et al. 1975).*

Da die künstlichen Zähne elastisch eingefaßt sind, sind Stellungsänderungen im Kauflächenkomplex der polymerisierten Prothese gegenüber der Wachsaufstellung möglich. Entgegen der beim Stopf-Pressen entstehenden Bißerhöhung, können die künstlichen Zähne durch Polymerisationsschrumpfung der Basis aus ihrer elastischen Umfassung herausbewegt werden, es entsteht eine Okklusionsabsenkung. Bei neueren Verfahren (Inkovac, Provac, Looping) wird das Modell ergänzend zur Druckpolymerisation von der

Unterseite her einem Vakuum ausgesetzt, um die Adaptation des Kunststoffs an das Modell zu verbessern (*Eisenmann* 1987). Weiterentwickelte Küvetten sind mit einem Okklusionsstabilisator für die Dubliermasse ausgerüstet.

Für totalprothetische Versorgungen hat das Gießverfahren trotz Wegfall oder Rationalisierung von Arbeitsgängen (Gipsein- und ausbetten, temperaturbeschleunigte Kaltpolymerisation) gegenüber dem Stopf-Pressen kaum Bedeutung erlangt. Die Hauptindikationen der hydropneumatischen Polymerisation von Kaltpolymerisaten liegen beim Komplettieren von Modellgußgerüsten und der Herstellung kieferorthopädischer Apparate, allerdings mit „halboffener" Formgebung, sowie bei Unterfütterungen, Erweiterungen, Reparaturen (7.5.1.6).

*Modelliertechnik:* Die Objekte werden entweder aus standfestem Kunststoffteig auf einem Modell frei aufgebaut (kieferorthopädische Apparate, vor allem wenn sie beide Kiefer einbeziehen) oder durch Aufgießen der Mischung ergänzt (Komplettieren von Modellgußgerüsten, Prothesenreparaturen oder -änderungen). Dabei dient ein Vorwall zur stabilen Fassung von Zähnen, evtl. auch Drahtelementen und zur Reproduktion der modellierten Zahnfleischpartien.

> Beim Komplettieren von Modellgußgerüsten soll stets vor Beginn der Kunststoffverarbeitung eine Legierungskonditionierung (*Janda* 1990) erfolgen, um einen spaltfreien Legierungs-PMMA-Verbund zu erhalten.

Opaker, zahnfarben im Bereich aufgeschliffener Zähne, rosafarben unter dem Prothesenkunststoff, decken das saubere und fettfreie Gerüst ab.

*Streu- bzw. Sprühtechnik (Spray-on-Verfahren):* Pulver und Flüssigkeit werden direkt auf das isolierte Modell abwechselnd aufgebracht. Dazu dienen Pulver- und Flüssigkeitsflaschen mit feinen Sprühdüsen, oder die Komponenten befinden sich ergonomisch vorteilhaft in einem Sprühgerät. Das Anquellen erfolgt schichtweise auf dem Modell. Die Sprühtechnik eignet sich zur Herstellung kieferorthopädischer Geräte für einen Kiefer bzw. für die bei der Modelliertechnik genannten prothetischen Aufgaben. Wie bei der Modelliertechnik werden besonders bei dieser Technologie einbettungsbedingte Beschädigungen oder Dejustierungen der Halte- und Regulierungselemente kieferorthopädischer Geräte oder graziler Modellgußgerüste vermieden.

Die Kaltpolymerisate für die Sprühtechnik haben im allgemeinen eine kürzere Anquellzeit als solche für die Modelliertechnik. Es existieren aber auch Präparate, die wahlweise für Modellier- und Sprühtechnik verwendet werden können. Bei beiden Techniken läßt sich der aufgetragene Kunststoff schneiden. Wegen der weniger homogenen Struktur besitzt der gleiche Kunststoff nach der Sprühtechnik etwas niedrigere Festigkeitswerte als nach der Modelliertechnik.

Die *Polymerisation* beim Gießverfahren wie auch bei der Modellier- bzw. Sprühtechnik geschieht mittels Druckgefäß (2...4 bar) über 10...30 min in handwarmem Wasser (40...55 °C). Eine nicht zu hohe Temperatur läßt es zu, Wachs als Platzhalter auf dem Modell zu verwenden. Über das umgebende Medium muß Druck aufgebaut sein, ehe sich der Kunststoffteig zu verfestigen beginnt, da nur so eine optimale Verdichtung erreicht werden kann. Insofern sind elektronisch gesteuerte Geräte besser als lediglich mit Warmwasser geschätzter Temperatur gefüllte Druckkessel. Die Polymerisationsbedingungen (Druck, Temperatur, Zeit, Medium) müssen genau eingehalten werden (7.5.4).

### 7.5.1.3 Injektionstechnik und Nachpreßverfahren

Um die in der Vertikaldimension bzw. Okklusion von Prothesen störende Preßfahne sowie mögliche Stellungsänderungen der künstlichen Zähne auszuschließen, die Formfüllung sicherer zu machen und den Kunststoffteig zu verdichten, wurden Verfahren entwickelt, bei denen der Kunststoffteig in eine zweiteilige, vor dem Beschicken bereits fest verschlossene Hohlform eingepreßt wird, die mit einem Reservoir verbunden ist. Durch diese Art der Applikation (Injektion) wird primär Formidentität mit der Wachsmodellation erreicht und der negative Einfluß der Polymerisationskontraktion auf die Paßfähigkeit ausgeschaltet oder erheblich zurückgedrängt. Weiter kann durch gezielte Wärmeapplikation in Bereiche der Hohlform, die dem Reservoir entgegengesetzt liegen, ein Nachpreßen bis zuletzt sichergestellt und eine optimale Schwundlenkung erreicht werden.

Erforderlich sind auf den zu verwendenden Kunststoff abgestimmte Technologiesysteme. Verarbeitet werden entweder injektionsfähige Heiß- oder Kaltpolymerisate. Die Arbeitsschritte bis zum Entfernen des Wachses entsprechen im Prinzip dem Stopf-Pressen. Der Druck von 4...6 bar kann über Druckluft, die öl- und wasserfrei sein muß, aber auch über Federsysteme direkt erzeugt werden. Bei Heißpolymerisaten erfolgt die Wärmezufuhr im Wasserbad oder im Mikrowellengerät. Kaltpolymerisate können unter den gegebenen Überdruckbedingungen durch dosierte Wärmezufuhr in ihrem Polymerisationsablauf rationell beschleunigt werden.

Repräsentativ für die auf diese Weise qualifizierte *Heißpolymerisation* ist das SR-Ivocap-Verfahren, dessen Hauptanwendungsgebiet in der Herstellung oberer und unterer Totalprothesen liegt. Eingebettet wird in eine Spezialküvette, die hydraulisch gepreßt und mit einem Spannrahmen verriegelt wird (Abb. 7.8). Das Verfahren kompensiert durch gerichtete Wärmezufuhr

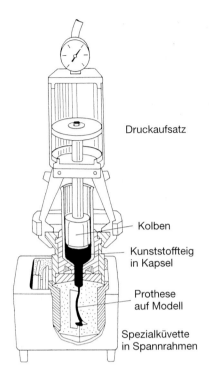

Abb. 7.8 Injektions- und Nachpress-Vorrichtung (SR-Ivocap-System)

(vorgeschriebener Wasserstand) und Nachpressen den Polymerisationsschwund praktisch vollständig. Der bei Heißpolymerisaten unvermeidliche, thermisch bedingte dorsale Randspalt, wird durch Verwendung eines zum System gehörenden, in der Expansion abgestimmten Gipses, ähnlich der Wirkung von Einbettmassen, ausgeglichen (*Körber* 1990). Polymerisationsbedingte Okklusionsstörungen sind so minimiert, daß eine Reokkludierung und ein Einschleifen der künstlichen Zähne entfallen können (*Körber und Ludwig* 1987). Arbeitshygienisch vorteilhaft ist das Anmischen des Kunststoffs in einem geschlossenen System (industrielle Vordosierung von Pulver und Flüssigkeit in Kapseln und maschinelles Mischen). Durch Präzision und Richtigkeit des Mischungsverhältnisses in Zusammenhang mit den weiteren Verfahrensparametern werden Polymerisationsgrad und Struktur optimiert, der Restmonomergehalt minimiert.

Als Beispiel eines Injektions- und Überdruckpolymerisationsverfahrens für *Kaltpolymerisate* sei das Palajet-PalaXpress-Palamat System angeführt. Die Mischung wird aus Flüssigkeit und Pulver hergestellt und über einen Füllzylinder in die Hohlform injiziert. Der Zeitpunkt der Injektion ist analog zum richtigen Zeitpunkt des Pressens beim Stopf-Pressen besonders zu beachten. Der Injektionsdruck wird aufrechterhalten, bis die Küvette mit dem dann nicht mehr fließfähigen Kunststoff in das Warmwasser-Überdruck-Polymerisationsgerät umgesetzt und fertigpolymerisiert werden kann.

Beim Unipress-System wird über eine Drehmomentspindel definierter Druck auf den Kunststoffteig aufgebracht. Ein Tellerfedersystem wirkt der Polymerisationskontraktion entgegen. Auch Injektionsgeräte zur gleichzeitigen Kaltpolymerisation von 2 oder 4 Küvetten (Duo- und Quattro-Injektor) wurden entwickelt.

### 7.5.1.4 Lichtpolymerisation

Zu dieser Technologie gehören Kunststoffe unterschiedlicher Darreichungsform, Konsistenz und Farbe, deren Polymerisation durch Licht initiiert wird. Sie sind nach dem Prinzip der Komposite aus einer Dimethacrylatmatrix mit Füllstoffen aufgebaut. Gegenüber reinem PMMA sind Wasseraufnahme, Polymerisationsschrumpfung und thermischer Ausdehnungskoeffizient geringer. Die mechanische Festigkeit liegt höher. Ihre Empfindlichkeit gegenüber Umgebungslicht ist so eingestellt, daß genügend Verarbeitungszeit zur Verfügung steht. Anzeichen einer angelaufenen Polymerisation, die dazu zwingt den Kunststoff zu verwerfen, sind Verkrustungen und Hautbildungen an der Oberfläche und eine Abnahme der gewohnten Plastizität. Die Konsistenz der Kunststoffe ist in Grenzen über die Temperatur beeinflußbar. Das bedeutet zugleich, daß nach Kühlschranklagerung erst eine Angleichung an die Raumtemperatur abgewartet werden muß, um das gewohnte Fließverhalten zu erreichen. Andererseits kann das Fließvermögen z. B. von Plattenmaterial, noch in der ungeöffneten Schutzverpackung, durch Eintauchen in ein Warmwasserbad (< 40 °C) erhöht werden. Es kann ohne Zeitdruck einer Abbindereaktion und fast überschußfrei, also materialsparend gearbeitet werden. Die Aushärtungszeit ist kurz. Das Polymerisat kann sofort bearbeitet werden.

Reine Lichtpolymerisate sind Einkomponentenwerkstoffe. Andere Kunststoffe sind dualhärtend. Sie werden als Gel aus Zweikomponenten-Kartuschen (Katalysator- und Basis-Paste) mittels Mischapplikatoren zubereitet und auf ein Modell oder das zu verändernde Kunststoffobjekt aufgebracht. Durch Autopolymerisation setzt nach zeitlich begrenzter Fließfähigkeit eine Verfestigung ein, die durch nachfolgende Lichtpolymerisation außerhalb des Mundes im Lichthärtegerät komplettiert wird.

Zur Polymerisation dienen *Bestrahlungsgeräte*, deren Hauptemission auf die Absorption und den Zerfall des Initiators (Radikalbildung) im Kunststoff abgestimmt ist. Die Lichtverteilung wird durch eine oder mehrere Lampen und gezielte Objektlagerung optimiert. Die Lichtstärke pro Zeit kann durch Photodedektoren standardisiert werden. Ist das Gerät damit nicht ausgestattet, muß es regelmäßig kontrolliert werden, um volle Leistung sicherzustellen (7.5.4).

Da zu allen Bereichen des Objektes ausreichender Lichtzutritt gegeben sein muß, kommt praktisch nur das Modellierprinzip in Betracht. Eine Polymerisation in geschlossener Form oder unter Überdruck ist gegenwärtig in der dentalen Technologie nicht verfügbar.

> Grundsätzlich beginnt die Polymerisation auf der Seite des Lichtzutritts. Folglich läuft auch die Schrumpfung gerichtet ab.

Vor allem bei dicker Schicht schrumpft das Objekt zur eingestrahlten Seite hin, kann sich von der Unterlage abziehen bzw. bei Adhäsion Spannungen aufbauen.

Die Objektdicke darf nicht über der Durchhärttiefe des Kunststoffs liegen. Eine Verlängerung der Belichtungszeit über die empfohlene Mindestbestrahlungszeit hinaus dient der Sicherheit. Da die Härte mit der Polymerisationstiefe abnimmt, ist genau zu dimensionieren. Beim Bearbeiten soll von der Oberfläche her möglichst wenig Substanz abgetragen werden. Dickere Objekte werden schichtweise auf dem isolierten Modell, das nicht gewässert sein muß, aufgebaut. Dies ist möglich, weil auf der erstpolymerisierten Schicht eine unpolymerisierte Inhibitionsschicht zurückbleibt, die zur Anpolymerisation befähigt ist (*Asmussen* 1984). Eine verletzte oder bearbeitete Erstschicht muß mit Matrixflüssigkeit als Haftvermittler erst konditioniert werden. Die einzelnen Schichten werden zunächst nur anpolymerisiert, dann gemeinsam endpolymerisiert. Die Bildung der Inhibitionsschicht kann auf der letzten Lichtpolymerisatschicht durch Auftragen eines Schutzgels verhindert werden. Anderenfalls wird sie mit der Politur beseitigt.

Angeboten werden lichtpolymerisierende Prothesenkunststoffe (*Khan et al.* 1987) für direkte und indirekte Unterfütterungen sowie kieferorthopädische Geräte. Als lichthärtendes Ausblockmaterial erscheinen sie unwirtschaftlich. Als Modellierwerkstoff sind sie bei kombinationsprothetischen Versorgungen hilfreich. Insbesondere zur Herstellung individueller Abform- und Funktionslöffel werden heute wegen technologischer und werkstofflicher Vorteile statt Kaltpolymerisaten oder thermoplastisch zu verarbeitendem Plattenmaterial lichtpolymerisierbare Acrylate verwendet (*Wirz et al.* 1991).

Diese *lichtpolymerisierenden Kunststoffe für Abformlöffel* stehen als Platten oder Bandmaterial zur Verfügung. Sie werden manuell auf das ggf. mit Wachs oder Knetsilikon ausgeblockte Modell adaptiert und entsprechend der vom Zahnarzt vorgegebenen Löffelbegrenzung beschnitten. Vor der Polymerisation wird anmodelliert (Löffelgriff, Verstärkungen). Im Lichtgerät ist ausreichend lange zu polymerisieren, bei dicken Löffeln nach Abheben sekundär auch von der Unterseite. Der Bearbeitungsaufwand ist gering. Am besten geeignet sind kreuzverzahnte Hartmetallfräser. Absaugung ist obligatorisch. Diese Löffelkunststoffe erreichen auf Grund ihrer organischen Matrix und anorganischer Füllstoffe eine deutlich höhere mechanische Festigkeit (E-Modul bis 10 000 N/mm$^2$, Biegefestigkeit > 100 N/mm$^2$) als PMMA (*Wirz et al.* 1991). Die polymerisierten Löffel sind ohne definierte Wartezeit benutzbar, formstabil und für die galvanoplastische Modellherstellung tauglich. Durch größere Schichtdicke und optimale Modellationsform (stegartige Verstärkung, Pfeilerumfassungen) kann ihre Verwindungssteifigkeit höher als bei konfektionierten Metallöffeln liegen (*Körber 1992*).

Für *kieferorthopädische Apparate* stehen Kunststoffe in verschiedenen Farben zur Verfügung. Regulierungselemente werden vorher auf dem Modell mit Klebewachs oder standfestem lichthärtendem Kunststoff fixiert.

Bei *lichthärtenden Unterfütterungskunststoffen* ist zur besseren Verbindung mit dem Kunststoff der vorhandenen Prothese die zu unterfütternde Fläche anzurauhen und mit ungefülltem und MMA-haltigem Kunststoff (bonding agent) zu beschicken. Ist dieser penetriert, wird er polymerisiert. Erst dann kann der Unterfütterungskunststoff aufgetragen werden und die Ausformung mit dem pastösen Material beginnen. Wenn immer möglich, wird zunächst durch die Oberseite der vorhandenen Prothese hindurch erstpolymerisiert, dann das Kunststoffobjekt aus dem Mund oder vom Modell genommen und nach Auftragen von Schutzgel von der Unterseite fertigpolymerisiert. Nach der Polymerisation wird das Gel abgewaschen.

*Lichthärtender Modellierkunststoff* dient alternativ zum Wachs und zu Autopolymerisaten dem Aufbau von Gußobjekten oder Vorlagen für Kopierverfahren (Celay). Ein portionsweises Auftragen ist wie bei der Pinseltechnik (7.5.1.7) zur Reduktion der Schrumpfung sinnvoll. Durch organische Füllstoffe werden vom Hersteller verschiedene Konsistenzen eingestellt. Modellierkunststoff ist frei von anorganischen Füllstoffen, damit er aus der Einbettmassehohlform rückstandslos ausgebrannt werden kann (650...700 °C). Dabei gefährdet er im Gegensatz zu PMMA-Autopolymerisaten die Einbettmassehohlform nicht, da er beim Erwärmen nicht quillt. Modellierkunststoff ist fräsbar und deshalb zur Anfertigung von Sekundärteilen in der Teleskop- und Geschiebetechnik einsetzbar.

### 7.5.1.5 Mikrowellenpolymerisation

Bei diesem in jüngerer Zeit angebotenen Verfahren wird Mikrowellenstrahlung zur Heißpolymerisation genutzt. Die Mikrowellenenergie wird zu einem großen Teil von den Wassermolekülen im Modell- bzw. Einbettgips absorbiert und bringt diese in Schwingungen. Die Schwingungsenergie wird in Wärme umgewandelt und bringt das Wasser zum Kochen. Zu einem geringeren Teil wirkt die Strahlung direkt auf den Kunststoffteig. Die Küvetten sind verschraubbar und bestehen aus bruchfestem, faserverstärktem Polyester, der in seiner Mikrowellendurchlässigkeit und Wärmeleitfähigkeit definiert ist. Erste Entwicklungsarbeiten für zahnmedizinische Anwendung wurden 1968 in Japan bekannt. Die Methode wird dann vorteilhaft, wenn sie sich durch deutlichen Zeitgewinn bei optimaler Kunststoffqualität und Paßfähigkeit von anderen technologisch aufwendigen Methoden abhebt. Unter bestimmten Bedingungen ist eine reine Polymerisationszeit von etwa 3 min ausreichend.

Die Methode ist diffizil, deshalb muß genau nach Herstellerangaben gearbeitet werden. Dies betrifft z. B. den empfohlenen synthetischen Gips, die räumliche Zuordnung Küvette-Strahlungsquelle oder den Abkühlungsmodus nach der Polymerisation. Primäre (Leistungsabgabe/Zeit) oder sekundäre Leistungsdefizite des Gerätes (Absorption von Mikrowellenstrahlung durch Verschmutzung oder Wasser im Garraum) bedingen ungenügende Polymerisation (*Kimura und Teraoka* 1988).

Zur Polymerisation von Acron MC der Fa. GC eignet sich ein handelsübliches Mikrowellengerät mit einer Wellenlänge von 12 cm (Frequenz 2450 MHz), 500 W Leistung und einem Drehteller bzw. einer Drehantenne. Einbetten des Modells, Isolieren, Konditionieren der Basisflächen künstlicher Zähne, Anteigen von Pulver und Flüssigkeit, Anquellen lassen, Stopfen und Pressen einschließlich Probepressen, entsprechen dem Stopf-Pressen totaler und partieller Prothesen. Die Küvette darf nicht mit Vaseline eingerieben werden. Das Erweichen des Wachses kann herkömmlich, aber auch durch Mikrowellenenergie erfolgen. Das Verfahren wird bei nur geringer Veränderung von Parametern (Zeitdauer der Polymerisation, Lagerung der Objekte) auch für Unterfütterungen und zur Komplettierung von Einstückgußgerüsten empfohlen. Der gleiche Kunststoff, einmal mikrowellenpolymerisiert, zum anderen herkömmlich im Wasserbad heißpolymerisiert, ergab keine signifikanten Unterschiede in der Härte, Porosität und Biegefestigkeit (*Levin et al.* 1989). Der Dorsalrandspalt stilisierter Oberkiefer-Prothesenbasen entsprach dem von Kaltpolymerisaten (*Nölting* 1992, *Takamata et al.* 1989).

Bei einem System der Fa. Dentsply sollen die Vorteile der Injektions- und Nachpreßtechnik genutzt werden. Für die Modelle und zum Einbetten wird ein Gips verwendet, der durch sein Dimensionsverhalten die thermische Kontraktion des Kunststoffs bei der Abkühlung nach der Polymerisation ausgleichen soll. Eine Einbettschablone dient der exakten Plazierung des Modells in der Küvette. Der Kunststoffteig besteht aus Urethandimethacrylat mit ca. 50 m% eines Gemisches anorganischer und organischer

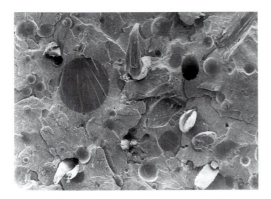

Abb. 7.9 Bruchfläche eines mikrowellenpolymerisierten Prothesenkunststoffs; untere Bildkante 216 μm

Füllstoffe sowie organischen Fasern (Abb. 7.9). Er befindet sich als Einkomponenten-Material in einer Kartusche, aus der er mittels einer Einspritzvorrichtung in die Küvette injiziert wird. Der Einspritzdruck muß ausreichend lange aufrecht erhalten werden. Der Polymerisationskontraktion wird durch eine angekoppelte Nachpreßeinrichtung entgegengewirkt. Polymerisiert wird in der vom Wachs befreiten, isolierten und mikrowellengetrockneten Gipshohlform bei präzisem Küvettenschluß in einem geeigneten Mikrowellengerät. Das Energiemaß wird durch ein Mikrowellen-Energiemeßgerät mikroprozessorgesteuert, um den angestrebten Polymerisationsumsatz zu erreichen, andererseits aber auch Strukturfehler auszuschliessen (7.5.4).

### 7.5.1.6 Anpolymerisation – Unterfütterung, Erweiterung, Reparatur

> Bei der *Unterfütterung* (*Gasser* 1973) handelt es sich um die Neuanpassung einer Prothesenbasis bei Erhalt des künstlichen Kauflächenkomplexes zur Korrektur einer Inkongruenz zwischen Prothesenbasis und Prothesenlager. Ziel ist die Verbesserung von Sitz, Halt und Funktion des Zahnersatzes.

Die wesentlichsten Indikationen sind eine falsche Bißrelation, eine Unterextension der Basis, bei Freiendprothesen das Absinken des Freiendsattels, bei Immediatprothesen die Notwendigkeit der Anpassung an das sich verändernde Prothesenlager bis zu dessen morphologischer Stabilisierung. Eine partielle Unterfütterung betrifft nur Teilareale, eine totale Unterfütterung, bevorzugt bei Totalprothesen auch als Rebasierung ausgeführt, die gesamte Schleimhaut-Kontaktfläche der Prothesenbasis.

Die Unterfütterung kann direkt oder indirekt erfolgen. Bei der *direkten* Unterfütterung wird der Kunststoffteig auf das zu verändernde Therapiemittel aufgebracht, im Mund funktionell ausgeformt und polymerisiert. Vorteile sind Zeitgewinn, Wegfall labortechnischer Arbeitsgänge, unmittelbare Hilfe und sofortige Überprüfbarkeit des Behandlungsergebnisses. Nachteilig sind der Kontakt der Schleimhaut mit dem frischen Kunststoffteig, die Gefahr thermischer Irritation durch die Reaktionstemperatur und die gegenüber im Labor verarbeitetem Kunststoff schlechtere Qualität, vor allem die ungenügende Verdichtung und ihre Folgen, wie höhere Porosität. Deshalb muß die direkte Unterfütterung auf Ausnahmefälle beschränkt bleiben (*Wannenmacher* 1954).

Die *indirekte* Unterfütterung erfolgt nach Abformung und Modellherstellung im Labor. Dabei muß die Bißlage fixiert werden. Geeignet sind Unterfütterungsgeräte, Fixatoren, Artikulatoren. Es kann aber auch ein Modell mit einer oder besser zwei abstützenden Verlängerungen gegossen oder analog zum Stopf-Pressen mit einer Küvette gearbeitet werden. Die zu unterfütternde Prothese wird vom Abformwerkstoff gesäubert, die Ränder werden eingekürzt, Unterschnitte beseitigt. Die gesamte Kontaktfläche wird in der Dicke zurückgenommen, angeschliffen und sparsam mit Monomer benetzt. Üblicherweise wird kaltpolymerisierender Kunststoffteig aufgegossen. Sobald er standfest ist, wird die Vertikaldimension sichergestellt, anmodelliert und im warmen Wasser unter Überdruck polymerisiert. Bei einer Rebasierung bleibt nur der Zahnkranz stehen. Die anderen Teile werden zunächst in Wachs wieder aufgebaut. Das weitere Vorgehen entspricht der klassischen Küvettentechnologie.

*Erweiterungen* betreffen Änderungen am vorhandenen Zahnersatz nach weiterem Zahnverlust, wobei in der Regel künstliche Zähne und Halteelemente im zahntechnischen Labor ergänzt bzw. versetzt werden müssen, sofern es sich nicht nur um eine reine Extension der Prothesenbasis handelt. Nach Überabformung wird das Modell des betreffenden Kiefers hergestellt, oft zusätzlich das des Gegenkiefers. Meist kann einbettungsfrei polymerisiert werden, indem die zu ergänzenden Teile in einem Vorwall fixiert (Zähne, Halteelemente) bzw. in ihrer Form (Basis) festgelegt sind. Der Grenzbereich zur vorhandenen Prothese ist ähnlich wie bei einer Unterfütterung zu behandeln, um die Anpolymerisation sicherzustellen. Aus mechanischen Gründen ist evtl. zu verstärken.

*Reparaturen von Kunststoffprothesen* sind ein verhältnismäßig häufiges Erfordernis. Abgesehen von der seltenen extraoralen Gewalteinwirkung (Schlag, Fall), liegt die Ursache in einer Ermüdung des Kunststoffs durch mechanische Dauerbeanspruchung bei wechselndem Milieu unter oralökologischem Einfluß. Das Prothesenlager verändert sich über die Tragedauer der Prothese quantitativ und qualitativ. Dies führt zu anfangs minimalen, später für den Zahnarzt erkennbaren, jedoch für den Patienten bei guter Inkorporation durchaus nicht immer bemerkbaren Inkongruenzen, die den Prothesenwerkstoff bis zum Bruch überlasten. Spätestens der Prothesenbruch führt dann – ein durchaus positiver Effekt – den Prothesenträger zum Zahnarzt, der über Reparatur, evtl. mit Unterfütterung oder Neuanfertigung entscheidet.

In der Zahnarztpraxis wird die Fügemöglichkeit der gebrochenen Teile geprüft. Ggf. müssen die Teile lagerecht zueinander fixiert werden; eine Überabformung kann angezeigt sein. Reinigung und Desinfektion sind unerlässlich. Im Labor wird ein Modell hergestellt, das die Lage der Teile exakt sichert (Einfassung der Prothesenränder). Geht der Sprung oder Bruch durch labiale Anteile, evtl. den Funktionsrand, sind diese Gebiete durch einen Vorwall abzubilden. Der Spalt wird relativ großzügig (2...4 mm) erweitert und seitlich abgeschrägt, um die Fügefläche zu vergrößern. Grobmechanische Retentionen sind nicht erforderlich. Die Fügeflächen werden monomerinfiltriert. Kaltpolymerisierender Kunststoff wird auf das gewässerte und isolierte Modell aufgetragen und im Überdruckgefäß polymerisiert.

> Die Bearbeitung der Reparatur entspricht der bei einer Prothesenneuanfertigung.

Die vorgegeben Prothesenteile (Funktionsrand) dürfen selbstverständlich nicht verändert werden.

Kunststoffe, die im Labor zur Unterfütterung, Erweiterung oder Reparatur eingesetzt werden sollen, müssen grundsätzlich die gleichen Anforderungen erfüllen wie Kunststoffe für definitive Therapiemittel. Zusätzlich müssen sie sich zuverlässig mit dem Kunststoff des vorhandenen Therapiemittels verbinden. Es empfiehlt sich, den chemisch und farblich gleichen Kunststoff zu verwenden, aus dem das Therapiemittel besteht. Heißpolymerisate aus PMMA können prinzipiell mit heißpolymerisierbarem PMMA mechanisch stabil ergänzt werden. In der Regel werden sie aber mit kaltpolymerisierbarem PMMA kombiniert, um das Problem thermischer Verspannungen zu umgehen und den technologischen Aufwand gering zu halten. Auch bei Kaltpolymerisaten entstehen durch die Polymerisationskontraktion des ergänzten Kunststoffs in der vorhandenen Basis Spannungen (*Meiners und Rehage* 1983, *Marx* 1960). Dies kann zu Verbiegungen der Basis führen, evtl. zu einer Verbesserung des Ventilrandabschlusses, aber durch Verwerfungen auch zu okklusalen Veränderungen.

> Nach Unterfütterungen ist stets eine Okklusionskontrolle und ggf. -korrektur erforderlich.

Bei „Problemen" der Prothesen-Adaptation kommt evtl. eine Unterfütterung mit „weichen" Kunststoffen (7.6) in Betracht.

### 7.5.1.7 Hilfswerkstoffe

Kaltpolymerisate mit sehr kurzer Anquell- und Polymerisationszeit, aber auch lichtpolymerisierbare Präparate, dienen dem Zahnarzt und Zahntechniker als Hilfswerkstoffe zum Fixieren, für kleinflächige Korrekturen an Abformlöffeln und zum Modellieren. Beim Modellieren empfiehlt sich die sog. Pinseltechnik, bei der das Modellierinstrument abwechsend mit Monomer und Polymerpulver beschickt und die so gewonnenen kleinen Kunststoffportionen sukzessive zum Kunststoffobjekt aufgebaut werden. Gegenüber einer einheitlichen größeren Menge liegt der Vorteil in einer verminderten Polymerisationsschrumpfung, die außerdem auf die vorhergehende Portion gerichtet abläuft.

## 7.5.2 Thermoplastische Verarbeitung

Diese Verarbeitungsart ist dadurch gekennzeichnet, daß ein fertiges Polymer (Thermoplast) durch Wärme plastifiziert und durch Druck geformt wird. Eine Polymerisationskontraktion entfällt also.

*Spritz-Gießen im Kartuschensystem:* In Einmalgebrauchs-Metallkartuschen befindliches Kunststoffgranulat wird in Spritzgußmaschinen mit automatischer Temperatur- und Druckführung bis nahe an die Grenze der Depolymerisation verflüssigt, mit hohem Druck rasch in Hohlformen gespritzt und unter Druck bis zum Erstarren belassen. Zeitweilig wurden vor allem Polycarbonate und Polyamide (7.4) verarbeitet. Gegenwärtig ist ein PMMA-Copolymerisat (PVS-H/Polyan) bekannt, das bei 260 °C gespritzt wird. Die Spritzform kann im Gegensatz zur Gebrauchsgüterfertigung nicht aus Metall und wiederverwendbar sein, vielmehr wird auch hier für die einmalige individuelle Formung mechanisch widerstandsfähiger Gips benutzt. Der technologische Aufwand ist relativ hoch. Die Formenvarianz der Kunststoffobjekte macht eine strömungstechnische Optimierung schwierig. Die Fadenmoleküle werden in Fließrichtung gestreckt und geraten unter Spannung. Die große Differenz zwischen Spritztemperatur und Küvetten- bzw. Raumtemperatur induziert über eine erhebliche thermische Kontraktion ebenfalls Spannungen im Prothesenkörper. Dies kann in der Gebrauchsperiode zu Formveränderungen und zu Craquelierungen führen (7.5.4). Vorteilhaft gegenüber PMMA sind die geringere Wasseraufnahme (= < 0,4 %), die geringere Plaqueanlagerung, die porenfreie Struktur durch die gute Verdichtung und die bessere Schlagfestigkeit. Das genannte Co-Polymerisat gilt als Alternativ-Kunststoff bei MMA-Unverträglichkeit.

Um das Spritzgießen von Polycarbonat zu umgehen, wurde auf thermoplastisch zu verformende Polycarbonatfolie als Kontaktmaterial zum Tegument ausgewichen. Die eigentliche Prothesenbasis ist aus PMMA hergestellt, das sich adhäsiv mit Polycarbonat verbindet (*Schubert* 1980). Vorteile sind Entprofilierung, verminderte Quellung, geringere Keimretention, leichtere Prothesenhygiene.

Auch bestimmte „weiche" Kunststoffe können durch Spritz-Gießen geformt werden (*Zeiser* 1991).

*Schmelz-Pressen:* Dieses Verfahren ist in der dentalen Technologie zusammen mit der Verarbeitung eines Mischpolymerisates aus Vinylchlorid, Vinylacetat und PMMA bekannt geworden (Luxene - diffizile Verarbeitung bereits ab der Einbettung; nur in Lizenzlabors). Die geteilte Spezialküvette wird mittels IR-Strahler vorgeheizt, mit vorpolymerisiertem Gel beschickt und in einer besonderen Vorrichtung durch Motorkraft mit hohem Druck geschlossen. Aus einer nachfolgend angekoppelten Schmelz-Preß-Anlage wird die heiße Hohlform mit plastifiziertem Kunststoff bei 7 bar verdichtend aufgefüllt. Die Auspolymerisation erfolgt im gesteuerten Wasserbad bei 97 °C über 90 min. Technologisch und durch die Art des Kunststoffs bedingt, liegt die Wasseraufnahme niedrig, die Bruchfestigkeit ist gegenüber PMMA erhöht, die Paßfähigkeit gleichwertig.

*Tiefziehen:* Diese Möglichkeit steht in der Zahnmedizin seit 1956 zur Verfügung. Halbzeuge aus thermoplastischem Kunststoff in Platten- oder Folienform werden in Tiefziehgeräten durch geeignete Wärmequellen, in der Regel IR-Strahler, dosiert erwärmt (60 ... 120 °C) und mechanisch, mittels Druckluft oder Vakuum, evtl. unter Zwischenlage einer Gummi- oder PUR-Schaum-Lage, die ein Durchschlagen verhindern soll, an eine formgebende Unterlage in etwa gleichbleibender Schicht adaptiert. Der Geräte-, Material- und Zeitaufwand ist gering, die Methode unkompliziert. Die Dimensionierung richtet sich nach dem Anwendungszweck. Geformt wird Polystyrol, Polycarbonat, auch PMMA und weicher Kunststoff. Polystyrol verbindet sich mit angeteigtem Methacrylat. Die Hauptanwendung liegt beim Herstellen von Miniplastschienen (kaufunktionelle Therapie, Formhilfe bei Direktanfertigung temporärer Kronen und Brücken). Für Abformlöffel und Bißnahmebehelfe werden heute Lichtpolymerisate verwendet (7.5.1.4).

## 7.5.3 Kunststoff-Bearbeitung

Die Eingliederung in die Mundhöhle erfordert aus biologischen, hygienischen, ästhetischen und bruchmechanischen Gründen eine schrittweise Oberflächenbearbeitung der polymerisierten Kunststoffobjekte.

Maßvolles Abrunden von Kanten und sorgfältiges Glätten dient der Druckstellenprophylaxe. So sind auf der Schleimhautseite scharfkantige Strukturen zu brechen (z. B. Grenzzone des Hohllegungsbereichs im OK) bzw. zu entfernen (Kunststoffperlen, die sich in Modellporositäten gebildet haben).

Jede Bearbeitung mit rotierenden Instrumenten erzeugt Wärme, gegen die die schlecht wärmeableitenden Prothesenkunststoffe empfindlich sind.

Um eine Schädigung des Prothesenkunststoffs (7.5.4) zu vermeiden, ist stets mit wenig Druck zu arbeiten und die zu bearbeitende Stelle am Kunststoff ständig zu wechseln.

Grundsätzlich ist die Formgebung, das eigentliche *Ausarbeiten* des Kunststoffobjektes, aus rationellen Gründen soweit wie möglich durch gute Modellation vorwegzunehmen.

Durch glatte Modelloberflächen und gute Isolation wird die Oberflächenqualität von vornherein begünstigt. Nicht nur grobe, sondern auch feine Kerben sind Ausgangspunkte möglicher Prothesenbrüche. Für die Entfernung von Überschüssen haben sich bei ungefülltem PMMA und ganz besonders bei füllstoffhaltigen Kunststoffen hochtourig betriebene, kreuzverzahnte Hartmetallfräser bewährt. Auch Stahlinstrumente sind weiter üblich. Für Oberflächenkorrekturen sind auch Schleifkörper geeignet, sofern sie eine nicht zu dichte Textur sowie ein nicht zu feines Korn aufweisen und vom Widerstand des Bindemittels her nicht allzu fest sind. Bei wenig Druck und hoher Drehzahl lassen sich feine Schlifflächen erzielen, wenn die mögliche Schnittiefe des Korns nicht voll genutzt wird. Mit rotierenden Schleifstreifen und -scheiben unterschiedlicher Körnung wird feingeschliffen. Die Übergänge Modellguß-Legierung/Acrylat lassen sich mit Silikonpolierern gut bearbeiten. Diese „Polierer", eigentlich Schleifkörper mit silikongummigebundenen Schleifkörnern, sind dicht strukturiert und neigen besonders zur Wärmeentwicklung. Daher sind sie mit nur mäßiger Drehzahl zu betreiben. Interdentalräume des sichtbaren Prothesenbereichs werden mit handstückbetriebenen Bürstchen bearbeitet. Von rotierenden Handinstrumenten wird auf Feinstschliffsuspensionen übergegangen, die durch Filzkörper und Bürsten unterschiedlicher Härte am langsam laufenden stationären Poliermotor zur Wirkung kommen.

> Bei Wechsel auf ein feineres Schleifmittel muß das Kunststoffobjekt gesäubert werden, um nicht gröbere Körner in die nächste Bearbeitungsstufe zu verschleppen.

Statt Bimsstein werden heute wegen der Staubgefährdung quarzfreie Austauschpräparate (feinster Elektrokorund, Feldspatabkömmlinge) verwendet, die antimikrobiell dotiert sein können. Um den Kunststoff nicht zu schädigen und aus arbeitshygienischen Gründen ist stets naß zu schleifen. Absaugung ist bei allen Schleif- und Polierarbeiten obligatorisch. Die Suspensionen sollen aus hygienischen Gründen oft erneuert werden.

Im Gegensatz zum spanabhebenden Schleifen ist beim Polieren eine Formänderung nicht mehr beabsichtigt (vgl. auch Kap. 12.5). Das Einebnen des Mikroprofils steht im Vordergrund. Der Hochglanz entsteht durch immer feineres Abtragen bis in den µm-Bereich und nicht durch thermoplastische Verlagerung der Grate des Mikroprofils in die Täler (*Berlage und Marxkors* 1969). Dies tritt aber bei einer Erwärmung des PMMA > 70 °C auf, führt zur Aufrauhung der Oberfläche und leistet exogenen Verfärbungen Vorschub. Polierpasten, die mineralische Stoffe wie z. B. MgO mit stumpfem und sehr feinem Korn enthalten, werden mit Schwabbeln aufgetragen. Ein Wachs- oder Fettanteil soll als Schmier- und Kühlmittel wirken.

> Die mit der Schleimhaut kontaktierende Seite ist aus biologischen Gründen leicht mit Bürste und Schwabbel zu bearbeiten, ohne daß es zu Formveränderungen kommt. Die Kunststoffzähne dürfen ihre natürlich wirkende Oberflächenstrukturierung nicht verlieren und sind zu schonen.

Zur Oberflächenbearbeitung ist auch das als *Versiegeln* bezeichnete Aufbringen eines dünnflüssigen, lichtpolymerisierbaren Kunststoffilms zu rechnen. Es handelt sich um Gemische mehrfachfunktioneller Methacrylate mit einem MMA-Anteil von 5...50 %, der mit PMMA einen mechanischen und chemischen Verbund eingehen kann. Laboruntersuchungen ergaben eine höhere Abriebfestigkeit und gute Lösungsmittelresistenz. Unter Mundbedingungen wurden jedoch im Vergleich mit herkömmlich hochglanzpolierten Oberflächen nach einiger Zeit Aufrauhungen, Verfärbungen (nach 6 Monaten 50...60 %) und, indexbelegt, stärkere Plaqueanlagerungen festgestellt (*Scheutzel* 1989).

### 7.5.4 Verarbeitungsfehler und Vermeidung

Es ist prinzipiell möglich, daß im Ergebnis der individuell geprägten Kunststofftechnologie mit ihren zahlreichen Detailschritten und ihrer unerläßlichen Werkstoffkette visuell und nichtvisuell fehlerhafte Polymerisate und Therapiemittel entstehen können.

> Visuell kann es sich um *Fehler der inneren oder äußeren Struktur* und/oder *Formabweichungen* handeln.

Für *Porositäten* kommen verschiedene Ursachen in Betracht: Luftblasen (Abb. 7.10) entstehen, wenn bei Pulver-Flüssigkeits-Präparaten durch ungünstige Anmischtechnik Luft eingerührt wird. Bei Kunststoffpasten sollte eine herstellungsbedingte Porosi-

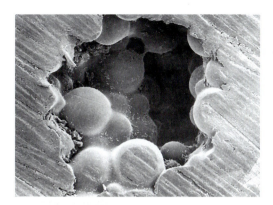

*Abb. 7.10* Lufteinschluß und/oder Schwundvakuole in PMMA aus monomerarmem Kunststoffteig; untere Bildkante 260 $\mu$m

tät nicht vorkommen. Auch ein primär falsches Mischungsverhältnis beeinträchtigt die Kunststoffqualität. Bei Monomerüberschuß erhöht sich die Polymerisationskontraktion. Bei einem zu trockenen Kunststoffteig werden die Polymerteilchen zu wenig benetzt und ungenügend miteinander verkittet. Im Polymerisat entstehen Defekte (Abb. 7.10), die Festigkeit nimmt ab. Die Blasen- und Porenbildung wird durch falsches Pressen begünstigt. Wird zu früh gepreßt, fließt der Kunststoffteig zu schnell ab. Es wird nicht genügend verdichtet. Gleichzeitig wird Monomer abgepreßt. Es entsteht ein sekundär falsches Mischungsverhältnis. Wenn das Monomer die Isolierung durchschlägt, läßt sich der Kunststoff beim Ausbetten außerdem schlecht vom Gips trennen. Wird zu spät gepreßt, sind monomerverarmte Stellen im Kunststoff sehr wahrscheinlich. Außerdem ist ein hoher Druck zum Fließen des trockenen Kunststoffteiges notwendig, der die Einbettform und die künstlichen Zähne gefährdet und eine starke Bißerhöhung mit verlagerten Halteelementen hervorrufen kann.

Die Polymerisationsschwindung wirkt sich unterschiedlich aus. Sind die Kontraktionskräfte stärker als die Haftung des Kunststoffs an der Formwand, so entstehen *Einziehungen an der Oberfläche* des Kunststoffobjektes, die an der modellabgewandten Seite beim Ausarbeiten eliminiert werden, an der Modellseite aber zu Ungenauigkeiten führen. Ist die Haftung an der Formwand größer als die Kontraktionskraft, so stellen sich im Kunststoffobjekt *Schwundvakuolen* ein. Dies ist auch zwangsläufig der Fall, wenn die Polymerisation und Verfestigung in der Außenschicht des Objektes beginnt, während der Kunststoff im Zentrum noch plastisch ist, z. B. bei kaltpolymerisierenden Kunststoffen in einer zu warmen Hohlform oder bei heißpolymerisierenden Kunststoffen durch massive Wärmezufuhr. Vor allem voluminöse Objekte können so im Inneren eine auffällige Porosität entwickeln. In der kalten Küvette dagegen beginnen Kaltpolymerisate im Inneren des Objektes zu polymerisieren.

Besonders bei atmosphärischer Heißpolymerisation (7.5.1.1), wo im Inneren von Küvetten bis zu 150 °C gemessen wurden, können Porositäten als *Monomerdampfblasen* entstehen, wenn keine dosierte Wärmezufuhr erfolgt.

> Bei rascher Wärmezufuhr setzt die Polymerisation massiv ein, es wird eine erhebliche Menge an exothermer Energie (55 kJ/mol) frei, die besonders aus dickeren Kunststoffpartien ungenügend abgeleitet wird und zu einer erheblichen lokalen Erwärmung über den Siedepunkt des Monomeren (100,3 °C) hinaus führen kann (Abb. 7.11 und 7.12).

Außerdem kann Wasser aus dem Modell- und Einbettgips als Dampf ausgetrieben werden und *Wasserdampfblasen* bilden.

> Wenn sich Wasser und Monomer vereinigen, entstehen unter atmosphärischen Bedingungen bereits ab 78 °C *Siedeblasen eines azeotropen Gemisches* dieser beiden Stoffe.

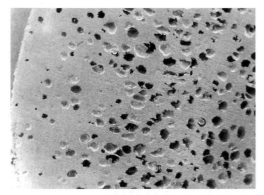

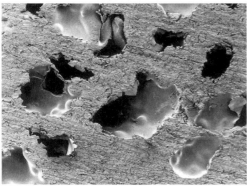

*Abb. 7.11 und 7.12* Monomerdampfblasen in kaltpolymerisierendem MMA/PMMA-Teig durch Wärmezufuhr ohne Überdruck; zylindrische Körper, d = 15 mm; untere Bildkante 5,2 (oben) und 1,1 mm (unten)

Prophylaktisch werden daher Gipsmodell und Einbettgips für die Heißpolymerisation entsprechend präpariert. Durch Zusatz von $CaCl_2$ zur Gipsmischung bzw. durch Bepinseln/Tränken des Modells mit 15 ... 30 %iger $CaCl_2$-Lösung wird eine Siedepunktserhöhung des interkristallinen Wassers bewirkt. Die Ca-Ionen verbessern gleichzeitig den Effekt der Alginatisoliermittel (vergl. Abbindereaktion der Alginatabformwerkstoffe Kap. 9.5.4.1).

Bei Häufung an der Oberfläche treten Porositäten mikroskopischer Größenordnung als helle Farbschleier, sog. *Weißverfärbung* (*Marx* 1961), in Erscheinung. Sie beruht auf der diffusen Reflexion und Transmission des Lichtes an ungenügend verkitteten Polymerteilchen, zwischen denen Mikroporositäten

angesiedelt sind. Dies ist besonders bei nicht eingefärbtem Kunststoff zu beobachten, der dann statt „glasklar" zu sein, opak aussieht.

> Alle auf Hohlraumbildung beruhenden Strukturfehler schwächen das Gefüge, verschlechtern die physikalische und biologische Wertigkeit des Prothesenkunststoffs, sind der Hygiene hinderlich und ein ästhetischer Mangel.

Diese Fehler lassen sich bei Polymerisation unter Überdruck vermeiden. Sie ist wo immer möglich zu bevorzugen. Dafür verwendete Geräte sind hinsichtlich Temperaturführung und Druck zu kontrollieren. Wurde nicht unter Überdruck (2,2 bar) sondern bei Normaldruck (1 bar) polymerisiert, so fiel die Biegefestigkeit um 61 %, die Schlagzähigkeit um 55 % ab (*Rossiwall et al.* 1984). Unter atmosphärischen Polymerisationsbedingungen muß durch sorgfältige Prozeßparameter eine Minimierung möglicher Strukturfehler angestrebt werden.

Sichtbare *Oberflächenschäden* können als braune Kunststoffpartien nach der Mikrowellenpolymerisation auftreten. Durch zu lange Polymerisationszeit und konzentrierte Anordnung von Metallteilen bzw. durch Fremdstoffe (Isoliermittelreste) sind Verbrennungen am Prothesenkunststoff und

*Abb. 7.13* Oberflächendefekt durch Wärmeentwicklung beim Polieren; untere Bildkante 212 μm

auch am Küvettenkunststoff möglich. Weißverfärbte Hitzespuren können die Folge lokaler Überhitzung bei der Kunststoffbearbeitung (7.5.3) sein. Dabei kommt es zum Verschmieren der Kunststoffoberfläche, aber auch der Schneiden der Instrumente. Der Kunststoff wird lokal plastifiziert und deformiert (Abb. 7.13). Die Erweichung von PMMA beginnt nur wenig oberhalb 70 °C. Im Kunststoff werden durch Materialverschiebungen lokal schädliche Gefügespannungen erzeugt, die in der Gebrauchsperiode bei Kontakt mit Lösungsmitteln (Nahrung, Prothesenreiniger) Haarrisse (Abb. 7.14) hervorrufen und Präferenzstellen für exogene Verfärbungen und Brüche darstellen (*Kraft* 1955).

*Formabweichungen* betreffen die *primäre Dimensionierung des Polymerisats* und die *Formbeständigkeit des Therapiemittels in der Gebrauchsperiode.* Beides führt zu werkstoff- und technologiebedingten *Problemen der Paßfähigkeit*, die natürlich auch klinisch-methodisch (Abformung, Relationsbestimmung) und nach einer gewissen Tragedauer patientenseitig durch Veränderung des Prothesenlagers entstehen können. Während bei Unterkieferprothesen durch die Variabilität des verschieblichen Teguments eine Formschlüssigkeit zwischen Prothese und Prothesenlager begrenzt bleibt und der Prothesenhalt im wesentlichen auf der Muskelführung beruht, sind für die Saughaftung der Oberkiefertotalprothese ein nur minimaler Spaltraum zum Tegument, ein funktionierender Ventilrand sowie ein dichter dorsaler Abschluß Voraussetzung.

In experimentellen Studien wird die Paßfähigkeit der Polymerisate in der Regel anhand der Breite des Dorsalspaltes stilisierter OK-Prothesen quantifiziert (*Meiners und Böcker* 1976, *Marx* 1975).

> Während grobe Fehler der Paßform leicht bemerkt werden, können weniger auffällige Inkongruenzen nicht nur den Prothesenhalt beeinträchtigen, sondern auch Ursache oder Cofaktor für ätiologisch und symptomatisch schwer zu eruierende Stomatopathien (7.7) sein.

Werkstoff- und technologiebedingte primäre Formungenauigkeiten können durch Dimensionsveränderungen in der Werkstoffkette, insbesondere durch die polymerisations- und ggf. thermisch bedingte Kontraktion des Prothesenkunststoffs sowie durch Spannungen im Kunststoffobjekt entstehen. Sekundäre Formungenauigkeiten in der Gebrauchsperiode hängen mit der Quellung der Kunststoffe (Wasseraufnahme) und einer geringen plastischen Deformation (Fließvermögen) unter Dauerbelastung zusammen (*Ruyter und Svendsen* 1980).

Unabhängig vom Reaktionstyp der Kunststoffe führt jede Polymerisation des Kunststoffteiges zu einem Volumenschwund in einer Größenordnung von etwa 6%, bei füllstoffhaltigen Kunststoffen auch darunter. Bei Polymerisation mit offener Formgebung auf dem Modell unter Druck handelt es sich um eine auf das Modell hin gerichtete Schwindung. Bei der Polymerisation in einer gut isolierten Hohlform ohne Haftung des Kunststoffs an den Formwänden wirkt die Schwindung praktisch allseitig. Lediglich die künstliche Zahnreihe ist im Gips fixiert. So ist der dorsale Randspalt von OK-

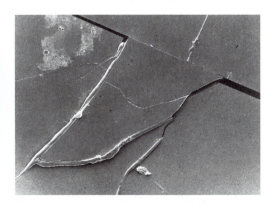

*Abb. 7.14* Haarrisse in PMMA, erzeugt durch MMA-Kontakt bei gleichzeitiger Biegespannung; nach Entlastung quillt angelöstes PMMA aus den Haarrissen heraus; untere Bildkante 540 μm

Prothesen im wesentlichen die Folge einer Kontraktion in horizontaler Ebene. Diese primäre Formänderung entsteht bei Kaltpolymerisation durch die Polymerisationsschrumpfung, bei Heißpolymerisation durch Polymerisationschrumpfung plus thermische Kontraktion. Beim konventionellen Stopf-Pressen (7.5.1.1) ist daher auf dem OK-Modell im Bereich der Ah-Linie (Übergang vom harten zum weichen Gaumen; dient der Festlegung der dorsalen Prothesenbegrenzung) eine etwa 0,5 mm tiefe Radierung üblich, die zu einem Abschlußwulst im Kunststoff führt. Der Spalt ist unter gleichen Druckbedingungen bei Prothesen nach Kaltpolymerisation geringer als bei solchen nach Heißpolymerisation. Nachpreßverfahren (7.5.1.3) vermögen den polymerisationsbedingten Spalt zu minimieren.

Die Paßfähigkeit der heißpolymerisierten Prothese wird insofern thermisch beeinflußt, als fertiges Polymerisat und Modell in der Küvette eine Temperatur bis fast 100 °C haben und auf Raumtemperatur abgekühlt werden. So entsteht eine thermische Kontraktion, die später nach Eingliederung durch Erwärmen auf Mundtemperatur und durch mit Wasseraufnahme verbundener Quellung ein wenig zurückgeht. Das absolute Maß ist von der Abbindeexpansion des Gipses der Form, seiner thermischen Expansion bis zur Polymerisationstemperatur und von der thermischen Kontraktion des Polymerisats abhängig. Bei der regelrechten „klassischen" Heißpolymerisation (7.5.1.1) sind der Paßgenauigkeit also Grenzen gesetzt. Weiterentwickelte Heißpolymerisationsverfahren (7.5.1.3; 7.5.1.5) minimieren den thermisch bedingten Randspalt durch definierte Expansion des Modell- und Einbettgipses, ähnlich den Einbettmassen beim dentalen Präzisionsguß.

Sekundäre Formänderungen stellen sich ein, wenn sich der polymerisierten Prothese aufgeprägte *Spannungen* nach dem Ausbetten aus der Umklammerung der Hohlform lösen. Diese Situation ist für Heißpolymerisate charakteristisch. Die thermische Kontraktion von Kunststoff und Gips differiert, weil sie unterschiedliche lineare thermische Ausdehnungskoeffizienten – Gips ca. $15 \cdot 10^{-6}$/K; PMMA $80 \cdot 10^{-6}$/K – besitzen. So entstehen beim Abkühlen Spannungen, besonders bei raschem Abkühlen durch erhebliche Temperaturdifferenzen zwischen Zentrum und Randbereichen einer Küvette. Die klinische Folge können Verwerfungen der Prothese sein, z. B. Verkürzung und Abflachung der Gaumenpartie. Druckstellen können entstehen. Bei der oberen Totalprothese wird eine Saughaftung unmöglich. Diese unangenehmen Vorgänge lassen sich durch langsame Abkühlung der geschlossenen Form – optimal etwa 10 °C pro Stunde – verhindern oder minimieren. Dabei wirken zwei Effekte: Erstens werden größere Temperaturdifferenzen im Kunststoffobjekt vermieden; zweitens hat der Kunststoff Zeit, die ihm aufgezwungenen Spannungen abzubauen. Das verzögerte Ausbetten bringt auch bei Kaltpolymerisaten Vorteile. Polymerisationsbedingte Maßabweichungen gehen durch Spannungsrelaxation zurück (*Meiners und Rehage* 1983).

Formveränderungen der Kunststoffobjekte entstehen auch milieubedingt. Durch Wasseraufnahme kommt es im Kunststoff zur Gefügeauflockerung und Quellung, d. h. Volumenzunahme, durch Austrocknung zur Volumenabnahme. Wird dem Wasser der Zutritt zum Polymerisat auf einer Prothesenseite verwehrt, z. B. durch Isolation mit Zinnfolie, auf der anderen Seite aber partiell ermöglicht (Isoliermittel auf Alginatbasis), so resultiert eine Verziehung der Prothesenbasis. Schon Gipse unterschiedlicher Wasseraufnahme, die mit dem Kunststoff kontaktieren, wirken bei Alginatisolierung in diese Richtung. Modell und Einbettung sollen aus dem gleichen Gips, die Isolierung allseitig einheitlich sein.

Spannungsinduzierte Oberflächenveränderungen, die auf fehlerhafte Bearbeitung zurückgehen, wirken, bevor sie als Craquelierung sichtbar werden, bereits auf die Paßform der Prothese.

> Da die Kunststoffe nur begrenzt wärmefest sind, kann es beim Schleifen und Polieren relativ schnell zu einer plastischen Verformung kommen, die Verziehungen des Kunststoffobjektes bewirkt.

Diese sind visuell kaum zu bemerken, aber meßoptisch zu erfassen. Gleiches trifft auf Formveränderungen durch einseitiges Abtragen von Kunststoff zu. Die geometrisch kompliziert geformten Kunststoffobjekte befinden sich in einem statischen Gleichgewicht (*Newesely* 1988). Dieses wird bei Änderungen und bei einseitigem Abtragen gestört, so daß auch hier Formveränderungen ihre Ursache haben können. Auch aus diesem Grund soll exakt modelliert werden.

Bei Erweiterungen und Unterfütterungen kommt es durch Kontraktionskräfte des aufpolymerisierten Kunststoffs zu Spannungen (*Marx* 1960). Ist die vorhandene Prothese nicht von vornherein verwindungsstabil, sind Verwerfungen möglich. Die beabsichtigte Verbesserung des Prothesensitzes wird nur teilweise oder nicht erreicht.

Bei einem sukzessiven Aufbau vollständig durchpolymerisierter Schichten von lichthärtendem Kunststoff sind ebenfalls Spannungen im Objekt und schlechte, inhomogene mechanische Eigenschaften zu erwarten (*Neumann* 1991). Daher wird nach schichtweiser Anpolymerisation ausreichend endpolymerisiert.

> Die beschriebenen Formänderungen wirken sich notwendigerweise auch verändernd auf den Kauflächenkomplex aus. Da sie selbst bei regelrechter Technologie nicht völlig auszuschließen sind, ist bei der Eingliederung eine Okklusionskontrolle und ggf. -korrektur unerläßlich.

Der Kunststoff kann auch *nichtsichtbare Mängel* aufweisen. Ziel des Makromolekülaufbaus sind lange Ketten (hoher Polymerisationsgrad) und weitestgehende Einbindung der reaktiven Gruppen (hoher Polymerisationsumsatz).

> Dabei gilt die Regel:
> Langsame Polymerisation – hoher Polymerisationsgrad – gute physikalische Eigenschaften und umgekehrt.

Diese Beziehungen sind besonders für PMMA-Heißpolymerisate untersucht. Daß moderne, besonders zeitsparende und durch bewußte Wärmezufuhr beschleunigte Polymerisationsvarianten, die von diesen Grundregeln abweichen, gute Gebrauchsqualitäten von PMMA ergeben, liegt an dem durch hohen Druck verdichteten, praktisch fehlerfreien Gefüge. Die Polymerisationszeit darf jedoch niemals willkürlich verkürzt werden.

Wie der Polymerisationsgrad, so ist auch der Polymerisationsumsatz nicht sichtbar, aber spektroskopisch zu erfassen. Das Polymerisat wird umso stabiler, je mehr mögliche Bindungstellen zum Makromolekülaufbau benutzt werden. Dies wird augenfällig bei Lichtpolymerisaten, bei denen der Polymerisationsumsatz und gleichzeitig die Festigkeit bei ungenügender Bestrahlung zurückgeht.

Die Lichtleistung der Bestrahlungsgeräte kann mit der Zeit durch Ablagerungen im Lampenkolben und durch Reflektorschäden, subjektiv unbemerkt, bis auf ein Drittel zurückgehen. Die Lampen müssen inspiziert und ggf., auch wenn sie noch scheinbar intakt sind, rechtzeitig ausgewechselt werden. Entsteht im Lichtgerät übermäßige Wärme, ist der Lüfter auf Verschmutzung zu prüfen und zu säubern. Wegen der schlechten Wärmeleitung sollen die Kunststoffobjekte bei mehreren Polymerisationsgängen zwischenzeitlich abkühlen, um Deformationen vorzubeugen.

Auch bei der Mikrowellenpolymerisation muß die zugeführte Energie quantitativ und topografisch genau dosiert werden. Zu lange Polymerisationszeit verschlechtert die Paßfähigkeit. Obwohl die Küvette getrocknet wird, ist der Gips jedoch nicht wasserfrei. Bei der Polymerisation tritt aus der Küvette Wasser aus. Da dieses Wasser bei der nächsten Polymerisation Mikrowellenenergie absorbiert, die dann für die Polymerisation nicht zur Verfügung steht, muß der Garraum des Mikrowellengerätes vor jeder Polymerisation trocken sein bzw. getrocknet werden.

Als nichtsichtbarer Fehler ist weiter ein übermäßiger Gehalt an Restmonomer anzuführen. Der Polymerisationsgrad kann dadurch niedriger liegen. Mechanische Parameter, wie E-Modul und Biegefestigkeit können abfallen, da Restmonomer als Weichmacher wirkt. Zu viel Restmonomer ist biologisch relevant (7.7). Es gilt daher das Pulver-Flüssigkeits-Verhältnis und die Verarbeitungsparameter auch zur Vermeidung dieses Fehlers genau einzuhalten.

## 7.6 Weiche Kunststoffe

Diese Kunststoffe haben zwar ähnliche Einsatzgebiete wie die bisher beschriebenen „harten" Prothesenkunststoffe, so daß sie mit ihnen zusammen dargestellt werden, ihnen kommen aber spezifische Aufgaben zu. „Hart" und „weich" sind relative Begriffe und eher umgangssprachlich geprägt. Der physikalische Unterschied besteht im Ausmaß der elastischen und/oder plastischen Deformation bei Krafteinwirkung (Bild 7.15). Zu unterscheiden sind Präparate für temporäre Anwendung und solche für permanente Inkorporation. Verfügbare Präparate sind in „Das Dental Vademekum 5" (*Schwickerath* 1995) zusammengestellt.

### 7.6.1 Weiche Kunststoffe für temporäre Anwendung

Sie bestehen aus Perlpolymerpulver höherer Acrylate, z. B. Polyethylmethacrylat, das in einer Mischung aus Phthalsäureestern und Alkohol in wenigen Minuten zu einem applizierbaren und danach standfesten Gel anquillt, ohne daß eine Abbindereaktion abläuft.

> Die Masse ist so eingestellt, daß sie auf kurzzeitige Belastung mit Rückstellung (elastisches Verhalten), auf anhaltende Belastung mit Fließen (viskoses Verhalten) reagiert.

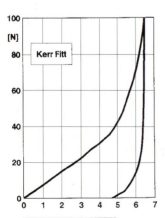
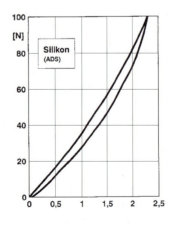
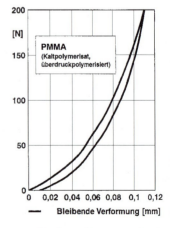

*Abb. 7.15* Viskoelastisches Verhalten von Kunststoffen: Kraft-Hysterese bei Druckbeanspruchung. V.l.n.r.: Temporärer Unterfütterungskunststoff, weicher Kunststoff für permanente Inkorporation und harter Prothesenkunststoff. Prüfkörperhöhe 12 mm, Querschnitt 1 cm$^2$; Belastung jeweils 60 s. Bei dem additionsvernetzten Silikon fast komplette Rückstellung, bei PMMA trotz doppelt so hoher Kraft sehr geringe bleibende Verformung

Dies wird im Zuge temporärer Unterfütterung insuffizienten Zahnersatzes zur funktionellen Langzeitabformung und Vorbereitung des Prothesenlagers (sog. Gewebskonditioner) für definitive Protheseninkorporation genutzt (*Harrison* 1981). Ihre Haltbarkeit unter Mundbedingungen ist auf Tage bis wenige Wochen begrenzt (*Gruber et al.* 1966).

## 7.6.2 Weiche Kunststoffe für permanente Inkorporation

Dem *chemischen Aufbau* nach handelt es sich um eine heterogene Werkstoffgruppe. Die Kunststoffe können aus harten Kunststoffen hergeleitet sein (äußere Weichmachung, 6.12.3), oder sie besitzen auf Grund ihrer Zusammensetzung (innere Weichmachung) bereits primär ihre besonderen elastischen oder aber auch viskoelastischen Eigenschaften. Zur Charakterisierung des Weichheitsgrades wird die Shore-Härte (0 = ganz weich bis 100 = ganz hart) herangezogen. Die gängigen Produkte liegen zwischen Shore-Härte 15 und 45 bei Raumtemperatur. Von der chemischen Zusammensetzung ist der Verbund zum vorhandenen Prothesenkunststoff abhängig. Er hat bei kombiniertem Einsatz große Bedeutung für die Langzeitbewährung der Therapiemittel.

Bei *Präparaten mit äußerer Weichmachung* kommt es durch Auslaugen des Weichmachers, der keine chemische Verbindung mit dem Grundmaterial eingeht, während der Gebrauchsperiode zunehmend zur Versprödung. Die Weichmacher werden gegen Wasser und Zersetzungsprodukte aus der Mundhöhle ausgetauscht. Durch äußere Weichmachung modifiziertes PMMA verbindet sich gut mit hartem PMMA.

Zu den *Kunststoffen mit innerer Weichmachung* gehören Akrylsäurederivate, Silkone und Abkömmlinge (Fluorsilikonkautschuke), Mischpolymerisate aus Akrylaten und Silikonen sowie Mischpolymerisate aus Ethylen und Vinylacetat (EVA). Durch Mischung niederer und höherer Akrylsäureester bilden sich Kunststoffe unterschiedlicher Weichheitszahl, die an PMMA als kalt- oder heißhärtende Präparate im üblichen Anteigverfahren fest anpolymerisiert werden können.

Die Gruppe der Silikone bietet durch sehr geringe bleibende Verformung auch unter Extrem- und Dauerbelastung, hohe Reißfestigkeit und damit Schutz gegen Beschädigung, z. B. bei der Reinigung von Prothesen oder Epithesen, durch Hydrophobie (wasserabweisendes Verhalten) und durch Dimensionsstabilität erhebliche Vorteile. Bisher wurden durch Wärmezufuhr oder bei Raumtemperatur kondensationsvernetzende Präparate verwendet. Zur Verbindung mit PMMA müssen Haftvermittler eingesetzt werden. Additionsvernetzende Silikone (ADS), als hervorragende Abformwerkstoffe längst fest etabliert, sind als Prothesen- und Epithesenmaterial jüngst hinzugekommen. Heiß verarbeitete Kondensate und die ADS-Massen sind sehr gut biokompatibel. Die bisherigen Schwierigkeiten der ungenügenden Haftung additionsvernetzender Silikone an PMMA sind durch ein additionsvernetzendes und interpenetrierendes Verbundsystem gelöst (*Göbel et al.* 1994).

Die *Indikationen* betreffen die Epithetik und chirurgische Prothetik, den abnehmbaren Zahnersatz und kieferorthopädische Behandlungen. Die *Anforderungen* gleichen im Prinzip denen an harte Prothesenkunststoffe (7.2). Selbstverständlich ist unter mechanischem Aspekt je nach Indikation eine bestimmte Verformbarkeit mit geringer plastischer Deformation oder aber vollständige Rückstellung gefordert. Diese Eigenschaften sollen sich in der Gebrauchsperiode des Therapiemittels nicht verändern.

Bei *Epithesen* bestehen besondere Anforderungen hinsichtlich der Ästhetik (Transparenz, Farbgebung durch Auswahl aus einer Palette, Einfärben oder Bemalen) und Beständigkeit gegen äußere Einflüsse (Sonnenlicht, Witterung). Die Formbeständigkeit und Reißfestigkeit muß wegen der dauerelastischen Beanspruchung (dünnauslaufende Ränder, Reinigung) besonders hoch sein.

Ein geringes Gewicht (Dichte) ist wünschenswert. Epithetik erfordert ein besonderes künstlerisches Geschick und große Erfahrung beim Werkstoffeinsatz.

Die *weiche Unterfütterung* von meist UK-Totalprothesen kann bei Patienten mit sehr dünner Mundschleimhaut und mit Knochenstrukturen, die häufig zu Druckstellen Anlaß geben, hilfreich sein. Eine Entlastung dieser kritischen Stellen des Prothesenlagers setzt ein gezieltes Hohllegen (Topografie und Dicke) voraus (*Marxkors* 1993, *Voss* 1961).

> Weiche Kunststoffe reduzieren nicht die Belastung an sich, sondern können die Belastung umverteilen.

Andere Probleme (Horizontalschub, Okklusion) werden mit weichen Kunststoffen kaum beeinflußt.

Eine weitere Indikation stellen kieferorthopädische Geräte (insbes. Positioner) und Mundschutz (Risikosportarten) dar.

Die *Formgebung* weicher Kunststoffe erfolgt auf einem Modell, zwischen zwei Modellen im Fixator, durch Spritz-Gießen oder durch Injektion/Nachpressen, die *Polyreaktion* bei Raumtemperatur oder durch Wärmezufuhr. Positioner und Mundschutz werden auch thermoplastisch hergestellt (*Zeiser* 1991).

Die *Bearbeitung* weicher Kunststoffe ist schwierig. Exakte primäre Formgebung ist also sehr wichtig. Gut geeignet sind rotierende Schleifkörper aus kunstharz- und kautschukgetränktem Vlies, das Korund bzw. Aluminiumoxid unterschiedlicher Korngröße bei offener oder halboffener Textur trägt (Abb. 7.16 und 7.17).

> Die Bearbeitung wird durch Vorkühlen des Kunststoffobjektes erleichtert.

Einige weiche Kunststoffe weisen nach der Polymerisation eine Rindenschicht und im

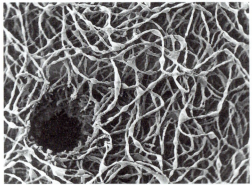

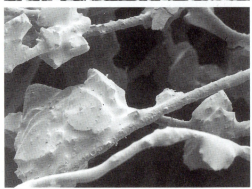

Abb. 7.16 und 7.17   Struktur von montierbaren Bearbeitungsscheiben (Lisco) für weiche Kunststoffe. Für feinere Bearbeitungsstufen sind die Körner stärker eingehüllt; untere Bildkanten 8,8 mm und 1,1 mm

Inneren eine aufgelockerte Struktur auf. Dies ist z. B. günstig für das Gewicht einer Epithese. Ein nachträgliches Abtragen zur Formgebung muß aber unterbleiben.

> Die *Haltbarkeit* weicher Kunststoffe ist unter Mundbedingungen deutlich geringer als die der harten Polymerisate.

Das liegt grundsätzlich an dem vergleichsweise lockerem Gefüge. Je nach chemischer Konfiguration der Produkte unterschiedlich akzentuiert, stellen sich durch Alterung und Zersetzung, Aufnahme von Wasser, Bakterien und Fremdstoffen, Randspaltbildung bzw. Lösung vom Basiskunststoff sowie durch Deformierungen ästhetische, funktionelle und hygienische Mängel ein (*Schmidt und Smith* 1983, *Fuchs* 1966). Eine starke Plaqueanlagerung und sekundäre Geruchsbelästigung sind häufig. Dies verstärkt die bestehende Zurückhaltung bei rein prothetischer Anwendung. Hinzu kommen bei Epithesen Veränderungen im zu versorgenden Gesichtsareal (Gewebsschrumpfung, Farbveränderungen der Haut, schon jahreszeitlich). Neuversorgungen sind in kürzeren Abständen – bei Epithesen postoperativ mehr funktionell, später eher werkstoffbedingt – unumgänglich.

> Für epithetische Versorgungen sind weiche Kunststoffe allerdings unverzichtbar, der Silikontyp dominiert.

## 7.7 Prothesenwerkstoff und Gewebe

> Nach der Eingliederung in das orofaziale System ist die Therapiemittel-/Werkstoff-Inkorporation aus klinischer Sicht dann vollzogen, wenn neben der subjektiven Akzeptanz keine Unverträglichkeitssymptome vorliegen.

An den kontaktierenden Geweben können allerdings zwischen klinischem und tatsächlichem Befund erhebliche Unterschiede bestehen. Histologisch lassen sich an der prothesenbedeckten Schleimhaut stets Veränderungen wie Parakeratose, Desquamation und Proliferation, evtl. mit entzündlicher Infiltration oder Sklerosierung des subepithelialen Bindegewebes finden (*Eisenring* 1955, *Wannenmacher* 1954).

> Sichtbare entzündliche Veränderungen am Prothesenlager werden als Stomatitis prothetica bezeichnet. Die Kombination mit subjektiven Beschwerden wie Gaumen-, Zungen-, Lippenbrennen, trockenem Mund oder Hypersalivation ist möglich aber nicht häufig.

Die Stomatitis prothetica hat meist eine multikausale Ätiologie (*Budtz-Joergensen und Landt* 1979). In Betracht kommen exogene und endogene *Ursachen.* Wie verschieden ein *Prothesenkunststoff* als *Noxe* wirken kann, wird in 7.7.1 bis 7.7.3 beschrieben, jedoch ist eine Wertung erforderlich.

> Bei der Diagnostik steht die Suche nach mechanischer Irritation an erster Stelle. Zu überprüfen ist nicht nur die Kunststoffoberfläche (Kanten, Mikroperlen) sondern auch die Prothesenlagerung und Okklusion (Eigenbeweglichkeit als Reizfaktor). Eine mechanisch irritierte, entzündete Schleimhaut ist verstärkt permeabel, auch für chemische Noxen (mikrobielle Toxine, Antigene und Antikörper).

Des weiteren ist die Struktur des Kunststoffs und der Hygienezustand zu begutachten. Einem nicht strukturdichten Kunststoff können mikrobielle Noxen (7.7.2) und/oder chemische Noxen (Einlagerungen aus der Nahrung, Prothesenreiniger – 7.7.3) aufgeprägt worden sein. Lassen sich keine mechanischen, mikrobiologischen oder (seltenen) stofflichen Ursachen ausmachen bzw. persistiert die Stomatitis nach entsprechender Therapie, müssen medizinische Fachgebiete eingeschaltet werden, um weitere mögliche Ursachen abzuklären: endokrine Störungen, Ernährungsdefizite, schwere Allgemeinerkrankungen, Pharmaka (Antibiotika, Antidepressiva, Steroide), Faktoren, die beim Prothesenträger im höheren Alter häufig kombiniert vorliegen.

Toleranz bzw. Ausmaß der Reaktion sind von Beziehungen zwischen Noxe und Reaktionslage des biologischen Systems, auf das sie einwirkt, abhängig (*Welker* 1991).

> Bei normaler Reaktionslage der Gewebe hängt die Akzeptanz der gebräuchlichen Prothesenkunststoffe weniger von ihrer stofflichen Zusammensetzung (chemische Biokompatibilität), sondern überwiegend von ihren physikalischen Eigenschaften und ihrer Struktur (funktionelle Biokompatibilität) ab.

Entscheidende Prophylaxemaßnahme ist eine atraumatische, hygienefreundliche Prothese aus einem gut auspolymerisierten Kunststoff mit optimaler Struktur.

Prothesenkunststoffe können als *Noxe* wirken (Abb. 7.18). *Direkte und indirekte Werkstoffwirkungen* sind zu unterscheiden (Abb. 7.18). Direkte Wirkungen basieren auf der Zusammensetzung (7.7.3) und ggf. der chemischen Reaktion (thermische Noxe). Indirekte Wirkungen werden durch den Prothesenkunststoff an die Gewebe vermittelt und durch seine physikalischen Eigenschaften und Struktur qualitativ und quantitativ erheblich beeinflußt. Es handelt sich im wesentlichen um mechanische (7.7.1), evtl. thermische Noxen und die Beeinflussung von Oralökologie und Mikroflora (7.7.2).

Die Bedingungen an der Kontaktfläche Schleimhaut-Prothesenkunststoff sind besonders gekennzeichnet durch die unphysiologische Belastung des Prothesenlagers, die unphysiologische Bedeckung der Schleimhaut und eventuell stoffliche Einflüsse des Kunststoffs.

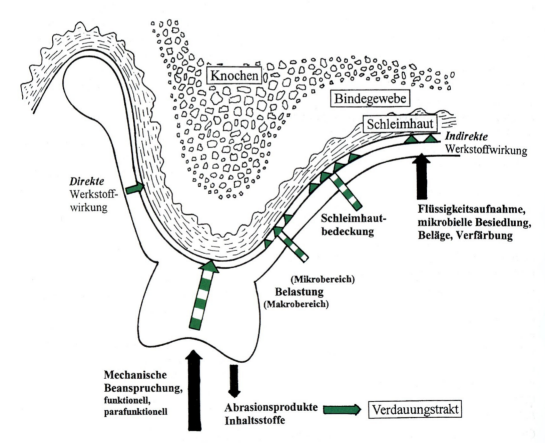

*Abb. 7.18* Direkte (grün) und indirekte (grün-weiß) Wirkung des Werkstoffs einer Prothese und seine Beanspruchung (schwarz) im orofazialen System durch Milieu und Funktion

## 7.7.1 Bedeutung physikalischer Eigenschaften

Der Prothesenkunststoff wird unter Funktion (Schlucken, Kauen, Sprache) und durch übermäßige Leerbewegungen (Parafunktionen) an die tragende Unterlage gedrückt. Die funktionelle und parafunktionelle *Belastung* wird an das Prothesenlager im Makrobereich und ggf. zusätzlich im Mikrobereich (Feinprofil) weitergegeben. Da eine mikroskopisch genaue Übereinstimmung zwischen Kontaktseite des Werkstoffs und Schleimhautrelief grundsätzlich nicht erwartet werden kann, wird prophylaktisch eine entprofilierende Abformung durchgeführt. Im Makrobereich entstehen aber stets durch die unterschiedliche Resilienz des Prothesenlagers unterschiedliche Druckzonen, sowie in vestibulären, lingualen und zur Belastungsrichtung geneigten Tegumentbereichen auch Scherbelastungen. Durch einen glasklaren Prothesenkunststoff hindurch ist der Einfluß auf die Schleimhautdurchblutung am Abblassen von Schleimhautbezirken direkt zu erkennen. Die auftretenden Kräfte erzeugen im Kunststoff Spannungen (Kraft pro Flächeneinheit), denen er umso besser widerstehen kann, je größer der Biegewiderstand ist. Ein Kunststoff mit hohem E-Modul erfährt bei gleicher Spannung eine vergleichsweise geringere Dehnung (Formänderung) als ein Material mit geringerem E-Modul, schont also das Prothesenlager. Um die erforderliche Biegesteifigkeit zu erreichen, muß auf werkstoffgerechte Dimensionierung des Kunststoffes geachtet werden. Der Prothesenkunststoff sollte sich bei Belastung praktisch nicht verbiegen. Da er es in praxi geringfügig tut, soll er sich ohne plastische Deformation vollständig zurückstellen und eine sehr große Zahl dieser geringfügigen Biegungen ohne Ermüdungsbruch (Dauerbiegefestigkeit) aushalten (*Schwickerath* 1967).

Ob die Belastung vom Gewebe toleriert wird, hängt wie bei allen Noxen entscheidend von der Reizintensität (und etwas weniger von der Reizdauer) ab. Bei geringer Intensität kann der Reiz positiv gesehen werden.

> Eine gut adaptierte, mechanisch widerstandsfähige Prothese (E-Modul des Kunststoffs), die physiologisch verträglich belastet wird, trägt zur Erhaltung der Kieferkämme bei.

Die Überdeckung der Kieferkämme durch die steife Kunststoffplatte hält übermäßige Druckkräfte ab und schützt die Strukturen vor einem resorptiven Abbau (Immediatprothese). Hieraus wird die große Bedeutung der primären Paßgenauigkeit der Prothesenbasis deutlich.

> Ist sie nicht gegeben, kann sich ein circulus vitiosus mit chronischer Entzündung und fortschreitenden mikromorphologischen Veränderungen entwickeln:
> Schlechte Paßfähigkeit ⇒ Fehlbelastung ⇒ Strukturabbau ⇒ verschlechterte Paßfähigkeit u.s.w..

Eine thermische Irritation durch die schlechte Wärmeleitfähigkeit der Kunststoffe ist unwahrscheinlich, die leichte Temperaturerhöhung unter der Prothesenplatte kann aber die Keimvermehrung begünstigen.

## 7.7.2 Bedeutung der Struktur

Eine wesentliche Voraussetzung für die Langzeitbewährung von Prothesenkunststoffen in ihrer Beziehung zu den Mundgeweben und zum oralen Milieu ist ihre Hygienisierbarkeit. Acrylate bringen dafür langfristig gesehen keine günstigen Voraussetzungen mit. Sie sind an der Oberfläche hydrophil und gegen mechanische Veränderungen wenig widerstandsfähig.

> Hygienezustand und Aussehen sind abhängig von der *äußeren und inneren*

> *Struktur* des Prothesenkunststoffs, die herstellungsbedingt Mängel aufweisen kann oder sich vor allem an der Oberfläche durch Auflösungs- und Abbauerscheinungen (*Engelhardt* 1973) in der Gebrauchsperiode verschlechtert. Vorhandene Prothesen können durch Politur nur begrenzt nachgebessert werden.

Exogene Verfärbungen entstehen durch Adhäsion (z. B. Tee-, Raucherbeläge, Zahnstein) und Adsorption von organischen Substanzen, Nahrungsmitteln, Medikamenten in Rauhigkeiten, Porositäten und Craquelées, unterstützt durch einen Pumpeffekt bei Biegebeanspruchung.

Mit der Eingliederung erfährt die sonst dem Speichel und der physiologischen Mundreinigung frei zugängliche Schleimhaut eine meist breitflächige *Bedeckung*. Die Schleimhaut wird weniger befeuchtet. Es kommt zur pH-Verschiebung und zur Bildung eines relativ anaeroben Milieus bei idealer Feuchtigkeit, Temperatur und gutem Nahrungsangebot für Mikroorganismen. Die normale Mundflora wird gestört, das Keimspektrum kann sich verschieben. Der Kunststoff bietet Möglichkeiten zur Keimbesiedlung (*Ruzicka und Eder* 1988, *Bawendi et al.* 1975) und entsprechende Wachstumsbedingungen (Aufnahme von Wasser und Nahrungsbestandteilen, günstige Temperatur). Ein erheblicher Teil von getragenem herausnehmbarem Zahnersatz zeigt starke Plaqueanlagerung, evtl. kombiniert mit Zahnsteinansatz (*Lenz und Künzel* 1994, *Welker und Lenz* 1975). Weiche Beläge bestehen zu 70 % aus Mikroorganismen. In experimentellen Untersuchungen (*Elss und Przyborowski* 1969, *Langer und Portele* 1963) wurden vitale und abgestorbene mikrobielle Spezies aus der Mundhöhle bis in Tiefen von 8 mm unter der Oberfläche von Kunststoffobjekten nachgewiesen. Eine Stomatitis prothetica kann plaqueinduziert sein.

Eine mikrobiologische Noxe kann sich auch ohne Anlagerung und Einlagerung von Mikroorganismen in Prothesenkunststoffe allein durch Biotop-Veränderung unter der Prothesenplatte entwickeln, z. B. nach massiver antibiotischer Therapie.

Selbst eine hygienisch unauffällige Prothese ist wie alle Gegenstände, die mit der Mundhöhle Kontakt hatten, potentiell infektiös. Normalerweise handelt es sich um apathogene und fakultativ pathogene Mikroorganismen. Bei akuten Infektionen sind Krankheitserreger sehr wahrscheinlich. Infektionsprophylaxe ist erforderlich (*Welker* 1993). Dies betrifft getragenen Kunststoff bei der Bearbeitung (Mund-/Nasenschutz, Brille, Absaugung) und seine Desinfektion.

> Vor der Eingliederung sollen Therapiemittel ebenfalls desinfiziert werden, um einer Keimverschleppung in die Mundhöhle vorzubeugen.

Die Desinfektionsmittel müssen werkstoffverträglich sein. Da PMMA gegen Lösungsmittel empfindlich ist (Spannungsrißbildung), sollen nur lösungsmittelfreie Präparate verwendet werden. Zu empfehlen sind Abdruckdesinfektionsmittel (*Welker* 1993), bei denen eine Wirksamkeit gegen Bakterien, Viren und den Tuberkuloseerreger nachgewiesen ist. Wasserstoffperoxid hat nur eine flüchtige und oberflächliche Wirkung. Durch Kontakt mit Eiweiß und Speichelenzymen wird es zerstört, hat aber einen mechanisch unterstützenden Effekt. Persäurepräparate haben gute antimikrobielle Wirkung, sind aber weniger anwenderfreundlich und gefährden metallische Elemente an Prothesen (Korrosionsangriff). Chlorhexidin oder Hypochlorite können über längere Zeit Prothesenkunststoffe verfärben und ausbleichen. Ihr Einsatz muß sich auf therapeutische Desinfektion an Prothesen beschränken, die vor einer Neuanfertigung, z. B. bei Candidose, nur noch kurze Zeit getragen werden. Desinfektionsmittelreste sind wegen ihrer chemisch-toxischen und evtl. sensibilisierenden Potenz sorgfältig zu entfernen.

> Bei normalem Schleimhautbefund ist eine regelmäßige Prothesenreinigung (Ziel: Plaquefreiheit) mit lauwarmen Wasser und weicher Bürste unter wenig Druck (sonst statt Bürst-, Wischlappeneffekt) ausreichend.

Die „selbsttätigen" Prothesenreiniger wirken belaglösend und unterstützen die unerläßliche mechanische Reinigung (*Budtz-Joergensen und Landt* 1979, *Ehmer et al.* 1976). Ihr antimikrobielles Wirkungsspektrum ist begrenzt. Sie wirken keimreduzierend und nicht desinfizierend.

Der Reizfaktor Prothese/Prothesenwerkstoff wirkt auch zeitabhängig. Um ihn zu minimieren, empfiehlt es sich, Prothesen nicht ununterbrochen zu tragen, sondern nachts, wenn nicht funktionelle Gründe dagegen sprechen (Ästhetik, Kiefergelenkfunktionsstörungen), abzulegen.

Da der Hygienestatus des Kunststoffs erheblich von der inneren und äußeren Struktur abhängig ist, sind alle Gestaltungs- und Technologiemöglichkeiten zu nutzen, die eine Keimanlagerung und Keimbesiedlung erschweren (*Jung* 1994). Bereits bei der Modellation werden potentielle Schmutznischen wie tiefe Interdentalbereiche vermieden und eine Oberflächentüpfelung unterlassen. Technologien, die den Kunststoffteig bis zuletzt verdichten und eine dichte Struktur garantieren, werden bevorzugt.

### 7.7.3 Bedeutung chemischer Eigenschaften

> Hinsichtlich stofflicher Wirkung des Prothesenmaterials sind vor allem Toxizität und Allergenität zu unterscheiden (*Welker* 1994).

Ob und wie sich eine chemische Noxe auswirkt, ist von der Art des Stoffes, von der Dosis (Konzentration/Zeit) sowie von der Reaktionslage des Gewebes abhängig.

> Bei *normaler Reaktionslage* ist die Schleimhaut befähigt, stoffliche Einflüsse, die vom Prothesenkunststoff ausgehen können, zu tolerieren. Einwandfrei polymerisiertes PMMA ist toxikologisch völlig unbedenklich.

Desgleichen hat im Kunststoff enthaltenes und in minimalen Mengen abgegebenes Monomer (sog. Restmonomer) keine toxikologische Relevanz. Gelenkendoprothesen werden in der Orthopädie seit Jahren und auch heute noch sehr häufig mit frisch angeteigtem „Knochenzement", PMMA-Autopolymerisat, eingegliedert. Die heute verfügbaren Prothesenkunststoffe enthalten auch keine Spuren von Formaldehyd (verfahrensbedingter Rückstand bei der Präpolymerherstellung) oder Cadmium (Bestandteil von Farbstoffbeimengungen).

> Im Gegensatz hierzu ist es bei *abnormer Reaktionslage* möglich, daß es durch Inhaltsstoffe des Prothesenkunststoffs (Monomer, nicht verbrauchte Substanzen des Initiatorsystems, Farbstoffe), nicht aber durch völlig auspolymerisiertes PMMA, zu überschießenden Abwehrreaktionen kommt (*Fisher und Woodside* 1954).

Bei entsprechender Disposition (Sensibilisierungsbereitschaft) werden, dosisabhängig, Protheseninhaltsstoffe als Halbantigene (Haptene) mit Körpereiweißen zu Vollantigenen komplettiert, die den Körper zur Bildung von Antikörpern oder sensibilisierten T-Zellen anregen (Sensibilisierung). Bei erneutem Kontakt mit dem Stoff (Hapten), nun praktisch dosisunabhängig – es genügen also Spuren des Stoffes – kann es zur allergischen Reaktion kommen. Eine extraoral erworbene Sensibilisierung ist grundsätzlich möglich. Allergien auf Inhaltsstoffe von Prothesenkunststoffen sind selten und treten dann bei Kaltpolymerisaten, praktisch nicht bei Heißpolymerisaten auf. Verursacher können auch sekundäre Inhaltsstoffe der

Prothese sein, wie Stoffe aus der Nahrung oder aus Prothesenreinigern. Beim Patienten können sich vor allem lokale Reaktionen (Entzündung) an der Schleimhaut, aber auch Haut, z. B. perioral (Cheilitis), einstellen.

> Es handelt sich um allergische Reaktionen vom Typ IV, die sich wenige Stunden bis Tage nach Beginn des Allergenkontaktes zeigen. Bei einer Allergie müssen die typischen Symptome Erythem, Ödem der kontaktierenden Schleimhaut und brennender, juckender Schmerz vorhanden sein.

Subjektive Symptome können damit gekoppelt sein. Das Fehlen klinisch faßbarer morphologischer Veränderungen weist auf endogene, meist psychosomatische Ursachen hin (Syn.: burning mouth syndrome, Glossodynie, Orale Dysästhesie). Deren Diagnose ist schwierig und bedarf der Zusammenarbeit mit anderen medizinischen Fachgebieten (*Haneke* 1980). Abklingen der Beschwerden nach Prothesenkarenz ist kein Beweis für ein allergisches Geschehen, denn Prothesenkarenz eliminiert auch zu normergischer Reaktion führende chemisch-toxische und mechanische Noxen. Durch die Besonderheiten der Mundschleimhaut sind relativ hohe Allergenkonzentrationen zum Auslösen einer allergischen Reaktion notwendig. Dadurch ist die Unterscheidung zwischen allergischer und chemisch-toxischer Genese schwierig. Allergietests können zur Klärung beitragen. Durchführung und Interpretation der Ergebnisse sind Angelegenheit der Fachdisziplin.

> Eine praktikable Testung an der Mundschleimhaut steht bisher nicht zur Verfügung. Getestet wird deshalb an der Haut (Epikutantest).

Eine allergische Kontaktstomatitis ist üblicherweise mit einer aktuellen oder potentiellen allergischen Überempfindlichkeit der Haut gekoppelt. Die Sensibilisierung kann aber auch allein die Haut betreffen. So kann bei positiver Testreaktion an der Haut nicht zwingend auf eine Relevanz an der Mucosa geschlossen werden. Außergewöhnlich ist eine alleinige Sensibilisierung der Schleimhaut. Die Haut besitzt im allgemeinen eine größere Sensibilisierungsbereitschaft als die gesunde Schleimhaut. Unter dem Einfluß längerer Protheseneinwirkung werden die Schutzmechanismen der Mucosa gegen eine Sensibilisierung geschwächt, so daß ähnlich einer mechanisch- und chemisch-irritativen Vorschädigung beim Handekzem auch an der Schleimhaut eine Bahnung der allergischen Reaktion einsetzen kann.

> Häufige Epikutantestungen bergen für Methacrylate die Gefahr einer iatrogenen Sensibilisierung in sich. Eine prophetische Testung verbietet sich daher.

Eine Arbeitsgruppe „Kontaktallergie" der Deutschen Dermatologischen Gesellschaft untersucht gezielt allergologische Beobachtungen von Unverträglichkeitserscheinungen und empfiehlt eine sinnvolle Testreihe. Testsubstanzen sind Kunststoffmonomere, darunter MMA, weiter Benzoylperoxid, Hydrochinon, Toluidin(e), Kampherchinon. Diese Testreihe hat sich in der Abklärung berufsbedingt allergischer Kontaktekzeme bewährt. Bei der Diagnostik oraler Beschwerden von Prothesenträgern muß dagegen Zurückhaltung und größte Sorgfalt in der Relevanzanalyse walten (*Gebhardt* et al. 1996). Falsch positive Testreaktionen kommen vor. Eine Testung mit dem „harten" und mikrobiell besiedelten patienteneigenen Prothesenmaterial kann zu solch falsch positiven Ergebnissen führen (Candidiasis, unspezifische Reaktion durch das harte Testmaterial). Weiter wurde beobachtet, daß Angehörige von Dentalberufen mit schwerer Kontaktdermatitis der Hand und einer Überempfindlichkeit gegenüber Acrylmonomer oder Hydrochinon im Epikutantest ihre Prothesen ohne Schwierigkeiten tragen konnten, wenn sie aus heißpolymerisiertem PMMA bestanden. Die Relevanz einer positiven Reaktion auf Benzoylperoxid ist strittig.

Zum patientenbezogenen Aspekt kommen Belange der *Arbeitshygiene* hinzu. MMA wirkt pneumotoxisch, benötigt dazu allerdings Konzentrationen, die auf Grund des intensiven Geruches und bei normaler Verarbeitung an arbeitsmedizinisch intakten Arbeitsplätzen nicht erreicht werden. Im Tierversuch war MMA bei Inhalation weniger toxisch als das häufig benutzte Lösungsmittel Äthylacetat.

Vor allem aus Gründen der Allergieprophylaxe ist bei der Kunststoffverarbeitung ein Kontakt der Haut mit der monomeren Flüssigkeit zu vermeiden.

Kontaktekzeme der Haut sind die häufigste Berufskrankheit der Zahntechniker, MMA ist dabei das häufigste Kontaktallergen (*Gebhardt* et al. 1996). Nach der 2-Phasen-Theorie der Ekzempathogenese entsteht auf dem Boden gehäufter Hautirritationen, besonders durch Feuchtbelastung, ein kumulativ-subtoxisches Kontaktekzem, auf dessen Grundlage sich ein allergisches Kontaktekzem entwickeln kann (*Kanerva et al.* 1993). Acrylatschutzsalben und Schutzhandschuhe, die nicht garantiert monomerimpermeabel sind, versagen als Schutzmaßnahme.

Einige Prothesenkunststoffe sind füllstoffhaltig. Beim Bearbeiten entstehende Stäube sollten abgesaugt werden.

Hinsichtlich einer möglichen *Kanzerogenität* steht nach ca. 60 Jahren zahnmedizinischer und medizinischer Beobachtungen fest, daß eine rein stofflich bedingte Krebsentstehung durch PMMA äußerst unwahrscheinlich ist. Nicht völlig auszuschließen ist es, daß der chronische Reiz einer hochgradig insuffizient gewordenen prothetischen Versorgung als Co-Faktor mitwirkt. So sind in länger zurückliegender Zeit ganz wenige Fälle von Krebs im Gebiet von früher bei OK-Totalprothesen verwendeten Gummisaugern bekannt geworden. Nach dem Stand der Erkenntnis sind auch unter diesem Aspekt Reizwirkungen von seiten des Prothesenkunststoffs zu minimieren, also nur ordnunggemäße Polymerisate mit einwandfreier Struktur langfristig einzugliedern.

## Literaturverzeichnis

*Asmussen, E.:*
Der Einfluß der Vorpolymerisation auf die Härte von Photopolymerisaten.
Dtsch Zahnärztl Z *39*, 968 (1984)

*Bawendi, B., Schaal, K.-P. und Thingo, M.-E.:*
Die Keimretention und Keimpenetration an Prüfkörpern und Gaumenplatten aus Paladon 65 und Palapress in Abhängigkeit von der Verarbeitung.
Dtsch Zahnärztl Z *30*, 157 (1975)

*Berlage, A. und Marxkors, R.:*
Die Entstehung der Hochglanzpolitur auf dentalen Kunststoffen. Dtsch Zahnärztl Z *24*, 609 (1969)

*Breustedt, A.:* Werden die Polykarbonate die Akrylate als Prothesenmaterial verdrängen?
Zahntechnik *10*, 529 (1969)

*Budtz-Joergensen, E. und Landt, H.:*
Zur Ätiologie, Differentialdiagnose und Behandlung der Stomatitis prothetica. Quintessenz *30*, H. 10, 145 und H. 11, 123 (1979)

*Chase, W.W.:*
Tissue conditioning utilising dynamic adaptive stress. J Prosth Dent *11*, 804 (1961)

*Ehmer, D., Bradler, G. und Winkler, U.:*
Vergleichende klinische und experimentelle Untersuchungen verschiedener Prothesenreinigungsmittel. Stomat DDR *26*, 510 (1976)

*Eichner, K. (Hrsg.):* Zahnärztliche Werkstoffe und ihre Verarbeitung. 5. Aufl., Bd. 1, Hüthig, Heidelberg 1988

*Eisenmann, W.:* Neues von Inkovac – Verbesserungen an einem bewährten System. Dental Lab *35*, 612 (1987)

*Eisenring, R.:*
Mikroskopische Untersuchungen der bedeckten Mundschleimhaut. Hanser, München 1955

*Elss, S. und Przyborowski, R.:* Ein Beitrag zum Problem der bakteriellen Besiedlung von Kunststoffprothesen. Dtsch Stomat *19*, 272 (1969)

*Engelhardt, J.P.:*
Die Beständigkeit zahnärztlicher Kunststoffe gegenüber Mikroorganismen. Schweiz Mschr Zahnheilk *83*, 656 (1973)

*Fisher, A.A. and Woodside, N.Y.:*
Allergic sensitization of the skin and oral mucosa to acrylic resin denture materials. JAMA *156*, 238 (1954)

*Fuchs, P.:*
Der Keimgehalt weichbleibender Kunststoffe. Dtsch Zahnärztl Z *21*, 163 (1966)

*Gasser, F.:* Die Unterfütterung totaler Prothesen. Schweiz Mschr Zahnheilk *83*, 305 (1973)

*Gebhardt, M. Geier, J. und Welker, D.:*
Kontaktallergie auf Prothesenkunststoffe und Differentialdiagnostik der Prothesenintoleranz. Dtsch Zahnärztl Z 51, 395–398 (1996)

*Göbel, R. u.a.:*
Haftvermittlerschicht für Zahnprothesenunterfütterungen und Verfahren zu ihrer Herstellung. Patent-Anmeldung P 4414837.2 (28.04.1994)

*Gruber, R.G., Lucatorto, F.M. and Molnar, E.J.:*
Fungus growth on tissue conditioners and soft denture liners. J Am Dent Ass *73*, 641 (1966)

*Haneke, E.:*
Zungen- und Mundschleimhautbrennen. Hanser, München Wien 1980

*Harrison, A.:*
Temporary soft lining materials. Brit dent J *151*, 419 (1981)

*Henkel, G.:*
Über die Höhe der Restmonomerabgabe bei verschiedenen Kunststoffen. Dtsch Zahn Mund Kieferheilk *35*, 377 (1961)

*Herrmann, H.W.:*
Weiche Kunststoffe. In [Eichner, K.] S. 167 – 175

*Hoffmann-Axthelm, W.:*
Die Geschichte der Zahnheilkunde. 2. Aufl., Quintessenz, Berlin 1985

*Janda, R.:*
Kunststoffverbundsysteme. VCH, Weinheim 1990

*Janke, G.:*
Die Abhängigkeit der Protheseneigenschaften von der Laborverarbeitung. Dtsch Zahnärztl Z *10*, 1437 (1955)

*Jung, T.:*
Konventionelle Zahnersatzformen für Betagte und Behinderte. Quintessenz Zahntechn *20*, 1345 (1994)

*Kanerva, L., Estlander, T. u.a.:*
Occupational allergic contact dermatitis caused by exposure to acrylates during work with dental prothesis. Contact Dermatitis *28*, 268 (1993)

*Khan, Z., von Fraunhofer, J.A. and Razavi, R.:*
The staining characteristics, transverse strength and microhardness of a visible-ligth-cured denture base material. J Prosth Dent *57*, 384 (1987)

*Kimura, H. und Teraoka, F.:* Grundlagen der Mikrowellen-Polymerisation – Verbesserungsvorschläge. Quintessenz Zahntechn *14*, 817 (1988)

*Klötzer, W.T.:*
Prüfung der biologischen Reaktionen auf zahnärztliche Kunststoffe. Dtsch Zahnärztl Z *30*, 126 (1975)

*Klötzer, W.T. und Reuling, N.:* Biokompatibilität zahnärztlicher Materialien. 2. Mitt.: Materialien mit Schleimhautkontakt. Dtsch Zahnärztl Z *45*, 437 (1990)

*Klughardt, A.:*
Zahnärztliche Materialkunde. Verlag Dr. Klinkhardt Leipzig 1922

*Körber, K.-H. und Ludwig K.:*
Das SR-Ivocap Polymerisationsverfahren Untersuchungen zur Okklusionsgenauigkeit. Dental Lab *35*, 1199 (1987)

*Körber, K.-H:*
Werkstoffkundliche Analyse zur Indikation des SR-Ivocap-Polymerisationsverfahrens. Dental Lab *38*, 1617 (1990)

*Körber, K.-H:*
Formstabile Spektratray-Abformlöffel zur Präzisionsabformung im Lückengebiß. Dental Lab *40*, 879 (1992)

*Kraft, E.:*
Über die Ursache der sogenannten Spannungsrisse an Kunststoffprothesen und Kunststoffzähnen. Dtsch Zahnärztl Z *10*, 1189 (1955)

*Lange, K.P. u.a.:* Zur Problematik der Verarbeitung stomatologischer Plastwerkstoffe im Gießverfahren. Zahntechnik *21*, 333 und 375 (1980)

*Langer, K. und Portele, K.:* Klinische und experimentelle Untersuchungen über den Keimgehalt von zahnärztlichen Kunststoffen. Dtsch Zahn Mund Kieferheilk *39*, 21 (1963)

*Lenz, E., Amm, H. und Griebel, M.:* Werkstoffkundliche Untersuchungen zur Frage der hydropneumatischen Überdruckpolymerisation von Kaltplasten. 3. Mitt.: Der Einfluß unterschiedlicher Verarbeitung auf Restmonomergehalt und Quellungsverhalten; Wertung der Gesamtergebnisse und Schlußfolgerungen. Zahntechnik *16*, 211 (1975)

*Lenz, E. und Künzel, W:*
Die zahnärztlich-prothetische Betreuung der Seniorengeneration – Ergebnisse und Konsequenzen epidemiologischer Studien. Quintessenz Zahntechn 20, 1179 (1994)

*Levin, B., Sanders, J.L. and Reitz, P.V.:* The use of microwave energy for processing acrylic resins. J Prosth Dent *61*, 381 (1989)

*Marx, H.:*
Über Formveränderungen von Prothesen nach dem Auftragen von schnellhärtenden Kunststoffen. Dtsch Zahnärztl Z *15*, 754 (1960)

*Marx, H.:*
Weißverfärbung dentaler PMMA-Kunststoffe. Dtsch Zahnärztl Z *16*, 1375 (1961)

*Marx, H.:*
Neuere Untersuchungen über Formveränderungen von Vollprothesen in Abhängigkeit der Herstellungsverfahren. Dtsch Zahnärztl Z *30*, 89 (1975)

*Marx, H.:*
Prothesenkunststoffe und ihre Verarbeitungsverfahren. In [Voß, R. und Meiners, H.] Bd. 1, S. 344 – 356 und Bd. 2, S. 237 – 246

*Marx, H.:*
Kunststoffverarbeitung (Prothesenkunststoffe) – Praktischer Teil. In [Eichner, K.] S. 145 – 166

*Marxkors, R.:*
Lehrbuch der Zahnärztlichen Prothetik. 2. Aufl. Hanser, München Wien 1993

*Meiners, H. und Böcker, L.:*
Die Ungenauigkeit der Kunststoffbasen totaler Prothesen. Dent Labor *24*, 1375 (1976)

*Meiners, H. und Rehage, Th.:*
Spannungsrelaxation in Kunststoffprothesen. Dtsch Zahnärztl Z *38*, 7 (1983)

*Neumann, M.:*
Lichthärtende Kunststoffe. Quintessenz Zahntechn *17*, 1589 (1991)

*Newesely, H.:* Kunststoffverarbeitung – Theoretischer Teil. In [Eichner, K.] S. 125 – 143

*Nölting, R.:*
Mikrowellenpolymerisierbarer Kunststoff: – Ein Fortschritt in der Prothesenherstellung? Diss Heidelberg 1992

*Rossiwall, B., Newesely, H. und Bartels, R.:*
Verarbeitung und Bewertung von KFO-Autopolymerisaten. Fortschr Kieferorthop *45*, 403 (1984)

*Ruyter, I.E. and Svendsen, S. A.:*
Flexural properties of denture base polymers. J Prosth Dent *43*, 95 (1980)

*Ruzicka, F. und Eder, Ch.:* Experimentelle Langzeitstudie der Belagbildung auf üblichem Prothesenmaterial in vivo beim Menschen. Z Stomatol *85*, 263 (1988)

*Scheutzel, P.:*
Der Einfluß lichthärtender Oberflächenversiegelungslacke auf Verfärbung und Plaque-Akkumulation an herausnehmbarem Zahnersatz. Zahnärztl Welt/Ref *98*, 857 (1989)

*Schmidt, A.:* Die Geschichte der Methacrylate in der Stomatologie. Zahntechnik *19*, 436 (1978)

*Schmidt, F.W. and Smith, D.E.:*
A six year retrospective study of Molloplast B lined dentures. J Prosth Dent *50*, 308 and 459 (1983)

*Schubert, R.:*
Die Vergütung der Prothesenbasisoberfläche mit thermoplastischen Folien – ihre präventive und therapeutische Bedeutung. Zahn Mund Kieferheilk *68*, 231 (1980)

*Schwickerath, H.:*
Beanspruchung und Festigkeit der Prothesenbasiswerkstoffe. Zahntechnik *8*, 119 (1967)

*Schwickerath, H.:*
Wasseraufnahme von Kunststoffen im Langzeitversuch. Dtsch Zahnärztl Z *35*, 931 (1980)

*Schwickerath, H.:*
Kunststoffe für die Totalprothetik. Zahnärztl Mitt *72*, 2283 (1982)

*Schwickerath, H.:*
Prothesenbasis-Kunststoffe. In: Bundeszahnärztekammer und Kassenzahnärztliche Bundesver-

einigung (Hrsg.): Das Dental Vademekum 5, Kap. 9.5, 5. Ausgabe, Deutscher Ärzte-Verlag 1995

*Stender, E.:* Dentalkunststoffe. In [Voß, R. und Meiners, H.] Bd.4, S. 299 – 316

*Takamata, T., Setcos, J.C., Phillips, R.W. and Boone, M.E.:*
Adaptation of acrylic resin dentures as influenced by the activation mode of polymerization. J Am Dent Ass *119*, 271 (1989)

*Tulachka, G.J.:*
Evaluation of the viscoelastic behavior of a light-cured denture resin. J Prosth Dent *61*, 695 (1989)

*Viohl, J., Dermann, K. und Vogel, A.:*
Druck beim Pressen und Polymerisieren von heißpolymerisierenden Prothesenkunststoffen. Dental Lab *36*, 311 (1988)

*Voss, R.:*
Können durch weichbleibende Unterfütterung Halt und Funktion der Prothese verbessert werden? Zahnärztl Praxis *12*, 201 (1961)

*Voß, R. und Meiners, H. (Hrsg.):*
Fortschritte der Zahnärztlichen Prothetik und Werkstoffkunde. Bd. 1 bis 4, Hanser, München Wien 1980, 1984, 1987, 1989

*Wannenmacher, E.:*
Die Prothese als schädigender Faktor durch Reizwirkung auf die Schleimhaut. Dtsch Zahnärztl Z *9*, 89 (1954)

*Welker, D. und E. Lenz:*
Zur Klinik und Ätiologie prothesenbedingter Veränderungen der Mundschleimhaut. Stomat DDR *25*, 191 (1975)

*Welker, D.:*
Biologische Prüfung von zahnärztlichen Werkstoffen – Ziele, Möglichkeiten und Aussagewert. Quintess Zahntech *17*, 463 (1991)

*Welker, D.:*
Infektionsgefährdung des Zahntechnikers und Abdruckdesinfektion. Quintessenz Zahntech *19*, 61 (1993)

*Welker, D.:*
Zahnärztliche Werkstoffe in Konfrontation mit biologischen Systemen. Dental Magazin 12, 67 (1994)

*Wirz, J., Schmidli, F. und Jäger, K.:*
Neue lichthärtende Löffelkunststoffe. Quintessenz *42*, 843 (1991)

*Zeiser, M.P.:*
Das Artex-Ortho-System. Quintessenz Zahntechn *17*, 451 (1991)

# 8 Metall-Kunststoff-Verbundsysteme

*K. Ludwig, Kiel*

## 8.1 Einleitung

Bei der Restauration verlorengegangener Zahnsubstanz durch Kronen oder Brücken ist es das Ziel, neben der Funktionstüchtigkeit und biologischen Verträglichkeit zumindest im sichtbaren Bereich auch eine farbliche Angleichung an die Restbezahnung zu erreichen.

So wurden bereits im vergangenen Jahrhundert zahnfarbene Facetten aus Keramik – früher auch aus Elfenbein – in vestibulären Kronenflächen mechanisch gefaßt. Daneben waren bereits früh Techniken zur Verblendung im Emaillierverfahren bekannt.

Mit der Entwicklung des „Palapont" (Kulzer), eines zahnfarbenen im Dentallabor polymerisierbaren PMMA-Kunststoffes, wurde es 1940 erstmalig möglich, individuelle Kunststoff-Verblendungen direkt auf ein Metallgerüst aufzubringen.

Es zeigte sich jedoch bald, daß es im Gegensatz zu den Emaillierverfahren nicht zu einer dauerhaften Haftung zwischen Metallgerüst und Verblendmaterial kam.

Zum einen verhindert der völlig unterschiedliche Aufbau von Metallen und Kunststoffen die Ausbildung einer direkten chemischen Verbindung und zum anderen unterscheiden sich beide Werkstoffe in ihren Eigenschaften wesentlich (Tabelle 8.1).

> Die üblichen Dentallegierungen haben einen niedrigen Wärmeausdehnungskoeffizienten (WAK) zwischen 13 und $16 \cdot 10^{-6} \cdot K^{-1}$, während der der Verblendkunststoffe um einen Faktor 2,5 bis 7 höher liegt.

Ferner können Kunststoffe im Gegensatz zu den Metallen je nach Material 0,5 – 2 % Wasser aufnehmen und auch wieder abgeben *(Schwickerath* 1980).

Bei Schwankungen der Umfeldbedingungen verhalten sich die Verbundpartner Metall und Kunststoff somit unterschiedlich.

*Tabelle 8.1*   Werkstoffdaten von Dentallegierungstypen und Verblendkunststoffen

| Material | Vickershärte HV 1 | Elastizitätsmodul MPa | WAK $\cdot 10^{-6} \cdot K^{-1}$ | $H_2O$-Aufnahme % |
|---|---|---|---|---|
| PMMA | 18– 30 | 3 000– 4 000 | 80 –100 | 1,5–2 |
| Bis-GMA gefüllt | 30– 50 | 4 000– 6 000 | 30 – 60 | 0,5–1,5 |
| Au-Basislegierung | 150–280 | 85 000–100 000 | 13 – 15 | – |
| Pd-Basislegierung | 200–350 | 100 000–150 000 | 13,5– 16 | – |
| NEM-Legierung | 200–400 | 160 000–220 000 | 14 – 15 | – |

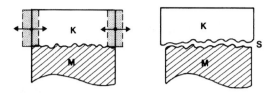

*Abb. 8.1* Schematische Darstellung des Metall(M)-Kunststoffverbundes(K). Dimensionsänderung des Kunststoffes und Spaltbildung (S) bzw. Ablösung bei mechanischem Verbund

Unter Mundbedingungen sind insbesondere Temperatur- und Feuchtigkeitsschwankungen zu berücksichtigen. Im Vergleich zur Metallbasis „arbeitet" die Verblendung, d. h. unter Expansion oder Kontraktion verändert sie ihr Volumen (Abb. 8.1).

Ferner ist damit zu rechnen, daß die unvermeidliche Polymerisationsschrumpfung Spannungen an der Phasengrenze zum Metall ausbildet. Insgesamt ist somit eine Ablösung der Verblendung von der Metallbasis zu erwarten.

Anfänglich wurde deshalb die Verblendung in einer sog. „Uhrglasfassung" – allerdings ästhetisch nicht befriedigend – allseits mechanisch gefaßt.

Nach der Entwicklung neuer Klebe- und Fügetechniken in der Industrie wurde versucht, diese auf dentale Fragestellungen zu übertragen. Hierbei ist allerdings eine wesentliche Randbedingung mit der Forderung nach biologischer Unbedenklichkeit zu berücksichtigen.

## 8.2 Verbundmechanismen

Bei Werkstoffverbundsystemen können an der Phasengrenze verschiedene Haftkräfte wirksam werden. Neben mechanischen Retentionen sind chemische Reaktionen und auch physikalische Nahwirkungskräfte zu berücksichtigen (Abb. 8.2) (*Endlich* 1980).

Da chemische Reaktionen zwischen Dentallegierungen und Verblendkunststoffen ohne zusätzliche Maßnahmen in der Regel nicht möglich sind, reduzieren sich die Haftungsmechanismen primär auf mechanische und physikalische Kräfte (vgl. 8.2.3.2).

### 8.2.1 Mechanische Verankerung

In der Vergangenheit wurden ausschließlich mechanische Retentionen für den Zusammenhalt von Kunststoff bzw. Verblendung und der Metallbasis eingesetzt. Man kann

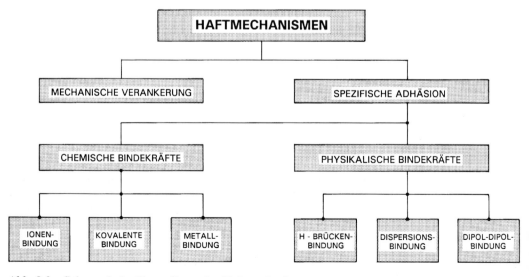

*Abb. 8.2* Schematische Darstellung der Haftmechanismen zwischen Verbundpartnern

## 8.2 Verbundmechanismen

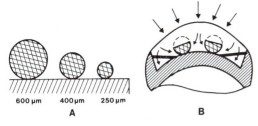

Abb. 8.3 Makroskopische Verankerung. A Retentionsperlen unterschiedlicher Größe, B Retentionsperlen und Retentionsdrähte auf einer Kronenverblendfläche

zwischen Makroretentionen und Mikroretentionen unterscheiden.

Bei den Makroretentionen sind neben einer stützenden Randfassung auf den Verbund- bzw. Verblendflächen mitgegossene Retentionsnetze, Retentionsdrähte und insbesondere Retentionsperlen unterschiedlicher Größe sowie Retentionskristalle zur Erzeugung von Unterschnitten üblich (Abb. 8.3).

Aus ästhetischen Gründen – um einen ausreichenden Raum für die Verblendung zu gewinnen – werden große Retentionsperlen bis zum Äquator zurückgeschliffen.

Bei der Polymerisation schrumpft die Verblendung gewissermaßen durch die Unterschnitte auf die Metallflächen auf.

Die Erzeugung von Mikroretentionen auf der Verbundfläche kann durch einfache mechanische Bearbeitung (Feilen, Schleifen) sowie durch Sandstrahlung oder durch chemische oder elektrolytische Ätzung mehrphasiger Legierungen erfolgen.

> Auch bei primär spaltfreiem Metall-Kunststoffverbund bildet sich bei einem rein mechanischen Verbund durch vorgenannte Effekte nach kurzer Tragedauer im Munde ein Spalt zwischen Verblendung und Metallgerüst.

Wenngleich das vorzeitige Abplatzen der Verblendung durch die Makroretentionen verhindert wird, begrenzt die Spaltbildung die Lebensdauer der Verblendung (*Hofmann* 1980).

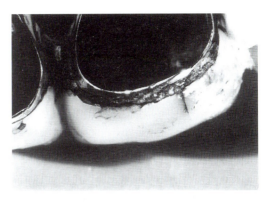

Abb. 8.4 Mechanischer Metall-Kunststoff-Verbund. Spaltbildung mit Verfärbung der Randzone, Plaqueablagerung im Spalt und Rißbildung in der Verblendung

> Durch Kapillarkräfte kommt es zur Infiltration von Speiseresten, Mikroorganismen, Farbpigmenten und zu Plaqueeinlagerungen. Ferner ist bei weniger korrosionsresistenten Legierungen die Spaltkorrosion unter der Verblendung zu berücksichtigen.

Die Folge ist eine Verfärbung der Ränder und randnaher Verblendflächen (Abb. 8.4).

Ziel der vergangenen 15 Jahre war es deshalb, die Spaltbildung durch Ausnutzung weiterer Haftmechanismen zu verhindern.

### 8.2.2 Physikalische Bindekräfte

Bei den physikalischen Nebenvalenzkräften können insbesondere die Dipol-Dipol-Bindung, die Wasserstoffbrückenbindung und die Dispersionsbindung hohe Adhäsionskräfte entwickeln (Tabelle 8.2).

Allerdings ist der Wirkradius dieser Kräfte mit Werten zwischen 0,3 und 0,5 nm sehr gering. Zu ihrer Ausbildung müssen sich beide Verbundpartner völlig spaltfrei direkt berühren können.

Hierzu muß die Metalloberfläche vorbereitet werden.

*Tabelle 8.2* Daten physikalischer Adhäsionskräfte

| Bindungsart | Bindungsenergie KJ/mol | Wirkradius nm | Theoretische Maximalkraft MPa | Experimentelle Maximalkraft MPa |
|---|---|---|---|---|
| H-Brückenbindung | ≤ 50 | 0,25–0,5 | ≤ 500 | |
| Dipol-Dipol-Bindung (Keesom-Energie) | ≤ 20 | 0,3 –0,5 | 200–1750 | 15–30 |
| Dispersionskräfte (London- Kräfte) | ≤ 40 | 0,35–0,5 | ≤ 350 | |
| Dipol-Induktionskräfte (Debye-Kräfte) | ≤ 2 | 0,35–0,5 | ≤ 300 | |

> Neben einer Entfernung oberflächlicher Verunreinigung und Reaktionsschichten muß die effektive Benetzbarkeit der Metalloberfläche durch die flüssige Kunststoffkomponente verbessert werden.

Die Benetzung der Metalloberfläche ist abhängig von dem Verhältnis der Oberflächenspannungen von Flüssigkeit ($\gamma_F$) und Metall ($\gamma_M$).

Als Maß für die Benetzbarkeit dient der Randwinkel $\alpha$, den ein Tropfen auf der Oberfläche ausbildet. Der Zusammenhang zwischen dem Randwinkel $\alpha$, der Oberflächenspannung der Flüssigkeit und der Grenzflächenspannung der Berührungsflächen ist in Näherung durch die Gleichung nach *Young* gegeben (Abb. 8.5).

Eine Erhöhung der Oberflächenspannung $\gamma_M$ des Metalls bedingt somit bei gleicher Viskosität des Kunststoffes ($\gamma_F$ = const.) eine Verringerung des Randwinkels und damit eine bessere Benetzung. Je kleiner der Benetzungsrandwinkel $\alpha$ wird, desto größer ist der erzielbare Energiegewinn bei Benetzung durch die Kunststoffkomponente (*Michel* 1969).

Die wirksame Oberfläche, d. h. der tatsächlich benetzte Anteil einer mit Rauhigkeiten versehenen Oberfläche, ist ferner von der Form der Oberflächenrauhigkeiten abhängig (Abb. 8.6). Für eine Benetzung auch der

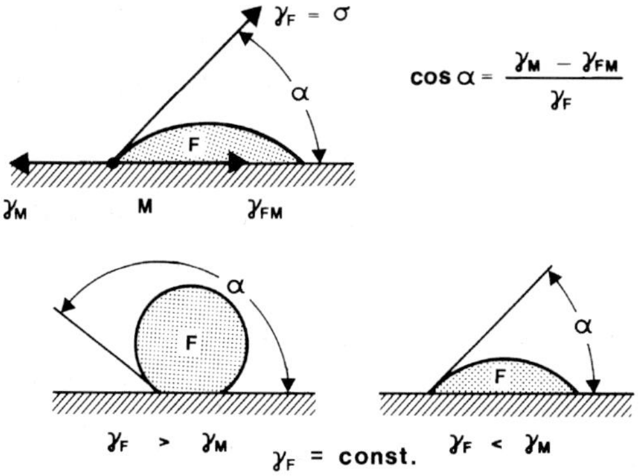

*Abb. 8.5* Abhängigkeit des Benetzungswinkel vom Verhältnis aus Oberflächenspannung des Metalls ($\gamma_M$), der Grenzflächenspannung der Benetzungsfläche ($\gamma_{FM}$) und der Oberflächenspannung $\gamma_F$ der Flüssigkeit

$$\cos \alpha = \frac{\gamma_M - \gamma_{FM}}{\gamma_F}$$

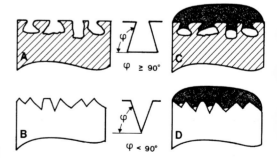

*Abb. 8.6* Formen von Oberflächenrauhigkeiten und benetzte wirksame Oberfläche.
*A* Vertiefungen mit Unterschnitten, d. h. großem Randneigungswinkel $\varphi$ und schlechter nur teilweiser Benetzung *(C)*, *B* Oberflächenrauhigkeiten bei kleinem Neigungswinkel $\varphi$ und besserer Benetzung *(D)*

## 8.2 Verbundmechanismen

*Abb. 8.7*  Metalloberfläche nach Sandstrahlung mit Al$_2$O$_3$ (50 µm–2 bar)

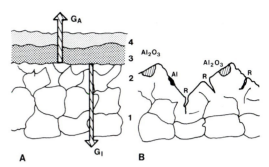

*Abb. 8.8*  Metalloberflächen.
A Unbehandelte Oberflächen mit äußeren (G$_A$) und inneren (G$_I$) Grenzschichten. (4) Verunreinigungen, (3) Adsorptionsschichten und Oxide, (2) oberflächliche Gefügestörungen, (1) ungestörtes Gefüge.
B Oberfläche nach Sandstrahlung gekennzeichnet durch Oberflächenrauhigkeiten mit kleinem Randwinkel $\varphi$ bei starker Störung des Gefüges durch Rißbildung (R), Einlegieren von Aluminium (Al) bzw. Eindringen von Strahlpartikelresten (Al$_2$O$_3$)

Vertiefungen ist ein kleiner Randneigungswinkel $\varphi$ für die Oberflächenvertiefungen günstig. Solange die Summe aus Randwinkel $\alpha$ und Neigungswinkel $\varphi$ kleiner als 180° ist ($\alpha + \varphi < 180°$), wirkt der Flüssigkeitsdruck positiv und es erfolgt eine Benetzung. In diesem Fall wird die wirksame Oberfläche maximal. Für $\alpha + \varphi > 180°$ ist der Flüssigkeitsdruck ungenügend, so daß der Gegendruck der eingeschlossenen Luft nicht überwunden werden kann (*Zorll* 1978).

Bei gegebener Kunststoffkomponente ($\gamma_F$ = const.) ist es somit erforderlich, neben der entsprechenden Formung der Oberflächenstruktur die Oberflächenspannung des Metalls zu erhöhen.

> Das Sandstrahlverfahren hat sich hierzu als ideale mechanische Oberflächenbearbeitung in der allgemeinen Fügetechnik bewährt.

Geeignet sind ausschließlich Einmalstrahlgeräte, die stets neuen, sauberen Strahlsand verwenden.

Neben der mechanischen Säuberung der Oberfläche wird durch die Form der Strahlkörper eine Oberflächenrauhigkeit mit kleinem Neigungswinkel erzeugt (Abb. 8.7).

Ferner wird durch die hohe kinetische Energie der auftreffenden Sandstrahlpartikel die Oberfläche bezüglich ihres energetischen Potentials verändert.

Am Auftreffpunkt der Partikel können Temperaturen bis 2000 °C auftreten. Hierdurch werden die Strahlpartikel und/oder die Legierung punktuell aufgeschmolzen, und es kommt zur oberflächlichen Anreicherung mit Elementen der Strahlpartikel (Abb. 8.8). Bei Verwendung von Korund (Al$_2$O$_3$ in kristalliner Form) als Strahlsand werden Al$_2$O$_3$-Partikel in die Metalloberfläche eingelagert und möglicherweise auch Al-Inseln gebildet (*Musil und Tiller* 1984, *Kern und Thompson* 1993).

Ferner wird die kristalline Mikrostruktur der Metalloberfläche in ihrem Aufbau stark verändert. Die auftreffenden energiereichen Strahlpartikel erzeugen Stufen, Versetzungen und Mikrorisse auf den Kristallflächen und an den Korngrenzen. Hiermit ist eine Anhebung der potentiellen Energie und damit eine Erhöhung der Oberflächenspannung $\gamma_M$ verbunden. Die Benetzbarkeit wird somit erhöht.

Im Experiment läßt sich dieser Effekt des Sandstrahlens einfach nachweisen.

*Abb. 8.9* Benetzbarkeit von polierten und gesandstrahlten Metallflächen durch Wassertropfen für Feingold, Palladium und eine Co-Basislegierung

Bringt man einen Flüssigkeits- (z. B. Wasser-)Tropfen auf eine polierte und eine durch Sandstrahlung vorbehandelte Fläche, so ist der Benetzungsrandwinkel $\alpha$ auf der sandgestrahlten Fläche kleiner, d. h. die Benetzungsfläche ist größer (Abb. 8.9).

Die erzielbare Verbesserung der Benetzbarkeit ist jedoch von der Legierung, der Größe der Strahlpartikel und dem Strahldruck abhängig. Bei NEM-Legierungen ist das Ergebnis besser als bei Goldbasislegierungen. Als Ursache kann angenommen werden, daß für härtere und weniger duktile Metalle der Energiegewinn durch Erzeugung oberflächlicher Strukturinhomogenitäten höher ist als bei weicheren duktilen Legierungen, bei denen ein Teil der Energie durch plastische Deformation abgesättigt wird.

Entsprechend ergibt sich für jede Legierung ein Optimum aus Partikelgröße und Strahldruck.

> Als Mittelwert für alle Legierungstypen ist bei einem Luftdruck < 4 bar eine Partikelgröße von 50 - 150 $\mu$m anzusehen.

Die durch das Sandstrahlen oberflächlich erzeugte potentielle Energie wird durch Diffusionsvorgänge im Kristallgitter sowie durch Oberflächenreaktionen mit Gasen, Flüssigkeiten oder der Luftfeuchtigkeit abgebaut. Entsprechend verringert eine Behandlung der gestrahlten Oberfläche wie das Reinigen mit Wasserdampf, Aceton, Alkohol oder Essigsäureethylester den Energiegewinn. Dies hat zur Folge, daß sich der Benetzungsrandwinkel $\alpha$ wieder erhöht. Die Höhe der Winkeländerung hängt dabei von den Strahlmodalitäten und der Legierung ab (Abb. 8.10).

> Zur Ausnutzung des vollen Energiegewinns ist es deshalb günstig, den Kunststoff möglichst kurzfristig nach dem Sandstrahlen und ohne weitere Behandlung aufzubringen.

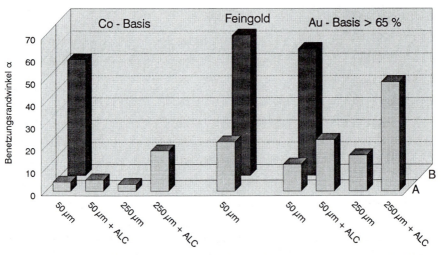

*Abb. 8.10* Mittlere Benetzungsrandwinkel von Wassertropfen für verschiedene Legierungstypen und Oberflächenbehandlungen. *A* Sandstrahlung mit unterschiedlicher Korngröße (50 $\mu$m, 250 $\mu$m) und zusätzliche Reinigung mit Alkohol (ALC) *B* Politur

## 8.2 Verbundmechanismen

Bei der adhäsiven Bindung von flüssigen Kunststoffkomponenten an die energetisch angehobene Metalloberfläche zeigen Karbonsäuren bzw. Karboxylgruppen (-COOH) besondere Vorteile.

Unter normalen Raumbedingungen kommt es nach der Sandstrahlung spontan zur oberflächlichen Oxidation unedler Bestandteile der Legierung sowie der durch den Sandstrahlprozeß möglicherweise erzeugten Al-Inseln und der Bildung von Hydroxyl(-OH)-Gruppen.

Die polaren Karbonsäuregruppen richten sich gegenüber der oxidierten Metalloberfläche aus und es bilden sich Wasserstoffbrückenbindungen sowie Dipol-Wechselwirkungen aus (Abb. 8.11A).

Enthält ein derartiges karbonsäurehaltiges „Haftvermittlermolekül" eine anpolymerisierbare Doppelbindung, z. B. eine Methacrylatgruppe, kommt es zur polymeren Verbindung mit weiteren Verbund- bzw. Verblendschichten, z. B. dem Opaquer.

Bei Ausnutzung aller physikalischen Nahwirkungskräfte ist es somit möglich, einen hoch belastbaren Metall-Kunststoffverbund herzustellen.

So werden heute in der Industrie viele hoch belastete Systemkomponenten im Automobil- oder Flugzeugbau durch die „Klebetechnik" gefügt.

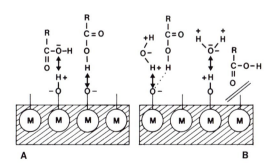

*Abb. 8.11* A Schematische Darstellung zur Adhäsionshaftung von Karbonsäuren an Metalloberflächen. B Wirkungsmechanismus der Hydrolyse durch Anlagerung von Wassermolekülen unter Auflösung der Adhäsion

Unter Mundbedingungen ist jedoch eine Abnahme der anfänglich hohen Verbundfestigkeiten bis hin zu einer völligen Auflösung des Verbundes zu beobachten.

Verantwortlich hierfür ist die Fähigkeit der Kunststoffe, Wasser aufzunehmen.

Aufgrund der Dipolstruktur des Wassermoleküls tritt dieses in Konkurrenz zu den adhäsiven Bindungen zwischen den Karbonsäuregruppen und der Metalloberfläche. Hierbei ist die Dipolstruktur des $H_2O$-Moleküls so stark, daß es die übrigen Adhäsionsbindungen unterwandern, d. h. aufheben kann (Abb. 8.11B).

Dieser Vorgang wird als „*Hydrolyse*" bezeichnet (*Janda* 1992a).

Temperaturschwankungen beschleunigen durch zusätzliche Spannungen an der Phasengrenze die Auflösung der Bindung.

### 8.2.3 Zwischenzonenschichten

Durch Verwendung von besonderen Haftvermittlern oder von komplexeren Zwischenzonenschichten wird versucht, die Hydrolyseanfälligkeit des adhäsiven Metall-Kunststoff-Verbundes zu verringern bzw. zu verhindern (*Körber und Ludwig* 1993).

Derartige Zwischenschichten müssen einen guten hydrolysebeständigen adhäsiven Verbund zur Metallbasis ausbilden können, eine ausreichende Elastizität aufweisen und mit den folgenden Verblendschichten chemische Bindungen eingehen.

Temperatur- und feuchtigkeitsbedingte Volumenschwankungen des Verblendkunststoffes können dann durch die Elastizität der Zwischenschicht abgebaut werden, ohne daß es zur Spaltbildung kommt (Abb. 8.12).

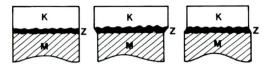

Abb. 8.12 Schematische Darstellung des Metall(M)-Kunststoffverbundes(K) bei Verwendung von Zwischenzonenschichten (Z). Keine Spaltbildung bei hydrolysebeständiger Adhäsion und ausreichender Elastizität der Schicht

### 8.2.3.1 Haftkomponenten

Als organisches anpolymerisierbares Zwischenzonenadhäsiv sind verschiedene Materialkompositionen üblich.

### Monomeradhäsive

Die primär ausreichend gute Adhäsion von Methacrylsäure-Molekülen an die aktivierte Metalloberfläche läßt sich durch Beimischung von speziellen Haftvermittlern steigern.

Bewährt haben sich Trimellitsäurederivate (4-Meta) und Pyromellitsäurederivate (s. auch Abb. 8.14) (*Tanaka et al.* 1981).

Die Karboxylgruppen dieser Moleküle bewirken eine gute Adhäsion an die Metallbasis über oberflächliche Oxide bzw. Hydroxylgruppen. Über endständige Methacrylat-Gruppen ist die chemische Verbindung (Polymerisation) an aufgebrachte Verblendmaterialien möglich.

Bei Edelmetallegierungen kann die Haftung durch eine Oxidationsbehandlung des Metalls bei Temperaturen bis ca. 500 °C oder das Aufbringen von Haftoxiden erheblich verbessert werden (*Tanaka et al* 1988).

Verwendet werden Haftvermittlerlösungen auf der Basis von Methylmethacrylaten mit einem Zusatz von < 5 % der genannten Haftverbesserer.

Da die Polymerisate jedoch nur mäßig hydrophob sind, kann die Adhäsivschicht in feuchter Umgebung Wasser aufnehmen und ist – abhängig von der Legierungsbasis – mehr oder weniger hydrolyseanfällig.

### Hydrophobe Monomeradhäsive

Die Hydrolyseanfälligkeit organischer Zwischenschichten kann durch eine Verhinderung der Wasseraufnahme verringert werden.

> Hierzu ist eine Hydrophobierung erforderlich. Dies kann durch Einbau nicht polarer langkettiger aliphatischer Gruppen erfolgen. Die hydrophobe Wirkung wird noch verstärkt, wenn die aliphatische Gruppe perfluoriert ist.

Eingesetzt werden adhäsive Monomergemische aus polyfluoridierten Methacrylaten (z. B. 1,1-Dihydropentadecafluorooctylmethacrylat), Methacrylsäuren zur Ausbildung der Adhäsion und weiteren Methacrylderivaten (s. auch Abb. 8.15).

Das Copolymerisat zeigt bei guter Adhäsivhaftung zur Metalloberfläche eine um einen Faktor 10 verringerte Wasseraufnahmefähigkeit und damit eine entsprechend verbesserte Hydrolysebeständigkeit.

### Haftsilane

> Haftsilane sind mehrfachfunktionelle Siliziumverbindungen mit organischen Restgruppen.

Kommerziell verfügbar sind Haftsilane unterschiedlicher chemischer Grundstruktur. Bei diesen kommt es zu einer Kondensationsreaktion funktioneller Gruppen mit oberflächlichen Hydroxyl-(OH)-Gruppen des Metalls. Abgespalten werden z. B. $H_2O$ oder Alkoholmoleküle. Die Silane lassen sich schematisch mit der Struktur $R_2$-Si-$(OR_1)_3$ beschreiben, wobei sowohl die organischen Restgruppen $R_1$ als auch $R_2$ unterschiedlich sein können (*Plueddemann* 1982, *Rieder* 1991).

## 8.2 Verbundmechanismen

Einheitlich ist, daß es über $R_1$ zur Reaktion mit der Metallfläche und über $R_2$ zur Bindung (Anpolymerisation) an die folgende Kunststoff- bzw. Verblendschicht kommt.

Die Reaktion der funktionellen Gruppen $R_1$ ist jedoch nur für die Oxide weniger Metalle – z. B. Si, Al, Sn, Cr, Ti – besonders stabil.

Da insbesondere Edelmetallegierungen diese Komponenten kaum in entsprechender Menge enthalten, kann durch eine oberflächliche Beschichtung der Legierung mit diesen Metallen bzw. deren Oxiden die Wirksamkeit der Haftsilane verbessert werden.

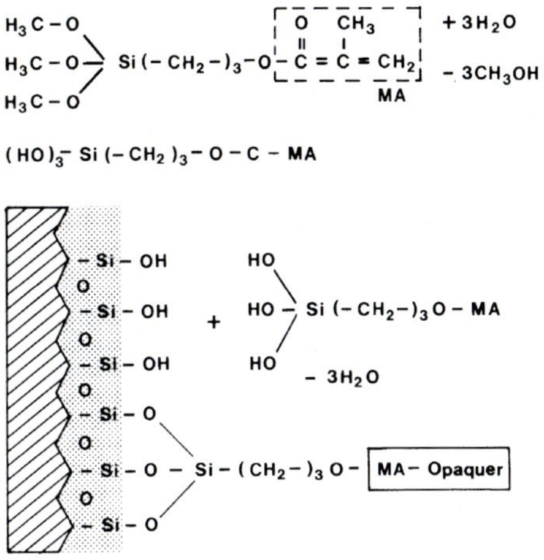

### 8.2.3.2 Oxidische Zwischenschichten

> Neben der Verzinnung oder der Chromierung, hat sich bei allen Legierungen die Silikatisierung der Oberfläche bewährt.

Siliziumdioxidschichten lassen sich durch das Aufbrennen von Dentalkeramikschichten oder von Kieselsäuresolen, durch Beschichtung im Vakuum mittels Bedampfung oder Besputtern, sowie durch pyrolytische oder Sandstrahlprozesse auftragen.

Die Bindung der $SiO_x$-Schichten (x < 2) an das Metall ist teils chemischer, teils adhäsiver Natur. Neben der chemischen ist auch die adhäsive Bindung der $SiO_x$-Schichten an die Metalloberfläche nur gering hydrolyseanfällig.

*Abb. 8.13* Schematische Darstellung des Silanisierungsprozesses. Hydrolyse des Silans in saurem Milieu. Kondensation der Silanolgruppe auf der silikatisierten ($SiO_2$) Metalloberfläche

> Auf die silikatisierte Oberfläche wird ein auf das Verblendmaterial abgestimmtes Haftsilan aufgetragen.

Systemabhängig resultieren unterschiedliche Reaktionen (*Musil et al.* 1982, *Musil und Tiller* 1989).

Das Silan reagiert mit den an der Oberfläche befindlichen Silanolgruppen unter Ausbildung einer kovalenten -O-Si-R-Bindung (Abb. 8.13).

Über die anpolysierbare Restgruppe (R) erfolgt der hydrolysefeste chemische Verbund zur Kunststoffschicht.

*Tabelle 8.3* Derzeit übliche Haftsysteme

| System | Haftoxid | Haftvermittler | Retentionen | Hersteller |
|---|---|---|---|---|
| Superbond | Legierungsoxid | Trimellitsäure | ja | Sun Medical |
| Chromalink | Legierungsoxid | Pyromellitsäure | ja | Ivoclar |
| Sebond-MKV | Legierungsoxid | Methacrylsäure | nein | Schütz-Dental |
| Spectra Link | Legierungsoxid | Methacrylsäure | ja | Ivoclar |
| OVS-System | Zinnoxid | Silan | ja | De Trey |
| Silicoater | Siliziumdioxid | Silan | nein | Heraeus/Kulzer |
| Silicoater MD | Siliziumdioxid | Silan | nein | Heraeus/Kulzer |
| Rocatec | Siliziumdioxid | Silan | nein | Espe |

## 8.3 Dentale Verbundsysteme

Ausgehend von den beschriebenen Mechanismen sind in der dentalen Klebe- und Verblendtechnik eine Vielzahl verschiedener Methoden üblich.

In Tabelle 8.3 sind die am häufigsten angewandten Verfahren bzw. Produkte aufgeführt. Diese werden im folgenden hinsichtlich der Wirkmechanismen und prinzipiellen Arbeitsfolge beschrieben.

### 8.3.1 „Superbond"

Superbond wird sowohl als Haftvermittler auf Klebe-/Verblendflächen insbesondere auch als Haftbasis auf Modellgußgerüsten verwendet (*Marx und Dziadeck* 1986).

Arbeitsschritte:

- Sandstrahlung mit $Al_2O_3$ (50 µm).
- Reinigung z. B. im Ultraschallbad oder Lösungsmittel.
- Auftragen von Superbond in dünner Schicht. Haftvermittler ist ein Zusatz von < 7 % 4-Methacryl-oxyäthyl-trimellitanhydrid (4-Meta) zu der MMA-Basis.

4-Meta

- Nach Ablüften (5 Minuten) wird der Verblend- oder Prothesenbasiskunststoff aufgetragen.

### 8.3.2 „SR Chroma Link"

Bei üblicher Modellation der Verblendfläche wird das Aufbringen von mechanischen Retentionen durch Mikroperlen empfohlen.

Verwendet wird ein organischer Haftvermittler.

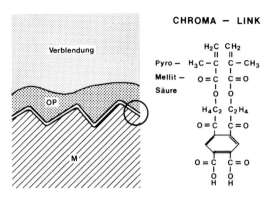

Abb. 8.14 Schematischer Aufbau des Chroma-Link Metall(M)-Kunststoffverbundes und Struktur des Haftvermittlers Pyro-Mellitsäure (OP = Opaquer)

Arbeitsschritte:

- Abstrahlung der Verblendfläche mit $Al_2O_3$ (50–250 µm).
- Reinigung mit Wasserdampf.
- Trocknung mit Druckluft.
- Auftragen von SR-Chroma-Link in einer dünnen Schicht. Das Adhäsiv „Chroma-Link" ist ein Copolymerisat aus ca. 98 % Methylmethacrylat und 2 % Pyromellitsäureester.
- Trocknung an der Luft für 3-4 Minuten.
- Anmischen des abgestimmten Opaquers im Pulver-Flüssigkeitsverhältnis von 1:1 und Auftragen einer deckenden Schicht.
- Polymerisation bei 120 °C und 6 bar im Wasserbad.
- Verblendung mit Chromasit, einem Heißpolymerisat oder üblichen Verblendmaterialien (Abb. 8.14).

### 8.3.3 „Sebond-MKV"-System

Bei üblicher Modellation werden vom Hersteller keine mechanischen Retentionen empfohlen (vgl. 8.4.2).

Als Zwischenzonenschicht dient ein hydrophobes organisches Adhäsiv (*Redaktion Dental-Labor* 1987).

Arbeitsschritte:

- Sandstrahlen mit $Al_2O_3$ der Korngröße 50 µm im Feinstrahlgerät.

## 8.3 Dentale Verbundsysteme

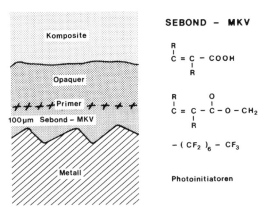

Abb. 8.15 Schematischer Aufbau des Sebond-MKV-Verbundes und Komponenten des Haftvermittlers

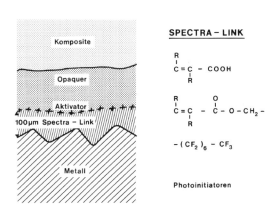

Abb. 8.16 Schematischer Aufbau des Spectra-Link-Verbundes und Komponenten des Haftvermittlers

- Reinigung des Gerüstes mit Wasserdampf oder Aceton.
  Aufpinseln von Sebond MKV in einer Schichtstärke von ca. 100 $\mu$m (Abb. 8.15). Das Adhäsiv ist ein hydrophobes Copolymer aus Methacrylsäure und 1,1-Dihydropentadecafluorooctylmethacrylat.
- Polymerisation in einem UV-Lichtgerät für 4 Minuten.
  Anlösen der MKV-Schicht durch Aufpinseln eines Primers (Methylmethacrylat), um eine Anpolymerisation des Opaquers zu verbessern.
- Anmischen von Opaquer-Pulver und Flüssigkeit im Verhältnis 1:1 und Auftragen einer deckenden Schicht.
- Polymerisation mit UV und Infrarot bei 70 °C für 5 Minuten.

Auftragen und Licht-Polymerisation von „Elcebond" oder sonstigen Verblendkompositen nach Angabe des jeweiligen Herstellers.

### 8.3.4 „SR Isosit Spectra Link"-Verfahren

Bei Modellation des Gerüstes ist die Anbringung mechanischer Retentionen bevorzugt über Mikroperlen (250 $\mu$m) vorgesehen.

Die Zwischenzonenschicht ist ein organisches, hydrophobes Adhäsiv (*Ludwig* 1989).

Arbeitsschritte:

- Sandstrahlen der Verblendfläche mit $Al_2O_3$ der Korngröße 50 $\mu$m (bis 250 $\mu$m) bei 2 bar. Zu bevorzugen ist das Abstrahlen mit dem Spezialstrahlmittel der Körnung 63-105 $\mu$m unter Verwendung des Feinstrahlgriffels.
- Reinigung der Strahlfläche mit (ölfreier) Druckluft oder ggf. im Wasserdampfstrahl.
- Auftragen der SR-Isosit-Spectra-Link-Adhäsivschicht. Unmittelbar nach der Reinigung des Gerüstes wird das Material mittig aus der Spritze appliziert und zu den Rändern hin auslaufend zu einer Schichtstärke von 0,1 mm ausgestrichen. Das Adhäsiv Spectra-Link ist ein hydrophobes Copolymer aus Methacrylsäuren und polyfluoridierten Methacrylaten (Abb. 8.16).
- Polymerisation der Spectra-Link-Schicht in dem UV-Kaltlicht-gerät „Spectramat" für fünf Minuten.
- Aufpinseln des Spectra-Link-Aktivators in dünner Schicht, um die Adhäsionsschicht für eine bessere Copolymerisation des Opaquers anzulösen. Trockenzeit 2 Minuten.

- Auftragen des SR-Isosit-Spectra-Link-Opaquers. Der Opaquer wird aus Spectra-Link-Opaquer-Pulver und Opaquer-Liquid dünn angemischt und in einer ersten dünnen Schicht aufgetragen. Nach Übergang in eine sahnige Konsistenz wird eine zweite, metalldeckende Schicht appliziert.
- Polymerisation im Spectramat für 5 Minuten.
  Der Opaquer ist dualhärtend. Bei einer Heißpolymerisation der folgenden Verblendschichten wird hierdurch die Kohäsion des Opaquers verbessert.
- Verblendungen mit dem lichthärtenden mikrogefüllten Komposit „Spectrasit" oder dem Heißpolymerisat „Chromasit".

### 8.3.5 „OVS-System"

Für das Opaquer-Verbund-System (OVS) wird eine übliche Modellation der Verblendflächen mit mechanischen Retentionen vorausgesetzt. Das Verfahren wird auch bei Modellgußprothesen eingesetzt. Als Zwischenzonenschicht wird eine Zinnschicht aufgalvanisiert und oxidiert (*Van der Veen und Bronsdijk* 1984, *Bronsdijk und Van der Veen* 1988, *Van der Veen* 1990).

Arbeitsschritte:

- Sandstrahlung mit $Al_2O_3$ (50 – 110 µm) und Abblasen mit Druckluft.
- Aufgalvanisieren mit dem OVS-Applicator (einem Gleichstromnetzgerät). Kontaktieren des Gerüstes (Kathode) und Aufgalvanisieren der Zinnschicht auf der Verblendfläche mit Hilfe einer mit der Zinn-II-Salz-Lösung (6 % $SnSO_4$, 10 % $HOC_6H_4SO_3H$, 3 % $H_2SO_4$, $H_2O$) getränkten Filzspitze (+ Pol) bei 9 V, bis eine gleichmäßige, graue Schicht sichtbar wird (Abb. 8.17). Es entsteht eine mikroretentive festhaftende Zinnkristallschicht. Zu dicke Schichten sind nachteilig.
- Reinigen der Oberfläche mit Wasser und Oxidation in der OVS-Oxidationsflüssigkeit (< 5 % $H_2O_2$, $H_2O$) für ca. 1 Minute. Oberflächlich entsteht unter Aufhellung $SnO_2$.
- Nach Reinigung und Trocknung Auftragen des OVS-Opaquers. Der Opaquer ist einkomponentig und enthält Methacrylsilan.
- Nach Trocknung des Opaquers erfolgt die Verblendung mit „Biodent"-K&B-Paste oder sonstigen Verblendmaterialien.

### 8.3.6 „Silicoater"-Verfahren

Im Silicoater-Verbund wird lt. Hersteller bei sonst üblicher Modellation des Gerüstes auf mechanische Retentionen verzichtet (vgl. 8.4.2).

Als Zwischenzonenschicht wird eine Silikatschicht pyrolytisch aufgebracht (*Musil und Tiller* 1989, *Tiller et al.* 1984 a,b).

Arbeitsschritte:

- Sandstrahlung mit $Al_2O_3$ der Korngröße 250 µm (> 4 bar).
- Reinigung der gestrahlten Fläche mit „Siliclean", einer Essigsäureethylester-Lösung.
- Beschichtung mit einer silikatischen Schicht im „Silicoater". Mit der Gasflamme wird ein Gemisch aus Butan und einer silizium-organischen Verbindung des Typs $Si-(OR)_4$ („Siliflam", Tetraethoxisilan) thermisch schrittweise zerlegt. Neben $SiO_2$, $CO_2$ und $H_2O$ entstehen auch Gruppen mit restlichen Kohlenstoffanteilen, z. B. Si-OR.

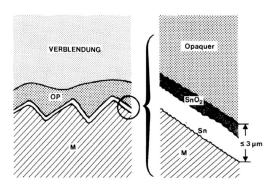

*Abb. 8.17* Schematischer Aufbau des OVS-Verbundes. *M* Metall, *OP* Opaquer

## 8.3 Dentale Verbundsysteme

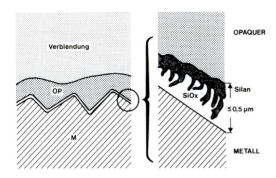

Abb. 8.18 Schematischer Aufbau des Silicoater-Verbundes

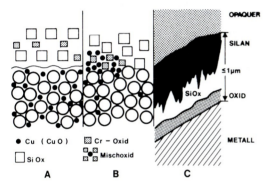

Abb. 8.19 Schematische Darstellung zum Silicoater-MD-Verbund. *A* Auftragen der MD-Lösung auf die Legierungsoberfläche, *B* Ausbildung Cr-dotierter Mischoxide mit Legierungsoxiden durch den Tempervorgang, *C* Schematischer Aufbau des Verbundes

Auf dem Metall bildet sich ein ca. 0,1 µm starker silikatisch-organischer Niederschlag ($SiO_x$-C-Schicht, x < 2), der adhäsiv und chemisch an die Metalloberfläche gebunden ist. Diese Schicht ist farblos und visuell nicht kontrollierbar.
- Auftragen des Haftsilans „Silicoup". (Haftvermittler A 174-Methacryloxypropyltrimethoxisilan). Das SiO-Gerüst des Haftsilans bildet durch Hydrolyse mit den OH-Gruppen der Siliziumschicht Si-O-Brücken (Abb. 8.18).
- Beschichtung der Zwischenschichten mit einer dünnen Schicht eines auf das Silan abgestimmten lichthärtenden 2-Komponenten-Opaquers („Dentacolor") und Polymerisation für 90 Sekunden.

Die weitere Verblendung erfolgt mit den lichthärtenden „Dentacolor"-Massen oder sonstigen Kompositen.

### 8.3.7 „Silicoater-MD"-Verfahren

Bei üblicher Gerüstgestaltung wird lt. Hersteller auf zusätzliche mechanische Retentionen verzichtet (vgl. 8.4.2). Als Zwischenzonenschicht wird eine Silikatschicht aufgesintert (Tiller et al. 1990 b).

Arbeitsschritte:
- Sandstrahlung mit $Al_2O_3$ 250µm > 4 bar
- Reinigung mit organischen Lösungsmitteln (Essigsäureethylesterlösung).
- Auftragen einer Cr-dotierten Kieselsäuresol-Lösung (Silicoat). Diese enthält $Cr^{III}$-Salz-Verbindungen, Tetraethoxysilan, Kieselsäuresol, Lösungsmittel, Wasser.
- Sintern der Zwischenschicht im Silicoater-MD-Gerät, einem gesonderten Brennofen bei 370 °C für 15 Minuten.

Bei Temperaturen über 250 °C bildet Cr mit $SiO_2$ stabile Verbindungen etwa der Struktur Cr-O-Si.

Andererseits können Cr-Oxide mit einigen Legierungsoxiden, z. B. Cu, stabile Bindungen eingehen. Während des Sintervorganges können sich so an die Metalloberfläche gebundene Chromate oder Mischoxide unter Anreicherung der Cr-O-Anteile ausbilden. Die Cr-Oxid-Konzentration liegt in der Größenordnung von $10^{-9}$ mol · $cm^{-2}$. Durch Bindung dieser Gruppen an die $SiO_x$-Bausteine (x < 2) des Sols entsteht eine oberflächliche fest gebundene Silikatschicht.

Die Ausbildung der Schicht ist durch eine Farbveränderung nach dem Sintern visuell kontrollierbar (Abb. 8.19).

- Auftragen des Haftsilans „Siliseal" (entspricht etwa dem Methacrylsilan A 174).
- Beschichtung mit dem abgestimmten lichthärtenden „Dentacolor"-Opaquer.
- Übliche Verblendung mit „Dentacolor"- oder anderen Verblendkompositen.

*Abb. 8.20* Metalloberfläche nach Beschichtung mit „Rocatec Plus" und Silanauftrag. ⊢ – ⊣ = 1 μm

## 8.3.8 „Rocatec"-Verfahren

Bei der Gerüstherstellung kann nach Herstellerempfehlung auf mechanische Retentionen verzichtet werden (vgl. 8.4. 2). Durch einen *tribochemischen* Effekt wird eine silikatische Zwischenzonenschicht aufgebracht (*Guggenberger* 1989, *Meiners et al.* 1990, *Völlm* 1989). Die „Tribochemie" befaßt sich mit physikalisch-chemischen Änderungen von Festkörpern unter Einwirkung mechanischer Energie z. B. in Form von Reibungs- oder Stoßenergie.

Arbeitsschritte:

- Sandstrahlen der Verblendfläche mit „Rocatec Pre" ($Al_2O_3$, 110 μm) bei 2,5 bar im Feinstrahlgerät „Rocatector".
- Sandstrahlen der vorgestrahlten Flächen mit „Rocatec Plus", einem mit einer Silizium-(Glas-)Verbindung oberflächlich beschichtetem Korund ($Al_2O_3$)-Strahlsand (110 μm, 2,5 bar) im „Rocatector" in zeitgesteuertem Verfahren.

Die kinetische Energie der Strahlkörner erzeugt am Auftreffort hohe Temperaturen, mit deren Hilfe die Strahlkornbeschichtung dort abschmilzt und auf dem Metall eine keramische Schicht bildet.

Durch die dunkle Färbung der Schicht ist eine visuelle Kontrolle möglich (Abb. 8.20).

- Auftragen des Haftsilans „Rocatec-Sil" (3-Methacryl-oxypropyltrimethoxysilan)
- Beschichtung mit dem dualpolymerisierenden abgestimmten Opaquer.
- Übliche Verblendung mit dem lichthärtenden „Visio-Gem" oder anderen Kompositen.

## 8.3.9 Weitere Systeme

Verschiedene, neue oder in der Entwicklung befindliche Verfahren haben das Ziel, bei Vereinfachung der Technologie eine Verbesserung der Verbundeigenschaften zu erreichen. Die chemisch/physikalischen Grundlagen sind zum Teil derzeit noch nicht vollständig offengelegt.

Ein Verbundsystem ist der „New Conquest C&B METAL COUPLER" von Jeneric (*Bourelly und Tzovaz* 1994).

Als Haftmittel wird eine Anmischung aus Organosilanen (Gamma-Chloropropyltrimethoxysilan, Gamma-Mercaptoproryltrimethoxysilan) und Aceton verwendet. Als Haftoxide dienen unedle Legierungskomponenten.

Nach Sandstrahlung (110–150 μm, $Al_2O_3$) Reinigung und Trocknung wird eine dünne Schicht „Metal Coupler" auf die Verblendfläche aufgepinselt und ca. 2 Minuten im „Conquestomat"- einem Vakuum-Hitze-Polymerisationsofen getrocknet.

Anschließend wird der Hitze/Vakuum-polymerisierende Opaquer angemischt und aufgetragen (Polycarbonat-Dimethacrylat/ PCDMA).

Es folgt die Polymerisation im „Conquestomat" (250 °C, 10 Minuten). Hierbei kommt es auch zu einer Diffusion von unedlen Legierungsbestandteilen an die Phasengrenze Metall/Kunststoff.

Im Vergleich zu den vorgenannten Systemen zeigt das „Kevloc-Artglass-Verbundsystem" von Heraeus-Kulzer Abweichungen sowohl in der Handhabung als auch der Technologie.

Das System basiert auf einer komplexen mehrstufigen organischen Zwischenzonenschicht. Als primäres Haftmittel wird eine Anmischung mit Acrylnitril und Methacrylatvernetzern verwendet. Durch Thermoaktivierung entstehen stickstoffhaltige Heterocyclen mit adhäsiven Bindungseigenschaften durch negative Ladungsschwerpunkte. Im zweiten Arbeitsschritt wird eine Anmischung aus Urethaneinbrennharzen und ebenfalls thermisch polymerisierenden Methacrylaten aufgebracht, die nach thermischer Kondensation eine vernetzte Urethanharzschicht mit hydrophoben Eigenschaften bildet.

Die in beiden Schichten vorhandenen Methacrylate erhöhen deren kohäsive Festigkeit und erlauben die Anpolymerisation folgender Verblendschichten.

Die technische Anwendung ist einfach. Nach Sandstrahlung ($Al_2O_3$, 110 µm, 2 bar) wird eine Schicht „Kevloc primer" und anschließend „Kevloc bond" aufgetragen. Es folgt die thermische Aktivierung im Heißluftstrahl (Heißluftgriffel 480 °C, 15 Sekunden). Die Reaktion ist durch einen Farbumschlag mattweiß/braun optisch kontrollierbar. Vorgesehen ist eine Verblendung mit dem lichthärtenden Komposit „Artglass".

Mit dem „ZETA-HLC-Bond-System" von Vita ist eine Vereinfachung in der zahntechnischen Anwendung dadurch gegeben, daß Haftvermittler und Opaquer als „Verbundopaqer" kombiniert wurden. Eine adhäsive und zugleich opaque organische Zwischenzonenschicht wird mit „HLC-Bond" in einem einzigen Arbeitsschritt erzeugt.

„HLC-Bond" ist eine Anmischung aus gelösten Polymeren, Pigmentteilchen und Muskovitglimmer. Über Carboxylgruppen ist die adhäsive Bindung an die durch Sandstrahlen aktivierte Metalloberfläche gegeben. Die Verblendung kann mit abgestimmten heiß-, licht- und auch kaltpolymerisierten Kompositen erfolgen.

## 8.4 Vergleichende Betrachtung der Verbundsysteme

Die einzelnen Verbundtechniken unterscheiden sich teilweise sowohl durch die physikalisch-chemischen Mechanismen als auch durch einen zum Teil hohen apparativen Aufwand. Es zeigen sich aber auch Gemeinsamkeiten.

Insbesondere ist das Sandstrahlen der Verbundfläche mit $Al_2O_3$ zu nennen. Alle Systeme bedienen sich dieser Technik.

Der Sandstrahlvorgang kann bereits als „tribochemisch" bezeichnet werden, da – abhängig von den Verfahrensparametern – neben der energetischen Änderung auch eine chemische Beeinflussung der Legierungsoberfläche zu beobachten ist.

Allerdings werden sowohl unterschiedliche Korngrößen als auch Strahldrucke angewandt. Aus den Grundlagen ist ersichtlich, daß Korngrößen von 50 bis 150 µm ausreichend sind (Abb. 8.21).

Niedrige Korngrößen sind einerseits von Vorteil, wenn die Strahlflächen anschließend gereinigt werden, da in diesem Falle der Verlust an Aktivierungsenergie wesentlich geringer ist als bei grobem Strahlsand (s. Abb. 8.10).

A B C

*Abb. 8.21* $Al_2O_3$-Strahlsand unterschiedlicher Korngrößen. Herstellerangaben: *A* 50 µm, *B* 150 µm, *C* 250 µm, ├── ┤ = 100 µm

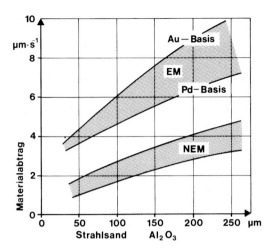

Abb. 8.22 Bereiche des mittleren Materialabtrages durch Sandstrahlen bei 4 bar und unterschiedlichen Korngrößen für verschiedene Legierungsgruppen

Das Strahlen mit einer 250 μm-Körnung und hohem Druck > 4 bar ist zudem dann problematisch bzw. nicht möglich, wenn Verblendflächen dünn ausmodelliert sind, (< 0,3 mm) wie dies z. B. bei Doppelkronensystemen in der Regel der Fall ist. Dünne Flächen werden deformiert oder gar perforiert.

Untersuchungen zeigen zudem, daß in Abhängigkeit von Korngröße, Strahldruck und Strahldauer der Materialabtrag nicht uner-

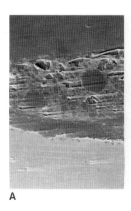

A                B

Abb. 8.23 Initial spaltfreier adhäsiver Metall-Kunststoff-Verbund. A organische hydrophobe Zwischenschicht, B silikatische Zwischenschicht. ⊢--⊣ = 10 μm

heblich sein kann (Abb. 8.22) (*Kern und Thompson* 1993, *Pfeiffer* 1993, *Pröbster und Kourtis* 1991, *Tiller* 1990a). Vorzuziehen ist deshalb jeweils die kleinere Körnung und/oder die kürzere Strahlzeit.

Bei entsprechender Konditionierung der Metallflächen zeigen aber alle Systeme einen primär spaltfreien Verbund (Abb. 8.23).

Eine Vielzahl von Untersuchungen beschäftigen sich deshalb mit der Frage zur Höhe der erreichbaren Verbundfestigkeit und insbesondere mit der Mundbeständigkeit des Verbundes.

### 8.4.1 Die Verbundfestigkeit

Es gibt verschiedene Möglichkeiten, die Festigkeit eines Werkstoffverbundes experimentell zu überprüfen. Üblich sind Versuchsanordnungen, mit denen die Biegefestigkeit, die Zugfestigkeit oder die Scherfestigkeit von Verbundkörpern gemessen werden kann (*Kappert et al.* 1989, *Stark und Holste* 1992).

Jedes Prüfverfahren liefert Werte, die innerhalb der Meßreihe qualitativ vergleichende Wertungen zur Festigkeit des Verbundes erlauben.

Ein quantitativer Vergleich von Daten, die mit unterschiedlichen Verfahren oder Versuchsanordnungen gewonnen wurden, ist aber kaum möglich.

Unter Berücksichtigung kaufunktioneller Belastungsformen, bei denen überwiegend Scherkräfte in die Verbundzone eingeleitet werden, erscheint der Druck-Abscherversuch als ein besonders praxisrelevantes Testverfahren (*Kappert* 1989, *Tiller et al.* 1988). Hierbei wird eine Verblendschicht durch Druckkräfte parallel zur Verbundfläche bis zum Bruch belastet.

In einer vergleichenden Meßserie wurden Metallquader aus den Legierungstypen PdAg, AuPt, NiCr, CoCr, und Ti gegossen und unter Anwendung verschiedener Verbundsystemen nach Herstellerangaben ver-

## 8.4 Vergleichende Betrachtung der Verbundsysteme

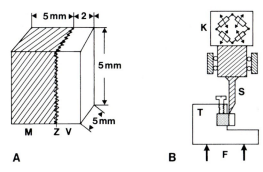

**Abb. 8.24** Schematische Darstellung zum Scherversuch. *A* Abmessungen der Verbundprobekörper, *M* Metall, *V* Verblendung, *Z* Zwischenzonenschicht; *B* Versuchsanordnung, *T* Hubtisch, *F* Druckkräfte, *S* Metallstempel, *K* Kraftmeßdose

blendet (Abb. 8.24). Zur Messung wurden die Verbundkörper in einen Hubtisch eingespannt und mit einer vertikalen Verblendfläche gegen einen feststehenden Metallstempel mit einer Kraftanstiegsgeschwindigkeit von 10 N · s$^{-1}$ bis zum Abriß der Verblendung bewegt (*Ludwig* 1990).

Die Zusammenfassung der Ergebnisse zeigt für alle Systeme eine große Streubreite der Meßwerte zwischen ca. 13 MPa und 28 MPa (Abb. 8.25). Außer durch die übliche Meßwertstreuung ist diese Bandbreite überwiegend durch unterschiedliche Verbundfestigkeiten für die verschiedenen Legierungstypen bedingt. Bei unedlen Legierungen (NiCr,CoCr,Ti) liegen die Scherfestigkeiten in der Regel im oberen Wertebereich, während sich für Goldbasis- und Palladiumbasislegierungen geringere Festigkeiten ergaben (*Geis-Gerstorfer* 1990, *Hansson und Moberg* 1993, *Wirz et al.* 1989a, *Wirz* 1990).

Da dieser Trend für die einzelnen Verbundsysteme zudem unterschiedlich stark ausgeprägt ist, erscheint die Angabe des jeweiligen System-Mittelwertes nicht sinnvoll. Die Betrachtung der Ergebnisse zeigt aber, daß sich mit allen Verbundsystemen initiale Scherfestigkeiten etwa der gleichen (hohen) Größenordnung erreichen lassen.

Bei mechanischem Verbund sind die erreichbaren Scherfestigkeiten mit Werten zwischen 6 MPa bei Sandstrahlung und ca. 19 MPa bei zusätzlicher Anwendung von Retentionsperlen im Mittel geringer.

> Neben der initialen Verbundfestigkeit ist für die Beurteilung eines Verbundsystems das Langzeitverhalten unter Mundbedingungen von besonderem Interesse.

In der experimentellen Simulation ist es jedoch kaum möglich, sämtliche im Munde auftretenden Belastungsformen – Kauzyklen, Temperaturschwankungen, Feuchtigkeitseinflüsse – gleichermaßen zu berück-

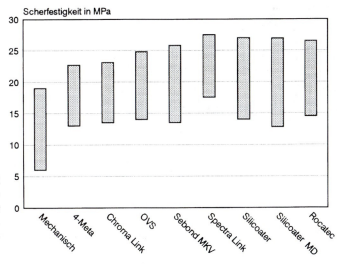

**Abb. 8.25** Bereiche der mit verschiedenen Legierungen ermittelten Scherfestigkeiten für die untersuchten Kunststoffverblendsysteme (ohne Temperaturlastwechsel)

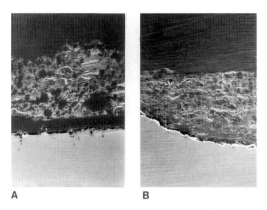 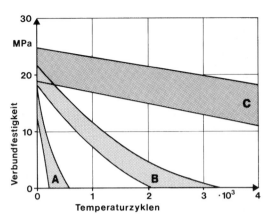

Abb. 8.26 Spaltbildung durch Temperaturlastwechsel im Wasserbad und Hydrolyseeinflüsse. A organische hydrophobe Zwischenschicht, B silikatische Zwischenschicht. ├ -- ┤ = 10 μm

Abb. 8.27 Bereiche der mittleren Verbundfestigkeiten zwischen Metall und Kunststoff in Abhängigkeit von der Zahl der thermischen Lastwechsel ($\Delta T = 50$ °C) im Wasserbad, gemittelt nach den Angaben verschiedener Autoren.
A mechanisch-adhäsiver Verbund nach Sandstrahlung, B nach zusätzlicher Verwendung eines organischen Haftmittels, C bei Anwendung eines hydrophoben organischen oder oxidischen (Si/Sn) Zwischenzonenverfahrens

sichtigen. Üblich sind Temperaturlastwechsel (TLW) durch Eintauchen von Verbundkörpern in Wasserbäder unterschiedlicher Temperaturen, z. B. mit einer Temperaturdifferenz von 50 °C. Eine anschließende Lagerung in Wasser bei ca. 37 °C wird häufig angeschlossen. In den Versuchen variieren sowohl die Temperaturdifferenzen als auch die Verweildauern in den Bädern.

Für alle Verbundsysteme zeigt sich bereits nach mittleren Temperaturlastwechselzahlen TLW > 5000 eine Spaltbildung an der Phasengrenze (Abb. 8.26) (*Kappert* 1989). Verbunden mit der zunehmenden Spaltbildung ist eine Abnahme der Verbundfestigkeit zu beobachten. Die Abnahmegeschwindigkeit ist für die einzelnen Verbundmechanismen jedoch unterschiedlich.

In der Mittelung der Ergebnisse verschiedener Autoren lassen sich Tendenzen abschätzen (Abb. 8.27).

Bei ausschließlich mechanisch/adhäsiver Haftung ohne ausgeprägte Retentionen kommt es sehr schnell zu einem Versagen des Verbundes. Auch organische Haftmittel ohne hydrophobe Eigenschaften (z. B. 4-Meta usw.) zeigen eine schnelle Abnahme der Verbundfestigkeit (*Imbery et al.* 1993). Bei den übrigen Haftsystemen, insbesondere bei silikatischen Zwischenschichten ist die Abnahme der Scherfestigkeit mit der Zahl der Temperaturlastwechsel wesentlich verringert (*Beldner und Marx* 1992, *Ishijima et al.* 1992, *Leuenberger* 1989, *Marx* 1986, *Marx* 1990, *Pfeiffer* 1993).

## 8.4.2 Diskussion

Die Kunststoffverbundsysteme stellen im Vergleich zu dem mechanischen Verbund eine wesentliche Verbesserung dar. Es resultieren gleiche oder höhere Scherfestigkeiten als bei Verankerung z. B. über Perlen. Zudem ist eine initiale Spaltfreiheit an der Phasengrenze gegeben.

Da für die Beanspruchungen im Munde eine Scherfestigkeit von 8 – 10 MPa als ausreichend angesehen wird (*Jakob und Marx* 1988) und dieser Wert von allen Systemen deutlich überschritten ist, verzichtet die Mehrzahl der Systeme auf zusätzliche Retentionen.

Andererseits belegen die experimentellen Untersuchungen für alle Verbundsysteme eine legierungsabhängige Scherfestigkeit. Es kann somit nicht erwartet werden, daß jedes System für jeden Legierungstyp gleichermaßen gut geeignet ist.

Als Gründe sind z. B. das unterschiedliche Verhalten bei der Sandstrahlung und unterschiedliche unedle Legierungskomponenten zu nennen (siehe auch 8.2.2).

Außer der initialen Scherfestigkeit interessiert aber insbesondere das Langzeitverhalten des Verbundes unter Mundbedingungen. Durch Hydrolyseeinflüsse und insbesondere Temperaturschwankungen wird die Verbundfestigkeit mit der Zeit verringert. Es kann dann – wie die experimentellen Untersuchungen belegen – die als erforderlich angesehene Mindestfestigkeit von ca. 10 MPa unterschritten werden.

Ebenso ist die mechanische Beanspruchung des Verbundes unter kaufunktioneller Belastung zu berücksichtigen.

So zeigen Untersuchungen, daß es unter elastischer Deformation des Gerüstes – insbesondere bei Konuskronengerüsten – trotz der primär ausreichenden Verbundfestigkeit zu einer Abplatzung von Verblendfacetten kommen kann. Benachteiligt sind Materialien geringerer Elastizität, da die Spannungsspitzen an der Phasengrenze höhere Werte annehmen können als bei elastischeren Verblendmaterialien (*Bruhn et al.* 1990, *Hofmann* 1990, *Wöstmann* 1990). Im klinischen Einsatz ist somit nicht gesichert, daß die Festigkeit des Metall-Kunststoffverbundes stets – trotz primär optimaler Festigkeit – zeitlich unbefristet gewährleistet ist.

Insbesondere dann, wenn auf mechanische Retentionen verzichtet wird, kommt aber der Dauerhaftigkeit des adhäsiven Verbundes unter Mundbedingungen besondere Bedeutung zu.

Eine Auflösung des Verbundes ist in diesem Fall einem sofortigen Versagen der gesamten Ersatzkonstruktion gleichzusetzen. Die Möglichkeit der Reparatur ist ohne mechanische Retentionen bei zementierten Konstruktionen wie Kronen und Brücken nahezu unmöglich oder sonst zumindest sehr erschwert.

> Es sollte deshalb – auch bei anders lautenden Empfehlungen einzelner Produkthersteller – nicht auf mechanische Retentionen verzichtet werden.

Hierbei ist bei gezielter Anbringung von Retentionen, z. B. bei Miniperlen mit einem Durchmesser von 250 $\mu$m, eine Beeinträchtigung der ästhetischen Wirkung einer Verblendung nicht zu befürchten.

Bei additiver Anwendung adhäsiv/chemischer Verbundtechniken ist jedoch ein wesentlicher Fortschritt im Vergleich zu dem früher üblichen mechanischen Metall-Kunststoff-Verbund gegeben.

Bei höherer Verbundfestigkeit wird die initiale Spaltfreiheit zwischen den Verbundpartnern für einen längeren Zeitraum erhalten.

Die „klinische Lebensdauer" einer Kunststoffverblendung ist so erheblich verlängert.

In der dentalen Kunststoff-Verblendtechnik ist deshalb im Sinne der geforderten „Qualitätssicherung" die Anwendung geeigneter Adhäsivsysteme eine wesentliche Voraussetzung.

## 8.5 Weitere Anwendungen

Außer bei der Verblendung von Metallgerüsten werden die genannten Adhäsivsysteme sowohl in klinischen als auch in zahntechnischen Verfahren für weitere Verbundtechniken eingesetzt.

So kann die Spaltbildung zwischen Modellgußgerüst und Aufbaukunststoff entsprechend verhindert oder verringert werden (*Wichmann* 1993).

Bei der Befestigung von Klebe-(Maryland-)Brücken werden die Metallflächen entsprechend adhäsiv konditioniert. Aufgrund der erforderlichen geringen Spaltbreiten erfolgt die Zementierung mit speziellen Befestigungskompositen. Untersuchungen zeigen im Vergleich zu einer rein mechanischen

Retentionshaftung eine Verbesserung der Lebensdauer des Klebeverbundes (*Janda* 1992, *Kern et al.* 1990, *Kerschbaum* 1990, *Kullmann* 1986).

Infolge der Problematik des Lötens (Verformungen, Potentialdifferenzen) wird ferner zunehmend versucht, Konstruktionselemente (z. B. Geschiebeteile, Außenkronen) durch Klebung in das Gerüst zu fügen. Ein weiterer Vorteil ist hier durch den Ausgleich von Paßungenauigkeiten im Klebespalt gegeben (*Küpper* 1989, *Wirz et al.* 1992a).

Allerdings kommt dem Adhäsivsystem bezüglich der Dauerhaftigkeit des Verbundes besondere Bedeutung zu, da nur voll hydrolyseresistente Systeme in der Lage sind, die Haltbarkeit des Klebeverbundes langfristig zu gewährleisten.

## Literaturverzeichnis

*Beldner, W., Marx, R.:*
Silikatisieren als Oberflächenkonditionierung von Metallen für den hydrolysebeständigen Verbund mit Kunststoffen. Quintessenz 43,103-115 (1992)

*Bourrelly, G., Tzovaz, T.:*
Conquest C/B- Ein neues und funktionsfähiges Material für die Zahntechnik auf der Basis von Polykarbonat-Dimethacrylaten. Quintessenz Zahntech 20, 1147-1161 (1994)

*Bronsdijk, A.E., van der Veen, J.H.:*
Das Ovs-System: vierjährige Untersuchung ist abgeschlossen. Dent Lab 36, 219-222 (1988)

*Bruhn, L., Buchholz, G.; Curth, K.:*
3-Jahres-Studie zur klinischen Bewertung des Silicoater-Dentacolor-Verfahrens im Vergleich zu anderen Verblend-Systemen. In: Hofmann, M. (hrsg.), Silicoater-Symposium. Hüthig, Heidelberg 1990

*Redaktion Dental-Labor:*
Das Sebond-MKV-System: Ein innovativer Metall-Kunststoff-Verbund. Dent Lab 35, 1009-1012 (1987)

*Endlich, W.:*
Kleb- und Dichtstoffe in der modernen Technik. Girardet, Essen 1981

*Geis-Gerstorfer, I., Frank, G.:*
Besserer Verbund durch Silanisieren. Ein Fortschritt in der dentalen Technologie. Dent Lab 34, 1543-1546 (1986)

*Geis-Gerstorfer, J.:*
Untersuchung des Verbundes silanisierter Kunststoff-Verblendungen. In: Hofmann, M. (Hrsg.), Silicoater-Symposium, Hüthig, Heidelberg 1990

*Guggenberger, R.:*
Das Rocatec-System – Haftung durch tribochemische Beschichtung. Dtsch Zahnärztl Z 44, 874-876 (1989)

*Hansson, O., Moberg, L.-E.:*
Evaluation of three silicoating methods for resin-bonded protheses. Scand J Dent Res 101, 243-251 (1993)

*Hofmann, M.:*
Ästhetische Langzeitwirkung von kunststoffverblendetem Zahnersatz. Dtsch Zahnärztl Z 35, 849-858 (1980)

*Hofmann, M.:*
Klinische Bewährung von Verblendkunststoffen – Anspruch und Wirklichkeit. In: Hofmann, M. (Hrsg.), Silicoater-Symposium, Hüthig, Heidelberg 1990

*Imbery, T.A., Evans, D.B., Koeppen, R.:*
A new method of attaching cast gold occlusal surfaces to acrylic resin denture teeth. Quintessence Int 24, 29-33 (1993)

*Ishijima, T., Caputo, A.A., Mito, R.:*
Adhesion of resin to casting alloys. J Prosth Dent 67, 446-449 (1992)

*Jakob, E., Marx, R.:*
Silanisierung der Klebeflügel. Zahnärztl Prax 39,124-126 1988

*Janda, R.:*
Kleben und Klebetechniken. Teil 1: Allgemeine Prinzipien der Klebetechnik. Dent Lab 40, 409-415 (1992 a)

*Janda, R.:*
Kleben und Klebetechniken. Teil 2: Adhäsiv-Systeme für Zahntechik und -medizin. Dent Lab 40, 615-628 (1992 b)

*Kappert, H.F.:*
Der Einfluß zweier Haftvermittler-Systeme auf den Kunststoff-Metall-Verbund. Zahnärztl Welt 98, 129-130 (1989)

*Kappert, H.F., Schreck, U., Prünte, H., Barucha, A., Erpelding, E., Banholzer, M.:*
Prüfung von Metall-Kunststoff-Verbundsystemen durch Scher-, Biege- und axialen Zugversuch. Dtsch Zahnärztl Z 44, 879 -881(1989)

*Kern, M., Neikes, M.J., Strub, J.R.:*
Festigkeit mechano-chemischer Verbundsysteme in der Adhäsivprothetik. Dtsch Zahnärztl Z 45, 502-505 (1990)

*Kern, M., Thompson, V.P.:*
Sandblasting and silica-coating of dental alloys: volume loss, morphology and changes in the surface composition. Dent Mater 9, 155-161 (1993)

*Kerschbaum, Th.:*
Das Silicoater-Verfahren – Daten aus dem Adhäsivbrückenregister. In: Hofmann, M.(Hrsg): Silicoater-Symposium, Hüthig, Heidelberg 1990

*Körber, K.H., Ludwig, K.:*
Zahnärztliche Werkstoffkunde und Technologie. Thieme, Stuttgart (1993)

*Küpper, H.:*
Verankerung von Teilprothesen mit Silicoater-Adhäsivattachments aus Titan und Wiron 88. Dtsch Zahnärztl Z 44, 726-728 (1989)

*Kullmann, W.:*
Vergleichende Untersuchungen an 20 verschiedenen Kunststoff-Befestigungsmaterialien für Schmelz-Adhäsions-Brücken. Dtsch Zahnärztl Z 41, 484 (1986)

*Leuenberger auf der Maur, E.M.F.:*
Vergleich der Haftfestigkeit von sechs verschiedenen Metall/Kunststoff-Verbundsystemen nach Alterung in vitro. Med Diss Bern, (1989)

*Ludwig, K.:*
Das Ivoclar-SR-Isosit-Spectra-Verbundsystem. Eine vergleichende Untersuchung. Dent Lab 37, 757-761 (1989)

*Ludwig, K.:*
Wirkungsmechanismus und Verbundfestigkeit moderner Kunststoff/Metall-Verbundsysteme. In: Heinenberg, B.J. (Hrsg.), Innovation für die Zahnheilkunde. Spitta, Balingen 1990

*Marx, R., Dziadeck, K.:*
Wasserbeständigkeit des NiCr-PMMA-Klebeverbundes. Zahnärztl Welt 95, 521-523 (1986)

*Marx, R.:*
Das Silicoater-Verfahren im Vergleich zu anderen Verfahren der Metall-Konditionierung, dargestellt am Beispiel der Adhäsivbrücke. In : Hofmann, M. (Hrsg.), Silicoater-Symposium, Hüthig, Heidelberg 1990

*Meiners, H., Herrmann, R., Spitzbarth, S.:*
Zur Verbundfestigkeit des Rocatec-Systems. Dent Lab 38, 185-188 (1990).

*Michel, M.:*
Adhäsion und Klebetechnik. Hanser, München 1969

*Musil, R., Garschke, A., Tiller, H.-J., Bimberg, R.:*
Neue Aspekte des Kunststoff/Metall-Verbundes in der Kronen- und Brückentechnik. Dent Lab 30, 1711-1716 (1982)

*Musil, R., Tiller, H.-J.:*
Die molekulare Kopplung der Kunststoff-Verblendung an die Legierungsoberfläche. Dent Lab 32, 1155-1161 (1984)

*Musil, R., Tiller, H.-J.:*
Der Kunststoff/Metall-Verbund. Hüthig, Heidelberg 1989

*Pfeiffer, P.:*
Haftung von Kunststoff an Legierungen abhängig von der Korngröße bei tribochemischer Beschichtung. Dtsch Zahnärztl Z 48, 692-695 (1993)

*Plueddemann, E.P.:*
Silane coupling agents. Plenam Press, New York 1982

*Pröbster, L., Kourtis, S.:*
Zur Oberflächenmorphologie von mit dem Rocatec-System behandelten Legierungen. Dtsch Zahnärztl Z 46, 135-139 (1991)

*Rieder, E.:*
Haftsilan. Quintessenz Zahntech 17, 1115-1120 (1991)

*Schwickerath, H.:*
Wasseraufnahme von Kunststoffen im Langzeitversuch. Dtsch Zahnärztl Z 35, 931-933 (1980)

*Stark, H., Holste, Th.:*
Untersuchungen zur Verbundfestigkeit silikatisierter Metalloberflächen. Dtsch Zahnärztl Z 47, 624-626 (1992)

*Tanaka; T., Nagata, K., Takeyama, M., Atsuta, M., Nakabayshi, N., Masuhara, E.:*
4-Meta-Opaque Resin – A new resin strongly adhesive to Nickel-Chromium-Alloy. J Dent Res 60, 1697-1706 (1981)

*Tanaka, T., Atsuta, M., Nakabayashi, N., Masuhara, E.:*
Surface treatment of gold alloys for adhesion. J Prosth Dent 60, 271-279 (1988)

*Tiller, H.-J., Musil, R., Garschke, A., Magnus, B., Göbel, R.:*
Eine neue Technologie zur Herstellung des Verbundes Kunststoff/Metall in der Zahntechnik (I). Zahnärztl Welt 93, 768-773 (1984a)

*Tiller, H.-J., Musil, R., Garschke, A., Magnus, B., Göbel, R.:*
Eine neue Technologie zur Herstellung des Verbundes Kunststoff/Metall in der Zahntechnik (II). Zahnärztl Welt 93, 918-922 (1984b)

*Tiller, H.-J., Eichler, D., Musil, R.:*
Prüftests für Kunststoff-Metall-Verbunde. Bedeutung und Probleme der Anwendung. Dent Lab 11, 1425-1430 (1988)

*Tiller, H.-J.:*
Experimente und Erfahrungen bei der Oberflächenkonditionierung von Metallen für das Silicoater-Verfahren. In: Hofmann, M. (Hrsg.), Silicoater-Symposium, Hüthig, Heidelberg 1990a

*Tiller, H.-J., Göbel, R., Magnus, B., Bimberg, R.:*
Werkstoffkundliche Grundlagen zum Silicoater-MD-Verfahren. Dent Lab 38, 78-82 (1990b)

*van der Veen, J.H., Bronsdijk, A.E.:*
Das OVS-System als Haftmechanismus für Komposit-Ätzbrücken. Eine neue Verbundtechnik zwischen Metall und Komposit. Quintessenz 35, 1943-1946 (1984)

*van der Veen, J.H.:*
Klinischer und experimenteller Vergleich des Silicoater-Verfahrens mit anderen Verbundsystemen. In: Hofmann, M. (Hrsg.), Silicoater-Symposium, Hüthig, Heidelberg 1990

*Völlm, L.:*
Rocatec - Eine neues Verbundsystem für die Kunststoffverblendtechnik. Dent Lab 37, 527-535 (1989)

*Wichmann, M.:*
Die verblendete Modellgußklammer. Dtsch Zahnärztl Z 45, 770-772 (1990)

*Wichmann, M.:*
Spaltbildung bei Modellgußprothesen – Abhilfe durch Haftvermittlersysteme? Zahntechnik 50, 31-32 (1993)

*Wirz, J., Schmidli, F., Jäger, K.:*
Silanhaftung von Verblendkunststoffen auf verschiedenen Metalloberflächen. Qiuntessenz Zahntech 15, 1901-1908 (1989a)

*Wirz, J., Schmidli, F., Heinz, b.:*
Kann die Flammensilanisierung ein Legierungsgefüge verändern? Quintessenz 40, 2093-2100 (1989b)

*Wirz, J.:*
Kunststoff-Metallverbund in Abhängigkeit verschiedener Legierungstypen. In-vitro und in-vivo-Untersuchungen mit 3 Silanisierverfahren. In : Hofmann, M. (Hrsg.), Silicoater-Symposium, Hüthig, Heidelberg 1990

*Wirz, J., Jäger, K., Schmidli, F.:*
Kunststoff-Metall-Verbund – Neue Wege in der restaurativen Zahnmedizin. Quintessenz 43, 123-132 (1992a)

*Wirz, J., Müller, W., Schmidli, F.:*
Neue Verfahren für den Kunststoff-Metall-Verbund. Schweiz Monatsschr Zahnmed 102, 13-19 (1992b)

*Wöstmann, B.:*
Das Silicoater-Verfahren im Vergleich mit herkömmlichen Verblendmethoden – Ergebnisse eines Recallprogramms. In: Hofmann, M. (Hrsg): Silicoater-Symposium, Hüthig, Heidelberg 1990

*Zorll, U.:*
Erkenntnisse über die Bedeutung der Benetzung für Adhäsion bei Beschichtungs- und Klebstoffen. Adhäsion, 10-14 (1978)

# 9 Abformwerkstoffe

*J. Viohl, Berlin*

## 9.1 Zweck

Für jedes indirekte Verfahren zur Herstellung von Gußfüllungen, Kronen und Brücken, herausnehmbaren Prothesen, kieferorthopädischen Apparaten ist es notwendig, mit Hilfe eines Abdrucks zu einer Negativform zu gelangen, aus der dann ein positives Modell gewonnen werden kann. Mit diesem Modell können die weiteren Behandlungsmaßnahmen für umfangreichere prothetische Rehabilitationen oder für das kieferorthopädische Vorgehen geplant werden. Oder das Modell dient als Arbeitsmodell, um unabhängig vom Patienten im Labor die zahntechnischen Arbeiten herzustellen. Außerdem werden mit Abdrücken Modelle gewonnen, die für die Dokumentation von Veränderungen im Zahn- und Kieferbereich (z. B. während des Zahndurchbruchs) oder von Behandlungsschritten (z. B. Anfangszustand – Endzustand) benötigt werden.

> Der Abdruck soll die Situation am Patienten dimensionsgetreu wiedergeben, um daraus ein unverfälschtes Modell herstellen zu können.

Da es nicht in jedem Fall sinnvoll ist, beim „Abdrücken" Kraft anzuwenden, werden statt dessen die Begriffe „abformen", „Abformwerkstoff", „Abformung" neben dem althergebrachten „Abdruck" verwendet (*Harirchi und Eichner* 1975, *Hofmann* 1972, *Schwander und Klötzer* 1976, *Viohl* 1988). Grundprinzip jeder Abformung ist, daß das jeweilige Abformmaterial im plastischen Zustand in die Mundhöhle gebracht und die Abformung vorgenommen wird. Anschließend muß das Material in einen festen Zustand übergehen, so daß es möglich ist, den Abdruck ohne Verziehungen wieder zu entfernen.

Optische Abtastsysteme sind bei entsprechender Weiterentwicklung zusammen mit CAD-CAM-Verfahren (CAD = Computer Aided Design = computergestützte Konstruktion; CAM = Computer Aided Manufacturing = computergestützte Herstellung) geeignet, das Abformen im Mund teilweise überflüssig zu machen.

## 9.2 Historische Entwicklung

Von *Pfaff* (1756) wird in Berlin zum ersten Mal die Abdrucknahme mit Wachs und das Ausgießen des Wachsnegatives mit Gips beschrieben. Nachdem zunächst Wachs, Gips (etwa ab 1840) und Guttapercha (etwa ab 1850) zur Abformung verwendet wurden, gab *Stent* 1857 in London eine Kompositionsabformmasse bekannt (*Verweyen* 1978). 1874 brachte der Zahnarzt *S. S. White* in Philadelphia ein gleichartiges Kompositionsabformmaterial heraus (*Verweyen* 1978). 1924/1931 beschreibt der Arzt *Poller* (1931) in Wien die Anwendung von reversiblen Hydrokolloiden („Dentocoll"). 1933 wurden die Zinkoxid-Eugenol-Pasten und ab 1940 die Alginat-Abformmassen in die Zahnheilkunde eingeführt (*Rehberg* 1978b, *Verweyen* 1978). Ende der 40er Jahre wurden Kunststoff-Abformmassen in den Handel gebracht (*Verweyen* 1978). Anfang der 50er Jahre wurden die elastomeren Abformmaterialien eingeführt, zunächst die Polysulfide (USA), dann die Silikone (Deutschland) und schließlich die Polyether ebenfalls in Deutschland (*Rehberg* 1978b, *Verweyen* 1978). Seit 1976 sind Silikonmassen im Handel, die nicht durch Polykondensation, sondern durch Polyaddition fest werden (*Welker* 1995, *Welker* und *Mehner* 1979).

*Tabelle 9.1* Gruppeneinteilung der Abformwerkstoffe

| | |
|---|---|
| 1 | *Irreversibel-starr* |
| 1.1 | Abdruckgips |
| 1.2 | Zinkoxid-Eugenol-Pasten |
| 1.3 | Kunststoffe |
| 2 | *Reversibel-starr* |
| 2.1 | Kompositionsmassen |
| 2.2 | Guttapercha |
| 3 | *Reversibel-elastisch* |
| | Agar-Agar |
| 4 | *Irreversibel-elastisch* |
| 4.1 | Alginate |
| 4.2 | Elastomere |
| 4.2.1 | Polysulfide |
| 4.2.2 | Silikone |
| | a) kondensationsvernetzend |
| | b) additionsvernetzend |
| 4.2.3 | Polyether |

## 9.3 Werkstoffgruppen

Es ist üblich, vier Hauptgruppen und mehrere Untergruppen zu unterscheiden (Tabelle 9.1). Zusätzlich werden weitere Bezeichnungen für einige Gruppen verwendet.

Da die Reversibilität durch Erwärmen und Abkühlen erreicht wird, heißen diese Materialien auch thermoplastische Abformwerkstoffe (Gruppe 2 und 3).

Sowohl die Agar-Agar-Massen (Gruppe 3) als auch die Alginate (Gruppe 4.1) werden aufgrund ihrer Zusammensetzung als „Hydrokolloide" bezeichnet. Wegen der Möglichkeit, die Agar-Agar-Massen wiederholt durch Erwärmen zu erweichen und durch Abkühlen zu verfestigen, heißen sie „reversible Hydrokolloide" (Gruppe 3). Entsprechend heißen die Alginatmaterialien „irreversible Hydrokolloide" (Gruppe 4.1), weil sie durch eine nicht umkehrbare chemische Reaktion (Na-Alginat wird zu Ca-Alginat) abbinden.

Wegen ihrer gummiartigen Elastizität nennt man die Elastomere auch gummielastische Abformwerkstoffe (Gruppe 4.2). Die Polysulfide werden auch als Thiokole (Gruppe 4.2.1) bezeichnet.

Ferner ist es üblich, die unterschiedliche Konsistenz besonders der elastomeren Abformmassen entsprechend der Norm DIN EN 24 823 *(DIN* 1996) mit folgenden Bezeichnungen zu beschreiben (Abb. 9.1):

*Abb. 9.1* Unterschiedlich große Scheibendurchmesser kennzeichnen die vier verschiedenen Konsistenzen der elastomeren Abformwerkstoffe: Knetbare, schwer-, mittel- und leichtfließende Silikonmassen lassen sich unterschiedlich dünn pressen.

> Konsistenz nach DIN EN 24 823 (03.1994) Zahnärztliche elastomere Abformmassen:
> 
> | | | |
> |---|---|---|
> | knetbar | – sehr hohe Konsistenz | Typ 0 |
> | schwerfließend | – hohe Konsistenz | Typ 1 |
> | mittelfließend | – mittlere Konsistenz | Typ 2 |
> | leichtfließend | – niedrige Konsistenz | Typ 3 |

Dem entsprechen die englischen Ausdrücke *putty* (= Kitt), *heavy, regular* und *light bodied*. Die Bezeichnung Viskosität sollte nicht anstelle von Konsistenz, sondern nur zur Bezeichnung entsprechender physikalischer Eigenschaften verwendet werden.

## 9.4 Forderungen an Abformwerkstoffe

An die Abformwerkstoffe sind die in Tabelle 9.2 angegebenen Forderungen zu stellen. Besondere Bedeutung haben die Anforderungen an die Elastizität und Dimensionstreue sowie an die Detailwiedergabe und Kompatibilität (*Hofmann* 1972, *Krebs und Marx* 1972). Einige Forderungen sind näher zu erläutern.

*Tabelle 9.2* Forderungen an Abformwerkstoffe

1. Angenehmer Geruch und Geschmack, ästhetische Farbe
2. Biokompatibel
3. Lagerfähig
4. Einfach zu verarbeiten
5. Geeignete Konsistenz
6. Geeignete Abbindezeit
7. Ausreichende Festigkeit oder Elastizität
8. Hohe Dimensionstreue
9. Gute Detailwiedergabe
10. Kompatibilität mit Modellwerkstoffen

### 9.4.1 Konsistenz

Um einen Abdruck nehmen zu können, muß das Abdruckmaterial nach dem Mischen der einzelnen Komponenten bzw. nach dem Erwärmen bei den thermoplastischen Werkstoffen eine geeignete Konsistenz oder Plastizität aufweisen, damit die Abformung möglich ist. Anschließend müssen die jeweiligen Materialien fest werden, die einen werden starr und unelastisch, die anderen elastisch.

### 9.4.2 Festigkeit und Elastizität

Starre Abformwerkstoffe müssen ausreichend fest werden, um sich entweder in einem Stück aus dem Mund nehmen oder – wie beim Abdruckgips – sauber brechen zu lassen, damit bei untersichgehenden Bereichen der Abdruck aus dem Mund entfernt werden kann. Elastische Abformwerkstoffe müssen ausreichend elastisch sein, um beim Abziehen aus untersichgehenden Partien nicht zu zerreißen und anschließend wieder in die alte Stellung zurückzufedern.

### 9.4.3 Dimensionstreue

Nur solche Werkstoffe sind für Abformungen geeignet, die die Mundsituation im Negativ dimensionsgetreu wiedergeben. Dabei ist für Kronen- und Brückenarbeiten sowie für die Herstellung von Modellgüssen eine höhere Genauigkeit notwendig als für totalen Zahnersatz. Abformmaterialien sollen beim Festwerden nicht schrumpfen oder quellen. Abformwerkstoffe, die besonders leicht Wasser aufnehmen oder abgeben wie die Hydrokolloide, müssen also sofort mit Gips ausgegossen werden. Notfalls kann die Lagerung des Abdrucks durch Aufbewahren in einer feuchten Kammer für beschränkte Zeit verlängert werden (*Craig* 1989).

## 9.4.4 Detailwiedergabe

Die Detail-Wiedergabegenauigkeit (Abb. 9.12) wird auch als Abdruckschärfe bezeichnet. Sie ist notwendig, um beispielsweise an einem beschliffenen Zahnstumpf genau die Grenze zwischen beschliffenen und unbeschliffenen Zahnpartien am Modell erkennen zu können und die richtige Begrenzung für die Krone zu finden.

## 9.4.5 Kompatibilität mit Modellwerkstoffen

Nicht alle Abformwerkstoffe können mit allen Modellwerkstoffen kombiniert werden. Vor dem Ausgießen eines Gipsabdruckes mit Gips muß der Abdruck erst isoliert werden. Hydrokolloide und Polyether können nicht galvanisiert werden, weil sie in der wäßrigen Elektrolytlösung quellen (vgl. Kap. 1).

## 9.5 Zusammensetzung, Verarbeitung und Indikation

### 9.5.1 Irreversibel-starre Abformwerkstoffe

#### 9.5.1.1 Abdruckgips

Abdruckgips ist ein durch Zusätze veränderter Modellgips (Tabelle 9.3). Weißer Bolus ist ein reiner Ton, der aus der Verwitterung von Feldspäten entsteht. Roter Bolus ist ein durch Eisenoxid ($Fe_2O_3$) rot gefärbter weißer Bolus. Diatomeenerde (= Kieselgur = Infusorienerde) besteht aus den Ablagerungen der Kieselpanzer der einzelligen Diatomeen. Diatomeenerde besteht zu 70 bis 90 % aus $SiO_2$ (*Rehberg* 1978b, *Schwindling* 1974).

Die Zusätze von weißem und rotem Bolus sowie Diatomeenerde führen dazu, daß der Gips leichter gebrochen werden kann. Dabei sollen die Bruchstücke möglichst scharfkantig sein.

*Tabelle 9.3* Typische Zusammensetzung von Abdruckgips (*Rehberg* 1978b)

|  | Masse % |
|---|---|
| Modellgips (2 $CaSO_4 \cdot H_2O$) | 90 |
| weißer Bolus | 4,5 |
| roter Bolus | 1,5 |
| Diatomeenerde | 2,5 |
| Kaliumsulfat ($K_2SO_4$) | 1,5 |

Kaliumsulfat beschleunigt das Abbinden, damit der Abdruck in einer angemessenen Zeit im Patientenmund erhärtet. Zum Abdrucknehmen wird Wasser mit dem Pulver des rosa Abdruckgipses im Verhältnis 1:1,5 gemischt. Zur Abformung werden konfektionierte oder individuelle Löffel (mit letzteren erhält man einen Gipsfutterabdruck) verwendet. Beim Abbinden expandiert der Gips leicht bis etwa 0,15 %. Muß der Abdruck herausgebrochen werden, wird erst nur der Löffel aus dem Patientenmund genommen und anschließend der Abdruck nach dem Herausbrechen wieder im Löffel zusammengesetzt und mit Wachs zusammengeklebt. Trotzdem kann mit Gipsabdrücken eine hohe Dimensionstreue erreicht werden. Obwohl die Detailwiedergabe gut ist, bestehen Einschränkungen, da leicht kleine Teile von Fissuren oder Interdentalräumen verlorengehen. Als Modellmaterial wird ausschließlich Gips verwendet. Dazu ist es notwendig, den Abdruck vor dem Ausgießen zu isolieren. Zum Isolieren werden Alginatlösungen, Seifenlösungen oder Gipswasser verwendet. Beim Absticheln des Abdrucks vom erhärteten Modell ist die unterschiedliche Farbe von Modell (weiß, blau, gelb) und Abdruck (rosa) hilfreich.

Wichtige Qualitätseigenschaften sind in der Norm DIN EN 26 873 erfaßt (*DIN* 1996).

Wegen der weniger guten Detailwiedergabe und der Schwierigkeit des Entfernens beim bezahnten Kiefer wird Abdruckgips fast nur noch zur drucklosen Abformung von Schlotterkämmen bei Zahnlosen verwendet.

## 9.5.1.2 Zinkoxid-Eugenol-Pasten

Eugenol ist zu 80 bis 96 Masse % in Nelkenöl enthalten. Das Zinkoxid bildet mit dem Eugenol einen Chelat-Komplex, das Zinkeugenolat, in dem unreagiertes Zinkoxid eingeschlossen ist. Die Abbindereaktion wird durch Zinkacetat und Magnesiumchlorid beschleunigt. Die der Eugenolpaste zugesetzten Öle sind Weichmacher, die das Mischen verbessern (Tabelle 9.4). Die Eugenolpaste kann außerdem Talkum und Kaolin als Füllstoff enthalten (*Brauer* 1976, *Craig* 1989, *O'Brien und Ryge* 1978, *Phillips* 1973, *Rehberg* 1978b).

Die üblicherweise in 2 Tuben gelieferten Komponenten werden in gleichen Stranglängen auf einem Papiermischblock ausgedrückt. Kontrastierende Farbgebung der Pasten (z. B. weiß und rot) erleichtert das homogene Mischen beim Durchspateln auf dem Mischblock. Durch Zugabe von einigen Tropfen Wasser kann die Abbindereaktion beschleunigt oder durch unterschiedliche Stranglängen individuell verändert werden. Wegen der leichtfließenden Konsistenz werden individuelle Abdrucklöffel verwendet. Auf der trockenen Kunststoff-Oberfläche des Löffels haften die Zinkoxid-Eugenol-Massen sehr gut. Beim Abbinden schrumpfen die Massen bis 0,1 %. Da die Abformmassen auch nach dem Abbinden eine geringe Plastizität aufweisen, kann es beim Abziehen über untersichgehende Stellen bei wenig eindrückbarer Schleimhaut zu Verziehungen kommen. Die Abdrücke werden üblicherweise umgehend mit Hartgips ausgegossen. Nach dem Abbinden des Gipses wird die Abdruckmasse beim Erwärmen in 70 °C warmen Wasser so weich, daß sie sich ohne Schwierigkeiten sauber vom Gipsmodell trennen läßt.

Die Zinkoxid-Eugenol-Abformpasten werden mit individuellen Abdrucklöffeln für Funktionsabdrücke von unbezahnten Oberkiefern bei der Herstellung totaler Prothesen verwendet. Korrekturen durch Nachlegen von neu gemischtem Material sind möglich. Beispiele für solche Abformmaterialien sind Kelly's Abdruckpaste oder Opotow.

## 9.5.1.3 Kunststoff

Die für Abformungen vorgesehenen Kunststoffe sind Polymerisate des Methylmethacrylates (PMMA). Das Pulver besteht im wesentlichen aus feinen Polymerkugeln, die Flüssigkeit aus Lösungsmitteln und Weichmachern (*O'Brien und Ryge* 1978, *Rehberg* 1978b).

Durch Einstreuen des Pulvers in die Flüssigkeit entsteht eine teigig-fließende Paste, die auf einen individuellen Löffel oder auf die vorhandene Prothese aufgetragen wird. Mit einem dazugehörigen Adhäsiv (Harzlösung) wird eine eingeebnete, glänzende Abdruckoberfläche erzielt. Werkstoffkundliche Angaben sind im Schrifttum nicht zu finden.

Die Kunststoff-Abformmassen werden seltener verwendet, vornehmlich bei Funktionsabdrücken für totalen Unterkieferzahnersatz. Auch Materialien zur temporären Unterfütterung der vorhandenen Prothese, z. B. Ivoseal (Fa. Ivoclar) oder Kerr Fitt, können als Abformwerkstoff dienen, wenn anschließend daraus ein Arbeitsmodell für eine definitive Unterfütterung gewonnen wird.

*Tabelle 9.4* Typische Zusammensetzung von ZnO-Eugenol-Abformpasten (*Brauer* 1976)

|  | Masse % |
|---|---|
| ZnO-Paste |  |
| ZnO | 80 |
| Zinkacetat | 19 |
| Magnesiumchlorid | 1 |
| Eugenol-Paste |  |
| Eugenol | 56 |
| Olivenöl | 16 |
| Gummi arabicum | 16 |
| Leinöl | 6 |
| Mineralöl | 6 |

## 9.5.2 Reversibel-starre Abformwerkstoffe

### 9.5.2.1 Thermoplastische Kompositionsmassen

Die Kompositions-Abformmassen waren entsprechend den zur Verfügung stehenden Rohstoffen in ihrer Entwicklungszeit im wesentlichen aus Naturprodukten zusammengesetzt. Drei Stoffgruppen sind zu unterscheiden (Tabelle 9.5):

1. Plastische Stoffe,
2. Elastische Stoffe und Weichmacher,
3. Füll- und Farbstoffe.

Zu den plastischen Stoffen zählen Kopale, Schellack, Mastix, Kolophonium, Sandarakharz und Kunstharze. Zu den elastischen Stoffen und Weichmachern gehören Rohkautschuk, Guttapercha, Styrol, Paraffin, Ozokerit, Japanwachs, Carnaubawachs, Öl- und Stearinsäure, Triphenylphosphat, Trikresylphosphat. Außerdem werden als Füllstoff Talkum sowie wasserunlösliche und ungiftige Farben zugegeben. Heute werden bevorzugt synthetische Harze verwendet. Die plastischen Stoffe als Hauptbestandteil geben die thermoplastische Eigenschaft und dienen als Bindemittel. Die elastischen Stoffe und Weichmacher nehmen den Harzen die Sprödigkeit und Härte, setzen den Erweichungspunkt auf etwa 60 °C herab, ermöglichen die Abformung bei einer Verarbeitungstemperatur von etwa 45 bis 50 °C und lassen die Massen bei 37 °C wieder den starren Zustand erreichen. Neben seiner Eigenschaft als Füllstoff nimmt Talkum dem Abformmaterial die Klebrigkeit. Die verschiedenen Farben ergeben braune, rote, grüne, graue Massen (*Rehberg* 1978b, *Schwindling* 1974, *Welker und Jordan* 1982). Die Kompositionsmassen werden in Platten oder in Stangen geliefert. Die Plattenmaterialien werden in heißes Wasser gelegt, damit sie erweichen. Temperaturen über 70 °C sind zu vermeiden, weil die Massen dann kleben und sich nachteilig verändern. Nach dem Durchkneten im warmen Wasser wird die Masse auf einem konfektionierten Metallöffel verteilt und zur Verankerung um die Löffelränder herumgelegt. Die Massen in Stangenform werden behutsam über der offenen Flamme erhitzt. Die Kompositionsmassen sind für Abdrücke eines Kiefers oder einzelner Zähne („Kupferring-Kerr-Abdruck") verwendet worden. Heute werden sie als Hilfswerkstoff zum Aufbau oder zur Abformung von Funktionsrändern benutzt. Der Abkühlvorgang kann mit dem kalten Wasserspray beschleunigt werden, doch ist zu beachten, daß die Kompositionsmassen schlechte Wärmeleiter sind und im Innern verzögert fest werden. Beim Abkühlen von 55 °C auf Raumtemperatur kontrahieren die Massen zwischen 1,2 und 1,5 % linear. Die früher häufig angewandten Kupferring-Abdrücke für einzelne Zähne sind heute weitgehend von den Silikonmassen verdrängt. Die Kupferring-Abdrücke werden mit extrahartem Hartgips (Typ IV nach DIN EN 26 873) (*DIN* 1996) ausgegossen, oder sie wurden auch, nachdem sie mit Metallpulver leitend gemacht worden sind, versilbert oder verkupfert. Beim Entfernen der Abdrücke aus dem Mund kommt es bei nicht ausreichender Abkühlung zu Verziehungen oder bei untersichgehenden Stellen zu Schabespuren und Abplatzungen.

Tabelle 9.5 Typische Zusammensetzung von thermoplastischen Kompositionsabformmassen (*Rehberg* 1978b, *Schwindling* 1974)

|  | Masse % |
|---|---|
| Plastische Stoffe | |
| Kopal | 28 |
| Sandarakharz | 6 |
| Elastische Stoffe und Weichmacher | |
| Carnaubawachs | 4 |
| Stearinsäure | 2 |
| Füllstoff | |
| Talkum | 59 |
| Farbstoff | 1 |

Im Handel sind Harvard (Fa. Richter & Hoffmann) und Impression Compounds (Fa. Kerr).

### 9.5.2.2 Guttapercha

Die Abdruckguttapercha besteht aus Guttapercha (50 bis 70 Masse %), Harzen (20 bis 30 Masse %), Füll- und Farbstoffen (Tabelle 9.6). Guttapercha wird als Milchsaft von südostasiatischen Bäumen gewonnen und ist ein Isomer des Naturkautschuks. Die Harz- und Füllstoffzusätze führen zu den gewünschten Eigenschaften. Bei Lagerung an Luft und Licht oxidiert Guttapercha leicht und wird rissig und spröde (*Rehberg* 1978b, *Schwindling* 1974).

Die Abdruckguttapercha wurde in Form von Platten als schwarze Obturatoren-Guttapercha und als braune Kauabdruck-Guttapercha nach *Spreng* (1932) (Sprengsche Guttapercha) geliefert. Die Platten wurden an den Kunststoff angeschmolzen. Nachdem die äußere Schicht noch einmal durch die Flamme gezogen worden war, wurden unter Funktionsbewegung die Basis und der Rand der totalen Unterkieferprothese ausgeformt. Durch Mimik und Kaubewegung erfolgte auch noch bei Mundtemperatur in 10 Minuten bis 24 Stunden die individuelle Formung.

Beim Abkühlen von 50 °C auf Raumtemperatur schrumpft die Abdruckguttapercha um über 1 %. Untersichgehende Partien werden beim Herausnehmen des Abdrucks verzogen. Mit kaltem Wasser wird der Abdruck abgekühlt und fest. Er muß umgehend mit Gips ausgegossen werden. Abdruckguttapercha wird heute nur noch als Hilfsmittel für die Feinabformung beim Aufbau von Obturatoren und zur Korrektur bei schwieriger Basisgestaltung von totalen Unterkieferprothesen in der chirurgischen Prothetik verwendet.

### 9.5.3 Reversibel-elastische Abformwerkstoffe

#### Agar-Agar

Die reversiblen Hydrokolloide haben im allgemeinen die in Tabelle 9.7 angegebene Zusammensetzung. Der hohe Wassergehalt macht sie sehr empfindlich gegen Austrocknen, aber auch gegen Wasseraufnahme. Die 8 bis 15 % Agar-Agar, ein langkettiges Polysaccharid aus Meerestang als wesentlicher Bestandteil, gehen beim Erwärmen vom Gel- in den Solzustand und beim Abkühlen wieder in den Gelzustand über. Glycerin und Kaolin als Füllstoff sowie 0,2 % Borax beeinflussen die Steifigkeit und Konsistenz. Damit der Agar-Agar nicht zum Bakteriennährboden wird, ist als Desinfektionsmittel Thymol zugefügt (*Craig* 1989, *O'Brien und Ryge* 1978, *Phillips* 1973, *Rehberg* 1978b, *Schwindling* 1974).

Agar-Agar-Massen werden in Tuben oder in Stangen geliefert. Die Stangen können in besondere Spritzen eingelegt werden. Spezielle Warmwassergeräte mit 3 Bädern dienen zum Erweichen der Massen. Zunächst kommen die Tuben oder Spritzen in das Bad mit 100 °C heißem Wasser. Hierbei geht die Masse vom festen, elastischen Gelzustand bei Raumtemperatur in den plastischen, flies-

Tabelle 9.6 Typische Zusammensetzung von Abdruckguttapercha (*Rehberg* 1978b)

|  | Masse % |
|---|---|
| Guttapercha | 60 |
| Harze | 25 |
| Füll- und Farbstoffe | 15 |

Tabelle 9.7 Typische Zusammensetzung von Agar-Agar-Abformmassen (*Rehberg* 1978b, *Schwindling* 1974)

|  | Masse % |
|---|---|
| Wasser | 75 |
| Agar-Agar | 10 |
| Glycerin | 7 |
| Kaolin | 7 |
| Kaliumsulfat ($K_2SO_4$) | 0,1 |

senden Solzustand über. Nachdem die Masse verflüssigt ist, wird sie in das Aufbewahrungsbad von 63 bis 69 °C gebracht. Die Masse in den Tuben wird zum Abformen auf besondere Metallöffel mit angelöteter Kühlschlange gebracht und im Temperierbad auf 46 °C gehalten. Zur Abformung wird Material aus der Spritze, das wegen der kleinen Mengen sofort auf erträgliche Temperaturen abkühlt, an den wichtigen Teilen, wie präparierten Zähnen, vorgelegt und dann der Löffel mit dem Tubenmaterial eingesetzt. Mit Leitungswasser von 16 bis 21 °C, das über Schläuche der Kühlschlange am Löffel zu- und von ihr abgeführt wird, kühlt der Abdruck ab und geht bei etwa 40 °C wieder in den elastischen Gelzustand über. Beim Abkühlen schrumpfen die Massen um 0,5 %, von Mundtemperatur auf Raumtemperatur um 0,15 %. Die Elastizität und damit das Rückstellvermögen und der Druckverformungsrest sind schlechter als bei den Elastomeren (*Lehmann, U.* 1995). Als Modellmaterial kann nur Hartgips verwendet werden. Der Abdruck muß sofort ausgegossen werden, da der Abdruck an der Luft durch Wasserverlust stark schrumpft, in Wasser dagegen durch Wasseraufnahme quillt (*Lehmann et al.* 1984). Lediglich im Hygrophor ist eine leidliche Dimensionsstabilität über kurze Zeit möglich. Die Detailabformung ist besser als mit Alginaten, aber nicht so gut wie mit Elastomeren. In der DIN 13 945 (*DIN* 1996) sind Anforderungen an die Elastizität und die Detailwiedergabe festgelegt.

Agar-Agar-Massen werden zur Abformung für umfangreiche Kronen- und Brückenarbeiten verwendet. Die dazu notwendigen 3 Bäder mit 100, 65 und 45 °C sowie die besonderen Abdrucklöffel mit einer Kühlschlange und die Notwendigkeit, den Abdruck sofort mit Hartgips auszugießen, machen die Verwendung umständlich. Eine Korrekturmöglichkeit besteht nicht, jedoch kann durch Wiedererwärmen des Materials – beim selben Patienten – ein erneuter Abdruck genommen werden. Ein einziger unzureichend abgeformter präparierter Zahn erfordert einen insgesamt neuen Abdruck.

Im Handel ist beispielsweise Surgident Hydrocolloid (Fa. Sigma Dental) erhältlich.

### 9.5.4 Irreversibel-elastische Abformwerkstoffe

#### 9.5.4.1 Alginate

Der wesentliche Bestandteil der Alginatabformwerkstoffe ist das Natrium- (oder Kalium- oder Ammonium-)alginat (Tabelle 9.8). Die wasserunlösliche Alginsäure wird aus Rot- und Braunalgen gewonnen. Das Natrium-, Kalium- oder Ammoniumsalz der Alginsäure ist jedoch löslich und bildet beim Mischen mit Wasser ein Hydrokolloid. Das angemischte Alginat geht dabei vom Solzustand in den Gelzustand über, weil das Natriumalginat mit dem im Pulver enthaltenen Calciumsulfat (Gips) reagiert und als schwerlösliches Calciumalginat ausfällt. Da diese Reaktion sehr schnell abläuft, ist als Verzögerer Trinatriumphosphat zugefügt, das so lange mit dem Calciumsulfat fast unlösliches Calciumphosphat bildet, bis es aufgebraucht ist. Erst dann reagiert das Calciumsulfat mit dem Natriumalginat. Diese Umwandlung des Alginats vom Sol- in den Gelzustand wird auch bei kalt mit Wasser anzurührenden Puddings angewendet. Der Füllstoff in Form von Diatomeenerde beeinflußt die Steifigkeit, Festigkeit und Elastizität der Alginatmischung (*Craig* 1989, *Jordan und Welker* 1985, *O'Brien und Ryge* 1978, *Phillips* 1973, *Rehberg* 1978b, *Schwindling* 1974).

*Tabelle 9.8* Typische Zusammensetzung von Alginat-Abformmassen (*O'Brien und Ryge* 1978, *Rehberg* 1978b, *Schwindling* 1974)

|  | Masse % |
|---|---|
| Natriumalginat | 14 |
| Calciumsulfat ($CaSO_4$) | 10 |
| Natriumphosphat ($Na_3PO_4$) | 1 |
| Diatomeenerde | 75 |

Damit durch Wasserdampf die Abbindereaktion nicht vorzeitig abläuft, wird Alginat in festverschließbaren Behältern wie Blechdosen oder verschweißten Plastikbeuteln geliefert. Da sich das Pulver wegen der unterschiedlichen Dichte der einzelnen Bestandteile leicht, besonders durch Vibrationen, entmischt, müssen die Vorratsbehälter vor der Verwendung mindestens täglich mehrmals über Kopf gedreht werden, damit das Pulver vor der Entnahme gleichmäßig gemischt ist. Die vom Hersteller mitgelieferten Dosierhilfen ermöglichen das Portionieren von Alginatpulver und Wasser. Dabei ist jedoch zu beachten, daß die Pulvermengen bis zu ± 15 % schwanken können, je nachdem ob das Pulver ins Abmeßgefäß locker eingefüllt oder gepreßt wird. Wegen der unterschiedlichen Größen und wegen der unterschiedlichen Mischverhältnisse dürfen die Abmeßgefäße nur für das dazugehörige Fabrikat verwendet werden. Nach dem Zufügen des Wassers zum Pulver wird mit einem Spatel zunächst behutsam umgerührt und dann die entstehende Paste an den Mischgefäßwandungen kräftig ausgestrichen. Die üblicherweise verwendeten konfektionierten Löffel müssen zur mechanischen Retention entweder perforiert oder besser mit einem geeigneten Haftlack versehen sein (*Hedegård et al.* 1985, *Koppe-Wigankow* 1984, *Nolte* 1980, *Viohl und Nolte* 1983). Die auf den Löffel aufgetragene Abformmasse wird mit dem nassen Finger glattgestrichen und dann in den Mund eingebracht. Nach wenigen Minuten verfestigt sich die Masse, kann dann aus dem Mund entfernt werden und muß sofort mit Gips ausgegossen werden. Durch das verdunstende Wasser, das nur locker im Gel eingelagert ist, setzt eine erhebliche Schrumpfung ein. Bei Lagerung im Hygrophor ist die Schrumpfung geringer, im Wasser quillt der Alginatabdruck. Die Elastizität des Materials ist nicht immer ausreichend. Kräftig untersichgehende Anteile werden beim Abziehen des Abdrucks verzerrt, interdentale Anteile zerrissen. Die Detailwiedergabe ist weniger gut als bei Agar Agar oder den Elastomeren.

Die Abbindezeit, Elastizität und Festigkeit werden nach den entsprechenden Normen (DIN EN 21 563) (*DIN* 1996) gemessen (*Normenausschuß Dental* 1996, *Schwander und Klötzer* 1976).

Alginatabformmaterialien werden wegen der einfachen Verarbeitung häufig benutzt. Da bei untersichgehenden Partien leicht Verziehungen eintreten, werden Alginate für Planungs- und Dokumentationsmodelle, für Erstabdrücke zur Herstellung individueller Löffel und für einfache Abformungen mit geringen Präzisionsanforderungen verwendet. Bekannte Fabrikate, die sich durch die Konsistenz, Festigkeit, Abbindezeit und Elastizität unterscheiden, sind: Palgat (Fa. Espe), Xantalgin (Fa. Bayer) (*Bundeszahnärztekammer* 1995, *Normenausschuß Dental* 1996).

### 9.5.4.2 Elastomere Abformwerkstoffe

Die besten elastischen Eigenschaften mit hohem Rückstellvermögen, die beste Detailwiedergabe, eine gute Dimensionsstabilität und eine gute Lagerfähigkeit des Abdrucks haben die elastomeren Abformwerkstoffe. Sie werden daher für Abdrücke, die hohe Präzision erfordern, verwendet.

**Polysulfide (Thiokole)**

Die Polysulfide werden als 2-Pasten-Systeme angeboten. Die Basispaste (Tabelle 9.9) enthält das Polysulfid in Form von Oligomerketten (Molekulargewicht um 1 000) mit einer etwa in der Mitte liegenden SH-Gruppe (= Thiolgruppe) und zwei endständigen SH-Gruppen. Mit Hilfe der Füllstoffe wie Titandioxid, Zinksulfid und Diatomeenerde sowie der Weichmacher wird die Konsistenz der Masse eingestellt.

Die Reaktorpaste enthält Bleidioxid (oder Mangandioxid; beide braun) als Katalysator. Durch Verknüpfung der Thiolgruppen werden die Ketten verlängert (Polykondensation). Durch das Vorhandensein von drei Thiolgruppen kommt es zu einem dreidi-

*Tabelle 9.9* Zusammensetzung von Polysulfid-Abformmassen (*O'Brien und Ryge* 1978, *Rehberg* 1978b, *Schwindling* 1974). Unterschiedliche Füllstoffanteile ergeben die verschiedenen Konsistenzen

|  | Masse % |
|---|---|
| Basispaste |  |
|   Polysulfidoligomer | 50 – 90 |
|   Füllstoff ($TiO_2$) und Weichmacher | 50 – 10 |
| Reaktorpaste |  |
|   Bleidioxid ($PbO_2$) | 77 |
|   Schwefel | 3 |
|   Füllstoff u. Weichmacher | 20 |

mensionalen Wachstum, und es entsteht ein vernetztes Polymer. Um eine geschmeidige Paste zu ermöglichen, sind in der Reaktorpaste neben Füllstoffen nicht reagierende Öle als Weichmacher enthalten. Kleine Mengen von Stearinsäure unterstützen die Polymerisation (*Braden* 1966, *Craig* 1989, *O'Brien und Ryge* 1978, *Phillips* 1973, *Rehberg* 1978b).

Zum Mischen werden gleiche Stranglängen der Basis- und Reaktorpaste auf einen Mischblock gebracht. Eine kontrastierende Farbgebung der Pasten (z. B. weiß-braun) gestattet eine gute Kontrolle der erreichten Homogenität, wenn die beiden Pasten mit einem Spatel zunächst rührend, dann streichend gemischt werden. Zu Abformungen mit Polysulfidmassen gehören üblicherweise individuelle Löffel. Selbst die Massen mit höherer Konsistenz würden leicht von einem konfektionierten Löffel laufen. Für den Halt am individuellen Kunststofflöffel muß vorher ein geeigneter Haftlack aufgetragen werden.

Die Massen sind für die ringlose Abformung geeignet. Bei der vom Hersteller vorgesehenen Doppelmischtechnik werden eine schwerfließende und eine leichtfließende Masse zur gleichen Zeit gemischt (daher „Doppelmisch"-Technik). Die leichtfließende Masse wird in eine besondere Spritze gefüllt und an den wichtigen abzuformenden Teilen (Präparationen) vorgelegt. Dann wird der individuelle Löffel, auf den die schwer-fließende Masse gebracht wurde, eingesetzt. Mit dem Beginn der Polymerisation gehen beide Massen in den elastischen Zustand über. Dabei wird die schwerfließende Masse steifer und unterstützt die leichtfließende. Nach dem Festwerden wird der Abdruck möglichst ruckartig entfernt, um die Verformung beim Abziehen aus untersichgehenden Bereichen möglichst kurz wirken zu lassen und die bestmögliche Rückstellung in die ursprüngliche Form zu erreichen (*Franz* 1972, 1975).

Das Elastomer zeigt mit zunehmender Zeit – siehe Abb. 9.7 – eine immer bessere Elastizität (*Franz* 1972). Daher dürfen Abdrücke, besonders bei tief untersichgehenden Partien, nicht vorzeitig aus dem Munde genommen werden. Die Abdrücke weisen eine gute Dimensionsstabilität und gute Detailwiedergabe auf. Sie können mit Hartgips (Type III und IV nach DIN EN 23 873) (*DIN* 1996) ausgegossen oder galvanisch versilbert oder verkupfert werden.

**Silikone**

Bei den Silikon-Abformmassen unterscheidet man kondensationsvernetzende und additionsvernetzende Silikone mit der häufig verwendeten Kurzbezeichnung „K-Silikon" (oder „C-Silikon") und „A-Silikon".

Die Silikon-Abformmassen bestehen aus zwei Komponenten, entweder Paste-Paste oder Paste-Flüssigkeit.

Bei den **kondensationsvernetzenden Silikonen** (Tabelle 9.10) sind der wesentliche Bestandteil der BASISPASTE Polysiloxane (Si-O-Si-Ketten), also oligomere organische Si-Verbindungen, mit endständigen OH-Gruppen (= Hydroxylgruppen). Die Füllstoffe bestimmen die Konsistenz. Viel Füllstoff ergibt die knetbaren, wenig Füllstoff die leichtfließenden Massen. Der Zusatz von Paraffinöl dient als Weichmacher, um zusammen mit dem Füllstoff eine entsprechende Konsistenz zu erzielen.

## 9.5 Zusammensetzung, Verarbeitung und Indikation

*Tabelle 9.10* Zusammensetzung von kondensationsvernetzenden Silikon-Abformmassen (*O'Brien und Ryge* 1978, *Rehberg* 1978b, *Schwindling* 1974). Unterschiedliche Füllstoffanteile ergeben die verschiedenen Konsistenzen

|  | Masse % |
|---|---|
| Basispaste |  |
|   Polysiloxan | 20 – 90 |
|   Füllstoff (Diatomeenerde) und Farbstoff | 80 – 10 |
|   Paraffinöl | 0 – 30 |
| Reaktor |  |
|   Katalysator (z. B. Zinnoctoat) |  |
|   Vernetzer (Alkoxysilan) |  |
|   Lösungsmittel u. Farbstoff |  |
|   bei Pasten: Eindickmittel |  |

Der REAKTOR enthält als Katalysator Zinnoctoat oder Dibutylzinndilaurat und als Vernetzer ein mehrfunktionelles Alkoxysilan. Der zutreffende Begriff Reaktor wird hier anstelle der sonst parallel benutzten Begriffe Katalysator, Akzelerator oder Härter verwendet, welche die tatsächlich bei der Reaktion ablaufenden chemischen Vorgänge nicht korrekt oder umfassend bezeichnen. Wird der Reaktor als Flüssigkeit geliefert, befinden sich Katalysator und Vernetzer in einem öligen Verdünnungsmittel (*O'Brien und Ryge* 1978). Bei Pasten werden außerdem Mittel zum Eindicken zugesetzt. Da der Alkoxysilan-Vernetzer des Reaktors leicht an der Luft durch Feuchtigkeit in Kieselsäure zerfällt (hydrolysiert), muß insbesondere der flüssige Reaktor immer gut verschlossen sein und darf erst kurz vor dem Mischen zugefügt werden. Beim Mischen der beiden Komponenten, also des Oligomers mit dem Reaktor, kommt es zur Polykondensation, die mit einer Wärmetönung (*Meiners und Dittmer* 1979) und wachsender Elastizität einhergeht. Bei der Kondensation der Polysiloxane entsteht Alkohol. Durch das Verdunsten des Alkohols beim Aufbewahren des Abdrucks tritt eine Schrumpfung ein. (*Welker* 1995, *Welker und Musil* 1990).

Bei den **additionsvernetzenden Silikonen** enthält die BASISPASTE Polysiloxane mit endständigen Vinylgruppen, einen Platin-Katalysator (Hexachlorplatinsäure) sowie Füll- und Farbstoffe.

Die REAKTORPASTE enthält Organohydrogensiloxane sowie Füll- und Farbstoffe. Nach dem Mischen reagieren die Vinylgruppen durch Umlagerung der Bindungen mit den Organohydrogensiloxanen zu Polymeren. Bei der Polyaddition entstehen keine niedermolekularen, flüchtigen Stoffe. Daher schrumpfen additionsvernetzende Silikone beim Polymerisieren weniger als kondensationsvernetzende (Tabelle 9.12). Der Übergang vom plastischen in den elastischen Zustand ist bei den additionsvernetzenden Silikonen besser als bei den kondensationsvernetzenden zu erkennen. (*Braden und Elliott* 1966, *Braden und Inglis* 1986, *Craig* 1986, 1989, *O'Brien und Ryge* 1978, *Rehberg* 1978b, *Welker* 1976, 1995, *Welker und Mehner* 1979, *Welker und Musil* 1990). Bei den additionsvernetzenden Silikonen kann es mit Lokalanästhetika und bei den knetbaren beim Verwenden von Latexhandschuhen (*Lesniak* 1994) zu Abbindestörungen kommen.

Für einen Abdruck wird bei Knetmassen die Basispaste mit dem dazugehörigen Dosierlöffel entnommen, bei leichter fließenden Massen eine gewünschte Stranglänge aus der Tube auf dem Mischblock ausgedrückt. Die pastigen Silikonmassen können sich entmischen und müssen dann zum Homogenisieren in der Tube durchgeknetet werden. Die dazugehörige Tropfenzahl Reaktorflüssigkeit bzw. Stranglänge Reaktorpaste wird dazugegeben. Die Knetmassen werden zunächst behutsam – damit kein Reaktor unkontrolliert verlorengeht – dann kräftig und intensiv durchgeknetet, um eine möglichst homogene Mischung zu erhalten. Die pastigen Massen rührt man zunächst mit dem runden Spatelende grob durch, um Basispaste und Reaktor gleichmäßig zu verteilen. Auch hier helfen kontrastierende Farben der Komponenten, beim anschließenden Durchspateln mit kräftig streichenden Bewegungen mit der geraden Kante des Spatels eine homogene Mischung zu erreichen. Dann wird die Masse auf einen mit geeignetem Haftlack versehenen Löffel gebracht und die Abformung vorgenommen.

Dosier- und Mischhilfen erleichtern die Verarbeitung, weil ein konstantes Mischungsverhältnis der Komponenten und eine gleichbleibende Mischung, unabhängig von der individuellen Geschicklichkeit, eingehalten wird. Sehr verbreitet ist eine Doppelkartusche mit einer Mischpistole (Abb. 9.2). Beim Zusammendrücken des Pistolengriffs werden die beiden Komponenten aus der Doppelkartusche in die Mischdüse gepreßt und auf dem Weg zur Austrittsöffnung durch mehrfaches Umlenken miteinander gemischt. Während beim freihändigen Dosieren nach Augenmaß immer ein Überschuß an Abformmaterial vorhanden ist und auf dem Mischblock zurückbleibt, wird bei der Mischpistole nur soviel Material herausgedrückt, wie für den Abdruck benötigt wird (*Chong und Soh* 1991, *Craig* 1985, 1988, *Finger und Komatsu* 1985, *Welker* 1976, *Wimmer* 1992, *Wimmer und Viohl* 1995).

Die gemischte Masse wird mit einer Spritze an wichtigen Teilen (z. B. Präparationen) vorgelegt oder auf den Vorabdruck mit der erhärteten Knetmasse oder auf den individuellen Löffel gebracht (oder in den Kupferring gefüllt). Dazu müssen zuvor individueller Löffel oder Kupferring ebenfalls mit einem dazugehörigen Haftlack für einen ausreichenden Halt der Abformmasse versehen sein. Wird ein Vorabdruck mit einer Knetmasse genommen, so sind im Erstabdruck die interdentalen Septen und besonders bei den präparierten Zähnen Abflußrinnen mit einem Skalpell auszuschneiden (Abb. 9.8).

Da die wesentlichen Feinheiten mit dem Zweitabdruck gewonnen werden, bezeichnet man dieses Vorgehen als Korrekturabdruckverfahren (oder Doppelabdruckverfahren).

Um eine ausreichend hohe elastische Rückstellung zu erzielen, muß der Abdruck genügend lange im Mund verbleiben (Abb. 9.7) und dann möglichst ruckartig abgezogen werden (*Franz* 1972, 1975, *Tschöp* 1987). Silikonabdrücke werden mit Hartgips (Typ III oder IV nach DIN EN 26 873) (*DIN* 1996) ausgegossen oder galvanisch versilbert oder verkupfert.

Bekannte kondensationsvernetzende Fabrikate sind:

| Konsistenz | Bayer | Coltène | Kettenbach |
|---|---|---|---|
| knetbar | Optosil P plus | Coltoflax | Lasticomp putty |
| schwerfließend | Xantopren H grün | Coltex hard | Lastic hard |
| mittelfließend | Xantopten M mucosa | Coltex medium | Lastic medium |
| leichtfließend | Xantopren L blau | Coltex fine | Lastic 90 fine |

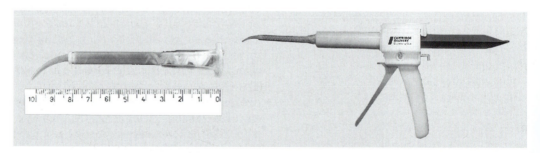

*Abb. 9.2* Mischpistole mit Kartusche. Je weiter die beiden Komponenten zur Austrittsöffnung gedrückt werden (links), desto mehr sind sie durchmischt (nach *Wimmer* 1992)

Bekannte additionsvernetzende Fabrikate sind:

| Konsistenz | Bayer | Coltène | Kettenbach |
|---|---|---|---|
| knetbar | Provil P | President putty | Panasil putty |
| schwerfließend | Provil P soft | | Panasil putty soft |
| mittelfließend | | President regular | Panasil regular |
| leichtfließend | Provil L | President light | Panasil light |

## Polyether

Gummiartige Eigenschaften haben neben den Polysulfiden und Silikonen auch Polyether. Bei dem Paste-Paste-System besteht die Basispaste (Tabelle 9.11) aus einem Polyetherpolymer mit endständigen Ethylenimin(= Aziridino)-Gruppen (*Braden et al.* 1972, *O'Brien und Ryge* 1978, *Rehberg* 1978b). Die Zusätze von Füllstoffen und Weichmachern bestimmen die Konsistenz. Die Reaktorpaste enthält als wesentlichen Bestandteil aromatische Sulfonsäureester. Wie bei den Silikonen ist der Begriff Reaktorpaste gegenüber den Begriffen Katalysator-, Akzelerator- oder Härterpaste zu bevorzugen. Die Konsistenz dieser Paste ergibt sich ebenfalls durch die zugefügten Füllstoffe und Weichmacher. Durch die Sulfonsäureester werden die endständigen Ringverbindungen (Ethylenimin-Gruppen) des Polyetherpolymers geöffnet, und mit der Kettenverlängerung durch Reaktion der Ethylenimin-Gruppen wandelt sich die plastische Masse im Abdrucklöffel nach der Abformung durch Polyaddition in einen steifelastischen Gummi um. (*Braden et al.* 1972, *Craig* 1989, *O'Brien und Ryge* 1978, *Rehberg* 1978b).

Entsprechende Stranglängen der mit Kontrastfarben versehenen Basis- (rot) und Reaktorpaste (blau) werden aus den Tuben auf einen Mischblock gedrückt. Die Pasten werden homogen miteinander gemischt, bis eine gleichmäßige Mischfarbe entsteht.

Zum automatischen Mischen verwendet man das Dosier- und Mischgerät „Pentamix" (Fa. Espe) (*Wimmer* 1992, *Wimmer und Viohl* 1995). Die Polyethermassen sind für die gleichzeitige Verwendung in einer Spritze und im Löffel vorgesehen. Dazu wird gemischte Paste mit der Spritze an den wichtigen abzuformenden Partien wie präparierten Zähnen vorgelegt. Wegen der im Vergleich zu den Polysulfiden und Silikonen hohen Steifigkeit des erhärteten Polyethers müssen größere Kräfte aufgewendet werden, um den Abdruck aus untersichgehenden Stellen möglichst ruckartig abzuziehen. Es sollten daher nicht zu viele und zu stark untersichgehende Stellen vorhanden sein (*Meiners* 1978b, *O'Brien und Ryge* 1978, *Viohl* 1980).

Polyetherabdrücke sind neben den additionsvernetzenden Silikonmassen von allen elastischen Abformmaterialien am besten lagerfähig, sie haben eine sehr gute Dimensionsstabilität (Tabelle 9.12). Da die Polyethermassen jedoch in Wasserbädern quellen, sind sie weniger für galvanoplastische Modelle geeignet (*Schwickerath* 1976, *Wenzler* 1976). Am besten wird zur Modellherstellung Hartgips (Typ III und Typ IV nach DIN EN 26 873) (*DIN* 1996) verwendet. Auch hier kann die hohe Steifigkeit leicht zum Abbrechen von Gipsstümpfen führen, wenn der Abdruck nicht vorsichtig abgenommen wird.

*Tabelle 9.11* Zusammensetzung von Polyether-Abformmasse (*O'Brien und Ryge* 1978, *Rehberg* 1978b, *Schwindling* 1974)

Basispaste
  Polyetherpolymer
  Weichmacher
  Füll- und Farbstoffe
Reaktorpaste
  aromat. Sulfonsäureester
  Weichmacher
  Füll- und Farbstoffe

Tabelle 9.12 Lineare Dimensionsänderung von Abformwerkstoffen in %

| | | irrev.-starr | rev.-starr | rev.-elast. | | | irreversibel-elastisch | | | |
|---|---|---|---|---|---|---|---|---|---|---|
| | | | | Hydrokolloide | | | Elastomere | | | |
| | | | | | | | | Silikone | | |
| | | ZnO-Eugenol | Kompositionsmassen | Agar-Agar | Alginat | Polysulfid | kondensationsv. knetbar leichtfl. | | additionsv. | Polyether |
| Abbindeschrumpfung | | < 0,15 | 0,2–1,2 | 0,15–0,5 | | 0,2 | 0,2–0,4 | | | 0,2 |
| Druckverformungsrest nach Kompression um: | 10 % 20 % 30 % | – | – | 0,5–1 1 –2 3 –4 | 2– 6 6–10 | 2–4 | 0,3–0,4 0,4–0,5 0,5–2 | | 0,2–0,5 | 0,4 0,6 1 |
| Schrumpfung nach 24 h Lagerung | | 0,15 | < 0,1 | > 5 | > 5 | 0,2–0,4 | 0,2–1,2 | | < 0,1 | 0,2 |

Als Handelspräparate sind Impregum und Permadyne (Fa. Espe) zu nennen.

Für alle drei Elastomertypen besteht eine europäische Norm: DIN EN 24 823 (*DIN* 1996). Die Norm stellt besonders die Prüfung des Druckverformungsrestes (= Rückstellung nach Verformung = elastische Rückstellung), der Flexibilität (= Verformung unter Druck = Größe der Verformung unter einer bestimmten Kraft), der Dimensionsstabilität und der Detailwiedergabegenauigkeit heraus. Alle drei Elastomertypen werden bevorzugt zur Abformung für Kronen- und Brückenarbeiten verwendet, Silikonmassen außerdem für die Modellgewinnung bei partiellem und totalem Zahnersatz. Für mittel- und leichtfließende Konsistenz ist ein individueller Löffel oder bei Silikonen ein Vorabdruck mit knetbarer Silikonmasse notwendig.

## 9.6 Werkstoffeigenschaften

Alle Abformwerkstoffe werden nach den Eigenschaften bewertet, die die Erfüllung der in Tabelle 9.2 zusammengestellten Forderungen beeinflussen. Die Dimensionstreue ist die allerwichtigste Eigenschaft; sie wird von anderen Eigenschaften mitbeeinflußt. Dagegen ist die Erfüllung ästhetischer Forderungen wie Geruch, Geschmack und Farbe von geringerer Wichtigkeit.

### 9.6.1 *Toxizität*

Die Toxizität eines Abformwerkstoffes ist zur gefahrlosen Anwendung durch den Zahnarzt am Patienten von Bedeutung. Besondere Aktualität erhalten mögliche Schädigungen durch die Vorschriften des Medizinproduktegesetzes (*MPG* 1994). Thermoplastische Materialien müssen so zu handhaben sein, daß thermische Schädigungen des empfindlichen Pulpa-Dentin-Systems vermieden werden. Flüssiger Härter von Silikonmassen darf nicht in die Augen gelangen, da die empfindlichen Schleimhäute erheblich gereizt werden können (*Rehberg* 1978b). Knetbare Silikone müssen also mit entsprechender Umsicht gemischt werden. Sollte trotzdem Härterflüssigkeit ins Auge geraten, ist sofort mit Wasser gründlich zu spülen. Einige wenige Fälle sind bekannt geworden, bei denen Patienten allergische Erscheinungen auf das Eugenol der Zinkoxid-Eugenol-Pasten oder Zahnärzte und Helferinnen eine Unverträglichkeit an den Händen gegen den Härter von Silikonmassen (besonders beim Kneten mit den bloßen Händen) oder gegen die Reaktorpaste von Polyether aufweisen.

### 9.6.2 *Lagerfähigkeit*

Abformwerkstoffe sollen möglichst lagerstabil sein, damit die Lagerhaltung von der Herstellung bis zum Verbrauch einfach ist. Alle Werkstoffe, die aufgrund einer chemischen Reaktion fest werden, können sich von allein oder durch nicht sachgemäße Lagerung verändern. So verdirbt Alginat, wenn die Feuchtigkeit der Luft Zutritt hat (*Rehberg* 1978b, 1980). Elastomere sollten innerhalb eines Jahres verbraucht werden, weil sich sonst die Eigenschaften zu stark verändern.

### 9.6.3 *Verarbeitung*

Die einfache Verarbeitung entscheidet oft über die Wahl eines bestimmten Werkstoffs. Wenn jedoch erhöhte Anforderungen an die Präzision gestellt werden, ist es häufig notwendig, umständlicher vorzugehen.

> Für genaue Abformungen wendet man das Doppelabdruckverfahren oder die Doppelmischtechnik mit Elastomeren an.

Die Weiterverarbeitung eines gebrochenen Gipsabdruckes ist unbefriedigend. Das Zusammensetzen ist mühsam, kleine Teile gehen oft verloren oder lassen sich nicht fixieren; nach dem Ausgießen muß der Abdruck vorsichtig abgestichelt werden, um das Modell nicht zu beschädigen. Bei den Agar-Agar-Massen müssen eine Wasserbadeinrichtung, spezielle Löffel und Kühlwasseranschlüsse vorhanden sein. Außerdem muß der Abdruck sofort ausgegossen werden (*Lehmann* 1975, *Lehmann und Altenberger* 1983, *Lehmann et al.* 1984).

Wenn nicht bewußt eine Änderung gewünscht wird und der Zahnarzt sich über den Einfluß auf andere Eigenschaften nicht im klaren ist, sollte immer nach der Gebrauchsanweisung vorgegangen werden (*Bielski* 1992, *Finger und Ohsawa* 1986, *Meiners* 1980, *Ohsawa und Finger* 1986, *Welker* 1976). Hierzu gehört auch die Kenntnis über den zeitlichen Ablauf der Abformung vom Mischen bis zur Modellherstellung im Zusammenhang mit dem Abbindeprozeß (Abb. 9.3). Für thermoplastische Abformmassen ist sinngemäß Mischen durch Erwärmen und Abbinden durch Abkühlen zu ersetzen, wobei das Abkühlen bereits mit dem Verarbeitungsanfang beginnt. Genauso setzt der chemische Abbindeprozeß bereits mit dem Mischen ein. Die Bezeichnungen sollen beschreiben, was in den einzelnen aneinandergereihten Arbeitsschritten geschieht. In der Praxis ergeben sich dabei mehr oder weniger große Abweichungen. Die Mischzeit zum homogenen Vermengen der Komponenten wird vom Hersteller angegeben. Es ist jedoch zu bedenken, daß kleine Mengen schneller als große Mengen homogen durchgemischt werden können. Das gleiche ist bei der Verarbeitungszeit festzustellen. Es ist vergleichsweise zum Einbringen des Abformmaterials in einen Kupferring oder auf einen Löffel weniger Zeit erforderlich, als wenn das Material erst in eine Spritze gefüllt und dann um mehrere präparierte Zähne gespritzt wird. Die Abformzeit ist für das einfache Aufsetzen eines Kupferringes kurz, für die Ausformung eines Funktionsrandes bei schwierigen Kieferverhältnissen lang, weil mehrere verschiedene Bewegungen nacheinander ausgeführt werden müssen. Einbringzeit und Abformzeit unterscheiden sich dadurch, daß beim Abformen im Munde die Temperatur ansteigt. Die angegebenen 35 °C sind eine mittlere Temperatur. Die äußere Abformmasseschicht, die der Schleimhaut direkt anliegt, erwärmt sich schneller, im Innern steigt die Temperatur langsamer von der mittleren Raumtemperatur (23 °C) an. Beim Anrühren von Alginat mit kaltem Leitungswasser liegt die Temperatur zunächst noch darunter. Temperaturerhöhungen beschleunigen meist chemische Prozesse. Kommt ein Abformmaterial schon kurz nach dem Mischen in den Mund, wird es schneller abbinden, als wenn zunächst eine längere Verarbeitung (Einbringzeit) außerhalb des Mundes notwendig ist (*Braden* 1966, *Braden et al.* 1972, *Braden und Inglis* 1986, *Jones und Sutow* 1979, *Meiners* 1978a, 1978b, 1980, *Ohsawa und Finger* 1986, *Rehberg* 1978b, *Viohl* 1972). Abb. 9.4 zeigt den Temperatureinfluß auf den Abbindeprozeß eines knetbaren Silikons bei der Konsistenzprüfung nach DIN EN 24 823 (*DIN* 1996, *Meiners und Dittmer* 1979, *Welker* 1976). Die Abbindezeit ist dadurch festgelegt, daß sie dann beginnt, wenn ein Abformen nicht mehr möglich ist, also wenn Gipsbrei nicht mehr fließt oder wenn bei elastischen Materialien erste elastische Eigenschaften auftreten. Das Ende der Abbindezeit ist erreicht, wenn der Abdruck ohne Gefahr von Verziehungen aus

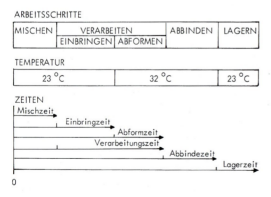

*Abb. 9.3* Arbeitsschritte, Temperaturen und Zeiten beim Abformen

## 9.6 Werkstoffeigenschaften

*Abb. 9.4* Abnahme der Fließfähigkeit bei höherer Temperatur. *Links:* normal; *rechts:* verkleinerter Scheibendurchmesser beim selben knetbaren Silikon infolge beschleunigter Reaktion, weil die Silikonmasse intensiv in warmen Händen geknetet wurde

dem Mund genommen werden kann. Der chemische Härtungsprozeß ist zu dieser Zeit noch nicht beendet. Das Abbindezeitende ist bei elastischen Materialien dann erreicht, wenn das Material beim Abziehen des Abdrucks in die alte Stellung zurückfedert. Das bedeutet, daß – wenn keine untersichgehenden Partien vorhanden sind – der Abdruck zu einem früheren Zeitpunkt herausgenommen werden kann, als wenn tief untersichgehende Anteile bestehen und die Elastizität erst in ausreichendem Maße zugenommen haben muß (Abb. 9.7 und 13). Beispielsweise beträgt der Druckverformungsrest bei Lastic 55 nach 5 Minuten etwa 5 %, nach 10 Minuten nur noch 1 %, wenn die Probe jeweils um 30 % gestaucht wird. Nach dem Herausnehmen des Abdrucks kühlt der Abdruck wieder auf Raumtemperatur ab. Abhängig vom verwendeten Werkstoff kann der Abdruck dann unterschiedlich lange lagern oder muß sofort ausgegossen werden. Es ist üblich, alle Zeiten vom Mischbeginn als Nullpunkt zu rechnen. Damit ist eine gute Kontrollmöglichkeit mit einer Stoppuhr gegeben, um die Zeitangaben der Gebrauchsanweisung einzuhalten.

### 9.6.4 Konsistenz

Die Konsistenz des frisch gemischten Materials wird nach der Norm DIN EN 24 823 (*DIN* 1996) bestimmt. Dazu wird eine jeweils gleichgroße Menge (0,5 ml) unter einer Last von 1,5 kg zwischen zwei Glasplatten zu runden Scheiben breitgedrückt (Abb. 9.1). Knetbare und schwerfließende Massen ergeben kleinere Scheiben als leichtfließende. Der Scheibendurchmesser wird als Maß für die Fließfähigkeit genommen. Die Fließfähigkeit nimmt mit voranschreitendem Abbindeprozeß immer mehr ab. Nur mit steigender Kraft kann die Masse noch bewegt werden.

Die besten Abformergebnisse erhält man, wenn der Abdrucklöffel möglichst früh in den Mund gebracht wird, weil dann die Massen am besten in alle abzuformenden Feinheiten fließen. Für Feinabformungen sind leichtfließende Massen besonders geeignet. Dazu sind aber individuelle Löffel oder Erstabdrücke mit Knetmassen notwendig, damit die leichtfließenden Massen nicht davonlaufen. Auch mit schwerfließenden oder knetbaren Materialien sind Feinabformungen möglich, wenn das Abformmaterial bei erschwertem Abfluß unter genügend hohem Druck steht (*Harirchi und Eichner* 1975, *Schwickerath* 1975). Wie groß die Abhängigkeit von den Abflußmöglichkeiten ist, zeigt Abb. 9.5.

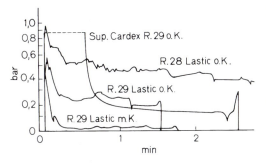

*Abb. 9.5* Druckabfall bei der Abformung eines präparierten Zahnstumpfes mit einem anliegenden Ring ohne Kerbe und einem mittelfließenden kondensationsvernetzenden Silikon (R. 28 Lastic o. K.) im Vergleich zu um 1 mm größeren Ringen ohne Kerbe (R. 29 Lastic o. K.) und mit Kerbe (R. 29 Lastic m. K.) und im Vergleich zu einem knetbaren kondensationsvernetzenden Silikon im weiteren Ring ohne Kerbe (R. 29 Sup. Cardex) (nach *Harirchi und Eichner* 1975)

## 9.6.5 Abbindezeit

Die Abbindezeit soll so lang sein, daß ausreichend Zeit zum Abformen vorhanden ist. Andererseits soll sie nicht unnötig lang sein, weil dann Patient und Zahnarzt entsprechend warten müssen, bis der Abdruck aus dem Mund genommen werden kann. Die gegenüber der Raumtemperatur erhöhte Mundtemperatur beschleunigt den Abbindeprozeß. Polysulfide und additionsvernetzende Silikone werden stärker beeinflußt als die kondensationsvernetzenden Silikone (*Braden* 1966, *Braden und Elliott* 1966, *Braden et al.* 1972, *Jones und Sutow* 1979). Ist eine längere Verarbeitungszeit notwendig, so kann dies beim Gips durch kurzes Rühren, bei additionsvernetzenden Silikonen durch Zugabe von weniger Härter, bei Polyethermassen durch Zugabe von weniger Katalysator erreicht werden. Allerdings wird dadurch auch die Zeitspanne für das Abbinden entsprechend länger.

Geht der Abbindeprozeß schnell vonstatten, wie beim Alginat und additionsvernetzenden Silikonen, oder ist nach dem Abbinden das Material fest, wie beim Abdruckgips, oder deutlich fester, wie bei Polyethermassen, kann klinisch der Zeitpunkt zum Herausnehmen des Abdrucks kaum zu früh gewählt werden (Tabelle 9.14). Besonders schwierig ist die Bestimmung bei den kondensationsvernetzenden Silikonen und Polysulfiden, weil klinisch die Zunahme der Festigkeit und das Nicht-mehr-Fließen, aber nicht die noch unvollständige Elastizität festgestellt werden können. Hilfreich ist es, an Resten auf dem Mischblock die Rückstellung nach dem Eindrücken mit einem Instrument festzustellen (*Chong und Docking* 1969, *Franz* 1975, *Viohl* 1980).

## 9.6.6 Festigkeit und Elastizität

Die Festigkeit von Abformwerkstoffen nach dem Abbinden ist im allgemeinen ausreichend (*Keck und Douglas* 1984). Nur dünne Anteile bei einem Gipsfutterabdruck können abplatzen. Andererseits bereitet es große Mühe, einen zu lange im Munde belassenen Gipsabdruck bei bezahntem Kiefer herauszubrechen. Es ist sinnvoll, wenn bei einem Kupferring-Kerr-Abdruck beim Abziehen untersichgehende Anteile des Abdrucks abplatzen. Dadurch wird kenntlich, daß untersichgehende Gebiete vorhanden sind und sie nun beseitigt werden müssen oder der Ring besser konturiert werden muß. Auch Schabespuren am Kerrabdruck sind ein Hinweis auf überhängende Partien.

> Die elastischen Massen bieten den gewünschten Vorteil, den Abdruck aus untersichgehenden Gebieten heraus abziehen zu können.

Agar-Agar-, Alginat- und elastomere Massen weisen eine unterschiedliche Flexibilität auf. Eine leichtfließende Silikonmasse läßt sich nach dem Abbinden leicht biegen. Sie ist flexibler (= weniger steif) als eine Knetmasse, die nur mit größeren Kräften um denselben Betrag gebogen werden kann. Je flexibler eine Masse ist, desto leichter läßt sie sich über die Bauchigkeit der Zähne abziehen, wenn das sich bildende Vakuum zwischen Schleimhaut und Abdruck überwunden ist. Steife Materialien wie die knetbaren Silikone oder Polyether lassen sich nur mit größerem Kraftaufwand über die Zahnwölbungen ziehen.

> Zu flexible Materialien verformen sich beim Ausgießen unter dem Eigengewicht des Modellmaterials. Zu steife Materialien führen leicht zum Abbrechen von grazilen Stümpfen oder einzelnen Zähnen beim Abnehmen des Abdruckes vom erhärteten Modell (*Finger und Komatsu* 1985).

Alle elastischen Abformwerkstoffe weisen zwei gravierende Nachteile auf:

1. Klinisch ist schwer feststellbar, wann

## 9.6 Werkstoffeigenschaften

eine ausreichende Elastizität eingetreten ist.
2. Die Elastizität ist nicht vollkommen.

Experimentell (DIN 13 945, DIN EN 21 563, DIN EN 24 823) (*DIN* 1996) können Zylinder von 12,5 mm Durchmesser und 20 mm Höhe um einen bestimmten Betrag von 2, 4 oder 6 mm entsprechend um 10, 20 oder 30 % zusammengedrückt und dann die Rückstellung als Druckverformungsrest gemessen werden (*Bielski* 1992, *Butz* 1970, *Kachel* 1981, *Mehner und Welker* 1988, *Tschöp* 1987, *Wimmer* 1992). Die Differenz zwischen der Ausgangslänge und der Länge nach dem Rückstellen wird auch als bleibende Deformation bezeichnet oder wie in DIN EN 21 563 für Alginat-Abformmasse und in DIN EN 24 823 für elastomere Abformmassen (*DIN* 1996) als Rückstellung nach Verformung als Prozentanteil der Endlänge von 100 % Ausgangslänge (*Franz* 1972, *Welker und Mehner* 1979).

Kompressionen um 30 % erscheinen zunächst recht extrem. Jedoch wird an Abb. 9.6 deutlich, daß bei Kupferringabdrücken infolge ungenügenden Konturierens ganz erhebliche Stauchungen notwendig

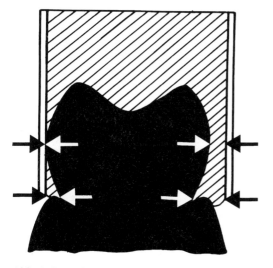

*Abb. 9.6* Bei diesem Abdruck müßte das elastische Abformmaterial im Ring beim Abziehen auf der linken Seite auf 0, auf der rechten um die Hälfte zusammengedrückt werden

werden, um den Abdruck vom präparierten Zahn abzuziehen. Selbst bei einem sorgfältig konturierten und anliegenden Ring müßte theoretisch das Material jenseits der zervikalen Präparationsgrenze auf 0 zusammengepreßt werden. Günstiger wird die Situation mit einem größeren Abstand des Abdrucklöffels vom Zahn. Bei einer Schichtstärke von 5 mm erfordert eine um 1,5 mm untersichgehende Stelle an einem bauchigen Zahn beim Abziehen des Abdrucks eine Stauchung um 30 % (*Franz* 1972, 1975, *Meiners* 1978a, 1980, *Viohl* 1988).

Abb. 9.7 zeigt den Druckverformungsrest nach 30 % Stauchung für 5 Sekunden zu verschiedenen Zeitpunkten (DIN EN 24 823) (*DIN* 1996). Nach 2,5 bis 4,5 Minuten (gerechnet vom Mischbeginn), wenn die Materialien frühestens als abgebunden erscheinen, liegen die Anfangswerte sowohl für Alginat mit 18 % als auch für knetbare Silikonmassen mit 15 % und für mittelfließende Silikonmassen mit 5 % sehr hoch. Zu der Zeit, wenn der Abdruck klinisch abgebunden erscheint, bei etwa 5 Minuten, besteht für Alginat eine bleibende Deformation von 15 %, für knetbares Silikon von 10 % und für mittelfließendes Silikon von etwa 4 %. Wartet man mit der Stauchungsbelastung 10 Minuten vom Mischbeginn an, so verbessert sich der Druckverformungsrest bei Alginat auf 12 % und bei beiden Silikonmassen auf 1 %. Nach 30 Minuten beträgt die bleibende Deformation bei den Silikonen nur noch 0,5 % (*Borchers et al.* 1984). Allerdings wird ein Patient nur schwer zu bewegen sein, so lange den Abdruck im Munde zu belassen. Sehr deutlich zeigt sich die wesentlich höhere Elastizität der Elastomere gegenüber Alginaten (siehe auch Tabelle 9.12).

Bei allen Elastomeren, besonders aber bei den knetbaren und schwerfließenden, ist der Übergang vom plastischen in den elastischen Zustand schwer zu erfassen. Ist die Elastizität bei untersichgehenden Stellen (Abb. 9.13) erforderlich, muß man besonders lange (mehr als 10 Minuten) und meist

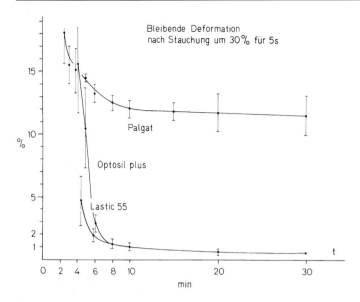

Abb. 9.7 Druckverformungsrest nach Stauchung um 30 % für 5 s; oben: Alginat (Palgat), Mitte: knetbares kondensationsvernetzendes Silikon (Optosil plus), unten: mittelfließendes kondensationsvernetzendes Silikon (Lastic 55)

länger als in der Gebrauchsanweisung angegeben warten, um ein hohes Rückstellvermögen zu erreichen (*Tschöp* 1987). Kurzzeitige Verformungen führen zu einem geringeren Verformungsrest als langzeitige. Der Abdruck muß also möglichst ruckartig entfernt werden. Eine Rückstellung in die Ausgangssituation ist nicht zu erwarten. Geringere Deformationsbelastungen führen zu überproportional geringeren Verformungsresten (Abb. 9.13, Tabelle 9.12). Dies läßt sich durch einen genügend großen Abstand vom Löffel zum Zahn erreichen (*Franz* 1975).

Beim Korrektur- oder Doppelabdruck können Fehler unterlaufen, wenn das leichtfließende Zweitmaterial sich unter dem Erstabdruck staut und kein ausreichender Abfluß vorhanden ist.

(*Freesmeyer et al.* 1983, *Körber und Lehmann* 1969, *Lehmann und Burgdorf* 1978a, 1978b, *Lehmann und Zacke* 1983, *Meiners* 1980). Schematisch zeigt Abb. 9.8 die dabei entstehende Ungenauigkeit. Links ist die Situation während der Abdrucknahme, rechts nach dem Abziehen des Abdrucks dargestellt. Auf dem linken Teil kann das leichtfließende Material nicht abfließen und schiebt, da der Zahnstumpf nicht eindrückbar ist, das abgebundene, elastische Erstmaterial weg. Auf der jeweils rechten Seite ist dargestellt, wie durch keilförmige, in den Erstabdruck mit einem Skalpell eingeschnittene Abflußrinnen eine dünnere Schicht entsteht. Wird der Abdruck ohne Abflußrinnen abgezogen, federt das Erstmaterial zurück, und es entsteht ein zu kleiner Abdruck vom Stumpf (Pfeile). Um Bißerhöhungen und derartige elastische Verformungen zu ver-

 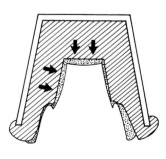

Abb. 9.8 Elastische Verformung des Erstabdrucks beim Doppelabdruckverfahren, wenn das Zweitmaterial nicht abfließen kann (jeweils links); links: Situation bei der Abdrucknahme; rechts: Abdruck abgezogen. Es entsteht ein zu kleiner Stumpf; Verbesserung durch Abflußrillen (jeweils rechts).

9.6 Werkstoffeigenschaften

meiden, muß neben der Abflußmöglichkeit das Erstmaterial möglichst steif sein, damit es sich wenig verformt, und nur so viel leichtfließendes Zweitmaterial auf den Erstabdruck gebracht werden, daß es gerade zum Abformen reicht (*Hofmann und Ludwig* 1968, *Hofmann* 1972). Bei der Abformung muß am Anfang kräftig gedrückt werden, damit das überschüssige, leichtfließende Silikon auch durch enge Spalten abfließt, dann ist nur noch das Gewicht des Löffels zu halten, um elastische Deformationen zu vermeiden.

### 9.6.7 Dimensionstreue

Nicht allein mangelnde Elastizität, sondern auch die Abbindeschrumpfung (Abb. 9.9) und thermische Kontraktion führen zu Dimensionsänderungen (*Lehmann und Burgdorf* 1978a, 1978b, *Lehmann und Zacke* 1983, *Schwickerath* 1976). Kann der Abdruck nicht gleich weiterverarbeitet und ausgegossen werden, ist mit unterschiedlichen Schrumpfungen zu rechnen. Die Tabelle 9.12 gibt eine Übersicht, die nach Schrifttumsangaben zusammengestellt worden ist (*Bielski* 1992, *Brauer* 1976, *Butz* 1970, *Chong und Dockking* 1969, *Craig* 1989, *Franz* 1972, *Kachel* 1981, *Lehmann, U.* 1995, *Marxkors und Meiners* 1993, *Meiners* 1978a, *O'Brien und Ryge* 1978, *Phillips* 1973, *Rehberg* 1978b, *Schubert* 1937, *Schwickerath* 1978, *Schwindling* 1970a, 1970b, *Tschöp* 1987, *Wimmer* 1992).

Die lineare Abbindeschrumpfung und die thermische Kontraktion beim Abkühlen von Mundtemperatur auf Raumtemperatur liegen zwischen 0,15 und 0,5 %, bei den thermoplastischen Kompositionsmassen sogar zwischen 0,2 und 1,2 %. Die größte Verfälschung eines Abdruckes entsteht, wenn die elastischen Eigenschaften beansprucht werden. Es entstehen bei den Alginaten Verformungsreste um 4 %, in ungünstigen Fällen um 8 %. Der Druckverformungsrest von Agar-Agar und elastomeren Abformmassen wird mit 1 bis 3 % linear angegeben. Dagegen ist die Kontraktion bei Lagerung von Abdrücken verhältnismäßig gering. Sieht man von den für eine Lagerung ungeeigneten Hydrokolloiden ab, so ist nach 24 Stunden mit einer linearen Schrumpfung zwischen 0,1 und 0,4 % und bei leichtfließenden Silikonmassen bis 1,2 % zu rechnen.

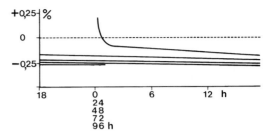

*Abb. 9.9* Lineare Kontraktion einer knetbaren kondensationsvernetzenden Silikonabformmasse (nach *Schwindlig* 1970)

Abb. 9.9 zeigt die Schrumpfung einer knetbaren Silikonmasse über einen Zeitraum von 4 Tagen. Entsprechende Kontraktionskurven mit gleichem charakteristischen Verlauf sind für Polysulfid und Polyethermassen sowie mit einer größeren Schrumpfung für leichtfließende Silikonmassen gefunden worden (*Schwindling* 1970a, 1970b). Abb. 9.10

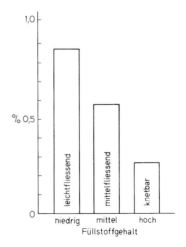

*Abb. 9.10* Lineare Kontraktion von kondensationsvernetzenden Silikonabformmassen nach 24 Stunden mit niedrigem, mittlerem und hohem Füllstoffgehalt (nach *Franz* 1972)

macht am Beispiel der Silikone deutlich, daß die leichtfließenden Elastomere mit niedrigem Füllstoffgehalt mehr schrumpfen – im Gegensatz zu den schwerfließenden und knetbaren mit einem hohen Füllstoffanteil (*Franz* 1975).

Die bisherigen Angaben in % geben die lineare Abweichung von der Ausgangsgröße wieder und beschreiben die Werkstoffcharakteristik des jeweiligen Materials. Für die Herstellung von Zahnersatz interessiert jedoch der absolute Betrag, bezogen auf zahnärztliche Dimensionen (*Viohl* 1988). Tabelle 9.13 gibt an, wie groß die Abweichungen in $\mu$m entsprechend den prozentualen Werten (der Werkstoffe) bei Abständen von 50 mm (Abstand der Molaren der beiden Kieferseiten voneinander), 10 mm (Durchmesser eines großen Zahnes) und 5 mm (Durchmesser eines kleinen Zahnes) sind. Die absoluten Werte liegen zwischen 500 $\mu$m, also 0,5 mm, und 5 $\mu$m. Sollen Modellgüsse, Kronen und Brücken mit einer Genauigkeit um 50 $\mu$m passen (Jørgensen 1958, *Rehberg* 1971) und läßt man wegen der Ungenauigkeiten bei der Modellherstellung beim Modellieren, Gießen und Ausarbeiten etwa die Hälfte dieses Betrages für den Abdruck zu, so müssen alle Abweichungen über 25 $\mu$m entsprechend einer Dimensionsänderung von 0,1 % kritisch betrachtet werden. Nach den Angaben in Tabelle 9.12 dürfte danach kaum eine zahnärztliche Arbeit passen.

Um zu verstehen, daß sie dennoch paßt, müssen noch weitere Gesichtspunkte betrachtet werden. Im Munde des Patienten erlauben die Kompressibilität der Schleimhaut

*Tabelle 9.13* Umrechnung von %-Dimensionsänderung in absolute Größen bezogen auf zahnärztliche Dimensionen

| Absolutes Maß | Dimensionsänderung | | |
|---|---|---|---|
| mm | 1 % $\mu$m | 0,5 % $\mu$m | 0,1 % $\mu$m |
| 50 | 500 | 250 | 50 |
| 10 | 100 | 50 | 10 |
| 5 | 50 | 25 | 5 |

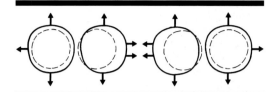

*Abb. 9.11* Dimensionsänderung und Verschiebung der Zahnquerschnitte durch Aufschrumpfen des Abformmaterials auf den Abdrucklöffel; gestrichelt: Zustand bei der Abformung, ausgezogen: Zustand nach Entfernung des Abdrucks

und die Eigenbeweglichkeit der Zähne eine gewisse Ungenauigkeit (*Hofmann* 1972), so daß eine totale Prothese trotz Schrumpfung des Zinkoxid-Eugenol-Pastenabdrucks und eine Brücke trotz minimal verschobenen Abstandes der Ankerkronen durch den Elastomerabdruck paßt. Ein anderer Gesichtspunkt ist, daß die allgemeine Tendenz der Abformwerkstoffe zu kontrahieren, nicht notwendigerweise überall zu einer Dimensionsverkleinerung im Abdruck führt. Abb. 9.11 zeigt schematisch, daß bei entsprechender Haftung am Abdrucklöffel sich das Abformmaterial bei der Kontraktion zu den Löffelwandungen hinzieht. Daher kommt es zu einer Querschnittsvergrößerung für die Kronenstümpfe. Jedoch verringert sich der Abstand für das Brückenzwischenglied durch das an dieser Stelle liegende Abformmaterial. Beim Doppelabdruck kann ein Teil der Schrumpfung des Erstmaterials durch die Zugabe des Zweitmaterials in entstandene Spalträume zu einer Verringerung der Verfälschung führen (*Boes* 1975, *Hofmann und Ludwig* 1968).

### 9.6.8 Detailwiedergabe

Die Beurteilung der Detailwiedergabe ist nach der Abdrucknahme im Gegensatz zu Dimensionsänderungen und zur bleibenden Deformation visuell einfach zu beurteilen. Entsprechend der Abb. 9.12 wird es für Kronen- und Brückenarbeiten als notwendig angesehen, Feinheiten im Bereich von 25 $\mu$m wiederzugeben. Eine mehr eingeebnete

## 9.6 Werkstoffeigenschaften

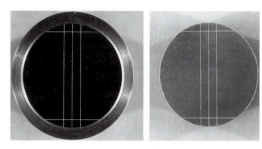

**Abb. 9.12** Detailwiedergabe wird in ihrer Genauigkeit mit einem Abdruck von einer Oberfläche mit einer 20, 50 und 75 µm breiten Linie überprüft (DIN EN 24 823); *links* Prüfblock, *rechts* Silikonabdruck, 20 µm Linie jeweils in der Mitte

Oberfläche mit der Wiedergabe der Details bis herunter zu 50 µm ist für Prothesenbasisflächen ausreichend. Eine zu genaue Wiedergabe der Feinheiten würde dazu führen, daß eine entsprechend genaue Gußfläche das Aufschieben einer Krone über alle dargestellten Unebenheiten, sowohl auf den Modellstumpf als auch auf den beschliffenen Zahnstumpf im Patientenmund unmöglich macht. Die Detailwiedergabe ist abhängig von der Werkstoffgruppe und vom Druck, mit dem das Material an das abzuformende Teil gedrückt wird (*Harirchi und Eichner* 1975, *Schwickerath* 1975).

### 9.6.9 Kompatibilität mit Modellwerkstoffen

Alle Abformwerkstoffe können mit Modell- und Hartgips (Typ II, III und IV nach DIN EN 26 873) (*DIN* 1996) ausgegossen werden. Kunststoff-Modellmaterialien, die stärker schrumpfen, können für Elastomere verwendet werden. Galvanoplastische Verfahren kommen für Polysulfide und Silikone in Frage.

### 9.6.10 Desinfektion

> Um Keimverschleppungen zu vermeiden, müssen Abdrücke, wenn nicht sterilisierbar, dann aber desinfizierbar sein.

(*Borneff et al.* 1983, *Bössmann und Franz* 1983, *Oehring et al.* 1992, *Viohl* 1993, *Welker* et al. 1990, *Welker* 1994). Besonders bei Hydrokolloiden (Agar-Agar und Alginate) besteht bei den üblicherweise wäßrigen Desinfektionslösungen die Gefahr, daß das Abformmaterial quillt und die Dimensionsstabilität nicht mehr ausreichend gewahrt ist. Kurze Einwirkzeiten bestimmter Desinfektionslösungen verändern die Dimensionen jedoch nur wenig. Durch die Desinfektionslösung kann die Gipsoberfläche des Modells geringfügig geschwächt werden (*Biffar und Bitschau* 1991, *Lehmer* 1986, *Peroz* 1988, *Viohl und Lehmer* 1988).

## 9.7 Doubliermassen

Um von einem Modell (Meistermodell) ein Duplikat herzustellen, wie beispielsweise für den Modellguß benötigt, wird von dem Meistermodell ein Abdruck mit Doubliermassen genommen. Hierbei fällt ein Teil der Forderungen, wie sie in Tabelle 9.2 zusammengestellt sind und die sich auf den Patienten beziehen, fort. Andererseits müssen weitere Ungenauigkeiten bei der Dimensionstreue und Detailwiedergabe vermieden werden.

> Doubliermassen sind grundsätzlich gleich aufgebaut wie die Abformwerkstoffe.

Zum Doublieren werden elastische Massen verwendet:
- Agar-Agar,
- additionsvernetzende leichtfließende Silikonmassen.

Die Agar-Agar-Massen werden in einem Vorratsbehälter auf Temperaturen zwischen 40 und 55 °C erwärmt und dann flüssig über das in einer Küvette befindliche Meistermodell gegossen. Nach dem Abkühlen wird das Meistermodell aus dem Abguß entnommen und das Agar-Agar-Negativ mit einem Modellwerkstoff oder mit Einbettmasse wieder in ein Positiv umgewandelt. Entsprechend werden die Silikonmassen in die Küvette über das Modell gegossen. Die Verarbeitungszeit ist gegenüber den Abformmaterialien verlängert. Entsprechend beträgt die Abbindezeit 20 – 60 Minuten, ehe das Meistermodell entfernt und das zweite Modell hergestellt werden kann (*Bundeszahnärztekammer* 1995).

## 9.8 Auswahl der Abformwerkstoffe für die klinische Anwendung

Die gewünschte Dimensionsgenauigkeit eines Abdrucks wird durch verschiedene Faktoren beeinflußt:

1. Zunächst beeinflußt die Situation im Patientenmund die Auswahl des Materials und die erzielbare Genauigkeit. Es ergeben sich Unterschiede, ob präparierte konische Stümpfe oder Kavitäten, bauchige Zähne oder das Prothesenlager mit der nachgiebigen Schleimhaut und der Begrenzung in der Umschlagsfalte mit oder ohne untersichgehende Partien abgeformt werden sollen.

2. Die Art des Abdrucklöffels hat ebenfalls Einfluß auf die Genauigkeit. Der Abdrucklöffel muß ausreichend steif sein und darf sich weder bei der Abformung noch beim Entfernen des Abdrucks aus dem Mund verformen (*Finger* und *Komatsu* 1985, *Rehberg* 1978a, *Schwickerath* 1980).

Das Abformmaterial muß von selbst am Abdrucklöffel kleben oder an den Leisten von Abdrucklöffeln (z. B. Rimlock-Löffel) und/oder mit einem geeigneten Haftlack sicher am Löffel halten.

(*Ferger* 1978, *Hedegård* et al. 1985, *Koppe-Wigankow* 1984, *Nolte* 1980, *Viohl* und *Nolte* 1983). Bekleben des Löffels mit Kreppstreifen bei Alginatabdrücken oder Perforationen des Löffels bei irreversibel-elastischen Abformmassen ergeben nicht sicher einen ausreichenden Halt zwischen Abformmaterial und Löffelwandung. Das Material löst sich beim Abziehen des Abdrucks und läßt sich nicht reponieren. Der Abstand zwischen Zahn und Löffelwand hat Einfluß auf die Schrumpfung (kleiner Abstand günstiger) und bei elastischen Materialien auf die Größe der Verformung (Abb. 9.13) beim Abziehen aus untersichgehenden Gebieten und den resultierenden Verformungsrest (großer Abstand günstiger). Geringe Abflußmöglichkeiten lassen den Abformwerkstoff wegen des höheren Drucks besser in alle Feinheiten fließen. Andererseits kann es durch Stauungen überschüssigen Materials (Abb. 9.8) zu Verfälschungen kommen, wenn kein ausreichender Abfluß möglich ist.

3. Auch das Abdruckverfahren beeinflußt die Genauigkeit. Beim Doppelabdruck kommt es sehr leicht zu Abflußstauungen und elastischen Verformungen des Erstabdrucks, wenn er nicht zum Zweitabdruck sorgfältig mit Abflußrillen versehen wurde. Bei der Doppelmischtechnik werden diese Fehlerquellen vermieden, aber bei den kondensationsvernetzenden Silikonen wirkt sich die Abbindeschrumpfung auf die gesamte Schichtstärke aus und kann nicht – wie beim Doppelabdruckverfahren – ausgeglichen werden (*Boes* 1975, *Hofmann* und *Ludwig* 1968, *Körber* und *Lehmann* 1969, *Kraft* 1986, *Schwickerath* 1976, 1978).

Unter Berücksichtigung der verschiedenen Anwendungszwecke kann die in Tabelle 9.14 zusammengestellte Bewertung getroffen werden. Sie richtet sich einerseits nach der Reihenfolge im Vergleich einer Eigenschaft, andererseits nach ihrer Bedeutung für eine Abformung mit dem betreffenden Werkstoff.

## 9.6 Werkstoffeigenschaften

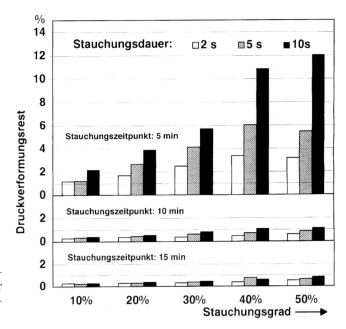

*Abb. 9.13* Druckverformungsrest in Abhängigkeit vom Stauchungszeitpunkt (Abbindezeit), von der Stauchungsdauer und dem Stauchungsgrad (nach *Tschöp* 1987)

Die Verarbeitbarkeit ist beim Abdruckgips durch das Herausbrechen, Zusammensetzen und Absticheln vom Modell, bei den Agar-Agar-Massen durch das Gerät mit den drei Bädern, die Vorratshaltung und die kühlbaren Löffel (*Lehmann* 1975, *Lehmann und Altenberger* 1983, *Lehmann* et al. 1984) und bei den Polysulfiden durch die Klebrigkeit und den Geruch nach Schwefelwasserstoff ($H_2S$) eingeschränkt.

*Tabelle 9.14* Vergleichende Bewertung wichtiger Eigenschaften von Abformwerkstoffen

| | irrev.-starr | | rev.-starr | rev.-elast. | | irreversibel-elastisch | | | |
|---|---|---|---|---|---|---|---|---|---|
| | | | | Hydrokolloide | | | Elastomere | | |
| | Abdruckgips | ZnO-Eugenol | Kompositionsmassen | Agar-Agar | Alginat | Polysulfid | Silikon kondi.-v. | Silikon addi.-v. | Polyether |
| Verarbeitbarkeit | (-) | + | + | (-) | + | (+) | + | + | + |
| Abbinden erkennbar | + | (+) | (+) | (+) | + | (-) | (-) | + | (-) |
| Elastizität | - | - | - | (+) | (+) | + | + | ++ | + |
| Dimensionsstabilität | + | (+) | (+) | (+) | (+) | + | (+) | + | + |
| Dimensionsstabilität erkennbar | + | + | + | - | - | - | - | - | - |
| Detailwiedergabe | (-) | (+) | + | + | (+) | + | + | + | + |
| Lagerfähigkeit des Abdrucks | + | + | + | - | - | + | (+) | + | + |

Ob ein Material ausreichend abgebunden und festgeworden ist, kann nicht immer eindeutig erkannt werden. Beim Zinkoxid-Eugenol wird die mit Speichel benetzte Oberfläche eher fest als das Innere des Abdrucks. Die thermoplastischen Materialien können gleichfalls im Innern noch warm und damit plastisch verformbar sein. Die größte Unsicherheit besteht jedoch bei den Elastomeren. Der Übergang vom plastischen in den elastischen Zustand ist besonders bei den knetbaren Silikonen graduell (Abb. 9.7) und die ausreichende Elastizität schwer feststellbar. Fehler können vermieden werden, wenn man nach einer zutreffenden Gebrauchsanweisung vorgeht und den Zeitpunkt für das Herausnehmen des Abdrucks mit der Uhr bestimmt.

Die Elastizität ist eine sehr vorteilhafte Eigenschaft. Jedoch ist sie bei Alginaten nicht immer ausreichend (Abb. 9.7) (*Schwickerath* 1978). Ferner bestehen Schwierigkeiten beim sicheren Reponieren von Modellstümpfen in einen Elastomerabdruck. Ein derartiger Sammelabdruck kann durch Verwendung von Übertragungskappen zum eindeutigen Reponieren der Stümpfe verbessert werden.

Die Dimensionsstabilität ist bei richtigem Vorgehen im allgemeinen ausreichend. Die Güte der Dimensionsstabilität der einzelnen Werkstoffe (Tabelle 9.12) führt zu einer entsprechenden Wahl des Materials und des Abformverfahrens.

> Die Dimensionsstabilität ist bei den starren Materialien eindeutig erkennbar, bei den elastischen jedoch nicht; z. B. können Kronen in einem Gipsabdruck eindeutig reponiert werden, während sie in einem Elastomerabdruck unerkannt verschoben sein können.

Verziehungen durch noch vorhandene Plastizität und durch Überbeanspruchung der Elastizität machen sich erst bei der Einprobe der Arbeit im Munde des Patienten bemerkbar.

Die Detailwiedergabe der einzelnen Werkstoffe ist für den jeweils vorgesehenen Verwendungszweck ausreichend. Die Elastomere weisen die höchste Genauigkeit der Detailwiedergabe auf.

Da Hydrokolloidabdrücke nicht lagerfähig sind, müssen sie innerhalb von 30 Minuten, besser sofort, ausgegossen werden. Auch Elastomerabdrücke werden besser innerhalb einer halben Stunde ausgegossen (*Craig* 1989). Guten elastischen Eigenschaften kommt die größte Bedeutung zu.

> Die höchste Abdruckgenauigkeit wird mit den elastomeren Abformmaterialien, bevorzugt mit additionsvernetzenden Silikonen, erreicht. Die häufig gebrauchten Alginate werden vornehmlich für die Gewinnung von Planungs- und Dokumentationsmodellen sowie für Modelle zur Herstellung individueller Löffel verwendet. Thermoplastische Kompositionsmassen werden als Hilfswerkstoff für Abformungen und zum Aufbau von Funktionsrändern gebraucht. Zinkoxid-Eugenol-Pasten werden für Funktionsabdrücke für totale Oberkieferprothesen benutzt. Gips wird fast nur noch zur Fixierung und zur Abformung von Schlotterkämmen bei Zahnlosen verwendet.

## *Literaturverzeichnis*

*Bielski, S.:*
Der Druckverformungsrest von acht elastomeren Abformmaterialien in Abhängigkeit von der Mischzeit und der Konsistenz. Zahnmed Diss, FU Berlin 1992

*Biffar, R., Bitschau, U.:*
Dimensionsverhalten von Alginat-Abformungen nach Tauchdesinfektion mit Impresept. Zahnärztl Welt 100, 864–867 (1991)

*Boes, H. J.:*
Form- und Wiedergabegenauigkeit sowie Formänderung von Abdruckmaterialien für Kronen- und Brückenarbeiten in Abhängigkeit vom Ab-

formverfahren und der Aufbewahrung des Erstabdruckes. Med Diss, Köln 1975

*Borchers, L., Filitz, J., Meyer, W.:*
Der Einfluß der Stumpfform und einiger Elastizitätskonstanten von Siliconmassen auf die Abformgenauigkeit. Dtsch Zahnärztl Z 39, 764–769 (1984)

*Borneff, M., Behneke, N., Hartmetz, G., Siebert, G.:*
Praxisnahe Untersuchungen zur Desinfektion von Abformmaterialien auf der Basis eines standardisierten Modellversuches. Dtsch Zahnärztl Z 38, 234–237 (1983)

*Bössmann, K., Franz, G.:*
Desinfektion von Siliconabdrücken, Untersuchung ihrer Formstabilität und der Verträglichkeit gegen Gips. Dtsch Zahnärztl Z 38, 742–748 (1983)

*Braden, M., Elliott, J. C.:*
Characterization of the setting process of silicone dental rubbers. J Dent Res 45, 1016–1023 (1966)

*Braden, M.:*
Characterization of the setting process in dental polysulfide rubbers. J Dent Res 45, 1065–1071 (1966)

*Braden, M., Causton, B., Clarke, R. L.:*
A polyether impression rubber. J Dent Res 51, 889–896 (1972)

*Braden, M., Inglis, A. T.:*
Viscoelastic properties of dental elastomeric impression materials. Biomaterials 7, 45–48 (1986)

*Brauer, G. M.:*
Zinkoxid-Eugenol als zahnärztlicher Werkstoff. Dtsch Zahnärztl Z 31, 824–834 und 890–894 (1976)

*Bundeszahnärztekammer:*
Das Dental Vademekum. 5. Aufl. Dtsch Ärzte-Verlag, Köln 1995

*Butz, R.:*
Prüfung der Druckelastizität elastomerer Abformmassen in der Zahnheilkunde. Med Diss, Bonn 1970

*Chong, M. P., Docking, A. R.:*
Some setting characteristics of elastomeric impression materials. Aus Dent J 14, 295–301 1969)

*Chong, Y.-H., Soh, G.:*
Effectiveness of intraoral delivery tips in reducing voids in elastomeric impressions. Quintessence Int 22, 901–910 (1991)

*Craig, R. G.:*
Evaluation of an automatic mixing system for an addition silicone impression material. J Am Dent Ass 110, 213–215 (1985)

*Craig, R. G.:*
Additionsvernetzende Silicon-Abdruckmaterialien im Vergleich zu anderen Abdruckmaterialien. Phillip J 3, 244–256 (1986)

*Craig, R. G.:*
Review of dental impression materials. Adv Dent Res 2, 51–64 (1988)

*Craig, R. G.:*
Dental restorative materials. 5th. Edit., Mosby, St. Louis-Toronto-London 1989

*DIN:*
DIN-Taschenbuch 267: Zahnheilkunde; Werkstoffe. Beuth, Berlin 1996

*Ferger, P.:*
Situationsabformungen mit Alginaten. Zahnärztl Welt 87, 673–675 (1978)

*Finger, W., Komatsu, M.:*
Elastic and plastic properties of elastic dental impression materials. Dent Materials 1, 129–134 (1985)

*Finger, W., Ohsawa, M.:*
Effect of mixing ratio on properties of elastomeric dental impression materials. Dent Materials 2, 183–186 (1986)

*Franz, G.:*
Möglichkeiten und Grenzen elastischer Abformmaterialien. Zahnärztl Mitt 65, 24–29 und 64–68 (1975)

*Franz, T.:*
Die elastische Rückstellung der Abformmassen und ihre Abhängigkeit von den Prüfungsbedingungen. Dtsch Zahnärztl Z 27, 604–609 (1972)

*Freesmeyer, W. B., Eisenmann, D., Birk, A., Lindemann, W.:*
Orientierende Untersuchungen über die Brauchbarkeit eines vergleichsmakroskopischen Verfahrens zur Bestimmung der Formgenauigkeit von Abformmaterialien. Dtsch Zahnärztl Z 38, 621–625 (1983)

*Harirchi, A., Eichner, K.:*
Messungen des Druckes bei Zahnabformungen. Dtsch Zahnärztl Z 30, 706–710 (1975)

*Hedegård, B., Hedegård, E., Harcourt, J. K.:*
Retention of alginate impression material using a polyester fibre-mat textile. Dent Materials 1, 195–196 (1985)

*Hofmann, M.:*
Abformung und Modell – Zielsetzung aus klinischer Sicht. Dtsch Zahnärztl Z 27, 85–90 (1972)

*Hofmann, M., Ludwig, P.:*
Über das Dimensionsverhalten verschiedener Abdruckwerkstoffe im Hinblick auf ihre Eignung für das Korrekturabdruckverfahren. Dtsch Zahnärztl Z 23, 6–19 und 438–449 (1968)

*Jørgensen, K. D.:*
Prüfungsergebnisse Zahnärztlicher Gußverfahren. Dtsch Zahnärztl Z 13, 461–469 (1958)

*Jones, D. W., Sutow, E. J.:*
Setting characteristics and elastic recovery of elastomeric impression materials. Abstract 193, Program and Abstracts. J Dent Res, Special Issue A 58, 141 (1979)

*Jordan, Th., Welker, D.:*
Ergebnisse vergleichender werkstoffkundlicher Untersuchungen von bleihaltigen, bleifreien und „staubfreien" Alginatabformmaterialien. Zahn Mund Kieferheilk 73, 25–34 (1985)

*Kachel, C.:*
Der Druckverformungsrest nach 30 % Stauchung von 10 elastomeren Abformmaterialien in Abhängigkeit von der Zeit und vom Mischungsverhältnis. Zahnmed Diss, FU Berlin 1981

*Keck, S. C., Douglas, W. H.:*
Tear strength of non-aqueus impression materials. J Dent Res 63, 155–157 (1984)

*Körber, E., Lehmann, K.:*
Vergleichende Untersuchungen bei Abdruckmaterialien für Kronen und Brücken. Dtsch Zahnärztl Z 24, 791–797 (1969)

*Koppe-Wigankow, D.:*
Haftfestigkeit von vier zahnärztlichen elastomeren Abformmaterialien am Abdruckträger in Abhängigkeit von der Schichtdicke. Zahnmed Diss, FU Berlin 1984

*Kraft, J.:*
Zwanzig Jahre Korrekturabdruck-Erfahrungen in Praxis und Unterricht. Zahnärztl Welt 95, 136–138 (1986)

*Krebs, R., Marx, H.:*
Meßtechnische Probleme der Oberflächenreproduktion von Abformmaterialien. Dtsch Zahnärztl Z 27, 610–615 (1972)

*Lehmann, K. M.:*
Der Hydrocolloidabdruck. Dtsch Zahnärztl Z 30, 531–534 (1975)

*Lehmann, K. M., Altenberger, G.:*
Untersuchungen zur Abformgenauigkeit von reversiblem Hydrokolloid bei Einzelstümpfen. Dtsch Zahnärztl Z 38, 10–12 (1983)

*Lehmann, K. M., Becker, H., Sonntag, U.:*
Die Genauigkeit von Hydrokolloidabformungen in Abhängigkeit von der Lagerungsart und Lagerungszeit der Abformung sowie von der Art des Modellmaterials. Zahnärztl Welt 93, 369–373 (1984)

*Lehmann, K. M., Burgdorf, H. O.:*
Untersuchungen zu zweizeitigen Abformverfahren für Kronen und Brücken (Korrekturabdruck). Zahnärztl Welt 87, 430–433 (1978a)

*Lehmann, K. M., Burgdorf, H. O.:*
Untersuchungen zu einzeitigen Abformverfahren für Kronen und Brücken (Doppelmischabdruck). Zahnärztl Welt 87, 434–436 (1978b)

*Lehmann, K. M., Zacke, W.:*
Untersuchungen zur okklusalen Schichtdicke des Korrekturmaterials bei der Korrekturabformung. Dtsch Zahnärztl Z 38, 220–222 (1983)

*Lehmann, U.:*
Der Druckverformungsrest von acht reversiblen Hydrokolloiden in Abhängigkeit von Stauchungsgrad, Stauchungsdauer und Mehrfachverwendung. Zahnmed Diss, FU Berlin 1995

*Lehmer, P.:*
Dimensionsstabilität von zahnärztlichen Alginatabformungen bei Desinfektion und Härten der Gipsausgüsse. Zahnmed Diss, FU Berlin 1986

*Lesniak, S.:*
Die Beeinflussung des Druckverformungsrestes von sechs knetbaren additionsvernetzenden Siliconabformmaterialien beim Mischen mit Handschuhen. Zahnmed Diss, FU Berlin 1994

*Marxkors, R., Meiners, H.:*
Taschenbuch der zahnärztlichen Werkstoffkunde. 4. Aufl., Hanser Verlag, München 1993

*Mehner, M., Welker, D.:*
Experimentelle Untersuchungen zur Wertigkeit des Einflusses verschiedener Verarbeitungsparameter auf die elastischen Eigenschaften von Alginatabformwerkstoffen. Zahntechnik 19, 101–104 (1978)

*Meiners, H.:*
Eigenschaften und Genauigkeit von elastomeren Abformmaterialien (Polysulfide, Silikone, Polyäther). Zahnärztl Welt 87, 426–430 (1978a)

*Meiners, H.:*
Vergleich der verschiedenen Elastomertypen – Polyadditionssilikone. Zahnärztl Welt 87, 590–591 (1978b)

*Meiners, H.:*
Der richtige Umgang mit elastomeren Abformmaterialien. Zahnärztl Mitt 70, 480–485 (1980)

*Meiners, H., Dittmer, R.:*
Wärmetönung und Reaktionswärme elastomerer Abformmaterialien. Dtsch Zahnärztl Z 34, 678–680 (1979)

*MPG:*
Gesetz über Medizinprodukte (Medizinproduktegesetz – MPG) vom 2.8.94. Bundesgesetzblatt Nr. 52, 1963–1985 (1994)

*Nolte, Th.:*
Haftfestigkeit von vier zahnärztlichen elastomeren Abdruckmaterialien am Abdruckträger. Zahnmed Diss, FU Berlin 1980

*Normenausschuß Dental:*
Listen geprüfter Dentalprodukte. z. B.: Zahnärztl Mitt 86, 505–508 (1996)

*O'Brien, W. J., Ryge, G.:*
An outline of dental materials. Saunders, Philadelphia-London-Toronto 1978

*Oehring, H., Welker, D., Wolf, D., Walther, D., Musil, R., Straube, E.:*
Mikrobiologische Untersuchungen an selbstdesinfizierenden Alginatabformwerkstoffen. Dtsch Zahn-Mund-Kieferhlkd 80, 165–170 (1992)

*Ohsawa, M., Finger, W.:*
Working time of elastomeric impression materials. Dent Materials 2, 179–182 (1986)

*Peroz, I.:*
Dimensionsstabilität von Polyäther-, Polysulfid- und Silikonabformmassen sowie Härte der Gipsausgüsse nach Desinfektion. Dtsch Zahnärztl Z 43, 1066–1071 (1988)

*Pfaff, Ph.:*
Abhandlung von den Zähnen des menschlichen Körpers. Haude und Spener, Berlin 1756

*Phillips, R. W.:*
Skinner's science of dental materials. Saunders, Philadelphia-London-Toronto 1973

*Poller, A.:*
Das Pollersche Verfahren zum Abformen an Lebenden und Toten sowie an Gegenständen. Urban & Schwarzenberg, Berlin-Wien 1931

*Rehberg, H. J.:*
Exakter Randschluß – was ist das? Dtsch Zahnärztl Z 26, 696–699 (1971)

*Rehberg, H. J.:*
Der Abformlöffel – ein wichtiger Faktor für die Abformgenauigkeit. Dent Labor 26, 44–48 (1978a)

*Rehberg, H. J.:*
Die Quintessenz der zahnärztlichen Abformhilfsmittel. 2. Aufl., Ouintessenz, Berlin 1978b

*Rehberg, H. J.:*
Das Alginat-Abformmaterial. Verarbeitung und klinische Einsatzmöglichkeiten. Zahnärztl Mitt 70, 470–475 (1980)

*Schubert, L.:*
Hilfsmaterialien und Werkstoffe der zahnärztlichen Prothetik im Lichte experimentell-physikalischer Untersuchungen sowie ihre Nutzanwendung in der Praxis. Meusser, Leipzig 1937

*Schwander, U., Klötzer, W. T.:*
Werkstoffkundliche Prüfung von Alginatabformmaterialien. Dtsch Zahnärztl Z 31, 688–693 (1976)

*Schwickerath, H.:*
Über die Kraft bei der Abformung und über das Fließverhalten von Zinkoxid-Eugenol-Pasten. Dtsch Zahnärztl Z 30, 527–530 (1975)

*Schwickerath, H.:*
Das Formverhalten von Abformmaterialien im Versuch und in der Praxis. Dtsch Zahnärztl Z 31, 680–684 (1976)

*Schwickerath, H.:*
Eigenschaften und Genauigkeit der Alginate. Zahnärztl Welt 87, 669–672 (1978)

*Schwickerath, H.:*
Konfektionierte und individuelle Löffel. Forderungen an Material und Einsatz. Zahnärztl Mitt 70, 466–470 (1980)

*Schwindling, R.:*
Lineare Dimensionsveränderungen von Thiokol-Abformmassen. Dtsch Zahnärztl Z 25, 1121–1126 (1970a)

*Schwindling, R.:*
Lineare Dimensionsveränderung elastomerer Silikonstoffe für das Doppelabdruckverfahren. Zahnärztl Welt 79, 771–776 (1970b)

*Schwindling, R.:*
Abformwerkstoffe. In: Eichner, K.: Zahnärztliche Werkstoffe und ihre Verarbeitung. 3. Aufl., Hüthig, Heidelberg 1974

*Spreng, M.:*
Der Kauabdruck. Urban & Schwarzenberg, Berlin-Wien 1932

*Tschöp, M.:*
Druckverformungsrest in Abhängigkeit von Abbindezeit, Stauchungsgrad, Stauchungsdauer sowie Verformungsspannung von drei zahnärztlichen elastomeren Abformmaterialien. Zahnmed Diss, FU Berlin 1987

*Verweyen, W.:*
Geschichte und Entwicklung der plastischen Abdruckmassen. Zahnmed Diss, FU Berlin 1978

*Viohl, J.:*
Verarbeitungszeit und Abbindezeit elastomerer Abformwerkstoffe. Dtsch Zahnärztl Z 27, 598–603 (1972)

*Viohl, J.:*
Bewertung der Werkstoffkunde für Stumpfabformungen (statt „Werkstoffkunde" richtig: „Werkstoffe"). Zahnärztl Mitt 70, 476–479 (1980)

*Viohl, J.:*
Abformwerkstoffe. S. 49–75 in Eichner, K.: Zahnärztliche Werkstoffe und ihre Verarbeitung. Bd. 1: Grundlagen und Verarbeitung, 5. Aufl. Hüthig, Heidelberg 1988

*Viohl, J., Nolte, Th.:*
Haftung von elastomeren Abformmaterialien am Abdrucklöffel. Dtsch Zahnärztl Z 38, 13–17 (1983)

*Viohl, J.:*
Desinfektion von Abdrücken. (Stellungnahme der DGZMK und der DGZPW) Dtsch Zahnärztl Z 48, 148 (1993)

*Viohl, J., Lehmer, P.:*
Dimensionsstabilität von Alginatabformungen und Härte der Gipsausgüsse bei Desinfektion. Dtsch Zahnärztl Z 43, 477–481 (1988)

*Welker, D.:*
Experimentelle Untersuchungen über die Auswirkungen unterschiedlicher Dosierung und Verarbeitungstemperatur auf Fließverhalten und elastische Eigenschaften normalfließender Silikonabformmasse. Stomatol DDR 26, 569–580 (1976)

*Welker, D.:*
Abdruck- und/oder Modelldesinfektion? Zahnärztl Welt 103, 164–168 (1994)

*Welker, D.:*
Silikonabformmassen – kondensationsvernetzt, additionsvernetzt, hydrophilisiert. Swiss Dent 16, 4, 5–14 (1995)

*Welker, D., Jordan, Th.:*
Fließcharakteristik von Wachs-Harz-Abformwerkstoffen. Stomatol DDR 32, 505–510 (1982)

*Welker, D., Mehner, M.:*
Additionsvernetzte Silikone-Abformwerkstoffe. Stomatol DDR 29, 391–400 (1979)

*Welker, D., Musil, R.:*
Werkstoffkundlich-klinische Auswahlkriterien und Anwendungsempfehlungen für Silikonabformmassen unterschiedlichen Reaktionstyps. Zahnarzt Magazin, H 3, 36–41 (1990)

*Welker, D., Oehring, H., Musil, R.:*
Antimikrobiell dotierte Abform- und Modellwerkstoffe für den Infektionsschutz im Labor. Zahnärztl Praxis 41, 290–295 (1990)

*Wenzler, J.:*
Quellung der elastomeren Abformmaterialien unter besonderer Berücksichtigung galvanoplastischer Modellherstellung. Med Diss, Köln 1976

*Wimmer, G.:*
Beeinflussung des Druckverformungsrestes von sieben zahnärztlichen elastomeren Abformmaterialien in Abhängigkeit von Dosier- und Mischhilfen. Zahnmed Diss, FU Berlin 1992

*Wimmer, G., Viohl, J.:*
Dosier- und Mischhilfen für elastomere Abformmaterialien. Zahnärztl Welt 104, 455–457 (1995)

# 10 Zahnärztliche Wachse

*P. Ohnmacht, Pforzheim*

## 10.1 Einleitung

Wachse werden in der Zahnheilkunde in erheblichem Umfang für ein breites Anwendungsspektrum benötigt. Die Verwendung erfolgt nicht nur auf der rein technischen Seite im zahntechnischen Labor z. B. bei Prothesen- Kronen- und Brückenerstellung, Modellation von Inlays, Aufstellung von künstlichen Zähnen und vielem mehr, sondern auch direkt am Patienten bei der Herstellung von Bißwällen und Bißschablonen.

Meist wird aus Wachs die Form des endgültigen Zahnersatzes modelliert. In weiteren Arbeitsgängen wie Einbetten der Form und Wachsaustreiben entsteht eine entsprechende Hohlform in der Einbettmasse, die dann mit Metall oder Keramik gefüllt wird. In der Gußtechnik wurde dieses Verarbeitungsverfahren erstmals 1904 von Ollendorf eingeführt. (Gewinnung der Gußhohlform durch Einbetten eines Wachsmodells).

Seit Einführung der Gußmethode mit eingebettetem Wachsmodell stellt sich die Frage, wie stark sich die Wachse bei der Verarbeitung verändern und wie stark sich diese Veränderung auf die Paßgenauigkeit auswirkt. Je nach Art der Zusammensetzung und Verarbeitungsweise sind bei den zahnärztlichen Wachsen relativ große Dimensionsänderungen und damit Formänderungen zu erwarten.

Die Anforderungen an ein ideales zahnärztliches Wachs sind so vielseitig wie die Verwendung in der Zahnheilkunde als

- Gußwachse, Modellierwachse, Klebewachse,
- Formgeber für Inlays, Kronen, Brücken, Prothesenbasis und Klammern beim Modellguß,
- Basisplatten, Aufstellwachs in der Plattenprothetik,
- Klebewachs für Reparaturen und Lötung,
- Bißnehmerwachs, vorgeformte Bißwälle.

Sie dienen also der Gestaltung der späteren Inlays, Kronen, Brücken, Prothesen usw., die entsprechend ihrer funktionellen Form nach anatomischen, physiologischen, klinischen und technischen Gesichtspunkten modelliert werden müssen.

Schon daraus kann man die Vielfalt unterschiedlichster Wachsprodukte ahnen, die in der Zahnheilkunde zur Verfügung stehen.

Da die Eigenschaften dentaler Wachse die Qualität zahnärztlicher Arbeiten in hohem Maße beeinflussen, ist eine Anzahl von Eigenschaften wie Formhaltigkeit, Ver- und Bearbeitbarkeit für die Paßfähigkeit des endgültigen Zahnersatzes von erheblicher Bedeutung.

Die für zahnärztliche Zwecke gebrauchten Wachspräparate sind meistens Gemische von Wachsen verschiedener Art, mit Zusätzen von Harzen, Farbstoffen und anderen organischen und anorganischen Stoffen. Durch diese Zusätze lassen sich die Materialeigenschaften in gewissen Grenzen variieren.

## 10.2 Geschichtlicher Überblick

Bevor auf die nähere Beschreibung der einzelnen Wachsarten, ihre besonderen Eigenschaften und Verwendung eingegangen wird, werden einige geschichtliche Angaben über die als Hilfs- und Rohstoffe für zahlreiche Gegenstände des täglichen Bedarfs verwendeten Wachse vorausgeschickt.

Wachse kannte der Mensch schon seit Jahrtausenden und nutzte ihre typischen Eigenschaften, wie leichte Verformbarkeit, Schmelzbarkeit, Beständigkeit gegen Licht, Luft u. Wasser, Klebekraft, Glanzgabe und Brennbarkeit. So wurden Wachse bereits in alten Zeiten in Kunst und Technik vielseitig verwendet.

Das älteste von den Menschen benutzte Wachs ist das Bienenwachs. Das Bienenwachs ist so alt wie die vor über 60 Millionen Jahren entwickelte blütentragende Vegetation, welche als Ernährungsquelle die Vorbedingung für das Vorhandensein wachserzeugender Insekten ist.

Um ca. 2000 v. Chr. verwendete man Bienenwachs im ägyptischen Theben bereits bei der Mumifizierung.

Die Farben der Büste der Königin Nofretete wurden mit Bienenwachs als Bindemittel angesetzt.

In der griechischen und römischen Literatur ist die Verwendung von Wachs bei vielen Gelegenheiten beschrieben wie:
- zum Abdichten von Schiffen,
- Bindemittel für Verbände und Heilpflaster,
- Schutzüberzug bei Kunstobjekten,
- Schreibtafeln.

Im Mittelalter erfuhr vor allem der Gebrauch von Wachskerzen als Lichtquelle eine bedeutende Ausweitung.

Mit Beginn der klassischen Chemie im 19. Jahrhundert wurden die Wachse näher erforscht. Sie entwickelten sich dann allmählich zu Industrieprodukten.

Die Weiterentwicklung der Chemie des 20. Jahrhunderts ergab eine Vielfalt neuer Erkenntnisse und Erzeugnisse auf dem Wachsgebiet.

Erste synthetische Paraffine wurden 1935 nach dem Fischer-Tropsch-Verfahren hergestellt und in den nächsten Jahren kamen weitere synthetisch gewonnene wachsartige Produkte verschiedenster chemischer Zusammensetzung dazu.

## 10.3 Definition der Wachse

Es ist schwierig, eine einfache Definition für den Begriff „Wachs" zu finden.

Dies gilt insbesonders dann, wenn die Stoffpartner chemisch sehr differenziert sind, sich im physikalischen Zustand ziemlich unterscheiden und vor allem Übergänge zu benachbarten Stoffgruppen zeigen. Diese Momente treffen durchaus für die Klasse der Wachse zu, die so verschiedenartig „gewachsen" sind (Wachs, Wachstum, Wabe leiten sich vom gleichen Wortstamm ab).

Durch das Auftauchen neuer natürlicher Rohstoffe in der zweiten Hälfte des vorigen Jahrhunderts, sowie die später auf den Markt gekommenen teil- und vollsynthetischen Wachse, ergab sich die zwingende Notwendigkeit, zur Vermeidung von Unklarheiten, erst den Begriff „Wachs" endgültig festzulegen. Im Brockhaus (1975) findet sich folgende Definition: „Wachs ist eine Sammelbezeichnung für natürliche oder künstliche Stoffe, die etwa die Eigenschaften von Bienenwachs besitzen". Laut einer Definition von *Lüdecke* (1958) „ist Wachs eine Sammelbezeichnung für eine Gruppe komplexer organischer Substanzen, die hinsichtlich

## 10.3 Definition der Wachse

ihrer Verwendbarkeit und Beschaffenheit dem Bienenwachs in physikalischer (nicht unbedingt in chemischer) Hinsicht grundsätzlich ähnlich sind".

Wachse sind Stoffe, die aus Wachssäure/ Wachsalkohol-Estern (einschließlich ungesättigter Verbindungen) bestehen, sowie Estern aus Wachssäuren mit anderen Alkoholen als Glycerin (*Büll* 1963). Die Wachsverarbeitung und Anwendung ist jedoch nicht chemischer, sondern physikalischer Art. Es können darum in der Wachsindustrie auch Stoffe verwendet werden, die chemisch gesehen keine Wachse sind. Der Name *Wachs* sollte deshalb nicht als chemische, sondern als warenkundliche Bezeichnung für eine bestimmte Stoffklasse mit gleichen Gebrauchseigenschaften gelten (*Ivanovszky* 1960).

So setzte sich im Laufe der Zeit die Erkenntnis durch, daß Wachse eine Gruppe von Stoffen mit gleichen oder ähnlichen Gebrauchseigenschaften sind, bedingt durch ihre besonderen physikalischen Eigenschaften.

Kennzeichnend für alle Wachse ist ihre feste, mehr oder weniger kristalline bis amorphe Beschaffenheit, ihre mit steigendem Schmelzpunkt abnehmende Plastizität und ihre Fähigkeit zur Erzeugung eines Polierglanzes. Dadurch distanzieren sie sich, schon rein technologisch, von den Fetten und Harzen.

Die Deutsche Gesellschaft für Fettwissenschaften e.V. (DGF) hat eine endgültige Formulierung einstimmig angenommen und durch Veröffentlichung in (*Fett Anstr. 56, 153 (1954)*) bekanntgegeben.

„*Wachs* ist eine technologische Sammelbezeichnung für eine Reihe natürlicher oder künstlich gewonnener Stoffe, welche in der Regel die folgenden Eigenschaften haben":

bei 20 °C knetbar, fest bis brüchig hart grob- bis feinkristallin,

durchscheinend bis opak, jedoch nicht glasartig,

über 40 °C ohne Zersetzung schmelzend,

schon oberhalb des Schmelzpunktes verhältnismäßig niedrig viskos,

stark temperaturabhängig in Konsistenz und Löslichkeit,

unter leichtem Druck polierbar.

Erfüllt in Grenzfällen ein Stoff mehr als eine dieser Eigenschaften nicht, so ist er kein Wachs mehr im Sinne dieser Definition.

Nach Festlegung dieser Zustandseigenschaften ist die Kennzeichnung der in die Warenklasse Wachse einzubeziehenden Stoffe in physikalisch-technologischem Sinne trotz aller Problematik der Definition wenigstens für den Anwender so abgegrenzt, daß es nur noch der Normung der einzelnen Wachsarten zu ihrer Unterscheidung bedarf.

### 10.3.1 Chemische Zusammensetzung von Wachs

Wachse sind organische Verbindungen, die aus Kohlenstoff, Wasserstoff, Sauerstoff und z.T. Stickstoff bestehen. Näher definiert gilt der Begriff Wachs für alle wachsähnlichen Feststoffe und Flüssigkeiten natürlichen Ursprungs ebenso wie für solche, die einzeln in Wachs vorkommen wie Kohlenwasserstoffe, aliphatische Säuren, Ketone, Alkohole und Ester unabhängig von ihrer Herkunft oder Herstellung. Bestimmte synthetische Bestandteile, die nach strenger Definition der Chemie keine Wachse sind, aber wachsartige Eigenschaften zeigen, sind wegen ihres technischen Gebrauchswertes als Wachsersatz mit eingeschlossen.

Die kennzeichnenden Verbindungen der Wachse, sowohl der Kohlenwasserstoffwachse als auch der Esterwachse bestehen aus langen Kohlenwasserstoffketten. Der Gehalt eines Wachses an Säuren, Estern,

Ketonen, Alkoholen und Kohlenwasserstoffen wird in chemischen Kennzahlen ausgedrückt, z. B. *SZ = Säurezahl, NZ = Neutralisationszahl, EZ= Esterzahl, VZ = Verseifungszahl, JZ = Jodzahl*.

### 10.3.2 Physikalische Eigenschaften von Wachsen

Wachse bestehen hauptsächlich aus kristallinen Stoffgemischen, die weitgehend zur Mischkristallisation befähigt sind und deren Komponenten in der Schmelze homogen miteinander löslich sind. So gehen Wachse beim Erwärmen über ein Intervall zunehmender plastischer Verformbarkeit in eine relativ niedrig viskose Schmelze über (*Ullmann* 1983), d. h. die Umwandlung erfolgt nicht an einem bestimmten „Schmelzpunkt", sondern innerhalb eines Temperaturbereiches. Dieses Schmelzintervall kann sich über mehrere Grade erstrecken. Exakte Schmelzpunktangaben bei Wachsen und Wachslegierungen sind deshalb vorsichtig zu betrachten.

Aus diesem Grund wird in der wachsverarbeitenden Industrie anstelle eines „Schmelzpunktes" der Tropfpunkt und Erstarrungspunkt bestimmt, wodurch auch eine Aussage über die Reinheit von Wachsrohstoffen getroffen werden kann.

Prüfverfahren bzw. Bestimmungsmethoden werden in nationalen und internationalen Normen beschrieben, z. B. *Tropfpunkt: nach DIN 51801/ASTMD 127-49; Erstarrungspunkt: DIN 51570/DIN-ISO 2207; Penetration: DIN 51559*

Nach diesen Normen werden Wachse im wesentlichen spezifiziert und von der Industrie geliefert.

Die *Deutsche Gesellschaft für Fettwissenschaften e.V.* hat zur Bewertung der Eigenschaften eine Anzahl von Prüfverfahren erarbeitet, nach denen die Industrie im wesentlichen die Wachse spezifiziert und liefert (DGF-Methoden 1984). Wichtige Prüfverfahren: *Tropfpunkt = DGF M-III 3, Erstarrungspunkt = DGF M-III 4a, Penetration = DGF M-III 9b, Dichte = DGF M-III 2c*.

In Kapitel 10.9 wird darauf noch näher eingegangen, ebenso auf das thermische Dimensionsverhalten der Wachse.

Die Dichte der Wachse liegt in festem Zustand innerhalb enger Grenzen und beträgt bei Raumtemperatur zwischen 0,90–1,00 g/cm$^3$.

## 10.4 Einteilung der Wachse

Das verzweigte Gebiet der zahlreichen Typen von Wachsen läßt sich nach Vorkommen und Herstellung in ein übersichtliches Schema gliedern. Danach lassen sich die Wachse in vier Hauptgruppen einteilen (*Lüdecke* 1958) (Abb. 10.1).

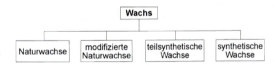

Abb. 10.1   Klassifizierung von Wachsen

Diese Wachse sind unterschiedlicher Herkunft und so ist natürlich auch der chemische Aufbau sehr unterschiedlich. Zunächst wird eine Zusammenstellung der Wachsrohstoffe gegeben, die auch in zahnärztlichen Wachsen eingesetzt werden.

### 10.4.1 Naturwachse

Wachse sind in der Natur weit verbreitet (besonders im Pflanzenbereich) und lassen sich in die zwei Gruppen fossiler und nichtfossiler Wachse gliedern (Abb. 10.2).

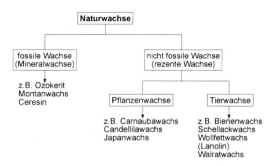

*Abb. 10.2*  Einteilung der Naturwachse

## 10.4.1.1 Mineralische Wachse

*Ozokerite* (Erdwachse) sind reine, neutrale und feste Kohlenwasserstoffwachse, welche durch mehrfache Raffination aus Wachsen mineralischen Ursprungs gewonnen werden. Je nach Raffinationsstufe weisen sie eine hellgelbe bis weiße Farbe auf und bestehen nur aus Paraffinen, verzweigten und aromatischen Kohlenwasserstoffen. Nach *Warth* (1947) ändert eine Beimischung von Ozokerit zu Paraffinen dessen grob kristalline Beschaffenheit zu einer lamellenartigen, mikrokristallinen Struktur. In Abhängigkeit vom Penetrationswert wirken sie elastizierend oder härtend.

*Montanwachs* wird aus bitumenhaltiger Braunkohle gewonnen und kann als fossiles Pflanzenwachs betrachtet werden. Es besteht zu ca. 50 % aus Montansäureestern und enthält zudem fossile Harze und humusartige Stoffe. Es ist eines der härtesten natürlichen Wachse und kann zur Härtung und Schmelzpunkterhöhung von anderen Wachsen benutzt werden.

Der Begriff *Ceresin* wurde ursprünglich für raffiniertes Ozokerit benutzt. Heute bezieht er sich jedoch auf eine mikrokristalline Wachsstufe mit ähnlichen Eigenschaften wie raffiniertes Ozokerit.

## 10.4.1.2 Rezente Naturwachse

*Carnaubawachs* ist das wichtigste in der Natur vorkommende Hartwachs. Es ist ein Ausscheidungsprodukt einer vorzugsweise in Brasilien vorkommenden Fächerpalme und ist anwendungstechnisch und ökonomisch das weitaus bedeutendste rezente Pflanzenwachs. Carnaubawachs ist eines der härtesten und höchstschmelzenden Naturwachse, besitzt eine überragende Glanzwirkung und ist physiologisch unbedenklich.

Der bei Raumtemperatur schwach aromatische Geruch geht in geschmolzenem Zustand in einen heuartigen Duft über. Es ist mit fast allen natürlichen und synthetischen Wachsen sowie einer großen Anzahl von Natur- und Syntheseharzen verträglich. Geringe Zusätze von Carnaubawachs zu anderen Wachsen erhöhen deren Schmelzbereich bzw. Erstarrungs- und Tropfpunkt sowie die Härte. Bei weichen Wachsen wird eine eventuell vorhandene Klebrigkeit gemindert.

*Candellilawachs* wird von der kaktusartigen Euphorbia und Pedilanthusarten gewonnen. Zahlreiche und dichte Bestände der Pflanzen und zugleich die einzigen Gewinnungsstätten für Candellilawachs befinden sich in Nordmexiko. Candelillawachs ist wie Carnaubawachs ein hartes Wachs (jedoch weniger haftend) mit einer guten Glanzwirkung.

*Bienenwachs* wird heute noch in zahlreichen Gewerbe- und Wirtschaftszweigen verwendet und nimmt unter den tierischen Wachsen immer noch die erste Stelle ein. Es zeigt einen feinkörnigen, nicht kristallinen Bruch, der Geruch ist honigartig – blumig und in erwärmtem Zustand typisch aromatisch. Es brennt mit leuchtender Flamme. Die Bedeutung von Bienenwachs schwindet immer mehr, seitdem es gelang, dieses durch teil- und vollsynthetische Wachse zu ersetzen.

Die Verwendung von Naturwachsen in der wachsverarbeitenden Industrie zur Herstellung von Wachswaren (auch Dentalwachsen) der verschiedenen Art dürfte daher zukünftig nur noch von der Preislage abhängen.

## 10.4.2 Modifizierte Naturwachse

Diese Wachse kann man auch als *Wachse aus Erdöl* bezeichnen. Je nach Vorkommen unterteilt man die in Erdöl vorhandenen Wachse in *mikrokristalline Wachse* und *Paraffine*. Die Wachse werden vorwiegend aus den Vakuumdestillationsrückständen der Schmierölverarbeitung und aus den Lagertank- und Röhrensedimenten des Erdöls durch Raffination, Extraktion oder Destillation von Naturwachsen gewonnen und sind Produkte der modernen Entwicklung der amerikanischen Erdölindustrie.

Je nach Entölungsgrad und Raffinationsführung fallen entweder dunkelgelb bis braune salbig-zügige Typen (Mikropetrolate), hellgelbe plastisch-zähe Mikrowachse oder weiße hart-spröde Hartmikrowachse an.

Die Namensgebung deutet bereits darauf hin, daß man es hier mit wachsartigen Stoffen zu tun hat, die sich im wesentlichen durch ihre *Kristallstruktur* von anderen Wachsen, insbesondere Paraffin, deutlich unterscheiden. Danach haben sie folgende Eigenschaften:

- mikrokristalline Struktur,
- gute Klebrigkeit,
- zähplastisch auch bei Temperaturen < 0 °C,
- gute Flexibilität,
- homogene Schmelze mit allen tierischen und pflanzlichen Wachsen.

Von ganz besonderer Bedeutung ist die geringere thermische Expansion gegenüber Paraffinen. Durch Zusatz von mikrokristallinem Wachs zu Paraffinen kann die sekundäre Kristallumwandlung reduziert werden und so die starke Volumenkontraktion vermindert werden (*Bennett* 1975).

*Mikrowachse* haben auf Grund der beschriebenen Eigenschaften und der großen Variationsbreite der Kennzahlen (Tabelle 10.1) eine vielfältige Anwendung in fast allen Industriezweigen gefunden und werden seit Jahren auch bevorzugt in Dentalwachs-Kompositionen eingesetzt.

*Paraffinwachse* haben eine makrokristalline Struktur, die hauptsächlich aus n-Paraffinen bestehen, enthalten jedoch auch iso-Paraffine und Ringkohlenwasserstoff in wechselnder Menge. Je nach Herstellungsverfahren sind Rohparaffine helle bis braune und wegen ihres hohen Öl- und Weichparaffingehaltes weich-salbig bis halbfeste Massen, ohne deutliche Kristallstruktur.

Die entölten Paraffine sind in Struktur und Konsistenz grob- bis mittelkristallin, spröde bis schwach plastisch und nach Grad der Entölung nimmt die Härte zu. Gut gereinigte Paraffine sind weiß und durchscheinend, haben einen rauhen, scharfen Bruch, der Griff ist etwas schlüpfrig, aber weder ölig noch klebrig. Durch Kneten erweichen sie und lassen sich in diesem Zustand zu ziemlich langen Fäden ausziehen. Je nach Qualität liegen die Erstarrungspunkte zwischen 48 °C und 72 °C, die Tropfpunkte zwischen 50 °C und 75 °C und die Penetration bei 10–30 $^1/_{10}$ mm.

*Tabelle 10.1* Kennzahlen von Mikrowachsen

|  |  | Methode | Mikrowachs (plastisch) | Mikrowachs (hart) |
|---|---|---|---|---|
| Erstarrungspunkt | [°C] | DGF* MIII 4a | 70–74 | 90–95 |
| Tropfpunkt | [°C] | DGF MIII 3 | 75–80 | 99–104 |
| Penetration bei 25 °C | [0,1 mm] | DIN 51579 | 22–27 | 4–7 |
| Viskosität bei 90 °C | [mPa s] | DIN 53019 | 12–15 | – |
| bei 100 °C | [mPa s] | DIN 53019 | 8–14 | 5–7 |
| Dichte bei 20 °C | [g/cm$^3$] |  | ca. 0,93 | ca. 0,93 |
| Farbe |  |  | gelblich | weiß |

\* Deutsche Gesellschaft für Fettwissenschaften

## 10.4.3 Teil- und vollsynthetische Wachse

Teilsynthetische Wachse gewinnt man aus Naturwachsen, so daß die Zusammensetzung des zugrundeliegenden Wachses durch chemische oder physiko-chemische Umwandlungen wesentlich beeinflußt wird und zwar mengen- als auch artmäßig. Hierzu gehören Vorgänge wie Oxidation, Veresterung, Hydrierung oder Amidierung. Unter die vollsynthetischen Wachse fallen die durch Verfahren wie Polymerisation, Kondensation oder Addition aus Syntheseprodukten erhaltenen Wachse sowie die daraus in Folgereaktionen gewonnenen Produkte (Abb. 10.3). Die Bezeichnung vollsynthetisch ist also an die Bedingung geknüpft, daß die Ausgangsstoffe synthetischer Herkunft sind.

Wie sämtliche synthetische Materialien sind auch die synthetischen Wachse immer von gleicher Qualität. Dies ist vor allem in der Zahntechnik, wo es auf größte Genauigkeit ankommt, außerordentlich wichtig. Ein weiterer, großer Vorteil ist natürlich, daß die synthetischen Wachse weniger Verunreinigungen gegenüber den handelsüblichen natürlichen Wachsen aufweisen. Polyethylenwachse z. B. sind niedrigmolekulare Polyethylene mit hohen Tropfpunkten (85 °C-115 °C). Mit Polyethylenen können Verbindungen von Paraffinen und Mikrowachsen zähflüssiger und härter eingestellt werden.

Durch Zusammenschmelzen mehrerer Typen gleicher oder verschiedener Wachsarten lassen sich zahlreiche Wachssorten herstellen, die Kombinationswachse genannt werden. Daraus ergeben sich auch für Dentalwachse mannigfaltige Möglichkeiten mit verschiedensten Eigenschaften.

## 10.5 Harze

Harze sind eine Sammelbezeichnung für eine Gruppe von festen oder halbfesten organischen Substanzen, die zwar eine unterschiedliche chemische Zusammensetzung haben, sich jedoch in ihren physikalischen Eigenschaften ähnlich sind. Sie sind meist glasartig-amorph, hart bis spröde und haben keinen festen Schmelzpunkt.

Natürliche Harze sind Materialien, die von balsamischen Harzen wie Weihrauch und Myrrhe über Terpentinbalsame (Kieferbalsame) und härtere rezente Harze wie Dammar bis zu den fossilen Lackharzen, den Kopaten und schließlich Bernstein reichen. Die Harze bilden sich bei einer Verletzung der Baumrinde durch künstliche- oder natürliche Eingriffe. Das Harz wird von den Bäumen als dicke, klebrige Masse abgegeben. An der Luft verflüchtigt sich ein Teil, der Rest geht durch Oxidation und Polymerisation langsam in eine weiche, harzige Substanz über.

Die Verwendung von Harzen in der Wachsindustrie, für die früher nur natürliche Harze, insbesondere Kolophonium und Dammarharz in Frage kamen, ist sehr stark zurückgegangen.

Künstliche Harze, die zum Einsatz kommen, werden entweder aus niedrigmolekularen Verbindungen durch Polymerisation, Polykondensation etc. synthetisch aufgebaut oder durch Abwandlung von natürlichen hochmolekularen Stoffen erhalten. Durch Zusatz von Harzen in Wachsmischungen wird eine Verbesserung der Klebrigkeit sowie eine Reduzierung der Volumenkontraktion erreicht.

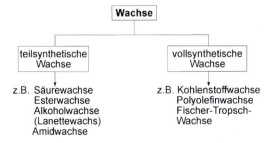

*Abb. 10.3* Einteilung von teil- und vollsynthetischen Wachsen

Tabelle 10.2  Tropfpunkt, Penetration, Eigenschaften sowie Einflüsse einiger Rohstoffe

| Rohstoff(e) | Tropfpunkte DIN 51801 [°C] | Penetration DIN 51579 [1/10 mm] | Eigenschaften | Einflüsse in Wachskompositionen |
|---|---|---|---|---|
| Carnaubawachs | 80–82 | < 2 | glänzend, aromatischer Geruch | Aufhärtung weicher Wachse |
| Bienenwachs | 60–62 | 10–14 | leicht knetbar, honigartiger Geruch | Geschmeidigkeit und Modellierfähigkeit werden verbessert |
| Ozokerite weich | 50–70 | > 20 | geschmeidig, knetbar, z. T. schabbar, geschmack- u. geruchlos | In Abhängigkeit vom Penetrationswert wirken sie plastifizierend oder härtend |
| mittelhart | 74–78 | < 20 | | |
| Mikrowachs (plastisch) | 76–80 | 20–28 | zähplastisch, bildet mit allen Wachsen eine homogene Schmelz | Verbesserung der Knet- und Modellierfähigkeit, plastizitätserhöhend |
| Fischer-Tropsch-Hartparaffine | 96–115 | < 3 | glanzverstärkende Wirkung | Verbesserung der Elastizität |
| Vinylacetat-Copolymer | – | < 5 | gute Polierbarkeit, schabfähig, Gleitmittel | erhöht die Standfestigkeit, aufhärtend |
| Polyethylenwachse | – | – | zähflüssig, hart, glänzend | aufhärtend und gleichzeitig viskositätserhöhend |
| Dammarharz | 100–120 | – | spröde-hart, aromatischer Geruch | Klebefähigkeit wird verbessert, aufhärtend |

*Kolophonium* ist das wichtigste Naturharz und wird hauptsächlich aus Kiefern gewonnen. Es ist ein festes, sprödes, durchscheinendes Material, dessen Farbe von hellgelb, tiefrubinrot bis fast schwarz schwanken kann. Bei ca. 70 °C beginnt die Erweichung und bei 130 °C ist es flüssig.

*Dammarharz*, hellgelbe, durchsichtige, tropfenförmige oder unregelmäßig geformte bis faustgroße Harzstücke kommen von südostasiatischen Bäumen. Dammar riecht schwach aromatisch und die Farbe schwankt zwischen gelb bis fast farblos.

Produktangaben, Eigenschaften und Einflüsse einiger Rohstoffe in Wachsmischungen zeigt Tabelle 10.2.

## 10.6 Dentalwachse

Die im Handel angebotenen Dentalwachse sind Kompositionen mehrerer Wachsarten, Harze und einiger Zusatzstoffe, die sich je nach Verwendungszweck in Härte, Elastizität, Schmelzpunkt, Fräsbarkeit, Klebrigkeit und anderen Eigenschaften unterscheiden.

Sie werden im schmelzflüssigen Zustand gut miteinander gemischt, so daß nach dem Erkalten eine einheitliche homogene Mischung vorliegt.

Die in neuerer Zeit, wie bereits erwähnt, durch synthetische Produkte, insbesondere durch neuartige Wachsprodukte auf Erdölbasis, erreichte Abhängigkeit in qualitativer und quantitativer Hinsicht von Rohprodukten, hat zu einer wesentlichen Qualitätsverbesserung von Dentalwachsen geführt und insbesondere die Qualitätsschwankungen vermindert. So werden in modernen Wachspräparaten neben Restanteilen tierischer Wachse und pflanzlicher Wachse (Bienen-Carnaubawachs) vorwiegend makro- und mikro-kristalline Paraffine sowie synthetische Wachse und Harze eingesetzt, um die Eigenschaften zu variieren.

Dentalwachse können entsprechend ihres Anwendungsgebietes und der Eigenschaften in vier Gruppen eingeteilt werden:
I  Gußwachse
II  Modellierwachse/Basisplattenwachse
III  Klebewachse
IV  Bißwachse

Mit den Gußwachsen sowie Modellierwachsen/Basisplattenwachsen beschäftigen sich auch die nationalen sowie internationalen Normierungsausschüsse (Kap. 10.8).

## 10.6.1 Gußwachse

Als *Gußwachse* werden Wachse bezeichnet, die zum Herstellen von Modellen für den späteren Metallguß dienen, jedoch auch für Keramikobjekte, die nach dem Preßverfahren hergestellt werden (Wachsausschmelzverfahren). Da die Art der herzustellenden Metall- bzw. Keramikteile sehr unterschiedlich ist, gibt es eine Vielzahl von Gußwachsen.

Angeboten werden z. B. Platten in rechteckiger Form, unterschiedlicher Stärke und Oberflächenstruktur (glatt, grob-, feingenarbt oder geadert), vorgefertigte Klammern, Retentionsteile, Profile, Gußbalken, Perlen usw.

Außerdem gibt es Wachse in Blöcken und Dosen für die Kronen- und Brückentechnik, die Aufwachstechnik, die Frästechnik und weitere.

Während die Forderung nach rückstandslosem Verbrennen und günstigem Volumenverhalten allen gemeinsam ist, sind wichtige andere physikalische Eigenschaften unterschiedlich.

So dürfen *Fräswachse* beim Fräsvorgang weder splittern noch schmieren (*Rehberg* 1988). Sie kommen bei der Herstellung individueller Geschiebe und geschiebeähnlicher Verbindungen zur Anwendung. Dabei werden die aus Wachs geformten Teile (parallele oder konische Metallflächen) vor dem Gußvorgang durch Fräsen bearbeitet (*Koch* 1988). Harte Wachse bewähren sich hierbei erfahrungsgemäß am besten. Allerdings muß bedacht werden, daß die Härte und somit das Fräsverhalten schon mit zunehmender Raumtemperatur abnimmt.

Bei *Inlaywachsen* handelt es sich ebenfalls um Gußwachs, das in Stangen und Blöcken geliefert wird. Inlaywachse dienen der Modellation von Gußobjekten entweder direkt im Munde oder vom Zahntechniker indirekt auf dem Modell. Daraus leitete sich auch die internationale Klassifizierung der ISO 1561 : 1975 (Dental inlay casting wax) in *Typ I für die direkte* und *Typ II für die indirekte* Technik ab.

Im Zuge der Internationalisierung wird die ISO 1561 überarbeitet. Da heute fast ausschließlich die indirekte Technik zur Anwendung kommt, sieht der Revisionsvorschlag nur noch eine Unterscheidung in *Typ 1: hart* und *Typ 2: weich* der Gußwachse vor. Seit September 1994 existiert ein *Draft International Standard* ISO/DIS 1561 für „Dental casting wax" (vgl. Tab. 14.3 in Kap. 14.7).

Die DIN 13908 für Gußwachse berücksichtigte von Anfang an nur die indirekte Verarbeitungstechnik und teilte Gußwachse in harte, mittlere und weiche Typen ein.

Generell sollten sich Gußwachse mit dem Messer schaben lassen, biegbar sein ohne zu brechen und erweichen ohne zu bröckeln, die Präparationsdetails wiedergeben, also primär auch gut fließfähig sein.

Wachsschablonen und vorgeformte Wachsprofile sollten außerdem

• hoch flexibel,
• leicht klebrig,
• gut haftend,
• nicht verformbar bei Adaption und
• verarbeitbar zwischen 20 °C und 30 °C

sein. Wachse für das Modellieren von Inlays sowie Kronen und Brücken sollten dagegen hart und schabbar sein, das Wachsmodell sollte daher eher brechen als sich verziehen, wenn es vom Modell abgenommen wird. Daher wird eine hohe Zugfestigkeit und ausreichende Härte gefordert (*Franz* 1982).

Grundsätzlich ist ein niedriger Erstarrungspunkt wünschenswert um die Volumenänderung beim Abkühlen niedrig zu halten. Zudem ist ein niedriger Ausdehnungskoeffizient notwendig, da ein hoher Ausdehungskoeffizient der Wachse große Volumenänderungen bedingt.

## 10.6.2 Modellierwachse/ Basisplattenwachse

Modellierwachse dienen zur Aufstellung von künstlichen Zähnen bei der Herstellung von herausnehmbarem Zahnersatz. Diese Wachse werden auch zur Randgestaltung und zur Unterfütterung von Bißschablonen verwendet. Zur Vorbereitung der Bißnahme werden auf die Schablonen Bißwälle aus Basisplattenwachs aufgebracht, die auch als stangenförmige Wachsprofile erhältlich sind.

Modellierwachse werden aus ästhetischen Gründen rosa eingefärbt und kommen in Form rechteckiger Platten mit Stärken von 1,2 mm bis 1,5 mm in den Handel.

Während Modellierwachse in der Mundhöhle möglichst formkonstant sein sollen, steht im zahntechnischen Labor die leichte Verarbeitbarkeit im Vordergrund, weiterhin eine

- gute Plastifizierbarkeit,
- gute Adaptionsfähigkeit,
- gute schabende und schneidende Verarbeitung und eine
- gute Haftung am Modell.

Daneben interessieren noch ein günstiges thermovolumetrisches Verhalten sowie gutes Ausbrühverhalten. Bei Abkühlung von Mundtemperatur auf Raumtemperatur nach der Wachseinprobe sollte sich die Stellung der Zähne durch die Kontraktion des Wachses nicht verändern. Der Erstarrungspunkt sowie der Tropfpunkt liegen deshalb üblicherweise zwischen 50 °C und 60 °C.

Für Basisplattenwachse gibt es nur den DIN-Entwurf 13 915 (1973), der eine Unterteilung in weiches, mittelhartes und hartes Wachs vornimmt. Das Wachs sollte frei von unangenehmem Geruch oder Geschmack sein. Es soll nicht reißen, splittern oder brechen, wenn es bei 23 ± 2 °C zu einer festen Kante geschabt wird. Beim Erwärmen darf es weder blättrig noch krümelig werden und sollte nicht an den Fingern kleben.

Für unterschiedliche klimatische Verhältnisse werden verschiedene Wachse mit Sommer-, Winter-, Spezial- und Standardqualitäten angeboten. Außer dem Erstarrungs- und Tropfpunkt unterscheiden sich

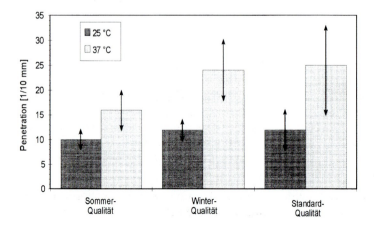

Abb. 10.4 Penetrationswerte von Modellierwachsen verschiedener Hersteller bei 25 und 37 °C

die verschiedenen Qualitäten in ihrem Penetrationsverhalten (Abb. 10.4).

### 10.6.3 Klebewachs

Klebewachse dienen zur vorübergehenden Fixierung von Teilen aus Gips, z. B. eines Gipsabdruckes oder Vorgusses sowie zur Positionierung von gebogenen Drahtelementen bei der Herstellung von partiellen Prothesen und kieferorthopädischen Apparaturen.

In geschmolzenem Zustand sollte es eine hohe Adhäsionskraft an Metallen und Kunststoffen aufweisen, eine gute Verbindung zu Basisplatten und Bißwällen ermöglichen und nach dem Erkalten auf Raumtemperatur hart-spröde sein sowie leicht kantig brechen. Die Forderung nach einer geringen Schrumpfung beim Abkühlen, nach guten Ausbrüheigenschaften und einer rückstandlosen Verbrennung sollten Klebewachse ebenso erfüllen.

Zusammensetzung der Klebewachse: Wachs-Harz-Mischung aus synthetischen Wachsen und Harzen, Dammarharz und Carnaubawachsen, die meist rot eingefärbt in Dosen oder Blöcken angeboten werden.

### 10.6.4 Bißwachs

Bißwachs wird benötigt, um bei der Herstellung von partiellen oder totalen Prothesen die Lagebeziehung der Kiefer zueinander festzulegen. Für die Bißnahme wird das Wachs als Wall auf die Kunststoff – oder Schellackplatten, die der Form eines Alveolarbogens folgen, aufgebracht und anschließend im Mund des Patienten der Kieferrelation entsprechend geformt. Bißwachse werden in Stangen, Platten sowie als vorgeformte Bißwälle geliefert.

Neben den genannten Wachsen werden noch weitere Wachskompositionen in der Zahlheilkunde und Zahntechnik benutzt, bei denen die Eigenschaften der jeweiligen Verwendung angepaßt sind, z. B. Abdruckwachs für die Funktionsrandgestaltung bei Totalprothesen, sog. Boxing-Wachs zum Einschachteln der Alginat- und Hydrokolloid-Abdrücke.

## 10.7 Farben und Füllstoffe

### 10.7.1 Farben

Zur Unterscheidung verschiedener Wachsqualitäten dienen die eingesetzten Farben. Wichtig bei den Gußwachsen ist das problemlose Erkennen von Oberflächenstrukturen.

Heute werden vorzugsweise sowohl fettlösliche Farbstoffe (Fettfarbstoffe) als auch Pigmentfarbstoffe (organische Farbstoffe) verarbeitet.

*Fettfarbstoffe* sind in Wachsen löslich. Zu beachten ist, daß die Lichtechtheit dieser Farben im allgemeinen nicht groß und ein „Ausbluten" nicht zu verhindern ist.

*Pigmentfarbstoffe* liefern wesentlich lichtechtere Färbungen als Fettfarbstoffe. Sie neigen außerdem kaum zum Ausbluten und sublimieren. Durch ihre große Lichtbeständigkeit werden Pigmentfarbstoffe in farbigen Wachsen mehr und mehr eingesetzt.

Zur Herstellung wird ein Teil des Wachses geschmolzen, die benötigte Farbstoffmenge darin gelöst und dieses Farbstoffkonzentrat mit dem übrigen Teil der Schmelze vermischt.

### 10.7.2 Füllstoffe

Zur Eigenschaftsverbesserung werden seit einigen Jahren vermehrt Füllstoffe anorganischer sowie organischer Art den Wachsen beigemischt, z. B. *Talkum, Aerosole, Kieselkreide, feine Polystyrole, mikronisierte Isophtalsäure etc.*

Diese Füllstoffe bewirken vor allem eine geringere Dimensionsveränderung, eine höhere Oberflächenverdichtung und verbessern die Fließ- sowie die Schabeeigenschaften. Durch geeignete Farb- und Füllstoffauswahl wird eine bessere Opazität der Wachse im plastischen und flüssigen Zustand erreicht. Außerdem wird das Erkennen von Konturen in der Modellation verbessert, was für das Auge des Verarbeiters angenehmer ist.

Nachteilige Auswirkungen auf das Gußergebnis können durch eine nicht optimale – rückstandfreie – Verbrennung dieser Füllstoffe entstehen.

## 10.8 Normprüfungen und Forderungen

Auf internationaler Ebene beschäftigt sich seit September 1992 die Arbeitsgruppe WG 18 innerhalb des Technischen Komitee TC 106 „Zahnheilkunde" der ISO mit der Revision der ISO 1561 (1975) „Dental inlay casting wax" (vgl. Kap. 14). Seit September 1994 existiert ein Entwurf ISO/DIS 1561 „Dental casting wax". Wie in der DIN 13908 „Gußwachs" wird nur noch von Gußwachsen gesprochen. Der Entwurf sieht weiterhin nur noch eine 2-Typeneinteilung vor, d. h. es gibt keine Unterscheidung für die direkte bzw. indirekte Anwendung. Außerdem ist die mit anscheinend größeren Meßproblemen behaftete Anforderung bzgl. der thermischen Expansion nicht mehr darin enthalten. Der Nadel-Penetrations-Test der DIN 13908 wurde als mögliche alternative Methode zur Flow-Bestimmung mit in den Entwurf (als Anhang) aufgenommen.

### 10.8.1 Flow

Der Flow wird an zylindrischen Prüfkörpern (Durchmesser 10 mm, Höhe 6 mm) gemessen, die in einem temperierten Wasserbad mit 20 N für 10 min axial belastet werden. Die durch das Gewicht und Temperatur bedingte Höhenabnahme wird dann in Prozent der Ursprungshöhe angegeben (Tabelle 10.3). Die als hart bezeichneten Wachse sind bei gleichen Temperaturen weniger leicht verformbar als die weichen Wachse.

### 10.8.2 Rückstand

Als Rückstand bezeichnet man den beim Veraschen übrig bleibenden Materialrest. Nach dem Erhitzen auf 500 °C darf der Rückstand nicht mehr als 0,1 % der Ausgangsmasse betragen. Wachse dürfen beim Ausbrennen der Muffel keine Reste hinterlassen, um ein exaktes Ausfließen des Metalls zu ermöglichen. Die meisten Gußwachse erfüllen diese Forderung. Es ist jedoch auch bekannt, daß einige der auf dem Markt befindlichen, mit Füllstoff versehenen Wachse diese Forderung nicht erfüllen. Die Hersteller sollten – um Gußfehler zu vermeiden – Rückstandangaben auf dem Etikett bzw. in der Verarbeitungsanleitung machen.

### 10.8.3 Bearbeitbarkeit

Die Wachse sollen im erwärmten Zustand gut knetbar sein, ohne zu blättern oder zu bröckeln. Bei Raumtemperatur sollten sie zu einer scharfen Kante schnitzbar sein, ohne abzubrechen oder sich schuppig zu verhalten.

Tabelle 10.3   Anforderungen an Gußwachse entsprechend dem ISO-Entwurf ISO/DIS 1561 (1994)

| | Flow Temperatur [°C] | | | | Rückstand |
|---|---|---|---|---|---|
| | 30 | 37 | 40 | 45 | bei 500 °C |
| Type I hart | – | < 1 % | < 20 % | > 70 % < 90 % | ≤ 0,1 % |
| Type II weich | < 1 % | – | > 50 % | > 70 % < 90 % | ≤ 0,1 % |

## 10.9 Weitere Eigenschaften

Für zahnärztliche Wachse sind nur ein Teil der Anforderungen in den Normen bzw. Standards beschrieben. Für den Praktiker sind jedoch weitere Kenntnisse wichtig, auf die in den folgenden Kapiteln eingegangen wird.

So ist es z. B., wie in Kap. 10.3.2 bereits erwähnt, nicht möglich, bei Wachsgemischen einen eindeutigen Schmelzpunkt anzugeben. Aussagekräftige Angaben sind der Tropf- und Erstarrungspunkt, die nach DGF-Methoden bestimmt werden.

### 10.9.1 Tropfpunkt

Der Tropfpunkt eines Wachses ist die Temperatur, bei der das Eigengewicht des Wachses seine Viskosität überwindet und deshalb zu tropfen beginnt. Der Tropfpunkt gibt weiterhin Aufschluß über die Viskosität eines Wachses. Die Bestimmung erfolgt nach der DGF-M III 3 Methode bzw. der DIN 51 801 mit dem Tropfpunktapparat nach Ubbelohe (Abb. 10.5).

### 10.9.2 Erstarrungspunkt

Geht ein Wachs durch Bildung einer Kristallgitterstruktur vom flüssigen in den festen Aggregatzustand über, bezeichnet man diese Temperatur als den Erstarrungspunkt eines Wachses. Er entspricht in etwa dem „Schmelzpunkt" beim Übergang vom festen in den flüssigen Zustand. Für alle Wachse mit einer hohen Schmelzviskosität eignet sich die Bestimmung des Erstarrungspunktes nach der DGF M-III 4 - Methode am rotierenden Thermometer bzw. nach DIN 51 570.

Der Differenz zwischen Tropf- und Erstarrungspunkt wird deshalb eine praktische Bedeutung beigemessen, da man daraus auf das plastische Verhalten während der Verarbeitung schließen kann. Die Breite der plastischen Phase ist um so größer, je größer sich diese Differenz darstellt (*Gehre* 1985).

Für Guß- sowie Basisplattenwachse können folgende Temperaturbereiche angegeben werden:

|  | Tropf- punkt (°C) | Erstarrungs- punkt (°C) |
|---|---|---|
| Gußwachse | 70–90 | 55–80 |
| Basisplattenwachse | 50–65 | 45–55 |

### 10.9.3 Plasto-elastisches Verhalten

Alle festen Stoffe setzen Kräften, die auf eine Veränderung ihrer Form gerichtet sind, einen mehr oder weniger starken Widerstand entgegen. Die Fähigkeit von Stoffen, unter dem Einfluß von Kräften ihre Form zu verändern, ist die Plastizität. Erfolgt eine Deformation nur während der Einwirkung einer Kraft, nimmt der Körper also nach Beendigung der Krafteinwirkung seine ursprüngli-

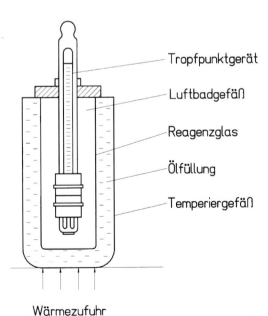

*Abb. 10.5* Apparatur zur Bestimmung des Tropfpunktes

che Form wieder an, spricht man von Elastizität. Eine plastische Verformung tritt jedoch im allgemeinen nicht in reiner Form auf, d. h. eine Formveränderung verschwindet nach dem Aufhören der Krafteinwirkung gewöhnlich nur teilweise wieder (der elastische Anteil), ein anderer Teil bleibt jedoch bestehen (der plastische Anteil).

Bei Verformungen im plasto-elastischen Bereich (Abb. 10.6) wird ein Wachsprüfkörper zunächst spontan verformt (U), dadurch kommt es zu einer Abnahme der Ausgangslänge der Probe. Dieser spontanen Kompression folgt bei anhaltender Belastung eine nachwirkende Kompression (V). Wird die Probe entlastet, kommt es zuerst zu einer spontanen Rückfederung (W), danach zu einer weiteren, nachwirkenden Nachverformung (X), die langsam ausläuft. Die Rückfederung erreicht jedoch nicht die Ausgangslänge des Prüfkörpers vor der Belastung, so daß ein plastisch verformter Anteil (Z) verbleibt (Verformungsrest, bleibende Deformation).

Plastisch verarbeitete Wachse sollten im Idealfall nach einer Formveränderung wieder in den ursprünglichen Zustand zurückkehren. Dies wäre bei einer bestimmten Temperatur gegeben, würde ein hochelastisches Verhalten vorliegen. Da jedoch Elastizität als auch Plastizität material- und temperaturabhängige Größen sind, ist das plasto-elastische Verhalten von Wachsen, je nach Wachstype und Verarbeitungstemperatur, unterschiedlich.

Genügend tiefe Temperaturen verleihen jedem Wachs eine relative Starr- und Sprödigkeit, daher sind elastische Verformungen kaum vorhanden bzw. nur in einem engen Bereich möglich. Bei größerer Belastung kommt es sofort zum Bruch, ohne Übergang in den plastischen Bereich.

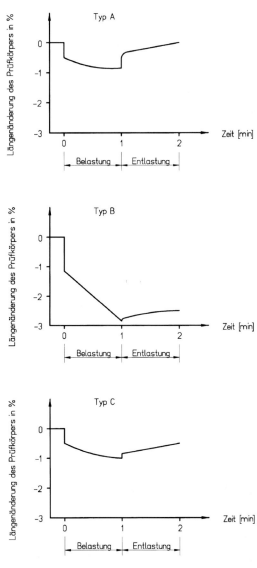

*Abb. 10.7* Plasto-elastisches Verhalten von 3 zahnärztlichen Wachsen bei 30 °C und einer Prüflast von 30 N (nach *Rehberg*)

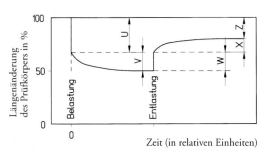

*Abb. 10.6* Plasto-elastische Verformung (nach *Höppler*)

Je höher die Temperatur ansteigt, um so größer ist die Wahrscheinlichkeit, daß die Flexibilität zunimmt und meßbare Verformungen vorhanden sind.

Bei Überschreitung der Fließgrenze kommt es zur irreversiblen Verformung durch Aufheben der Bindung zwischen den Kristallen. Danach ist eine elastische Rückstellung nicht mehr möglich (*Koch* 1988). Für Gußwachse wird bei Raumtemperatur eine gute elastische Rückstellung mit einer geringen Biegebeanspruchung als vorteilhaft angesehen (*Rehberg* 1988). Damit kann einer bleibenden Deformation beim Abnehmen einer Krone vom Modell vorgebeugt werden. Für den Gebrauch von Wachsen bei Mundtemperatur ist das plasto-elastische Verhalten von Bedeutung, denn das Formmaterial sollte möglichst ohne plastischen Formveränderungsrest bleiben, also möglichst elastisch sein (*Schwickerath* 1977). Abb. 10.7 zeigt das plasto-elastische Verhalten von 3 verschiedenen zahnärztlichen Wachsen bei 30 °C und einer Belastung von 30 N.

*Wachstyp A* zeigt bei 30 °C noch eine vollkommene Rückfederung und würde so z. B. beim Abnehmen einer modellierten Krone und der damit verbundenen Deformation seine Ursprungsform wieder einnehmen, wogegen *Wachs C* schon etwas mehr plastisch verformt bleibt. *Wachstyp B* hat hier schon eine starke Deformation, zeigt ein vollkommen plastisches Verhalten und könnte so eine Deformation des modellierten Teils nicht ausgleichen.

## 10.9.4 „Härte", Konsistenz, Fließverhalten

Die Härte bei Wachsen ist schwierig zu definieren, da der Begriff der „Härte" meist für Substanzen verwendet wird, die schwer schmelzbar sind (Metalle, Hölzer etc.), oder aber deren Schmelzpunkte so hoch liegen, daß mäßiges Erwärmen kaum von Einfluß auf die mechanische Festigkeit ist.

Diese Voraussetzung trifft jedoch bei Wachsen nicht zu. Die Verfahren, die zur Ermittlung des Eigenschaftsbegriffes „Härte" dienen, lassen sich in verschiedene Gruppen einteilen. So wird z. B. in der ISO 1561 die Messung des Flow als Ersatz für die Härtebestimmung mit verwendet. Eine andere Methode ist die Bestimmung des Kegelfließpunktes mittels *Höppler Konsistometers* in Anlehnung an die Kugeldruckhärte nach Brinnell (*Rehberg* 1955). Die Rohstoffhersteller und -Lieferanten verwenden die DGF M-III 9b bzw. DIN 51579 mittels Nadelpenetration. Diese Methode ist auch in der Gußwachs-Norm DIN 13 908 enthalten, die damit das Fließverhalten (Konsistenz) bei unterschiedlichen Temperaturen charakterisiert (30–40–45 °C). Zur Prüfung werden sogenannte Penetrometer verwendet (Abb. 10.8 a). Bei dieser Bestimmung wird eine beschwerte, genormte Nadel in die auf eine bestimmte Temperatur erwärmte Probe gedrückt. Man bestimmt die Distanz in 1/10 mm, welche die Nadel von bestimmtem Durchmesser mit 100 g Prüflast in 5 s durchdringt.

> *Definition*: Unter Nadelpenetration als empirisches Maß für die Härte und Konsistenz wird die vertikale Eindringtiefe in 1/10 mm unter festgelegten Bedingungen von Gesamtlast, Zeit und Temperatur verstanden.

Einen Einfluß auf den Penetrationswert hat der zunehmende Widerstand des von der Nadel zur Seite gedrückten Wachses; dieser hängt von der Kristallstruktur und dem Fließverhalten des Prüfstoffes ab.

Daraus ergibt sich, daß das Penetrations-Temperaturverhalten auch Rückschlüsse auf die Konsistenz, das Fließverhalten, das Plastizitätsverhalten sowie auf die Standfestigkeit der Wachse (Mundeinprobe) zuläßt. Eine allgemein gültige Aussage über das Verhalten (Eigenschaften) der Wachse bei hohen bzw. niedrigen Penetrationswerten kann bei der großen Anzahl unterschiedlich zusammengesetzter Wachse nicht gegeben werden. Doch tendenziell gilt folgendes:

*hoher*
*Penetrationswert* → niedrig schmelzend, gutes Fließverhalten, dünne Konsistenz;

*niedriger*
*Penetrationswert:* → höher schmelzend, zähe Konsistenz, schlechteres Fließverhalten.

Deshalb wäre es sinnvoller und richtiger, nicht nur von der „Härte" eines Wachses zu sprechen, sondern generell vom *Penetrationswert* bei entsprechenden Temperaturen (Abb. 10.8 b).

Da die Konsistenz („Härte")- Bestimmung mittels Nadelpenetration sehr exakt reproduzierbar und das Auftreten von subjektiven Fehlern eingeschränkt ist, sollte bei der Charakterisierung von zahnärztlichen Wachsen generell diese Methode mit angegeben werden (*Turley* 1993).

Eine Aussage zur Plastizität ist auch durch das Fließverhalten unter Kegeldruck möglich. Dabei wird einem temperierten Wachsprobekörper mit einer Vorlast von 0,5 N ein Kegel mit einem Spitzenwinkel von 135° aufgesetzt und mit einer Prüflast von 10 N/min belastet. Die Eindringtiefen werden in 5 °C Intervallen von 20 °C bis 50 °C angegeben. Mit dieser Methode kann die Konsistenz („Härte") und das Fließverhalten in einem Temperaturbereich von 30 °C sehr gut charakterisiert werden (*Goll* 1979).

### 10.9.5 Thermisches Dimensionsverhalten

Obwohl die lineare thermische Expansion im Entwurf ISO/DIS 1561 (1994) nicht mehr enthalten ist, ist das Expansions-Kontraktionsverhalten von Wachsen vor allem deshalb von Bedeutung, weil die Wachse den größten Wärmeausdehnungskoeffizienten von allen in der restaurativen Zahnheilkunde verwendeten Materialien haben. Die lineare Längenänderung wird durch den Ausdehnungskoeffizienten $\alpha$ ausgedrückt und ist definiert als Längenzuwachs je Längeneinheit eines Stabes aus diesem Stoff bei einer bestimmten Temperaturdifferenz.

$$\alpha = \frac{\Delta l}{l o\, \Delta T} \text{ in K}^{-1}$$

lo = Länge des Prüfkörpers bei R.T.
$\Delta l$ = mittlere Längenänderung durch Temperaturerhöhung
$\Delta T$ = Temperaturdifferenz in Kelvin

Der lineare Wärmeausdehnungskoeffizient liegt bei zahnärztlichen Wachsen zwischen

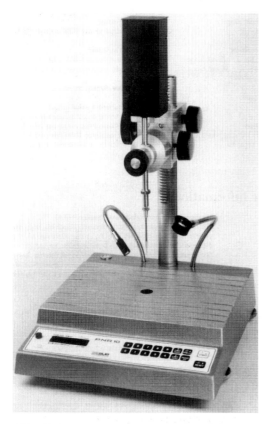

*Abb. 10.8 a* Penetrometer-Gerät

## 10.9 Weitere Eigenschaften

23 °C und 25 °C bei 200–500 · $10^{-6}/K^{-1}$ (*Ohashi* und *Plattenberger* 1966).

Die thermische Expansion (und damit natürlich auch die Kontraktion) ist daher keine feste Größe, sondern vom jeweiligen Temperaturbereich aber auch von der „Vorgeschichte" der Wachsproben (wie z. B. Herstellung) abhängig. Zu beobachten ist, daß die Expansion (Kontraktion) beim Übergang der festen Phase in die flüssige Phase und umgekehrt, wesentlich größer ist als vor der Phasenumwandlung. Nach dem ISO-Standard 1561 (1975) dürfen Wachse für die indirekte Technik beim Erwärmen von 25 °C auf 30 °C eine lineare thermische Expansion von nicht mehr als 0,2 % aufweisen, von 25 °C auf 37 °C nicht mehr als 0,6 %.

In der DIN 13 908 (1984) darf die lineare thermische Expansion von Gußwachsen nicht mehr als 0,6 % zwischen 20 °C und 37 °C betragen. In dieser Norm ist auch eine einfache und reproduzierbare Methode zur Prüfkörperherstellung beschrieben, die große Schwierigkeiten bereiten kann. Dies ist bedingt durch eine außerordentlich starke Kontraktion der Wachse beim Abkühlen. Diese Kontraktion ist bei Wachsen, die flüssig verarbeitet werden, beim Übergang in die feste Phase (Erstarren) am größten. Aus dieser Erkenntnis heraus ist die Forderung z.T. immer noch berechtigt, wenn möglich, Wachse mit einem niedrigen Erstarrungspunkt zu verwenden, um die Volumenänderung beim Abkühlen so gering wie möglich zu halten (*Franz* und *Lukas* 1980). Es sind jedoch Wachsmischungen herstellbar, die einen hohen Erstarrungspunkt haben und dennoch beim Übergang flüssig-fest eine geringere Volumenänderung aufweisen als Wachsmischungen mit niedrigen Erstarrungspunkten.

Abb. 10.9 zeigt das Dimensionsverhalten eines Gußwachses bei unterschiedlichen Temperaturintervallen. Abweichungen solcher Messungen können auftreten, wenn nicht die identischen Meßtemperaturen bzw. Herstel-

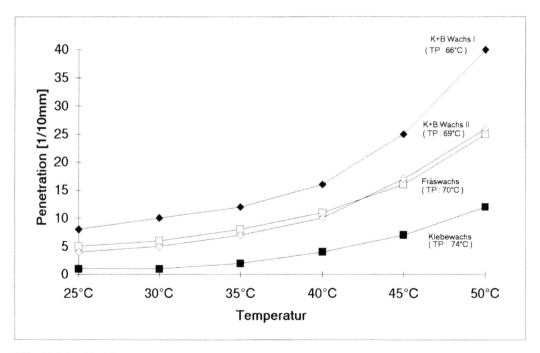

*Abb. 10.8 b* Nadelpenetration in Abhängigkeit der Temperatur von Gußwachsen (mit Angabe des Tropfpunktes)

lungsparameter bei der Probenvorbereitung eingehalten werden. Ebenso sind Ergebnisse verschiedener Autoren nur dann vergleichbar, wenn die Versuchsanordnung, die verwendeten Geräte sowie die Versuchsdurchführung identisch sind (*Schaake* 1987).

Hinsichtlich der Größenordnung der Expansion und Kontraktion (bei zahnärztlichen Wachsen) ergaben eigene Untersuchungen, daß heutige Gußwachse z. T. doch sehr große Unterschiede aufweisen (Abb. 10.10 sowie Abb. 10.11).

So beträgt z. B. die lineare Expansion zwischen 20 °C und 45 °C 0,52 % bis 1,16 %, die Volumenkontraktion von 10 °C über dem jeweiligen Tropfpunkt bis 20 °C 9 % bis fast 16 %. Man erkennt daraus, daß sich durch Herstellung geeigneter Kombinationen von Wachsen mit besonderen Harzen und Füllstoffen die Expansion/Kontraktion beeinflussen läßt.

Da Expansions- und Kontraktionswerte für das geprüfte Temperaturintervall nahezu identisch sind, gilt die Forderung in der Praxis, *Wachse bei einer Temperatur so niedrig als nur möglich zu verarbeiten.*

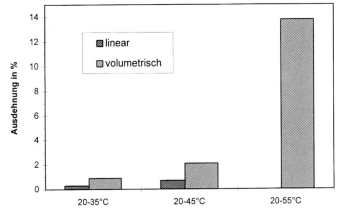

*Abb. 10.9* Lineare und volumetrische Ausdehnung eines Gußwachses

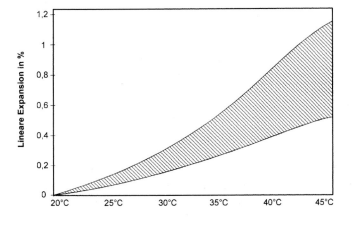

*Abb. 10.10* Linearer Expansionsbereich von Gußwachsen (20–45 °C)

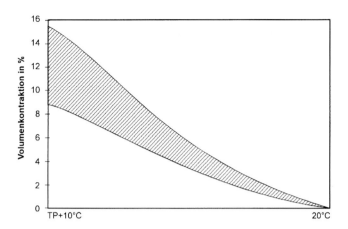

*Abb. 10.11* Volumenkontraktion von Gußwachsen Temperaturbereich TP + 10 °C bis 20 °C

### 10.9.5.1 Mögliche Erklärungen des Dimensionsverhaltens

Kristalline Substanzen mit einem exakten Schmelzpunkt weisen durch die Auflösung des Kristallgitters einen Ausdehungssprung auf, während amorphe Substanzen wie Glas oder Harz ohne eine Änderung der Ausdehnung kontinuierlich vom festen in den flüssigen Zustand übergehen. Da jedoch die Strukturen der Wachse einen Kompromiß zwischen amorpher und kristalliner Struktur darstellen und so der schrittweise Übergang vom festen in den flüssigen Zustand erfolgt, haben Wachse einen ungewöhnlich hohen thermischen Ausdehungskoeffizienten (*Bennett* 1975). Es besteht somit ein Zusammenhang zwischen der chemischen Struktur und Zusammensetzung eines Wachses und den daraus resultierenden physikalischen Eigenschaften (*Craig und Peyton* 1975).

Neben der primären Kristallumwandlung beim Schmelzen zeigen Wachse sekundäre Umformungen der Kristallstruktur unterhalb des Schmelzbereiches. Diese feste Kristallumwandlung, z. B. bei Paraffinen der Übergang von rhomboiden Platten oder plättrigen Massen zu nadelförmigen Kristallen, geht mit einer Abnahme der Härte und einer Erhöhung des linearen Ausdehungskoeffizienten einher. Die sekundäre Kristallumwandlung kann zu inneren Spannungen im Wachs führen.

Dies ist, unter anderem, ein Grund, warum in neuester Zeit mikrokristalline Wachse, teilsynthetische und synthetische Wachse in Dentalkompositionen eingesetzt werden, denn diese Wachse sind stabiler (reiner) als z. B. Paraffine, die Kristalle sehr klein und weisen damit geringe Orientierung auf.

So zeigen z. B. auch Esterwachse eine deutlich geringere thermische Ausdehnung als Kohlenwasserstoffwachse. Durch Dipol-Bildung in der Kohlenstoff/Sauerstoff-Bindung der Estergruppen besteht zwischen den Molekülen eine größere Anziehung, die zu einer geringeren thermischen Expansion führt. Moleküle der aliphatischen Kohlenwasserstoffwachse weisen keine Dipole auf, dadurch haben sie eine geringere zwischenmolekulare Anziehung, einen größeren Plastizitätsbereich und zeigen eine wesentlich höhere thermische Expansion (*Craig et al.* 1965).

Eigene Untersuchungen von einigen Gußwachsen verschiedener Hersteller ergaben, daß die in der DIN 13 908 und der ISO-Standard 1561 (1975) geforderten thermischen linearen Expansionen sehr weit unterschritten werden. Dies ist sicherlich, wie bereits erwähnt, auf den Einsatz neuer Wachsrohstoffe zurückzuführen. Dadurch ist die gesamte Gußtechnik mit der Wachsproblematik nicht mehr so stark belastet.

## 10.9.6 Spannungen im Wachs

Es ist praktisch nicht zu verhindern, daß bei jeder Verformung des Wachses Spannungen in der dem Modell anliegenden Wachsform auftreten.

So müssen Basisplattenwachse/Modellierwachse über eine ausreichende Plastizität verfügen, um eine gute Standfestigkeit beim Verarbeiten zu besitzen. Mit niedriger Plastizität verringert sich die Beweglichkeit der Moleküle. Bei der plastischen Verarbeitung bzw. Deformation der Wachse entstehen dann *innere Spannungen*, die später beim Abkühlen zu Modellveränderungen führen können. Bei einem erwärmten, im Plastizitätsbereich befindlichen Wachs können die Moleküle gegeneinander bewegt werden, dies ist der eigentliche Grund für die Knetbarkeit und Modellierfähigkeit.

Es ist verständlich, daß die Moleküle eines unverarbeiteten Wachses sich nicht sofort wieder in einen Ruhezustand begeben. Solange befinden sich die modellierten, verarbeiteten Wachse unter Spannungen. Die Größe der Spannungen sind vom Elastizitätsmodul und den Wachstemperaturen abhängig (*Rehberg* 1988). Genau wie bei warm- oder kaltverformten Metallen und Legierungen können auch die Spannungen bei modellierten Wachsen unter bestimmten Voraussetzungen abgebaut werden.

Die Verarbeitung von flüssigem Wachs mit einer kalten Form führt immer zu Spannungen, die nach einer Lösung vom Modell zu Formänderungen des modellierten Wachskörpers führen. Diese Spannungen können durch Erwärmung teilweise wieder abgebaut werden.

Da die Zusammensetzungen von Gußwachsen und damit ihre Schmelz- und Plastizitätsbereiche stark streuen, ist die Angabe einer allgemein gültigen Temperatur nicht möglich. Man sollte sich jedoch kurz unterhalb der Plastizitätstemperatur bewegen, um möglichen Deformationen vorzubeugen. Eine ausreichende Zeit kann auch zum Abbau der Spannungen führen.

In der heutigen Praxis nicht realisierbar ist die Empfehlung, das Wachsmodell 15–24 h punktuell am Stumpf fixiert bei Raumtemperatur sich entspannen zu lassen und vor dem Einbetten nochmals zu kontrollieren. Obwohl Untersuchungen ergaben, daß sich nach dieser Vorgehensweise Rückstelleffekte beim Trennen des Modells vom Stumpf nicht mehr nachweisen lassen (*Marxkors und Meiners* 1978).

Eine Einbettung innerhalb einer kurzen, immer gleichmäßigen Zeitspanne ist sicherlich eine Empfehlung, die zu reproduzierbaren – auf die Wachsspannungseinflüsse bezogene – Ergebnissen führen kann (*Meiners und Schult* 1978). Genauso gilt, daß modellierte Gußobjekte erst unmittelbar vor dem Einbetten vom Modell abgehoben werden sollten.

Hinweise auf einen Spannungsabbau der Wachsarbeit im Wasserbad (15 min. bei 35 °C) sind nicht empfehlenswert, da sich durch den Spannungsabbau und die thermische Expansion das Wachsmodell vom Stumpf löst und dies zu Ungenauigkeiten führt (*Meiners und Unland* 1975).

## 10.10 Verarbeitung von Wachsen

### 10.10.1 Verarbeitungshinweise

Die Verarbeitung muß vor allem zwei Schwächen des Wachses berücksichtigen,

a) die temperaturabhängige Volumenveränderung (vgl. Kap. 10.9.3) und
b) die entstehenden Spannungen bei der Wachserstarrung und Spannungsbildung durch Druck bei der plastischen Verarbeitung (vgl. Kap. 10.9.6).

> Auf Grund des außerordentlich hohen Ausdehnungskoeffizienten sollte das Wachs nicht unnötig erhitzt werden. Obwohl bei der Wachsverarbeitung (im Vergleich zu Metallguß) sehr kleine Temperaturdifferenzen zwischen dem flüssigen Wachs und Raumtemperatur vorhanden sind, kommt es bei der Abkühlung zu starken Kontraktionserscheinungen.

## 10.10 Verarbeitung von Wachsen

Deshalb sollten, wenn möglich, Wachse mit niedrigen Erweichungstemperaturen (Tropfpunkt, Erstarrungspunkt) verwendet werden. Grundsätzlich sollte darauf geachtet werden, Wachse immer unter identischen Bedingungen zu verarbeiten (elektrisches Wachsmesser, Wachstemperiereinrichtung). Einzelne aus Wachs gefertigte Teile, z. B. Kronen, sollten vor dem endgültigen Verbinden zu Brückengliedern unbedingt auf Raumtemperatur auf dem Modell abkühlen.

Welchen Einfluß die Temperatur bei der Wachsverarbeitung (Wachsverflüssigung) auf das Dimensionsverhalten der modellierten Wachsobjekte haben kann, zeigt Abb. 10.12. Dabei wurde ein Gußwachs bei verschiedenen Temperaturen erschmolzen (erwärmt) und auf Raumtemperatur abgekühlt.

Ein unkontrolliertes Wachsausschmelzen, z. B. über offener Flamme, kann aber, genauso wie die Modellform und Dicke der Objekte, zu unterschiedlichen Kontraktionserscheinungen führen. Bei der Modellation (flüssig) ist es empfehlenswert, Wachs in kleinen Portionen – die dann erstarren – möglichst formgebend (addierend) aufzutragen (*Caesar und Ernst* 1993) und nicht Tropfen an Tropfen zu setzen (unterschiedliche Abkühlung).

Wird Wachs plastisch verarbeitet, soll nach Möglichkeit immer für eine gleichmäßige Durchwärmung der Formteile/Wachsplatte gesorgt werden. Um eine partielle Abkühlung zu verhindern, sollte die Wachsplatte oder weiter zu verarbeitende Teile zügig modelliert werden.

### 10.10.2 Sicherheitshinweise

Diese Empfehlungen und Hinweise beziehen sich nur auf den Umgang mit geschmolzenem Wachs. Grundsätzlich sind Wachse bei sachgerechter Verwendung und Verarbeitung relativ ungefährlich.

*Gefahren*: Da die Verarbeitungstemperaturen von Wachs in der Regel über 70 °C, zum Teil über 100 °C liegen, kann es zu Verbrennungen kommen, die unangenehmer sind als Verbrühungen mit heißem Wasser. Gewebeschäden, d. h. Verbrennungen dritten Grades können auftreten.

Durch Erhitzung über 200 °C treten häufig chemische Veränderungen auf, dabei entstehende Crackprodukte können gesundheitsschädlich sein und sollten deshalb nicht eingeatmet werden (wirksame Be- und Entlüftung der Arbeitsräume). Es ist weiterhin zu berücksichtigen, daß in einem Temperaturbereich von 180 °C bis 300 °C bereits der Flammpunkt bei Wachsen erreicht werden kann.

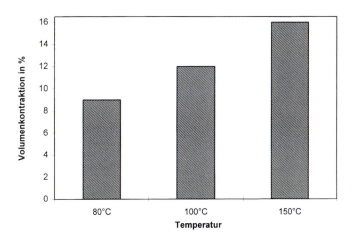

*Abb. 10.12* Volumenkontraktion eines Gußwachses bei verschiedenen Temperaturen des flüssigen Wachses (Tropfpunkt 70 °C)

Wenn Wasser in eine heiße Wachsschmelze gerät, kann es zu einem gefährlichen Spritzen der Schmelzmasse kommen. Diese Reaktion wird durch die plötzlich entstehende Volumenvergrößerung durch die Verdampfung des Wassers bei 100 °C ausgelöst. Durch Kondensation oder Feuchtigkeit im Schmelzgefäß kann dieser Verdampfungseffekt ebenfalls ausgelöst werden.

„*Heißes Wachs und Wasser sind unverträglich*".

*Sicherheitsmaßnahmen*: Wachse nur soweit erhitzen wie es der Verwendungszweck erfordert. Je nach Wärmequelle sind entsprechende Temperaturbegrenzer angebracht.

*Brandbekämpfung*: Sauerstoffzufuhr verhindern durch Abdecken der Behälter. *Nie Wasser als Löschmittel verwenden*.

*Erste Hilfe-Maßnahmen*:

*Augen:* Sofort mit viel Wasser mehrere Minuten spülen, medizinisches Paraffinum liquidum einträufeln.

*Haut:* Bei Kontakt mit heißem Wachs betroffene Stellen mit viel Wasser kühlen. Eingebrannte Spritzer von anhaftendem Material nicht von der Körperhaut entfernen. Durch Brandsalbe wird eine Aufweichung und Ablösung erreicht. Wenn nötig, Arzt oder Sanitätsstelle aufsuchen. Infektionen brauchen nicht befürchtet zu werden, unter dem Wachs ergeben sich, infolge der hohen Temperaturen, sterile Verhältnisse.

*Einatmung:* Dämpfe und Rauch können Reize auf die Atemwege ausüben.

*Verschlukken:* Erste Hilfe im allgemeinen nicht erforderlich. Bei Beschwerden Arzt aufsuchen.

## *Literaturverzeichnis*

*Bennett, H.*:
Industrial waxes, Vol. I and II. Chemical Publishing Comp. New York 1975

*Brockhaus*:
Brockhaus Enzyklopädie, 17. Aufl., Wiesbaden, 1975

*Büll, R.*:
Vom Wachs, Bd. I, Beiträge 1, 3, 5, 6. Hoechster Beiträge zur Kenntnis der Wachse, 1963

*Caesar, H., Ernst, S.*:
Die Nichtmetalle in der Zahntechnik, 3. Aufl., Kap. 6. Wachse, Verlag Neuer Merkur, München 1993

*Craig, R.G., Eick, J.D., Peyton, F.A.*:
Properties of natural waxes used in dentistry, J Dent Res. 44,13089 (1965)

*Craig, R.G., Peyton, F.A.*:
Restorative dental material, Waxes, S. 276-296 C.V. Mosby, St.Louis 1975

*DGF Einheitsmethoden*:
Deutsche Einheitsmethoden zur Untersuchung von Fetten, Fettprodukten, Tensiden und verwandten Stoffen, Abt. M, Wissenschaftliche Verlagsgesellschaft mbH. Stuttg. (1984)

*Franz, G.*:
Zahnärztliche Werkstoffkunde, Bd. 3, N. Schwenzer, G. Thieme Verlag, Stuttg. 1982

*Franz, G., Lukas R.*:
Untersuchung zum Dimensionsverhalten zahnärztlicher Wachse. Dtsch Zahnärztl Z 35, 1075–1079 (1980)

*Gehre, G.*:
Modellierwerkstoffe in Breustedt, A., Lenz, E. Stomatologische Werkstoffkunde: Johann Ambrosius Barth Leipzig 1985

*Goll, N.*:
Untersuchungen zur Bestimmung der Härte und Fließfähigkeit von zahnärztlichen Gußwachsen, Med.Diss. Hamburg (1979)

*Ivanovszky, L.*:
Wachs-Enzyklopädie Bd. I und II, H.Ziolkowsky, Verlag für chem. Industrie Augsburg, 1960

## Literaturverzeichnis

*Koch, J.:*
Materialkundlich-experimetielle Untersuchungen zur vergleichenden Bewertung und Qualitätsoptimierung von Dentalwachsen, Med Diss. Erfurt (1988)

*Lüdecke, C.:*
Taschenbuch für die Wachsindustrie, Wissenschaftliche Verlagsgesellschaft mbH. Stuttg. 1958

*Marxkors, R., Meiners, H.:*
Taschenbuch der zahnärztlichen Werkstoffkunde. Hanser, München, 1978

*Meiners, H., Schult, W.:*
Einfluß der Wachsentspannung bei Raumtemperatur auf die Paßgenauigkeit von Gußkronen. Dtsch Zahnärztl Z 33 489–491 (1978)

*Meiners, H., Unland H.:*
Einfluß der thermischen Wachsentspannung auf die Paßgenauigkeit von Gußkronen. Dtsch Zahnärztl Z 30 116–120 (1975)

*Ohashi, M., Plattenberger, G.C.:*
Melting, flow and thermal expansion characteristics of some dental and comercial waxes. Am Dent Ass 72, 1141 (1966)

*Rehberg, H.J.:*
Ein Beitrag zur Prüfmethodik zahnärztlicher Wachse, Dtsch Zahnärztl Z 21, 1428–1436 (1955)

*Rehberg, H.J.:*
Zahnärztliche Wachse. In Eichner: Zahnärztliche Werkstoffe und ihre Verarbeitung.
Bd. 1, 5. Auflage, Hüthig, Heidelberg 1988

*Schaake, U.:*
Vergleichende Untersuchungen zur linearen Wärmeausdehnung von Basisplattenwachs. Med Diss Hamburg (1987)

*Schwickerath, H.:*
Werkstoffe in der Zahnheilkunde. Quintessenz, Berlin 1977

*Turley, J.:*
Werkstoffkundliche Untersuchungen von Dental-Gußwachsen (Methodenstudie), Med Diss Dresden (1993)

*Ullmann*:
Enzyklopädie der technischen Chemie, Band 24, Verlag Chemie, Weinheim 1983

*Warth, A.H.:*
The chemistry and technology of wax. Reinhold Publishing Corp., New York 1947

*ISO-Standards:*:
ISO 1561 Dental inlay casting wax (1975)
ISO/DIS Entwurf 1561 Dental casting wax (1994)

*DIN-Normen*:
DIN 13908 Gußwachs-Anforderungen, Prüfungen (1984)
DIN-Entwurf 13915 Zahnärztliche Werkstoffe Basisplattenwachs (1973)
DIN 51579 Prüfung von Paraffin, Bestimmung der Nadelpenetration

# 11 Keramische Werkstoffe

*G. Gehre, Leipzig*

## 11.1 Historische Entwicklung, Einführung keramischer, glas- und aufbrennkeramischer Werkstoffe

Die Forderung nach ästhetisch und funktionell optimaler Restauration von Zahnhartsubstanzdefekten und Zahnverlusten erfordert Materialien, die bezüglich ihrer optischen Eigenschaften in Farbe und Transparenz absolut zahnähnlich sind und eine ausreichende Resistenz gegenüber Mundhöhleneinflüssen, Biokompatibilität sowie hygienefähige Oberflächenstrukturen aufweisen. Sie sollten den oralen Beanspruchungen angepaßte mechanische Parameter wie Härte, Elastizität, Abrieb und Festigkeit aufweisen und mit vertretbarem Aufwand individuell gestaltbar sein.

Dentalkeramische Werkstoffe haben sich in dieser Beziehung seit Jahrzehnten klinisch und materialtechnisch hervorragend bewährt. Ihr Einsatz bestimmt heute wesentlich das hohe ästhetische Niveau der restaurativen Zahnheilkunde.

Die Keramik gehört zur Gruppe anorganischer Stoffe, die vom Menschen bereits in frühester Zeit strukturell modifiziert wurden. Die Frühgeschichte des Menschen kann in erster Linie durch diese Stoffe verfolgt werden. Der Name Keramik ist von dem griechischen Wort „keramos" abgeleitet und bezeichnet den Töpferton. Aufgrund vorgeschichtlicher Funde wird angenommen, daß die Uranfänge der Keramik bis auf einige tausend Jahre vor Chr. zurückgehen. Bei den Tonen handelt es sich um quellfähige Aluminiumsilikate mit Schichtstruktur. Beim starken Erhitzen (Brennen) sintern die plättchenförmigen Tonkristalle zu einem Festkörper zusammen. Das zwischen den Schichten eingelagerte Wasser wird abgespalten. Dabei kommt es zu einem starken Volumenschwund. Nach dem Grade der Sinterung unterscheidet man zwischen Tongut (Irdengut) und Tonzeug (Sintergut). Porzellan gilt als das edelste Tonzeug. Der Scherben, im wesentlichen aus weißem reinen Ton mit den Flußmittelbildnern Feldspat und Quarz hergestellt, ist weiß, durchscheinend, kristallin, nur gering porös, hart klingend und besitzt eine glänzende Oberfläche.

Die heutigen dentalkeramischen Massen entwickelten sich aus dem Porzellan und aus den im Zusammenhang mit den keramischen Technologien historisch entstandenen Glasurmaterialien. Porzellan wurde etwa 700 Jahre nach Chr. zuerst in China hergestellt. Als Ausgangsmaterial wurde Tun oder Petuntse, ein Gestein, das aus Quarz und fein verteiltem Glimmer bestand, zusammen mit einer weichen, weißen, bildsamen Erdart benutzt. Nach Europa kam das Porzellan vermutlich erst im 15. Jahrhundert durch Portugiesen. Hier gelang das Brennen von echtem Porzellan nach Vorarbeiten von *Tschirnhaus*, der 1708 starb, zum ersten Mal *J.F. Böttcher* 1709 am sächsischen Königshof. 1710 entstand auf dieser Grundlage die Meißner Porzellanmanufaktur. Bald danach wurden auch an vielen anderen Orten, z. B. Wien 1717, Berlin 1751 und Paris 1770 weitere Porzellanfabriken gegründet. Das deutsche Porzellan war – namentlich in Meißen und Berlin – kaolinreich und hart, wogegen seit etwa 1770 in Frankreich ein Weichporzellan hergestellt wurde, das aus einer Mischung von Quarzsand, Gips, Salpeter, Alabaster, Soda u.a. bestand.

Da zum zahnähnlichen Ersatz von Zähnen bis zum Beginn des 18. Jahrhunderts fast ausschließlich Knochen, Elfenbein und natürliche Zähne benutzt worden waren und diese sich aufgrund mangelnder biologischer und chemischer Beständigkeit nicht bewährt hatten, nimmt es nicht wunder, daß sehr bald versucht wurde, die neue Materialgruppe der Silikatwerkstoffe als Material im Mundbereich einzusetzen.

Bereits *Fauchard* berichtete 1728 über Versuche, glasartiges Email, mit Hilfe von Metalloxiden gefärbt, auf Gold und Kupferplatten aufzubrennen und empfahl danach in seinem „Tractat von den Zähnen" (1733) die „Art und Weise, wie man die Kunstzähne oder ganze Kunstkiefer mit Schmelze versehen soll, damit sie desto gleichmäßiger und hübscher gezieret werden mögen."

Obwohl in Frankreich die Fabrikation von Porzellan erst relativ spät einsetzte, wurden dort die ersten Versuche unternommen, Zahnersatz aus Porzellan anzufertigen. 1774 ließ sich der Apotheker *Duchâteau* eine ganze Prothese aus Porzellan brennen. Diese Erfahrungen griff der Zahnarzt *Dubois de Chemant* auf. Am Ende des 18. Jahrhunderts empfahl er, „unzerstörbare Zähne aus mineralischer Paste" herzustellen und propagierte 1802 den ersten Stiftzahn mit Porzellankrone.

Nachdem die ersten einzelnen Porzellanzähne des Italieners *Fonzi* (1808) wegen ihrer Sprödigkeit und Farbgestaltung keine Verbreitung fanden, entwickelte sich aus den Vorarbeiten von *Chemant*, der nach England übergesiedelt war, die dortige **Fabrikation künstlicher Zähne** (*Claudius Ash* 1837). 1844 begann, angeregt durch seinen Onkel *Stokton* (1825), *S. Samuel White* in den USA mit der Zahnherstellung. So wurde ab Mitte des 19. Jahrhunderts durch beide Zahnfabriken die industrielle Herstellung künstlicher Zähne realisiert und bildete mit der Einführung von Hartkautschuk als Prothesenbasismaterial sehr bald die Grundlage für die Herstellung von Zahnersatz für breitere Bevölkerungsschichten.

Erst mit zeitlich größerem Abstand folgten Zahnfabrikgründungen in Deutschland (1893 Zahnfabrik *Wienand* (De Trey), 1910 *Hoddes* (Bad Nauheim), 1921 *Hutschenreuther*, 1922 *Dr. Hiltebrandt Zahnfabrik* (Vita, Säckingen)). Damit war die Basis für die Herstellung und eine bis heute anhaltende Entwicklung künstlicher keramischer Zähne geschaffen, die durch Zusammensetzungsänderung und neue technologische Verfahren, wie beispielsweise das bei der *Dentists Supply Company* in den USA und 1949 von *Gatzka* (Zahnfabrik Wienand) eingeführte **Vakuum-Brennverfahren**, zu einer Optimierung der Gebrauchseigenschaften führte und eine den Bedürfnissen angepaßte Form- und Farbgestaltung sowie Sortimentsbildung zur Folge hatte.

Parallel dazu waren vor allem Zahnärzte bemüht, keramische Werkstoffe auch für festsitzende Therapieformen wie Füllungen, Kronen und Brücken einzusetzen. Nachdem auch hier zunächst Füllungsmaterialien aus Walroß- und Flußpferdzähnen (*Linderer* 1820) beschrieben wurden, empfahl *Jenkins* 1889 ein individuell verarbeitbares Porcelain Enamel.

Die Voraussetzung für die Herstellung von Mantelkronen aus keramischen Massen, den sog. **Jacketkronen** wurden 1887 von *C.H. Land*, Detroit, geschaffen, indem er die Platinfolie als Brennträger in die Dentalkeramik einführte. Sein 1896 publiziertes Verfahren zum Brennen von Porzellanmantelkronen findet, von gewissen Modifikationen abgesehen, praktisch noch heute Anwendung.

In den dreißiger Jahren (*Brill* und *Lewin*) setzte sich die **Keramikmantelkrone** in Deutschland als bevorzugter Frontzahnkronenersatz durch und in der Folgezeit sicherten verbesserte keramische Massen, Brennöfen, Präparationsinstrumente, Abformmaterialien und -methoden die weitere Verbreitung der individuell gestalteten zahnärztlichen Keramik.

Eine über einige Jahrzehnte erfolgreich praktizierte Modifikation der klassischen Jacketkrone, später als **Schalenkeramik** bezeichnet, wurde erstmals von *Wünsche* (1911), später von *Schröder* (1932) inauguriert. Hierbei wurde u.a. als Erleichterung für den ungeübten Techniker der labiale Kronenanteil als Porzellanschale aus einem konfektionierten Keramikzahn ausgeschliffen und der Rückenteil individuell modelliert und angebrannt.

Der wesentliche indikationseinschränkende Nachteil vollkeramischer Restaurationen besteht in ihrer niedrigen Bruch- und Scherfestigkeit. Die weitere Entwicklung war daher bestimmt durch Bemühungen um **Gefügeverstärkung** und **defektminimierende Herstellungsverfahren**. Entscheidende Materialverbesserungen wurden eingeleitet durch die Empfehlung von *McLean* und *Hughes* (1965), Aluminiumoxidkristalle zur Keramikverstärkung einzusetzen. Sie wurden industriell umgesetzt für Produkte wie *Vitadur N, Hi-Ceram, Cerestore, In-Ceram* u. a. Weitere Kristallverstärkungen wurden erreicht durch Leuzit *(Duceram, Empress)*, Glimmer *(Dicor)*, Hydroxylapatit *(Cerapearl)*, Doppeloxidkristalle (Spinelle) und Zirkonoxid. Auch der Einsatz keramischer Kurzfasern (Whisker) als Verstärkungselement wurde versucht.

Bereits 1882 hatte *Herbst* ein feuerfestes Formmaterial beschrieben, das einen direkten Keramikaufbrand möglich machte. *Nies* (1911) empfahl ein ähnliches Material für die Inlaytechnik. *Lund, Vickery, Southon* und *Riley* entwickelten auf dieser Grundlage brennfeste Kronenstumpfwerkstoffe, die nach Modifikation von *Brugges* 1983 zum *Hi-Ceram*-Stumpfmaterial der Firma *Vita* führte, womit eine wirtschaftliche Alternative zur Platinfolientechnik geschaffen wurde.

Zusammensetzungs- und Strukturveränderungen der klassischen Dentalkeramik bis hin zu **glaskeramischen Werkstoffen** (erste zahnärztliche Anwendung durch *Mc Culloch* 1968) führten seit 1985 zur Entwicklung einer Vielzahl neuer, teilweise klinisch noch nicht abschließend zu bewertender dentalkeramischer Systeme, die auch durch neue Verarbeitungstechnologien gekennzeichnet sind. So wurden neben der bewährten **Sintertechnologie** und dem damit im Zusammenhang stehenden Schichtaufbau der Therapiemittel **Guß-** *(Dicor)*, **Preß-** *(IPS-Empress)* und **Fräsverfahren** eingeführt. Bei der Maschinenfräsung von Keramikrestaurationen mit Hilfe von CAD/CAM-Systemen (z. B. *Cerec*), Kopierfräsung (*Celay*-System) oder Sonoerosion können industriell hergestellte Keramiken mit verbesserten mechanischen Eigenschaften bei Reduzierung labortechnischer, evtl. auch klinischer Arbeitsgänge eingesetzt werden.

Die grundsätzliche Eignung keramischer Materialien zur dauerhaften ästhetischen Gestaltung zahnärztlicher Restaurationen und ihre durch Sprödigkeit und Bruchanfälligkeit begrenzte Einsatzfähigkeit führte, beginnend mit *Fauchard* (1733), auch immer wieder zu Versuchen, Silikatwerkstoffe metallisch zu armieren bzw. sie als Verblendwerkstoffe auf Metallgerüste aufzubrennen. Mit Porzellanen und den aus ihnen zunächst entwickelten keramischen Massen gelang dies aufgrund geringerer Differenzen der Wärmeausdehnungskoeffizienten der Verbundpartner am ehesten auf technologisch nur schwer herstellbaren Platin-Iridium-Gerüsten. *Parmely-Brown* (1884), *Hejcmann* (1930) und *Swann* und *Hiltebrandt* (1934), *Felcher, Hovestad, Johnson, Lakermance, Gonod und Granger* haben sich darum bemüht. Aber erst als *M. Weinstein, S. Katz* und *A.B. Weinstein* ihr erstes Patent in den Vereinigten Staaten für die Verwendung von Goldlegierungen für Porzellanbindungen anmeldeten, wurde der universale Einsatz der **Metallkeramik** Realität.

Erste marktfähige Systeme wurden *Permadent, Microbond, Jelenko-Ceramco, Ney-Oro, Prisma-Platigo-V, Degudent-VMK (1962), Biodent-Herador-Gold-Keramik (1965)*. Die Palette aufbrennfähiger Legierungen konnte zwischenzeitlich auf alle Dentallegierungsgruppen, auch auf edelmetallfreie Legierungen, erweitert werden.

Aus Gründen der Metallersparnis, einer erleichterten Form- und Farbgestaltung mit Auswirkung auf weitere Therapiemitteleigenschaften wurden anstelle massiv gestalteter Kronen- und Brückengerüste metallische Leichtbaukonstruktionen (*Inzoma, Probond*) vorgeschlagen. Darüber hinaus gelang es, beginnend mit der platinfolienarmierten Jacketkrone (*Vita Pt* (1976)), galvanotechnisch, sintermetallurgisch oder mit Hilfe kaltformbarer Folien aufbrennfähige metallische Dünnschichtgerüste herzustellen.

Mit der Einführung von Titan in die restaurative Zahnheilkunde in den letzten Jahren wurde die Entwicklung niedrigschmelzender Aufbrennkeramiken gefördert, die neue Anwendungsperspektiven bieten und den Einsatz traditioneller, vorwiegend goldfarbener Legierungen gestatten, die bei den bisher notwendigen hohen Brenntemperaturen keine ausreichende chemische und physikalische Stabilität aufweisen.

Die erfolgreiche Entwicklung der Dentalkeramik und ihrer Verarbeitungstechnologien über ein Jahrhundert hinweg und die Erfahrungen bei klinischem Einsatz sichern dieser Materialgruppe heute und auch in voraussehbarer Zukunft eine herausragende Bedeutung bei der Restauration zerstörter oder verlorengegangener Zahnhartsubstanz (*Wohlwend u. Schärer* 1990, *Strub* 1992). Dies gilt sowohl für die Metallkeramik als auch für die vorübergehend durch die klinischen Erfolge der Metallkeramik zurückgedrängte Vollkeramik, deren Vorzüge aufgrund steigender Bedürfnisse nach Biokompatibilität und idealer Imitation des natürlichen Zahnes im letzten Jahrzehnt eine Neubewertung erfuhren (*Wohlwend u. Schärer* 1990, *Bieniek et al.* 1993).

## 11.2 Einordnung, Zusammensetzung und Aufbau dentalkeramischer und glaskeramischer Materialien

Werkstoffe aus Keramik werden in Medizin und Zahnmedizin vor allem wegen ihrer chemischen Stabilität und ihrer hohen Biokompatibilität verwendet. Eine umfassende Definition aller heute zahnärztlich genutzten keramischen Werkstoffe als nichtmetallische anorganische Verbindungen muß wegen der Vielzahl der Neuentwicklungen sehr allgemein bleiben (*Marxkors u. Meiners* 1988).

> Wenn man die im technischen Bereich übliche Einteilung der Silikatwerkstoffe in Keramik, Glas und Bindebaustoffe zugrunde legt, so nehmen dentalkeramische Produkte bezüglich ihrer Zusammensetzung, Struktur und Verarbeitung eine Zwischenstellung zwischen Keramik und Glas ein (Abb. 11.1).

Sie sind als Silikate Verbindungen der Kieselsäure in einer Vielzahl von Modifikationen und Zusammensetzungen und können zusammensetzungs- und strukturabhängig als Feldspatgläser mit kristallinen Anteilen, Oxidkeramiken, entglaste Gläser und Spezialemaillen bezeichnet werden, da anorganische Festkörper dieser Art auf supramolekularer Strukturebene sowohl kristallin (Keramik-Merkmal) als auch quasiamorph (Glas-Merkmal) aufgebaut sind.

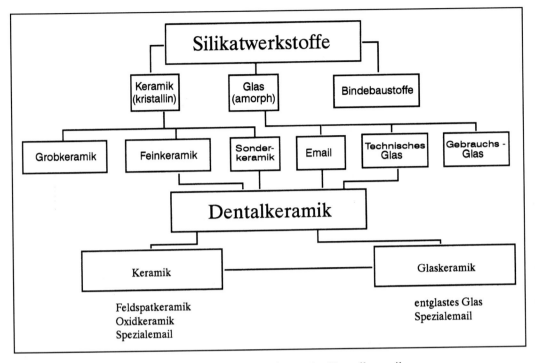

*Abb. 11.1* Silikatische Werkstoffe und die Einordnung der Dentalkeramik

Die der Feinkeramik zuzuordnenden, weitgehend kristallin aufgebauten Porzellane, bei denen zwischen Hartporzellanen mit Brenntemperaturen zwischen 1 380 °C und 1 500 °C, Weichporzellanen mit Brenntemperaturen zwischen 1 100 °C und 1 300 °C und Fritteporzellanen mit Brenntemperaturen zwischen 900 °C bis 1 200 °C (*Schwenzer* 1982) unterschieden wird, sind tonkeramische Erzeugnisse. Sie bestehen aus den Grundmaterialien Kaolin, Quarz und Feldspat und weisen die für Porzellan typischen Mullitkristalle auf (*Ludwig* 1991).

Die Oxidkeramik gehört neben Elektro- und Magnetokeramik zu sonderkeramischen Materialien. Sie ist gekennzeichnet durch sehr dichte und daher hochfeste Sinterprodukte hochschmelzender Oxide (z. B. $Al_2O_3$) und hat Eingang in die medizinische Implantologie, Endoprothetik und Dentalkeramik gefunden.

Die heutigen traditionellen dentalkeramischen Massen leiten sich zwar vom Porzellan ab, sind inzwischen bezüglich ihrer Zusammensetzung jedoch deutlich von diesem unterschieden. Ihre Hauptbestandteile sind Feldspat (vor allem Kalifeldspat) und Quarz, während Kaolin, die wichtigste Komponente der Porzellane, nur in geringen Konzentrationen oder gar nicht vorhanden ist (Abb. 11.2).

|  | Dental-Keramik | Porzellan |
|---|---|---|
| Feldspat | 60 – 80 Gew. % | 12 – 30 Gew. % |
| Quarz | 15 – 25 Gew. % | 20 – 30 Gew. % |
| Kaolin | 0 – 5 Gew. % | 40 – 70 Gew. % |

Die Bezeichnung „Porzellan" für künstliche silikatische Zähne, Kronen (Jacketkronen) und metallkeramische Verblendungen ist daher nicht gerechtfertigt.

**Dentalkeramische Massen** können nach ihren Brenntemperaturen eingeteilt werden in leichtfließende (unter 1 000 °C), mittelfließende (1 000-1 200 °C) und hochfließende Massen (1 200-1 400 °C). Sie werden außerdem unterschieden nach ihrem Verwen-

## 11.2 Einordnung, Zusammensetzung und Aufbau

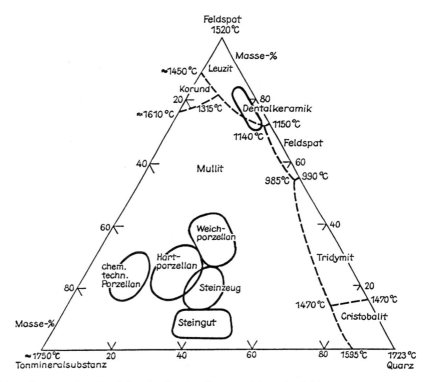

Abb. 11.2  Lage einiger keramischer Produkte im Dreistoffsystem Tonerde-Feldspat-Quarz

dungszweck in Massen zur industriellen Herstellung künstlicher Zähne und vorgefertigter Formkörper sowie zur individuellen Gestaltung ganzkeramischer und metallkeramischer Therapiemittel. Technologisch bewährte Schichttechniken erfordern eine Differenzierung zwischen Opak-, Kern- oder Grundmassen, Dentin-, Schmelz-, Schulter-, Zahnhals-, Glasklar-, Transparenz-, Glasur-, Effekt- und Colormassen.

Trotz der genannten Unterschiede zwischen dentalkeramischen Massen und Hartporzellanen sind die chemischen und physikalischen Vorgänge beim Brennen der Grundbestandteile Kaolin, Quarz und Feldspat und ihrer Mischungen vergleichbar, ihre Kenntnis dient dem Verständnis für die Materialgruppe.

### 11.2.1 Grundrohstoffe

#### 11.2.1.1 Kaolin

Das in dentalkeramischen Massen nur noch wenig enthaltene Kaolin (Ton oder auch Porzellanerde) ist chemisch Aluminiumsilikat ($Al_2O_3 \cdot 2SiO_2 \cdot 2H_2O$), in dem das Wasser in Form von Hydroxylgruppen gebunden ist. Es entsteht durch Verwitterung aus dem Feldspatanteil primärer Erstarrungsgesteine wie Granit, Gneis und Quarzporphyr. Das feinkristalline, weiße, erdig weiche Pulver des reinen Kaolins mit Teilchengrößen zwischen 10 und 0,05 $\mu m$ besteht aus plättchenförmigen Tonmineralkristallen entsprechend der Molekularstruktur der Alumosilikate (*Hohmann u. Hielscher* 1987). Es bildet mit Wasser ein modellierfähiges System und verleiht der Porzellanmasse Plastizität und Formbarkeit. Kaolin sintert bei 1 600 °C zu einer dichten, festen Substanz und ist auch bei weiterer Temperaturerhöhung (Schmelzpunkt über 1 750 °C) nur schwer schmelzbar. Es gibt daher der Porzellanmasse beim Brand Formbeständigkeit. In Gegenwart von Feldspat bildet Kaolin bei 1 160 °C bis 1 290 °C die porzellancharakteristischen Mullitkristalle (3 $Al_2O_3 \cdot 2\ SiO_2$) aus. Sie bewirken Festigkeit und aufgrund von Lichtstreuung die Opazität des Porzellans. Gelegentlich wird ihre Bedeutung für die mechanischen Parameter von Porzellan überschätzt (*Bieniek u. Marx* 1994). In dem Maße, in dem der Kaolinanteil der zahnkeramischen Massen verringert und der Feldspatanteil vergrößert wurde, entfernte sich der zahnkeramische Werkstoff immer mehr vom echten Porzellan und erhielt glasähnlichen Charakter.

### 11.2.1.2 Quarz

Ein wichtiger Bestandteil keramischer und insbesondere dentalkeramischer Massen ist Quarz, chemisch $SiO_2$, das am weitesten verbreitete Mineral der Erde. $SiO_2$ bildet ein dreidimensionales makromolekulares Raumnetz, in dem die Siliziumatome von vier Sauerstoffatomen umgeben sind. Vier Sauerstoffatome verknüpfen über einfache Atombindung zwei Siliziumatome (Abb. 11.3).

Der in der Natur in zahlreichen Modifikationen vorkommende Quarz, auch so bekannte Varietäten wie Bergkristall, Rauchquarz, Rosenquarz, Jaspis und Achat, ist kristallin. Sieben dreidimensionale Modifikationen der Kristallstruktur sind möglich: Quarz ($\alpha$ und $\beta$), Tridymit ($\alpha$, $\beta$ und $\gamma$), Cristobalit ($\alpha$ und $\beta$). Modifikationsumwandlungen im Temperaturbereich zwischen 120 °C bis 1 470 °C führen zu sprungartigen Volumenveränderungen, die zwischen 2–14 % liegen (*Hohmann u. Hielscher* 1987). Die Umwandlung des Quarzes von der $\alpha$-Tieftemperatur- in die $\beta$- Hochtemperaturform geschieht bei 573 °C mit einem linearen Dehnungszuwachs von 0,8 %lin. Die Härte von Quarz nach der Mohs'schen Skala beträgt 7, die Dichte 2,65g/cm³. Für die Herstellung der dentalkeramischen Massen wird Quarz von sehr hohem Reinheitsgrad (Rosenquarz) – Herkunftsländer vorwiegend Schweden und Norwegen – benötigt, da Verunreinigungen durch Metalloxide die Farbe des Endproduktes beträchtlich beeinflussen würden. Das aufgrund der makromolekularen Struktur anstelle eines Schmelzpunktes bestehende Schmelzintervall des Quarzes liegt zwischen 1 400 und 1 600 °C. Quarz dient in keramischen Massen als Magerungsmittel und verringert durch sein thermovolumetrisches Verhalten die Schwindung. Sich abkühlender geschmolzener Quarz kristallisiert nur sehr schwer. Typischerweise bilden sich $SiO_4$- Tetraederstrukturen, die in einem ungeordneten amorphen Gemisch erstarren. Die unterkühlte Schmelze geht unter Viskositätszunahme bei der Einfriertemperatur (Glasumwandlungstemperatur) in den festen Glaszustand über. Darüber hinaus kann das $SiO_4$-Tetra-

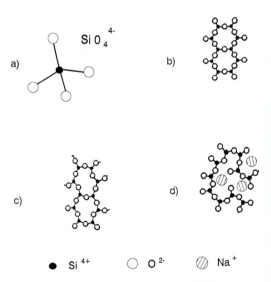

*Abb. 11.3* Tetraederstruktur des Siliziums *(a)*, Atomanordnung unter Verzicht auf die räumliche Darstellung der vierten Valenz des Siliziumatoms im kristallinen Gitter *(b)* und im Glaszustand *(c)* sowie Auflockerung der Netzstruktur durch Metalloxide *(d)*

ederbauteil als negativ geladenes Anion mit Metallionen in Wechselwirkung treten, wodurch sich die Netzstrukturen auflockern und silikatische Ionengitter (Salze der Kieselsäure) gebildet werden (Abb. 11.3). Zu den natürlich vorkommenden Silikaten gehören unter anderem Kaolinit und Feldspat.

### 11.2.1.3 Feldspat

Der Hauptbestandteil traditioneller dentalkeramischer Massen ist im Gegensatz zum echten Porzellan Feldspat. Es ist ein Mischkristallsystem, meistens bestehend aus

- Kalifeldspat (Orthoklas):
  $K[AlSi_3O_8]$ oder $K_2O \cdot Al_2O_3 \cdot 6\,SiO_2$ ,
- Natronfeldspat (Albit):
  $Na[AlSi_3O_8]$ oder $Na_2O \cdot Al_2O_3 \cdot 6\,SiO_2$ und
- Kalkfeldspat (Anorthit):
  $Ca[Al_2Si_2O_8]$ oder $CaO \cdot Al_2O_3 \cdot 2\,SiO_2$.

Feldspäte sind stark verbreitete, gesteinsbildende Minerale, die nur selten in typenreiner Form vorkommen. So enthält kommerziell erhältlicher Kalifeldspat beträchtliche Mengen von Albit und freiem Quarz (*Binns* 1984). Die starke Abhängigkeit der Eigenschaften der Feldspate von ihrer chemischen Zusammensetzung und die hohen Anforderungen an die Qualität bedingen auch einen hohen Reinheitsgrad des Feldspatrohmaterials. Für dentalkeramische Massen geeignete Feldspate werden in Norwegen und Kanada gefunden. Die Dichte von Feldspat liegt zwischen 2,53–2,77 g/cm³, die Härte nach Mohs zwischen 6–6,5.

Feldspäte besitzen von allen natürlichen Silikaten die tiefsten Erweichungstemperaturen. Kalifeldspat und Natronfeldspat haben nahezu die gleichen Schmelztemperaturen (1 150 °C). Während jedoch der Natronfeldspat völlig schmilzt, bildet Kalifeldspat in der schmelzflüssigen Phase Leuzitkristalle ($K_2O \cdot Al_2O_3 \cdot 4\,SiO_2$) (Abb. 11.4). Erst bei 1 520 °C gehen auch die Leuzitkristalle völlig in Lösung. Innerhalb des Schmelzintervalls verleihen die Leuzitkristalle den dentalkeramischen Schmelzen ihre hohe Viskosität und Standfestigkeit. Das ist die Voraussetzung dafür, daß während des Brennens die modellierte Form nicht zerfließt. Auch die mechanische Festigkeit und der Wärmeausdehnungskoeffizient (WAK) der gebrannten Keramik werden vom Leuzitgehalt beeinflußt. Entscheidend für aufbrennkeramische Massen ist, daß durch einen definierten und steuerbaren Gehalt an Leuzitkristallen in den Modifikationen Hochleuzit (ku-

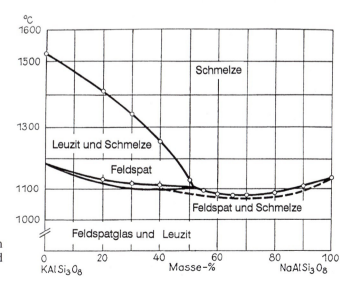

Abb. 11.4 Zustandsdiagramm eines Gemisches aus Kali- und Natronfeldspat

bisch), WAK $10 \cdot 10^{-6}$ K$^{-1}$, und Tiefleuzit (tetragonal), WAK $20$–$25 \cdot 10^{-6}$ K$^{-1}$, der thermische Ausdehnungskoeffizient an den der Aufbrennlegierungen angepaßt werden kann. Der Leuzitanteil wird durch den Gehalt an K$_2$O (Mindestgehalt für Leuzitbildung 11 %) und die Temperatur und Dauer der Wärmebehandlung bestimmt (*Marx et al.* 1992).

> Die Leuzitkristalle sind ein ebenso typisches Kennzeichen traditioneller dentalkeramischen Massen, wie die Mullitkristalle beim Porzellan.

Geschmolzener Feldspat kann beträchtliche Mengen von Quarz auflösen und bildet auf diese Weise die Grundlage der dental- und glaskeramischen Massen. Werden Feldspatsilikatgläser nochmals erhitzt, so erweichen sie bereits bei niedrigerer Temperatur. Dies hat für „vorgefrittete" feldspatreiche dentalkeramische Massen Bedeutung.

Das niedrige Schmelzintervall, die geringe Kristallisationstendenz und die für dentalkeramische Arbeiten obligate Transparenz lassen Feldspat in dentalkeramischen Massen zum Flußmittel werden, das darüber hinaus selbst glasierend wirkt.

Probleme bei der Bereitstellung und Aufbereitung hochreiner mineralischer Rohstoffe für die Dentalkeramik haben auch zu Versuchen geführt, synthetisch aus Oxiden unter definierten Brennbedingungen erschmolzene Silikate als Ausgangsmaterialien einzusetzen (*Meyer* 1992). Als Vorzüge der **synthetischen** bzw. **feldspatfreien Dentalkeramik** werden genannt:

- konstante Qualität durch Verwendung chemisch reiner Ausgangsstoffe,
- Vermeidung unkontrolliert auftretender Fehler durch Verunreinigung des natürlichen Feldspates,
- chargenunabhängige Farbkonstanz, sowie
- Minderung der natürlichen Radioaktivität.

Gründe dafür, daß derzeit der Einsatz natürlicher Minerale anstelle vermengter einzelner Oxide bei der Herstellung dentalkeramischer Massen dominiert, werden u. a. in Bequemlichkeit und Wirtschaftlichkeitserwägungen gesehen (*Jones* 1989). Bemerkenswert ist, daß bei Fritten, die aus natürlich vorkommenden Feldspaten entstehen, nur wenig Kontrolle über die chemische Zusammensetzung des Materials besteht. Während des Schmelz- und Sinterungsvorganges können einige Oxide, Pigmente oder Flußmittel hinzugefügt werden, aber es ist so gut wie unmöglich, Bestandteile des Materials zu eliminieren (*Rijk* 1989).

## 11.2.2 Zusätze

Laborübliche und neuentwickelte dentale Verarbeitungstechnologien und die Berücksichtigung einer begrenzten Thermostabilität beteiligter Werk- und Hilfsstoffe erforderten erniedrigte Verarbeitungstemperaturen dentalkeramischer Materialien. Dies ist, wie noch dargestellt wird, von der Massenaufbereitung abhängig, wird darüber hinaus aber auch durch **Flußmittelzusätze** (2 – 4 %) ermöglicht. So lassen sich durch Kaliumkarbonat, Natriumkarbonat, Kaliumphosphat, Borax, Bleioxid, Kaliumoxid, Magnesiumoxid u.a. wesentliche Erniedrigungen der Schmelz- und Erweichungstemperaturen erreichen. Die Anwendung von Flußmitteln wird teilweise durch ihre Toxizität eingeschränkt.

Bei glaskeramischen Materialien mit Quarz als Netzwerkbildner werden traditionell einwertige Alkalioxide wie Li$_2$O, Na$_2$O, K$_2$O sowie zweiwertige Erdalkalien wie CaO, SrO und BaO als Netzwerkwandler zur Schmelztemperaturerniedrigung eingesetzt. Da sie allerdings auch eine Senkung der chemischen Beständigkeit zur Folge haben, werden in jüngster Zeit bei der Entwicklung niedrigschmelzender Dentalkeramiken (LFC = Low Fusing Ceramics) hydrothermale Gläser verwandt, denen als Netzwerkwandler Hydroxyl- und Fluorionen beigegeben sind, die die Hydrolysebeständigkeit der Keramiken erhalten sollen.

## 11.2 Einordnung, Zusammensetzung und Aufbau

Die optische Zahnähnlichkeit keramischer Werkstoffe erfordert eine farbliche Anpassung an Zahnhartsubstanzen durch **Farbzusätze** und eine dem jeweiligen Verwendungszweck angepaßte Lichtdurchlässigkeit, die von stark opaken Massen zur Abdeckung von Metallgerüsten (Opaker, Grundmasse) bis zu hohen Transparenzen von Inzisal- und Glasurmassen abgestuft werden muß. Als **Trübungsmittel** eingesetzt werden tetravalente Metalloxide mit hohem Brechungsindex wie $TiO_2$, $SnO_2$, $ZrO_2$, $CeO_2$ und $ZrO_2$ $SiO_2$. In Aufbrennopakern kann ihr Anteil 8-10 % betragen (*Binns* 1984). Die Einfärbung keramischer Massen erfolgt mit brennfesten Metalloxiden und -salzen von

> Eisen (rot/gelb), Chrom (grün),
> Kobalt (blau),
> Iridium (schwarz), Silber (orange),
> Nickel (grau),
> Gold (purpur), Zinn (weiß),
> Titan (gelblich-braun),
> Mangan (violett).

Die Nachahmung der Fluoreszenz der natürlichen Zähne wird durch Zugabe von **Fluoreszenzbildnern** wie Caesium, Samarium und Uran erreicht (*Monsenego et al.* 1993). Wesentlich mitbestimmend für die farbliche Angleichung keramischer Materialien sind darüber hinaus die optischen Eigenschaften der Strukturkomponenten (Brechungsindex, Partikelgrößen) und die Verarbeitungsbedingungen (Brenndauer, Brenntemperatur, Brennbedingungen).

Entscheidende, zur Indikationsausweitung vollkeramischer Restaurationen führende Entwicklungen galten der Erhöhung der Bruchfestigkeit. Sie ist erzielbar durch Verbesserung der Oberflächengüte sowie durch eine Steigerung der „inneren" Festigkeit. Letztere wird durch Verarbeitungsoptimierung, aber vorrangig auch durch beigegebene oder induzierte **gefügeverstärkende Kristallite** erreicht. Die Partikelinhomogenisierung wird als typischer Weg zur Eigenfestigkeitssteigerung angesehen (*McLean* 1978).

> Als kristalline Verstärker werden hochschmelzende feste Oxide des Siliziums, Aluminiums, Magnesiums und des Zirkons, Leuzit, Glimmer und Hydroxylapatit genutzt.

Eine besondere Bedeutung kommt der Einführung der $Al_2O_3$-verstärkten Dentalkeramik durch *McLean und Hughes* (1965) zu. Rekristallisiertes Aluminiumoxid ($Al_2O_3$) hat eine höhere Druck-, Zug- und Biegefestigkeit und einen höheren Elastizitätsmodul als konventionelle keramische Massen. Die Optimierung der Festigkeit erfolgt hierbei durch die Kombination eines ausgewogenen Spektrums wünschenswerter Kristallgrößen (möglichst klein, dicht gepackt und homogen verteilt) mit einer Feldspat- oder Glasschmelze, die der Kristallphase thermovolumetrisch durch Zusatz einer geeigneten Kombination von oxidischen Fluß- und Glasmodifizierungsmitteln angepaßt ist. Mit dem Zusatz von $Al_2O_3$ ist eine Zunahme der optischen Dichte und ein Transparenzverlust verbunden. Als weniger opak erweisen sich $Al_2O_3$-Doppelkristallformen (Spinelle) (*In-Ceram-Spinell, Vita*). $Al_2O_3$-Verstärkungen eignen sich daher nur für Grundgerüste vollkeramischer Restaurationen, die mit transluzenterer Keramik beschichtet werden. Auch der Einbau vorgeformter hochreiner $Al_2O_3$-Armierungskörper in Gerüstkonstruktionen und ihre Verbindung mit kristallverstärkten Massen ist möglich. Produkte auf dem Dentalmarkt mit zunehmender Reinheit und Dichte der Aluminiumoxidkristalle sind die Vollkeramik-Systeme der Fa. *Vita Vitadur N, Hi-Ceram* und *In-Ceram,* wobei der $Al_2O_3$-Gerüstaufbau bei letzterem mit einer innovativen Glas-Infiltrationstechnik kombiniert wird und zu derzeit höchster Belastbarkeit vollkeramischer Therapiemittel führt.

## 11.3 Industrielle Aufbereitung dentalkeramischer Massen

Abgesehen von der Zusammensetzung unterscheiden sich dentalkeramische Materialien gegenüber der Feinkeramik in der industriellen Aufbereitung der Massen. Sie wird bestimmt durch besonderen Aufwand zur Sicherung des Reinheitsgrades und zur Erzielung optimaler Partikelgrößen und schließt eine thermische Vorbehandlung, das Zusammenschmelzen (Fritten) von Ausgangsmaterialien, ein.

Massen für die individuelle Keramik und die industrielle Keramikzahnproduktion werden in gleicher Weise hergestellt.

Nach Grobzerkleinerung des mineralischen Rohmaterials werden durch Sortieren, Handverlesen und Aufarbeitungsprozesse wie Schaumflotation und Magnetfeldbehandlung Verunreinigungen minimiert. Eine Zerkleinerung zu sandkorngroßen Partikeln erfolgt mit Backenbrechern und im Kollergang (Abb. 11.5). Bei letzterem wird das Mahlgut mit horizontal und vertikal angeordneten Mahlsteinen zermahlen. Der weiteren Verfeinerung des Grundmaterials dienen Kugel- bzw. Trommelmühlen. In ihnen werden die Rohstoffe zwischen zugefügten Hartporzellankugeln bis zum gewünschten Feinheitsgrad zermahlen (*Schmitz* 1981). Da eine gewisse Abrasion nicht vermeidbar ist, müssen zur Sicherung des Reinheitsgrades alle zum Mahlen verwendeten Mittel (Walzenstuhl, Kollergang,

*Abb. 11.5* Kollergang zur groben Vorzerkleinerung mineralischer Rohstoffe *(oben links)*, Kugelmühle zur Feinmahlung *(oben rechts)* und Mahlgut mit Porzellankugeln *(unten)*

Kugeln) aus Materialien sein oder mit Materialien ausgekleidet werden, die auf die Farbe und Zusammensetzung des fertigen Keramikpulvers keinen Einfluß haben (*Binns* 1984).

> Die Mahlfeinheit der Massen beeinflußt das Brennverhalten, die Modellierfähigkeit und die physikalischen Eigenschaften.

Die mechanisch aufbereiteten Ausgangsstoffe werden entsprechend dem Versatz, d. h. der für jedes Fabrikat unterschiedlichen, rezepturmäßig vorgesehenen Anteile an Feldspat, Quarz und Flußmitteln gemischt. Solche Mischungen pulverisierter Komponenten werden vom Hersteller zu einem Scherben (Fritte) gebrannt. Durch Fritten (Zusammenschmelzen ungeformter Rohstoffe) wird der kristalline Anteil des Feldspates verringert. Mit der Bildung makromolekularer $SiO_2$-Ketten erhält das Material eine zunehmend amorphe, glasartige Struktur höherer Transparenz. Gleichzeitig sinkt die Schmelztemperatur. Mit jedem zusätzlichen Schmelzvorgang ändern sich die physikalischen Eigenschaften, da die Struktur sich ändert (*Körber u. Ludwig* 1982). Beim Fritten beginnen je nach Brenntemperatur und Brenndauer die Festkörperreaktionen der verschiedenen Komponenten untereinander bzw. erreichen ein definiertes Stadium, so daß sich die Zusammensetzung der verschiedenen Phasen beim späteren Brennen im Dentallabor nicht mehr gravierend ändert. Das bedeutet eine bessere Konstanz der Eigenschaften während der Verarbeitung und der Qualität des Endproduktes (*Marxkors u. Meiners* 1988). Voraussetzung ist eine sorgfältige Kontrolle von Brenn- und Abkühlungsbedingungen beim Fritten. Zur Temperaturkontrolle werden häufig silikatische, sich in bestimmten Temperaturbereichen plastisch verformende Seegerkegel benutzt. Das Fritten wird in schwerschmelzbaren Schamottetiegeln bzw. -kapseln vorgenommen, das Brennen erfolgt häufig in Tunneldurchlauföfen. Die abgekühlte oder abgeschreckte Fritte wird erneut zerkleinert, gemahlen und gesiebt. Auch Farbzusätze (Metalloxide) werden häufig mit Feldspat zusammengefrittet und in Pulverform zur homogeneren Masseneinfärbung benutzt.

Das Vorbrennen (Fritten) von silikatischen Ausgangsmaterialien bewirkt:

> verbesserte Homogenität, Senkung und Verbreiterung des Schmelzintervalls, Verringerung der späteren Brennschwindung, Sicherung konstanter Verarbeitungs- und Gebrauchseigenschaften, Erhöhung der Transparenz, Verbesserung der mechanischen Eigenschaften und Erhöhung der Temperaturwechselbeständigkeit, Erleichterung des weiteren Aufmahlens, Vermeidung von Entmischungen der Komponenten während des Transports und der Lagerung des Pulvers.

Zur Unterscheidung verschiedener Keramikpulver und zur Verbesserung der späteren Modellierfähigkeit werden den Massen ausbrennbare organische Farbstoffe und Bindemittel zugesetzt.

> Dentalkeramische Massen sind definierte, auf die späteren Anwendungsanforderungen orientierte, durch Vorbehandlung verglaste Gemische silikatischer Grundmaterialien und feuerfester Oxide in Form unterschiedlich fein gemahlener Fritten.

Aufgrund der Tatsache, daß die meisten dentalkeramischen Werkstoffe strukturell Gläser mit kristallinen Anteilen sind, war es naheliegend, rein oxidisch, also synthetisch, Spezialgläser als dentale **glaskeramische Materialien** herzustellen. Dabei können wirtschaftlich günstige Hochtemperaturgeschwindigkeits- und Volumenverfahren der Glasschmelzung und Glasverarbeitung angewandt werden. Grundsysteme für die Glaskeramik sind Gläser mit Entmischungsstruktur. Durch Einbringen geeigneter keimbildender Zusätze bzw. Katalysatoren erreicht man eine gleichförmige Verteilung sehr feiner Kristalle, oft 1 μm oder kleiner. Da die Eigenschaften des Glaskeramikmaterials stark von der Anzahl und der Art der Kristallisationskeime und des Kristallwachstums abhängen, lassen sich diese systematisch variieren (*Grossman* 1989).

> Glaskeramische Materialien sind im Ausgangszustand Gläser, deren Endmikrostruktur durch partielle, gesteuerte Kristallisation entsteht.

Es gibt verschiedene Verfahren zur Herstellung geeigneter Spezialgläser. Favorisiert wird ein Sol-Gel-Verfahren (*Rijk* 1989). Bei dieser Methode werden alle Oxide, aus denen das Keramikmaterial bestehen soll, gelöst. Anstelle von Quarz und Feldspat treten kolloidales $SiO_2$ und $SiO_2$-$Al_2O_3$. Dieses entstandene Sol läßt man gelieren. Das Gel wird getrocknet, kalziniert und gesintert. Auch hier führt das Fritten zur Verschmelzung der Pulverpartikel. Die nach definitivem Versatz hergestellte Schmelze wird abgeschreckt und das keramische Material zu gebrauchsfertigem Pulver gemahlen.

## 11.4 Allgemeine Verarbeitung keramischer und glaskeramischer Materialien

Trotz der beschriebenen Unterschiede in Zusammensetzung und Struktur dentalkeramischer Massen gegenüber der Feinkeramik entspricht die traditionelle zahntechnische Verarbeitung dem Herstellungsprozeß für keramische Gegenstände. Die aus den oben genannten, zumeist gefritteten Pulvern gestalteten Objekte werden bei Temperaturen oberhalb des Erweichungspunktes gebrannt. Die Pulverpartikel verschmelzen miteinander.

> Das Sintern, ein Stückigmachen, verdichtet das Gefüge der geformten Rohmasse und führt zur Bildung eines Festkörpers (Scherben).

Die Sintertechnologie ermöglicht einen additiven Schichtaufbau zur Form- und Farbgestaltung keramischer Therapiemittel. Darüber hinaus sind im letzten Jahrzehnt Gießen, Pressen und Fräsen keramischer und glaskeramischer Produkte zu praxisreifen Verarbeitungsverfahren entwickelt worden.

### 11.4.1 Brennen

Die Brenntemperaturen keramischer Materialien liegen im allgemeinen deutlich unter der Schmelztemperatur. Beim Brennen chemisch unterschiedlicher Ausgangskomponenten und solcher mit unterschiedlichen Phasen, wie das bei dentalkeramischen Pulvern der Fall ist, liegt die Brenntemperatur darüber hinaus oberhalb der Schmelztemperatur der am niedrigsten schmelzenden Phase. Sie wird bei traditionellen dentalkeramischen Massen vorwiegend von ihrem Hauptbestandteil, dem durch Fritten bereits verglasten und schmelzbereichserniedrigten Feldspat, bestimmt. Die Glasphase des Feldspats beginnt deutlich oberhalb der Glasübergangstemperatur (siehe Kap. 11.6.2) bei 800–900 °C zu erweichen, wovon die Leuzitkristalle nicht erfaßt werden. Dieser Schmelzvorgang findet zunächst an der Oberfläche der Pulverkörner statt, die dadurch verkleben und mehr und mehr zusammensintern. Die Grenzflächen verschwinden, die Zwischenräume werden kleiner. Triebkraft für diesen Prozeß ist die Verringerung der Oberflächenenergie. Das Ausmaß des Zusammensinterns verhält sich proportional zur Oberflächenspannung und umgekehrt proportional zur Viskosität und Partikelgröße (*Binns* 1984). Die geschmolzenen Bereiche fließen ineinander und bilden eine zusammenhängende Matrix, die die anderen, höherschmelzenden Komponenten und Hohlräume als Einschlüsse enthält (Abb. 11.6). Je nach Brenntemperatur, Brenndauer (mehrfaches Brennen) und chemischer Affinität zwischen Matrix und Einschlüssen erfolgt an den Grenzflächen eine Reaktion,

## 11.4 Allgemeine Verarbeitung keramischer und glaskeramischer Materialien

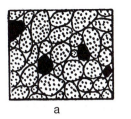 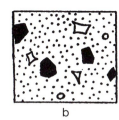

*Abb. 11.6* Schematische Darstellung des Sinterbrandprozesses; *a)* heterogenes Ausgangsmaterial (Pulverpartikel); *b)* Zustand nach dem Brand (Glasphase, restierende und neugebildete kristalline Strukturen, Porositäten)

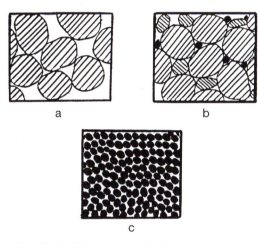

*Abb. 11.7* Dichte der Partikelpackung und Kondensation bei einheitlichen *(a)*, unterschiedlichen *(b)* und feinsten *(c)* Teilchengrößen

Die Packungsdichte der Teilchen vor dem Brennen wird herstellerseitig durch die Teilchengröße und -form beeinflußt (Abb. 11.7). Bei einer theoretischen Betrachtung ist gezeigt worden, daß 45 % eines ausgefüllten Volumens aus Hohlräumen besteht, wenn alle Teilchen die gleiche Größe haben. Werden dagegen heterogene Teilchengrößen zusammengemischt, wird der Anteil der Hohlräume erheblich vermindert. Bei neuentwickelten dentalkeramischen Massen läßt sich eine kontinuierlich abnehmende Korngröße nachweisen. Moderne Pulver für den Vakuumbrand haben Teilchendurchmesser im Bereich von 2–75 $\mu$m, mit einem Durchschnittswert von 20–30 $\mu$m (*Binns* 1984).

Verarbeitungsseitig gilt es, die Masse, die zur plastischen Gestaltbarkeit mit Wasser oder wässrigen Lösungen plastifiziert wurde (siehe Kap. 11.6.1), beim Modellieren bestmöglich mechanisch zu kondensieren. Die einzelnen Partikel rücken unter dem Einfluß der Oberflächenspannung der Flüssigkeit näher zusammen, erreichen hohe Packungsdichte und überschüssige, an der Oberfläche austretende Flüssigkeit wird abgesaugt. Die Verdichtung kann erfolgen durch manuelles Riffeln, Spateln, Pinselschlag, mechanische Vibration und Ultraschall.

wobei gegebenenfalls insbesondere kleinere Partikel völlig in der Matrix aufgelöst werden. Umgekehrt besteht die Möglichkeit, daß die geschmolzene Phase Kristallite ausscheidet (*Marxkors u. Meiners* 1988).

> Der Sinterbrand ist mit einer erheblichen, die Gestaltung und Paßfähigkeit individueller keramischer Objekte erschwerenden Volumenschrumpfung verbunden, die bis zu 40 Vol % betragen kann. Sie hängt ab von der Massenzusammensetzung, der Dichte des modellierten Körpers und den Brennbedingungen.

> Unter Kondensation versteht man alle Prozesse, die zur Verdichtung der Keramikmasse vor dem Brand führen.

Nach dem Modellieren und beim Erhitzen kommt es zunächst durch Verdunstung des Restwassers zur **Trockenschwindung** sowie zu einer **Schwindung durch Ausbrennen der Bindemittel und organischen Farbanteile**. Beide Schwundformen sind praktisch bedeutungslos.

Entscheidend dagegen ist die **Sinterschrumpfung**. Sie ist erheblich und liegt zwischen 20 % und 35 %. Der Brennschwund ist gleich der Differenz der Teilchenzwischenräume in der ungebrannten Modellation und dem Volumen der nach dem Brennen in der Masse verbliebenen Poren. Der Schwund ist somit um so kleiner, je höher die Packungsdichte der Teilchen vor dem Brennen und je größer die Porosität nach dem Brand ist (*Marxkors u. Meiners* 1988).

> Die Brennführung (Brenntemperatur, Brennzeit, Brennbedingungen, Brandhäufigkeit) beeinflußt den Schwundwert.

Die Brennbedingungen sind von besonderer Bedeutung, denn schwundwertreduzierende Porositäten müssen aus Gründen der mechanischen Belastbarkeit, der Farbkonstanz und Transparenz, der Polierbarkeit und hygienischen Oberflächenstruktur vermieden werden. Alle unter atmosphärischem Druck gebrannten keramischen Massen weisen ein mehr oder minder stark von Blasen durchsetztes Gefüge auf. Je größer deren Zahl und Volumen ist, desto höher ist der Transparenzverlust und desto geringer die Festigkeit. Korrekturen durch Beschleifen des fertigen Brennobjektes sind unmöglich, weil dabei Blasen eröffnet werden, die als Retentionsstellen zu Verschmutzung und Verfärbung Anlaß geben.

Mit Hilfe des Vakuumbrennverfahrens (*Gatzka* 1949) können Porositäten fast vollständig verhindert werden, so daß es möglich ist, die Transparenz zu verbessern und den Anteil an kristallinen Bestandteilen ($SiO_2$ oder $Al_2O_3$) und den Anteil feinerer Pulverpartikel (*Binns* 1984) zu erhöhen und dadurch die Festigkeit der Massen zu steigern.

Das Prinzip des Vakuumbrennverfahrens besteht darin, daß während eines bestimmten Zeitraumes des Brennvorganges die im Brennraum vorhandene Luft mittels einer Vakuum-Pumpe abgesaugt wird, so daß ein entsprechender Unterdruck in der Brennkammer entsteht. Die Vakuumeinwirkung muß so rechtzeitig einsetzen, daß die vorhandene Luft auch aus der Tiefe des zu brennenden Objektes entfernt ist, bevor ein Dichtbrennen der Oberfläche des Brenngutes beginnt (*Schmitz* 1981). Anderenfalls entstehen Oberflächen mit kraterartigen Vertiefungen, die durch Platzen größerer Gasblasen in nächster Nähe der Oberfläche erklärt werden. Daher muß der Abschlußbrand unter atmosphärischem Druck erfolgen. Das Vakuum sollte nur solange aufrecht erhalten werden, bis der Endpunkt der Sinterung erreicht ist. Dann wird das Vakuum aufgehoben, um unter atmosphärischen Bedingungen eine glatte Oberfläche zu erhalten.

> Der Vakuumbrand bewirkt erhöhte Brennschwindung, Festigkeitssteigerung, größere Transparenz, erhöhte Farbsicherheit und Polierbarkeit.
>
> In der internationalen Normung wird zwischen luft- und vakuumgebrannten Massen unterschieden, wobei letztere bei geringerem als dem atmosphärischen Luftdruck gebrannt werden müssen.

Auch die Richtung, in der die Masse beim Brand schwindet, besitzt aufgrund der damit einhergehenden Formänderung Bedeutung. Man unterscheidet

- **Schwindung in Richtung der größten Masse**:

Bei den geschmolzenen Massen besteht durch die Kohäsion zwischen den Partikeln und durch die Oberflächenspannung die Tendenz, Kugelgestalt anzunehmen. Dies wird deutlich, wenn die vorgeschriebene Temperatur oder die Brenndauer überschritten werden, so daß die innere Reibung abnimmt. Die verglasten Massen ziehen sich zum dicksten Teil hin. Feinheiten der Oberflächengestaltung gehen verloren. Das Brennobjekt bekommt einen Speckglanz und nimmt schließlich Kugelform an. Da die Massen stets von den dünneren Teilen zu den dickeren hin schwinden, ergibt sich die Forderung, möglichst gleichmäßig dicke Schichten zu modellieren.

- **Schwindung in Schwerkraftrichtung**:

Diese Art der Form- und Volumenveränderung ist von untergeordneter Bedeutung, da bei den geringen Mengen der aufgetragenen Masse die Schwindung in Richtung des Massenmittelpunktes überwiegt.

- **Schwindung in Richtung der größten Hitze**:
Diese Schwindungsart ist bei modernen Öfen unwirksam, da die Wärme gleichmäßig von allen Seiten auf das Brenngut einwirkt.

Oxidverstärkte Keramiken, insbesondere solche mit hohen $Al_2O_3$-Kristallitanteilen für die Herstellung keramischer Hartkerngerüste, erfordern im allgemeinen höhere Brenntemperaturen. Teilweise wurden für solche Werkstoffe auch neue Verarbeitungstechnologien entwickelt. So wird bei *Cerestore*, dessen Kernmasse aus 65–70 % $Al_2O_3$, 8–10 % MgO und Zusätzen von BO-$SiO_2$-$Al_2O_3$-Glas und Silikon besteht, diese bei 180 °C plastiziert und zur Hartkernherstellung in einen im Lost-wax-Verfahren hergestellten Hohlraum gepreßt und anschließend gebrannt.

Bei der sogenannten Glasinfiltrations-$Al_2O_3$-Keramik (*In-Ceram*) geschieht der Hartkernaufbau zunächst in Schichttechnik aus reinen, feinstgepulverten $Al_2O_3$-Partikeln auf einem Spezialgipsmodell. Beim Sinterbrand (zwei Stunden bei 1 120 °C) kommt es nicht zum Verschmelzen, sondern nur zum Zusammenbacken der $Al_2O_3$-Körner. Sekundär wird in einem sogenannten Infiltrationsbrand (vier Stunden bei 1 100 °C) Lanthanglas in das feinporige $Al_2O_3$-Gerüst durch Kapillarkräfte eingesogen, so daß zweizeitig ein hochfestes glasinfiltriertes $Al_2O_3$-Gerüst entsteht (*Sadoun* 1988, *Claus* 1990, *Futterknecht* 1990, *Kappert et al.* 1991, *Fischer et al.* 1992).

*Abb. 11.8* Vollautomatischer Keramikbrennofen *Vacumat 2500* der Fa. *Vita*

> Bei der Glas-Infiltrations-Keramik wird eine initial gesinterte, poröse Keramik nachträglich glasinfiltriert.

Die entscheidende Bedeutung der Brandführung und der Brennbedingungen für die Qualität des Endproduktes hat zur Entwicklung halb- und vollautomatischer Keramikbrennöfen für die individuelle Brenntechnik geführt (Abb. 11.8). Zum Brennvorgang wird das Objekt auf einem Brenntisch in die Brennkammer eingefahren. Wahlweise kann die Brennkammer evakuiert oder atmosphärischen Bedingungen ausgesetzt werden. Der Temperatur-Zeit-Verlauf wird programmiert und berücksichtigt Ausgangstemperatur, Temperaturanstieg, Temperaturhalte und Abkühlzeit. Die programmierte Brandführung beinhaltet Vortrocknen, Brennen und Abkühlen.

## 11.4.2 Gießen

Die Zwischenstellung dentalkeramischer Materialien zwischen Keramik und Glas und die Entwicklung glaskeramischer Produkte und Versatzkomponenten auf Glasbasis hat die Möglichkeit eröffnet, diese auch glastechnologisch im Gußverfahren zu verarbeiten. Dabei werden Glasrohlinge ähnlich dem dentalen Metallguß im Lost-wax-Verfahren (Feinguß mit Ausschmelzmodellen) mit zunächst amorpher Glasstruktur hergestellt. Der Guß erfolgt mit Gußzentrifugen bei Schmelztemperaturen zwischen 1 350 und 1 400 °C. Anschließend werden die Gußobjekte getempert (sechs Stunden bei 1 075 °C), wobei es zur feinkörnigen Kristallisation (Keramisieren) des Materials mit Transparenzverlust und Festigkeitssteigerung kommt.

Die bekanntesten gießbaren Glaskeramiksysteme sind *Dicor*, bei dem Tetrasilizium-Fluor-Glimmer-Kristalle gebildet werden, und die Hydroxylapatitkeramik *Cerapearl*. Zu den Vorzügen der im Gußverfahren hergestellten Therapiemittel gehört der Wegfall der Sinterschwindung und die dadurch erleichterte Gestaltbarkeit von Okklusalflächen, approximalen Kontakten und cervikalen Randzonen (*Reuling u. Siebert* 1989).

## *11.4.3 Pressen*

Bereits unter Verwendung traditioneller dentalkeramischer Massen wurden Versuche unternommen, die Objektgestaltung nicht schrittweise durch additiven Schlickerauftrag vorzunehmen, sondern nach überdimensionierter Wachsvormodellation und Hohlformschaffung dicksahnige Keramikschlickermassen in diese einzupressen und die entstandenen kompakten Keramikrohlinge anschließend nach Vortrocknung zu brennen. Um eine solche „Porzellan-Preßtechnik" hat sich vor allem *Dröge* (1972) bemüht.

Die pyroplastischen Eigenschaften von Glaskeramiken gestatten heute ein grundsätzlich anderes Vorgehen. Blockartige Glaskeramikrohlinge werden nicht verflüssigt, sondern unter Erhalt ihres strukturellen Aufbaus erweicht und mit hohem Druck in vorbereitete, im Lost-wax-Verfahren hergestellte feuer- und druckfeste Hohlformen gepreßt (injectable dental ceramic). Die leuzitverstärkte Glaskeramik *Empress* (1990) ermöglicht eine solche Technologie. Im Empress-Ofen wird ein Keramikrohling auf 1 050 °C bzw. 1 180 °C erhitzt und das plastische Material mit einem $Al_2O_3$-Kolben bei einem Druck von 5 bar in die Form gepreßt

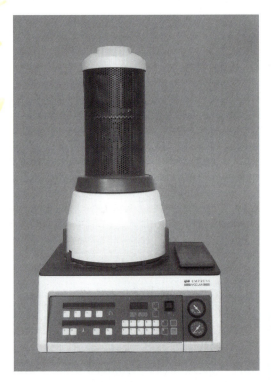

Abb. 11.9 a   IPS-Empress-Keramik-Preßofen EP 500 der Fa. *Ivoclar*

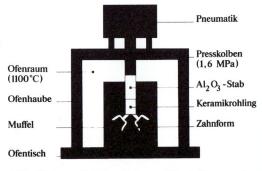

Abb. 11.9 b   Schematische Darstellung des Preßverfahrens

(Abb. 11.9). Auch hier wird die Sinterschrumpfung des Materials vermieden (Wohlwend u. Schärer 1990).

Sowohl Preß- als auch Gießkeramikobjekte können, sofern zunächst nur als Grundgerüst gestaltet, mit geeigneten Keramikmassen beschichtet und unter Verbundbildung in Sintertechnik komplettiert werden (Schwickerath 1986, Geller u. Kwiatkowski 1987, Lüthy et al. 1990).

## 11.4.4 Fräsen

Die modernen Materialentwicklungen auf dental- und glaskeramischem Gebiet haben weiterhin zu industriellen Rohprodukten geführt, die maschinenschleif- und -fräsbar sind. Das ermöglicht in Kombination mit computergesteuerten Bearbeitungsmaschinen die spanabhebende Gestaltung keramischer Therapiemittel. Auch eine abtragende Ultraschallbearbeitung von Keramiken (Sonoerosion) ist möglich. Voraussetzung dafür ist die Herstellung individueller formgebender metallischer Sonotroden.

Der Vorteil dieser Technologien besteht darin, daß bei solchen Verfahren keramische Industrierohlinge mit weitgehend konstanten und verbesserten mechanischen Eigenschaften und auch solche aus Materialgruppen eingesetzt werden können, die nur schwer mit den begrenzten Möglichkeiten des zahntechnischen Laboratoriums verarbeitbar sind (Lüthy et al. 1991).

In breiterer klinischer Anwendung sind das CAD/CAM-System *Cerec* (Mörmann u. Krecji 1992) und das Kopierfräs-System *Celay* (Eidenbenz u. Schärer 1994).

## 11.5 Struktur keramischer und glaskeramischer Werkstoffe

Die Einordnung dentalkeramischer Massen zwischen Keramik und Glas ist nicht zuletzt auch durch die Struktur der nach Verarbeitung vorliegenden Objekte gerechtfertigt. Es handelt sich jeweils um teilkristalline silikatische Strukturen. In eine amorphe transparente Glasphase (Matrix) sind kristalline Strukturen eingelagert. Struktur und physikalische Eigenschaften stehen den Gläsern näher als der industriellen Keramik. Die Atome oder oxidischen Molekülgruppen in beiden Komponenten sind durch kovalente Bindung oder durch Ionenbindung verknüpft, die häufig festere atomare Verbindungen bieten als die metallische Bindung (Kappert 1994). Durch die bei Hochtemperaturverarbeitung ausgelöste pyrochemische Reaktion unterscheiden sich Struktur und Eigenschaften von denen der pulverförmigen Ausgangsprodukte.

*Abb. 11.10* Struktur einer konventionellen Feldspatkeramik mit Glasphase und kristallinen Anteilen (REM)

> Traditionelle dentalkeramische Materialien sind Feldspatgläser (vorrangig Kali- und Natronfeldspat) mit Leuzitkristallen in disperser Verteilung als charakteristische kristalline Phase (Abb. 11.10).

Die Identifikation von Leuzitkristallen kann morphologisch nicht mit Sicherheit vorgenommen werden, wenngleich die Idealkristalle für Hochleuzit (kubisch) und Tiefleuzit (tetragonal) charakteristische Formen ausbilden. Im Gefüge entstehen jedoch sehr unterschiedliche Realkristallformen, deren eindeutige Zuordnung am besten durch Röntgenfeinstrukturanalyse gelingt (*Schmid et al.* 1992, *Denry et al.* 1994). Daneben finden sich in unterschiedlichem Maße noch Kristallite von $SiO_2$ oder $Al_2O_3$ als Verstärker und die kristallin zugesetzten Trübungsmittel $TiO_2$, $SnO_2$, $CeO_2$ und $ZrO_2$ (*Breustedt u. Lenz* 1985, *Marxkors u. Meiners* 1988).

Die hochschmelzende Kristallphase Leuzit entsteht im wesentlichen bereits beim Fritten. Da sich aber, wie bereits erwähnt, grundsätzlich Kristallite während der Verarbeitung sowohl auflösen als auch neu bilden können, werden Zahl, Größe und Verteilung der kristallinen Einschlüsse, insbesondere des Leuzits, vom Brennprozeß im zahntechnischen Laboratorium beeinflußt (*Marxkors u. Meiners* 1988). Der Gehalt der kristallinen Anteile ist in Grund- und Opakermassen hoch und nimmt zu Dentin-, Schmelz- und Glasurmassen ab. Dominierend kristallin ist die Struktur $Al_2O_3$-verstärkter Kernmassen (Abb. 11.11) bei optimiert kleiner Partikelgröße, Dichte und homogener Verteilung der nicht durch Kristallisation aus der Glasphase entstehenden, durch Vorsintern fusionierten Aluminiumoxidkristalle.

Die Glasphase moderner niedrigschmelzender Dentalkeramikmassen besteht aus Feldspat-Bor-Silikatglas (*Jones* 1989). In Glaskeramiken liegt das Verhältnis des Netzbildners $SiO_2$ zu allen anderen Bestandteilen zwischen 1,22:1 bis 2,7:1. Die Einbeziehung von monovalenten und bivalenten Oxiden wie $Na_2O$, $K_2O$ und $CaO$ führt dazu, daß diese eine Modifikatorposition in der Glasstruktur einnehmen (*Jones* 1989). Die Zweiphasigkeit der Struktur bei den glaskeramischen Materialien wird wie bereits erwähnt durch die Keramisierung erreicht, wobei gesteuert feinkörnige Kristallphasen (Hydroxylapatit, Glimmer, Kordierit, Fluorapatit u.a.) entstehen (*Hohmann* 1993).

Die Kristallbildung geht von homogenen materialgleichen oder häufiger von heterogenen kristallfremden Keimzentren oder Katalysatoren aus (*Grossman* 1989).

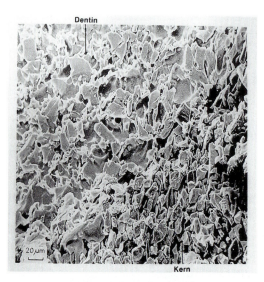

*Abb. 11.11* Angeätzte Schlifffläche einer $Al_2O_3$-verstärkten Kernmasse (Vitadur N) im Grenzbereich zur aufgeschichteten Dentinmasse (REM) (*Claus* 1980)

> Strukturell bestehen Dentalkeramiken aus einer Glasmatrix mit eingelagerten kristallinen Strukturen.
>
> Art, Anteil, Verteilung, Form und Verbund der Gefügebestandteile bestimmen die Eigenschaften.
>
> Die Glasphase beeinflußt vorrangig: Fließverhalten, Benetzbarkeit, Transparenz, die kristalline Phase: Standfestigkeit der Schmelze, Wärmedehnung, me-

> chanische Parameter, chemische Resistenz

## 11.6 Physikalische Eigenschaften

### 11.6.1 Gestaltbarkeit – Formgebung

Bei klassischer Herstellungsweise erfolgt die Formgebung keramischer und dentalkeramischer Objekte als freistehende Masse durch Modellation. Daher ist Modellierfähigkeit der Keramikpulver im flüssig-nassen Zustand erforderlich. Müheloses Masseabtragen und fugenlose Nachtragsmöglichkeit müssen gegeben sein. Da dentalkeramische Massen keine plastischen Bestandteile entsprechend dem Kaolin beim Porzellan haben, die eine Formbarkeit gewährleisten, werden, wie bereits dargestellt, destilliertes Wasser und Modellierflüssigkeiten in Kombination mit Zusätzen organischer Substanzen in den Massepulvern angewandt, um die individuelle Formgebung des Rohobjektes zu ermöglichen.

> Modellierflüssigkeiten sind Lösungen, mit welchen Keramikpulver vor der Kondensation gemischt werden.

Massenkondensation zur größtmöglichen Verdichtung ist notwendig für Standfestigkeit, zur Vermeidung von Rißbildungen beim Trocknen sowie zur Verringerung der Brennschwindung und des Porenvolumens (siehe Kap. 11.4.1).

Für den mit Ultraschall angemischten $Al_2O_3$-Schlicker des *In-Ceram*, der auf stark saugfähige Gipsmodellunterlagen aufgetragen wird, wurde auch die Spritztechnik in eine durch Vormodellation und Silikonkonter gebildete Hohlform vorgeschlagen (*Kappert et al.* 1990), um Schalenbildung bei Massenachtrag zu vermeiden und definierte Schichtstärken des Gerüstes zu gewährleisten.

Zur Gestaltung vestibulär metallfreier Keramikränder an metallkeramischen Kronen wurden Schultermassen entwickelt, die durch Lichthärtung einer organischen Matrix oder Wachse Standfestigkeit erhalten (*Salvo* 1990).

Aufbrennkeramische Grundmassen (Opaker) können auch im Sprayverfahren auf metallische Grundgerüste aufgetragen werden (*Vita Spray on*).

Die Formgebung bei Gläsern erfolgt industriell im schmelzflüssigen oder zähplastischen Zustand durch Blasen, Gießen, Ziehen, Pressen oder Walzen. In Analogie dazu werden die bisher eingesetzten dentalen Glaskeramiken in feuerfeste Hohlformen aus Spezialeinbettmassen gegossen oder gepreßt, was Vormodellation und Lost-wax-Ausschmelzverfahren voraussetzt und zwangsläufig dazu führt, daß der Rohling jeweils aus nur einem Material mit einheitlichen Eigenschaften (Farbe, Transparenz, mechanische Parameter) aufgebaut ist.

### 11.6.2 Pyroplastisches Verhalten

Durch das Fritten der mineralischen Rohstoffe und weiterer Versatzkomponenten liegen dentalkeramische Massen in verglastem Zustand (Alkali-Aluminium-Bor-Silikatgläser) vor, insbesondere der kristalline Anteil des Feldspates hat sich verringert, makromolekulare $SiO_2$-Strukturen dominieren. Im Glaszustand befinden sich primär auch die glaskeramischen Werkstoffe aufgrund des hohen Anteils des Netzbildners $SiO_2$, dessen Erweichungstemperaturen durch Anwesenheit von Modifikatoroxiden zu Schwächungen von Si-O-Bindungen und damit zur Senkung der Schmelztemperatur führt (*Jones* 1989). Solche Werkstoffe zeigen den isotropen glasartigen Zustand unterkühlter Flüssigkeiten, d. h. sie können kontinuierlich beim Abkühlen ohne Bildung einer neuen Phase so zähflüssig werden, daß man sie praktisch als starren Festkörper betrachten kann, wobei sich chemische und physikalische Eigenschaften kontinuierlich ändern. Dies geschieht bei Glasbildnern bei einem unterhalb ihrer Schmelztemperatur liegenden, nahezu scharf ausgeprägten Umwandlungspunkt (Glasumwandlungs- oder -übergangstemperatur, Glaspunkt).

Bei keramischen Massen kommt es bei ansteigender Temperatur nur allmählich zum Erweichen des Materials. Es entsteht dabei eine mehr oder weniger zähplastische Masse, deren Viskosität mit ansteigender Temperatur abnimmt. Es besteht daher kein Schmelzpunkt, sondern ein Schmelz- oder Erweichungsintervall von 100 – 200 °C, das auch Transformationsbereich genannt wird (*Breustedt u. Lenz* 1985). Die Ursache für die allmähliche Erweichung ist darin zu sehen, daß die dentalkeramischen Massen schlechte Wärmeleiter sind und strukturelle Veränderungen im Gegensatz beispielsweise zu Metallen bedeutend langsamer vor sich gehen. Dies geschieht nicht bei einer bestimmten Temperatur, sondern in einem größeren Temperaturbereich. Außerdem bestehen zwischen Brenndauer und Brenntemperatur Abhängigkeiten. Durch kürzeres Brennen bei höherer Temperatur können in gewissen Grenzen ähnliche Wirkungen wie durch längeres Brennen bei einer niedrigeren Temperatur erzielt werden (*Schmitz* 1981), da von beiden Parametern abhängig ist, wieviel von der ursprünglich vorhandenen Kristallphase sich in der Glasphase löst oder wieder rückkristallisiert.

Mit jedem zusätzlichen Schmelzvorgang ändern sich Struktur und physikalische Eigenschaften. Für die Verarbeitbarkeit, insbesondere für die individuelle Brenntechnik, sind die Breite des Schmelzintervalls und eine hohe Viskosität, die sich bei Alkali-Silikat- und Alkali-Aluminiumsilikat-Schmelzen mit steigender Temperatur nur langsam verändert, wichtig (*Binns* 1984). Die in der Schmelze vorliegenden Leuzitkristalle verleihen den dentalkeramischen Massen ihre hohe Standfestigkeit als Voraussetzung dafür, daß während des Brennens die modellierte Form nicht zerfließt.

Die Verarbeitungstechnologie (Sinterbrand, Preß- und Gießtechnik) bestimmt die gewünschte Verarbeitungsviskosität. Für die Sintertechnik muß der Schmelzvorgang im geeigneten Moment unterbrochen werden, da die Sintervorgänge durch pyroplastisches

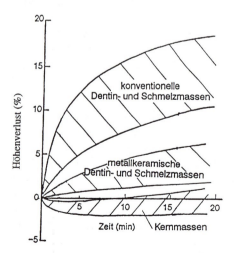
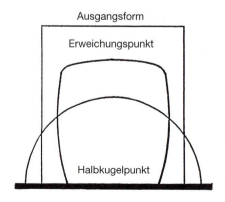

**Abb. 11.12** Schematische Darstellung der Formänderung zylindrischer Keramikkörper beim Brennprozeß *(rechts)* und grafische Darstellung des Höhenverlustes bei Transformationspunkttemperatur in Abhängigkeit von der Zeit für Schmelz-, Dentin- und Kernmassen *(links)*. (Umzeichnung nach *Binns* 1984)

Fließen zunächst zur gewünschten Verdichtung des Materials (Porenschließung), nachfolgend jedoch auch zu unerwünschten Formänderungen des Werkstückes führen (Abb. 11.12). Experimentell kann als Endzustand im Stadium der geringsten Oberflächenenergie, abhängig von Brenntemperatur und -dauer, der Halbkugelpunkt bestimmt werden. Gleichartige pyroplastische Vorgänge treten bei niedrig-, mittel- und hochschmelzenden Materialien sowie LFC-Keramiken auf. Die Fließfähigkeit von Guß- und Preßmassen wird durch den Na- und K-Gehalt des Feldspates sowie durch Flußmittel realisiert. Es kann damit derzeit ein Verarbeitungstemperaturspektrum zwischen 600 (850) – 1 380 °C abgedeckt werden.

Bei aufbrennkeramischen Materialien sollte die Brenntemperatur mindestens 150 °C unter dem Soliduspunkt der Aufbrennlegierungen liegen (*Eichner* 1981). Grund-, Dentin-, Schmelz- Transparenz- und Glasurmassen, die schicht- und schrittweise verarbeitet werden, besitzen zur Sicherung des Form- und Farbaufbaus ein in genannter Reihenfolge abgestuftes Fließverhalten (Abb. 11.12). Oxidkeramische Kern- und Hartkernmassen zeigen bei den vorgeschriebenen Verarbeitungstemperaturen nur geringe Fließfähigkeit.

Auch unterhalb der Erweichungstemperaturen sind schon Reaktionen der noch festen Bestandteile von keramischen Massen möglich. Es kommt dabei sowohl durch Diffusion einzelner Bestandteile als auch durch chemische Reaktionen zu homogenen, festen Bindungen ohne Erweichung vorgeformter Keramikkörper, was Schalenkeramik und das Anbrennen an industriell hergestellte Keramikzähne ermöglicht.

### 11.6.3 *Wärmedehnungsverhalten*

Der mittlere Wärmeausdehnungskoeffizient (WAK) traditioneller keramischer Werkstoffe ist niedrig und liegt im Festkörperbereich mit $4 - 8 \cdot 10^{-6}/K$ nahe dem von natürlichem Schmelz und Dentin (Abb. 11.13). Dies muß mit Blick auf die thermische Wechselbelastung in der Mundhöhle und die damit einhergehende Volumenänderung als günstig für keramische Restaurationen gewertet werden. Im Transformationsbereich steigt der WAK an, aus Dilatometerkurven ist zeichnerisch der **Transformationspunkt** zu ermitteln. Da die Wärmedehnung allgemein aber eine materialspezifische Kenngröße ist, muß angenommen werden, daß die einzelnen Strukturkomponenten dentalkeramischer Massen Unterschiede im Wärmedehnungsverhalten aufweisen. Durch Unterschiede in der thermischen Kontraktion können Spannungen zwischen den Phasen aufgebaut werden, die, wenn auch geringgradig, die mechanischen Parameter verbessern. Überschreiten sie eine kritische Größe, treten – üblicherweise zuerst in der Glasmatrix – Risse auf, die Spannungen auf sich konzentrieren und die Festigkeit herabsetzen. Auch bei Schichtaufbau keramischer Therapiemittel mit Massen unterschiedlicher Zusammensetzung und Struktur ist eine Abstimmung des Ausdehnungskoeffizienten erforderlich. Dies gilt auch für das Ausdehnungsverhalten bei Massen, mit denen Gerüste oder Profilteile aus Aluminiumoxid beschichtet werden. Erschwerend kommt hinzu, daß der Wärmeausdehnungskoeffizient dentalkeramischer Massen nicht als Konstante angesehen werden kann, sondern abhängig vom Brennvorgang, den Brennbedingungen, der Brandhäufigkeit und dem Abkühlungsmodus ist.

Glaskeramische Materialien besitzen a priori niedrige Wärmeausdehnungskoeffizienten. Das führt bei Guß- und Preßverarbeitung im allgemeinen zu niedriger fester Schwindung, guter Paßfähigkeit und hoher Temperaturwechselbeständigkeit. Auch beim Keramisieren von Glas zu glaskeramischem Material treten Dimensionsveränderungen ein, denn die sich sekundär bildenden Kristalle sind gewöhnlich dichter als das gläserne Ausgangsmaterial. Diese Veränderung ist jedoch gering und kontrollierbar, so daß Form und Dimension eines Glaskera-

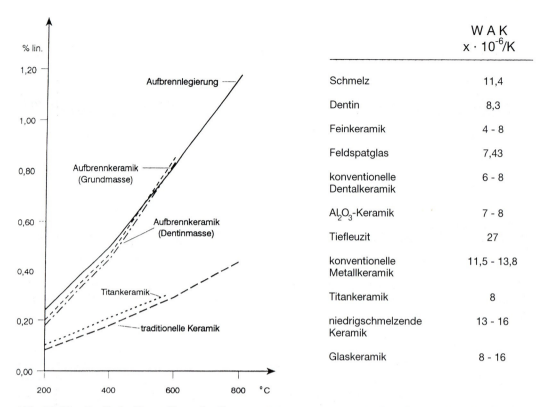

Abb. 11.13 Grafische Darstellung des linearen Wärmedehnungsverhaltens konventioneller keramischer und metallkeramischer Werkstoffe sowie tabellarische Zusammenstellung der WAK-Werte von Schmelz, Dentin und keramischen Materialien

mikgegenstandes beim Keramisieren weitgehend konstant bleibt (*Grossman* 1989). Beim *Cerestore*-System, das als „schrumpfungsfreies" System bezeichnet wird, bildet sich bei Wärmebehandlung aus MgO und $Al_2O_3$ unter Expansion der Spinell $MgAl_2O_4$. Diese Expansion kann bei geeigneter Zusammensetzung und Temperaturführung den thermischen Schwund der Masse gerade kompensieren, gegebenenfalls sogar überkompensieren (*Marxkors u. Meiners* 1988). Besitzt Glas etwa die gleiche Wärmeexpansion wie die sich bildenden Kristalle, so steigt die Festigkeit und Elastizität der glaskeramischen Materialien mit wachsendem Anteil der Kristalle.

Besondere Bedeutung besitzt der Wärmedehnungskoeffizient für die Metallkeramik. Die Haftung der keramischen Masse an der Metalloberfläche ist nur dann gesichert, wenn die thermischen Ausdehnungskoeffizienten beider Werkstoffe weitgehend übereinstimmen (*Eichner* 1981). Der überwiegend lineare Wärmeausdehnungskoeffizient der dentalen EM- und NEM-Legierungen liegt aber zwischen $13,5 - 15,5 \cdot 10^{-6}$/K, nur der von Platin ($9,5 \cdot 10^{-6}$/K), Iridium ($6,85 \cdot 10^{-6}$/K) und Titan ($8 \cdot 10^{-6}$/K) ist primär silikatähnlich.

Das thermische Ausdehnungsverhalten beider Verbundpartner muß aufeinander abgestimmt sein, weil beim Abkühlen nach dem Brand unterhalb des Transformationsbereiches der Keramik zwischen 500 und 600 °C das Glas starr-fest und mit dem Metallgerüst durch Haftoxide verbunden ist (Abb. 11.13). Bei ungenügender Anpassung kommt es zu Sprüngen und Abplatzungen der Keramik

## 11.6 Physikalische Eigenschaften

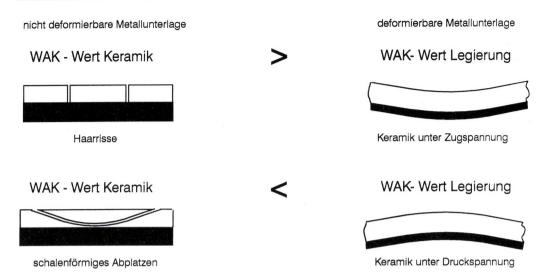

*Abb. 11.14* Schematische Darstellung der Folgen einer unzureichenden Anpassung der WAK-Werte der Keramik an die der Legierungen (Rißbildungen, schalenförmiges Abplatzen, Gerüstdeformierungen)

und zur Deformierung des Metallgerüstes (Abb. 11.14). Auch die thermischen Wechselbelastungen in der Mundhöhle können auf Dauer nur dann von einem Metall-Keramik-Verbundsystem toleriert werden, wenn die Wärmedehnung beider Werkstoffe angeglichen ist (*Kappert* 1994). Dies wurde möglich durch einen über 11 % erhöhten Anteil an $K_2O$ in Feldspatfritten (siehe Kap. 11.2.1.3), wodurch die Kristallphase Leuzit entsteht, deren Tieftemperaturmodifikation einen WAK von $25 - 27 \cdot 10^{-6}/K$ aufweist. Durch einen geeigneten Anteil von etwa 20 – 30 % dispers verteilten Leuzitkristallen in der Glasmatrix und andere Oxidzusätze kann beim Fritten ein an traditionelle Aufbrennlegierungen angepaßter WAK der Keramik (*Kappert* 1994) erreicht werden. Mit anderen Zusammensetzungen gelingt dies beim Einsatz niedrigschmelzender Keramikmassen auch für Titan und primär aufgrund niedriger Schmelzbereiche nicht für den Aufbrand geeignete Edelmetalllegierungen.

Auch die in der industriellen Technik (z. B. bei Emaillen) bekannte Regel, daß der Ausdehnungskoeffizient der silikatischen Masse um etwa 10 % kleiner sein soll als der des damit verbundenen Metalls, wird bei aufbrennkeramischen Massen berücksichtigt. Aus der beim Abkühlen geringgradig unterschiedlichen Kontraktion beider Werkstoffe ergibt sich, daß infolge ihres etwas geringeren Ausdehnungskoeffizienten die keramische Masse dann dem Metallgerüst unter Druckspannung aufsitzt, während die Legierung unter Zugspannung gerät. Da die Druckfestigkeit bei keramischen Massen am größten ist, wird dieser Effekt bewußt angestrebt. Die Adaptation der Materialschichten (Grund-, Dentin-, Schmelzmasse) erfolgt abgestuft. Ideale Anpassung ist nicht möglich, da sich die Ausdehnungskoeffizienten der keramischen Masse mit der Anzahl der vorgenommenen Brände ändert (*Wagner* 1965, *Claus* 1982, *Dorsch* 1989) und unregelmäßige geometrische Formen und unterschiedliche Materialstärken unterschiedlichen und im Einzelfall nicht vorhersehbaren Spannungsaufbau bedingen (*Lenz* 1983).

### 11.6.4 Optische Eigenschaften

Die optisch ästhetische Anpassung alloplastischer Materialien an natürliche Zahnhartsubstanz gelingt am besten mit keramischen Werkstoffen. Die Phänomene, aus denen sich der visuelle Eindruck des natürlichen Zahnes ergibt, sind komplex und entsprechend schwer zu imitieren. Das auf den Zahn auftreffende Licht wird teilweise reflektiert. Der überwiegende Teil dringt in den Zahn ein, wo er partiell absorbiert und zu einem weiteren Teil gestreut wird. Von diesem wird schließlich ein kleiner Teil wieder von der Zahnoberfläche abgestrahlt (*Binns* 1984). Die optischen Eigenschaften von Schmelz und Dentin sind unterschiedlich, ihre Schichtung uneinheitlich. Hinzu kommen die unregelmäßige Oberflächenstruktur, Schmelzsprünge, Haarrisse, Verfärbungen und Mineralisationsstörungen mit Einfluß auf den optischen Gesamteindruck.

Keramische Materialien mit abgestufter und abgestimmter Transluzenz, Transparenz, Opazität, Farbe und Fluoreszenz müssen sinnvoll und mit künstlerischem Empfinden eingesetzt und verarbeitet werden, um eine weitgehend perfekte Imitation zu ermöglichen.

> Reine Gläser sind voll lichtdurchlässig und damit transparent. Transluzenz und Opazität liegen bei verminderter Lichtdurchlässigkeit vor und können durch das Verhältnis von diffus gestreutem und absorbiertem zum durchfallenden Licht charakterisiert werden.

Die Lichtdurchlässigkeit keramischer Materialien wird durch diffuse Reflektion und Lichtbrechung an Strukturgrenzen, so beispielsweise an kristallinen Einschlüssen und Poren, behindert. Der Streuverlust ist um so größer je zahlreicher und kleiner die optischen Strukturunregelmäßigkeiten sind. Die Lichtstreuung durch Einschlüsse in einer transparenten Matrix hängt von der Differenz der Brechungsindices der Phasen ab. Während der Unterschied im Brechungsindex zwischen Leuzitkristallen und der Glasphase weniger als 1 % beträgt und daher für die Massentransluzenz optisch bedeutungslos ist, bewirken die Kristallphasen von $SnO_2$, $ZrO_2$, $CeO_2$, $Al_2O_3$, $TiO_2$, $ZrO_2$ hohe Opazität. Verarbeitungstechnisch haben durch Beeinflussung des Porenvolumens vor allem Kondensation und Vakuumbrand Einfluß auf den Transparenzgrad. Dies wird besonders deutlich, wenn gleiche Massen sowohl atmosphärisch als auch unter Vakuum gebrannt werden.

> Die Zahnfarbe kann physikalisch in ein dreidimensionales Farbsystem eingeordnet werden, das Farbton, Farbintensität (Farbsättigung) und Helligkeit umfaßt.

Die Farbabstufungen der Keramikmassen werden durch Zuschlag der beschriebenen Farbpigmente erreicht. Die für die Färbung und Opazität verantwortlichen Oxide haben hohe Dichte und müssen fein verteilt werden. Die Farbauswahl sollte bei möglichst konstanten Spektralanteilen des natürlichen Lichtes (Nordlicht und blauer Himmel) oder entsprechendem Kunstlicht erfolgen, denn die Farbe wird bestimmt durch selektive Absorption und selektive Reflektion (*Schwenzer* 1982). Entscheidend für die Farbangleichung an die natürlichen Zähne ist, daß die Keramikmassen bei unterschiedlicher spektraler Zusammensetzung des Lichtes (z. B. Kunst- oder Tageslicht) die gleichen Farbeindrücke hinterlassen, wie der natürliche Nachbarzahn, der bei Tageslicht hell-gelblich, bei Kunstlicht mehr rötlich erscheint. Dies steht im Zusammenhang damit, daß natürliche Zähne fluoreszieren. Das Phänomen beruht auf der Absorption von energiereichen Strahlen, wodurch die absorbierenden Moleküle oder Atome zu einer Eigenstrahlung von geringerer Energie angeregt werden. Durch Zugabe von Fluoreszenzbildnern wird die notwendige Angleichung erreicht. Beim sinterkeramischen Schichtaufbau von Kronen, Brücken, künstlichen Zähnen und metallkeramischen Verblendungen werden Massen mit unterschiedlichen optischen Eigenschaften verwandt (Abb. 11.15). **Opaker sowie Kern- oder Grundmassen** sollen eine Farbabdichtung gegenüber Zahnstümpfen aus Metall, Zement oder verfärbtem

## 11.6 Physikalische Eigenschaften

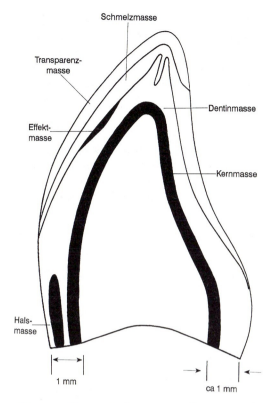

*Abb. 15* Masseschichtung einer konventionellen ganzkeramischen Krone zur Erzielung eines natürlichen Aussehens

Dentin, den Befestigungsmaterialien (hier ist allerdings eine farbliche Grundanpassung möglich) sowie gegenüber keramischen und metallischen Gerüsten herstellen und durch diese nicht verfärbt werden (*Schwickerath* 1983, *Walter* 1986, *Crispin et al.* 1991). Sie sind daher optisch wesentlich dichter als die Dentinmassen, werden in verschiedenen Farbtönen hergestellt und besitzen im allgemeinen höhere Festigkeit und bei metallkeramischen Massen die größte Kompatibilität zum WAK der Legierung. **Dentinmassen** sind – ähnlich dem natürlichen Dentin – die eigentlichen Farbträger, durch den der ausgewählte Grundfarbton realisiert wird. Die **Schmelzmassen** bewirken die oberflächliche Transluzenz. Die im Bereich der Schneidekante häufig besonders starke Lichtdurchlässigkeit kann mit Hilfe von Glasklarmasse nachgeahmt werden. Mit Hilfe von **Effekt-massen** werden Besonderheiten wie Haarrisse, Kalkflecken, Füllungen, Einfärbungen des Zahnhalses u.ä. imitiert (*Marxkors u. Meiners* 1988). Auch keramische Malfarben können eingesetzt werden. Von besonderer Bedeutung für die ästhetische Farbanpassung ist eine sorgfältige Masseschichtung, die nur dann erfolgreich vorgenommen werden kann, wenn eine Mindestschichtstärke der Keramik von 1mm durch entsprechende Präparation gewährleistet ist.

Gegossene, gepreßte und gefräste keramische und glaskeramische Materialien haben zwangsläufig im Rohzustand einheitliche optische Eigenschaften. Sie haben im allgemeinen einen hohen Transparenzgrad, der bei Anwendung abgestimmter adhäsiver Befestigungsmaterialien und -techniken beispielsweise beim *Empress*- und *Dicor*-System einen Chamäleon-Anpassungseffekt an die Zahnhartsubstanzen und Befestigungsmaterialien ermöglicht. Die eigentliche Farbgestaltung kann nur durch Aufbrennen von Malfarben und Glasuren in Schichtstärken von wenigen μm erreicht werden und ist in Frage gestellt, wenn es bei Eingliederung und in der Nutzungsphase zu oberflächlichem Substanzabtrag kommt (*Strub* 1992).

### 11.6.5 Mechanische Eigenschaften

Auch die mechanischen Eigenschaften der dentalen keramischen und glaskeramischen Materialien werden vorrangig durch den Glascharakter, also durch das Grundgerüst aus $SiO_2$-Gruppen, bestimmt. Auflockerungen des $SiO_2$-Grundgitters durch Metallionen mindern die mechanischen Parameter, kristalline Phasen verstärken sie. Die Bindungen der Atome und oxidischen Molekülgruppen sind gerichtet kovalent. Die mechanischen Werte hängen zwar vom Material und der Verarbeitung ab (*Körber u. Ludwig* 1982), sind aber größenordnungsmäßig für konventionelle Dentalkeramiken wie folgt einzuordnen:

| | | |
|---|---|---|
| Druckfestigkeit (sehr hoch) | 800 – | 1 000 MPa |
| Zugfestigkeit (gering) | 40 – | 100 MPa |
| Biegefestigkeit (gering) | 100 – | 180 MPa |
| Härte (Vickers) (sehr hoch) | 4 000 – | 5 000 MPa |
| Abrasionsfestigkeit (hoch) | | |
| E-Modul (unterschiedlich hoch) | 60 000 – | 130 000 MPa |

> Insgesamt ist die gebrannte Keramik bei hoher Härte und Druckfestigkeit zwar elastisch deformierbar, nicht aber plastisch verformbar, daher spröde und nur gering biege-, scher- und zugfest.

Die Wertung dieser Orientierungsparameter ergibt sich aus der klinischen Aufgabe, mit diesen Werkstoffen das härteste Gewebe des menschlichen Körpers, den Zahnschmelz, zu ersetzen und den funktionellen Belastungen von Zähnen und – bei Zahnverlust – von Zahngruppen standzuhalten. Dabei ist zu berücksichtigen, daß sich die Widerstandsfähigkeit keramischer Materialien nie zuverlässig anhand ihrer durchschnittlichen Materialkenngrößen bestimmen läßt, da größere Streubreiten unvermeidbar sind, so daß die erforderliche Sicherheitsmarge stets größer als bei anderen Werkstoffen, beispielsweise bei Metallen, sein muß (*McLean u. Kedge* 1989). Lange Zeit glaubte man, daß Hochtemperaturkeramikmassen bezüglich ihrer mechanischen Eigenschaften den Mittel- und Niedertemperaturmassen generell überlegen seien, dies ließ sich bei neueren Untersuchungen nicht bestätigen (*Jones* 1989).

Der Schwachpunkt dentalkeramischer Materialien mit Einschränkung des Indikationsbereiches ist die mangelhafte Zug-, Biege- und Scherfestigkeit. Dies spielt nur dann eine untergeordnete Rolle, wenn keramische Materialien zur Verblendung von Metallgerüsten angewandt werden, die dann die notwendige Stabilität für funktionelle Belastungen gewährleisten (*Kappert* 1994).

Die Sprödigkeit und Bruchempfindlichkeit keramischer Werkstoffe, die im Gegensatz zu den duktilen, zähen metallischen Werkstoffen steht, erklärt sich wie folgt:

In metallischen Kristallgefügen kommt es durch leichtes Abgleiten von Gitterebenen bei Belastung zu plastischer Verformung. Dies ist durch die Eigenart der metallischen Bindung gegeben, die kovalent, aber nicht gerichtet ist, weil die Metallatome die Valenzelektronen in einen „Elektronensee" abgeben und dadurch eine Bindung ohne Vorzugsrichtung erfahren. Die Keramik als sprödes Material verformt sich unter Belastung kaum. Diese an sich erwünschte Formbeständigkeit macht die Keramik empfindlich für winzige Fehler in ihrem Gefüge, die Ausgangspunkte für Risse darstellen. Gleichartige, auch bei Metallen auftretende Risse (Fehlstellen durch Verarbeitung, korrosive Einflüsse und Belastung) „heilen" durch Abrundung und Entschärfung des Rißgrundes aufgrund der leichten plastischen Verformbarkeit aus (*Marx* 1993). Steigt dagegen bei der zunächst hervorragend formbeständigen Keramik die äußere Belastung bis zu einem bestimmten Schwellenwert an, kommt es zum plötzlichen Zerstören der chemischen Bindungen und damit spontan zum Bruch (Sprödbruch). Streckgrenze und Zerreißfestigkeit einer Probe sind identisch. Sprödigkeit und E-Modul der Keramik bedingen ferner, daß diese Materialien Druckspannungen hervorragend abfangen, bei Biege-, Zug- und Scherspannungen aber nur in sehr geringem Maße belastbar sind. Ursache ist, daß Druckspannungen beginnende Risse schließen und deshalb die Ausbreitung dieser Risse nicht fördern, sondern sogar stoppen, Zug- und Scherbeanspruchungen im Gegensatz dazu aber die Rißflanken öffnen und den Riß vertiefen (*Marx* 1993). Ein einmal gebildeter Riß an der Oberfläche oder auch im Inneren des Werkstücks kann sich unter Mundbedingungen nicht wieder schließen. Bei jeder Belastung, die einen kritischen Wert übersteigt, kann er sich durch Aufreißen weiterer atomarer Bindungen langsam aber stetig vergrößern und so durch das Werkstück wandern (*Kappert* 1994). Keramische Werkstücke wären wesentlich widerstandsfähiger, wenn winzige Defekte (Poren oder Spalten) vermieden werden könnten. Von außen auf das Material aufgebrachte Spannungen konzentrieren sich an diesen Fehlstellen. Hier wird die kritische Bruchzähigkeit überschritten, obwohl die Spannungen im Material insgesamt unter dem Bruchwert bleiben. Am Rißgrund werden bei gegebener äußerer Belastung die Spannungen um so höher, je tiefer er wird. Dies bewirkt zunächst das schnelle Fortschreiten des Risses und schließlich die Zerstörung des Werkstückes. Auch bei Gläsern ist aus gleichem Grund die tatsächliche Festigkeit etwa 100 mal niedriger als die an sich hohe theoretische Festigkeit (*Breustedt u. Lenz* 1985).

Treffen Sprünge in den zweiphasigen dentalkeramischen Materialien, die sich in der amorphen Glasmatrix ausbilden, auf eingeschlossene kristalline Partikel, so tritt im günstigsten Fall ein Rißstoppeffekt auf. Es hängt von der Größe und Dichte der kristallinen Partikel und von dem Verbund zwischen Glas- und Kristallphase ab, ob die Rißfortschreitung an amorph-kristallinen Grenzflächen gestoppt werden kann, oder ob der Riß um die Kristalle herumwandert und weiter fortschreitet (*Kappert* 1994).

Auf diesen bruchtheoretischen Erkenntnissen aufbauend, wurden **Verstärkungsmechanismen** für moderne Dentalkeramiken entwickelt. So kommt es beispielsweise bei der leuzitverstärkten Keramik (IPS *Empress*) zu einer **Rißablenkung** um die Kristallite und damit zu einer Rißwegverlängerung und Erschwerung des Rißfortschrittes (*Wohlwend u. Schärer* 1990, *Fischer et al.* 1992, *Krumbholz* 1992). Zusätzlich können bei Einlagerung von Teilchen Verstärkungen durch das Erzeugen von „**Misfit-Spannungen**" erzielt werden (Abb. 11.16). Die eingebrachten Teilchen müssen dabei eine höhere Festigkeit und Steifigkeit (höherer E-Modul) sowie einen sich von der Matrix deutlich unterscheidenden thermischen Ausdehnungskoeffizienten aufweisen. Die unterschiedliche thermische Ausdehnung bzw. Schrumpfung von Teilchen und Matrix führt während des Sinterns entsprechend der thermischen Inkompatibilität zu Druck- oder Zugspannungen im Teilchengrenzbereich (*Heinenberg* 1991). Zufällig auf solche Teilchen zulaufende Risse werden eingefangen (**Rißstop**) oder abgelenkt, was eine Erschwerung des Rißfortschrittes und eine Steigerung der Bruchzähigkeit ergibt. Dies

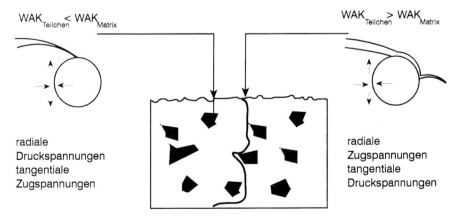

**Abb. 11.16** Rißverlauf durch kristallarmierte Gläser und Einfluß von Misfit-Spannungen der Gefügebestandteile auf den Rißverlauf (Umzeichnung nach *Marx* 1993), *links*: Rißstoppeffekt, *rechts*: Rißumlenkung

trifft beispielsweise für die $Al_2O_3$-verstärkte Keramik zu (*Götz u. Gehre* 1986, *Claus* 1990). Dabei erweist sich die höhere Druck-, Zug- und Biegefestigkeit und der höhere Elastizitätsmodul des rekristallisierten Aluminiumoxides als weiterer Vorteil (*Schwenzer* 1982). Ein Zusatz von 35 % Aluminiumoxid zur keramischen Masse führt etwa zu einer Verdoppelung der Biegefestigkeit (*Combe* 1984).

Weitere Gefügeverstärkungsmethoden bestehen im Einbringen von **keramischen Fasern** (Whiskern), im Versuch, die Plastizität von Metallen durch gezielte Mikrorißbildungen zu erzeugen sowie in der sogenannten **Transformationsfestigung**. Diese macht sich die Phasenumwandlung der Kristallstruktur von Zirkonoxid ($ZrO_2$) unter Spannungsbelastung zunutze. Diese Phasentransformation aus der tetragonalen in die monokline Phase wird durch die überhöhten Spannungen am Endpunkt eines Risses ausgelöst und läßt das Volumen der $ZrO_2$-Kristallite um etwa 4 % zunehmen. Nähert sich ein Riß den in das keramische Material eingebetteten $ZrO_2$-Körnern mit tetragonaler Symmetrie, so blähen sich diese als Folge der Phasentransformation in die monokline Phase auf. Dadurch entsteht eine lokale Druckspannung im Material, die den Riß zusammendrückt und so seine Ausbreitung behindert (*Marx* 1993).

Die Erhöhung der Biegefestigkeit durch Gefügeverstärkungen wird bei derzeitigen Keramiksystemen durch Leuzit (Standard-Aufbrennkeramiken, *Duceram, Empress*), Aluminiumoxid (*Cerestore, Vitadur N, Kerapont, HI-Ceram, Vitadur-Alpha-Kern, In-Ceram*), Glimmer (*Dicor*), Hydroxylapatit (*Cerapearl*), Zirkonoxid (*In-Ceram*-Entwicklungsmuster) und Glasfasern (*Mirage* II) erreicht (Abb. 11.17).

Die Festigkeitseigenschaften der glaskeramischen Materialien sind stark vom steuerbaren Kristallwachstum abhängig und daher in Grenzen systematisch variierbar. Hohe Festigkeit wird durch Armierung mit Partikeln kontrollierter Größe und homogener Verteilung erreicht (*Grossman* 1989).

Ein weiterer Ansatz zur Minderung der Bruchanfälligkeit keramischer und glaskeramischer Therapiemittel besteht im Bemühen um **defektminimierende Herstellungs- und Verarbeitungsverfahren**. Von Einfluß auf innere Materialdichte und Oberflächengüte sind

- Verwendung abgestimmter Materialsysteme
- Masseverdichtung bei Objektgestaltung (Kondensation)
- Brennführung (Brennbedingungen, -dauer, -temperatur)
- Abkühlungsgeschwindigkeit
- Glasurbrand
- mechanische Oberflächenbearbeitung.

Die negativen Eigenschaften der Keramik müssen bei Planung, Präparation und Gestaltung keramischer Therapiemittel Berücksichtigung finden. Die stufenförmige Gestaltung der Präparationsgrenze und die Stumpfgeometrie können Scher- und Biegebelastungen minimieren.

Bei der Bewertung von Bruchfestigkeitsangaben keramischer Materialien muß weiter berücksichtigt werden, daß die Bruchfestigkeit in Abhängigkeit von Belastungsart, -dauer und Milieu einer deutlichen Reduktion (20-50 %) unterliegt. Als Faustregel (*Marx* 1993) gilt, daß die Dauerfestigkeit der halben statischen Festigkeit entspricht. Dies ist zurückzuführen auf die Benetzung der Keramikoberfläche mit Wasser bzw. Speichel (Wasser beschleunigt die Geschwindigkeit des Rißwachstums bis zum Millionenfachen) sowie auf statische Ermüdung (dynamische Kaubelastung). Bei metallkeramischen Restaurationen kommen Korrosionserscheinungen im Verbundbereich hinzu (*Schwickerath* 1986, *Wirz et al.* 1993, *Augthun u. Spiekermann* 1994, *Kappert et al.* 1994). Bei gegossenen und gepreßten Glaskeramiken, die sintertechnologisch beschichtet wurden, ist die Schwächung noch deutlicher (*Schwickerath* 1992,

11.6 Physikalische Eigenschaften

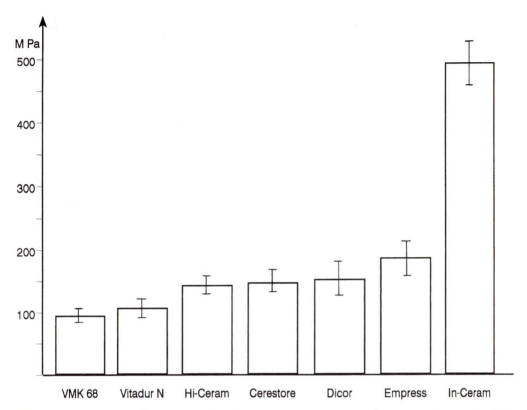

**Abb. 11.17** Biegefestigkeit keramischer Materialien (3-Punkt- Biegeversuch nach DIN 13 927 bzw. ISO 6 872)

*Geis-Gerstorfer et al.* 1993). Die statische Ermüdung von Niedertemperaturkeramiken ist im Gegensatz dazu bisher nicht in diesem Maße nachgewiesen (*Jones* 1989).

Von klinischer Seite wird häufig eine unphysiologisch hohe, Schmelz und Stahl übertreffende **Härte** der keramischen Materialien als Nachteil angesehen. Dies bezieht sich vor allem auf die Okklusalflächen infolge einer geringen Abrasion (*Altvater u. Pröbster* 1993, *Krejci et al.* 1993, *Ratledge et al.* 1994). Für Labialflächen ist die hohe Härte als Vorteil für den Erhalt der labialen Kontur anzusehen. Während von einigen Autoren der Abrasionswiderstand der keramischen Materialien als dem des natürlichen Zahnes vergleichbar angegeben wird (*Marxkors u. Meiners* 1988), fanden andere (*Körber et al.* 1984) den Substanzverlust des Schmelzes 10 mal (feuchte Reibung) bzw. 100 mal (trockene Reibung) größer als der der Keramik. Dabei erwies sich die Abrasion zwischen Keramik und Schmelz längerfristig unabhängig vom ursprünglichen Bearbeitungszustand der Keramik (glatt oder rauh).

Bei glaskeramischen Materialien hängt die Härte von Glas direkt von der kristallinen Phase und von den verwendeten Netzmodifikationen, also von Zusammensetzung und Struktur ab. Härte und Abrieb der Glaskeramik kann dem natürlichen Schmelz weitgehend angepaßt sein (*Grossman* 1989). Bestätigt wurde dies für *Cera Pearl* (*Hobo* 1989). Die schmelzidentische Härte verhindert eine Abrasion des Schmelzes der Antagonisten. Andererseits soll *Cera Pearl* auch der Abrasion durch okklusale Kräfte widerstehen.

## 11.6.6 Benetzbarkeit und verbundbildende Eigenschaften

Bei metallkeramischen Verbundsystemen werden die vorteilhaften Eigenschaften der Gerüstmetalle (vor allem Zugfestigkeit) mit den Vorzügen der Dentalkeramik (Ästhetik, Härte, chemische Resistenz, Biokompatibilität) kombiniert (*Kappert* 1994). Die Qualität der Keramikverblendung wird bestimmt durch die erzielbare Ästhetik sowie die Festigkeit und Dauerhaftigkeit des Metall-Keramik-Verbundes. Erstere ist wie dargestellt u. a. abhängig von der Opazität der gerüstabdeckenden Grundmasseschicht und der Farbkonstanz der Massen beim Brand, letztere von

- der Benetzung der Metalloberfläche durch das keramische Material beim Aufbrand,
- der beschriebenen thermischen Kompatibilität der Verbundpartner durch Angleichung der Wärmeausdehnungskoeffizienten von Metall und Keramik,
- der Ausbildung von Haftkräften zwischen den heterogenen Werkstoffen.

Somit wird der metallkeramische Verbund durch das Zusammenwirken physikalischer und chemischer Vorgänge bestimmt. Damit die verschiedenen Bindungsmechanismen des dentalkeramischen Verbundsystems überhaupt wirksam werden können, müssen die keramischen Massen die Metalloberfläche so dicht wie möglich benetzen.

> Unter Benetzen versteht man das völlige Bedecken einer festen Oberfläche mit einer Flüssigkeit.

Die Benetzung der Metalloberfläche erfolgt im hocherhitzten Zustand beim Brennen, wenn die dentalkeramische Masse während des Sinterns einen schmelzflüssigen Zustand besitzt. Sie ist nahezu 100 %ig gegeben und wird durch den Vakuumbrand begünstigt. Das Ausmaß der Benetzung bestimmt auch die mechanische Oberflächenverzahnung der keramischen Masse mit dem Metallgerüst. Besondere mechanische Retentionen in Form von stärkeren Aufrauhungen, zu umschließenden Retentionsperlen oder -drähten oder untersichgehenden Nischen sind unangebracht und eher schädlich, weil hier Risse und Abplatzungen der Keramik beobachtet werden (*Hohmann* u. *Hielscher* 1987).

Die Haftung der keramischen Masse an der Metalloberfläche ist nur dann gesichert, wenn die thermischen Ausdehnungskoeffizienten beider Werkstoffe im Festzustand (Glasübergangstemperatur) über den gesamten Temperaturbereich, dem sie ausgesetzt sind, weitgehend übereinstimmen und sich in der Keramik eine Druckspannung aufbaut (*Eichner* 1981). Damit können für die Haftung zunächst mechanische Parameter durch Verzahnung der Oberflächen und Druckretentionen durch Aufschrumpfen der Keramik verantwortlich gemacht werden. Hinzu kommen zwischenmolekulare Assoziationskräfte (Van der Waals'sche Kräfte) polarisierter Moleküle, deren Bedeutung allerdings untergeordnet ist. Wesentlichen Anteil am in allen Einzelheiten noch nicht voll geklärten und auch für alle Materialkombinationen offenbar nicht einheitlichen Verbundmechanismus hat dagegen die chemische Bindung (Ionenbindung) der Komponenten (Flächenkomposit) (*Ulbricht et al.* 1982). Bei den hohen Brenntemperaturen kommt es zur Diffusion von Legierungsbestandteilen in die Keramik und umgekehrt. In der Metallegierung vorhandene unedle, oxidierbare Elemente treten an die Oberfläche und bilden dort eine Oxidschicht (*Gehre et al.* 1984, *Siebert* u. *Queisser* 1985, *Walter* 1989, *Lenz, E.* 1990). Man nimmt an, daß es aufgrund der Affinität des Siliziums zum Sauerstoff zur Ausbildung von „Sauerstoffbrücken" zwischen den Si-O-Polymerketten der Keramik und den Metalloxiden kommt (Abb. 11.18). Um diesen Effekt zu bewirken, werden den Edelmetallaufbrennlegierungen (EM) unedle Komponenten (Fe, In, Sn, Ir, Ti, Pd) zulegiert. Durch Glühbehandlung vor dem Keramikauftrag wird eine

## 11.6 Physikalische Eigenschaften

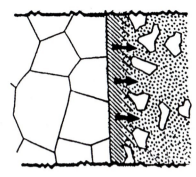

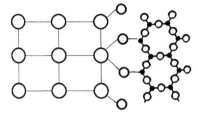

○ Metall

O Sauerstoff

● Silizium

*Abb. 11.18* Schematische Darstellung des metallkeramischen Verbundes über Haftoxide unedler Legierungsbestandteile (Sauerstoff-Brücken-Bindung)

Oxidschicht (Haftoxide) erzeugt. Bei den Nichtedelmetallaufbrennlegierungen (NEM) sind die Oxidbildner schon in der Legierung vorhanden. Vornehmlich bilden Ni, Cr, Be, Mn, aber insbesondere das Cr und bei Titanwerkstoffen das Ti, die Oxidschicht. Auch hier erfolgt eine Oxidation durch Glühen. Die Verbindung zwischen Metallgerüst und Keramik wird durch die Grundmasse hergestellt, die zur Verhinderung der Ablösung der Oxidschicht durch die Keramikschmelze bereits geeignete Metalloxide enthält (*Körber u. Ludwig* 1982).

Sie ist mit dem Oxid eines in der Legierung enthaltenen Metalls gesättigt, das bei Lösung in der Keramikglasphase nicht vom Metall reduziert wird. Erst dann reagiert die Keramikmasse mit der Oberfläche des Metalls und bildet eine verbindende Zwischenschicht (*Jones* 1989). Danach kommt der Grundmasse die größte Bedeutung für das Zustandekommen der metallkeramischen Bindung zu.

Unterschiede in den Mikrostrukturen der Haftzonen zwischen Metall und Keramik bei EM- und NEM-Legierungen sind feststellbar. Teilweise werden Gerüstvergoldungen (aus ästhetischen Gründen) und Zwischenzonenmaterialien zur Haftverbesserung anstelle des Oxidbrandes mit uneinheitlicher Bewertung empfohlen (*Reuling u. Siebert* 1989).

Die Entwicklung von keramischen Systemen, die bei niedrigeren Temperaturen fusionieren, half, das Ausmaß der Oxidbildung und der chemischen Interaktion im Kontaktbereich bei Nichtedelmetallen zu verbessern. Außerdem führt die Entwicklung von aufbrennfähigen Niedertemperatur-Keramikmaterialien dazu, wesentlich mehr und unterschiedliche Metallegierungen, beispielsweise auch Titan, für den Aufbrand zu verwenden.

Die Haftfestigkeit von Metall-Keramik-Verblendungen ist hoch und klinisch bewährt. Sie hängt von der Brenntemperatur, den Brenn- und Abkühlungsbedingungen und den beteiligten Metallen und Keramikmassen ab. Die Metalle und Massen verschiedener Hersteller können nicht in jedem Fall kombiniert werden. Verarbeitungsfehler können den metallkeramischen Verbund erheblich beeinträchtigen. Haftfestigkeitswerte für NEM-Legierungen werden mit 50 – 100 Nmm$^{-2}$, für EM-Legierungen mit 30 – 70 Nmm$^{-2}$ angegeben (*Körber u. Ludwig* 1982). Mikroskopische und elektronenoptische Untersuchungen der Grenzschichten zeigen, daß es zur spaltfreien Anlagerung der Keramikmasse an die Metalloberfläche kommt. Korrosionsvorgänge im Grenzflächenbereich sind nachgewiesen (*Schwickerath* 1986).

## 11.6.7 Werkstoffprüfungen

Werkstoffprüfverfahren für dentalkeramische Erzeugnisse industrieller oder individueller Herstellung wurden auf der Grundlage der verarbeitungstechnischen und klinischen Anforderungen entwickelt und dienen der vergleichenden Beurteilung von Materialien, Materialkombinationen und Technologien. Dabei ergeben sich Schwierigkeiten bereits bei der Probenherstellung (*Dorsch* 1989), da

- die Probenabmessungen so zu gestalten sind, daß übliche Verarbeitungstechnologien angewandt werden können und Nacharbeiten zur Erzielung von Maßhaltigkeit die Oberflächenstruktur nicht verändern dürfen,
- die Materialien strukturell mehrphasig aufgebaut sind und zudem labortechnisch häufig eine Schichtung aus unterschiedlichen Massen oder auf ein metallisches Substrat erfolgt,
- eine starke Abhängigkeit der Eigenschaften von Details der Brenn- und Abkühlungsbedingungen besteht (komplexe Natur des Brennvorgangs).

In vielen Fällen wurden daher einheitliche, international akzeptierte Prüffestlegungen erschwert oder verhindert. Mindestanforderungen, die durchaus nicht alle klinisch wichtigen Materialparameter umfassen, wurden für dentalkeramische Massen u.a.in der ISO-Norm 6 872 und DIN 13 925 und für Metallkeramik- Systeme in der ISO-Norm 9 693 und in der DIN-Norm 13 927 erfaßt (vgl. Kap. 14).

Das pyroplastische Fließverhalten wird an zylindrischen Proben (*Binns* 1984) dargestellt. Zur Bestimmung von Erweichungspunkt, Fließ- und Halbkugelpunkt eignet sich auch das Erhitzungsmikroskop (Abb. 11.12). Die Wärmedehnung wird im Zeit-Temperatur-Verlauf zur WAK-Bestimmung mit Dilatometern ermittelt.

Der Strukturanalyse dienen mikroskopische, elektronen- und rasterelektronenmikroskopische, mikrosonden- und röntgendiffraktometrische Untersuchungen.

Zur Bestimmung der optischen Eigenschaften werden unterschiedlichste Farbmaßsysteme eingesetzt.

Während Druckfestigkeits- und Härteprüfungen weitgehend problemlos ausführbar sind und zu weitgehend vergleichbaren Werten führen, war die Reproduzierbarkeit von Biegeversuchen umstritten. Hier haben sich in den Normen der 3-Punkt-Biegetest (*Schwickerath* 1979) und die biaxiale Prüfmethode (*McLean u. Hughes* 1965, *Geis-Gerstorfer u. Kanjantra* 1992) durchgesetzt (Abb. 11.19). Auch Spaltzugprüfungen an Prüfscheiben (indirekter Zugfestigkeitstest) werden angewandt (*Brown u. Sorensen* 1979). Am problematischsten erweist sich die experimentelle Ermittlung der Verbundfestigkeit metallkeramischer Systeme (*Marx* 1986, *Gehre et al.* 1991). Entsprechend der Belastungsart werden Schlag-, Druck-, Biege-, Torsions-, Zug-, Scher- und Zug-Scher-Tests ausgeführt. Neben Unterschieden im deformationsbedingten Spannungsaufbau führen unterschiedliche Probenformen nach dem Brand zu unterschiedlichen Vorspannungen. Der Eintritt eines Schadens, einer Rißbildung oder Abplatzung – wiederum nur schwer objektiv erfaßbar – muß nicht den Grenzwert der Verbundfestigkeit widerspiegeln, zumal in solchen Fällen aufgrund einer niedrigen Eigenfestigkeit der Keramik der Metalloberfläche selbst noch Keramikanteile anhaften.

Zu den wichtigsten Verbundprüfungen gehören:

- Hammerschlag- oder Kugelfalltests,
- Biege- oder Torsionstests an bebrannten Metallplättchen, z. B. 3-Punkt-Biegetest (*Schwickerath* 1979),
- der Zugtest (*Püchner* 1971),
- Schertest auf ebener (*Schmitz u. Schulmeyer* 1975) und auf konischer Fläche (*McLean u. Sced* 1973) sowie der
- Zug-Scher-Test (*Shell u. Nielsen* 1962).

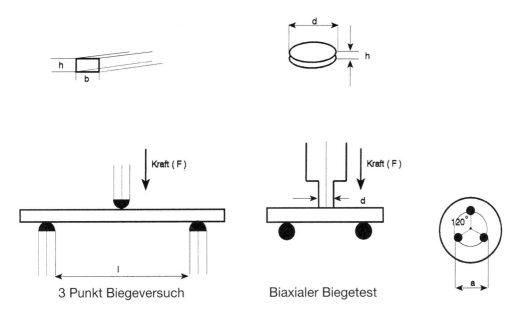

**Abb. 11.19** Schematische Darstellung der Normbiegeprüfungen (DIN 13 927 bzw. ISO 6 872) *links:* 3-Punkt-Biegetest an stabförmigen Prüfkörpern (25x3x1,5) mm, *rechts:* biaxialer Biegetest an scheibenförmigen Prüfkörpern ⌀ (16x2) mm

Auch für die Metallkeramikprüfung hat sich der 3-Punkt-Biegetest durchgesetzt, obgleich gegen ihn und alle anderen Tests Einwände erhoben werden können. Es bleibt erforderlich, die Ergebnisse dieser Tests in einen überprüfbaren Bezug zur klinischen Bewährung von Therapiemitteln zu setzen, um die Aussagekraft einzelner Prüfverfahren werten zu können.

## 11.6.8 Korrelation physikalischer Eigenschaften zur klinischen Beanspruchung

So wichtig die Erfassung einzelner physikalischer Parameter im weitgehend exakten, standardisierten und reproduzierbaren Labortest vor allem für den Vergleich und die Entwicklung von Materialien und Verarbeitungsweisen ist, so schwierig, ja unmöglich ist es andererseits, aus den gewonnenen Ergebnissen auf die klinische Bewährung der aus diesen Werkstoffen gefertigten Therapiemittel zu schließen. Ursachen dafür sind:

- die komplexen, individuell stark differierenden und kaum prognostizierbaren biofunktionellen Beanspruchungen,
- die individuelle, von anatomischen und funktionellen Gegebenheiten und klinischer Behandlung (Präparation, Abformung, Bißlagebestimmung) abhängige, in ihrer Bedeutung beispielsweise für Kraftrichtungen und Spannungsaufbau nicht abschätzbare geometrische Gestaltung des Therapiemittels und seiner Antagonisten (*Meier et al.* 1995),
- der dominierende Einfluß von labortechnischer Verarbeitungsweise,
- offene Fragen der materialgerechten und biologisch vertretbaren Befestigung keramischer Therapiemittel,
- mangelnde klinische Nachsorge und unvorhersehbares Patientenverhalten.

Nach dem bereits Dargestellten ergeben sich kritische Beanspruchungen für die bei Zug-, Scher- und Biegebelastung bruchgefährdete Keramik vor allem durch Kaukrafteinwirkung sowie durch Einflüsse des feuchten Mundmilieus, Korrosionserscheinungen von

Gerüstlegierungen im Verbundbereich und Temperaturwechsel. Bereits Angaben zur noch am ehesten faßbaren Kaubelastung sind uneinheitlich. In der Literatur werden mittlere maximale Kaukräfte von 140 – 200 N im Front- und 300 N im Seitenzahnbereich (*Körber u. Ludwig* 1983, *Ludwig* 1991) sowie Maximalbelastungen für Einzelkronen von 250 N, für Brücken von 300 N und für Verblockungen von 500 N (*Meiners* 1987) angegeben. Berücksichtigt man weiter, daß der Abfall der Ausgangsfestigkeit keramischer Therapiemittel bei mechanischer Dauerbelastung und unter Einfluß von Wasser und Korrosionsmedien ca. 40 % beträgt (*Schwickerath* 1986, *Marx* 1993) und ein Sicherheitsbereich notwendig ist, ergibt sich die Forderung nach einer Anfangsfestigkeit für den Frontzahnbereich von 400 N und für den Seitenzahnbereich von 600 N (*Schwickerath* 1986, 1988, 1992 u. 1992, *Schwickerath u. Coca* 1987, *Kappert* 1991, *Bieniek u. Marx* 1994). Von verschiedenen Autoren (*Voß* 1969, *Voß u. Eichner* 1978, *Schwickerath u. Coca* 1987, *Schwickerath* 1988 u. 1992, *Kappert et al.* 1990, *Ludwig* 1991, *Hölsch u. Kappert* 1992, *Pröbster* 1992, *Hahn u. Wolf* 1994) wurden über die Biegeprüfung hinaus zusätzlich Festigkeitsprüfungen an Einzelkronen bzw. kleineren Brücken durchgeführt, deren Grenzbelastungen dann mit den maximalen Kaukräften in Beziehung gebracht werden können (Abb. 11.20). Es zeigte sich, daß ganzkeramische Therapiemittel aus konventionellen Feldspatkeramiken sowie aus neuentwickelten ganzkeramischen Systemen (*Vitadur, Hi-Ceram, Dicor, Empress* u.a.) material- und richtungsabhängig bei Belastungen von 400 – 650 N zerbrachen, während dies bei *In-Ceram*-Kronen erst bei 1050 – 1260 N eintrat, womit die Festigkeit von metallkeramischen Kronen (1172 – 1563 N) annähernd erreicht wird.

Diese Untersuchungsergebnisse belegen, daß von den meisten ganzkeramischen Systemen die geforderten Grenzwerte gerade – eventuell unter Einschränkung des Sicher-

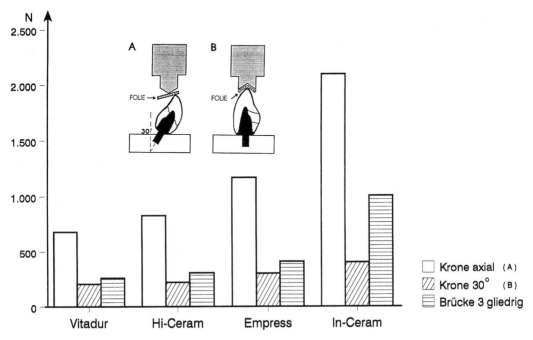

*Abb. 11.20* Prüfprinzip für Festigkeitsuntersuchungen an stilisierten Kronen und ermittelte Bruchlasten für ganzkeramische Restaurationen

heitsbereiches – erreicht werden, woraus sich einerseits Berechtigung zum klinischen Einsatz, andererseits auch Zurückhaltung begründet.

Dies sollte vor allem mit Blick auf die bereits formulierten Einschränkungen hinsichtlich einer die Eigenschaften entscheidend beeinflussenden großen Variabilität der Therapiemittelgestaltung, der labortechnischen Verarbeitung, der Befestigung und der Patientencompliance gesehen werden. Im Gegensatz dazu waren alle in vitro Testungen grundsätzlich so angelegt, daß alle erfaßbaren Einflußbedingungen (Stumpfform, Formgebung, Schichtstärke, Befestigung, Kraftrichtung u.a.) innerhalb der Versuchsansätze konstant gehalten wurden.

So bleibt die Notwendigkeit, einer abschließenden Wertung klinische Erfahrungen in einem Beobachtungszeitraum von mindestens fünf Jahren zugrunde zu legen und erst auf dieser Basis über die Brauchbarkeit der Systeme und ihre Indikation endgültig zu entscheiden (*Wohlwend u. Schärer* 1990, *Strub* 1992). Für die metallkeramische Verblendung steht die breite klinische Einsatzfähigkeit und Langzeitbewährung aufgrund 30 jähriger Erfahrungen außer Frage. Die Überlebensrate beträgt nach einer Verweildauer von 10 Jahren für Einzelkronen im Frontzahn- und Molarenbereich 93 % bzw. 96 % (*Kerschbaum* 1986). Für die modernen Ganzkeramiksysteme sind die Beobachtungszeiträume häufig zu kurz und die exakt auswertbaren klinischen Fallzahlen zu niedrig. Unzweifelhaft dürfte die Anwendbarkeit von *In-Ceram* für Einzelkronen und kleine einspannige Frontzahnbrücken sein. Derzeit wird versucht, den Indikationsbereich mit entsprechender Vorsicht auf Seitenzahnbrücken (*Kappert u. Knode* 1990), auf Klebebrücken (*Kern et al.* 1991) und sogar auf implantatgestützte Suprakonstruktionen (*Hürzeler* 1990) auszudehnen. Auch herrscht Übereinstimmung darüber, daß die meisten der entwickelten Vollkeramiksysteme mit Vor- und Nachteilen zumindest für Einzelkronen, Inlays, Onlays und Verblend-

schalen eingesetzt werden können (*Lehner et al.* 1992, *Bieniek et al.* 1993).

Aufgrund der begrenzten Bruchfestigkeit, insbesondere der Anfälligkeit gegenüber Scherkräften, kommt der Bindung zwischen Zahnstumpf und künstlicher Krone eine besondere Bedeutung zu. Da klassische Zinkphosphatzemente keine Haftbindung bewirken, nimmt es nicht wunder, daß die klinische Bewährung ganzkeramischer Restaurationen durch adhäsive Befestigungstechniken deutlich verbessert werden kann (*Malament u. Grossman* 1992, *Altvater u. Pröbster* 1993, *Kern u. Thompson* 1994, *Ludwig u. Joseph* 1994, *Mehl et al.* 1994, *Thonemann et al.* 1994). Hierbei werden silikatische Vollkeramiken in der Regel mit Flußsäure angeätzt, silanisiert und mittels Befestigungskomposit eingesetzt. Die Ätzung schafft eine retentive Oberfläche, während die Silanisierung einen chemischen Verbund zwischen Keramik und Kleber herstellt. Das Silan wird auf die Innenfläche der Restauration aufgetragen und verbindet sich einerseits mit der silikatischen Keramikoberfläche und enthält andererseits funktionelle Gruppen, die mit dem organischen Befestigungsmaterial chemisch reagieren können. Somit bewirkt die Silan-Zwischenschicht einen chemischen Verbund zwischen Keramik und Kleber. Die Restaurationen werden nach geeigneter Vorbehandlung der Zahnhartsubstanz (Schmelzätzung, gegebenenfalls Dentinadhäsiva) mittels chemisch-oder dualhärtender Kompositkleber eingesetzt (*Hofmann et al.* 1993, *Ludwig u. Joseph* 1994).

Bei der glasinfiltrierten Aluminiumoxidkeramik *In-Ceram* gelingt es nicht, durch Ätzen und Silanisierung einen stabilen Klebeverbund zu herkömmlichen BisGMA-Klebern zu erreichen. Aufgrund der zwei-bis dreifach höheren Biegefestigkeit von *In-Ceram*-Keramik können bei diesen Restaurationen in der Regel jedoch herkömmliche Befestigungszemente verwendet werden. Auch eine adhäsive Befestigung von *In-Ceram*-Restaurationen erscheint möglich, wenn für die Keramikkonditionierung neue Methoden angewendet werden (*Kern et al.* 1991, *Kern u. Thompson* 1994). So kann die Silikatisierung von *In-Ceram* mit anschließender Silanisierung eine gute Grundlage für den Klebeverbund darstellen, da nun die aufgebrachte oberflächliche Silikatschicht einen Bindungspartner für das Silan darstellt (*Kern et al.* 1991, *Strub et al.* 1994).

Die abschließende Wertung der Befestigungstechniken steht aufgrund begrenzter Beobachtungszeiträume noch aus, wobei sowohl der dauerhafte Verbund unter klinischen Bedingungen als auch die Biokompatibilität einer Beurteilung bedürfen.

## 11.7 Biologische Wertung dentalkeramischer Werkstoffe

Werkstoffe können in Abhängigkeit von Zusammensetzung, Struktur und Gestaltung im biologischen Milieu chemisch-toxische Effekte, allergische, selten auch mutagene Reaktionen, mechanische Irritationen und elektrochemische Vorgänge auslösen. Stoffliche Wirkungen setzen Substanzabtrag und Lösungsvorgänge voraus.

Keramische Werkstoffe zeichnen sich durch große chemische Stabilität, nicht toxischen Elementaufbau und dadurch bedingt hohe Mundbeständigkeit und Biokompatibilität aus. Sie sind weitgehend unlöslich (nur durch starke Reagenzien, z. B. Flußsäure HF angreifbar) und abrasionsfest. Diese Eigenschaften beruhen auf der starken Gitterbindung der Atomgruppen und auf ihrem im chemischen Sinne Abgesättigtsein, denn die Keramik besteht aus Metalloxiden in bereits gesättigter Oxidationsstufe. Im Gegensatz dazu liegen die ein Metall bildenden Elemente im elementaren Zustand vor. Sie sind noch oxidierbar und deshalb nicht in dem Maße chemisch inert (*Marx* 1993). Hinzu kommt, daß Metalle gute Leiter für Wärme und Elektrizität, keramische Erzeugnisse aber gute Isolatoren sind (*Combe* 1984).

Nach *Kappert* (1994) ist die noch nicht oder nur selten in Frage gestellte Biokompatibilität der Keramik einerseits und die zunehmende, zumeist unbegründete Sorge um die ausreichende Biokompatibilität von Dentallegierungen andererseits Ursache für eine zunehmende Orientierung auf metallfreie vollkeramische Einstoffsysteme.

Die chemische Trägheit der vollständig oxidierten metallischen und halbmetallischen Elemente verbunden mit der Undurchlässigkeit der harten Oberfläche machen Keramikmassen zu einem idealen biokompatiblen Material (*Jones* 1989). Dabei ist die Lösungsfähigkeit keramischer und glaskeramischer Materialien im Mundmilieu differenziert zu betrachten. So kann eine Erhöhung des $Na_2O$-, $K_2O$- und $B_2O_3$-Gehaltes von Dentalkeramikmassen die chemische Reaktionsträgheit verringern. Lange Zeit wurde davon ausgegangen, daß, wenn eine Verbindungsreaktion der anorganischen Komponenten eine hohe Temperatur voraussetzt (Mittel- und Hochtemperatur-Keramikmassen), die Verbindungsenergie zwischen den elementaren Bausteinen dementsprechend hoch ist. Belegbar ist dies durch Untersuchungsergebnisse an traditionellen Dentalkeramiken unterschiedlicher Brenntemperaturbereiche, nach denen Lösungserscheinungen (Standardtest der ISO- und DIN-Normung) bei Niedertemperatur-Keramiken stets erhöht waren. Es wurde daher (*Binns* 1984) eine Korrelation zwischen Schmelztemperatur und chemischer Löslichkeit vermutet.

Moderne Niedertemperaturkeramiken und Glaskeramiken, für spezielle Technologien und den Aufbrand auf Titan und traditionelle goldfarbene, aber geringer thermostabile Edelmetallegierungen entwickelt, stellen – derzeit noch nicht abschließend bewertbar – diesen Grundsatz in Frage. Ursache für die höhere chemische Lösungsbeständigkeit dieser LFC-Keramiken ist die durch Einbau von Hydroxyl-Ionen als Netzwerkwandler erzielte hydrothermale Glasstruktur (*Marx et al.* 1992, *Schäfer u. Kappert* 1993). Es kann davon ausgegangen werden, daß zwar die gegenwärtigen Dentalkeramiken unter den Bedingungen in der Mundhöhle als stabil anzusehen sind, aber Erfahrungen fehlen, um die vertretbaren Grenzen der Löslichkeit anzugeben.

Die Gewebefreundlichkeit von Keramiken, so der inerten $Al_2O_3$- Keramik sowie der bioaktiven Glaskeramiken, hat sich auch bei ihrer Verwendung als Implantat-Werkstoff bestätigt. Die gießfähige Hydroxylapatitkeramik (*Cerapearl*) besitzt eine dem natürlichen Schmelz ähnelnde kristalline Struktur und im biologischen Milieu Eigenschaften (*Hobo* 1989), die mit denen des Schmelzes vergleichbar sind.

Entscheidend für das positive biologische Verhalten der Keramiken ist darüber hinaus ihre dichte, harte und nach Glanzbrand glatte Oberfläche. Diese bestimmt im wesentlichen Grenzflächenreaktionen wie beispielsweise die Adhäsion von Plaque und Mikroorganismen, die bei Keramiken teilweise niedriger gefunden wurde als an natürlichen Zähnen (*Böttger et al.* 1989, *Savitt* 1989, *Hahn et al.* 1992). Aus der Oberflächengüte ergibt sich auch eine hervorragende Hygienefähigkeit des Materials. Allerdings können keramische Verblendungen und Keramikzähne auch ungenügende Oberflächenstrukturen aufweisen, wenn

- keine Glasurmassen verwendet wurden,
- Anschliffe bis in die Grundmasse vorgenommen werden,
- die Schichtstärken im Schulterbereich von Kronen nur den Opakmassenauftrag (nicht glasierfähig) gestatten oder
- Keramiken mit phosphorsäurehaltigen Fluoridgelen geätzt werden.

Die Biokompatibilität von metallkeramischen Therapiemitteln kann durch unzureichende Korrosionsfestigkeit der Aufbrennlegierungen sowie durch unzureichende Entfernung freiliegender Haftoxidbezirke beeinträchtigt sein. Korrosionen treten vor allem auf der metallischen Seite der Phasengrenze Metall/Keramik auf (*Schwickerath* 1986, *Meiners* 1987, *Biffar u. Weltzsch* 1989, *Augthun u. Spiekermann* 1994). Korrosionsprodukte können Schadwirkungen hervorrufen.

Bei nachgewiesenen Kunststoffunverträglichkeiten sind Keramikzähne und silikatische Verblendungen zu wählen. Vermutete Schadwirkungen durch radioaktive Strahlungen aus keramischen Materialien, bedingt durch Urangehalte mineralischer Rohstoffe oder fluoreszierende Zusätze, sind unwahrscheinlich, aus Sicherheitsgründen wurden jedoch Strahlungshöchstgrenzen in die internationale Normung aufgenommen.

Gewebeschädigungen beim Einsatz keramischer Therapiemittel treten im wesentlichen nur bei mechanischen Irritationen auf. Sie können durch Gewebeverdrängung oder durch Folgen eines unphysiologischen Dauerkontaktes verursacht sein. Der bei Verdrängung ausgelöste Druck führt, stofflich unabhängig, zu Durchblutungsstörungen, Nekrosen und reaktiven Entzündungen. Bei drucklosen Bedeckungen ist in Abhängigkeit von der Bedeckungsfläche mit Behinderung der Selbstreinigung, Verschmutzung und, durch Zerfallsprodukte hervorgerufen, ebenfalls mit Entzündungen zu rechnen. Aus Erfahrung und Experimenten ist bekannt, daß glasierte Keramik sich im Dauerkontakt mit der Schleimhaut am besten bewährt. Andererseits werden parodontale und gingivale Auswirkungen auch nach Eingliederung keramischer und metallkeramischer Restaurationen beobachtet (*Bieniek u. Küpper* 1988, *Küpper u. Bieniek* 1989). Man führt sie zurück auf:

- nicht formschlüssigen Übergang Krone/ Zahnhartsubstanz durch Über- und seltener Unterkontur,
- falsche Schichtung der Keramikmassen beim Modellieren,
- Randspalten und Einflüsse der Befestigungstechnik (*Schärer* 1984).

Ursachen für die Überkonturen liegen meist in ungenügender Reduktion des Zahnes bei der Präparation begründet.

Die erzielbare Paßgenauigkeit keramischer und metallkeramischer Restaurationen ist von den Werkstoffen, der Herstellungstechnologie, aber auch von Präparation und Abformung abhängig (*Böttger et al.* 1988, *Abbate et al.* 1989, *Biffar u. Weltzsch* 1989, *Richter et al.* 1989). Bei materialgerechter Verarbeitung können metallische Kronenränder, die im supragingivalen Bereich zusätzlich finierbar sind, sowie moderne Vollkeramiktechnologien (*In-Ceram, Empress, Dicor*) Randspaltgenauigkeiten von 10- 35 $\mu$ und damit die zu fordernde klinische Präzision von 50 $\mu$ erreichen (*Dreyer-Jörgensen* 1958, *Bieniek* 1993, *Schäfers et al.* 1994).

Die schadfreie Inkorporation keramischer Therapiemittel ist darüber hinaus abhängig von der Biokompatibilität und Löslichkeit der Befestigungswerkstoffe. Neben dem klassischen Zinkoxid-Phosphat- oder auch Carboxylatzementen gewinnen Polyalkenoatzemente und dual härtende kompositische Befestigungsmaterialien insbesondere in Kombination mit adhäsiven Verbundtechniken eine Rolle, deren Bioverträglichkeit noch keine abschließende Bewertung erlaubt.

## 11.8 Keramikzähne, industrielle Herstellung und Verarbeitung

Für Zahnersatz werden industriell künstliche Zähne aus keramischen Massen (Porzellan-, besser Mineral- oder Keramikzähne) und Kunststoffzähne hergestellt. Sie müssen in Farbe und Formgebung den natürlichen Zähnen in ihrer vielfältigen Variabilität entsprechen, den Einflüssen und Belastungen der Mundhöhle standhalten und sich mit Prothesenbasismaterialien ausreichend fest verbinden lassen. Ein Bedarf für vorgefertigte Keramikfacetten, Langstiftzähne, Kronen-, Röhren- oder Pfropfenzähne zur Herstellung von festsitzendem Zahnersatz besteht beim heutigen Entwicklungsstand der Metall- und Ganzkeramik praktisch kaum noch.

Ausgangsmaterial für Keramikzähne sind die traditionellen, aus mineralischen Rohstoffen bestehenden Massen, deren Zusammensetzung und Aufbereitung durch Zerkleinern, Mahlen, Sieben, Fritten schon beschrieben wurden. Die bereits eingefärbten Pulver werden zur Plastifizierung und Formbarkeit mit organischen Bindemitteln (Wasser, Öl, Dextrin, Stärke) vermischt. Um unterschiedliche Massen für Zahnkörper, Zahnhals und Schneidekante besser voneinander unterscheiden zu können, werden auch diese Massen mit organischen Farbstoffen versetzt, die später zusammen mit den Bindemitteln rückstandslos ausbrennen. Für die Formgebung der Zähne werden geteilte Metallformen, meist Bronze, eventuell verchromt, verwendet, die entweder im Guß- und anschließendem Gravierverfahren oder auf galvanischem Wege hergestellt werden (Abb. 11.21). Da die Keramikmasse während des Brennens stark schwindet, müssen die Formen für die Zähne entsprechend der Brennschwindung 20 bis 30 Volumenprozent größer gestaltet werden (Abb. 11.22). Normalerweise enthält jede

*Abb. 11.21* Preßform (Bronze) zur Herstellung keramischer Frontzähne. Masseneinlage in 2-teilige Preßform (Bronze) zur Herstellung keramischer Frontzähne (Fa. *VITA*)

## 11.8 Keramikzähne, industrielle Herstellung und Verarbeitung

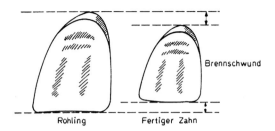

*Abb. 11.22* Brennschwindung eines Keramikzahnes nach *Schmitz* 1981

Fabrikationsmatrize für Frontzähne zwei 6er Garnituren der gleichen Form bzw. eine 8er Garnitur für Backenzähne (Diatorics). Die Formen bestehen aus zwei Hälften, der Haupt- und Gegenform; erstere stellt den Labialteil des zu fertigenden Zahnes, letztere seinen Rückenteil dar, entsprechend bei den Backenzähnen den okklusalen und den basalen Teil. In diese Matrizen werden die Massen in einer dem natürlichen Zahn entsprechenden Schmelz-Dentin-Schichtung eingebracht (Abb. 11.23). Die Schmelz-, Dentin-, Wurzel- und Rückenmassen ($Al_2O_3$-Hartkeramik) werden zumeist manuell eingelegt. Um bei der Vielfalt der Massen diese unterscheiden und vorgesehene Schichtungen und Schichtstärken einhalten zu können, erfolgte ihre Einfärbung mit intensiven organischen Farbstoffen. Die nach Vorgabe geschichtet gefüllten Formen wer-

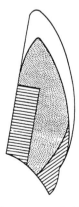

*Abb. 11.23* Vita-Massen-Schichtungsprinzip für die Herstellung von Keramikzähnen (1927) nach *Schmitz* 1981

den aufeinandergelegt und bei Temperaturen von 120 °C (*Breustedt u. Lenz* 1985) bzw. 250 °C (*Schmitz* 1981, *Schwenzer* 1982) heißgepreßt bzw. getrocknet. Die verfestigten Rohlinge werden aus der Form gelöst, von Preßfahnen befreit, eventuell bemalt (Zahnhals, Schmelzsprünge) und nach exakter Kontrolle zum Keramikzahn gebrannt. Dazu werden die Rohlinge auf feuerfeste Platten aus Schamotte oder Quarz gelegt. Zunächst wird eine Erhitzung auf ca. 800 °C vorgenommen, bei der alle organischen Bestandteile ausbrennen. Dann erfolgt bei Temperaturen von 1250 – 1400 °C innerhalb von 8 – 25 Minuten der eigentliche Brennprozeß, der seit 1949 (*Gatzka*) unter gezieltem und gesteuertem Vakuumeinsatz abläuft. Dadurch sintern die Masseteilchen enger zusammen und das Porenvolumen wird soweit gemindert, daß ein weitgehend homogener, transparenter, farblich konstanter verglaster Keramikzahn entsteht. Obwohl heute das Brennen meist in elektrischen Öfen erfolgt, wobei hochempfindliche Temperaturmeß- und -regelungsgeräte höchster Präzision der Brandüberwachung dienen, kommt der auf Erfahrung basierenden individuellen Glanzkontrolle des Brenngutes größte Bedeutung zu. Nach dem Brand werden die Zähne auf Farbe, Porenfreiheit, Risse und Formgenauigkeit kontrolliert.

Im Gegensatz zu Kunststoffzähnen, die mit dem Prothesenbasismaterial eine chemische Bindung eingehen, wird die Verankerung in der Prothesenbasis bei Keramikzähnen erreicht durch:

- retentive Hohlräume im Zahnkörper mit zusätzlichen approximalen Wandperforationen (Diatorics),
- Goldknopf-Retentionen auf der Oralseite von Frontzähnen,
- Silanhaftschichten (bisher nur ein Handelsfabrikat).

Die retentiven Hohlräume in den Seitenzähnen werden durch Einlage von ausbrennbaren Formkörpern (Holz, Kunststoff) in die Backenzahnformen vor Einbringen der Masse geschaffen. Die seitlichen Löcher der

Backenzähne werden gelegentlich in den Rohling eingebohrt.

Zur Anbringung der Goldknopfretentionen an Frontzähne bedient man sich noch heute des klassischen amerikanischen Verankerungssystems, des sogenannten *Solila*-Prinzips (Abb. 11.24). Dabei werden in den Hartkern des Kunstzahnes (Rückenteil) zwei seitlich geschlitzte (Spannungsausgleich) Zylinder oder Zylinderkäppchen aus einer Edelmetallegierung (40 % Gold, Silber und Platin, 60 % Palladium) eingebrannt. In diese Hülsen werden Goldmantelstifte (meist Nickel mit dünner Feingoldauflage) mit Silberlegierungen in elektrischen Durchlauföfen eingelötet. Anschließend wird der feste Halt jedes Krampons geprüft und die Stifte dabei korrekt ausgerichtet. Bei Langstiftzähnen werden Platin-, Palladium- oder Goldstifte mit Reinplatinauflage direkt in die Kernmasse eingebrannt.

Erste kramponlose keramische Frontzähne kamen 1980 als *Keralux-S-Zahn* auf den Markt. Bei diesen wird die dorsale bzw. basale Fläche der fertig gebrannten Zähne mit einer Silanlösung behandelt. Danach wird eine dünne, die Silanbeschichtung schützende PMMA-Kunststoffschicht aufpolymerisiert. Dieser Plasthaftteil ermöglicht bei der Verarbeitung im Laboratorium eine feste chemische Verbindung der silanisierten Keramikzähne mit Prothesenkunststoffen.

Auch aus Keramikzähnen ausgeschliffene Facetten oder industriell hergestellte Schalen können über individuelle Silanisierungsverfahren bei sachgerechter Verarbeitung dauerhaft mit Kunststoffen verbunden werden. Andererseits lassen sich traditionelle keramische Massen an industrielle Keramikzähne (Schalenkeramik) und Facetten zur Individualisierung anbrennen.

Das Einarbeiten von Keramikzähnen in Prothesen geschieht in der für Plattenprothesen üblichen Technologie. Die Keramikzähne müssen im Gipskonter der Küvette ausreichend und so gefaßt sein, daß die Hohlraumretentionen der Seitenzähne und die Goldknopfkrampons der Frontzähne freiliegen, so daß sie mit Kunststoff gefüllt bzw. umflossen werden können. Saubere, wachsfreie Oberflächen sind Voraussetzung für ein spaltarmes Anliegen des Basismaterials. Gleiches gilt für silanisierte Facetten, wobei hier ein spaltfreier chemischer Verbund möglich ist.

Goldknopfkrampons dürfen ihres uneinheitlichen metallischen Aufbaus (Goldmantelstifte) wegen nicht angeschliffen werden. Platinlangstiftzähne werden mit Goldlot am metallischen Gerüst verlötet.

Beim Beschleifen von Keramikzähnen müssen durch geeignete Schleifkorngröße, Schleifrichtung und Drehzahl ein Splittern und ein möglicher Spannungsaufbau vermieden werden. Keramikzähne sind nach dem Beschleifen nur schwer polierbar. In der DIN-Norm 13921 und dem auf ihr basierenden ISO-Standard werden Vakuumbrand sowie Größe und Anzahl zulässiger Restporen festgelegt. Keramikzähne sind bruchanfälliger als Kunststoffzähne. Da Kunststoffzähne durch Vernetzung und teilweise kompositen Aufbau härter, abriebfester und mundbeständiger gemacht werden konnten, werden Keramikzähne seltener, häufiger bei Totalprothesen und häufig auch nur im Frontzahngebiet eingesetzt.

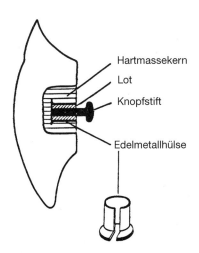

*Abb. 11.24* *Solila*-Prinzip zum Einbringen von Krampons in Keramikfrontzähne

## *Literaturverzeichnis*

*Abbate, M.F., Tjan, A.H.L., Fox, W.M.:*
Comparison of the marginal fit of various ceramic crown systems. J Prosthet Dent 61, 527–531 (1989)

*Altvater, A., Pröbster, L.:*
Influence of resin bonding on the flexural strength of a glass ceramic. NOF/CED-Meeting Kolding 1993; Abstract Nr 332

*Augthun, M., Spiekermann, H.:*
In-vitro- und In-vivo-Untersuchungen zum Korrosionsverhalten einer Palladiumlegierung. Dtsch Zahnärztl Z 49, 632–635 (1994)

*Bieniek, K.W., Küpper, H.:*
Histologische und rasterelektronenmikroskopische Untersuchungen zur marginalen Paßform von Hi-Ceram-Kronen. Dtsch Zahnärztl Z 43, 1 119–1 121 (1988)

*Bieniek, K.W.:*
Randspaltenbreiten bei aktuellen Vollkeramikkronensystemen. Phillip J 10, 223–226 (1993)

*Bieniek, K.W., Zitzmann, N., Spiekermann, H.:*
Innovative vollkeramische Kronen- und Brückensysteme – Eine kritische Bewertung (II). Quintessenz 44, 689–697 (1993)

*Bieniek, K.W., Marx, R.:*
Die mechanische Belastbarkeit neuer vollkeramischer Kronen- und Brückenmaterialien. Schweiz Monatsschr Zahnmed 104, 284–289 (1994)

*Biffar, R., Weltzsch, U.:*
Zur Paßgenauigkeit von Verblendkronen mit keramischer Schultermasse. Dtsch Zahnärztl Z 44, 779–782 (1989)

*Binns, D.:*
Die chemischen und physikalischen Eigenschaften des Dentalporzellans. – In: McLean J.W.: Dental-Keramik. Vorträge und Diskussionen anläßlich des 1. Int. Keramik-Symposiums. Quintessenz Chicago Berlin London Rio de Janeiro Tokyo 41–81 (1984)

*Breustedt, A., Lenz, E.:*
Stomatologische Werkstoffkunde. 2. überarb. u. erw. Aufl., J.A. Barth Leipzig 1985

*Böttger, H., Rosenbauer, K.A., Pospiech, P.:*
Vergleichende rasterelektronenmikroskopische Randspaltmessungen von verblendeten und unverblendeten Metallkronen und Dicor-Glaskeramikkronen. Zahnärztl Welt 97, 445–450 (1988)

*Böttger, H., Rosenbauer, K.A., Pospiech, P.:*
Die Oberfläche von Glaskeramikkronen und VMK-Kronen im Vergleich. Dent Lab 37, 1031–1034 (1989).

*Brown, M.H., Sorensen, S. E.:*
Aluminous Porcelain and its Role in Fixed Prosthodontics. J Prosthet Dent 53, 507 (1979)

*Claus, H.:*
Werkstoffkundliche Grundlagen der Dentalkeramik. Dent Lab 28, 1743–1750 (1980)

*Claus, H.:*
Verbundfestigkeit eines metallkeramischen Systems in Abhängigkeit von der Brenntemperatur. Zahnärztl Welt 91, 50–54 (1982)

*Claus, H.:*
Vita In-Ceram, ein neues Verfahren zur Herstellung oxidkeramischer Gerüste für Kronen- und Brücken. Quintessenz Zahntech 16, 35–46 (1990)

*Combe, E.C.:*
Zahnärztliche Werkstoffe – Zusammensetzung, Verarbeitung, Anwendung. Teil IV: Dentalkeramik und Gußlegierungen. Carl Hanser, München Wien S. 231–252 (1984)

*Crispin, B.J., Seghi, R.R., Globe, H.:*
Effect of different metal ceramic alloys on the color of opaque and dentin porcelain. J Prosthet Dent 65, 351–356 (1991)

*Denry, I.L., Rosenstiel, S. F., Holloway, J.A.:*
Characterization of Crystalline Leucite in Feldspathic Dental Porcelains. J Dent Res 73, 369 (1994)

*Dorsch, P.:*
Die gezielte Änderung des Wärmeausdehnungskoeffizienten (WAK) von Dentalkeramiken durch spezifische Brennmethoden. Quintessenz Zahntech 15, 801–808 (1989)

*Dorsch, P.:*
Eine kritische Betrachtung der Normvorlagen für metallkeramische Restaurationen. Dent Lab 37, 1133–1138 (1989)

*Dreyer-Jörgensen, K.:*
Prüfungsergebnisse zahnärztlicher Gußverfahren. Dtsch Zahnärztl Z 13, 461 (1958)

*Dröge, G.G.J.:*
The porcelain press technique. J Prosthet Dent 28, 209–214 (1972)

*Eichner, K.:*
Über die Bindung von keramischen Massen und Edelmetall-Legierungen – Theorien und optische sowie elektronenmikroskopische Untersuchungen. Dtsch Zahnärztl Z 23, 373 (1968)

*Eichner, K.:*
Zahnärztliche Werkstoffe und ihre Verarbeitung. Bd.2: Werkstoffe unter klinischen Aspekten. Dr.A. Hüthig Heidelberg 1981, S. 207 – 230

*Eidenbenz, St., Schärer, P.:*
Das Kopierschleifen keramischer Formkörper. Phillip J 11, 91–95 (1994)

*Fischer, J., Schmid, M., Kappert, H.F., Strub, J.R.:*
Gefügeausbildung der In-Ceram-Kernmasse. Dent Lab 40, 257–258 (1992)

*Futterknecht, N.:*
Renaissance in der Vollkeramik? (I). Quintessenz Zahntech 16, 1185–1197 (1990)

*Gehre, G., Häßler, C., Ulbricht, J.:*
Dentalkeramische Massen und metallkeramischer Verbund unter besonderer Berücksichtigung der Materialkombination Gisadent NCA/ VITA VMK 68. Dtsch Stomatol 34, 730–737 (1984)

*Gehre, G., Häßler, C., Hänßgen, E.:*
Beitrag zur Methodik der Scherfestigkeitsprüfung metallkeramischer Verbundsysteme. Dtsch Stomatol 41, 125–127 (1991)

*Geis-Gerstorfer, J., Kanjantra, P.:*
Zum Einfluß der Prüfmethode auf die Biegefestigkeit von IPS- Empress und In-Ceram. Dtsch Zahnärztl Z 47, 618–621 (1992)

*Geis-Gerstorfer, J., Kanjantra, P., Pröbster, L., Weber H.:*
Untersuchung der Bruchzähigkeit und des Rißwachstums zweier vollkeramischer Kronen- und Brückensysteme. Dtsch Zahnärztl Z 48, 685–691 (1993)

*Geller, W., Kwiatkowski, S. J.:*
Willis Glas: Glaskeramische Synthese zur Vermeidung der Dunkel- und Schattenzonen im Gingivalbereich. Quintessenz Zahntech 13, 39 (1987)

*Götz, D., Gehre, G.:*
$Al_2O_3$-verstärkte Keramik mit DDR-eigenen Materialien. Dtsch Stomatol 36, 61–68 (1986)

*Grossman, D.G.:*
Der Werkstoff Gußglas – Keramikmaterial. – In: Preston J.D.: Perspektiven der Dentalkeramik. Berichte vom 4. Int. Keramik-Symposium. Quintessenz Berlin Chicago London Sao Paulo Tokio 117–133 (1989)

*Hahn, R., Netuschil, L., Löst, C.:*
Initiale Plaquebesiedelung keramischer Restaurationsmaterialien. Dtsch Zahnärztl Z 47, 330–334 (1992)

*Hahn, R., Wolf, M.:*
Fraktographische Bruchflächenanalyse laminierter vollkeramischer Frontzahnkronen. Dtsch Zahnärztl Z 49, 316–320 (1994)

*Heinenberg, B.J.:*
IPS-Empress mit neuer Keramiktechnologie. Quintessenz Zahntech 17, 475–479 (1991)

*Hobo, S.:*
Keramik-Zahnersatz aus gußfähigem Hydroxylapatit.-In: Preston, J.D.: Perspektiven der Dentalkeramik. Berichte vom 4.Int. Keramik-Symposium. Quintessenz Berlin Chicago London Sao Paulo Tokio 135–152 (1989)

*Hölsch, W., Kappert, H.F.:*
Festigkeitsprüfung von vollkeramischem Einzelzahnersatz für den Front- und Seitenzahnbereich. Dtsch Zahnärztl Z 47, 621–623 (1992)

*Hofmann, N., Handrejk, A., Haller, B., Klaiber, B.:*
Oberflächenkonditionierung gepreßter Keramik und ihr Einfluß auf die Verbundfestigkeit zu Kompositen. Schweiz Monatsschr Zahnmed 103, 1415–1420 (1993)

*Hohmann, A., Hielscher, W.:*
Lehrbuch der Zahntechnik. Bd.3: Universalien der Werkstoffkunde – Werkstoffe, Hilfswerkstoffe und Verarbeitungstechniken Quintessenz Berlin Chicago London Sao Paulo Tokio 1987

*Hohmann, W.:*
Dentalkeramik auf der Basis hydrothermaler Gläser. Quintessenz, Berlin 1993

*Hürzeler M.B.:*
Klinische Fallpräsentation: Versorgung einer zahnlosen Patientin mit implantatgetragenen Vollkeramikbrücken nach vorgängig durchgeführter orthognather Chirurgie. Parodontologie 3, 263–276 (1990)

*Jones, D.W.:*
Niedertemperatur-Keramik. – In: Preston, J.D.: Perspektiven der Dentalkeramik. Berichte vom 4.Int. Keramik-Symposium. Quintessenz Berlin Chicago London Sao Paulo Tokio 29–46 (1989)

*Kappert, H.F., Knode, H.:*
In-Ceram auf dem Prüfstand. Quintessenz Zahntech 16, 980–1002 (1990)

*Kappert, H.F., Knode, H., Manzotti, L.:*
Metallfreie Brücken für den Seitenzahnbereich. Dent Lab 38, 177–183 (1990)

*Kappert, H.F., Knode, H., Schultheiss, R.:*
Festigkeitsverhalten der In-Ceram-Keramik bei mechanischer und thermischer Wechsellast im Kunstspeichel. Dtsch Zahnärztl Z 46, 129–131 (1991)

*Kappert, H.F.:*
Keramik als zahnärztlicher Werkstoff. – In: Strub J.R. et al.: Curriculum Prothetik. Bd. 2: Artikulatoren, Ästhetik, Werkstoffkunde, Festsitzende Prothetik. Quintessenz Berlin 615–625 (1994)

*Kappert, H.F., Schwickerath, H., Veiel, St., Bregazzi, J.:*
Zur Korrosionsfestigkeit aufbrennfähiger Edelmetallegierungen. Dtsch Zahnärztl Z 49, 716–721 (1994)

*Kern, M., Knode, H., Strub, J.R.:*
The all-porcelain resin bonded bridge (In-Ceram). Quintessence Int 22, 257–262 (1991)

*Kern, M., Neikes, M.J., Strub, J.R.:*
Haftfestigkeit des Klebeverbundes auf In-Ceram nach unterschiedlicher Oberflächenkonditionierung. Dtsch Zahnärztl Z 46, 758–761 (1991)

*Kern, M., Thompson, van P.:*
Beständigkeit des Kunststoff-Keramik-Verbundes. Dtsch Zahnärztl Z 49, 177–180 (1994)

*Kern, M., Thompson, van P.:*
Sandblasting and silica coating of a glass-infiltrated alumina ceramic: Volume loss, morphology, and changes in the surface. J Prosthet Dent 71, 453–461 (1994)

*Kerschbaum, Th.:*
Überlebenszeiten von Kronen- und Brückenzahnersatz heute. Zahnärztl Mitt 76, 2315–2320 (1986)

*Körber, K.H., Ludwig, K.:*
Zahnärztliche Werkstoffkunde und Technologie. Georg Thieme, Stuttgart New York 1982

*Körber, K.H., Ludwig, K.:*
Maximale Kaukraft als Berechnungsfaktor zahntechnischer Konstruktionen. Dent Lab 31, 55–60 (1983)

*Körber, K.H., Ludwig, K., Dünner, P.:*
Experimentelle Untersuchungen zur Abrasionswirkung zwischen Zahnschmelz und Dentalkeramik. Dtsch Zahnärztl Z 39, 211 (1984)

*Krejci, I., Lutz, F., Reimer, M., Heinzmann, J.L.:*
Wear of ceramic inlays, their enamel antagonists, and luting cements. J Prosthet Dent 69, 425–430 (1993)

*Krumbholz, K.:*
Stand und Entwicklung von Dentalkeramiken. Zahnärztl Welt 101, 193–199 (1992)

*Küpper, H., Bieniek, K.W.:*
Hi-Ceram und Parodont: eine klinische Studie. Dtsch Zahnärztl Z 44, 795–797 (1989)

*Lehner, C., Studer, S., Schärer, P.:*
Full Porcelain Crowns made by IPS-Empress: First Clinical Results. J Dent Res 72, 658 (1992)

*Lenz, E.:*
Untersuchungen zur Korrosion an der Grenzfläche von Keramik und Nichtedelmetallegierungen. Die Quintessenz 41, 81–89 (1990)

*Lenz, J.:*
Der Einfluß geometrischer Parameter auf die Größenordnung und räumliche Verteilung von Wärmespannungen in metallkeramischen Kronen. Dtsch Zahnärztl Z 38, 28–31 (1983)

*Ludwig, K.:*
Untersuchungen zur Bruchfestigkeit von Vollkeramikkronen. Dent Lab 39, 647–651 (1991)

*Ludwig, K., Joseph, K.:*
Untersuchungen zur Bruchfestigkeit von IPS-Empress-Kronen in Abhängigkeit von den Ze-

mentiermodalitäten. Quintessenz Zahntech 20, 247-256 (1994)

*Ludwig, K., Joseph, K.:*
Untersuchungen zur Festigkeit des Adhäsivverbundes zwischen IPS-Empress und Dualcement. Quintessenz Zahntech 20, 71-81 (1994)

*Lüthy, H., Dong, J.K., Wohlwend, A., Schärer, P.:*
Heat-Pressed Ceramics: Influence of Pressing and Heat Treatment on Strength. IADR/CED-Meeting, 6.-8.12.1991

*Lüthy, H., Wohlwend, A., Pietrobon, N., Studer, R., Tangorra, E., Loeffel, O.:*
Die Biegefestigkeit von einem geschichteten und zwei verblendeten Vollkeramiksystemen. Schwächt die Applikation von Verblendkeramik das System? Schweiz Zahntech 47, 304-308 (1990)

*Malament, K.A., Grossman, D.G.:*
Bonded vs. non bonded Dicor crowns: Four years report. J Dent Res 71, 321 (Abstr.No. 1720) (1992)

*Marx, H.:*
Die metallkeramische Verbundfestigkeitsprüfung – Ein besonderes werkstoffkundliches Problem. Zahnärztl Welt 95, 524-527 (1986)

*Marx, R., Maaß, M., Vogelsang, P.:*
Bruchzähigkeit und Hydrolysebeständigkeit keramischer Massen für die Titanverblendung. Dtsch Zahnärztl Z 47, 516-521 (1992)

*Marx, R.:*
Moderne keramische Werkstoffe für ästhetische Restaurationen – Verstärkung und Bruchzähigkeit. Dtsch Zahnärztl Z 48, 229-236 (1993)

*Marxkors, R., Meiners, H.:*
Taschenbuch der zahnärztlichen Werkstoffkunde. 3.bearb. u. erw. Aufl. von H. Meiners. Carl Hanser, München Wien 1988

*McLean, J.W., Hughes, T.H.:*
The reinforcement of dental porcelain with ceramic oxides. Brit Dent J 119, 251-267 (1965)

*McLean, J.W., Sced, I.R.:*
Bonding of Dental Porcelain to Metal I, The Gold Alloy-Porcelain Bond. Trans. Brit Ceram Soc 72, 229 (1973)

*McLean, J.W.:*
Wissenschaft und Kunst der Dentalkeramik. Quintessenz, Berlin Chicago Rio de Janeiro Tokio 1978

*McLean, J.W., Kedge, M.I.:*
Vollkeramikkronen. – In: Preston, J.D.: Perspektiven der Dentalkeramik, Berichte vom 4. Int. Keramik-Symposium. Quintessenz Berlin Chicago London Sao Paulo Tokio 153-165 (1989)

*Mehl, A., Buschhorn, S., Kunzelmann, K.H., Hickel, R.:*
Bond strength between ceramic inlays and bonding composite resins. J Dent Res 73, 182 (1994)

*Meier, M., Fischer, H., Richter, E.J., Maier, H.R., Spiekermann, H.:*
Einfluß unterschiedlicher Präparationsgeometrien auf die Bruchfestigkeit vollkeramischer Molarenkronen. Dtsch Zahnärztl Z 50, 295-299 (1995)

*Meiners, H.:*
Dentalkeramik. – In: Voß, R., Meiners, H.: Fortschritte der Zahnärztlichen Prothetik und Werkstoffkunde. Bd. 3, Carl Hanser, München Wien 376-392 (1987)

*Meyer, L.:*
Synthetische Dentalkeramik – eine Alternative. Quintessenz Zahntech 18, 1029-1035 (1992)

*Mörmann, W., Krejci, I.:*
Computer-designed inlays after 5 years in situ: Clinical performance and scanning electron microscopie evaluation. Quintessenz Int. 23, 109-115 (1992)

*Monsenego, G., Burdairon, G., Clerjaud, B.:*
Fluoreszence of dental porcelain. J Prosthet Dent 69, 106-113 (1993)

*Normenausschuß Dental im DIN Deutsches Institut für Normung e.V.:*
DIN 13 925 – Zahnheilkunde – Dentalkeramische Massen. Anforderungen, Prüfung. Beuth, Berlin 1988

*Normenausschuß Dental im DIN Deutsches Institut für Normung e.V.:*
DIN 13 927 – Zahnheilkunde – Metall-Keramik-Systeme. Anforderungen, Prüfung. Beuth, Berlin 1990

*Pröbster L.:*
Compressive Strength of Two Modern All-Ceramic Crowns. Int J Prosthodont 5, 409–414 (1992)

*Püchner, J.:*
Der Einfluß der Brenntemperatur auf die Haftfestigkeit von zahnärztlichen metallkeramischen Verbindungen. Med.Diss. F.U. Berlin 1971

*Ratledge, D.K., Smith, B.G.N., Wilson, R.F.:*
The effect of restorative materials on the wear of human enamel. J Prosthet Dent 72, 194–203 (1994)

*Reuling, N., Siebert, G.K.:*
Keramische Werkstoffe. Entwicklungsstand und Bedeutung. Dent Lab 37, 67–71 (1989)

*Richter, E.-J., Bieniek, K., Küpper, H.:*
Vergleichende Untersuchungen an verschiedenen Voll- und Verblendkeramikkronen. Dtsch Zahnärztl Z 44, 898–900 (1989)

*Rijk, W.G.de:*
Niedertemperatur-Keramikmasse aus löslichen Ausgangsmaterialien. – In: Preston, J.D.: Perspektiven der Dentalkeramik. Berichte vom 4.Int. Keramik-Symposium. Quintessenz Berlin Chicago London Sao Paulo Tokio 47–52 (1989)

*Sadoun, M.:*
All ceramic bridges with slip casting technique. 7th Int. Symposium of Ceramics, Paris Sept. 1988

*Salvo, E.:*
Visible ligth-cured shoulder-porcelain application. J Prosthet Dent 63, 359–361 (1990)

*Savitt, E.D.:*
Klinische Aspekte der oralen Mikrobiologie in der restaurativen Zahnmedizin. – In: Preston J.D.: Perspektiven der Dentalkeramik. Berichte vom 4. Int. Keramik-Symposium. Quintessenz Berlin Chicago London Sao Paulo Tokio 111–115 (1989)

*Schäfer, R., Kappert, H.F.:*
Die chemische Löslichkeit von Dentalkeramiken. Dtsch Zahnärztl Z 48, 625–628 (1993)

*Schäfers, F., Järschke, J., Meyer, G.:*
Paßgenauigkeit von Vollkeramiksystemen an den Beispielen IPS-Empress und Ducera LFC. Zahnärztl Welt, 103, 686–689 (1994)

*Schärer, P.:*
Klinische Betrachtungen zum Porzellan-Zahnersatz. – In: McLean, J.W.: Dental-Keramik. Vorträge und Diskussionen anläßlich des 1.Int. Keramik-Symposiums. Quintessenz Chicago Berlin London Rio de Janeiro Tokyo 293–312 (1984)

*Schmid, M., Fischer, J., Salk, M., Strub, J.:*
Mikrogefüge leucitverstärkter Glaskeramiken. Schweiz Monatsschr Zahnmed 102 1046–1053 (1992)

*Schmitz, Kh., Schulmeyer, H.:*
Bestimmung der Haftfestigkeit dentaler metallkeramischer Verbundsysteme. Dent Lab 23, 1416–1420 (1975)

*Schmitz, Kh.:*
Dental-Keramik. – In: Eichner, K.: Zahnärztliche Werkstoffe und ihre Verarbeitung. Bd.2: Werkstoffe unter klinischen Aspekten. 4.überarb. u. erw. Aufl. Hüthig, Heidelberg 177–206 (1981)

*Schwenzer N.:*
Zahn-Mund-Kiefer-Heilkunde. Bd. 3: Prothetik und Werkstoffkunde. Georg Thieme, Stuttgart New York 1982

*Schwickerath, H.:*
Werkstoffe in der Zahnheilkunde. Grundlagen, Verarbeitung, Beanspruchung und Verhalten im klinischen Einsatz. Quintessenz Berlin Chicago Rio de Janeiro Tokio 1977

*Schwickerath, H.:*
Zur Biegefestigkeit keramischer Massen. Quintessenz Zahntech 88, 125–128 (1979)

*Schwickerath, H.:*
Farbänderungen an keramischen Verblendungen. Quintessenz Zahntech 9, 837–842 (1983)

*Schwickerath, H.:*
Dauerfestigkeit von Keramik. Dtsch Zahnärztl Z 41, 264–266 (1986)

*Schwickerath, H.:*
Verbundfestigkeit nach Dauerbeanspruchung in Korrosionslösungen. Zahnärztl Welt 95, 1244–1252 (1986)

*Schwickerath, H., Coca, I.:*
Einzelkronen aus Glaskeramik. Phillip J 4, 336–338 (1987)

*Schwickerath, H.:*
Vollkeramische Brücken – Gerüste aus Kern- oder Hartkernmassen. Dent Lab 36, 1081–1083 (1988)

*Schwickerath, H.:*
Was der Zahntechniker beachten sollte – Herstellung von vollkeramischem Zahnersatz. Dent Lab 40, 1501–1506 (1992)

*Schwickerath, H.:*
Neue Dentalkeramiken im Vergleich. Zahnärztl Welt 101, 286–288 (1992)

*Shell, J.S., Nielsen, J.P.:*
Study of the bond between gold alloys and porcelain. J Dent Res 41, 1424 (1962)

*Siebert, G.K., Queisser, A.:*
Elementverteilung des Verbundes Metall-Keramik im Bereich der Grenzschicht bei NEM- und EM-Legierungen. Dtsch Zahnärztl Z 40, 1163–1168 (1985)

*Strub, J.R.:*
Vollkeramische Systeme. Dtsch Zahnärztl Z 47, 566–571 (1992)

*Strub, J.R., Türp, J.C., Witkowski, S., Hürzeler, M.B., Kern, M.:*
Curriculum Prothetik Bd. 2: Artikulatoren, Ästhetik, Werkstoffkunde, Festsitzende Prothetik. Quintessenz, Berlin Chicago London Sao Paulo Tokio Moskau Prag Warschau 1994

*Thonemann, B., Schmalz, G., Brandenstein, S., Hiller, K.-A.:*
Randspaltenverhalten von Keramikinlays mit Dentinadhäsiven in vitro. Dtsch Zahnärztl Z 49, 840–844 (1994)

*Ulbricht, J., Petzold, A., Gehre, G.:*
Bemerkungen zu neuen Dentalwerkstoffen auf Basis von Metall- Email-Kompositen. Silikattechnik 33, 278–279 (1982)

*Voß, R.:*
Die Festigkeit metallkeramischer Kronen. Dtsch Zahnärztl Z 24, 726 (1969)

*Voß, R., Eichner, K.:*
Orientierende Untersuchungen über die Festigkeit metallkeramischer Kronen aus neuen Werkstoffen. Dtsch Zahnärztl Z 33, 456 (1978)

*Wagner, E.:*
Die theoretischen Grundlagen der Vita-VMK/ Degudent-Technik. Zahnärztl Welt 66, 343 (1965)

*Walter, M.:*
Farbabweichungen der Keramik bei der Verblendung einer Palladium-Silber-Legierung. Zahnärztl Welt 95, 1258–1260 (1986)

*Walter, M.:*
Gefügeuntersuchungen verblendeter Palladiumlegierungen in der metallkeramischen Grenzzone. Dtsch Zahnärztl Z 44, 248–253 (1989)

*Weinstein, M., Katz, S., Weinstein, A.B.:*
Fused porcelain-to-metal teeth. US-Patent 3052 982 (1962)

*Wirz, J.:*
Klinische Material- und Werkstoffkunde. Quintessenz, Berlin Chicago London Moskau Sao Paulo Tokio 1993

*Wirz, J., Haefeli, D., Schmidli, F.:*
Aufbrennlegierungen im Korrosionstest. Quintessenz 44, 175–184 (1993)

*Wohlwend, A., Schärer, P.:*
Die Empress-Technik – ein neues Verfahren zur Herstellung von vollkeramischen Kronen, Inlays und Facetten. Quintessenz Zahntech 16, 966–978 (1990)

*Wohlwend, A., Schärer, P.:*
Metallkeramik- und Vollkeramikrestaurationen (I). Die Quintessenz 6, 981–991 (Ref.No. 7286, S. 1) (1990)

*Wohlwend, A., Schärer, P.:*
Metallkeramik- und Vollkeramikrestaurationen (II). Die Quintessenz 7, 1161–1175 (Ref.No. 7286, S. 12) (1990)

# 12 Schleif- und Poliermittel

T. Jung und L. Borchers, Hannover

Schleif- und Poliermittel dienen der Oberflächenbearbeitung. Durch Schleifen wird beim Ausarbeiten die Oberfläche eines Werkstückes definitiv geformt. Durch Polieren wird die Oberfläche ohne wesentlichen Materialabtrag weiter eingeebnet. Beide Verfahren verkleinern die wirksame Oberfläche und verändern damit das chemische Verhalten sowie die physikalischen und mechanischen Eigenschaften des Materials. Die Reduktion der Anfälligkeit für Korrosion, Rißschäden und biologische Reaktionen bewirkt eine „Veredelung". Dies ist für alle Materialien, die als Therapiemittel in die Mundhöhle eingefügt werden, und für die Mundgewebe selbst von erheblicher Bedeutung.

Neben der Verbesserung mechanischer Werte, z. B. der Dauerfestigkeit (*Degner und Böttger* 1979), spielt die Steigerung der biologischen Toleranz eine entscheidende Rolle: Die gut polierte Oberfläche bietet wenig Retention für Speichel, Epithel, Bakterien und Nahrungsreste. Sie läßt sich gut reinigen. Damit wird die Mundhygiene erleichtert. Schließlich garantiert die einwandfreie Politur den erstrebten ästhetischen Effekt.

> Ausarbeiten beginnt mit dem Modellieren! Wachs ist müheloser und schneller zu bearbeiten als jedes andere Material. Eine abschließende Bearbeitung des definitiven Materials („Ausarbeiten") ist jedoch auch bei einwandfreier Modellation wegen der herstellungsbedingten Oberflächenmängel unumgänglich.

## 12.1 Oberfläche

Schleifen und *Polieren* einer Oberfläche verändern die *Oberflächengestalt* und damit die *Oberflächeneigenschaften*. Beide Komponenten bestimmen die *Oberflächengüte*.

Bei der Beschreibung der Oberflächengestalt unterscheidet man die *wirkliche Oberfläche*, die das Objekt vom umgebenden Medium trennt, von der *Istoberfläche*, ihrem meßtechnisch erfaßten, angenäherten Abbild. Die Gestaltabweichungen von der idealen *geometrischen Oberfläche*, die z. B. durch eine technische Zeichnung definiert ist, werden in sechs Ordnungen unterteilt. Davon interessieren hier die als *Rauheit* bezeichneten Gestaltabweichungen 3. bis 5. Ordnung: Rillen, Riefen, Schuppen, Kuppen ... (*Deutsches Institut für Normung* 1982).

Zur quantitativen Beschreibung der Rauheit dienen vorzugsweise (nach *Noppen und Sigalla* 1985)
– der arithmetische Mittenrauhwert $R_a$ und
– die gemittelte Rauhtiefe $R_z$.

Die Definitionen beider Parameter beruhen auf der gedanklich konstruierten *mittleren Linie*, die parallel zur allgemeinen Richtung eines ertasteten Profils verläuft und dieses so teilt, daß die Summen der werkstofferfüllten Flächen über ihr und der werkstofffreien Flächen unter ihr gleich sind (Abb. 12.1; *Deutsches Institut für Normung* 1989).

Der *arithmetische Mittenrauhwert* $R_a$ entspricht der Höhe eines Rechtecks, dessen Länge gleich der Gesamtmeßstrecke $l_m$ und dessen Fläche gleich der Summe der zwischen Rauheitsprofil und mittlerer Linie eingeschlossenen Flächen ist (Abb. 12.2).

Die *gemittelte Rauhtiefe* $R_z$ ist das arithmetische Mittel aus den Einzelrauhtiefen fünf aneinandergrenzender Einzelmeßstrecken (*Deutsches Institut für Normung* 1990). Die *Einzelrauhtiefe* $Z_i$ ist der Abstand zweier Parallelen zur mittleren Linie, die innerhalb der Einzelmeßstrecke das Rauheitsprofil am höchsten bzw. am tiefsten Punkt berühren (Abb. 12.3).

Üblicherweise wird die Oberflächengestalt anhand von senkrecht zur Oberfläche geführten Schnitten erfaßt, die in seltenen Fällen mit dem Lichtschnitt-Mikroskop und meistens mit elektrischen Tastschnittgeräten gewonnen werden. Dabei findet vorwiegend ein elektromechanisches Abtastverfahren Verwendung (Abb. 12.4), während auf optischem bzw. akustischem Weg berührungslos abtastende Geräte erst allmählich an Bedeutung gewinnen. Zur visuellen Begutachtung stellen die Geräte die ertasteten Profile in geeignetem Maßstab überhöht dar (siehe z. B. Abb. 12.5). Eingebaute Elektronenrechner ermitteln aus den Profilen die gewünschten Rauheitsmeßgrößen.

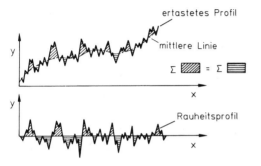

*Abb. 12.1* Vom *ertasteten* Profil (oben) wird die mittlere Linie konstruiert; sie teilt das Profil so, daß die Summe aller Flächen zwischen Profil*erhebungen* und mittlerer Linie gleich der Summe aller Flächen zwischen Profil*vertiefungen* und mittlerer Linie ist. Zwecks besserer Übersichtlichkeit wird das *Rauheitsprofil* (unten) auf die mittlere Linie bezogen, die deshalb mit der x-Achse zusammenfällt (nach DIN 4762, *Deutsches Institut für Normung* 1989)

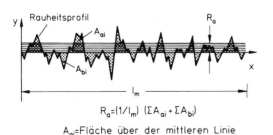

*Abb. 12.2* Der arithmetische Mittenrauhwert $R_a$ ist gleich der Höhe des Rechteckes, das die Länge $l_m$ hat und flächengleich ist mit der Summe aller Flächen zwischen Rauheitsprofil und mittlerer Linie (nach DIN 4768, *Deutsches Institut für Normung* 1990)

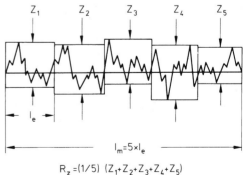

*Abb. 12.3* Die gemittelte Rauhtiefe $R_z$ ist gleich dem arithmetischen Mittel aus den Einzelrauhtiefen $Z_i$ von fünf aneinandergrenzenden Einzelmeßstrecken (nach DIN 4768, *Deutsches Institut für Normung* 1990)

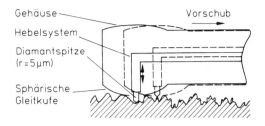

*Abb. 12.4* Prinzip des Tastschnittverfahrens mit Kufentaster

Rauheitsmessungen an zahntechnisch bearbeiteten Oberflächen erfordern Serienschriebe aus unterschiedlichen Tastrichtungen, um die bei der ungerichteten Bearbeitung entstandene Struktur erfassen und beurteilen zu können. Weitere Möglichkeiten, einen realistischen Eindruck von einer unregelmäßigen Struktur zu erhalten, bieten die flächenhaft darstellenden Methoden der Interferenzmikroskopie und der Rasterelektronenmikroskopie (Abb. 12.8). Neuere Tastschnittgeräte speichern die Meßwerte von parallel geführten Serienschnitten in digitaler Form und gestatten damit, die Oberflächengestalt an einem angeschlossenen Rechner dreidimensional zu rekonstruieren.

Die *Oberflächeneigenschaften* ergeben sich zum Teil aus der Oberflächengestalt. So spiegelt sich die Tragfähigkeit einer Fläche wider in der Häufigkeitsverteilung der Profilabweichungen von der mittleren Linie. Die tragfähige Oberfläche ist unempfindlicher gegen Abnutzung. Flüssigkeiten haften leichter auf ihr (*Halbig* 1969).

Die Oberflächeneigenschaften hängen ferner von der physikalisch-chemischen Natur der Materialoberfläche ab. Nach der Politur sollen die Kristalle um so kleiner sein, je oberflächlicher sie liegen (*Burkart und Schmotz* 1981). Damit werden zum Teil die Unterschiede zwischen den Eigenschaften polierter und unpolierter Oberflächen erklärt. Eine amorphe Oberflächenschicht (Beilby-Schicht) ist bei kristallin aufgebauten Werkstoffen anscheinend nicht nachweisbar (*Hohmann* 1984).

## 12.2 Schleifen und Schleifmittel

Fräsen und Schleifen sind spanabhebende Bearbeitungsverfahren. Beim Schleifen wirkt jedes Schleifkorn wie ein kleiner Drehmeißel. Der Schleifkörper ähnelt einem Werkzeug mit einer Vielzahl unbestimmter Schneiden, die sich während des Spanungsprozesses ständig ändern (*Degner und Böttger* 1979). Als Schleifmittel kommen daher harte, scharfkantig und spitzwinklig kristallisierende Stoffe in Frage.

Die definitive Formung der harten Oberfläche erfolgt heute auch im zahntechnischen Laboratorium fast ausschließlich maschinell durch rotierende Instrumente.

Gebräuchliche *Schleifmittel* sind:

1. *Diamant*, reiner Kohlenstoff, Härte 10 nach *Mohs*, härtestes Naturprodukt. Diamantsplitter werden galvanoplastisch auf metallischen Schleifkörpern befestigt oder als Schleifstaub benutzt.
2. *Siliciumcarbid*, Carborundum, Härte fast 10 nach *Mohs*, wertvollstes künstlich hergestelltes Schleifmittel, blau oder grün glänzende Kristalle mit sehr scharfen Kanten und Spitzen sowie großer Zähigkeit. Carborundum wird in elektrischen Öfen bei 2000 °C durch Reduktion von $SiO_2$ mittels Kohle hergestellt.
3. *Wolframcarbid*, $W_2C$ oder WC, Härte 9 nach *Mohs*. Das feingemahlene Material wird mit feinstkörnigem Kobalt vermischt und auf etwa 1500 bis 1600 °C erhitzt. Der entstehende Teig läßt sich in Formen pressen *(Bohrer, Fräser)* oder als grobkörniger Belag auf Schleifkörper aufbringen.
4. *Korund*, besteht vorwiegend aus $Al_2O_3$, Härte über 9 nach *Mohs*. Es wird hauptsächlich Kunstkorund (Elektrokorund) verwendet, der durch Schmelzen von Bauxit mit Kohle gewonnen wird. Rohmaterial und Herstellungsweise bestimmen neben Spuren von $Fe_2O_3$, $SiO_2$ und $TiO_2$ den Aluminiumoxidanteil (60 bis 95 %, beim Edelkorund bis zu 99,5 %).

Kunstkorund zählt heute zu den wichtigsten Schleifmitteln (*Burkart und Schmotz* 1981).

5. *Schmirgel,* Gemenge aus $Al_2O_3$, Quarz und Silikat. Die besten Qualitäten (durchschnittliche Härte 8 nach *Mohs*) kommen von Naxos (Griechenland). Heute wird Schmirgel nur noch auf Schleifpapier und -leinen verwendet.
6. *Quarz,* $SiO_2$, Härte 7 nach *Mohs,* wirkt trotz der relativ glatten Kornoberfläche durch seine scharfen Kanten, die beim Zerspringen neu entstehen. Quarz ist Grundstoff des Arkansassteines und wird zur Schleifpapierfabrikation und im Sandstrahlgebläse gebraucht.
7. *Granat* ist eine Mineraliengruppe, deren wertvollste Glieder Kaprubin, Pyrop und andere Schmucksteine sind, Härte 6,5 bis 7,5 nach *Mohs*.
8. *Bimsstein,* Obsidian, erstarrter Lavaschaum, enthält vorwiegend $SiO_2$ und $Al_2O_3$. Das natürliche Material ist oft verunreinigt und recht weich (Härte 5 bis 6 nach *Mohs*). Es wird vorwiegend bei der Holz- und Kunststoffbearbeitung benutzt. Künstlicher Bimsstein ist gleichmäßiger; er zählt zu den Feinbearbeitungsmitteln.
9. *Tripel,* terra tripolitana, besteht größtenteils aus dem Panzer von Diatomeen (Kieselgur); Härte etwa 6 nach *Mohs*. Feingemahlenes Material wird zu Pasten verarbeitet und beim Vorschleifen wie beim Polieren von Edelmetall benutzt.

Die unter 1 bis 5 beschriebenen Schleifmittel finden sich vorwiegend an oder in Schleifkörpern, die unter 6 bis 9 aufgeführten Mittel kommen meist lose, als Paste oder als Brei zur Anwendung.

*Die Schleifkörper* können als Räder, Walzen, Kugeln o.ä. geformte Werkzeuge auf der Antriebsachse fest montiert oder aufschraubbar sein. Auf ihrer Außenfläche sind sie meist mit Diamantsplittern oder anderen hochwertigen Schleifmitteln besetzt.

*Schleifsteine* bestehen aus Körnern eines Schleifmittels, die durch ein Bindemittel (keramische Massen, Kunststoffe, Gummi) zusammengehalten werden. Durch Abrieb des Bindemittels wird das Schleifkorn zunehmend freigelegt, bis es schließlich ab- oder ausbricht und neue Kristalle freigibt. Solche selbstschärfenden Schleifkörper brauchen sich auf und unterliegen häufig einem ungleichmäßigen Verschleiß. Hält das Bindemittel die Schleifkörner zu lange fest, dann wird der Stein stumpf, schmiert und erhitzt sich zu sehr. Lösen sich die Körner zu früh, bleibt der Stein zwar scharf, er nützt sich jedoch rasch und meist ungleichmäßig ab. Härte des Schleifkornes und Festigkeit der Bindung müssen also auf die Eigenschaften des zu bearbeitenden Materials abgestimmt sein.

Zum Arbeiten im Munde kommen fast ausschließlich formstabile Schleifkörper in Frage. Beim hoch- und höchsttourigen Schleifen werden an den zentrischen Lauf besonders strenge Anforderungen gestellt.

Beim *Schleifen* nimmt die Spitze des Schleifkornes Späne ab, so daß unregelmäßig tief und dicht liegende Riefen entstehen. Die Oberfläche läßt sich nur glätten durch Änderung der Schleifrichtung und Wechsel auf immer feineres Material.

> Alle Spuren des zuvor benutzten Mittels sind stets gründlich von Werkstück, Händen und Arbeitsplatz zu entfernen, denn einige wenige gröbere Körner können erneut tiefe Rillen erzeugen und damit den gewünschten Effekt zerstören.

Beim Schleifen entstehen Wärme (Reibung zwischen Schleifkörper und Werkstück) und Staub (abgeriebene Schleifmittel, ausgeschliffenes Material). Um diese unerwünschten Nebenerscheinungen klein zu halten, sollte man *grundsätzlich naß schleifen!*

Die Erwärmung des Materials und des Schleifkörpers steigt mit dem aufgewendeten Druck. Schleifsteine sollen daher unter geringem Druck, aber mit hoher Umdrehungsgeschwindigkeit laufen, so daß die Schnittgeschwindigkeit des Schleifkornes etwa 10 m/s beträgt. Nasses Schleifen hält die Temperatur nicht allein durch direkte Kühlwirkung niedrig, sondern verhindert durch rasches Ausspülen des Schleifstaubes, daß der Stein sich zusetzt und die Reibungswärme ansteigt.

> Beim Schleifen darf keinesfalls eine Temperatur erreicht werden, bei der Gefüge- (Metall) oder Aggregatzustands--Änderungen (Kunststoff) auftreten!

Zur Kunststoffbearbeitung ist das Fräsen dem Schleifen vorzuziehen, denn eine scharfe Fräse erzeugt weniger Wärme. Aber auch beim Fräsen darf die Temperatur den kritischen Wert nie erreichen. In der Zahntechnik werden kaum noch Schleifsteine, sondern mehr und mehr Fräser oder diamantierte Schleifkörper benutzt, da sie einen gleichmäßigeren Rundlauf aufweisen. Beim Arbeiten im Mund sind Schleifsteine aus dem gleichen Grund zu vermeiden; Vibration und Geräuschentwicklung belasten die Patienten unnötig.

Für die Arbeiten im Laboratorium genügen einige wenige Formen rotierender Instrumente in verschiedenen Körnungen und Härten. Sie sind für die einzelnen Materialien *getrennt aufzubewahren,* um sie vor Verunreinigung zu schützen.

Bei umfangreichen Schleifarbeiten ist Schutz der Atemwege vor Staub angebracht. Der Verschleiß siliziumhaltiger Schleifmittel ist im Dentallaboratorium zwar gering (*Straube und Kretzschmar* 1960), doch ist laut Gefahrstoffverordnung (GefStoffV) an ihrem Einsatzort ggf. eine Absauganlage zwingend erforderlich, um die in den „Technischen Regeln für Gefahrstoffe" (TRGS 900) festgelegten Grenzwerte einzuhalten und damit der Silikose vorzubeugen.

Durch *Feinschleifen* wird die von zahllosen unregelmäßigen Riefen bedeckte Oberfläche weiter eingeebnet, um sie polierfähig zu machen. Gute Feinschleifmittel sind sehr gleichmäßig gekörnt und als Pasten oder Wachse im Handel. Im Munde dienen vorwiegend Finierer (feinste Fräsen) zum Feinschleifen.

## 12.3 Polieren und Poliermittel

Die Politur soll die Oberfläche noch stärker einebnen. Dies geschieht a) durch geringfügigen Materialabtrag, der sich vom Schleifen nur graduell unterscheidet, und b) durch plastische Deformation unter lokal hohen Druck- und Temperaturspitzen. Die Grenze zwischen Schleifen und Polieren ist fließend. Die äußeren Bedingungen (beteiligte Stoffe, Relativgeschwindigkeit und Anpreßdruck) bestimmen, welches Gewicht die beiden Prozesse beim Glättungsvorgang haben (*Challen und Oxley* 1984, *Degner und Böttger* 1979). Kristallin aufgebaute Stoffe weisen nach Politur in einer sehr dünnen, oberflächennahen Zone (Dicke etwa 10 $\mu$m) ein äußerst feinkörniges Gefüge auf, das für die – verglichen mit den mehr grobkristallinen Bereichen in der Tiefe – relativ hohe Härte und Korrosionsresistenz der Oberfläche verantwortlich ist (*Burkhart und Schmotz* 1981, *Degner und Böttger* 1979, *Hohmann* 1984). Eine polierte Oberfläche ist glatt und glänzt, ohne daß ein glanzerzeugendes Hilfsmittel (Ölfilm) sie bedeckt.

Die *Vorpolitur* erfolgt meist mit losen Poliermitteln, z. B. Schlämmkreide. Sie vermindert die Bearbeitungsspuren. Nur bei gutem Feinschliff und hochwertigen Poliermitteln kann auf die Vorpolitur verzichtet werden.

Mit Polierstahl, Polierschwabbel und Poliermitteln wird die Oberfläche weiter bis zur Rauhtiefe von weniger als 0,25 $\mu$m eingeebnet. Das sehr feine Korn des Poliermittels kann weicher, aber auch härter als das zu bearbeitende Material sein.

Gebräuchliche *Poliermittel* sind:

1. *Schlämmkreide,* Naturkreide, $CaCO_3$, besteht aus den Panzern mikroskopisch

kleiner Foraminiferen und Kokoliten. Den Kreidestein setzt man der Witterung aus, so daß er zerfällt. Die bröcklige Masse wird dann mit viel Wasser zu einem dünnen Brei angerührt, aus dem sich die Verunreinigungen (Sand) ausschlämmen lassen.
2. *Kalkspat* ist ein Kalziumkarbonat, das als Mineral in verschiedenen Kristallformen vorkommt.
3. *Wiener Kalk* besteht größtenteils aus $CaCO_3$, aber auch aus $MgCO_3$. Er wird aus Dolomit gebrannt und nach dem Brennen zu einem sehr feinen, weichen Poliermittel gemahlen.
4. *Chromoxid,* Poliergrün, $Cr_2O_3$, ist ein amorphes Pulver. In Pasten verarbeitet, dient es der Politur von Edelstählen, Co-Cr-Mo-Legierungen und weißen Edelmetall-Legierungen.
5. *Eisenoxid,* Polierrot, Pariser Rot, $Fe_2O_3$, wird in verschiedenen Arten hergestellt. Es ist um so härter, je dunkler seine Farbe ist.
6. *Magnesiumoxid,* Magnesia usta, MgO, ist ein weißes Pulver. Es dient zum Polieren von harten und weichen Legierungen.
7. *Zinnoxid* mit einem Zusatz von etwa 10 bis 20 % Bleioxid findet ebenso wie
8. *Zinkoxid* zur Politur von Metall und Glas Verwendung.

## 12.4 Ausarbeiten und Polieren von Metallen

Größere Korrekturen der Oberflächenform lassen sich mit grobkörnigen Steinen erzielen. Bei weichem Material (Inlaygold) sind feinere Körnungen angebracht. Nach dem Feinschleifen mit Schleifpapier müssen alle Spuren der vorangegangenen Körnung unsichtbar sein. Die Schleifrichtung ist ebenso wie beim anschließenden Vorpolieren und Polieren dauernd zu wechseln, damit die Riefen ausgeschliffen und nicht noch tiefer eingegraben werden (Abb. 12.5a und b).

Zum Vorpolieren dienen Bimsstein, Filzkegel und harte Borstenbürsten oder die käuflichen Vorpolierpasten, die vor allem bei der Bearbeitung harter Metalle zeitsparend arbeiten. Kleine Metallteile mit unregelmäßigen Oberflächen (Kronen, Gußfüllungen) poliert man vor mit feinen Gummischeiben oder -spitzen und Stahlfinierern (*Troxell* 1959). Diese dürfen nicht zu fest aufgesetzt werden, denn die dabei entstehende Hitze härtet die Oberfläche und erschwert die Politur (*Kürten* 1960). Nach der Vorpolitur soll die Oberfläche matt schimmern oder schon einen ersten Glanz zeigen (Abb. 12.5c). Das Vorpoliermittel ist gründlich abzuwaschen; Pasten erfordern dazu manchmal warme Seifenlauge.

Zur Hochglanzpolitur wird Hochglanzpaste sparsam auf eine Leinenschwabbel oder ein Wollrad aufgetragen. Bei schnellstlaufendem Motor erzeugt man unter ständigem Wechsel der Richtung durch kurzen, kräftigen Andruck der Schwabbel rasch Hochglanz. Eine abschließende, kurze Bearbeitung am Wollrad verleiht der Oberfläche Spiegelglanz (Abb. 12.5 d).

> Lange Polierversuche nach ungenügender Vorpolitur sind zwecklos, weil Glätte und Glanz und damit das Ergebnis der Arbeit schlechter werden (*Weikart* 1960).

Zur Vorbereitung der Politur verhilft bei harten Legierungen das *Abstrahlen,* z. B. im Sandstrahlgebläse. Die Quarz- bzw. Korundkörner reinigen die Oberfläche von Einbettmasse-Resten, rauhen sie geringfügig und gleichmäßig auf und tragen damit zur Nivellierung bei.

Durch Abstrahlen mit besonders präpariertem Kieselerdepulver, $Al_2O_3$-Körnchen oder Kunststoffperlen wird bei minimalem Materialverlust am Werkstück die Oberfläche geglättet oder mattiert.

Nichtedelmetallegierungen und bestimmte Goldlegierungen können elektrolytisch poliert werden (*Glänzen*). Von der Oberfläche des anodisch geschalteten Metalles werden im Glänzbad Grate und Spitzen abgetragen.

12.4 Ausarbeiten und Polieren von Metallen

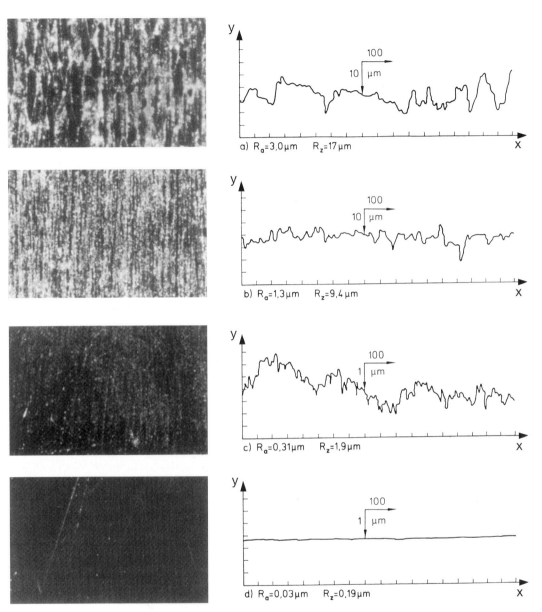

*Abb. 12.5 a–d* Metalloberfläche (Dunkelfeld) und zugehörige Tastschnitte (rechtwinklig zur Polierrichtung abgenommen): *a)* Grobschliff, Heatless-Stein, $R_a$ = 3,0 µm, $R_z$ = 17 µm; *b)* Feinschliff, Silent-Stein, $R_a$ = 1,3 µm, $R_z$ = 9,4 µm; *c)* Vorpolitur, Gummipolierer, $R_a$ = 0,31 µm, $R_z$ = 1,9 µm; *d)* Hochglanzpolitur, Paste, Wollrad, $R_a$ = 0,03 µm, $R_z$ = 0,19 µm

Die so behandelten Oberflächen sind spannungsfrei und besonders widerstandsfähig gegen Korrosion. Das Ausmaß des Substanzverlustes entspricht etwa dem Materialverlust bei der konventionellen Politur, die geglänzte Oberfläche ist jedoch unregelmäßiger. Die elektrolytische Politur kann deshalb im zahntechnischen Laboratorium die mechanische Politur nicht generell ersetzen. Für das mechanische Ausarbeiten von

Nichtedelmetallegierungen gelten im übrigen besondere Regeln (z. B. Vorsichtsmaßnahmen gegen Funkenflug beim Titan), die im einzelnen im Kapitel „Nichtedelmetallegierungen" zu finden sind.

*Amalgam* darf frühestens 24 Stunden nach dem Legen der Füllung poliert werden. Das Poliermittel ist stets sehr naß aufzubringen. Die Polierinstrumente (auch Metallfinierer) müssen bei mäßigem Druck mit geringer Geschwindigkeit rotieren, damit bei älteren Amalgamen die möglicherweise enthaltene $\gamma_2$-Phase nicht schmilzt (*Jørgensen* 1977). Aber auch $\gamma_2$-freie Amalgame sind schonend zu polieren.

## 12.5 Ausarbeiten und Polieren von Kunststoffen

Kunststoffe beginnen bei etwa 70 °C zu erweichen. Ein mittelgroßer, mit Schlämmkreide beschickter Filzkegel erzeugt diese Temperatur bereits bei 10 N Belastung und einer Drehzahl von 3000 min$^{-1}$ (*Otto* 1953). Schon vor dieser Temperaturschwelle beginnt der Kunststoff zu schmieren. Auch bei tiefer liegenden Bearbeitungstemperaturen können in der Oberfläche Spannungszustände auftreten, die beim Abkühlen „einfrieren" (*Kraft* 1955, *Zorowka* 1953); sie werden für die Entstehung feiner Risse (Craquelierung) verantwortlich gemacht (*Jacobshagen* 1958, *Meyer* 1960). Ausarbeiten wie Feinbearbeitung haben daher schonend zu erfolgen (Abb. 12.6). Dies gilt auch für die Politur mit Bürste und wäßriger Schlämmkreide. Durch vorsichtige Bearbeitung läßt sich verhindern, daß das Wasser verdampft und danach die Temperatur hochschnellt. Wachse und Pasten „kühlen" besser und verdienen daher den Vorzug (*Berlage und Marxkors* 1969, *Burkart und Schmid* 1960, *Körber* 1960).

*Kalthärtende Kunststoffe* sind meist weicher als langsam und heiß polymerisierte Materialien. Sie verlangen noch mehr Schutz vor Hitze und sollten daher mit Pasten auf weichem, langsam laufendem Filz- oder Flanellrad vorsichtig poliert werden (*Lindemann* 1957).

*Kunststoffe zur Herstellung provisorischer Kronen und Brücken* lassen sich kaum zufriedenstellend polieren. Die Porosität macht sich häufig schon dicht unter der Oberfläche bemerkbar (Abb. 12.7).

*Komposit-Füllungsmaterialien* erfordern zum Ausarbeiten speziell auf die Füllkörper abgestimmte Schleif- und Poliermittel. Die

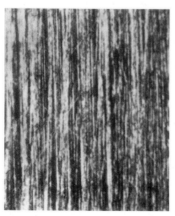 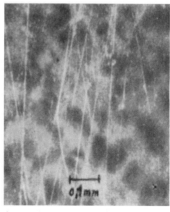 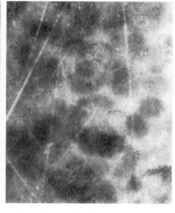

*a*           *b*           *c*

*Abb. 12.6 a–c* Kunststoffoberfläche: *a)* vorpoliert, Schlämmkreide und Filzkegel; *b)* poliert, Schlämmkreide und Leinenschwabbel; *c)* hochglanzpoliert, Paste und Ziegenhaarbürste. Mit zunehmender Politur wird die innere Struktur des Perlpolymerisates immer deutlicher sichtbar

## 12.5 Ausarbeiten und Polieren von Kunststoffen

gegenüber der Bindesubstanz härteren Füllmaterialien lassen eine befriedigende Politur nur zu, wenn die Füllkörpergröße höchstens 3 µm beträgt (Abb. 12.8). Hartmetallfinierer bringen in einzelnen Fällen bessere Erfolge (*Bartenstein* 1975, *Kullmann* 1985, *Triadan* 1978).

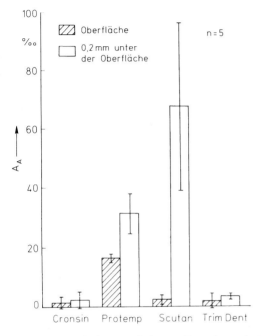

Abb. 12.7 Flächenanteil $A_A$ von Porositäten bei verschiedenen Materialien für provisorische Kronen und Brücken. $A_A$ gibt den Anteil aller Poren an der Gesamtfläche an (*Borchers und Jung* 1984)

### 12.6 Ausarbeiten und Polieren von Mineralzähnen

Mineralzähne werden heute fast ausnahmslos im Vakuum hergestellt; sie sind porenarm und kaum spröde, lassen sich beschleifen und teilweise auch polieren. Dabei werden allerdings Restporen (14 bis 22 pro mm² mit Durchmessern von 15 bis 30 µm) eröffnet (*Hilge* 1969, *North und Triebsch* 1955). Zum Vorschleifen eignen sich Zinn- oder Pappelholzscheiben in Verbindung mit den von den Zahnfabriken hergestellten Polierpasten (*Jung* 1975). Die Politur von Keramikzähnen ist mühsam. Die erreichbare Oberflächengüte bleibt meist hinter der Qualität der Glasur zurück (Abb. 12.9 und 12.10). Dies gilt insbesondere für industriell hergestellte Zähne.

Verblendkeramik läßt sich beim Einsatz speziell darauf abgestimmter „Poliermassenbestecke" soweit glätten, daß die Oberflächenwerte im Idealfall den Werten für eine gute

Abb. 12.8 Polierte Oberfläche zweier Füllungsmaterialien. Makro-mikropartikelgefüllter Werkstoff (links) und mikropartikelgefüllter Werkstoff (rechts). Rasterelektronenmikroskopische Aufnahme (*Kullmann* 1985)

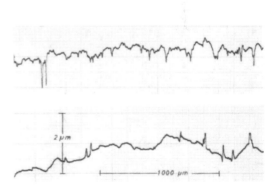

Abb. 12.9 Profilschriebe von der polierten (oben) und der glasierten (unten) Oberfläche eines Keramikzahnes (*Hilge* 1969). Auf der glasierten Oberfläche haften Flüssigkeiten weniger (*Halbig* 1969)

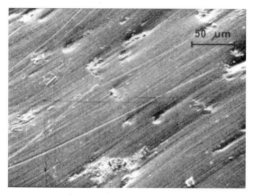

*a*

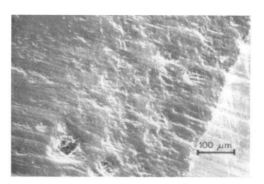

Abb. 12.11 Metallkeramikkrone mit Schleifspuren in der Keramik- *(links)* und der Metall-Oberfläche *(rechts):* Glasur- und Politur-Schäden durch nachträgliche Bearbeitung mit feinem Gummipolierer (*Jung* 1975)

## Literaturverzeichnis

*Bartenstein, U.:*
Über die Oberflächenrauhigkeit von Composite-Füllungsmaterialien vor und nach Anwendung verschiedener Finierverfahren. Medizinische Hochschule Hannover, Diss. 1975

*Berlage, A., Marxkors, R.:*
Die Entstehung der Hochglanzpolitur auf dentalen Kunststoffen. Dtsch Zahnärztl Z 24, 609 (1969)

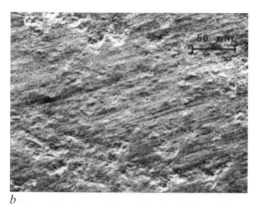

*b*

*Borchers, L., Jung, T.:*
Werkstoffkundliche Untersuchungen an Materialien für provisorische Kronen und Brücken. Dtsch Zahnärztl Z 39, 757 (1984)

*Burkart, W., Schmid, O.:*
Vom Schleifen und Polieren der Kunststoffe. Dtsch Zahnärztl Z 15, 1570 (1960)

*Burkart, W., Schmotz, K.:*
Grinding and Polishing, Theory and Practice. University Press, Cambridge 1981

*Challen, J.M., Oxley, P.L.B.:*
Slip-line fields for explaining the mechanics of polishing and related processes. J Mech Sci 26, 403 (1984)

*Degner, W., Böttger, H.-C.:*
Handbuch Feinbearbeitung. Hanser, München Wien 1979

*c*

Abb. 12.10 a–c Keramikoberfläche, jeweils gleiches Zahnmaterial, nach Politur mit *a)* Filzscheibe und Polierpaste; *b)* Polier-Disc, fine sand; *c)* Porzellan-Korrektursatz

Politur nahe kommen (*Hesse* 1979). Bei der nachträglichen Politur von Metall-Keramik-Arbeiten besteht indessen immer die Gefahr, daß die Oberfläche wieder ihre ursprüngliche Güte einbüßt (Abb. 12.11).

*Deutsches Institut für Normung e.V., Hrsg.:*
DIN 4760 – Gestaltabweichungen. Beuth Verlag, Berlin (1982)

*Deutsches Institut für Normung e.V., Hrsg.:*
DIN 4762 – Oberflächenrauheit. Beuth Verlag, Berlin (1989)

*Deutsches Institut für Normung e.V., Hrsg.:*
DIN 4768 – Ermittlung der Rauheitskenngrößen $R_a$, $R_z$, $R_{max}$ mit elektrischen Tastschnittgeräten. Beuth Verlag, Berlin (1990)

*Halbig, H.:*
Grenzen beim Bestimmen mikrogeometrischer Abweichungen der Oberflächen fester Körper mit Fühlschnittmeßverfahren und das digitale funktionsgerechte Auswerten senkrechter Profilschnitte. Technische Universität Hannover, Fakultät für Maschinenwesen, Diss. 1969

*Hesse, H.-G.:*
Die Keramikoberfläche nach Politur. Medizinische Hochschule Hannover, Diss. 1979

*Hilge, G.:*
Der Einfluß der Politur auf die Oberfläche von Keramikzähnen. Universität Bonn, Medizinische Fakultät, Diss. 1969

*Hohmann, W.:*
Werkstoffkunde. In: Hilger, R., Jung, T., Spranger, H., Hrsg. Die Zahnärztliche Versorgung. Bd. 1, Hüthig, Heidelberg 1984

*Jacobshagen, H.:*
Untersuchungen über die Ursachen von Verfärbungsmöglichkeiten der Zahnprothese aus Polymethakrylsäuremethylester. Universität Kiel, Medizinische Fakultät, Diss. 1958

*Jørgensen, K.D.:*
Amalgame in der Zahnheilkunde. Hanser, München 1977

*Jung, T.:*
Die Oberfläche keramisch verblendeter Brückenkörper. Dtsch Zahnärztl Z 30, 653 (1975)

*Körber E.:*
Oberflächenbearbeitung zahnärztlicher Kunststoffe. Dtsch Zahnärztl Z 15, 562 (1960)

*Kraft, E.:*
Über die Ursache der sogenannten Spannungsrisse an Kunststoffprothesen und Kunststoffzähnen. Dtsch Zahnärztl Z 10, 1189 (1955)

*Kullmann, W.:*
Die Oberflächenbeschaffenheit sogenannter Hybrid-Komposite. Dtsch Zahnärztl Z 40, 915 (1985)

*Kürten, H.:*
Untersuchungen über das rationelle Polieren von Metallegierungen. Dtsch Zahnärztebl 14, 634 (1960)

*Lindemann, K.:*
Experimentelle Untersuchungen über Reibungswärme beim Polieren zahnärztlicher Füllungen. Universität Münster, Medizinische Fakultät, Diss. 1957

*Meyer K.:*
Über Verfärbungen an der Oberfläche von Prothesenkunststoffen infolge fehlerhafter Bearbeitung mit besonderer Berücksichtigung der sogenannten Spannungsrisse. Dtsch Zahnärztl Z 15, 572 (1960)

*Noppen, G., Sigalla, J.:*
Oberflächenbeschaffenheit. In: Deutsches Institut für Normung e.V., Hrsg. Technische Oberflächen, Beuth, Berlin 1985

*North, R., Triebsch, E.:*
Über die Polierfähigkeit von Porzellan. Zahnärztl Prax 6, H 13, 9 (1955)

*Otto, G.:*
Verhalten der Kunststoffe (Plexiglas, Hesacryl und Palavit) unter verschiedenen thermischen Bedingungen und unter Berücksichtigung der Politur und Politurwärme. Universität Bonn, Medizinische Fakultät, Diss. 1953

*Straube, W., Kretzschmar, H.:*
Beitrag zur Vermeidung der Silikosegefahr beim Polieren zahntechnischer Arbeiten. Dtsch Stomat 10, 625 (1960)

*TRGS 900:*
Technische Regeln für Gefahrstoffe, Grenzwerte in der Luft am Arbeitsplatz „Luftgrenzwerte – MAK und TRK –", BArbBl Nr. 4, 47 (1995)

*Triadan, H.:*
Oberflächenbearbeitung von Compositen. Zahnärztl Mitt 68, 1196 (1978)

*Troxell, R.:*
The polishing of gold casting. J Prost Dent 9, 668 (1959)

*Weikart, O.:*
Die Oberfläche von Metallen und ihre Abhängigkeit von der Bearbeitung. Dtsch Zahnärztl Z 15, 549 (1960)

*Zorowka, H.-H.:*
Der Einfluß der in der zahnärztlichen Praxis üblichen Ver- und Bearbeitung von Kunststoffen auf den Spannungszustand des Prothesenmaterials Piacryl. Universität Halle, Medizinische Fakultät, Diss. 1953

# 13 Begriffsbestimmungen der Werkstoffprüfung

*W. Finger, Aachen*

Die Werkstoffprüfung wird zur messenden Beurteilung und Bewertung von Materialien herangezogen. Nach der Art der zu ermittelnden Eigenschaften wird man eine oder mehrere der möglichen Prüfarten auswählen: 1. mechanisch-technologisch, 2. physikalisch, 3. chemisch, 4. metallographisch, 5. biologisch.

## 13.1 Mechanisch-technologische Eigenschaften

Mit der Bestimmung der mechanischen Eigenschaften eines Werkstoffes erhält man ein Maß für den Widerstand, den ein Material einer Formänderung oder Trennung in einzelne Teile entgegensetzt. Die mechanischen Eigenschaften eines Werkstoffes sind abhängig von Form, Dimension, Verarbeitungsweise, sowie chemischen und physikalischen Einflüssen während der Beanspruchung. Im allgemeinen werden in Prüfungen nach festgelegten Normvorschriften (DIN = Deutscher Normenausschuß, ISO = International Organization for Standardization, FDI = Fédération Dentaire Internationale, ADA = American Dental Association) Kennwerte an einer genau definierten Probe bestimmt, um einen Vergleich mit anderen Werkstoffen oder anders hergestellten gleichen Werkstoffen vornehmen zu können. Derartige Prüfungen an genormten Proben können den Einfluß der Werkstückform nicht erfassen. Sie vermitteln daher nur einen begrenzten Aufschluß über das Festigkeitsverhalten einer Krone oder Prothese. Die Kennwerte geben jedoch wertvolle Hinweise auf die zu erwartende Festigkeit unter Beanspruchung.

Der Formänderungswiderstand, die *Festigkeit*, beruht auf Molekularkohäsion. Beim Einwirken äußerer Kräfte wird die Kohäsionskraft aufgehoben, wobei die Richtung der einwirkenden Kraft die Art der Festigkeit (Zug-, Druck-, Biege-, Schub-, Torsionsfestigkeit) angibt. Festigkeit ist die querschnittsabhängige maximale Tragkraft; sie wird als *Spannung* bezeichnet und ist definiert als Kraft pro Fläche. (Als Maßeinheit für die Kraft ist nach einem internationalen Abkommen das Newton (N) verbindlich vorgeschrieben. Ein N erteilt einer Masse von 1 kg die Beschleunigung von 1 $ms^{-2}$.
Umrechnung:
1 N = 1 $mkgs^{-2}$ = $10^5$ dyn = 0,1019716 kp).

Bei der Tragkraft (Spannung, $\sigma$) unterscheidet man zwischen *Normalspannung*, bei der die Kraft senkrecht auf die Bezugsfläche gerichtet ist, und *Schubspannung*, bei der Kraftrichtung und Bezugsfläche parallel zueinander liegen. Die unter Krafteinwirkung auftretende Probendeformation wird als *Dehnung* ($\varepsilon$) bezeichnet und ist definiert als das Verhältnis der Längenänderung $\Delta L$ zur ursprünglichen Meßlänge $L_0$; sie ist eine dimensionslose Zahl (DIN 50145).

Eine Dehnung kann elastisch oder plastisch sein. Die *elastische Dehnung* ($\varepsilon_{el}$) ist reversibel; sie geht nach Entlastung der Probe völlig zurück und ist der Spannung proportional (Abb. 13.1a). Die *plastische Dehnung* ($\varepsilon_{pl}$) ist irreversibel; sie resultiert aus Atomverschiebungen innerhalb des Probenmaterials (Abb. 13.1b) (*Houwink* 1958, *Hult* 1968,

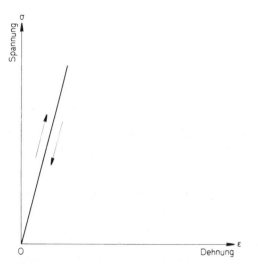

*Abb. 13.1a* Die elastische Dehnung ist der aufgewandten Kraft proportional

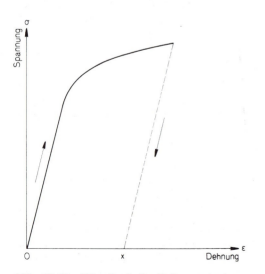

*Abb. 13.1b* Die plastische Dehnung ist irreversibel; sie entspricht der Strecke zwischen Koordinatenursprung und Schnittpunkt der Abszisse mit der Entlastungskurve (= OX)

*van Vlack* 1971). Die *Festigkeitsprüfung* von Werkstoffen wird unter Berücksichtigung der während des Gebrauchs bevorzugt auftretenden Krafteinwirkung entweder unter ruhender Last (kleine Formänderungsgeschwindigkeit) oder schlagartig (große Formänderungsgeschwindigkeit) oder aber unter schwingender (in ihrer Richtung wechselnder) Last durchgeführt. Mit den verschiedenen Prüfungen werden unterschiedliche Materialkennwerte bestimmt. Sie müssen zueinander in Relation gesetzt werden, um auf das Materialverhalten im praktischen Fall schließen zu können. Die Prüfergebnisse stehen für einen Werkstoff in einem bestimmten Zusammenhang. Einflüsse der Verarbeitung führen nicht zu proportionalen Änderungen der verschiedenen Festigkeitsprüfungen, ebenso wie kein proportionaler Zusammenhang beim Vergleich unterschiedlicher Werkstoffe besteht.

Der *Zugversuch* (DIN 50145) ist der Grundversuch der statischen Festigkeitsprüfungen. Eine stabförmige Probe wird in einer Zerreißmaschine zügig verlängert, wobei Belastung und Verlängerung kontinuierlich gemessen werden. Trägt man die korrespondierenden Werte von Spannung ($\sigma$) und Dehnung ($\varepsilon$) in einem rechtwinkligen Koordinatensystem auf, so erhält man die Kenn- oder Arbeitslinie (Spannungs-Dehnungs-Kurve) des betreffenden Werkstoffes. Unter der Voraussetzung des Normaldiagramms (Belastung in N mm$^{-2}$ des Ausgangsquerschnittes und Dehnung in mm mm$^{-1}$ der Ausgangslänge) ist die Kennlinie von den Probendimensionen unabhängig. In den *Spannungs-Dehnungs-Diagrammen* fast aller Werkstoffe findet man im Bereich kleiner Spannungswerte eine Proportionalität zwischen Spannung und Dehnung. Es gilt das *Hookesche* Gesetz (ut tensio, sic vis) $\sigma = E\,\varepsilon$ oder $E = \sigma/\varepsilon$. Der Proportionalitätsfaktor E wird *Elastizitätsmodul* (E-Modul) genannt; er hat die Einheit einer Spannung (N mm$^{-2}$) und ist ein Maß für die Steifigkeit eines Stoffes. Die Proportionalität von Spannung und Dehnung zeigt sich im $\sigma$-$\varepsilon$-Diagramm als geradliniger Kurvenanteil OP (Abb. 13.2).

## 13.1 Mechanisch-technologische Eigenschaften

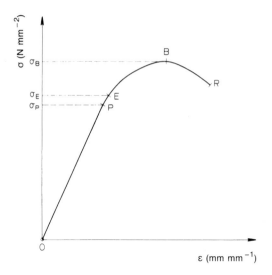

*Abb. 13.2* Spannungs-Dehnungs-Diagramm. (P = Proportionalitätsgrenze, E = Elastizitätsgrenze, B = maximale Festigkeit, R = Bruchpunkt)

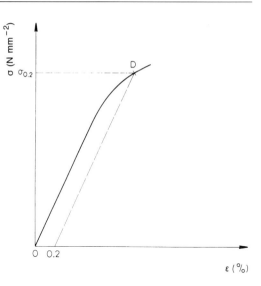

*Abb. 13.3* 0,2 %-Dehngrenze; nach Entlastung bei der Spannung $\sigma_{0,2}$ (Punkt D) bleibt eine Deformation von 0,2 %

Die *Proportionalitätsgrenze* $\sigma_P$ ist die Grenzspannung, bis zu der zwischen Spannung und Dehnung Proportionalität besteht (Punkt P in Abb. 13.2); sie ist praktisch nicht bestimmbar. Die *Elastizitätsgrenze* $\sigma_E$ ist die kritische Grenzspannung, bei der erstmalig eine bleibende Dehnung auftritt. Die Bestimmung dieser theoretischen E-Grenze ist ebenfalls praktisch nicht möglich; man hat deshalb in den zutreffenden Normen eine *technische E-Grenze* definiert als die Spannung, bei der eine bleibende Verformung von 0,01 oder 0,005 % stattfindet ($\sigma_{0,01}$ oder $\sigma_{0,005}$) (DIN 50143).

Die *Streckgrenze* $\sigma_S$ (Fließgrenze) ist die Spannung, bei der trotz zunehmender Probestabverlängerung die Belastung kurzfristig unverändert bleibt oder sogar etwas absinkt. Diese „natürliche" Streckgrenze ist aus dem $\sigma$-$\varepsilon$-Diagramm direkt abzulesen; sie tritt aber nur bei kohlenstoffarmem, geglühtem Stahl und einigen Sonderlegierungen auf. Keiner der dental verwandten Werkstoffe zeigt eine solche ausgeprägte Streckgrenze, die Kennlinie steigt vielmehr stetig an. Anstelle der Streckgrenze bestimmt man die *0,2 %-Dehngrenze* $\sigma_{0,2}$; das ist die Spannung, die eine bleibende Dehnung von 0,2 % verursacht (Abb. 13.3) (DIN 50 144).

Die *Zugfestigkeit* $\sigma_B$ (DIN 50145) ist die höchste bis zum Bruch auftretende Nennspannung. Bis zur Zugfestigkeit $\sigma_B$ unterliegt die Probe einer *Gleichmaßdehnung* (gleichmäßige Querschnittsverringerung über die gesamte Probenlänge); mit Erreichen der maximalen Nennspannung tritt aber zusätzlich an irgendeiner, zufällig schwächeren Stelle eine lokale *Einschnürdehnung* auf.

Die *Zerreißfestigkeit* $\sigma_R$ (Punkt R in Abb. 13.2) ist die Spannung, die im Augenblick des Zerreißens auf dem Bruchquerschnitt liegt.

Im Regelfall trägt man im $\sigma$-$\varepsilon$-Diagramm über der Dehnung die Nennspannung (auf den Ausgangsquerschnitt bezogene Kraft) auf und erhält damit die *nominelle Kennlinie*. Als Folge der zunehmenden Verfestigung steigt bei wachsender Verformung die Spannungs-Dehnungs-Kurve oberhalb der E-Grenze weiter an; mit der Probenlängsdehnung tritt gleichzeitig eine Querschnittsveränderung auf.

Für die Aufstellung eines *wahren Spannungs-Dehnungs-Diagramms* muß man die wahren Spannungen, d. h. die auf die jeweils gültige Querschnittsfläche einwirkende Kraft, über der Dehnung auftragen (Abb. 13. 4). Der bis zum Bruch immer steiler werdende Anstieg zeigt die zunehmende Materialverfestigung an. Das wahre σ-ε-

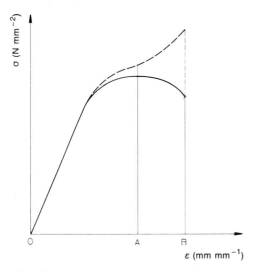

Abb. 13.4 Nominelle (—) und wahre (- - -) Spannungs-Dehnungs-Kurve.
OA = Gleichmaßdehnung, AB = Einschnürdehnung

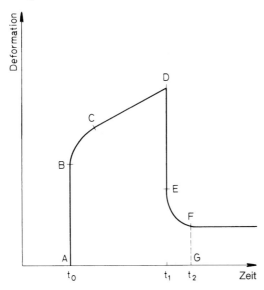

Abb. 13.5 Prinzipieller Verlauf einer Kriechkurve. ($t_0$ = Aufbringen der Belastung, $t_1$ = Entlastung, $t_2$ = Zeitpunkt, nach dem die bleibende Deformation FG erreicht ist)

Diagramm hat nur theoretisches Interesse; für praktische Messungen begnügt man sich mit der nominellen Spannungs-Dehnungs-Kurve, besonders im Hinblick darauf, daß in dem meist interessierenden elastischen Verformungsbereich die nominelle und wahre Linie so dicht beieinander liegen, daß der E-Modul praktisch gleich ist (*Domke* 1971, *Hult* 1968, *Jörgensen* 1975, *Siebel* 1955).

Mit der *Duktilität* (Dehnbarkeit) eines Metalles bezeichnet man die plastische Verformbarkeit bis zum Erreichen der Zerreißfestigkeit $\sigma_R$. Bei Entlastung einer über die E-Grenze hinaus verformten Probe geht die elastische Dehnung vollständig zurück, übrig bleibt die plastische, bleibende Dehnung. Bei erneuter Belastung entsteht wegen der vorausgegangenen Materialverfestigung eine neue Kennlinie mit erhöhter Elastizitätsgrenze. Bei Kaltverformung eines Metalls oder einer Legierung entsteht also eine erhöhte E-Grenze bei verringerter Dehnbarkeit. Außerdem nehmen Härte, Fließgrenze und Zugfestigkeit zu, während Dehnung und Kerbschlagzähigkeit abnehmen (*Houwink* 1958, *Jörgensen* 1975, *Siebel* 1955, *van Vlack* 1971).

Das hier verwendete Zeichen σ für jede Art von Mechanischen Spannungen ist typisch für die wissenschaftliche Literatur im deutschsprachigen Raum und auch bei der bisherigen Normung des DIN. Da in zunehmendem Maße gerade im medizinischen Bereich die deutschen Normen den internationalen ISO-Normen (vgl. Kap. 3.4.2.3 und 14) angepaßt oder sogar direkt von diesen übernommen werden, verbreitet sich immer mehr die Verwendung des Buchstaben R (*resistance*) anstelle von σ mit den entsprechenden Indizes. In Tabelle 13.1 sind einige mechanische Größen mit der deutschen und internationalen Bezeichnung zusammengestellt.

*Kriechen* ist die plastische Weiterverformung eines Materials bei konstanter Belastung (eine spezielle Art der Gleitung mit

## 13.1 Mechanisch-technologische Eigenschaften

*Tabelle 13.1* Zusammenstellung der deutschen und internationalen Symbole für mechanische Spannungen

| Begriff für mechanische Spannung | bisheriges nationales Kurzzeichen | ISO-Kurzzeichen |
|---|---|---|
| Zugfestigkeit | $\sigma_B$ | $R_m$ |
| Steckgrenze | $\sigma_S$ | $R_e$ |
| obere Steckgrenze | $\sigma_{So}$ | $R_{eH}$ |
| untere Steckgrenze | $\sigma_{Su}$ | $R_{eL}$ |
| Dehngrenze (z. B. 0,2 %-Grenze) | $\sigma_{0,2}$ | $R_{p0,2}$ |
| Bruchdehnung | $\delta$ | A |

sehr kleinen Geschwindigkeiten). Die Bestimmung erfolgt im *Standversuch*. Trägt man in einem Koordinatensystem bei Konstanthaltung von Temperatur und Belastung die Deformation gegen die Zeit auf, so erhält man eine Kriechkurve (Abb. 13. 5). Bei Belastung zum Zeitpunkt $t_0$ findet zunächst eine spontane elastische Deformation statt (AB), anschließend verläuft die Kurve als abnehmend gekrümmte Linie (abnehmende Kriechgeschwindigkeit) BC, um mit weiter zunehmender Belastungszeit in ein geradlinig verlaufendes Kurvenstück mit konstanter Kriechgeschwindigkeit überzugehen, CD. Wird die Belastung über lange Zeit aufrecht erhalten, so kann nach wieder ansteigender Kriechgeschwindigkeit eine Probeneinschnürung und schließlich ein Probenbruch erfolgen. Entlastet man jedoch im Bereich der konstanten Kriechgeschwindigkeit ($t_1$), dann erfolgt eine spontane Deformationsrückstellung um den Betrag DE = AB. EF ist der Ausdruck einer verzögerten Rückstellung, der Ordinatenwert des parallel zur Abszisse verlaufenden Kurventeils gibt die Größe der plastischen Deformation an. Man unterscheidet: primäres Kriechen = verzögerte Elastizität, sekundäres Kriechen = bleibende Formänderung. Die Kriechgeschwindigkeit ist material-, temperatur- und belastungsabhängig; das Kriechen ist eine Funktion von Spannung, Temperatur und Zeit (*Houwink* 1958, *Jörgensen* 1975, *van Vlack* 1971). Bei dentalen Metallen und Legierungen ebenso wie bei zahnärztlichen Kunststoffen hat das Kriechen weniger praktische Bedeutung, während bei Wachsen und elastomeren Abformmaterialien, insbesondere bei den Hydrokolloiden, die Kriecheigenschaften recht ausgeprägt sind.

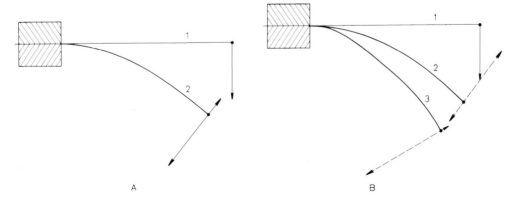

*Abb. 13.6 a, b* Illustration des Bauschinger-Effektes am Biegedraht. Die Pfeile geben die relative Größe der Elastizitätsgrenze in Pfeilrichtung an (nach *Jörgensen, K D.*).
A Der unbelastete Draht 1 wird nach 2 gebogen; Erhöhung der E-Grenze in Biegerichtung, Verringerung in Richtung auf die Ausgangsstellung. B Der Draht soll von 1 nach 2 gebogen werden. Durch primäres Biegen in Stellung 3, erniedrigte E-Grenze in umgekehrter Biegerichtung. Anschließendes Zurückbiegen nach 2 bringt die gewünschte hohe E-Grenze in Richtung der funktionellen Belastung

Der *Bauschinger-Effekt* besagt, daß bei plastischer Verformung die Elastizitätsgrenze nach Umkehrung der Beanspruchungsrichtung niedriger liegt als im unbeanspruchten Zustand. Der Werkstoff erfährt also eine Entfestigung. Die während der ersten Deformation erzeugten Eigenspannungen behindern die weitere Verformung in gleicher Richtung, begünstigen jedoch das Fließen in umgekehrter Richtung. Für die Zahnheilkunde hat dieses Phänomen besondere Bedeutung beim Biegen von Klammerdrähten. Praktische Konsequenz: erste Biegung über den gewünschten Betrag hinaus, dann zurückbiegen (Abb. 13. 6) (*Beelich* 1970, *Jörgensen* 1975).

Der *Druckversuch* (DIN 50106) wird als Umkehrung des Zugversuches bei Werkstoffen angewandt, die bevorzugt auf Druck beansprucht werden. Ein in der Regel zylinderförmiger Probekörper wird mit seinen planparallelen Enden zwischen die Platten einer Prüfmaschine gelegt und unter Druckbelastung gestaucht, wobei sein Durchmesser vergrößert wird. Infolge der Querschnittszunahme müssen bis zum Bruch der Probe größere Kräfte angewandt werden als im Zugversuch. Die Druckspannung $\sigma_D$ bewirkt eine Stauchung $\varepsilon_D$ des Probekörpers. Der E-Modul ist bei elastischen Stoffen der gleiche wie beim Zugversuch.

Die *Druckfestigkeit* $\sigma_{dB}$ ist die aus der Beziehung $P_{max}$ : $F_0$ ermittelte ertragbare Höchstspannung.

Da beim Druckversuch an den Probenauflagen Reibung herrscht, können sich die Randzonen auf den Druckplatten nicht in dem Ausmaße verschieben, wie die aller anderen Querschnitte. Daraus resultiert eine tonnenförmige Ausbauchung (Abb. 13. 7). Im Inneren der Probe entstehen aufgrund der behinderten Querdehnung an den Kontaktflächen komplizierte, dreidimensionale Spannungszustände, sogenannte Druck-, Rutsch- oder Reibungskegel. Bei hohen Proben sprengen diese Kegel den Werkstoff auseinander. bei kurzen Proben werden Druckkräfte von einem Kegel in den anderen hineingeleitet.

In Analogie zum Zugversuch werden eine 0,2 %-Stauchgrenze $\sigma_{d0,2}$ und eine *Quetschgrenze* (Fließgrenze) $\sigma_{dF}$ bestimmt (*Domke* 1971, *Hult* 1968, *Siebel* 1955).

Der Druckversuch wird entsprechend der unter Funktion bevorzugt auftretenden Kraftrichtung bei Füllungsmaterialien, bei Gipsen und Einbettmassen, zur Bestimmung des Flow von Amalgamen und bei der Prüfung spröder, gegen Zugkraft empfindlicher Materialien durchgeführt.

Der *Biegeversuch* (DIN 1602, 50108, 50110, 50151) wird an stangenförmigen

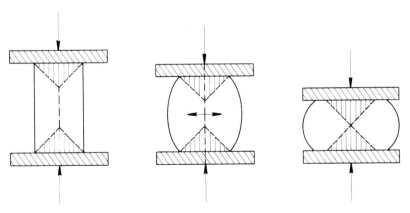

*Abb. 13.7* Ausbildung von Druck- oder Reibungskegeln und Ausbauchung der Probe im Druckversuch

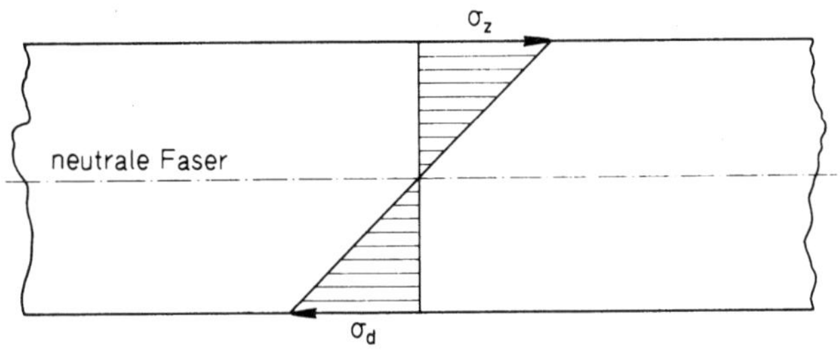

## 13.1 Mechanisch-technologische Eigenschaften

*Abb. 13.8* Spannungsverteilung in einem auf Biegung beanspruchten Balken

Proben ausgeführt. Verschiedene Belastungsfälle sind möglich: 1. Eine einseitig eingespannte Probe wird an ihrem freien Ende belastet; 2. Die Probe liegt auf zwei Stützen und wird in der Mitte durch eine Einzelkraft belastet; 3. Die Probe wird durch zwei symmetrisch angreifende, gleiche Einzelkräfte zwischen zwei Stützen belastet. Die *Kraft-Durchbiegungs-Kurve* gibt Aufschluß über den Verlauf des Biegeversuches. Sie enthält als Ordinate die Biegekraft, als Abszisse die Durchbiegung.

Bei Biegung tritt in der Probe eine ungleichmäßige Spannungsverteilung mit unterschiedlicher Längenänderung der einzelnen Fasern auf; Zugspannungen an der konvexen, Druckspannungen an der konkaven Seite (Abb. 13.8). Bei kleinen Verformungen nehmen von der Oberfläche zum Zentrum hin die Spannungen gleichmäßig ab, die Mittelachse bildet eine neutrale, spannungsfreie Faser. Bei zähen Werkstoffen kann nur die *Biegegrenze* $\sigma_{bF}$ (Fließgrenze) bestimmt werden, für sprödere Materialien läßt sich jedoch auch die *Biegefestigkeit* $\sigma_{bB}$ bestimmen. Sie ist definiert als der Quotient aus dem im Biegeversuch ermittelten Biegemoment $M_B$ beim Bruch der Probe und deren Widerstandsmoment W (DIN 50110, 52303, 53423): $\sigma_{bB} = M_{Bmax}/W$ N mm$^{-2}$. (Unter einem Moment versteht man das Produkt zweier physikalischer Größen, von denen eine die Dimension einer Länge hat; das Moment einer vektoriellen Größe bezüglich eines gegebenen Punktes ist das Vektorprodukt aus dem Radiusvektor und dem Vektor selbst).

Als *Biegefaktor* wird das Verhältnis der Biegefestigkeit zur Zugfestigkeit bezeichnet.

Für die Ermittlung des E-Moduls aus dem Biegeversuch ist die kontinuierliche Bestimmung der Durchbiegung erforderlich. Bei größeren Spannungen wird in den Randfasern der Probe die Fließgrenze überschritten. Der Werkstoff fließt aber erst, wenn die Spannung über eine bestimmte Querschnittszone die Fließgrenze überschritten hat. Im Bereich gewisser Spannungen tritt also eine Fließgrenzüberhöhung auf, die mit der Stützwirkung weniger beanspruchter Werkstoffzonen zu erklären ist.

Im plastischen Verformungsbereich findet man eine Abweichung vom geradlinigen Spannungsverlauf; in den Randzonen herrscht eine dem Grad der Deformation entsprechende Spannung, während in weiter zentral liegenden Zonen noch das *Hookesche* Gesetz gültig ist.

Mit dem *Schlagbiegeversuch* prüft man das Zähigkeitsverhalten eines Werkstoffes bei stoßartiger Beanspruchung (DIN 50115, 50116, 53453). Die *Schlagzähigkeit* wird in einem Pendelschlagwerk bestimmt. Bei der Bestimmung der *Kerbschlagzähigkeit* wird außerdem die Kerbempfindlichkeit gemessen. Die Schlagzähigkeit ist ein Maß für die *Sprödigkeit* des Materials.

Ein Pendelhammer mit bestimmtem Gewicht und bestimmter Schlaggeschwindigkeit zerstört die Probe und nimmt dabei einen Schleppzeiger mit, dessen Endstellung proportional der verbrauchten Schlagarbeit ist. Die Schlagzähigkeit erhält man aus dem Quotienten von verbrauchter Schlagarbeit und Probenquerschnitt vor dem Versuch. Als Kerbschlagzähigkeit wird die auf die

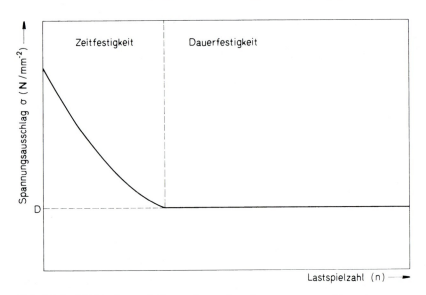

**Abb. 13.9** Wöhlerkurve. Mit zunehmendem Spannungsausschlag nimmt die Anzahl der vom Werkstoff ertragenen schwingenden Deformationen ab. Die Kurve nähert sich schließlich einem Grenzwert, bei dem auch nach unendlich vielen Lastspielen kein Bruch mehr auftritt. Die Spannung im Punkt D entspricht der Dauerfestigkeit des Werkstoffes

Fläche des Kerbquerschnittes der Probe bezogene Schlagarbeit angegeben.

Der *Dauerschwingversuch* (DIN 50100) dient zur Ermittlung von Kennwerten für das mechanische Verhalten von Werkstoffen unter dauernd oder häufig wiederholter schwellender oder wechselnder Beanspruchung.

Unter der *Dauerschwingfestigkeit* versteht man die größte Spannungsamplitude um eine gegebene Mittelspannung, die gerade noch beliebig oft ohne Bruch ertragen wird. Die Dauerfestigkeit kann für Zug, Druck, Biegung und Torsion bestimmt werden. Die Prüfung erfolgt im *Wöhlerversuch*; Proben gleicher Dimension und Herstellung werden mit verschieden hohen Amplituden beansprucht, bis bei einer bestimmten Lastspielzahl der Bruch eintritt. Der Grenzwert der Wechselbeanspruchung, bei dem die Proben nicht mehr brechen, ist die Dauerfestigkeit oder Dauerschwingfestigkeit. Die Wöhlerkurve zeigt, daß die Anzahl der schwingenden Deformationen abnimmt, wenn die Spannungsamplitude größer wird (Abb. 13.9).

Die Entstehung eines Dauerbruches kündigt sich durch haarfeine Risse an der Probenoberfläche an, die langsam in die Tiefe vordringen, bis die belastete Querschnittsfläche so klein ist, daß die Probe spontan zerbricht. Das Verhältnis von *Dauerbruchfläche* zur *Restbruchfläche* ist ein Maß für die Ausnutzung des Werkstoffes unter der einwirkenden Kraft.

Besondere Bedeutung hat die Kenntnis des Dauerschwingverhaltens für Klammer- und Prothesenbasismaterialien.

Unter dem Begriff *Härte* versteht man den Widerstand eines Werkstoffes, den dieser dem Eindringen eines härteren Körpers entgegensetzt. Bei den meisten Härteprüfungen wird ein bleibender Oberflächeneindruck erzeugt, die Elastizitätsgrenze des betreffenden Materials wird also überschritten.

*Ritzhärteprüfung*

*Mohssche Härteskala.* Zehn Mineralien steigenden Härtegrades sind in der Skala so angeordnet, daß jedes Mineral das vorauste-

## 13.1 Mechanisch-technologische Eigenschaften

hende ritzen kann, während es selbst vom nachfolgenden geritzt wird. Wegen der willkürlichen, empirischen Auswahl der verschiedenen Mineralien hat dieses Prüfverfahren für vergleichende Messungen wenig Bedeutung. (Hinweise im Kapitel 12: Schleif- und Poliermittel.) Bei der Ermittlung der *Ritzhärte* nach *Martens* wird ein Diamantkegel mit bestimmter Belastung über eine Prüffläche gezogen. Die Ritzhärte ist die Belastung des Diamanten in Gramm, die eine Strichbreite von 10 $\mu$m erzeugt, oder die Strichbreite bzw. ihr reziproker Wert bei einer bestimmten Belastung.

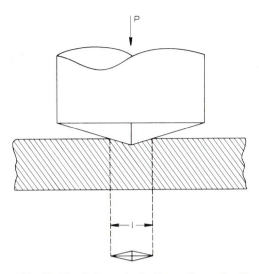

Abb. 13.10 Schematische Darstellung der Härteprüfung nach *Knoop*. P = Prüflast, l = Länge der großen Eindruckdiagonalen

*Härtebestimmung durch Messung der Eindruckoberfläche*

Beim *Brinell*-Verfahren (DIN 50132, 50351) wird eine gehärtete Stahlkugel mit dem Durchmesser D bei bestimmer Last P in einer festgesetzten Zeit stoßfrei auf die plane Werkstoffoberfläche gebracht. Nach Entlastung bleibt ein Eindruck, der die Form einer Kugelkalotte besitzt, und dessen Fläche aus den Werten D und d (Kalottendurchmesser) berechnet werden kann.

Die *Brinell*-Härte ist:

$$HB = \frac{2P}{\pi D(D - \sqrt{D^2 - d^2})} \text{ daN mm}^{-2}$$

Durch Auswahl des geeigneten Kugeldurchmessers (10, 5 oder 2,5 mm) und durch Veränderung der Prüfkraft läßt sich die Eindruckgröße, die zwischen 0,2 x D bis 0,7 x D liegen muß, steuern. Wegen der Eigenfestigkeit der Stahlkugel ist das Verfahren nur bis zu HB = 400 daN mm$^{-2}$ verläßlich.

Beim *Vickers*-Verfahren benutzt man als Eindringkörper eine Diamantpyramide (Flächenöffnungswinkel 136°), die Größe der Eindruckfläche wird mit Hilfe der gemessenen Eindruckdiagonalen errechnet. Die *Vickers*-Härte ist mit Ausnahme des Mikrolastbereiches von der Prüflast unabhängig.

$$HV = \frac{P}{d^2} \, 1{,}8544 \text{ daN mm}^{-2}.$$

Das Verfahren wird ebenfalls zur Härtebestimmung an sehr dünnen Schichten eingesetzt.

Das *Knoop*-Verfahren ist ähnlich der Methode nach *Vickers*; zur Verbesserung der Ausmeßgenauigkeit von Eindrücken im Mikrolastbereich wird bei der Härtebestimmung nach *Knoop* eine Diamantpyramide mit langgestreckter, rhombischer Basis angewandt (Flächenöffnungswinkel 130° und 172°30'). Die *Knoop*-Härte (Abb. 13.10) errechnet sich nach der Formel:

$$HK = \frac{P}{l^2 \, 0{,}0703} \text{ daN mm}^{-2}$$

*Härtebestimmung durch Messung der Eindrucktiefe*

Bei der Härtebestimmung nach *Rockwell* verwendet man als Eindringkörper einen Diamantkegel zur Messung der *Rockwell*-C-Härte (C = cone), seltener eine Stahlkugel zur Messung der *Rockwell*-B-Härte (B = ball) (DIN 50103).

Der Eindringkörper wird zunächst unter Vorlast in die Prüfstückoberfläche eingedrückt. Die dabei erreichte Eindringtiefe ist der Ausgangswert für die Tiefenmessung. Die Belastung wird durch Aufbringen einer Zusatzlast gesteigert und anschließend wieder auf den Wert der Vorlast gesenkt. Die bleibende Eindringtiefe wird als *Rockwell*-C-Härte HRC oder *Rockwell*-B-Härte HRB direkt an der Geräteskala (Meßuhr) abgelesen.

Die Härteprüfung von Kunststoffen erfolgt wegen der elastischen Rückfederung meist unter Belastung.

## 13.2 Physikalische Eigenschaften

Die physikalischen Eigenschaften von Werkstoffen können als reine Kennwerte zahlenmäßig bestimmt werden; sie sind im Gegensatz zu den mechanischen Eigenschaften form- und dimensionsunabhängig. Die *Dichte* eines Stoffes ist der Quotient aus seiner Masse M und seinem Volumen V. Die Einheit der Dichte ist g cm$^{-3}$ (DIN 4044). Als Masseneinheit ist 1 cm$^3$ Wasser bei 4 °C und 760 Torr festgelegt. Gold hat beispielsweise die Dichte 19,3, d. h. es ist 19,3 mal schwerer als Wasser.

Bestimmungsmethoden der Dichte: Die Masse wird durch Wägung bestimmt; für die Volumenbestimmung gibt es verschiedene Verfahren: 1. Ausmessen (ungenau), 2. Pyknometer-Verfahren, 3. Hydrostatische Waage (*Garn* 1965, *Kohlrausch* 1985, *Peyton* 1984) (*Archimedes-Prinzip*), 4. Schwebeverfahren.

Die *Wärmeleitfähigkeit* (DIN 4108, 52613) eines Werkstoffes ist definiert als die Wärmemenge, die in der Zeiteinheit die Flächeneinheit bei einem Temperaturgefälle von 1 K senkrecht durchfließt (W m$^{-1}$K$^{-1}$).

Die Kenntnis der Wärmeleitfähigkeit eines Materials ist für den Zahnarzt wichtig, um durch Einsatz geeigneter Materialien die Pulpa überkronter oder gefüllter Zähne vor thermischen Schäden zu schützen oder um z. B. dem Patienten eine bessere Temperaturempfindung durch Auswahl einer gut wärmeleitenden Prothesenbasis zu ermöglichen.

Die *spezifische Wärme* (Stoffwärme) c (DIN 4108) ist die Wärmemenge, die erforderlich ist, um 1 g eines Stoffes um 1 K zu erwärmen. Die Dimension ist J g$^{-1}$ K$^{-1}$. Die spezifische Wärme eines Materials ist ebenso bedeutsam wie die thermische Leitfähigkeit, da Zahnpulpa und Mundschleimhäute vor Temperaturschäden geschützt werden müssen.

Der *Wärmeausdehnungskoeffizient* ist ein Maß für die Ausdehnung eines Stoffes unter Temperatureinwirkung. Wird ein Stab der Länge $L_0$ bei der Temperatur $T_0$ auf die Temperatur $T_1$ erhitzt, so erfährt er eine Längenänderung:

$$\Delta L = L_1 - L_0 = L_0\, \alpha(T_1 - T_0)$$

$$\Delta L = L_0\, \alpha \Delta T$$

$$\alpha = \frac{\Delta L}{L_0\, \Delta T} \ (K^{-1})$$

$\alpha$ = linearer thermischer Ausdehnungskoeffizient. Für den räumlichen Ausdehnungskoeffizienten gilt:

$$\beta = \frac{\Delta V}{V_0\, \Delta T} \ (K^{-1}) \ .$$

Die Bestimmung des Wärmeausdehnungskoeffizienten ist mit folgenden Methoden möglich: 1. Komparatormikroskop, 2. Interferenzverfahren, 3. Dilatometerverfahren (DIN 52328).

Bedeutung für die Zahnheilkunde: Bei unterschiedlicher Wärmeausdehnung von Zahnhartsubstanz und Füllungsmaterialien wird der Randschluß unter thermischer Einwirkung verändert; Phänomen der Perkolation. Abstimmung der Ausdehnungskoeffizienten bei der Aufbrennkeramik.

## 13.2 Physikalische Eigenschaften

Die *Schmelzwärme* eines Materials ist die erforderliche latente Wärmemenge in J, um eine Masseneinheit in g ohne Temperaturerhöhung (isotherm) vom festen in den flüssigen Aggregatzustand zu überführen.

Die *Verdampfungswärme* eines Materials ist die latente Wärmemenge, durch die eine Masseneinheit ohne Temperaturerhöhung (isotherm) vom flüssigen in den gesättigten, dampfförmigen Aggregatzustand überführt werden kann.

### Thermische Eigenschaften

Bei der Erwärmung von Elementen, Verbindungen und Gemischen treten fast immer physikalische oder chemische Veränderungen auf, deren Nachweis auch für die Technologie dentaler Werkstoffe wissenschaftliches und praktisches Interesse besitzt. Unter kontinuierlich steigender oder fallender Temperatur lassen sich als physikalische Phänomene Modifikations- oder Phasenumwandlungen, Schmelzen, Verdampfen, Adsorption, Absorption, Desorption sowie Kristallisationsvorgänge analysieren; chemische Phänomene, die mit thermischen Umwandlungen einhergehen, sind Oxidation, Reduktion in Schmelz- und Gasphasen, Dehydratationsprozesse und Zersetzungen.

Je nach dem Untersuchungsziel kann man mit einem der nachfolgenden Analysenverfahren die Umwandlungen als Funktion der Temperatur bestimmen (*Garn* 1965, *Schultze* 1972).

*Dilatometrie:* Bestimmung der spezifischen Volumen- oder Längenänderung als Funktion von Werkstoffumwandlungen.

*Differentialthermoanalyse*: Bestimmung des Wärmeumsatzes bei physikalischen oder chemischen Umwandlungen durch Messung des Temperaturunterschiedes zwischen der Probe und einem thermisch inerten Referenzmaterial, wenn beide kontinuierlich erwärmt oder abgekühlt werden.

*Kalorimetrie* (DSC = Differential Scanning Calorimetry): Messung der Energiedifferenzen zwischen Probe und thermisch inertem Referenzmaterial zur Bestimmung von spezifischer Wärme und Umwandlungsenthalpien.

*Thermogravimetrie*: Bestimmung des Probengewichtes als Funktion der Temperatur; nur chemische Reaktionen sind erfaßbar.

### Lichttechnische Begriffe

Die *Reflexion* von Lichtstrahlen an Flächen folgt dem Gesetz: Einfallswinkel gleich Ausfallswinkel. Das bedeutet, daß eine glatte Oberfläche gut reflektiert, während eine rauhe Fläche aufgrund der vielen unterschiedlichen Ausfallswinkel matt erscheint.

Die *Lichtbrechung* wird nach dem *Snelliusschen* Brechungsgesetz als Brechungsindex bestimmt und ist definiert als die Strahlenbeugung beim Übergang von einem Medium in ein anderes. Der Brechungsindex zahnfarbener Ersatzmaterialien sollte dem des gesunden Zahnschmelzes möglichst ähnlich sein.

Die *Transparenz* oder Lichtdurchlässigkeit ist das Verhältnis der durch das absorbierende Material hindurchgehenden Intensität $I$ zu der einfallenden Intensität $I_0$. Die *Opazität* ist der Kehrwert der Transparenz (*van Vlack*). Transparenz und Opazität zahnfarbener Verblend- und Füllungsmaterialien sollen der Absorption der Zahnhartsubstanz weitgehend entsprechen.

*Transluzenz* ist die Eigenschaft von Materialien, lichtdurchlässig, aber aufgrund starker Brechungen undurchsichtig zu sein. Diese Eigenschaft ist wichtig für Füllungszemente, dentale Kunststoffe und keramische Materialien.

Unter dem Begriff *Lumineszenz* versteht man die Emission von Lichtenergie aus Materialien während oder nach Lichteinwirkung.

*Fluoreszenz* ist die während der Lichtbestrahlung abgegebene Lichtenergie, *Phosphoreszenz* ist die fortgesetzte Lichtabgabe eines Stoffes nach beendeter Lichteinwirkung.

*Ultraviolette Strahlung* (UV) ist der an den sichtbaren Spektralbereich nach kürzeren

Wellenlängen anschließende Bereich des elektromagnetischen Spektrums. *Infrarote Strahlung* (IR) ist langwelliger als das natürliche Licht.

UV-Licht verändert über photochemische Reaktionen die Hautpigmentierung, es vermag Bakterien und Pilze zu vernichten (Sterilisation) und es beeinflußt nicht nur den Polymerisationsablauf, sondern kann auch zu Farbänderungen an fertigen Polymerisaten führen; dentale Anwendung bei der Kunststoffpolymerisation (*Peyton, Phillips*). IR-Licht wird bevorzugt als Wärmeenergie genutzt, wenn trockene Wärme erforderlich ist. Sowohl UV- als auch IR-Licht werden in der Analytik bei der Spektralphotometrie eingesetzt.

## 13.3 Chemische Werkstoffprüfung

Fast alle in der Zahnheilkunde gebräuchlichen Materialien unterliegen während der Verarbeitung oder während der Gebrauchsperiode chemischen Umwandlungen. Für Zemente ist z. B. das Löslichkeitsverhalten bedeutsam, Oxidationen spielen eine Rolle bei den Metallen und Legierungen, ebenso wie die chemische Korrosion.

Die Erklärung und Bedeutung der chemischen Einflüsse auf zahnärztliche Materialien wird in den entsprechenden Kapiteln dieses Buches beschrieben.

## 13.4 Metallographische Werkstoffprüfung

Die metallographische Prüfung dient der Gefügebeurteilung an Metallschliffen. Sie gibt Auskunft über Form, Anzahl und Art der Kristallite, Werkstoffehler, Verunreinigungen, Seigerungen, Auswirkungen von Kaltverformungen und Wärmebehandlungen. Die Gefüge werden mit den Methoden der Licht- und Elektronenmikroskopie untersucht; die Mikrosonde ermöglicht qualitative und quantitative Mikroanalysen an kleinsten Probevolumina (*Domke* 1971, *Nitzsche* 1969, *Schumann* 1969).

## *Literaturverzeichnis*

Beelich, K.H.:
Formeln und Tabellen für Werkstoffversuche. Technik-Tabellen-Verlag, Fikentscher u. Co., Darmstadt 1970.

*Bouche, Ch., Leitner, A. und Sass, E.:*
Dubbels Taschenbuch für den Maschinenbau. Springer, Berlin 1983.

*Christen, H.:*
Werkstoffbegriffe. Verlag von Huber & Co., Frauenfeld 1964.

*Combe, E.C.:*
Notes on Dental Materials. Churchill Livingstone, Edinburgh 1981.

*Craig, R.G., O'Brien, W.J. and Powers, J.M.:*
Dental Materials, Properties and Manipulation. C.V. Mosby Co., St. Louis Toronto London 1983.

*Deutscher Normenausschuß.:*
DIN Begriffslexikon. Beuth-Vertrieb GmbH, Berlin, Köin, Frankfurt 1961.

*Domke, Iv.:*
Werkstoffkunde und Werkstoffprüfung. Verlag W. Girardet, Essen 1971.

*Farrell, J.:*
Dental Materials. Henry Kimpton Publishers, London 1971.

*Garn, P.D.:*
Thermoanalytical Methods of Investigation. Academic Press, New York, London 1965.

*Houwink, R.:*
Elastizität, Plastizität und Struktur der Materie. Verlag Th. Steinkopff, Dresden, Leipzig 1958.

*Hult, J.:*
Hallfasthetslära. Almquist und Wiksell, Stockholm 1968.

*Jörgensen, K.D.:*
Odontologigk materialelaere. Odontologisk boghandels forlag, Aarhus 1975.

*Kohlrausch, E.:*
Praktische Physik. Teubner, Stuttgart 1985.

*McCabe, J.E.:*
Anderson's Applied Dental Materials. Blackwell, Oxford London Edinburgh 1985.

*Meyers Lexikon.:*
Technik und exakte Naturwissenschaften. Bibliographisches Institut, Wien Zürich Mannheim 1969.

*Nitzsche, K.:*
Werkstoffprüfung von Metallen. VEB Dtsch. Verlag für Grundstoffindustrie, Leipzig 1969.

*O'Brien, W.J. and Ryge, G.:*
An Outline of Dental Materials and their Selection. W.B. Saunders, Philadelphia 1978.

*Peyton, E.A.:*
Restorative Dental Materials. C.V. Mosby, St. Louis 1984.

*Phillips, R.W.:*
Skinners's Science of Dental Materials. W.B. Saunders, Philadelphia 1982.

*Schultze, D.:*
Differentialthermoanalyse. Verlag Chemie GmbH, Weinheim 1972.

*Schumann, H.:*
Metallographie. VEB Dtsch. Verlag für Grundstoffindustrie, Leipzig 1969.

*Siebel,* E.:
Handbuch der Werkstoffprüfung. Springer, Berlin 1955

*Vlack, L.J. van.:*
Elements of Material Science. Addison-Wesley, Massachusetts 1971.

*Weingraber, H.:*
Technische Härtemessung, Hanser, München 1952.

# 14 Normen für zahnärztliche Werkstoffe

*J. Viohl, Berlin*

## 14.1 Allgemeines

Auf praktisch allen Wissensgebieten ist es notwendig, zu Vereinheitlichungen und damit zu einer besseren Vergleichbarkeit, zu einer sicheren Anwendung und zu Kosteneinsparungen zu gelangen. Eine Möglichkeit dazu ist mit Hilfe der Normen gegeben. Ihr Anwendungsschwerpunkt war zu Beginn der technische Bereich. Mehr und mehr ist es jedoch erforderlich, auch die Medizin und Zahnmedizin einzubeziehen.

In Deutschland ist es Aufgabe des **DIN Deutsches Institut für Normung e. V.**, derartige Übereinkommen in den verschiedenen Fachgebieten zu erzielen (*DIN* 1996). Es ist verantwortlich für die Aufstellung von DIN-Normen und mit dem Zusammenschluß europäischer Staaten in der Europäischen Union (EU) von DIN EN-Normen (= EN = Europäische Norm). Synonyme für „**Norm**" sind die im Angelsächsischen verwendeten Ausdrücke „**Standard**" oder „**Spezifikation**". An der Normungsarbeit werden - da sie der Allgemeinheit im weitesten Sinne dienen soll - prinzipiell alle Interessenten beteiligt, wie Hersteller, Verbraucher, Verarbeiter, Anwender, Handel, Behörden, wissenschaftliche Organisationen. Die Normen können nach ihrem Inhalt entsprechend DIN 820 Teil 3 (*DIN* 1996) eingeteilt werden:

- Dienstleistungsnorm,
- Gebrauchstauglichkeitsnorm,
- Liefernorm,
- Maßnorm,
- Planungsnorm,
- Prüfnorm,
- Qualitätsnorm,
- Sicherheitsnorm,
- Stoffnorm,
- Verfahrensnorm,
- Verständigungsnorm.

Normen sind keine Gesetze sondern Regelungen, nach denen sich Geschäftspartner oder Beteiligte absprachegemäß richten.

Bei außergerichtlichen oder gerichtlichen Streitfällen werden Normen häufig als Regeln für den Stand der Technik herangezogen. Andererseits können Normen kaum dem Zahnarzt die Entscheidung über das Behandlungsvorgehen abnehmen, sehr wohl aber bei der Auswahl der Behandlungsmittel hilfreich sein.

## 14.2 Historische Entwicklung der zahnärztlichen Normung

Die Normung auf zahnärztlichem Gebiet hat in den USA begonnen (*Viohl* 1988). Militärische Stellen benötigten für eine zuverlässige und gleichmäßige Versorgung der Streitkräfte eine Richtlinie für Amalgam und wandten sich 1919 an das National Bureau of Standards (NBS), dem heutigen National Institute of Science and Technology (NIST), in Washington, D. C., damit dort eine technisch einwandfreie Spezifikation erarbeitet wurde. Seit 1928 beteiligte sich in zunehmendem Maße die American Dental Association (ADA) an der Erarbeitung von Spezifikationen (ADA-Specifications) (*American Dental Association* 1976).

Anfang der 30er Jahre und dann wieder nach dem Zweiten Weltkrieg 1949 sind in Deutschland die ersten Normenentwürfe im zahnärztlichen Bereich erarbeitet (*DIN* 1934; *Weikart* 1949) und 1934 und 1953 veröffentlicht worden. In den 50er Jahren entstanden eine Reihe britischer und australischer zahnärztlicher Normen (British Standards = BS; Australian Standards = AS).

> Die nationalen Normenausschüsse von mehr als 100 Ländern arbeiten in der internationalen Normenorganisation (International Organization for Standardization = ISO) zusammen.

Die auf internationaler Ebene geschaffenen ISO-Normen vermeiden, daß die Länder eigene und dann zum Teil sich widersprechende Normen aufstellen. 1963 wurde auf englischen Antrag bei der ISO das technische Komitee für den zahnärztlichen Bereich gegründet (ISO/TC 106 Dentistry). In den 60er Jahren wurden die ADA-Spezifikationen durch die internationale Zahnärzteorganisation, die Fédération Dentaire Internationale (FDI), und dann vom ISO/TC 106 international angenommen.

Da das DIN Mitglied in der ISO ist, wurde damit ein erneuter Anstoß für die zahnärztliche Normung im deutschen Bereich gegeben und 1969 ein eigener deutscher Normenausschuß Dental (NA Dental) gegründet, nachdem zunächst der Normenausschuß Feinmechanik und Optik (NAFuO) zuständig war.

> Im NA Dental sind die Bundeszahnärztekammer (BZÄK), der Verband der Deutschen Dental-Industrie (VDDI), der Bundes-Verband Dentalhandel (BVD) und der Verband der Zahntechniker-Innungen (VdZI) offiziell vertreten.

> Seit 1971 befaßt sich das europäische Komitee für Normung (Comité Européen de Normalisation = CEN) mit seinem technischen Komitee „CEN/TC 55 Dentistry" mit Normungsaufgaben für die Zahnheilkunde.

Das Sekretariat befand sich zunächst in London beim British Standards Institute (BSI). Jetzt befindet es sich seit einer Reihe von Jahren beim Normenausschuß Dental des DIN in Pforzheim. Europäische Normen sind verbindlich und von den Mitgliedsländern unverändert zu übernehmen (*Viohl* 1988).

## 14.3 Normen für die Zahnheilkunde

Normen im zahnärztlichen Bereich erstrecken sich hauptsächlich auf Einrichtungsgegenstände, Geräte, Instrumente und Werkstoffe.

> Für den Patienten sind eindeutig die Normen für die zahnärztlichen Werkstoffe von vorrangiger Bedeutung.

Aber auch ein nicht genormter Behandlungsstuhl kann zu unnötigen Unbequemlichkeiten, eine nicht normgerechte Behandlungsleuchte zu vermeidbaren Blendungen, eine ungeeignete Absaugung oder ein unrund laufender Bohrer zu zusätzlichen Beschwerden für den Patienten führen. Zur Zeit gibt es rund 100 DIN-Normen, 50 EN-Normen und 100 ISO-Normen für den zahnärztlichen Bereich (*Viohl* 1994).

## 14.4 Normen für zahnärztliche Werkstoffe

Die Normung für zahnärztliche Werkstoffe muß einerseits gesetzliche Regelungen, andererseits ärztliche Erfordernisse und technische Möglichkeiten beachten (*MPG* 1994; *Viohl* 1987, 1988, 1994; *Weikart* 1949). Ein weiterer Gesichtspunkt ist, daß bis zum fertigen Produkt, beispielsweise bei einer Füllung oder einer Prothese, verschiedene Personen beteiligt sind, die die Qualität beeinflussen. Der Hersteller ist bemüht, einen geeigneten Werkstoff zu produzieren. Die Verarbeitung des Werkstoffes geschieht jedoch durch den Zahntechniker, die Zahnarzthelferin oder den Zahnarzt. Es liegt an ihrem Können, unter Beachtung der Verarbeitungshinweise des Herstellers in der Gebrauchsanweisung, die guten Eigenschaften eines zahnärztlichen Werkstoffes zu erhalten.

Normen für zahnärztliche Werkstoffe können erst aufgestellt werden, wenn neben den Forderungen an ein ideales Material die praktisch erfüllbaren Eigenschaften bekannt sind. Stellt ein neues Fabrikat nur eine Variante einer bekannten Gruppe dar, ist es das Ziel der Norm, eine sachgerechte Beurteilung zu ermöglichen. Es bereitet jedoch Schwierigkeiten, nach einer vorhandenen Norm einen völlig neuen Werkstoff aus einer anderen Gruppe richtig zu beurteilen. Es bedarf einer ganzen Reihe von Untersuchungen in Labor und Klinik - einschließlich biologischer und kontrollierter klinischer Untersuchungen -, ehe die kritischen Eigenschaften bei neuen Werkstoffen klar erkennbar sind.

> Inhaltlich handelt es sich bei den Normen für zahnärztliche Werkstoffe um **Prüfnormen** und **Qualitätsnormen**.

Es wird beispielsweise festgelegt, wie hoch die minimale Festigkeit beim Druck-, Zug- oder Biegeversuch oder wie groß die maximale Löslichkeit sein darf. Gleichzeitig sind häufig Vorschriften vorhanden, in denen festgelegt ist, wie die gestellten Anforderungen geprüft werden können. Die genaue Beschreibung der Prüfverfahren ist unerläßlich, weil sehr oft kleine Proben in Anlehnung an das zahnärztliche oder zahntechnische Vorgehen zu beurteilen sind oder weil eine Prüfung speziell für eine Werkstoffgruppe entwickelt worden ist (*Viohl* 1988).

## 14.5 Zweck

Das Ziel jeder Norm für zahnärztliche Werkstoffe war von jeher – noch ehe das allgemeine Bestreben nach erhöhter Sicherheit einsetzte –, allgemeingültige Qualitätsanforderungen festzulegen, um:

- den Patienten vor minderwertigen Produkten zu schützen,
- den Zahnarzt und den Zahntechniker anhand von vergleichbaren Ergebnissen über die Qualität von Werkstoffen zu informieren, um sachgerecht den geeigneten Werkstoff auswählen zu können,
- den Handel (Dentaldepots) in die Lage zu setzen, aufgrund von vergleichbaren Ergebnissen die Werkstoffe beurteilen und den Verbraucher entsprechend beraten zu können,
- den Hersteller über die Qualität seiner Produkte zu informieren und seine Produkte beurteilen zu können.

Will man diese Ziele erreichen, so zeigt sich, daß der Zahnarzt eine Reihe von Forderungen und Beurteilungskriterien zusammenstellen kann. Er ist aber im allgemeinen nicht in der Lage, die Eigenschaften messend zu ermitteln, häufig kann er sie nur qualitativ beschreiben.

> Die einwandfreie Meßbarkeit und Reproduzierbarkeit ist jedoch Voraussetzung für vergleichende Untersuchungen. So wünschenswert klinisch relevante Prüfungen sind, so muß sich eine Norm auf die bis dahin bekannten, meßbaren Fakten stützen.

In ihr werden Laborprüfungen bevorzugt, die weniger aufwendig und meist praktikabler als klinische Untersuchungen sind (*Viohl* 1988). Obwohl die Laborprüfungen nicht vorbehaltlos auf andere Werkstoffgruppen übertragen werden können, wird man trotzdem die vorhandenen Prüfvorschriften als Leitlinie für Untersuchungen neuer Werkstoffe benutzen.

Es ist außerdem notwendig, die vorhandenen Normen in regelmäßigen Abständen auf ihre Aktualität zu überprüfen und zu überarbeiten, um dem Wissensstand und der Weiterentwicklung zu folgen. Aus Laborprüfungen und klinischen Untersuchungen ergibt sich eine stete Wechselwirkung der Erkenntnisse und eine Diskussion über die Normen (*Falk* 1952; *Viohl* 1988), die zur Weiterentwicklung führen muß, wenn die Norm nicht in kurzer Zeit veralten soll. Die überarbeitete Norm ist am jüngeren Ausgabedatum, das der Normnummer folgt, von der alten Fassung zu unterscheiden (siehe Tabelle 14.3).

## 14.6 Gesetzliche Regelungen für Werkstoffe

Schon immer waren in den zurückliegenden Jahren zahnärztliche Werkstoffe allgemein dem Arzneimittelgesetz (AMG) unterworfen. Mit dem neuen Medizinproduktegesetz (MPG) (*MPG* 1994) sind die zahnärztlichen Werkstoffe eindeutig diesem Gesetz und der entsprechenden EU-Richtlinie von 1993 unterworfen. Mit dem Ende der Übergangsregelung am 13.06.1998 müssen alle zahnärztlichen Werkstoffe dem MPG entsprechen.

Dazu müssen sie die im Gesetz beschriebenen „Grundlegenden Anforderungen" erfüllen und für den freien Handel in der Europäischen Union das CE-Zeichen tragen. Einzelheiten sind in dem entsprechenden Kapitel im Band 2 der 6. Auflage zu finden.

## 14.7 Normungsgremien

Für die Normung im zahnärztlichen Bereich ist in Deutschland der **Normenausschuß Dental** des **DIN Deutsches Institut für Normung e. V.** mit seiner Geschäftsstelle in Pforzheim[1] verantwortlich. Für die zahnärztliche Normung im internationalen Bereich ist die **International Organization for Standardization (ISO)** mit dem technischen Komitee 106 (Technical Committee = **ISO/TC 106 Dentistry**) und dem Sekretariat beim British Standards Institute (BSI) in London zuständig. Die zahnärztliche Normung in Europa findet beim **CEN/TC 55** des **Comité Européen de Normalisation** mit dem Sekretariat beim NA Dental in Pforzheim statt.

Die eigentliche Normungsarbeit, nämlich die Aufstellung von Normen, erfolgt in Untergruppen. Der Normenausschuß Dental (Tabelle 14.1) des DIN ist in etwa 30 **Arbeitsausschüsse** (AA) und **Arbeitskreise** (AK), das TC 106 der ISO in 8 **Subcommittees** (SC) und rund 50 **Working Groups** (WG) gegliedert. Für die zahnärztlichen Werkstoffe sind besonders das SC 1 für den Bereich Zahnerhaltung und das SC 2 für den Bereich Prothetik von Bedeutung. Zur Vermeidung von Doppelarbeit und wegen der Internationalität der Zahnheilkunde ist beschlossen worden, daß das CEN/TC 55 dem Wiener Abkommen von 1992 folgt und keine eigenen Produktnormen erarbeitet, sondern die ISO-Normen als Europäische Normen (= EN-Normen) in einem Abstimmungsverfahren der beteiligten europäi-

---

[1] Geschäftsführung: Normenausschuß Dental, Dr.-Ing. *H. P. Keller*, Westliche Karl-Friedrich-Str. 56, 75172 Pforzheim.

*Tabelle 14.1* Arbeitsausschüsse (AA) und Arbeitskreise (AK) des Normenausschusses Dental des DIN sowie Subcommittees (SC), Working Groups (WG) und Joint Working Groups (JWG) des ISO/TC 106 Dentistry

| DIN | | Arbeitsgebiet | ISO/SC | WG |
|---|---|---|---|---|
| AA | | Füllungswerkstoffe | 1 | 1 – 12 |
| AA | | Künstliche Zähne | 2 | 10, 11, 16, 17 |
| | AK | Okklusale Abrasion | | |
| | AK | Zahnbürstenabrasion | | |
| | AK | Verbundprüfung und Restmonomer | 2 | 16 |
| AA | | Terminologie | 3 | 1, 4 |
| AA | | Rotierende Instrumente | 4 | 1 – 3, 5, 7, 9 |
| | AK | Zahnärztliche Präparationstechnik | | |
| AA | | Zahnärztliche Ausrüstung | 6 | 1 – 8 |
| | AK | Hygieneanforderungen | 6 | 2 |
| | AK | Lichtpolymerisationsgeräte | 6 | 7 |
| | AK | Amalgamabscheider | 6 | 2 |
| | AK | Luft- und Wasserqualität | 6 | 2 |
| AA | | Dentale Gipse, Wachse, Einbettmassen | 2 | 13, 18 |
| | AK | Dentale Doubliermassen | 2 | 18 |
| AA | | Metalle | 2 | 1, 2, 8, 9, 12, 14 |
| | AK | Metall-Keramik-Systeme | 2 | 1 |
| | AK | Korrosion | 2 | 12 |
| | AK | NEM-Legierungen | 2 | 2 |
| | AK | Edelmetallegierungen | 2 | 8 |
| | AK | Metallische Füllungswerkstoffe | 1 | 7 |
| | AK | Dentalkeramik | 2 | 1 |
| | AK | Kieferorthopädische Produkte | | |
| AA | | Mund- und Zahnpflegemittel | FDI/ISO/TC 106/JWG 1 | |
| AA | | Biolog. und klin. Werkstoffprüfung | FDI/ISO/TC 106/JWG 2 | |
| AA | | Dentalimplantate | 8 | 1 – 4 |
| AA | | Abformmaterialien | 2 | 7, 15 |
| AA | | Dentalmedizinische Instrumente | 4 | 4, 8 |
| | AK | Europäische Normung | | |
| DIN CERTCO | | Produktbereich Dental | | |

schen Länder übernimmt. Das spiegelt sich in der Gliederung des CEN/TC 55 wider. Es werden nur die nach der EG-Richtlinie, dem europäischen Medizinproduktegesetz (MPG) (*MPG* 1994), für Europa notwendigen Regelungen in 7 Arbeitsgruppen (Tabelle 14.2) getroffen.

Mit der Einführung der EN-Normen für den europäischen Bereich werden keine konkurrierenden DIN-Normen mehr aufgestellt, sondern der Weg zu einer neuen Norm oder zur Überarbeitung einer vorhandenen führt über die ISO.

*Tabelle 14.2* Arbeitsgruppen des CEN/TC 55 Dentistry

WG 1 GMP (= Good Manufacturing Practice), Kennzeichnung, Markierung, Verpackung und Verpackungsabfall
WG 2 Klinische Bewertung und Untersuchung der zahnärztlichen Medizinprodukte
WG 3 Zertifizierung
WG 4 Vorklinische Bewertung der Biokompatibilität der zahnärztlichen Medizinprodukte
WG 5 Nomenklatur und Kodierung der zahnärztlichen Medizinprodukte
WG 6 Dentallegierungen
WG 7 Lenkungskomitee

## 14.7 Normungsgremien

Dies wird auch an den neuen Nummern für die **DIN EN-Normen** und **DIN EN ISO-Normen**, den deutschen Fassungen der **EN-Normen**, kenntlich. Während bisher die zahnärztlichen Normen systematisch unter den Nummern 13 9.. zu finden waren, traten zunächst bei den DIN-EN-Normen, die identisch mit den EN-Normen sein müssen, entsprechend der kontinuierlichen Zählweise bei der ISO die ISO-Nummern um 20 000 erhöht auf. Seit 1994 besteht die Regelung, daß die ISO-Nummer bleibt und zur Kennzeichnung der Herkunft von der ISO die Bezeichnung EN ISO bzw. DIN EN ISO verwendet wird (Tabelle 14.3).

Normungsbereiche, die mehr umfassen als nur die Zahnheilkunde, aber andererseits zahnärztliche Besonderheiten einschließen und daher eine aktive Mitarbeit von der zahnärztlichen Seite erfordern, sind vornehmlich

- Sterilisatoren (CEN/TC 102)
- Sterilisation von Medizinprodukten (CEN/TC 204)
- Passive medizinische Geräte (CEN/TC 205)
- Biokompatibilität von medizinischen und zahnärztlichen Werkstoffen und Produkten (CEN/TC 206)
- Chemische Desinfektionsmittel und Antiseptika (CEN/TC 216)
- Terminologie, Symbole und Information für Medizinprodukte (CEN/TC 257)
- Klinische Untersuchungen von Medizinprodukten (CEN/TC 258)
- Risikobeurteilung von Medizinprodukten (CEN/BTS 3/WG 1)

*Tabelle 14.3* Gültige DIN-, EN- und ISO-Normen für zahnärztliche Werkstoffe (Normenausschuß Dental, Stand Dezember 1995)

| | |
|---|---|
| = | identisch |
| ≈ | weitgehend gleich |
| Add. | Addendum (Zusatz) |
| Amd. | Amendment (Ergänzung) |
| DIS | Draft International Standard (Internationaler Normentwurf) |
| E | Entwurf |
| EN | Europäische Norm |
| HD | Harmonization Document (Harmonisiertes Dokument) |
| prEN | preliminary European Norm (Europäischer Normentwurf) |
| T | Teil |
| TC | Technical Corrigendum (Technische Korrektur) |
| TR | Technical Report (Technischer Bericht) |
| ü | überarbeitet |
| V | Vornorm |

| Normbezeichnung; Ausgabe | Titel |
|---|---|
| | **1 Allgemein** |
| DIN EN 1641 1996<br>= EN 1641:1996 | Zahnheilkunde – Medizinprodukte für die Zahnheilkunde – Werkstoffe |
| DIN EN 1642 1996<br>= EN 1642:1996 | Zahnheilkunde – Medizinprodukte für die Zahnheilkunde – Dentalimplantate |
| DIN EN 21 942-2 01.93<br>= EN 21 942-2:1992<br>= ISO 1942-2:1989<br>+ Amd. 1:1992 + Amd. 2:1992 | Zahnheilkunde; Terminologie – Teil 2: Dentalwerkstoffe |

Fortsetzung *Tabelle 14.3*

| Normbezeichnung; Ausgabe | Titel |
|---|---|
| DIN EN ISO 1942-5 10.94<br>= EN ISO 1942-5:1994<br>= ISO 1942-5:1989 | Zahnheilkunde; Terminologie – Teil 5:<br>Begriffe in Verbindung mit Prüfungen |
| ISO/TR 11 405:1994 | Dental materials – Guidance on testing of adhesion to tooth structure |

**2 Zemente**

| | |
|---|---|
| DIN EN 29 917 06.94<br>= EN 29 917:1994<br>= ISO 9917:1991<br>+ TC 1:1993 | Zahnärztliche wasserhärtende Zemente |
| DIN EN 23 107 05.92<br>= EN 23 107:1991<br>= ISO 3107:1988 | Zahnärztliche Zinkoxid-Eugenol- und Zink-oxid-Noneugenol-Zemente |

**3 Füllungs- und Versiegelungskunststoffe**

| | |
|---|---|
| DIN EN 24 049 03.94<br>= EN 24 049:1993<br>= ISO 4049:1988<br>+ TC 1:1992 | Zahnheilkunde; Füllungskunststoffe |
| DIN EN 26 874 10.92<br>= EN 26 874:1992<br>= ISO 6874:1988 | Zahnheilkunde; Versiegelungskunststoffe für Fissuren |
| DIN EN 27 491 09.91<br>= EN 27 491:1991<br>= ISO 7491:1985 | Zahnheilkunde; Zahnärztliche Werkstoffe; Bestimmung der Farbbeständigkeit bei zahnärztlichen Kunststoffen |

**4 Wurzelkanalfüllungskunststoffe**

| | |
|---|---|
| DIN 13 946 10.90<br>= EN 26 876:1990<br>= ISO 6876:1986<br>+ TC 1:1990 | Zahnheilkunde; Zahnärztliche Wurzelkanal-Versiegelungswerkstoffe |
| DIN 13 965 08.76<br>= ISO 6877:1995 | Zahnheilkunde; Wurzelkanal-Füllstifte |

**5 Amalgam**

| | |
|---|---|
| DIN EN 21 559 03.92<br>= EN 21 559:1991<br>= ISO 1559:1986 | Zahnheilkunde; Legierungen für Dentalamalgam |
| DIN EN 21 560 09.91<br>= EN 21 560:1991<br>= ISO 1560:1985 | Zahnheilkunde; Zahnärztliches Quecksilber |
| Din EN ISO 7488 11.95<br>= EN ISO 7488:1995<br>= ISO 7488:1991 | Zahnärztliche Amalgamatoren |
| ISO 8282:1994 | Dental equipment – Mercury and alloy mixers and dispensers |

Fortsetzung *Tabelle 14.3*

| Normbezeichnung; Ausgabe | Titel |
|---|---|
| | **6 Abformwerkstoffe** |
| DIN 13 945 11.90<br>= EN 21 564:1990<br>= ISO 1564:1976 | Zahnheilkunde; Agar-Abformmassen |
| DIN EN 21 563 01.92<br>= EN 21 563:1991<br>= ISO 1563:1990 | Zahnärztliche Alginat-Abformmassen |
| DIN EN 24 823 03.94<br>= EN 24 823:1993<br>= ISO 4823:1992 | Zahnärztliche elastomere Abformmassen |
| | **7 Modellwerkstoffe und Einbettmassen** |
| DIN EN 26 873 01.92<br>= EN 26 873:1991<br>= ISO 6873:1983 | Zahnheilkunde; Dentalgipse |
| DIN EN 27 490 11.91<br>= EN 27 490:1991<br>= ISO 7490:1990 | Gipsgebundene Einbettmassen für Goldlegierungen |
| DIN 13 919-2 07.89 | Zahnheilkunde; Einbettmassen, phosphatgebunden |
| | **8 Wachse** |
| DIN EN 21 561 04.92<br>= EN 21 561:1992<br>= ISO 1561:1975 | Zahnärztliches Gußwachs |
| | **9 Metalle** |
| DIN EN ISO 1562 04.95<br>= EN ISO 1562:1995<br>= ISO 1562:1993 | Dental-Goldgußlegierungen |
| DIN EN ISO 8891 05.95<br>= EN ISO 8891:1995<br>= ISO 8891:1993 | Dental-Gußlegierungen mit einem Edelmetallanteil von 25 % bis unter 75 % |
| DIN EN ISO 6871-1 demnächst<br>= EN ISO 6871-1<br>= ISO 6871-1:1994 | Dental-Nichtedelmetall-Gußlegierung<br>Teil 1: Kobalt-Legierungen [Modellguß] |
| ISO 6871-2:1994 | Dental base metal casting alloys –<br>Part 2: Nickel-based alloys [Modellguß] |
| DIN 13 912 06.96 | Zahnheilkunde; Dental-Gußlegierungen;<br>Basis Nickel, Cobalt, Eisen [Kronen und Brücken] |

Fortsetzung *Tabelle 14.3*

| Normbezeichnung; Ausgabe | Titel |
|---|---|
| DIN EN 26 871 11.94<br>= EN 26 871:1990<br>+ TC 1:1990<br>= ISO 6871:1987 | Edelmetallfreie Dental-Gußlegierungen [Modellguß] |
| DIN EN 29 333 12.92<br>= EN 29 333:1991<br>= ISO 9333:1990 | Dentallote |
| ISO/TR 10271:1993 | Dentistry – Determination of tarnish and corrosion of metals and alloys |
| DIN EN ISO 9693 03.95<br>= EN ISO 9693:1994<br>= ISO 9693:1991 | Zahnheilkunde; Metall-Keramik-Systeme für zahnärztliche Restaurationen |

**10 Kunststoffe für die Prothetik**

| | |
|---|---|
| DIN EN ISO 1567 04.95<br>= EN ISO 1567:1995<br>= ISO 1567:1988 | Zahnheilkunde; Prothesenkunststoffe |
| DIN ISO 3336 05.96<br>EN ISO 10 477:1996<br>= ISO 3336:1993 | Zahnheilkunde; Kunststoffzähne |
| DIN EN 30 139-1 08.94<br>= EN 30 139-1:1994<br>= ISO 10 139-1:1991 | Zahnheilkunde; Weichbleibende Unterfütterungswerkstoffe für Prothesen; Teil 1: Werkstoffe für kurzzeitige Anwendung |
| DIN ISO 10 477 05.96<br>= EN ISO 10 477:1996<br>= ISO 10477:1992 | Zahnheilkunde; Kronen- und Brückenkunststoffe |
| DIN EN 27 491 09.91<br>= EN 27 491:1991<br>= ISO 7491:1985 | Zahnheilkunde; Zahnärztliche Werkstoffe; Bestimmung der Farbbeständigkeit bei zahnärztlichen Kunststoffen |

**11 Keramik**

| | |
|---|---|
| E DIN EN ISO 4824 12.95<br>= prEN 4824:1995<br>= ISO 4824:1993 | Zahnheilkunde; Keramikzähne |
| DIN 13 925 01.88<br>–<br>= ISO 6872:1984 | Zahnheilkunde; Dentalkeramische Massen |
| DIN EN ISO 9693 03.95<br>= EN ISO 9693:1994<br>= ISO 9693:1991 | Zahnheilkunde; Metall-Keramik-Systeme für zahnärztliche Restaurationen |

Fortsetzung *Tabelle 14.3*

| Normbezeichnung; Ausgabe | Titel |
|---|---|
| | **12 Implantate** |
| ISO/TR 10451:1991 | Dental implants – State of the art – Survey of materials |
| ISO/TR 11175:1993 | Dental implants – Guidelines for developing dental implants |
| | **13 Biologische und Klinische Prüfung** |
| DIN EN 540 07.93<br>= EN 540:1993 | Klinische Prüfung von Medizinprodukten an Menschen |
| DIN V 13 930 09.90<br>≈ ISO/TR 7405:1984 | Zahnheilkunde; Biologische Prüfungen von Dentalwerkstoffen |
| DIN EN 30 993-1 12.94<br>= EN 30 993-1:1994<br>= ISO 10 993-1:1992 | Biologische Beurteilung von Medizinprodukten – Teil 1: Anleitung für die Auswahl von Prüfungen |
| DIN EN 30 993-3 03.94<br>= EN 30 993-3:1993<br>= ISO 10 993-3:1992 | Biologische Beurteilung von Medizinprodukten – Teil 3: Prüfung auf Gentoxizität, Karzinogenität und Reproduktionstoxizität |
| DIN EN 30 993-5 08.94<br>= EN 30 993-5:1994<br>= ISO 10 993-5:1992 | Biologische Beurteilung von Medizinprodukten – Teil 5: Prüfungen auf Zytotoxizität: *in vitro*-Methoden |
| DIN EN 30 993-6 12.94<br>= EN 30 993-6:1994<br>= ISO 10 993-6:1994 | Biologische Beurteilung von Medizinprodukten – Teil 6: Prüfungen auf lokale Effekte nach Implantationen |

## 14.8 Aufbau und Inhalt von zahnärztlichen Normen

Da es sich bei den zahnärztlichen Normen, bevorzugt bei denen für Werkstoffe (*DIN* 1996) und Instrumente, um Produktnormen handelt und darin die Qualität festgelegt ist, ergibt sich für den Aufbau, daß der Anwendungsbereich, der Zweck, die Begriffe, die Anforderungen, die Prüfverfahren, die Verpackung und Kennzeichnung festgelegt werden. Beispielsweise wird für die Werkstoffe die vorgesehene Anwendung und Indikation beschrieben, als Zweck die reproduzierbare Mindestqualität genannt. Bei den Begriffen werden genau definierte Bedeutungen für die Norm festgelegt. Umfangreich sind meist die Anforderungen, die zu stellen sind. Fast immer sind minimal einzuhaltende Grenzwerte für die Eigenschaften angegeben. Bei den zahnärztlichen Werkstoffen stehen die Festigkeit, die Unlöslichkeit und die Dimensionsstabilität im Vordergrund. Einen großen Teil nehmen die Prüfverfahren ein. Die Prüfverfahren müssen meist im einzelnen dargestellt werden, da sie sich nach der jeweiligen Werkstoffgruppe richten und die verschiedenen Arten der Anwendung berücksichtigen müssen. Eine Reihe von Angaben für die Verpackung und Kennzeichnung ist in den Normen explizit vermerkt, teilweise wird eine ausführliche Gebrauchsanweisung mit weiteren Angaben gefordert. (*DIN* 1996; *Viohl* 1988)

## 14.9 Anwendung von zahnärztlichen Normen

Prüfungen nach Normen sollen die Einheitlichkeit der Beurteilung der Prüfergebnisse und damit die Vergleichbarkeit gewährleisten. Normen sind auch für wissenschaftliche Untersuchungen eine hilfreiche Leitlinie.

## 14.10 Prüfeinrichtungen

Eine besondere Bedeutung erhalten die Normen, wenn an unabhängigen Stellen die Produkte nach den Vorgaben der Normen untersucht werden. Seit langem veröffentlicht die ADA Listen mit den anerkannten zahnärztlichen Produkten. Im europäischen Raum geschieht dies beim Nordisk Institutt for Odontologisk Materialprøvning (NIOM), der wohl bekanntesten Stelle. Großbritannien unterhält dafür beim BSI eine Stelle für „Product Certification". In Deutschland können Firmen und andere Interessenten, z. B. Händler oder Importeure, beim Normenausschuß Dental als Geschäftsstelle der Gesellschaft für Konformitätsbewertung mbH (DIN CERTCO) für den Produktbereich Dental ihr Erzeugnis untersuchen lassen und damit das **DIN-Prüf- und Überwachungszeichen** (Abb. 14.1) erwerben. Da die Bundeszahnärztekammer (BZÄK) dieses Verfahren unterstützt, bietet sie gleichzeitig zusätzlich ein eigenes Siegel an. **Listen der geprüften Produkte** sind in Abständen in den Zahnärztlichen Mitteilungen (*Normenausschuß Dental* 1996; *Viohl* 1986) und in anderen Fachpublikationen (*Bundeszahnärztekammer* 1993) zu finden.

## 14.11 Regelungen in der Europäischen Union (EU)

Mit der Weiterentwicklung der Europäischen Union und des gemeinsamen Marktes erhalten die europäischen Regelungen stärkere Bedeutung.

Für die zahnärztlichen Produkte sind das Arzneimittelgesetz (AMG) und das Medizinproduktegesetz (MPG) (*MPG* 1994) zu beachten. Die EN-Normen werden auf besondere Weise eingeschlossen. Während sowohl DIN- als auch ISO-Normen Empfehlungen darstellen, nach denen man sich häufig richtet, sind die EN-Normen verbindlich von allen europäischen Ländern als nationale Normen zu übernehmen, z. B. in Deutschland als DIN-EN-Normen (siehe Tabelle 14.3).

Einen noch höheren Grad der Verbindlichkeit mit Gesetzescharakter erhalten europäische Normen, wenn sie als sogenannte **harmonisierte Normen im Amtsblatt der EU** veröffentlicht werden. Besonders trifft dies für allgemeine, sogenannte „**horizontale Normen**" zu. Entsprechend ist eine einzelne Produktnorm eine „**vertikale Norm**". Für den zahnärztlichen Bereich sollen diese horizontalen Normen die sogenannten **Grundlegenden Anforderungen** der allgemeinen Bestimmungen des MPG eindeutiger festlegen. Es sind daher vom CEN/TC 55 unter dem allgemeinen Titel „Zahnheilkunde, Medizinprodukte für die Zahnheilkunde" als harmonisierte horizontale Normen (EN = European Norm) vorgesehen:

*Abb. 14.1* DIN-Prüf- und Überwachungszeichen

1. Instrumente        EN 1639
2. Ausrüstung         EN 1640
3. Werkstoffe         EN 1641
4. Dentalimplantate   EN 1642

## 14.12 Zusammenfassung

Es gibt etwa 100 weitgehend übereinstimmende DIN-, EN- und ISO-Normen für die Zahnheilkunde. DIN-Normen werden vom DIN Deutsches Institut für Normung, EN-Normen vom Comité Européen de Normalisation (CEN) und ISO-Normen von der International Organization for Standardization herausgegeben. Die rund 50 Normen für zahnärztliche Werkstoffe ermöglichen die reproduzierbare Messung von wichtigen Eigenschaften; sie sind Prüf- und Qualitätsnormen. Sie dienen der vergleichenden Bewertung der Qualität und erleichtern eine sachgerechte Auswahl. Die Normkonformität eines zahnärztlichen Werkstoffes kann nach einer Prüfung durch die Gesellschaft für Konformitätsbewertung mbH (DIN CERTCO) als eine unabhängige Prüfstelle mit dem DIN-Prüf- und Überwachungszeichen bestätigt werden. Die Normen sind geeignet, der Qualitätssicherung unter Einschluß der Grundlegenden Anforderungen nach dem Medizinproduktegesetz (MPG) zu dienen. In naher Zukunft wird es im zahnärztlichen Bereich nur noch international gültige Normen als DIN EN ISO-Normen (und u. U. ISO-Normen) geben.

## Literaturverzeichnis

*American Dental Association:*
Guide to dental materials and devices. 8th ed., Chicago 1976

*Bundeszahnärztekammer:*
Das Dental Vademekum. 5. Aufl., Deutscher Ärzte-Verlag, Köln 1995

*DIN-Normenheft 10:*
Grundlagen der Normungsarbeit des DIN. 6. Aufl., Beuth, Berlin 1995

*DIN-Taschenbuch 267:*
Zahnheilkunde, Werkstoffe. Beuth, Berlin 1996

*DIN E 1720:*
Dental-Goldlegierungen; Kronenringgold. DIN, Berlin 1934

*Falk, K.:*
Beziehungen der Werkstoffkunde zur zahnärztlichen Prothetik. Dtsch Zahnärztl Z 7, 546-551 (1952)

*MPG:*
Gesetz über Medizinprodukte (Medizinproduktegesetz – MPG) vom 2.8.94. Bundesgesetzblatt Nr. 52, 1963-1985 (1994)

*Normenausschuß Dental:*
Listen geprüfter Dentalprodukte. z. B.: Zahnärztl Mitt 86, 505-508 (1996)

*Viohl, J.:*
Zahnärztliche Werkstoffe sind genormt. Zahnärztl Mitt 76, 1054-1056 (1986)

*Viohl, J.:*
Sichere Anwendung von zahnärztlichen Werkstoffen – Arzneimittelgesetz – Normen – Werkstoffprüfung. Zahnärztl Welt 96, 776-777 (1987)

*Viohl, J.:*
Normen für zahnärztliche Werkstoffe. In Eichner, K.: Zahnärztliche Werkstoffe und ihre Verarbeitung. Bd.1: Grundlagen und Verarbeitung. 5. Aufl., S. 331–338, Hüthig Verlag, Heidelberg 1988

*Viohl, J.:*
Normung und Prüfung. In: Institut der Deutschen Zahnärzte (IDZ): Qualitätssicherung in der zahnmedizinischen Versorgung – Weißbuch. Materialienreihe Bd. 15, S. 71-87, Deutscher Ärzte-Verlag, Köln 1994

*Weikart, P.:*
Zur Frage der Prüfungsvorschriften für zahnärztliche Werkstoffe. Dtsch Zahnärztl Z 4, 1550-1554 (1949)

# 15 SI-Einheiten und Umrechnungstabellen

*K. Dermann, Hanau*

Durch eine Reform des Einheitensystems hat sich in den letzten zwei Jahrzehnten in vielen Ländern zunehmend ein einheitliches Maßsystem durchgesetzt, wodurch der Umgang mit Meßgrößen und Einheiten in Technik und Wissenschaft, aber auch in alltäglichen Bereichen vom internationalen Warenaustausch bis zu individuellen Auslandserfahrungen, tansparenter und verständlicher geworden ist. Die Reform des Einheitensystems beruht auf einem Beschluß der 11. Generalkonferenz für Maß und Gewicht aus dem Jahre 1960. Die Generalkonferenz für Maß und Gewicht ist ein Organ der internationalen Meterkonvention. Die Staaten, die sich der internationalen Meterkonvention angeschlossen haben, haben sich verpflichtet, die Beschlüsse der Generalkonferenz für Maß und Gewicht in ihren Ländern zu übernehmen. In der Bundesrepublik Deutschland sind die Beschlüsse der 11. Generalkonferenz für Maß und Gewicht übernommen worden durch das „Gesetz über Einheiten im Meßwesen" aus dem Jahre 1969 und eine ergänzende Verordnung aus dem Jahre 1970. Durch Novellierung werden sowohl das Gesetz als auch die Verordnung neuen Entwicklungen angepaßt. Gegenwärtig gelten die Fassungen aus dem Jahre 1985. Sie bestimmen, daß im geschäftlichen und amtlichen Verkehr für die dort angegebenen Meßgrößen ausschließlich die im Gesetz oder in der Verordnung genannten Einheiten benutzt werden dürfen. Dabei erstreckt sich der Begriff „geschäftlicher Verkehr" auch auf die Werbung und die Gebrauchsanweisung.

Für wissenschaftliche Veröffentlichungen besteht dieser gesetzliche Zwang nicht, aber auch hier sollten ausschließlich die gesetzlichen Einheiten verwendet werden, um wenigstens bei neueren und künftigen Veröffentlichungen die Vergleichbarkeit der Meßergebnisse zu gewährleisten. Allgemeine Gültigkeit über den Bereich der Gesetze hinaus haben die internationale Norm ISO 1000 und die entsprechenden nationalen Normen wie die deutsche Norm DIN 1301.

Sie alle geben ein internationales Einheitensystem an, das nach der französischen Bezeichnung, „Système International d'Unités" abgekürzt SI-Einheitensystem genannt wird. Außerdem geben sie an, welche Einheiten außerhalb dieses Systems weiterhin verwandt werden dürfen. Für die Einführung

*Tabelle 15.1* SI-Basiseinheiten (aus DIN 1301)

| Basisgröße | SI-Basiseinheit | |
|---|---|---|
| | Name | Zeichen |
| Länge | Meter | m |
| Masse | Kilogramm | kg |
| Zeit | Sekunde | s |
| elektrische Stromstärke | Ampere | A |
| thermodynamische Temperatur | Kelvin | K |
| Stoffmenge | Mol | mol |
| Lichtstärke | Candela | cd |

*Tabelle 15.2* Einheitenliste (Auswahl aus DIN 1301)

| Größe | SI-Einheit Name | Zeichen | Weitere Einheiten Name | Zeichen | Beziehung |
|---|---|---|---|---|---|
| Länge | Meter | m | | | |
| Fläche | Quadratmeter | $m^2$ | | | |
| Volumen | Kubikmeter | $m^3$ | Liter | l, L*) | 1 l = 1 $dm^3$ = $10^{-3}\,m^3$ |
| Masse | Kilogramm | kg | Gramm | g | 1 g = $10^{-3}$ kg |
| | | | Tonne | t | 1 t = $10^3$ kg |
| Dichte | Kilogramm durch Kubikmeter | $kg/m^3$ | | | |
| Zeit, Zeitspanne, Dauer | Sekunde | s | Minute | min | 1 min = 60 s |
| | | | Stunde | h | 1 h = 3600 s |
| | | | Tag | d | 1 d = 86 300 s |
| | | | Jahr | a | |
| Frequenz | Hertz | Hz | | | 1 Hz = 1/s |
| Drehzahl | reziproke Sekunde | 1/s | reziproke Minute | 1/min | 1/min = 1/(60 s) |
| Geschwindigkeit | Meter durch Sekunde | m/s | Kilometer durch Stunde | km/h | 1 km/h = $\dfrac{1}{3{,}6}$ m/s |
| Kraft | Newton | N | | | 1 N = 1 kg m/$s^2$ |
| Druck | Newton durch Quadratmeter, Pascal | $N/m^2$, Pa | Bar | bar | 1 Pa = 1 $N/m^2$ <br> 1 bar = $10^5$ Pa |
| Energie, Arbeit, Wärmemenge | Joule | J | Kilowattstunde | kWh | 1 J = 1 Nm = 1 Ws = 1 kg$m^2/s^2$ <br> 1 kWh = 3,6 MJ |
| | | | Elektronvolt | eV | 1 eV = 1,60219 · $10^{-19}$ J |
| Moment einer Kraft, Drehmoment, Biegemoment | Newtonmeter Joule | Nm, J | | | 1 Nm = 1 J = 1 Ws |
| Leistung, Energiestrom, Wärmestrom | Watt | W | | | 1 W = 1 J/s = 1 Nm/s = 1 VA |
| dynamische Viskosität | Pascalsekunde | Pa s | | | 1 Pa s = 1 N s/$m^2$ = 1 kg/(s m) |
| Temperatur | Kelvin | K | Grad Celsius | °C | |
| Wärmekapazität | Joule durch Kelvin | J/K | | | |
| Wärmeleitfähigkeit | Watt durch Kelvinmeter | W/(Km) | | | |
| elektrische Stromstärke | Ampere | A | | | |
| elektrische Spannung | Volt | V | | | 1 V = 1 W/A |
| elektrischer Widerstand | Ohm | Ω | | | 1 Ω = 1 V/A |
| Elektrizitätsmenge, elektrische Ladung | Coulomb | C | Amperestunde | Ah | 1 C = 1 As <br> 1 Ah = 3600 As |
| elektrischer Leitwert | Siemens | S | | | 1 S = 1 A/V |

*) Zur Zeit sind beide Einheitenzeichen gleichwertig zugelassen. Die endgültige Entscheidung steht noch aus.

*Tabelle 15.2 (Fortsetzung)*

| Größe | SI-Einheit Name | Zeichen | Weitere Einheiten Name | Zeichen | Beziehung |
|---|---|---|---|---|---|
| elektrische Kapazität | Farad | F | | | 1 F = 1 C/V |
| Lichtstärke | Candela | cd | | | |
| Leuchtdichte | Candela durch Quadratmeter | cd/m$^2$ | | | |
| Lichtstrom | Lumen | lm | | | |
| Beleuchtungsstärke | Lux | lx | | | 1 lx = 1 lm/m$^2$ |
| Aktivität einer radioaktiven Substanz | Becquerel | Bq | | | 1 Bq = 1 s$^{-1}$ |
| Energiedosis | Gray | Gy | | | 1 Gy = 1 J/kg |
| Energiedosisrate | Gray durch Sekunde | Gy/s | | | |
| Äquivalentdosis | Sievert | Sv | | | 1 Sv = 1 J/kg |
| Aquivalentdosisrate | Watt durch Kilogramm | W/kg | | | |
| Ionendosis | Coulomb durch Kilogramm | C/kg | | | |
| Stoffmenge | Mol | mol | | | |
| Stoffmengenkonzentrationen (Molarität) | Mol durch Kubikmeter | mol/m$^3$ | | | |
| stoffmengenbezogene Masse (molare Masse) | Kilogramm durch Mol | kg/mol | | | |

des SI-Systems gibt es zwei Gründe. Einmal soll es für eine Meßgröße nach Möglichkeit nur eine Einheit geben, um den Vergleich verschiedener Messungen zu erleichtern. Zum anderen sollte ein System von zusammenhängenden Einheiten geschaffen werden, das es ermöglicht, alle in Einheiten dieses Systems gemessenen Werte ohne Berücksichtigung von Umrechnungsfaktoren in physikalische und technische Formeln einzusetzen. Dies konnte dadurch erreicht werden, daß alle Einheiten des SI-Systems von 7 Basiseinheiten (Tabelle 15.1) abgeleitet werden. Die Ableitung erfolgt entsprechend der physikalischen Formel. So ist z. B. Geschwindigkeit = Länge/Zeit, die SI-Einheit der Geschwindigkeit also 1 Meter durch Sekunde. Die Basiseinheiten werden jeweils mit dem Faktor 1 eingesetzt. Einheiten, bei denen dies nicht der Fall ist, stehen außerhalb des SI-Systems. Einige dieser Einheiten sind trotzdem weiterhin erlaubt, z. B. die Druckeinheit bar.

$$1 \text{ bar} = 10^5 \text{ N/m}^2{}^*$$

Manche SI-Einheiten haben besondere Namen und Zeichen. So trägt z. B. die SI-Einheit der Kraft den Namen *Newton*.

$$1 \text{ N} = 1 \text{ kg m/s}^2.$$

Die Tabelle 15.2 enthält eine Auswahl von Meßgrößen und dazu die für diese Größen

---

*) Der Grund für die Beibehaltung dieser Einheit liegt darin, daß 1 bar nur um 1,3 % vom mittleren Atmosphärendruck in Meereshöhe abweicht. Das ist weniger als die früher vielfach benutzte technische Atmosphäre 1 at = 1 kp/cm$^2$, bei der die Abweichung 3,2 % betrug.

*Tabelle 15.3* Vorsätze

| Zehnerpotenz | Bedeutung | Vorsatz | Vorsatzzeichen |
|---|---|---|---|
| $10^{-24}$ | Quadrillionstel | Yocto | y |
| $10^{-21}$ | Trilliardstel | Zepto | z |
| $10^{-18}$ | Trillionstel | Atto | a |
| $10^{-15}$ | Billiardstel | Femto | f |
| $10^{-12}$ | Billionstel | Piko | p |
| $10^{-9}$ | Milliardstel | Nano | n |
| $10^{-6}$ | Millionstel | Mikro | $\mu$ |
| $10^{-3}$ | Tausendstel | Milli | m |
| $10^{-2}$ | Hundertstel | Zenti | c |
| $10^{-1}$ | Zehntel | Dezi | d |
| $10^{1}$ | Zehnfach | Deka | da |
| $10^{2}$ | Hundertfach | Hekto | h |
| $10^{3}$ | Tausendfach | Kilo | k |
| $10^{6}$ | Millionenfach | Mega | M |
| $10^{9}$ | Milliardenfach | Giga | G |
| $10^{12}$ | Billionenfach | Tera | T |
| $10^{15}$ | Billiardenfach | Peta | P |
| $10^{18}$ | Trillionenfach | Exa | E |
| $10^{21}$ | Trilliardenfach | Zetta | Z |
| $10^{24}$ | Quadrillionenfach | Yotta | Y |

nach dem SI-System allein zugelassenen Einheiten.

Bei ausschließlicher Anwendung der SI-Einheiten würden sich oft sehr kleine oder sehr große Zahlenwerte ergeben. So ist z. B. die Angabe 0,00394 m sehr unübersichtlich. Gibt man dagegen den Wert in Millimetern an, so erhält man mit 3,94 mm einen viel besser zu überschauenden Wert. In diesem Beispiel stehen der Vorsatz „Milli" und das Vorsatzzeichen „m" für 1/1000 der Einheit Meter. Das Vorsatzzeichen bildet zusammen mit dem Einheitenzeichen das Zeichen für die Einheit Millimeter. Das Vorsatzzeichen wird ohne Zwischenraum vor die Einheit gesetzt. Vorsätze gibt es für verschiedene Zehnerpotenzen von Einheiten. Die zugelassenen Vorsätze reichen von $10^{-18}$ bis $10^{+18}$ (Tabelle 15.3). Nach Möglichkeit sollen die Einheiten so mit Vorsätzen versehen werden, daß die Zahlenwerte zwischen 0,1 und 1000 liegen.

Bei der Verwendung von Vorsätzen für SI-Einheiten gibt es eine Ausnahme, das kg. Diese Einheit enthält bereits den Vorsatz Kilo. Die Vorsätze werden also hier vor Gramm gesetzt. Eine Tonne, das sind 1000 kg, ist also nicht 1 kkg, sondern 1 Mg. Die Vorsätze sollen so verwandt werden, daß beim Runden von Meßergebnissen weggelassene Ziffern nicht durch Nullen aufgefüllt werden. Das Komma darf nicht weiter rechts als unmittelbar rechts neben der gerundeten Stelle stehen. Dies sei an einem Beispiel erläutert. Bei der Bestimmung der Druckfestigkeit eines Amalgams ist die Bruchkraft auf 3 Stellen genau in kp gemessen worden. Als rechnerischen Mittelwert der Bruchkraft von 10 Proben erhält man 449,3 kp. Dieser Wert muß in Newton umgerechnet werden. Durch Multiplikation mit 9,80665 erhält man 4406,127845 N. Dieser Wert muß durch den Querschnitt der Probe geteilt werden. Bei 4,02 mm Durchmesser sind dies bei Verwendung eines Rechners mit 10 Stellen Genauigkeit 12,69234848 mm². Damit ergibt sich rechnerisch als Druckfestigkeit 347,1483510 N/mm². Da die Bruchkraft und der Probendurchmesser auf 3 Stellen genau gemessen sind, ist es sinnvoll, das Ergebnis auf 3 Stellen zu runden. Man erhält 347 N/mm². Diese Angabe ist richtig. Das Komma steht unmittelbar rechts neben der gerundeten Stelle. Falsch wäre dagegen die Angabe 34 700 N/cm². Andererseits ist auch die Angabe 34,7 daN/mm² zulässig, da das Komma hier links von der gerundeten Stelle steht. Ist eine Einheit das Produkt oder der Quotient aus mehreren Einheiten, so verlangt die internationale Norm, daß innerhalb des Produktes oder Quotienten nur ein Vorsatzzeichen verwandt werden soll. Die deutsche Norm ist dieser Empfehlung nicht gefolgt, da dadurch häufig sehr unanschauliche Einheiten entstehen. Für den Elastizitätsmodul eines Komposits müßte man nach internationaler Norm schreiben: 13 GN/m². Die deutsche Norm läßt dagegen die anschaulichere Angabe 13 kN/mm² zu.

*Tabelle 15.4* Umrechnungsfaktoren für nicht mehr erlaubte Einheiten

| Größe | Name der Einheit | Zeichen | Umrechnung |
|---|---|---|---|
| Länge | Angström | Å | 1 Å = $10^{-10}$ m = 0,1 nm |
| | Zoll (inch) | ″ oder in | 1 ″ = 1 in = 25,4 mm |
| | Fuß (foot) | ′ oder ft | 1 ′ = 1 ft = 0,3048 m |
| | Mikron | $\mu$ | 1 $\mu$ = 1 $\mu$m = $10^{-6}$ m |
| Volumen | (Kubikmeter) | cbm | 1 cbm = 1 m$^3$ |
| | Flüssigunze (fluid ounce) | fl oz | 1 fl oz = 28,41 cm$^3$ |
| Kraft | Dyn | dyn | 1 dyn = $10^{-5}$ N |
| | Kilopond | kp | 1 kp = 9,80665 N |
| | Kilogrammforce (Kilogramm ist keine Kraft, sondern eine Masse) | kgf | 1 kgf = 9,80665 N |
| Masse | Gamma | $\gamma$ | 1 $\gamma$ = 1 $\mu$g = $10^{-6}$ g |
| | Pound | lb | 1 lb = 0,45359 kg |
| | Unze (ounze) | oz | 1 oz = 0,02835 kg |
| Druck | techn. Atmosphäre | at | 1 at = 1 kg/cm$^2$ = 9,8066,5 Pa = 0,980665 bar |
| | physikal. Atmosphäre | atm | 1 atm = 760 Torr = 101325 Pa |
| | Torr | Torr | 1 Torr = 133,322 Pa |
| | Pound per square inch (Druck wird nicht in kg oder kp gemessen) | psi | 1 psi = 6895 Pa = 0,06895 bar |
| Energie | Erg | erg | 1 erg = $10^{-7}$ J |
| Arbeit | Kalorie | cal | 1 cal = 4,1868 J |
| Wärmemenge | Kilokalorie | kcal | 1 kcal = 4186,8 J |
| Leistung | Pferdestärke | PS | 1 PS = 75 kpm/s = 735,5 W = 0,7355 kW |
| Temperatur | Grad Kelvin | °K | 1 °K = 1 K |
| | Grad Fahrenheit | °F | 1 °F = $\frac{5}{9}$ K, Temp. in °C = $\frac{5}{9}$ Temp. in (°F $-$ 32) |
| Temperaturdifferenz | Grad | grd | 1 grd = 1 K |
| Dynam. Viskosität | Poise | P | 1 P = 0,1 Pa s |
| Kinemat. Viskosität | Stokes | St | 1 St = $10^{-4}$ m$^2$/s |
| Aktivität | Curie | Ci | 1 Ci = 37 · $10^9$ Bq |
| Energiedosis | Rad | rd | 1 rd = 0,01 Gy |
| Äquivalentdosis | Rem | rem | 1 rem = 0,01 Sv |
| Ionendosis | Röntgen | R | 1 R = 258 $\mu$C/kg |

Obwohl das Einheitensystem gerade mit der Absicht eingeführt worden ist, Umrechnungen zu vermeiden, müssen beim Vergleich mit früheren Angaben im Schrifttum Umrechnungen durchgeführt werden. Daher sind in Tabelle 15.4 einige wichtige Umrechnungsfaktoren zusammengestellt. Die Umrechnung muß nicht immer mit der in der Tabelle angegebenen Genauigkeit durchgeführt werden, da die Meßwerte häufig gar nicht die entsprechende Genauigkeit haben. Man kann daher für überschlägige Rechnungen von einfacheren Umrechnungsfaktoren ausgehen. So ist laut Tabelle 1 kp = 9,80665 N. Man macht aber nur einen Fehler von etwa 2 %, wenn man 1 kp $\simeq$ 10 N setzt. Nimmt man diesen Fehler von 2 % in Kauf, so lassen sich auch andere, mit der Einheit kp zusammenhängende Einheiten einfacher in das SI-Einheitensystem

# 15 SI-Einheiten und Umrechnumgstabellen

umrechnen. So ist z. B. 1 at ≈ 1 bar und 1 PS ≈ 0,75 kW.

Neben den in den Einheitengesetzen und Einheitennormen getroffenen Festlegungen gibt es für einige Meßgrößen Einheitenangaben in den entsprechenden Prüfnormen und unverbindliche Übereinkünfte der Fachleute, die der Einheitlichkeit der Benennungen wegen beachtet werden sollten. Die Angabe von Härtewerten erfolgt nach den entsprechenden Prüfnormen so, daß die bisherigen Härtewerte, die in kp/mm$^2$ angegeben wurden, nicht in N/mm$^2$ umgerechnet werden, sondern daß im Prinzip die Einheit kp/mm$^2$ beibehalten wird. Man schreibt aber nicht mehr kp/mm$^2$, sondern verwendet das Einheitenzeichen HB für Brinellhärte und HV für Vickershärte. So ist in der Norm für Goldgußlegierungen DIN 13 906 angegeben, daß die Mindesthärte für extraharte Goldlegierungen 150 HV beträgt.

Die Einheiten HV und HB sind keine SI-Einheiten, sondern sie stehen außerhalb des SI-Systems. Dies ist aber ohne größere Bedeutung, da die Härtewerte ohnehin nicht für Berechnungen benutzt werden können. Da das SI-System auf internationalen Übereinkünften beruht, wird es sich in den nächsten Jahren weltweit durchsetzen, auch in den Staaten, die sich der Meterkonvention nicht angeschlossen haben, wie Großbritannien und die USA.

Großbritannien ist durch EG-Beschlüsse zur Übernahme verpflichtet. Eine entsprechende Norm existiert dort seit dem Jahre 1970. In den USA gibt es seit 1975 ein Gesetz, das die Einführung des neuen Einheitensystems empfiehlt. Wegen der großen Umstellung in den der Meterkonvention nicht angeschlossenen Ländern wird die allgemeine Einführung des SI-Systems dort noch einige Jahre dauern. In den wissenschaftlichen Veröffentlichungen aus diesen Ländern wird das neue Einheitensystem aber weitgehend angewandt.

## *Literaturverzeichnis*

Richtlinie des Rates vom 18. Oktober 1971 zur Angleichung der Rechtsvorschriften der Mitgliedstaaten über die Einheiten im Meßwesen. Amtsblatt der Europäischen Gemeinschaften Nr. L 243 vom 29. 10. 1971, 29–37.

British Standard 3763:
The International System of Units (SI). London BSI 1970.

Gesetz über Einheiten im Meßwesen vom 2. Juli 1969. Bundesgesetzblatts Tl. I (1969), 709–712.

Ausführungsverordnung zum Gesetz über Einheiten im Meßwesen vom 26. Juni 1970. Bundesgesetzblatt, Tl. I (1970), 981–991.

Gesetz über Einheiten im Meßwesen in der Fassung vom 22. 2. 1985. Bundesgesetzblatt, Tl. I (1985), 408.

Ausführungsverordnung zum Gesetz über Einheiten im Meßwesen vom 13. 12. 1985. Bundesgesetzblatt, Tl. I (1985), 2272.

*Dermann, K:*
Das SI-Einheiten-System. Dtsch Zahnärztl Z 33, 653–656 (1978).

DIN 1301, Tl. 1, Dez. 1993: Einheiten Beuth Verlag Berlin/Köln 1993.

DIN 1301, Tl. 2, Feb. 1978: Einheiten Beuth Verlag Berlin/Köln 1978.

DIN 1301, Tl. 3, Okt. 1979: Einheiten; Umrechnungen für nicht mehr zu verwendende Einheiten. Beuth, Berlin/Köln 1979.

International Standard ISO 1000: 1992 SI units and recommendations for the use of their multiples and of certain other units.

*Rehberg, H. J.:*
Die neuen SI-Einheiten und ihre Anwendung in der Zahnheilkunde. Deutscher Zahnärztekalender 1979, 173–178.

*Strecker, A.:*
Eichgesetz, Einheitengesetz, Kommentar. Braunschweig: Deutscher Eichverlag GmbH 1971.

# Sachverzeichnis

Abbindeexpansion 13, 14, 20, 48, 49, 57, 104, 236
Abbinden (Gips) 1
Abbindereaktion 42
Abbindeschrumpfung 23, 29, 293
Abbindezeit 13, 288, 290
Abdruckgips 10, 274, 276, 297
Abdruckschärfe 276
Abfälle 90
Abflußrillen 297
Abflußrinnen 293
Abformlöffel 226
–, individueller 209
Abformmassen 208
–, elastomere 293
Abformung 21, 228, 243
Abformwerkstoffe 273
–, irreversible-elastische 280
–, irreversible-starre 276
–, reversible-elastische 279
–, reversible-starre 278
Abkühlen 110
Abkühlgeschwindigkeit 107, 111
Abkühlungsschwindung 104
Abrasionen 355
Abrasionsfestigkeit 352
Abrasionswiderstand 355
Abrieb 174
Abriebfestigkeit 18
Absaugung 226
Abscheidung
–, kathodische 85
Abschrecken 110
Abstrahlen 378
Acrylate 25, 216

Acrylsäure 183
Additionsreaktion 23
additionsvernetzend 274
Additive 174, 195
Adhäsionskräfte 254
Adhäsionsprothetik 160
Adlerätzung 68
Aerosole 313
Äthylsilikat 35, 42
Ätzen 68
Ätzgrübchen 69
Ätzung 361
Agar-Agar 274, 279, 286, 291, 293, 296, 297
Agar-Agar-Massen 21
AgCuAu 93
AgCuPd 93
AgCuZn 104
Ag-Pd-Cu-Legierungen 96
Ag-Pd-Legierungen 96
Aktivierungsenergie 178
Akzelerator 174
Alabastergips 10
Albit 333
Alginat 21, 234, 274, 280, 286, 291, 292, 293, 296, 298
Allergien 200, 245
Allergietests 246
allergische Reaktionen 137
Alternativ-Kunststoff 230
Alterungsprozesse 174, 198
Altmetall 90
Aluminium 131
Aluminiumoxid 335
Aluminiumoxidkristalle 344
Aluminiumsilikat 331

Sachverzeichnis

Alumosilikate 331
$Al_2O_3$-Keramik 347
$Al_2O_3$-verstärkte Dentalkeramik 335
Amalgam 3, 380
Amalgamationsmethode 90
Amin
–, tertiäres aromatisches 191
Ammoniumphosphat 37, 42
amorph 187
Angießen 83, 113
angußfähig 102
Anhydrit 5
Anlaufbeständigkeit 93, 96
Anode 85
anodische Auflösung 85
anorganische Füllstoffe 192
Anorthit 333
Anpolymerisation 226, 228
Anquellprozeß 203
Anquellzeit 219
Anschnitt-Technik 104
Anteigen (von Pulver) 227
Anziehungskräfte
–, elektrostatische 186
Arbeitshygiene 247
Arbeitstemperatur 102
Argentit 90
Artglass 265
Artgleichheit 112
A-Silikon 282
Atome 65
Atommasse 77
Atomradiendifferenz 66
Atomvolumen 78
Au-Ag-Cu-Legierungen 93
Au-Ag-Cu-PGM-Legierungen 93
Au-Ag-Lote 103
Au-Ag-Pd-Legierungen 95
Au-Ag-Zn-System 103
Aufbißschienen 209
aufbrennkeramische Materialien 347
Aufbrennlegierung 97, 347
–, gelbe 99, 101
Aufbrenntechnik 97
Aufgießen 151
Au-Mischkristall 94
Au-Ni-Lot 104
Au-Pd-Ag-Legierungen 100
Au-Pd-Ag-Lot 104

Au-Pd-Legierungen
–, silberfreie 100
Au-Pt-Legierungen
–, gelbe 98
Au-Pt-Pd-Legierungen 100, 102
Au-Pt-Pd-Legierungen
–, weiße 98
AuPtPd 98
Ausarbeiten 152, 231
Ausarbeiten von Kunststoffen 380
Ausbetten 221
Ausdehnung
–, thermische 83
Ausdehnungskoeffizient 236, 312, 322
–, linearer thermischer 213
–, thermischer 98, 131, 134, 163, 225
Ausgleichsglühen 109
Aushärtbarkeit 93
Aushärten 110
Aushärtung 110
Ausscheidung 132
Ausscheidungshärtung 110
Autoklavenverfahren 9
Autopolymerisation 189
Avogadrosche Zahl 78
azeotropes Gemisch 233

Barbitursäureverbindungen 191
Barium- und Strontiumaluminiumborosilikatgläser 192
Bauschinger-Effekt 81, 389
Bauxit 375
Bearbeitung
–, mechanische 111
–, spanlose 111
Befestigungskomposit 208, 361
Befestigungsmaterialien 364
Befestigungstechnik 362
–, adhäsive 361
Beizen 84
Belichtungszeit 226
Belüftungselement 85
Benetzbarkeit 156, 254, 256, 356
Benetzung 19, 356
Benetzungsrandwinkel 254
Benzylbutyladipinsäureester 196
Benzylgruppen 185
Beryllium 130
Beschichtungstechniken 167

Bestrahlungsgeräte 225, 237
Biegefaktor 391
Biegefestigkeit 17, 27, 213, 227, 352, 354, 391
Biegemoment 391
Biegetest
–, 3-Punkt- 358, 359
–, biaxialer 359
Biegeversuch 390
Bienenwachs 307, 310
Bimsstein 232, 376
binäre Systeme 71
Bindekräfte 253
Bindemittel 35, 105
Bindersysteme 44
Biokompatibilität 210, 242
Bio-Legierungen 99
Biomaterial 89
Bißerhöhung 233
Bißrelation 228
Bißwachs 313
Blasenbildung 100
Blaßgold 96
Bondings 206
Bor 130
Brackets 209
Brechungsindex 350
Brennen 338, 346
–, nasses 5
Brennschwindung 365
Brennschwund 339
Brennstabilität 99
Brenntemperatur 98
Brennverfahren
–, nasses 9
Brinell (HB) 79
Brinell-Härte 393
Brinell-Verfahren 393
Bruch
–, duktiler 80
–, halbspröder 80
–, spröder 80
Bruchanfälligkeit 354
Bruchdehnung 94, 131, 132, 133, 134
Brucheinschnürung 80
Bruchempfindlichkeit 352
Bruchfestigkeit 335
Bruchzähigkeit 353
Brücken 92
Bulkpolymerisation 192

CAD/CAM 164, 343
CAD/CAM-Verfahren 165
Cadmium 103
Campherchinon 191
Candellilawachs 307
Carboxylgruppe 183
Carnaubawachs 307, 310
Carrara-Keramik 101
$\alpha$-case 149, 150
Celay 343
Celluloid 215
Cerapearl 342, 355
Cerec 343
Ceresin 307
Cerestore 341, 348, 355
Chamäleon 351
Chargen 91
Chargennummer 92
Chelat 37, 45, 277
Chemiegips 7
chemische Bindung 356
chemische Löslichkeit 362
chemisches Verhalten 84
Chrom 130
Chromoxid 378
CoCr-Legierungen 122
Co-Cr-Mo-Legierungen 102, 378
Comonomer 174
Compomere 207
Composites 175
Copolymerisate 216
Copolymerisation 174
Craquelierung 380
Cristobalit 37, 38, 39, 105, 332
C-Silikon 282
Cyanidlaugerei 90

Dammarharz 309, 310
Dampf 72
Dauerbeanspruchung 229
Dauerfestigkeit 111, 133, 392
Dauerschwingfestigkeit 391
Dauerschwingversuch 391
Deformation
–, bleibende 292, 316, 388
Dehnbarkeit 188
Dehngrenze 80, 188, 213
0,2%-Dehngrenze 80, 94, 98, 131, 133, 134, 387
Dehnung 385, 386

Dehydratation 4, 8
Dendriten 108
dendritisch 94
Dental-Edelmetall-Legierungen 92
– -Goldgußlegierungen 77, 95
Dentalguß 35
Dentalkeramik 97, 330, 334
Dentalkeramische Massen 330, 337
Dentalwachse 310
Dentin 347
Dentinadhäsive 361
Dentin-Adhäsiv-Systeme 207
Dentinmassen 351
Depassivierung 104
Depolymerisationsprozesse 199
Desinfektion 21, 229, 244
Desinfektionslösungen 296
Desinfektionsmittel 244
Detailwiedergabe 18, 20, 28, 276, 281, 295, 298
Diamant 375
Diatomeenerde 280, 283
Diatorics 365
Dibenzoylperoxid (DBPO) 190
Dibutylphthalat 196
Dichte 78, 133, 213, 394
Dicor 342, 355
Dielektrikum 166
Differentialthermoanalyse 395
Diffusion 112
Diffusionswege 109
Dihydrat 6
Dilatometer 358
Dilatometrie 395
Dimensionsänderung 294
Dimensionsgenauigkeit 296
Dimensionsstabilität 281, 298
Dimensionstreue 275, 293
Dimensionsverhalten 27
Dimethacrylate 176
Dimethacrylatmatrix 225
DIN EN ISO 1562 94
DIN EN ISO 8891 94
DIN EN ISO 9693 101
Dipolstruktur 257
Doppelabdruck 297
Doppelabdruckverfahren 284
Doppelkronen 102
Doppelmischtechnik 297
Dorsalrandspalt 227

Drahtlegierung 123, 133
Dreistoffsysteme (ternäre Systeme) 76
Druck 70
Druckfestigkeit 17, 20, 51, 213, 352, 390
Druckguß 106
Druckspannung 98, 349
Druckstellen 231, 236
Druckverformungsrest 280, 286, 291, 292, 293, 297
Druckversuch 390
dualhärtend 225
Dubliermasse 47, 222, 295
Duceragold 101
Duktilität 80, 388
Duo Pal 6 95
Duo Plus B 95
Durchhärttiefe 226
Durchlötung 112
Duromere 186, 188
Duroplaste 23, 188

ECO E4 94
Edelkorund 375
Edelmetallaufbrennlegierungen (EM) 356
Edelmetalle 64, 89, 90
Edelmetallegierungen 91
Edelmetall-Lote 103, 112
– -Nichtedelmetall-Kombinationen 103
Edelstähle 136
Effekt 351
–, tribochemischer 264
Effektmassen 351
Eigenschaften 70
–, mechanische 94
Einbetten 218, 227
Einbettmasse 34, 104, 148, 149
–, äthylsilikatgebundene 55
–, gipsgebundene 54
–, phosphatgebundene 55
Einbettmassehohlform 227
Einfriertemperatur 332
Einkristall 66
Einlagerungsmischkristalle 66
einphasig 66
Einschnürdehnung 80, 387
Einschnürung 80
Einstreuzeit 21
Eisen 91, 130
Eisenoxid 378

Elastizität 79, 174
Elastizitätsgrenze 80, 387
Elastizitätsmodul 18, 28, 80, 98, 131, 196, 251, 386
Elastomere 176, 186, 187, 274, 281, 298
elektrochemisch poliert 153
Elektrokorund 375
Elektrolyse 85
Elektrolyte 85
elektrolytische Politur 379
– Vorgänge 85
Elektrometallurgie 65
Elektronensee 352
Elementarzelle 66
Elemente 64
Elementverteilung (Linescan) 164
Email 327, 349
E-Modul 132, 134, 213, 243, 352
Empress 342, 355, 360
Entfestigung 81
Entmischung 74, 93
Epikutantest 246
Epithesen 210, 216, 239
Epithetik 239
Epoxidharze 3, 23, 27, 28, 215
Erhitzungsgeschwindigkeit 105
Ermüdungsbruch 80
Erstarrung 105, 107
Erstarrungskontraktion 83
Erstarrungspunkt 81, 306, 308, 312, 315, 323
Erstarrungstyp 107
–, endogen-breiartiger 107
–, exogen-glattwandiger 107
Erstarrungszeit 12, 19
Erweichungsintervall 346
Erweichungstemperatur 345
Erweiterung 223, 228, 229
Erze 64
Esterwachse 305
Eugenol 277
Eutektikum 75
eutektische Systeme 75
– Temperatur 75
Expansion 148
– bei Umwandlung 105
– der Gußform 104
–, hygroskopische 14, 19
–, thermische 39, 40, 41, 42, 49, 104, 106, 236, 308

Extensometer 13, 48

Fadenmoleküle 186, 187
Farbe 174, 350
Farbpigmente 350
Farbsättigung 350
Farbsysteme 350
Farbton 350
Farbzusätze 335
Feineinbettung 35
Feingold 89
Feinkörnigkeit 109
Feinschleifen 377
Feldspat 330, 333, 334, 337, 338, 345
Feldspatgläser 329, 347
Festigkeit 16, 27, 89, 174, 385
– von Lötverbindungen 112
Festigkeitsklassen
– kieferorthopädischer Drähte 136
Festigkeitsprüfungen 360, 386
Festigkeitssteigerung 110
Fettfarbstoffe 313
Finierbarkeit 153
Finierer 377
Fischer-Tropsch-Hartparaffine 310
Fischer-Tropsch-Verfahren 304
Flachwalzen 91
Flammenlötung 157
Fließfähigkeit 19, 52
Fließverbesserer 11
Fließverhalten 106
– (Konsistenz) 317
Flow 314
flüssiger Zustand 72
Fluoreszenz 250, 395
Fluoreszenzbildner 335
Flußmittel 112
Flußmitteleinschlüsse 112
Flußmittelzusätze 334
Flußsäure 85
Formänderungsfähigkeit 80
Formänderungswiderstand 80
Formaldehyde 245
Formbarkeit 89
Formfüllung 105, 106, 107
Formgebung
–, spanabhebende 111
Formtemperatur 108
Fräsen 343, 377

Sachverzeichnis

Frästechnik 102
Fräswachse 311
Freiheitsgrade 70
Fritte 334, 336, 337, 344, 345, 349, 364
Fritteporzellan 330
Fügen 153
Füllstoffe 23, 174, 191, 228, 313
–, anorganische 192
–, organische 192
Füllungen (Inlays) 92
Füllungskunststoff-Systeme (Komposit-Systeme) 206
Funkenerosion 165
funktionelle Gruppe 174
Funktionsrand 229

Gallium 91, 130
Galvanisieren 85
galvanoplastische Modellherstellung 3, 25
Ganzkeramiksysteme 361
Gasatmosphäre 105
Gasflamme 105
Gefahrstoffverordnung 377
Gefüge 66, 106, 109, 132, 147, 396
Gefüge
–, heterogene 108
–, Spannungen 235
– (Veränderungen) 112
– (Verstärkung) 328
–, Vielkristall-, Polykristall- 66
Gekrätz 91
Gelatine 216
Gesamtexpansion 50
Gewaltbruch 81
Gewebskonditioner 239
Gibbs'sche Phasenregel 70
Gießbarkeit 106
Gießen 104, 106, 144, 341
Gießhilfen 107
Gießkunststoffe 222
Gießmethoden 106
Gießtechnik 35
Gießtemperatur 105, 108, 147
Gießverfahren 91, 222
Gips 2, 4, 218, 224, 227, 236
Gipsmodell 22
Gitterfehler 66
Gitterverzerrungen 110
Glänzen 85, 153, 378

Glas 378
Glasbildner 346
Glas-Infiltrationskeramik 341
– -Infiltrationstechnik 335
Glasionomerzement 208
Glaskeramik 338, 344, 347, 348, 355
glaskeramische Materialien 337, 338, 348
Glasphase 338, 343, 344, 346, 350
Glaspunkt 346
Glasstruktur
–, hydrothermale
Glastemperatur 185
Glasübergangsbereich 186
Glasübergangstemperatur 186, 338, 356
Glasumwandlungstemperatur 332, 346
Gleichgewichtssystem 70
Gleichmaßdehnung 80, 387
Glühtemperatur 111
Glühzeit 111
Gold 64, 89, 90
– -Aufbrennlegierung 98, 99
– -Gußlegierung vom Typ 4 102
Goldknopf-Retention 365
Goldlegierungen 89
Goldlote 103, 112
–, nickelhaltige 103
Goldschmiedetechnik 89
Granat 376
Grobkornbildung 109
Grünfestigkeit 51
Grundwerkstoffe 112
gummielastisches Verhalten 187
Gummipolierer 379
Guß-, Preß-, Fräsverfahren 328
Gußabfälle 90
Gußform 104
Gußformtemperatur 105
Gußgefüge 94, 108
Gußkanäle 107
Gußoberfläche 108
Gußperlen 108
Gußspannungen 106
Gußstück 106
Gußstückabmessungen 107
Gußwachse 311
Guttapercha 274, 279

Härte 17, 79, 131, 227, 352, 355, 375, 392
– Brinell- (HB) 213

– prüfverfahren 79, 213
– -und Abriebfestigkeit 28
– Vickers- (HV) 5 213
Haftfestigkeit 357
Haftoxide 84, 98, 258, 348, 357, 363
Haftoxidschicht 163, 164
Haftsilane 258
Haftung 356
–, metallkeramische 162
Haftungsmechanismen 252
Haftvermittler 257
Haftvermittlermolekül 257
Halbhydrat 6
$\alpha$-Halbhydrat 5, 9
$\beta$-Halbhydrat 8
Halbmetalle 63
Halteelemente 92
Haltevorrichtung 102
Hapten 245
Hartgips 2, 10, 295
Hartkerngerüste 341
Hartmetallfräser 231
Hartporzellan 330
Harze 309
Haut 246
Heatless-Stein 379
Heißhärtung 189
Heißpolymerisat 213
Heißpolymerisation 220, 224, 227
heterogen 67, 108
hexagonal-dichtgepackt 65
Hi-Ceram 55, 335, 355, 360
Hilfswerkstoffe 230
Hochglanzpolitur 378
Hochleuzit 334, 344
hochmolekulare Verbindungen 173
Hochquarz 38
Hochtemperatur-Festigkeit 100
homogen 67
Homogenisierung 109
Hookesche Gerade 79
Hookesches Gesetz 79, 386
Hydrokolloid 280
Hydrochinon 179, 195
Hydrochinonmonomethylether 179
Hydrokolloid 22, 222, 279, 286, 296, 298
Hydrolyse 55, 257
Hydrolysebeständigkeit 258, 334
Hydrometallurgie 65

hydrophob 258
Hydrophobierung 193
hydrothermale Gläser 334
2-Hydroxybenzophenone 196
2-Hydroxyethylmethacrylat (HEMA) 183
Hydroxylgruppen 183
2-Hydroxyphenylbenzotriazole 196

Immediatprothesen 228, 243
Immersionstest 141
Impregum 287
In-Ceram 335, 341, 345, 355, 360, 361
In-Ceram-Spinell 335
Indikationen 228
Indium 91
Induktionsperiode 12
Induktions-Schmelzanlagen 91
Infiltrationsbrand 341
infrarote Strahlung 395
Inhibitionsschicht 226
Inhibitor 75, 179
inhomogen 67
Inhomogenitäten 108
Initiator 174, 175, 180, 189, 225
Injektions-Nachpreßtechnik 227
Injektionstechnik 224
inkohärente Ausscheidung 110
Inlaywachse 311
innere Spannungen 98
inoxidabel 102
Ionen 85
Ionophobie 99
Iridium 64, 90
Irritation
–, mechanische 241
Isolation 236
Isolieren 227
Isoliermittel 23, 219

Jacketkronen 327

Kaliberwalzen 92
Kalifeldspat 333
Kalkspat 378
Kalorimetrie 395
Kalthärtung 189
Kaltpolymerisat 213
Kaltpolymerisation 111
Kaltverformung 81, 109, 136, 388

Kalziumsulfat 5
- -Dihydrat 4
- -Halbhydrat 4
Kanzerogenität 247
Kaolin 330, 331
Kapillarkräfte 253
Karat 89
Karatgolde 93
Karat-Legierungen 93
Karbide 84
Katalysator 174, 175, 191
Kathode 85
Kaubelastung 360
Kaukräfte 360
Kautschuk 214
Kegelfließpunkt 213
Keimbesiedelung 244
Keimzahl 146
Keramikbrennöfen 341
Keramik 131
-, niedrigschmelzende 347
Keramikmantelkrone 328
Keramikmassen
-, niedrigschmelzende, hochexpandierende 101
Keramikverblendung 162
Keramikzähne 364, 366
Keramische Fasern (Whisker) 354
Werkstoffe
- (Struktur) 343
Keramisieren 342, 348
Kerbschlagzähigkeit 391
Kernmassen 344
Kettenabbruch 179
Kettenreaktion 179
Kevloc-bond 265
Kevloc-Artglass 264
kieferorthopädische Apparate 209, 226
- Geräte 210
Kieselsäure
-, hochdisperse 192
Kieselsäurseol 55
Kieselsol 42, 51
Klammerkonstruktionen 102
Klammerretention 102
Klebebrücken (Maryland) 160, 269
Kleben 160
Klebetechnik 257
Klebewachs 313
klinische Erfahrungen 361

Knoop-Härte 393
- -Verfahren 393
Kobalt 130
- -Basislegierungen 121, 122
- -Chrom-Legierung 47
Königswasser 68, 84
kohärente Entmischung 111
- Entmischungszone 110
Kohlenstoff 130
Kohlenstoffaufnahme 105
Kohlenstoffkontamination 100
Kohlenwasserstoffwachse 305, 307
Kokillen 91
Kokillenguß 91
Kollergang 336
Kolophonium 309, 310
Kombinationswachse 309
Komponente (Legierungen) 70
Komposite 175, 207, 225
Kompositionsmassen 274, 278, 293
Kompositkleber 361
Kondensation 339, 345
Kondensationsreaktion 180
Konsistenz 275, 289
Konstruktionselemente 92
Konstruktionselemente
-, prothetische 113
Kontaktallergie 246
Kontaktdermatitis 246
Kontaktekzeme 247
Kontaktelement 85
Kontaktkorrosion 139
Kontraktion
-, thermische 106, 236
Konzentration 70
Konzentrationsausgleich 109
Konzentrationsdreieck 76
Konzentrationsprofil 46
Koordinationszahl 65
Kopierfräs-System 343
Kornfeiner 94, 146
Kornfeinung 66, 68, 109
Kornflächenätzung 68
Korngrenzen 69
Korngrenzenätzung 69
Korngrenzen-Korrosion 85
Korngröße 66, 68, 95, 109
Kornneubildung (Rekristallisation) 109
Kornseigerung 66, 67, 95, 109

Korrekturabdruckverfahren 284
Korrosion 85, 137, 354
–, gleichmäßige 85
–, selektive 85
Korrosionsbeständigkeit 136, 143
Korrosionsresistenz 93, 96
Korund 232, 255, 375
Krampons 366
Kriechen 389
Kristallbildung 344
Kristalle 65, 66
Kristallgemisch 66
Kristallgitter 65
Kristallinität 187
Kristallinitätsgrade 187
Kristallisationskeime 109, 338
Kristallisationstheorie 12
Kristallphasen 344, 346, 350
Kristallstruktur 66
Kristallwachstum 338
Kristallwasser 42, 54
Kristallite (Körner) 66, 69
Kronen 92
K-Silikon 282
kubisch-flächenzentriert 65
– -raumzentriert 65
künstliche Zähne 218, 219, 227, 327
Küvette 106, 220, 227
Küvetteneinlage 106
Kugel-, Trommelmühlen 336
Kunststoff-Bearbeitung 231, 377
Kunststoffe 173, 175, 274
– für provisorische Kronen und Brücken 206
–, heißhärtende 189
–, weiche 216, 238
Kunststoffverblendung 161
Kunststoffzähne 204, 365, 366
Kupfer 91
Kupferionen 191
Kupferring-Kerr-Abdruck 290
Kurzzeit-Heißpolymerisation 220

Lagerstätten 64, 90
Lanthanglas 341
Laser- und Mikroplasmaschweißen 112
Laserschweißen 159
Laser-Schweißgerät 159
Legierungen 70
–, angußfähige 113
–, Duo- 102
– für Zahnersatz mit Keramikverblendung 97
– für Zahnersatz mit Kunststoffverblendung 93
– (Herstellung) 91
Legierungsbezeichnung 92
Legierungsbildung 70
Legierungsgefüge 66
Legierungstypen 95
Leichtbaukonstruktionen 329
Leichtmetalle 64, 78
Leiter
– erster Klasse 82
– zweiter Klasse 85
Leitfähigkeit
–, elektrische 82
Leuchtpigmente 194
Leuzit 344, 349
Leuzitkristalle 333, 334, 338, 344, 346, 350
Lichtbrechung 395
lichthärtende Materialien 203
Lichthärtung 189, 191
Lichtpolymerisation 225
Liquidus-, Soliduslinie 73
Liquidustemperatur 81, 105
Löffelkunststoffe 226
Löslichkeit 22, 213
–, begrenzte 73, 75
–, temperaturabhängige 76, 110
–, vollkommene 73
Löslichkeitsgrenze 66
Löslichkeitslinie 110
Löslichkeitsverhalten 396
Lösungsglühen 110
Lösungsvermögen 75
Löteinbettmasen 36, 58
Löten 58, 83, 102, 112, 154
–, direktes 104
–, indirektes 104
Lötnaht 104
Lötspalt 103, 112
Lötungen nach dem Keramikbrand 155
Lötverbindungen (NEM-Legierungen) 144
Lokalelement 85, 140
Lot 102, 155, 156
Lotlegierungen 102
Lumineszenz 395
Lunker 83, 112

Luxene 230

Magnesium 42
Magnesiumoxid 37, 378
Mahlfeinheit 337
Makromoleküle 173
Makroretention 253
Malfarben 351
Mangan 91, 130
Masse-Polymerisation 192
Materialabtrag 266
Matrixharz 174
Matrixkunststoff 174
Matrixphase 96
mechanische Bearbeitung 111
– Eigenschaften 94
– Retentionen 269
– Irritation 241
Medizinproduktegesetz 92
mehrphasig 67
Mehrstoffsysteme 76
4-Meta 258, 260
metallkeramische Verblendungen 361
Metallbindung 63
Metalle 63, 89
–, reine 70
Metallionenabgabe 142
metallische Bindung 352
Metall-Keramik 97, 329, 347, 348
– -Verbund 97, 160, 349, 356
– -Verbundsystem 251
Metalloberflächen 255
Metallographie 68
Metalloxide 356, 362
Methacrylate 176, 182, 213
3-Methacryloyloxypropyltrimethoxysilan 193
Methacrylsäuremethylester 176
Methylgruppen 185
Methylmethacrylat 176
Mikrolunker 107
Mikroretention 253
mikroskopische Untersuchung 69
Mikrowachs 308, 310
mikrowellenhärtende Produkte 202
Mikropolymerisation 227, 234, 237
Mineralzähne 382
Miniplastschiene 231
Mischapplikatoren 225

Mischkristallbildung 66
Mischkristallhärtung 98
Mischkristallzerfall 74
Mischpolymerisate 215, 239
Mischungslücke 74, 93, 110
Misfit-Spannungen 353
Mittenrauhwert 373
MMA 213
– -Unverträglichkeit 230
Modell 1, 2, 217, 228
Modellguß 223
Modellgußprothesen 102
Modellgußtechnik 223
Modellherstellung
–, galvanoplastische 3, 25
Modellierwachse/Basisplattenwachse 312
Modellierwerkstoff 1
Mohs 375
Mohssche Härteskala 392
Mol 78
Molmasse 175
Molybdän 130
Monomer 175
Monomeradhäsive 258
Monomere 173, 182, 233, 219
–, bifunktionelle 180
–, olefinische 179
Montanwachs 307
Mullit 37
Mullitkristalle 330, 332, 334
Mundbeständigkeit 138
Mundflora 244

N,N-Bis(2Hydroxyethyl)-p-toluidin 191
N,N-Dimethyl-p-toluidin 191
Nachpreßverfahren 224
Nachspeisung 107
Nadelpenetration 317
Naßpreßverfahren 216
Natronfeldspat 333
Naturgips 6
Naturkautschuk 176
Naturwachse 307
Nd:YAG-Laser 159
Nebenvalenzkräfte 186
NEM-Legierungen 56, 120, 128, 134, 357
Netzbildner 344, 345
Netzmittel 44
Netzwerke 189

– interpenetrierende 189
Netzwerkwandler 334
New Conquest C & B Metal Coupler 264
Newton 385
Ni- und Co-Basislegierungen 163
Ni-Basislegierungen 123
Nichtedelmetallaufbrennlegierungen 357
Nichtedelmetallegierungen 119
Nichtmetalle 63
Nickel 130
nickelhaltige Goldlote 103
NiCr-Legierungen 124
Niedertemperatur-Keramikmaterialien 101
Niob 131
Nitride 84
Normal-Potentiale 85
Normalspannung 385
Normal-Wasserstoff-Elektrode 85
Normanforderung 19
Normen 10, 19, 94 ff, 125, 212, 274 f, 306, 314, 358, 374, 385 ff, 398 ff
Noxe 241, 244

Oberflächenbearbeitung 111
Oberflächenbehandlung (Füllstoffe) 193
Oberflächeneigenschaften 375
Oberflächeneneregie 338
Oberflächengestalt 373
Oberflächengüte 18, 28
Oberflächenrauhigkeit 108
Oberflächenschäden 234
Oberflächenspannung 106, 254, 339, 340
Oberflächentemperatur 113
Ofenlötung 155
Ohmsches Gesetz 82
Okklusion 224
Okklusionskontrolle 237
olefinische Monomere 179
Oligomere 175, 182
Opaker 223, 335, 345, 350
Opakermasse 344
Opazität 350, 395
Ordnungsstrukturen 93
organische Füllstoffe 192
Orthoklas 333
Osmium 64
OVS-System 262
Oxidation 84, 146, 156, 163
Oxidbildung 1, 46

Oxide 156
Oxidhaut 84
Oxidkeramik 330
Oxidschicht 139, 356
Ozokerite 307, 310

Packungsdichte 65, 78
Palladium 64, 90, 131
– -Aufbrennlegierungen 101
Palladiumbasis-Legierungen 101
Palladiumgolde 95
Paraffine 308
Paraffinwachse 308
Parafunktionen 243
Pariser Rot 378
Paßfähigkeit 224, 235
Paßgenauigkeit 29, 50, 106, 363
Passivschicht 138, 139
Pd-Ag-Legierungen 100
Pd-Ag-Lot 104, 112
Pd-Cu-Ga-Legierungen 101
Pd-In-Phase 96
Pd-Legierungen
–, silberfreie 100
Penetration 306, 308, 310, 312
Penetrometer 317
Periodisches System 64, (Buchinnendeckel)
peritektisches System 76
Perlpolymerisate 192
Permadyne 287
Peroxide 190
Phasen 67, 70
Phasendiagramm (Zustandsdiagramm) 71
Phasengleichgewicht 71
Phasenumwandlung 164, 354
Phenole
–, sterisch gehinderte 195
Phenolharze 35
Phosphatbindung 35
Phosphoreszenz 395
Photohärtung 189
Photoinitiatoren 191
Photopolymerisation 189
Pigmente 174
Pigmentfarbstoffe 313
Pinseltechnik 227, 230
Plaque 232, 241, 363
Plaqueanlagerung 244
Plasmaschweißen 158

plastische Dehnung 386
Plastizität 80
photoelastisches Verhalten 316
Platin 64, 90
Platingolde 93
Platingruppenmetalle 90
Platinmetalle 64, 90
Plexiglas 176
PMMA 27, 28, 176, 202, 213, 214, 216
Polieren 111, 153, 232, 237, 377
Poliermittel 377
Polierpasten 232
Politur
–, elektrolytische 379
Polyacetale 176
Polyacrylsäure 183
Polyaddition 178, 181
Polyalkenoatzemente 207
Polyamide 215
Polycarbonate 176, 215, 230, 231
Polyether 22, 177, 274, 285, 291
Polyethermassen 294
Polyethylenwachse 310
Polykondensation 178
Polymere 173, 175, 185
Polymerisation 178, 217, 220, 223
–, radikalische 179
Polymerisationsform 217
Polymerisationsgrad 175, 224, 237
Polymerisationskontraktion 224, 228
Polymerisationsschrumpfung 175, 183, 213, 225, 252
Polymerisationsschwindung 233
Polymerisationstiefe 226
Polymerisationsumsatz 237
Polymerisationswärme 213
Polymerisationszeit 237
Polymethacrylate 201
Polymethylmethacrylat (PMMA) 25, 176, 183, 216
Polyreaktion 174, 175
Polyreaktionstypen 177
Polysiloxane (Silikone) 176
Polystyrol 215, 231
Polysulfide (Thiokole) 176, 274, 281, 297
Polyurethan 3, 24, 27, 28
Polyvinylacetat 215
Polyvinylchlorid 215
Poren 16, 112, 340

Porosität 50, 227, 228, 232, 339, 340, 380, 381
Porta-Impuls 94
Porta-PK 95
Porta-SMK 82 95
Portadur P 294
Porzellan 216, 326, 327, 330
Porzellanerde 331
Porzellanmantelkronen 327
Positioner 240
Potential 85
Präpolymer 175, 185
Präzipitation 110
Präzisionsattachments 102
Preß- und Gießtechnik 346
Pressen 219, 220, 227, 342
Preßfahne 218, 224
Preßverfahren 342
Primärstruktur 185
Proportionalitätsbereich 79
Proportionalitätsgrenze 79, 80, 387
Prothesenbasis 228
Prothesenbasismaterialien 364
Prothesenbruch 229
Prothesenkunststoffe 200, 201, 212, 366
–, Typ 1 212
–, Typ 2 212
–, Typ 3 212
–, Typ 4 212
Prothesenkunststoff-Technologie 216
Prothesenlager 228, 229
Prothesenreiniger 241, 245, 246
Prüfmethode
–, biaxiale 358
Pt-Ir-Legierungen 102
Punktschweißen 157
Punktschweißverfahren 112
PVD-Beschichtung 168
pyrolytisch 262
pyrophor (selbstentzündlich) 153
pyroplastisch 342
pyroplastisches Verhalten 345

Quarz 37, 38, 105, 330, 332, 376
Quellung 235, 236

Radikal 175, 178
radikalische Polymerisation 179
Randspalt 224, 364

Rastlinien 80
Rauheit 373
Rauheitsmessungen 375
Rauheitsprofil 18, 174
Rauhigkeit 56, 108
Rauhtiefe 373
Raumerfüllung 78
Reaktionen
– mit Gasen und Feststoffen 84
– mit Säuren 84
Reaktionsgleichungen 43
Reaktionslage 241
Reduktion 64
Reflexion 395
–, diffuse 350
Rehydratation 4, 12
Reinheit 91
Reißfestigkeit 188
Reokkludierung 224
Reparatur 223, 228, 229
Repassivierung 139
Restmonomer 175, 200, 214, 238, 245
Restmonomergehalt 175, 198, 213, 219, 222, 224
Retentionen
–, mechanische 269
Rhodium 64, 90
Riefen 376
Riffeln 339
Riß 352
Rißablenkung 353
Rißfortschreitung 353
Rißfortschritte 353
Rißstop 353
Rißstopeffekt 353
Rißwachstum 354
Ritzhärte 79
–, (nach Martens) 392
Ritzhärteprüfung 392
Rocatec 264
Rockwell (HR) 79, 393
– -B-Härte 393
– -C-Härte 393
Rückfederung
–, spontane 316
Rückstand (Wachs) 314
Rückstellung 21, 238, 284, 291
Rückstellvermögen 280, 281, 292
Ruthenium 64, 90, 131

*sag resistance* 162
Salpetersäure 84
Salz 44
Salzsäure 84
Sandstrahlverfahren 255
Sauerstoffbrücken 356
Sauerstoff-Brücken-Bindung 357
Schalenkeramik 328
Scheideanstalt 91
Scheideprozeß 91
Scheidgut 90
Scherfestigkeit 267
Schichtungsprinzip 365
Schlämmkreide 377
Schlagbiegeversuch 391
Schlagzähigkeit 391
Schleif- und Poliermittel 373
Schleifen 111, 375
– und Polieren 237
Schleifkörper 231, 240, 376
Schleifmittel 232, 375
Schleifrichtung 378
Schleifsteine 376
Schleimhaut 228, 241, 242, 244
Schleuderguß 106, 108
Schliff 68
Schmelz 347
Schmelz-Adhäsive 206
Schmelzätzung 361
Schmelzgutmenge 78
Schmelzintervall 73, 82
Schmelzmassen 351
Schmelz-Pressen 230
Schmelzpulver 105
Schmelzpunkt 81, 186
Schmelzreservoir 107
Schmelztemperatur 82
Schmelztiegel 91
Schmelzverfahren 105
Schmelzwärme 81, 394
Schmelze 72
Schmelzen 104, 105, 145
Schmirgel 376
Schmucklegierungen 77
Schnittgeschwindigkeit 377
Schrumpfung 175, 286, 293, 294, 297
Schrumpfungslenkung 222
Schubmodul 79
Schubspannung 385

Schutzgasschleier 91
Schutzgel 226
Schwabbeln 232
Schwefelsäure 84
Schwefelschädigung 84
Schweißen 83, 112, 157
Schweißtechniken 158
Schwerkraft 108
Schwermetalle 64, 78
Schwindmaß 83, 106
Schwindung 83, 340, 341
Schwundlenkung 224
Schwundvakuolen 233
Sebond-MKV 261
Seegerkegel 337
Sekundärstruktur 185
Selbstaushärtung 111
Selbsthärtung 189
Selbsthärtungs-Effekt 111
Sensibilisierung 137, 245
Shore-Härte 239
Sicherheitshinweise 323
Siedeblasen 233
Siedepunkt 82, 213
SI-Einheiten 410
- -Einheitensystem 410
Silan 193, 361
Silanbeschichtung 366
Silandiole 185
Silanhaftschichten 365
Silanisierung 193, 361
Silanisierungstechnik 161
Silanisierungsreaktion 194
Silanol 193
Silber 64, 90
Silberhartlote 104
Silberlegierungen 96, 97
Silber-Palladium-Legierungen 97
Silent-Stein 379
Siliciumcarbid 375
Silicoater 262
- -MD 263
Silicoup 263
Siliflam 262
Silikate 329
Silikatisierung 161, 259, 362
Silikatschicht 263
Silikatwerkstoffe 327, 330
Silikon 222, 239, 274, 282, 286, 291, 292, 294

-, additionsvernetzendes 283
-, kondensationsvernetzendes 274, 283
Silikonöl 185
Silikose 377
Silizium 130
Siliziumatome 332
Siliziumdioxid
-, feinstteiliges 192
Siloxane 185
Sinterbrand 339, 346
Sinterschrumpfung 339, 343
Sintertechnik 346
Sintertechnologie 328, 338
Sintern 52, 338
SiO-Tetraeder 332
Skull 149
Snellius'sches Brechungsgesetz 395
Soliduspunkt 347
Solidustemperatur 81, 98
Solila-Prinzip 366
Sonoerosion 343
Sonotroden 343
Spaltbildung 253, 268
Spaltkorrosion 85, 140
Spaltzugprüfung 358
Spannungen 79, 82, 226, 229, 236, 237, 285, 286
-, thermische 83
Spannungs-Dehnungs-Diagramm 80, 386
- -Kurve 386
- -Verhalten 197
- -differenz 85
- -relaxation 236
Spannungsrißkorrosion 199
Spargold 95
Speiser 107
Speiserform 107
Speiser-Keilwinkel 107
Spezialhartgips 10, 27, 28
spezifische Wärme 81, 394
spezifischer Widerstand 82
spezifisches Volumen 78
Spinell 335, 348
Splitterpolymere 192
Splitterpolymerisate 192
Sprayverfahren 345
Spritzgießen 216, 230
Spritzgußverfahren 176
Sprödbruch 352

Sprödigkeit 352
Sprühtechnik 223
SR Chroma Link 260
SR Isosit Spectra Link 261
Stabilisatoren 195
Stabilität 174
Stäube 247
Stahl 125
Startermoleküle 178
Steifigkeit 97
Steiger 107
Steinzement 3
Stellmittel 10, 15, 44
Stoffmenge 78
stoffschlüssiges Verbinden 83
Stomatitis prothetica 241, 244
Stomatopathien 235
Stopfen 219, 227
Stopf-Pressen 213, 217, 220
Stranggießanlage 91
Strangguß 91
Stranggußanlage 127
Streckgrenze 387
Streutechnik 223
Strom 82
Struktur
– keramischer Werkstoffe 343
– von Metallen 78
Stumpfmaterialien 36
Substanzpolymerisation 192
Subhydrate 5
Substitutionsmischkristall 66, 93
Sulfide 84
Superbond 260
Superhartgips 10
Suspensionspolymerisation 192
System
–, eutektisches 75
– (Legierungen) 70

Talkum 313
Tantal 91, 131
Tastschnittgerät 374
Teilkronen (Onlays) 92
Teilprothese
–, abnehmbare 107
Teleskopkronen 102
Temperatur
–, eutektische 75

Temperaturlastwechsel 267
Temperaturleitfähigkeit 82
Temperaturwechsel-Beständigkeit 53
Tenside 44
Tertiärstruktur 185
Thermoanalyse 71
Thermogravimetrie 395
Thermoplast 186, 230
Thixotropie 52
Tiefleuzit 334, 344, 347
Tiefquarz 38
Tiefziehen 231
Tiegel 105
Titan 47, 91, 125, 131, 134, 153, 157, 164, 329, 349, 357, 380
Titangießanlage 145
Titanguß 148
Titankeramik 347
Titanlegierungen 135
Titannitrid 168
Ton 326, 331
Tongut 326
Tonzeug 326
Totalprothesen 224
Transformationsbereich 346, 348
Transformationsfestigung 354
Transformationspunkt 348
Transformationstemperatur 98
Transluzenz 350, 395
Transparenz 335, 340, 350, 395
Transparenzgrad 350
Tribochemie 264
Tridymit 332
Trimethylbarbitursäure 191
Tripel 376
Tropfpunkt 306, 308, 309, 310, 312, 315, 323
Trübungsmittel 335, 344
Typ-4-Goldgußlegierung 101, 102

Überdruck 108
Überdruckpolymerisation 213, 221, 222
Überhärtung 111
Überhitzen 105, 235
Überlebensrate 361
Überstruktur 66, 73
ultraviolette Strahlung 395
Umsetzungsgrad 175
Umwandlungstemperatur 39

# Sachverzeichnis

Universallegierungen 102
Unlöslichkeit
–, vollkommene 73, 74
Unterdruck 108
Unterfütterung 223, 226, 228, 239, 240
–, indirekte 228
Unterfütterungskunststoffe 205, 226
Unverträglichkeit 246
Unverträglichkeitsreaktionen 137
symptome 241
Urethandimethacrylat 227
UV-Absorber 196
– -Stabilisator 175, 196

Vakuum 91
– -Brennverfahren 327, 340
– -Mischgerät 21
Van-der-Waals'sche Kräfte 186, 356
V-Diagramme 74
Ventilrand 235
Verarbeitung
–, thermoplastische 230
Verarbeitungsbreite 56
Verarbeitungsfehler 232
Verarbeitungstemperaturen 57
Verarbeitungszeit 52, 57
Verbindungen
–, intermetallische 66, 98
Verbindungselemente 102
Verbindungstechnik 102
Verblenden 93
Verblendkeramik 97, 163
Verblendkunststoffe 205
Verblendwerkstoffe 328
Verbund 223
–, metallkeramischer 160
Verbundfestigkeit 266
Verbundkunststoffe 173
Verbundmechanismen 252, 356
Verbundstoffe 175
Verbundsysteme 260
Verdampfungswärme 394
Verfärbungen 196, 232, 235
–, exogene 244
–, gelbgrüne 100
Verfärbungsbeständigkeit 96
Verfestigung 81
Verfestigungsfähigkeit 80
Verformbarkeit 88

Verformung 79
–, elastische 79
Verformungsrest 316
Vergoldungen 168
Vergütung 110
Verhüttung 64, 90
Verknüpfungsarten 177
Verkupferung 26
verlorene Köpfe (Gießhilfen) 107
Vermessungstechnik 102
Vernetzer 182
Vernetzung 23, 182
Verschleißbeständigkeit 89
Versiegeln 232
Versiegelungskunststoffe 208
Versilberung 26
Verstärkungsmechanismen 353
Verwindungssteifigkeit 102
Vita-VMK/Degudent-System 98
Vicat-Test 52
Vickershärte (HV) 27, 79, 134, 251, 393
Vickers-Verfahren 393
Vinylkunststoffe 215
viskoelastisches Verhalten 238
Viskosität 105, 106, 202, 308, 315
Vitadur N 335, 355, 360
VMK 68 355
Vollkeramik 329
Vollkeramiksysteme 361
Volumen
–, spezifisches 78
Volumenkontraktion 107, 308
Volumenschwund 235
Volumenverhalten 29
Vorlöten 104
Vorpolitur 377
Vorsintern 344
Vulkanisation 176, 214

Wachse 219, 303
Wachsausschmelz-Gießverfahren 78, 93
Wachsausschmelzverfahren 34, 104
Wachsersatz 305
Wachskompositionen 313
Wachsmodell 104
Wärme
–, spezifische 81, 394
Wärmeausdehnung
–, lineare 83

Wärmeausdehnungskoeffizient 15, 112, 251, 318, 333, 348, 356, 394
Wärmebehandlung 109
Wärmeexpansion 104
Wärmeleitfähigkeit 82, 112, 213, 243, 394
Wärmeleitwiderstand 82
Wärmeleitzahl 82
Wärmestrom 82
WAK 83
- -Werte 347
Warmfestigkeit 99, 162
Waschverfahren 90
Wasseraufnahme 183, 198, 213, 225
Wasserlöslichkeit 183
Wasserstoffbrückenbindungen 183
Wechselwirkungen
-, hydrophobe 186
-, intermolekulare 185
-, intramolekulare 185
Weichglühen 109, 110
Weichmacher 196, 238
Weichmachung
-, äußere 239
-, innere 239
Weichporzellan 330
Weißverfärbung 221, 234
Weitererhitzungsdauer 105
Werkstoffe
-, glaskeramische 328
Werkstoffprüfung 385
Werkstoffwirkung 242
Widerstand
-, elektrischer 82
-, spezifischer 82
Widerstandsheizung 105
Widerstandsmoment 391
Wiedergewinnung 90
Wiener Kalk 378
Wöhlerversuch 392
Wolfram 91, 130
Wolframcarbid 375
Wollrad 379
Wurzelaufbaustift 113

Yttrium 131, 192
Ytterbiumfluorid 192

Zentrifugalkraft 108
Zerreißfestigkeit 387
Zerreißgrenze 80
Zersetzungstemperatur 186
ZETA-HLC-Bond-System 265
Zink 91
Zinkoxid 378
- -Eugenol 298
- -Eugenolpaste 274, 277
Zinkphosphatzemente 361
Zinn 91
Zinnoxid 378
Zinnschicht 262
Zirkonoxid 37, 354
ZnO-Eugenol 286
Zonenkristalle 73
Zugfestigkeit 17, 80, 150, 158, 352, 387
Zugversuch 386
Zulegemetall 102, 112
Zunder 84
Zungenbrennen 241
Zustand
-, fester 73
-, gasförmiger 72
Zustandsdiagramm
- Ag-Au-Cu 77
- Ag-Cu 76
- Ag-Pd 74
- Ag-Sn 76
- Au-Cu 74
- Au-Pt 75
- Au-Si 75
- Co-Cr-Mo 121
- Fe-C 126
- Ni-Cr-Mo 124
Zweiphasenfeld 73
Zweistoffsystem 71
Zwischenglühung 92
Zwischenzonenschicht 257, 261, 262, 263, 265